कबीर : 'खसम खुशी क्यों होय?'

कबीर
पर
डॉ. धर्मवीर की
पुस्तक-शृंखला

1. कबीर के आलोचक
2. कबीर : डा. हजारी प्रसाद द्विवेदी का प्रक्षिप्त चिन्तन
3. कबीर और रामानंद : किंवदन्तियाँ
4. कबीर : बाज भी, कपोत भी, पपीहा भी
5. कबीर के कुछ और आलोचक
6. कबीर के आलोचक-3 : सूत न कपास
7. कबीर : 'खसम खुशी क्यों होय?'
8. कबीर वाणी में प्रक्षिप्त की खोज (प्रकाशनाधीन)
9. महान आजीवक कबीर (रचनाधीन)

कबीर
‘खसम खुशी क्यों होय?’

डॉ. धर्मवीर

वाणी प्रकाशन

वाणी प्रकाशन
4695, 21-ए, दरियागंज, नयी दिल्ली 110 002

शाखा

अशोक राजपथ, पटना 800 004

फ़ोन: +91 11 23273167 फ़ैक्स: +91 11 23275710

www.vaniprakashan.in
vaniprakashan@gmail.com
sales@vaniprakashan.in

KABIR : 'KHASAM KHUSHI KYON HOY?'
by Dr. Dharamveer

ISBN : 978-93-5072-427-9
Literary Criticism

प्रथम संस्करण 2013
आवृत्ति 2017

मूल्य : ₹ 750

सिटी प्रेस, दिल्ली-110 095 में मुद्रित

वाणी प्रकाशन का लोगो मक़बूल फ़िदा हुसेन की कूची से

मक्खलि गोसाल को

जिन के आजीवक धर्म में नियति सृजन बन जाती है।

—धर्मवीर

भूमिका

जब 1997 में मेरी पुस्तक 'कबीर के आलोचक' आई थी तो मेरे एक दलित मित्र मुझे धन्यवाद देते हुए कह रहे थे–''आपने बहुत अच्छा किया कि कबीर को हिन्दुओं के चंगुल से निकाल दिया है, एक उपकार और कर दो, आप हमारे शिव को भी हिन्दुओं के कब्जे से बाहर निकाल कर हमें दे दो।'' इस से पहले कि मैं अगले काम के लिए निफराम होता, पुरुषोत्तम अग्रवाल नाम के लेखक की पुस्तक 'अकथ कहानी प्रेम की : कबीर की कविता और उन का समय' आ गई। देखा और समझा, कि अभी कबीर पर एक और नया हमला हुआ है। विद्वानों के बीच एक अविद्वान घुस आया है। बिल्कुल, किंवदन्ती और प्रक्षिप्त हिन्दुओं की पुराण पाथने की फैक्ट्री है। पुरुषोत्तम अग्रवाल ने अपनी इस पुस्तक में पुराने 'शिव पुराण' की तरह एक नया 'कबीर पुराण' रचने की पृष्ठभूमि तैयार कर ली है। उन की अगली लिखी जा रही किताब का अभी से नाम 'कबीर पुराण' रखा जा सकता है।

पुरुषोत्तम अग्रवाल हमें यह बताने में लगे हुए हैं कि हिन्दुओं ने कबीर को कैसे लिया है, लेकिन हमें यह जानना है कि कबीर असल में कैसे हैं। इस आत्मसात, समायोजन और समाहार के लिए हिन्दुओं ने कबीर की वाणी के साथ जबर्दस्त तोड़-फोड़ की है। इस के लिए वे कबीर के जीवन को किंवदन्तियों से और उनकी वाणी को प्रक्षिप्तों से भर रहे हैं। पुरुषोत्तम अग्रवाल सीधे कबीर की नाक तोड़ रहे हैं जब प्रक्षिप्त को प्रमाण मान कर लिख रहे हैं कि कबीर पुनर्जन्म में विश्वास रखते थे।

आलोचक के रूप में पुरुषोत्तम अग्रवाल द्वारा किंवदन्ती और प्रक्षिप्त को मान्यता देने का मतलब है कि कबीर के घर में यह एक आतंकवादी घुस गया है। जारज रचना की बारूद लगा कर बैठ गया है कि कबीर की मूल वाणी को तहस-नहस कर दूँगा। मुझे इस आतंकवादी को पकड़ कर साहित्यिक आलोचना के क्षेत्र में कायदे-कानून के हवाले करना था। सो, मैंने इस पुस्तक में यह जवाबी कार्रवाई कर दी है। छीन कर किंवदन्ती के हथगोले और प्रक्षिप्त की राइफलें अपने कब्जे में ले ली हैं। अब कबीर का घर निरापद है। उसे कोई खतरा नहीं है। लोग कबीर के जीवन और साहित्य का अध्ययन सहजता से कर सकते हैं।

लिखने को क्या रह गया है? मेरे लिए अपने प्रकाशक को धन्यवाद देना बाकी रह जाता है जो वे एक दिन मुझ से पूछ रहे थे–''क्रान्ति कब होगी?'' मैंने उन से कहा था–''क्रान्ति तो आप ने कर दी है।'' पाठक देखेंगे कि मैं सच बोल रहा था।

वसुन्धरा
30 मई, 2012

–धर्मवीर

विषय सूची

भाग - एक

अध्याय-1

'....थोथा देइ उड़ाय'[1]

क. पुरुषोत्तम अग्रवाल की यह किताब कबीर पर नहीं है
ख. विषयान्तर करने का ठेका ले लिया है
ग. यह 'पैराडाइम शिफ्ट' क्या बला है?—अर्थात कबीरान्तर

क. पुरुषोत्तम अग्रवाल की यह किताब कबीर पर नहीं है

डा. हजारी प्रसाद द्विवेदी से ले कर आज तक हिन्दू विद्वानों के लिए एक चुनौती थी कि क्या कबीर पर कोई ऐसी किताब लिखी जा सकती है जिस में कबीर की कोई बात न हो। पुरुषोत्तम अग्रवाल ने इस चुनौती भरे काम को स्वीकार किया और किताब लिख दी—'अकथ कहानी प्रेम की : कबीर की कविता और उनका समय'। लेकिन पुरुषोत्तम अग्रवाल की हार यही है कि इस में कबीर का नाम बचा रह गया है। प्रेमचंद इस काम के ज्यादा बड़े उस्ताद निकले क्योंकि उन्होंने अपने उपन्यास 'रंगभूमि' में स्वामी अछूतानंद को मिटाने के लिए अपनी बृहदाकर पुस्तक में स्वामी अछूतानंद का नाम भी नहीं लिया। फर्क यही है कि पुरुषोत्तम अग्रवाल कबीर को कबीर का नाम ले कर मिटाते हैं, लेकिन प्रेमचंद ने स्वामी अछूतानंद को बिना नाम लिए मिटाया है। रचना प्रक्रिया दोनों लेखकों की एक है—प्रेमचंद ने उपन्यास विधा को अपना कर प्रक्षिप्त पात्र सूरे चमार खड़ा किया तथा पुरुषोत्तम अग्रवाल ने कबीर के नाम से प्रक्षिप्त रचनाओं को मान्यता दी। मतलब यह है कि जैसे प्रेमचंद को चमारों के असली नेता स्वामी अछूतानंद नहीं चाहिए, वैसे ही, पुरुषोतम अग्रवाल को असली कबीर नहीं चाहिए। प्रेमचंद ने सूरे चमार नाम का एक कल्पित नायक सृजित कर लिया कि चमारों के नेता को, स्वामी अछूतानंद के बजाय, कैसा-कैसा होना चाहिए, तथा पुरुषोत्तम अग्रवाल ने प्रक्षिप्त और किंवदन्ती के नए कबीर को मान्यता दे दी कि असली कबीर के बजाय, उन के परिकल्पित कबीर को कैसा-कैसा होना चाहिए। प्रेमचंद ने सूरे चमार को गाँधी के पैटर्न पर मूर्तिमान कर दिया, पुरुषोत्तम अग्रवाल ने कबीर को रामानंद वैष्णव के पैटर्न में फिट

1. सन्त वाणी अंक, सम्पादक, हनुमान प्रसाद पोद्दार और चिम्मन लाल गोस्वामी, कल्याण, गीता प्रेस, गोरखपुर, उत्तर प्रदेश-273 005, चतुर्थ पुनर्मुद्रण, सम्वत 2065, पृ. 212

कर दिया। प्रेमचंद और पुरुषोत्तम अग्रवाल में कौन ज्यादा बड़ा कलाकार है?

पुरुषोत्तम अग्रवाल ने यह कल्पित किया कि हिन्दुओं को स्वीकार्य होने के लिए कबीर को कैसा होना चाहिए। कबीर में क्या-क्या गुण होने चाहिए ताकि वे वैष्णवों में ग्राह्य हों? कैसे हाथ होने चाहिए, कैसे पैर होने चाहिए, कंधे उठे हुए होने चाहिए या दबे हुए होने चाहिए? सो, कुम्हार की तरह कबीर के अलग-अलग अंग बना लिए, फिर उन्हें जोड़ दिया, रंग भर दिए। अब खुश हो रहे हैं कि यह कबीर का आकार है, यह कबीर है। यही काम प्रेमचंद ने 'रंगभूमि' में किया था। उन्होंने पिछले सतासी वर्षों से हिन्दी साहित्य में स्वामी अछूतानंद और उन के आन्दोलन पर बहस ही नहीं होने दी—और जो भी बहस करवाई, वह अपने परिकल्पित सूरे चमार पर करवाई। हिन्दी के आलोचकों को स्वामी अछूतानंद के नाम की भनक तक नहीं लगने दी, कोई सूंघ नहीं होने दी और पहचान का कोई चिह्न नहीं छोड़ा। पुरुषोत्तम अग्रवाल ने कबीर के नाम का मात्र फर्जी पहचान-पत्र छोड़ रखा है, पर बाकी केवल प्रक्षिप्त-किंवदन्ती का गल्प है।

तब, क्या पुरुषोत्तम अग्रवाल की आलोचना विधा की इस पुस्तक 'अकथ कहानी प्रेम की : कबीर की कविता और उनका समय' को उपन्यास कह दिया जाए? आलोचना के क्षेत्र में ऐसा उपन्यास लिखने की शुरूआत डा. हजारी प्रसाद द्विवेदी ने की थी जब उन्होंने अपनी पुस्तक 'कबीर : कबीर के व्यक्तित्व, साहित्य और दार्शनिक विचारों की आलोचना' लिखी थी। डा. हजारी प्रसाद द्विवेदी का वह पहला उपन्यास था और पुरुषोत्तम अग्रवाल का यह दूसरा उपन्यास है। फर्क यह है कि पहले दौर में डा. हजारी प्रसाद द्विवेदी प्रक्षिप्त और किंवदन्ती को झिझक के साथ मान्यता दे रहे थे लेकिन दूसरे दौर के होने की वजह से पुरुषोत्तम अग्रवाल इस सड़क पर बेझिझक दौड़े हैं। सही बात भी है, जब आलोचना के क्षेत्र में गल्प ही लिखना है तो झिझक किस बात की?—झिझक विद्वानों को हुआ करती है कि सरपट कैसे दौड़ें। आगे विश्व विद्यालयों की पाठ्यक्रम समितियों में फैसले लिए जाएंगे कि हम तो पुरुषोत्तम अग्रवाल वाले इसी कबीर को पढ़ेंगे और पढ़ाएंगे जो प्रक्षिप्त और किंवदन्ती से भरपूर है। वे कहेंगे कि हमने अपना कबीर खड़ा कर लिया है—नकली कबीर को असली कबीर से इस रूप में लड़ाएंगे कि असली कबीर का जिक्र ही नहीं होने देंगे जैसा प्रेमचंद ने अपने उपन्यास 'रंगभूमि' में किया था।

मैंने ऐसा एक अध्ययन अभी अपनी पुस्तक 'प्रेमचंद की नीली आँखें' के माध्यम से किया है कि मूल वाणी को प्रक्षिप्त करने की और विचारधारा को भ्रमित करने की हिन्दू लेखकों की यह चातुरी क्या है। प्रेमचंद ने इस काम के लिए उपन्यास की विधा पकड़ी थी। हिदू लेखकों के लिए उपन्यासों का और कुछ मतलब नहीं है, इस के सिवा, कि यह विधा इन के पुराण लिखने की प्रवृत्ति को सन्तुष्ट करती है। पुराण न लिखा, उपन्यास लिख दिया, बात एक ही है, प्रयोजन दो नहीं हैं। यदि पुराण और उपन्यास में कोई अन्तर बनता भी है तो उसे ऐतिहासिक भूमि के उपन्यास लिख कर समाप्त कर दिया जाता है। मतलब, अब ये लोग गाँधी की जीवनी लिखने का चलन खत्म करते जा

रहे हैं, जो उन की आत्मकथा से जुड़ कर ऐतिहासिक होनी होती है। अभी उन्हें मरे सौ साल भी नहीं हुए हैं कि उन पर उपन्यास लिखने की परम्परा चला निकाली है। कबीर पर कई उपन्यास लिखे ही जा चुके हैं। घर में बैठ कर लिखने लगते हैं और 'इतिहास पुरुष' को उपन्यास की विधा अपना कर 'पुराण पुरुष' बना देते हैं।

प्रेमचंद ने चतुराई यह खेली कि कल्पित सूरे चमार को 'उपन्यास पुरुष' बनाने में मूल 'इतिहास पुरुष' स्वामी अछूतानंद को जादूगर की तरह गायब कर दिया। कथा का जाल ऐसा बुना कि स्वामी अछूतानंद का कहीं सुराग न मिल जाए, कोई भाँप न ले। चमारों के आदि हिन्दू आन्दोलन की वजह से चमारों को नेता मानने की जरूरत पड़ गई तो दिशा बदल कर रख दी कि चमारों के नेता को कैसा होना चाहिए। प्रेमचंद को चमारों का नेता सूरे चमार जैसा अन्धा चाहिए, स्वामी अछूतानंद जैसा समाका नहीं। प्रेमचंद ने चमारों के नेतृत्व को ले कर एक अलग कल्पित दुनिया खड़ी कर ली। अब सूरे चमार से वह सब कहलवाओ जो आप चाहते हो और सामने खड़े स्वामी अछूतानंद की एक मत सुनो। 'रंगभूमि' की कथा के अनुसार 1925 में चमारों में स्वामी अछूतानंद नाम का कोई व्यक्ति पैदा नहीं हुआ था—यह कितना बड़ा झूठ है—सच को निगल कर डकार भी नहीं ली।

कबीर को ले कर पुरुषोत्तम अग्रवाल प्रेमचंद जैसी बेईमानी नहीं कर सकते थे। उनकी बेईमानी का अलग रास्ता होना था, किस्म अलग होनी थी। उन्हें कुछ अलग जुगत बिठानी थी। वे कबीर के नाम को, प्रेमचंद की तरह का जादूगर बन कर, गायब करने का जोखिम नहीं उठा सकते थे। कबीर का नाम गायब करने में वे युद्ध में खुद निहत्थे हो कर रह जाते। उन्हें कबीर से कबीर का नाम ले कर ही लड़ना था। सो, उसी तरह के दाँव-पेंच लड़ाए और हथकंडे अपनाए। प्रक्षिप्त और किंवदन्ती का आसरा लेना पड़ा। हथियार पुराने पड़ गए हैं, पर क्या किया जाए दूसरा कोई चारा भी नहीं है, वे ही पैना लिए। चाहे विद्वानों की दुनिया में बदनाम हो जाएँ, विद्वत मंडलियों में बैठने लायक न रहें, पर धंधे का मामला है, हार नहीं माननी। लेकिन मेरे लिए प्रेमचंद और पुरुषोत्तम अग्रवाल में कोई फर्क नहीं है। दोनों ने मेरा बराबर नुकसान किया है—प्रेमचंद ने बिना नाम लिए स्वामी अछूतानंद रला और खो दिए तथा पुरुषोत्तम अग्रवाल ने नाम ले कर कबीर भुला और मिटा दिए। मेरे इतिहास पुरुषों की साहित्यिक हत्याएँ दोनों ने की हैं—दोनों अपराधी हैं। पुरुषोत्तम अग्रवाल मुझ से बार-बार कह रहे हैं कि मैं उन के दो औजारों—प्रक्षिप्त और किंवदन्ती—का अध्ययन करूँ कि वे क्यों बने और क्यों इतने चाँटे गए हैं। मैं कह रहा हूँ कि अपनी पुस्तक 'प्रेमचंद की नीली आँखें' में मैं वह काम कर चुका हूँ। वहाँ मैंने इस झूठशास्त्र की पूरी खोल-बांध कर दी है।

सार यह है कि ये विद्वान कबीर की छुआछूत के खिलाफ चल रही लड़ाई में कबीर की तनिक मदद नहीं करते, उलटे कबीर का औपनिवेशिक विद्वत्ता के खिलाफ अपनी लड़ाई में इस्तेमाल करेंगे। इन्होंने कबीर को प्रेमचंद के उपन्यास 'रंगभूमि' का सूरे चमार बना दिया है। 'रंगभूमि' में दिखाया गया है कि सूरे चमार को गोली अंग्रेज कलक्टर मिस्टर क्लार्क की पिस्तौल से लगी है। प्रेमचंद की यह प्रस्तुति सारी उलटी और

गलत थी क्योंकि उस समय अंग्रेज कलक्टर चमारों के असली नायक स्वामी अछूतानंद के 'आदि हिन्दू आन्दोलन' की कान्फ्रेन्सों की घटित होने में हिन्दुओं द्वारा खड़ी की जा रहीं रुकावटों को दूर कर रहे थे। यूँ, पुरुषोत्तम अग्रवाल के लिए कबीर प्रेमचंद के सूरे चमार हैं। जो काम प्रेमचंद सूरे चमार से ले रहे हैं, वही काम पुरुषोत्तम अग्रवाल हमारे जुलाहे कबीर से ले रहे हैं।

प्रेमचंद ने एक प्रक्षिप्त कथा सृजित की थी जो 'रंगभूमि' का उपन्यास है। उस में जितनी चाही, किंवदन्तियाँ जोड़ दी हैं। इसीलिए आकार में वह उन का सबसे बड़ा उपन्यास है। चूँकि, विधा उपन्यास की थी, इसलिए प्रक्षिप्त और किंवदन्ती का मामला ही नहीं बनता–जो चाहो, सो करो। पुरुषोत्तम अग्रवाल को प्रक्षिप्त और किंवदन्ती की थोड़ी हिचक होनी थी, लेकिन उन्होंने उस की भी शर्म तार कर रख दी। वे प्रेमचंद वाली उपन्यास की विधा से भी ज्यादा धड़ल्ले से प्रक्षिप्त और किंवदन्ती का पक्ष ले रहे हैं। जब विद्वानों को सीधा झूठ ब्रोलने में झिझक होती है, तब वे प्रक्षिप्त और किंवदन्ती की विधा अपनाते हैं। प्रेमचंद और पुरुषोत्तम अग्रवाल दोनों झूठे–एक ने उपन्यास की विधा अपनाई और दूसरे ने आलोचना के नाम पर प्रक्षिप्त और किंवदन्ती की। इन दोनों में से, यथार्थ सच से, किसी का वास्ता नहीं। ये दोनों लोग सच से दूर भागे-भागे फिर रहे हैं–प्रेमचंद सूरे चमार के द्वारा अंग्रेजों से लड़ रहे थे तो पुरुषोत्तम अग्रवाल कबीर के द्वारा यूरोप के विद्वानों की आधुनिकता से लड़ रहे हैं। ये प्रेमचंद और पुरुषोत्तम अग्रवाल की अपनी लड़ाइयाँ हैं। इस तरह, प्रेमचंद और पुरुषोत्तम अग्रवाल स्वामी अछूतानंद और कबीर को उन की अपनी लड़ाइयाँ लड़ने नहीं दे रहे, बीच में टांग अड़ा रहे हैं। ये उन की आहुति दे रहे हैं। यदि प्रेमचंद अंग्रेजों से और पुरुषोत्तम अग्रवाल अंग्रेजों की विद्वत्ता से लड़ रहे हैं तो उन लड़ाइयों में ये स्वामी अछूतानंद और कबीर के नामों के बलि के दो बकरे चढ़ा रहे हैं। इनके दिमाग में खुद चढ़ाए जा रहे बलि के बकरों की अपनी कोई लड़ाई नहीं है। स्वामी अछूतानंद और कबीर प्रेमचंद और पुरुषोत्तम अग्रवाल की पेशवाई और हिन्दुवाई के बंधुआ मजदूर हैं–देखते नहीं हो, स्वामी पर संकट आ गया है, अपने स्वामी को परतन्त्रता की बेड़ियों से छुड़ाने के लिए लड़ते क्यों नहीं हो?

साहित्यिक समीक्षकों के द्वारा 'रंगभूमि' के झूठ की रक्षा कैसे की जाती है? उस का तरीका 'नथिंग बियोंड दि टेक्स्ट' के जुमले का राग अलापना है। धमक रहे हैं कि पाठ के बाहर कुछ नहीं देखना-सोचना। पाठ के सच्चाई से जुड़ने की गारन्टी नहीं–और पाठ से बाहर नहीं जाना है–फिर ऐसे पाठ को छात्रों के लिए विश्वविद्यालयों के पाठ्यक्रम में क्यों रखते हो–उसे विश्वविद्यालयों से बाहर करो। ऐसी कला को निकृष्ट कला कहिए जो लोगों को भ्रमित करती है और सही बात का पता नहीं देती। प्रेमचंद 'रंगभूमि' में स्वामी अछूतानंद का सूरे चमार के रूप में कुपाठ तैयार कर रहे हैं, इधर पुरुषोत्तम अग्रवाल कबीर की वाणी को प्रक्षिप्त कर रहे हैं–फिर 'नथिंग बियोंड दि टैक्स्ट' के जुमले का लाभ लेना चाह रहे हैं–ये सारी बातें इन की कैसे चल जाएंगी? जब

हमें अच्छी तरह पता चल गया है कि जीवन का सारा यथार्थ 'बियोंड दि टैक्स्ट' में लहलहा रहा है तो आदर्श के लबालब तालाब के लिए भी हम 'बियोंड दि टैक्स्ट' जाएंगे। कबीर की वाणी की सही जानकारी के लिए हमें प्रक्षिप्त और किंवदन्ती से बाहर निकलना ही है। इस में दूसरी बात सुनी नहीं जाएगी—क्या गंजन गाना?

कबीर के नाम से चार सौ छप्पन पेजों की किताब लिख दी पर कबीर पर एक लाइन नहीं लिखी—यह उस्तादी है या बौद्धिक बेईमानी? असल कबीर का सम्मान नहीं किया जाना है तो कबीर का पीछा छोड़ दो। यह धुन कैसी है कि कबीर के चिन्तन को नष्ट करके ही दम लेंगे? अपने लिए कर लो पर प्रार्थना यह है कि दूसरों के लिए कबीर को पूरा बचा रहने दो।

ख. विषयान्तर करने का ठेका ले लिया है

विषयान्तर करने का ठेका पुरुषोत्तम अग्रवाल ने अपनी पुस्तक के शुरू के पृष्ठ पर ही ले लिया है। वे दूसरे पैरे में लिखते हैं—"यह किताब है कबीर के बारे में, लेकिन लिखी गई है, भक्ति-संवेदना के बारे में पूरे परिप्रेक्ष्य के साथ।"[2] पुस्तक का पहला अध्याय ही इस वाक्य से शुरू करते हैं—"कबीर के अध्ययन की समस्याएँ भक्ति-संवेदना के, भारतीय सांस्कृतिक इतिहास के अध्ययन की समस्याएँ भी हैं।"[3] कहने का मतलब यह है कि इन्हें कबीर पर किताब बिलकुल नहीं लिखनी थी। इन्हें कबीर के नाम से कुछ और लिखना था। कबीर के अध्ययन में रामानंद और वैष्णव धर्म का प्रचार करना था। पूछना यह है कि क्या कबीर के अध्ययन में गैर-कबीर का अध्ययन जरूरी है। क्या 'रामानंद और वैष्णव धर्म' के शीर्षक से एक अलग किताब नहीं लिखी जा सकती थी? तब सवाल है, तुलसीदास के अध्ययन में 'अकबर नामा' और 'आईन-ए-अकबरी' के वोल्यूम क्यों नहीं पढ़ाए जाते क्योंकि वे ठीक तुलसीदास के समकालीन और ऐतिहासिक दस्तावेज हैं? तब तो तुलसीदास का अध्ययन करने में यदि एक अध्याय 'राम चरित मानस' पर लिखना है तो पूरे नौ अध्याय अकबर के 'दीन-ए-इलाही' पर लिखने चाहिए। यदि ऐसा नहीं किया जाता है तो कबीर के नाम पर वैदिक-पौराणिक संस्कृति का अध्ययन अनिवार्य क्यों है? इतिहास का अध्ययन कब किया जाएगा? और यदि पुरुषोत्तम अग्रवाल की जिद है तो हमारी भी यह कसम है कि कबीर को भारतीय संस्कृति के नाम पर किसी हिन्दू पुराण का हिस्सा नहीं बनने दिया जाएगा। हम ऐसी किसी भी हठ को रोकने के लिए खड़े हैं जो कबीर को वैष्णव खाँचे में डालती है। जिन्हें, बिना वैष्णव खाँचे के कबीर समझ में नहीं आते, बेहतर यह होगा कि

---

2. अकथ कहानी प्रेम की : कबीर की कविता और उन का समय, पुरुषोत्तम अग्रवाल, राजकमल प्रकाशन प्रा.लि., 1-बी, नेताजी सुभाष मार्ग, नई दिल्ली-110 002, पहला संस्करण, 2009, पृ. [7]
3. वही, पृ. 15

वे लोग कबीर का अध्ययन करना छोड़ दें। यदि उन्हें कबीर के नाम से अपने हिन्दू रामानंद का अध्ययन करना है तो यह बौद्धिक बेईमानी है, ईमानदारी नहीं। हमारी यह छोटी सी बात उन की समझ में क्यों नहीं आती कि कबीर के अध्ययन में कबीर का ही अध्ययन किया जाना चाहिए, किसी रामानंद का नहीं, हिन्दू संस्कृति का नहीं?

राज की बात बताई जाए कि पुरुषोत्तम अग्रवाल ने यह किताब गुजरात के मारवाड़ी लोगों पर लिखी है। चूँकि, यह किताब 'मारवाड़ी' नाम से ज्यादा बिक नहीं सकती थी, इसलिए चतुराई दिखाते हुए इस पर कबीर के नाम का लेबल लगा दिया है। कबीर को उन्होंने एक ब्रांड के रूप में इस्तेमाल किया है। कुछ भी चीज बेचनी हो, बड़े आदमी का फोटो चिपका दो, काम चल जाएगा—यही मनोवृत्ति है। कबीर और कबीर की वाणी से इस पुस्तक का कुछ लेना-देना नहीं। यह विषयान्तर है—और पूरा विषयान्तर है। पढ़ते-पढ़ते पाठक को पता चल जाता है कि वह कबीर पर किताब नहीं पढ़ रहा है। विषयान्तर इतना ज्यादा है कि देर-देर तक कबीर की याद तक नहीं रहती। पुरुषोत्तम अग्रवाल को अच्छी तरह मालूम है कि पाठक लेखक को कोसने लगेगा। तब वे बचाव की मुद्रा में आ कर लिखते हैं—"प्रिय पाठक, ये पैराग्राफ आपको विषयान्तर लग सकते हैं, वे हैं भी, लेकिन जरूरी विषयान्तर।"[4] गैर-जरूरी इतने हैं कि कबीर और तुर्कों के जिक्र के बजाय पाठक के सामने चित्रपट की तरह नियाल फर्ग्युसन और माइक डेविस के नाम आते रहते हैं। कबीर के समय को समझने का यह कौन सा तरीका है? नियाल फर्ग्युसन और डेविस माइक के बारे में अलग से किताब लिख दी जाती—उस में कबीर के विद्यार्थी को यह छूट तो रहती कि वह भाषा के इस बतंगड़ को न पढ़ने से अपना समय बचा लेता। क्या बिना कबीर का नाम लिए अपनी विद्वत्ता नहीं बघारी जा सकती थी? बघारी जा सकती थी लेकिन समस्या यह थी कि उसे पढ़ता कौन।

यह मात्र विषयान्तर का दोष नहीं है बल्कि पूरे कबीरान्तर का अपराध है। जब कबीर की मूल वाणी की खोज न कर के उन्हें प्रक्षिप्त और किंवदन्ती से जोड़ दिया गया है तो यह कबीरान्तर हुआ, विषयान्तर नहीं। यह कबीर से चोरी है, यह कबीर की वाणी पर डाका है। साहित्य में प्रक्षिप्त रचना चोर की गेंती है और इतिहास पुरुष के जीवन को किंवदन्ती से रंगना डकैत की कुल्हाड़ी है। इस पुस्तक में दोनों हथियारों का घातक इस्तेमाल किया गया है।

पुस्तक में पुरुषोत्तम अग्रवाल बार-बार भूले हैं कि वे कबीर पर किताब लिख रहे हैं। कबीर पर उन की दृष्टि जमती नहीं है, तनिक देर में विषयान्तर कर जाते हैं। रामानंद की पूरी चर्चा ही कबीरेतर और कबीर-बाह्य है। लेकिन एक जगह वे हद ही पार कर गए जब संस्कृत के इस श्लोक को लिख गए हैं :

भवद्भक्तस्य संजातभवद्रूपस्य मेऽधुना
त्वामात्मरूपं संप्रेक्ष्य तुभ्यं मह्यं नमोनमः![5]

4. वही, पृ. 121

5. वही, पृ. 370

तनिक ध्यान नहीं रहा कि कबीर संस्कृत से जले-भुने बैठे हैं। फिर, अगला अपराध इतना बड़ा है कि इस श्लोक का हिन्दी में अनुवाद भी नहीं किया। यह तक नहीं बताया कि उन्होंने यह श्लोक किस स्रोत या पुस्तक से लिया है। क्या इस श्लोक की सीधे इन के कानों में भविष्यवाणी हुई है? क्या यह श्लोक इन्होंने खुद ही रचा है? क्या कर गए?—संस्कृत! और उस में भी बिना अनुवाद के संस्कृत!!—कबीर लाठी से कमर तोड़ देंगे।

अब एक बात दिमाग में समझ आ रही है कि कबीर पर लिखने वाले लेखकों को कबीर का सम्मान कैसे करना चाहिए। सम्मान का सब से अच्छा तरीका यह हो सकता है कि कबीर पर लिखते हुए संस्कृत भाषा के उद्धरण देने से बाज आया जाए। सम्मान का अगला तरीका यह हो सकता है कि संस्कृत मिश्रित दुरूह हिन्दी भी नहीं लिखनी चाहिए। भला, कबीर होते तो कितना गुस्सा करते—दोनों-तीनों अपराध एक साथ!

पुरुषोत्तम अग्रवाल की इस पुस्तक का शीर्षक 'अकथ कहानी प्रेम की : कबीर की कविता और उनका समय' है। यह शीर्षक क्या बताता है? उत्तर में शीर्षक के तीन हिस्से किए जा सकते हैं :

1. अकथ कहानी प्रेम की,
2. कबीर की कविता,
3. और उनका समय।

जहाँ तक 'अकथ कहानी प्रेम की' का सवाल है, कबीर की यह कहानी सच में अधूरी रह जाएगी जब तक कबीर के इस प्रश्न का उतर न दिया जाए '...खसम खुशी क्यों होय?'[6] प्रेम की अकथ कहानी में यह बताया जाना बहुत जरूरी है कि जब जार सदा मन में बसता हो, तब खसम खुशी कैसे हो सकता है? प्रेम कैसे किया जा सकता है? यदि उत्तर नहीं दिया जाता है तो शीर्षक अधूरा और भ्रामक है।

उप शीर्षक 'कबीर की कविता' तभी सार्थकता ग्रहण कर सकता है जब उस में सच में कबीर की कविता हो। जब पुरुषोत्तम अग्रवाल के पास 'कबीर की कविता' न हो कर कबीर के नाम से लिखी गई जाली कविता है, तो उप शीर्षक यही मोजूं लगता है—'कबीर की जाली कविता'—जो अपने आप में बेतुकापन और बेमानी है। कबीर को ले कर यह त्रिभुजाकार बेलन बनाने वाली बात हो जाती है।

अगला उप शीर्षक 'और उनका समय' है। इस में जब किंवदन्ती को वरीयता दी गई है तो यह शीर्षक पूरी तरह झूठा हो जाता है। किंवदन्ती को तथ्य की मान्यता देने से सही उप शीर्षक इस प्रकार बनता है—'और उन के बाद का समय।' यूँ, इस पुस्तक का पूरा और सही शीर्षक इस प्रकार बनता है—'अकथ कहानी प्रेम की—खसम खुशी क्यों होय? : कबीर के नाम से जाली कविता और उन के बाद का समय।'

6. कबीर समग्र : प्रथम खण्ड, सम्पादक और लेखक, प्रो. युगेश्वर, हिन्दी प्रचारक संस्थान, पो. बो. 1106, पिशाच मोचन, वाराणसी-221 010, द्वितीय संस्करण, 1995, पृ. 418

यहाँ 'समय' के बारे में कुछ अधिक बताया जा सकता है। सूचना यह देनी है कि डा. रामनारायण प्रसाद सिंह की एक पुस्तक का शीर्षक इस प्रकार है—'कबीर के काव्य पर समसामयिक परिस्थितियों का प्रभाव'।

यह सच में विद्वान लेखक द्वारा एक सार्थक शीर्षक है। शीर्षक के अनुरूप ही इस पुस्तक की योजना तैयार की गई है। आश्चर्य है, पुरुषोत्तम अग्रवाल कबीर की समसामयिकता पर पोथी लिखने बैठ गए और इस विषय पर यह असली किताब नहीं पढ़ी। यह क्या अध्ययन है—कबीर के समय को जानने का दम्भ कैसे भरा जा सकता है? कैसे मान कर सतुष्ट हो गए कि रामानंद पर बात कर ली तो कबीर के समय पर बात कर ली? डा. रामनारायण प्रसाद सिंह ने अपनी इस पुस्तक के 'विवरण' में 'संकेत-चिह्न' आदि देने के बाद अध्याय इस प्रकार दिए हैं :

प्रथम अध्याय : प्रस्तावना

(क) विवेच्य विषय का स्वरूप तथा परिधि : स्वरूप परिधि।

(ख) व्यवहृत विवेचन-पद्धति

(ग) उक्त कार्य की अपर्याप्तता

(घ) इस महत्त्वमय अथवा उपयोगी विषय पर सविस्तार अध्ययन की अपेक्षा।

द्वितीय अध्याय : कबीरदास : जीवन-काल तथा कृतियाँ

(क) जीवन-काल, जन्म-तिथि, निधन-तिथि, निष्कर्ष।

(ख) प्रामाणिक कृतियाँ : उनका काल एवं रचना क्रम, कृतियाँ, रचना क्रम।

तृतीय अध्याय : कबीर की कृतियाँ तथा समसामयिक धार्मिक परिस्थितियाँ

(क) कबीर-कालीन धार्मिक परिस्थितियाँ : धर्म की स्थिति और उसका महत्व, धर्म का स्वरूप, संप्रदाय संघटन।

(ख) कबीर के काव्य पर उनका प्रभाव : सम्प्रदाय संघटन का प्रभाव, नारी-विषयक भावना, हिन्दू-मुस्लिम-विभेद, विभिन्न धर्मों की स्थिति : इस्लाम धर्म, मुस्लिम-विश्वास, इस्लामी विचारधारा। हिन्दू धर्म, हिन्दू-अंधविश्वास एवं बाह्याचार, हिन्दुओं के धार्मिक प्रतिनिधि—ब्राह्मण, साधु-संन्यासी आदि की स्थिति, गुरू-शिष्य-संबंध, कीर्तन, सगुण का विरोध, वेद-विरोध, हिन्दू-विश्वास, लोक-प्रसिद्धि, पौराणिक प्रभाव, अवतारवाद, नाम का महत्त्व, भक्ति का महत्त्व। भारतीय चिंतन का प्रभाव—हिन्दू विचारधारा, योग, हिन्दू धर्म की अन्य शाखाएँ—नाथ-पंथ, बौद्ध धर्म, जैन धर्म, निरंजन मत, शैव-संप्रदाय, शाक्त-मत, वैष्णव-मत, रामानंद का प्रभाव।

चतुर्थ अध्याय : कबीर की कृतियां तथा समसमायिक आर्थिक परिस्थितियाँ
विभिन्न वर्गों की आर्थिक स्थिति, यातायात, विभिन्न पेशे—कृषि, उद्योग, ग्रामीण-पेशे। व्यापार, ऋण। ग्राम-जीवन—नगर-जीवन और आवास।

पंचम अध्याय : कबीर की कृतियाँ तथा समसमायिक सामाजिक परिस्थितियाँ
भारतीय समाज—मुस्लिम समाज, हिन्दू समाज, साधु-फकीर और संन्यासियों का समाज में स्थान, साधु-संगठनों की क्रिया-प्रणाली, हिन्दू-मुस्लिम संबंध। पारिवारिक जीवन, समाज में प्रचलित विभिन्न संस्कार, नारी और समाज, शिक्षा, खान-पान, वेश-भूषा, मनोरंजन, पर्व-त्योहार, विभिन्न सामाजिक प्रथाएँ, अंध-विश्वास एवं लोक-प्रसिद्धि, व्यवहार।

षष्ठम अध्याय : कबीर की कृतियाँ तथा समसामयिक राजनीतिक परिस्थितियाँ
राजनीतिक स्थिति—शासन प्रणाली, उक्त परिस्थिति का प्रभाव। शासक, युद्ध, सैनिक, अस्त्र-शस्त्र, वित्तीय-व्यवस्था, कर, सिक्के, न्याय, काजी, दंड-विधान, अपराध।

सप्तम अध्याय : कबीर की कृतियाँ तथा समसामयिक साहित्यिक परिस्थितियाँ
साहित्यिक स्थिति—भाषा अथवा बोली का प्रभाव, अवधी, पंजाबी, ब्रजभाषा, भोजपुरी, खड़ी बोली, मैथिली, बंगला, फारसी और अरबी, संस्कृत, राजस्थानी। शिक्षा, कवि और कविता, साहित्य और जनता, नाटक, संतों की रचनाओं का प्रभाव, ग्रंथों का प्रभाव, साम्प्रदायिक साहित्य का प्रभाव, नाथ-साहित्य, जैन-साहित्य, सूफी-साहित्य, वैष्णव-साहित्य, बौद्ध-साहित्य, उलटवांसी और कबीर, छंद और कबीर, संधा-भाषा और कबीर, वातावरण से प्रभावित प्रतीक और कबीर, साहित्यिक परिपाटी।

अष्टम अध्याय : कबीर की कृतियाँ तथा समसामयिक सांस्कृतिक परिस्थितियाँ
सांस्कृतिक स्थिति—
स्थापत्य कला, मूर्तिकला, चित्रकला, संगीत, नृत्य, अभिनय।

नवम अध्याय : उपसंहार एवम् उपलब्धियाँ

परिशिष्ट : आकर-ग्रन्थ-सूची।[7]

अच्छा होता, अपनी पुस्तक लिखने से पहले पुरुषोत्तम अग्रवाल डा. रामनारायण

7. कबीर के काव्य पर समसामयिक परिस्थितियों का प्रभाव, डा. राम नारायण प्रसाद सिंह, जानकी प्रकाशन, अशोक राजपथ, पटना-800 004, प्रथम संस्करण, 1998, पृ. xiii-xv

प्रसाद सिंह की इस पुस्तक को पढ़ लेते। डा. रामनारायण प्रसाद सिंह की यह पुस्तक, अपनी कमजोरियों के बावजूद, सही दिशा में एक जिम्मेदार कदम है।

कुछ इश्तहार देखा करता था। उन में एक चेतावनी यह लिखी रहती थी–'नक्कालों से सावधान!' ये नक्काल हर मामले में होते हैं। बाजार में मिलावटी माल बेचने पर रोक है। सरकार ने नियम बना रखे हैं कि मिलावट करने वाले लोगों को जेल होगी, लेकिन लोग बाज नहीं आते। घी में मिलावट, तेल में मिलावट, दाल में मिलावट–यहाँ तक कि दवाइयाँ भी नकली बनाई जा रही हैं। लेबल जरूर असली नाम का होता है लेकिन भीतर दवाई नकली होती है–या तो दवा बेअसर होती है या प्राण घातक होती है। कहना यह है कि दुख की बात है कि साहित्य में भी यह मिलावट चलती है। साहित्यिक चोरी एक बात हो गई लेकिन यहाँ चोरी में उलटे कुछ दिया जाता है। यह प्रक्षिप्त और किंवदन्ती है। तब जाली रचनाएँ कैसे पकड़ी जाएँ? बचपन में सांग की एक किताब के बारे में मुझे मेरे बापू ने एक गुर बता रखा था। गुर एक छोटी लाइन का था। लाइन थी–''लाया बथवा तोड़ हरा।'' बापू ने बताया था कि असली किताब वह है जिस में एक जगह–'लाया बथवा तोड़ हरा' लिखा मिलता है। यदि किताब में 'लाया बथवा तोड़ हरा' नहीं है तो वह जाली किताब है। वे कहते थे कि यदि किताब में–'हरा बथवा तोड़ लाया' लिखा मिलता है तो समझ लो, किताब जाली है।

होता क्या था? एक ही राजा-रानी की कहानी पर कई-कई सांगी अपनी-अपनी किताबें लिखते थे। हमें उस कहानी पर अपने प्रिय सांगी की किताब अच्छी लगती थी। बस, हमें उसी सांगी की किताब चाहिए। दुकानदार कहा करता था–''इस नाम से एक दूसरी किताब मेरे पास है, इसे ले जाओ।'' बापू कहते थे–''वो किताब है तो दे दो, वर्ना छोड़ दो, हमें जाली किताब नहीं लेनी।'' अब लगता है, 'नक्कालों से सावधान' की तरह कबीर के आलोचनात्मक अध्ययनों के बारे में भी इश्तहार लगाए जाने चाहिए–'प्रक्षिप्तों और किंवदन्तियों से सावधान!' पूर्वी उत्तर प्रदेश में खास यह लिखना पड़ेगा–'कबीरों से सावधान!' कबीर के अध्ययन वाली जिस किताब में प्रक्षिप्त और किंवदन्ती की भर्त्सना नहीं की गई है, समझ लो, वह किताब जाली है। इस कसौटी पर पुरुषोत्तम अग्रवाल की यह किताब 'अकथ कहानी प्रेम की : कबीर की कविता और उन का समय' एक पूरी जाली किताब है।

ग. यह 'पैराडाइम शिफ्ट' क्या बला है?–अर्थात कबीरान्तर

पुरुषोत्तम अग्रवाल ने अपनी पुस्तक के दूसरे संस्करण की भूमिका में लिखा है–''युवा दलित लेखक, अम्बेडकरवादी पत्रिका 'अपेक्षा' के उप सम्पादक वेद प्रकाश ने इस किताब की शीघ्र प्रकाश्य समीक्षा में, प्रेम के प्रसंग में बहुत ही मार्मिक बात कही है, ''जब हम किसी को प्रेम करते हैं, तो उसे इस कदर अपने अनुसार ढाल लेना चाहते

हैं कि उस की अपनी इच्छाओं का कोई महत्व नहीं बचता।" "[8]

इसे पढ़ कर क्या किया जाए? आगे बढ़ा जाए या न बढ़ा जाए? और बढ़ने से पहले, क्या यहाँ यह पूछना उचित नहीं होगा कि यह वेद प्रकाश की 'शीघ्र प्रकाश्य समीक्षा' है, या पूरी 'प्रायोजित समीक्षा' है? प्रकाश्य की इन्तजार कर ली जाती—क्या घट जाता? कितनी बेसब्री है कि छुपा नहीं पा रहे हैं? खैर, आगे अग्रवाल ने हामी भरी है—"...प्रिय की इच्छाओं को जाने-अनजाने महत्वहीन बना देने वाले प्रेम की विडम्बना को तो मैं ऐन निजी अनुभव से जानता हूँ। इसीलिए प्रेम की केवल संवेदना की बजाय संज्ञानात्मक कर्म में बदलने की साधना करते कबीर से ऐसा सतत संवाद-सम्बन्ध अनुभव करता हूँ। इसलिए 'अकथ कहानी प्रेम की' में ऐसा कुछ आ गया है कि कथाकर मित्र अखिलेश को यह 'अपने को खोजती किताब' लगती है।"[9]

यहाँ लेखक का अन्तर्मन बोल पड़ा है। अन्य किसी प्रमाण की आवश्यकता नहीं रह गई। यही कारण है कि इन्हें कबीर से कुछ लेना-देना नहीं है। यह प्रेम नहीं, एक तरफा स्वार्थ है। ये कबीर से प्रेम नहीं करते बल्कि उन्हें जिबह करते हैं। ऐसी खबरें रोज अखबारों में पढ़ने को मिलती हैं कि एक तरफा प्रेम करने वाले एक सिरफिरे ने, असफल होने पर, अपनी प्रेमिका की हत्या कर दी। ये अपनी किताब के हर पेज पर कबीर की हत्या कर रहे हैं। कबीर को किंवदन्ती, प्रक्षिप्त और रामानंद से जोड़ कर कबीर को नष्ट ही किया है, पर जो कुछ बाकी कबीर बचते थे, अपनी देशज आधुनिकता की बहस में उन का इस्तेमाल किया है, बल्कि कहें कि उन्हें हवा में उड़ा दिया है। ये अपनी प्रशंसा में लिखते हैं—"डा. विश्वनाथ प्रसाद तिवारी, सुश्री अर्चना वर्मा, श्री प्रभात त्रिपाठी, हाइडेलबर्ग यूनिवर्सिटी की भूतपूर्व प्रोफेसर सुश्री मोनिका हॉर्स्टमान, लंदन विश्वविद्यालय की फ्रेंचेस्का ओरसिनी को किताब भक्ति अध्ययन में 'पैराडाइम शिफ्ट' लाने वाली लगी।"[10] पर यही मैं भी कह रहा हूँ कि बम-वम को तोड़ कर भैंसा कबीर की प्रेम और ज्ञान से लदी-भरी बुग्गी को पलट कर भाग गया है। इस 'पैराडाइम शिफ्ट' में 'शिफ्ट' यहाँ तक हुई है कि कबीर पर लिखी गई किताब में कबीर ही नहीं हैं। एक बौद्ध विहार में धार्मिक प्रोग्राम हुआ था। दोपहर के खाने के बारे में बताया गया कि मछलियाँ बनाई गई हैं। जब खाना परोसना शुरू हुआ तो पता चला कि तीवन में नमक-मिर्च का पानी ही पानी था और मछलियाँ नहीं थीं। पुरुषोत्तम अग्रवाल की यह किताब ऐसी ही तरकारी है जिसमें कोई सार और स्वाद नहीं है। वे लिखते हैं—"और, अन्त में यही कि इस किताब के लिखने के क्रम में मैंने बहुत कुछ सीखा।"[11] लेकिन सिद्ध यह हो रहा है कि कुछ भी सीखा हो, पर कबीर से कुछ नहीं सीखा।

पुरुषोत्तम अग्रवाल ने दूसरे संस्करण की भूमिका में अपनी पुस्तक के बारे में

---

8. अकथ कहानी प्रेम की : कबीर की कविता और उन का समय, पुरुषोत्तम अग्रवाल, राजकमल प्रकाशन प्रा.लि., 1-बी, नेताजी सुभाष मार्ग, नई दिल्ली-110 002, दूसरा संस्करण, 2010, पृ. [xviii]
9. वही, पृ. [xviii]
10. वही, पृ. [xx]
11. वही, पृ. [xxxviii]

तीस्ता सीतलवाड और जावेद आनंद का एक वाक्य उद्धृत किया है जो इस प्रकार है—"केवल कबीर या अन्य सन्तों की कहानी नहीं है, बल्कि हम सब की, हमारे समय की कहानी है और वह हमारे समाज के सन्दर्भों से गहरा जुड़ाव रखती है।"[12] इस वाक्य से मुझे भी कोई परेशानी नहीं है, बस यही बताने की जरूरत है कि यहाँ 'हम' से मतलब हिन्दू और मुस्लमान से है, दलितों के आजीवक कबीर से नहीं। पूरे चिन्तन में एक ही शर्त काम कर रही है कि कबीर पर लिखी गई किताब में कबीर नहीं रहेंगे और न कबीर का समाज रहेगा, बाकी सब रहेगा। रामानंद को तो सिर का ताज बना कर रखा गया है। असल में, इन्हें अपनी ही परम्परा ढूँढनी थी और अपनी ही आधुनिकता। परम्परा और आधुनिकता का एक जोड़ा ढूंढ कर नजारा देखा जा सकता है जब पुरुषोत्तम अग्रवाल की इस किताब के लोकार्पण के अवसर पर नामवर सिंह बोलते हैं—"...सैकड़ों किताबें कबीर पर लिखी गई हैं, लेकिन मुझ से कोई पूछे तो दो ही किताबों का नाम लूँगा—पंडित (हजारी प्रसाद द्विवेदी) जी की 'कबीर' और पुरुषोत्तम की 'अकथ कहानी प्रेम की'।"[13] प्रस्थान बिन्दुओं की भिन्नता से क्या सधता है?—सीधे कह दो कि पुरुषोत्तम अग्रवाल हजारी प्रसाद द्विवेदी की आधुनिकता है और हजारी प्रसाद द्विवेदी पुरुषोत्तम अग्रवाल की परम्परा। ये एक ही पेट से दो जुड़वा बच्चे पैदा हैं, बस, आगे-पीछे पैदा हुए हैं। हजारी प्रसाद द्विवेदी नामवर सिंह के गुरु हैं और पुरुषोत्तम अग्रवाल नामवर सिंह के शिष्य हैं। कितना बढ़िया पुल बना है—आराम से दोनों ओर चहल कदमी करो। तभी कहा जा रहा है कि ऐसी स्थिति में प्रस्थान बिन्दुओं के मतभेदों का कोई अर्थ नहीं रह गया है जब अशोक वाजपेयी ने भी यह लिख कर नामवर सिंह की ताल में ताल मिला दी है—"धीरे-धीरे इस पर मतैक्य उभरता दीख रहा है कि वह (पुरुषोत्तम अग्रवाल की पुस्तक 'अकथ कहानी प्रेम की : कबीर की कविता और उन का समय') हजारी प्रसाद द्विवेदी के बाद कबीर का सब से गंभीर विवेचन है।"[14] पर , अच्छा होता, अशोक वाजपेयी अपने इस कथन को इस रूप में पूरा कर देते कि यह द्विज लेखकों के बीच की आपसी और उन की सीमाओं की बात है। अगले-पिछले सारे हिन्दू लेखकों की कबीर पर लिखी गईं पुस्तकों को ध्यान में रख कर कहा जाए तो पुरुषोत्तम अग्रवाल की यह पुस्तक किंवदन्तियों और प्रक्षिप्तों के आधार पर साहित्यिक खलनायकी का विस्तार है—अर्थात एक से बढ़कर एक।

पुरुषोत्तम अग्रवाल ने अपनी पुस्तक के दूसरे संस्करण की भूमिका में लिखा है—"...जो वीर 'भारत-व्याकुलता, भारत-व्याकुलता' चिल्लाते तलवार भाँजने लगते हैं, वे इस प्रसंग में रेमंड श्वाब, आंद्रे गुंदर फ्रैंक, एरिक वोल्फ और जैक गुडी के विचारों से भी वाकिफ होने का अवसर पा लें।"[15] इस व्यंजना में डा. वीर भारत तलवार क्या कहेंगे,

---

12. वही, पृ. [xxii]
13. वही, पृ. [xix]
14. कभी-कभार : छत्तीसगढ़ में पहल, अशोक वाजपेयी, जनसत्ता, नई दिल्ली संस्करण, 30 मई, 2010, पृ. 6
15. अकथ कहानी प्रेम की : कबीर की कविता और उन का समय, पुरुषोत्तम अग्रवाल, राजकमल प्रकाशन प्रा.लि., 1-बी, नेताजी सुभाष मार्ग, नई दिल्ली-110 002, दूसरा संस्करण, 2010, पृ. [xxv]

मुझे पता नहीं, पर आगे पुरुषोत्तम अग्रवाल ने यह भी लिखा है—"वीरों का ध्यान पता नहीं इस ओर गया या नहीं... ।"[16] यहाँ 'वीर' के रूप में डा. धर्मवीर यह कहने ज़रूर आ जाएंगे कि कबीर के अध्ययन में वे ऐसा कुछ नहीं पढ़ेंगे जो गैर-कबीरी हो। ऐसी गलत सलाह दे कर पुरुषोत्तम अग्रवाल कबीर से हमारा ध्यान हटाना चाहते हैं। हमें कबीर पढ़ने हैं, लेकिन पुरुषोत्तम अग्रवाल कबीर पर पुस्तक लिखते समय भी कबीर को नहीं पढ़ रहे हैं और आल-जाल गा रहे हैं। उन्होंने अपनी इस पुस्तक में एक तरह से कसम ले ली है कि वे आगे भी जीवन में कभी कबीर को नहीं पढ़ेंगे। ओट्ठम ही ऐसे करे हैं कि इन के हाथ कबीर कभी नहीं आने। भला, जब इन का बेसिक पाठ किंवदन्तियों और प्रक्षिप्तों के पहाड़ों का है तो समीकरण के सवाल कैसे निकल जाएंगे? ये हमें कह रहे हैं कि हम यह पढ़ लें और वह पढ़ लें, हमारी एक सीधी सी बात नहीं मान रहे हैं कि वे खुद एक कबीर को पढ़ लें। 300-400 किताबों को पढ़ने की किताबाई किस काम की यदि मूल कबीर तक नहीं पहुँचे? किंवदन्तियों में उलझ गए और प्रक्षिप्तों में भटक गए—उन की इस किताब से यही पता चला है। पर खुद उलझे और भटके सो उलझे-भटके, हमें भी इसी झाड़-झंखाड़ और कूड़े-कचरे में फाँसना चाह रहे हैं। उन्हें मालूम होना चाहिए कि कबीर ने ऐसे झाड़-झंखाड़ों और कूड़े-कचरे में आग लगाई है। पुरुषोत्तम अग्रवाल को यदि अपनी विद्वत्ता बघारने की इतनी ही पड़ी है तो वे किसी दूसरे विषय पर लिखें, कबीर पर न लिखें। खूब देख लिया है कि कबीर उन का विषय नहीं है। कबीर उन के पास 'रेफरेन्स पाइन्ट' तक के रूप में नहीं हैं क्योंकि किंवदन्ती और प्रक्षिप्त से कबीर का कोई नाता नहीं। कबीर को ले कर किंवदन्तियों और प्रक्षिप्तों की बात करनी तो ऐसे है मानो कबीर के राम की बात पर दाशरथी राम की टेक उठा ली हो। कबीर ने कहा है—"दशरथ सुत तिहुं लोकहिं जाना। रामनाम का मरम है आना।"[17] ऐसे ही, किंवदन्ती और प्रक्षिप्त के जरिये मूल कबीर नहीं मिलते, ऐसे तो, दशरथ के बेटे मिलते हैं। ऐसा 'पैराडाइम शिफ्ट' हमारे किस काम का कि पूर्व की दिशा में जाना था और पश्चिम की दिशा में चल दिए? यह भटकना है, चलना नहीं।

16. वही, पृ. [xxv]
17. कबीर और रामानंद, सनाथ दास, सद्गुरु कबीर संस्थान, गुरुद्वारा फोर्ट रोड, रीवा, मध्य प्रदेश, प्रथम संस्करण, 2010, पृ. 172

भाग - दो

अध्याय-2

बेसिरपैर की बहस

क. औपनिवेशिकता और आधुनिकता

I

पहले अध्याय में यह जान लिया गया है कि पुरुषोत्तम अग्रवाल की यह किताब कबीर पर नहीं है। तब क्या किया जाए? जो इस पुस्तक में है, क्या उस पर बहस की जाए? चूँकि, नाम कबीर का है, इसलिए चर्चा में उतरा जा सकता है। इस का फायदा यह होगा कि कबीर के नाम पर फेंकी गई धूल हटेगी। पहला विषय औपनिवेशिकता और आधुनिकता का है। पुरुषोत्तम अग्रवाल पृथकता को छू नहीं पाए, पर यह जान लिया जाए कि वे भारत के सन्दर्भ से औपनिवेशिकता और आधुनिकता के बारे में क्या कहते हैं। उनके विचार इस प्रकार हैं :

1. ''आधुनिकता का सबसे बड़ा लक्षण है—मनुष्य, समाज और ब्रह्माण्ड के सम्बन्धों को पुनर्परिभाषित करने का प्रयत्न करती चेतना।''[1]
2. ''लोकवृत्त ठेठ आधुनिक परिघटना है, और जैसा कि हम देख चुके हैं, आधुनिकता केवल यूरोप तक सीमित परिघटना नहीं है।''[2]
3. ''...औपनिवेशिक आधुनिकता ने सारे गैर-यूरोप में सांस्कृतिक संवेदना विच्छेद उत्पन्न किया है... ।''[3]

---

1. अकथ कहानी प्रेम की : कबीर की कविता और उनका समय, पुरुषोत्तम अग्रवाल, राजकमल प्रकाशन प्रा.लि., 1-बी, नेताजी सुभाष मार्ग, नई दिल्ली-110 002, पहला संस्करण, 2009, पृ. 86
2. वही, पृ. 138
3. वही, पृ. 83

4. "आधुनिकता का पल निस्सन्देह विशिष्ट पल होता है, कई बार विशिष्टता इतनी जोर से बोलती है कि वह पल 'परम्परा के नैरंतर्य में विस्फोट' या प्रवाह में आवेग (रप्चर) का प्रतीत होता है। वर्णाश्रमवाद की आलोचना का नैरंतर्य कबीर के समाज में पहले से चला आ रहा था। कबीर का समय भारतीय परम्परा में आधुनिकता के उदय का, बल्कि घनीभूत होने का समय था, इसीलिए कबीर के समय में हम उस आलोचना की परम्परा के नैरंतर्य में विस्फोट सा सुनते हैं। लेकिन विस्फोट नैरंतर्य के तथ्य को गायब नहीं कर देता। न ही, किसी समाज की विशेष स्थितियाँ मनुष्य मात्र की साझी मनुष्यता के तथ्य को खारिज करती हैं। कोई आधुनिकता परम्परा-बोध के बिना सम्भव नहीं होती, और हर परम्परा में अपनी आधुनिकता की सम्भावना होती है।"[4]

5. "बिना परम्परा के कोई आधुनिकता नहीं होती, और हर आधुनिकता परम्परा में से चुनाव करती है। भारत की आरम्भिक आधुनिकता के कबीर जैसे कवियों की रचना भक्ति माने भागीदारी की परम्परास्थित, उन स्मृतियों को जीवन्त कर देती है, जो भक्ति माने (सामन्ती सत्ता के प्रति) अहैतुक समर्पण के कारण धुँधली या विकृत हो गई थीं। भक्ति के नायकों के तौर पर प्रहलाद, ध्रुव, नारद, को याद करते कबीर फेयर-प्ले की माँग कर रहे व्यापारियों, दस्तकारों को यह मानने का नैतिक, सांस्कृतिक स्मृतिपरक आधार दे रहे थे कि भक्ति की सही परम्परा उनकी है—भक्ति माने भागीदारी की है।"[5]

6. "आधुनिकता और प्रबोधन में अन्तर किया जाता है। इतिहास-क्रम में प्रबोधन आधुनिकता के पीछे ही आता है। आधुनिक होने के पहले कोई समाज प्रबुद्ध नहीं हो सकता। कुछ व्यक्ति प्रबुद्ध हो सकते हैं, ऐसे लोग अपने वक्त से आगे कहलाते हैं, लेकिन प्रबोधन के मूल्यों का व्यापक समाज में प्रचार तो आधुनिकता के बाद ही हो सकता है। यूरोप में आरम्भिक काल शुरू हुआ पंद्रहवीं सदी में। प्रबोधन (एनलाइटेनमेंट) का दौर शुरू हुआ सत्रहवीं सदी से। इसी अर्थ में यूरोपीय प्रबोधन से वंचित लोग—क्या अकबर, क्या कबीर और क्या तुकाराम—अपने वक्त से आगे और आधुनिक (अर्थात प्रबुद्ध) चित्त के निकट कहे जाते हैं। प्रबोधन के मूल्य हैं—व्यक्तिसत्ता की स्वीकृति, सहिष्णुता और विवेक। बोलचाल में आधुनिक और प्रबुद्ध घुलमिल जाते हैं। आधुनिक का अर्थ हो जाता है विवेकपरक,

---

4. वही, पृ. 86

5. वही, पृ. 344-45

व्यक्ति-सत्ता स्वीकार करने वाला, सहिष्णु चित्त; और मध्यकालीन का मतलब व्यक्ति-सत्ता को नकारने वाला। प्रेमी जोड़े को फाँसी चढ़ाने का आदेश देने वाली पंचायत का व्यवहार मध्यकालीन और प्रेमी-प्रेमिका का आधुनिक।''[6]

7. ''मध्यकालीन और आधुनिक केवल समयसूचक शब्द नहीं, मूल्यबोधक 'टर्म्स' भी हैं। आधुनिकता के बाद ही समाज प्रबोधन की दिशा में बढ़ता है। 'आधुनिक' की मूल्यपरक व्यंजना के ही कारण, ऐतिहासिक समकालीनता के बावजूद कबीर मध्यकालीन और लूथर आरम्भिक आधुनिक कहलाते हैं।''[7]

II

मुझे 'औपनिवेशिक ज्ञानकाण्ड' और 'देशज आधुनिकता' की बहस में बिलकुल नहीं पड़ना था। हमारे असल मकसद से इस बहस का कुछ लेना-देना नहीं। पहले ही बता चुका हूँ कि मैं पुरुषोत्तम अग्रवाल की इस पुस्तक को पढ़ता भी नहीं यदि इस के शीर्षक में कबीर का नाम न रखा जाता। बिना कबीर का नाम लिए, हवाओं में बहस है, होती रहे, मुझे क्या परेशानी है? केवल कबीर के नाम का दुरुपयोग न होने देने के लिए मुझे औपनिवेशिक ज्ञानकाण्ड और देशज आधुनिकता की इस बहस में थोड़ी शिरकत करनी पड़ रही है।

इन के लिए कबीर के अध्ययन का 'औपनिवेशिक ज्ञानकाण्ड से टकराने में'[8] बदलने से साफ जाहिर हो जाता है कि इन्हें कबीर से मतलब नहीं है। बस, कबीर इन के मर्ज की दवा होने चाहिए। इन का मर्ज यह है कि ये हिन्दू विद्वान यूरोप के 'औपनिवेशिक ज्ञानकाण्ड' से भिड़न्त में चल रहे हैं। पहले, कबीर को किंवदन्ती चला कर और रामानंद के शिष्य बना कर दिखाने का प्रयोजन यह था कि कबीर को वैष्णव सिद्ध कर के मुसलमानों के विरुद्ध लाभकारी चीज बनाया जाए। मुसलमानों के बाद अंग्रेजों का दौर आया तो अब कबीर की वाणी को प्रक्षिप्त कर के कबीर में औपनिवेशिक ज्ञानकाण्ड का जवाब तलाश रहे हैं। घर में तुलसीदास का राज सुरक्षित है, और बाहर वालों से हर बार कबीर लड़ेंगे—यही मंशा है। छुपी हुई कोई बात नहीं रह गई है—कबीर का अपने एक खास मकसद के लिए इस्तेमाल किया जा रहा है। कबीर कबीर न हो कर इन के इस्तेमाल की सामग्री हैं। ये किस कबीर का अध्ययन करेंगे—इन्हें क्या पता, छुआछूत क्या होती है? जब कबीर की समस्या इनकी समस्या नहीं है तो कढ़ाई में धर्मेतर अध्यात्म की जहरीली पूरियाँ उतार कर रख दी हैं—खाते ही आदमी हिन्दू धर्म का विकल्प न देने के रूप में खत्म। निष्काम के नाम पर इन का सकाम प्रयोजन यही है। राकेश शुक्ल ने अपने लेख 'कबीर का समग्र और अभिनव मूल्यांकन'

---

6. वही, पृ. 67-8
7. वही, पृ. 67
8. वही, पृ. [8]

में इस पुस्तक के बारे में लिखा है—"पुस्तक में कबीर के बहाने यूरोपीय समाज और परम्पराओं की जड़ताओं पर खूब प्रहार किया गया है, जो खासा विषयान्तर लगता है परन्तु लेखक के अनुसार, यह जानने के लिए जरूरी विषयान्तर कि भारतीय इतिहास और इतिहास लेखन तथा 'पढ़े-लिखों' के इतिहास बोध में उपनिवेशवाद द्वारा लाई गई विकृतियों की पैठ कितनी गहरी है।"[9]

अब यह बात पूरी तरह स्पष्ट हो गई है कि पुरुषोत्तम अग्रवाल को कबीर का नाम अपने किसी प्रयोजन के लिए चाहिए। यह 'हिडन एजेण्डा' था, लेकिन अब उसका भेद खुल गया है कि वह 'औपनिवेशिक ज्ञानकाण्ड' से लड़ाई का है। जबकि कबीर के समय को तुर्कों और अफगानों के सुलतानों तक सीमित रखना था, ये लेखक उन्हें नीचे उतार कर ब्रिटिश राज तक फैला लाए हैं। इन के पास प्रक्षिप्त और किंवदन्ती की रबड़ है, इतिहास की वस्तुनिष्ठ तारीखें नहीं—कहीं तक भी बढ़ा लेते हैं। कोई कहने-सुनने वाला और पूछ-ताछ करने वाला नहीं। लेकिन इतना जवाब दिया ही जाना चाहिए कि जब कबीर का इस्तेमाल यूरोप के 'औपनिवेशिक ज्ञानकाण्ड' से भिड़न्त में किया जा रहा है तो कबीर को उनके जुलाहों, चमारों और कुम्हारों से क्यों छीना जा रहा है। क्या जुलाहों, चमारों, कुम्हारों, रंगरेजों, दर्जियों, बढ़इयों, लुहारों, सुनारों आदि शिल्पी जातियों की द्विज हिन्दुओं से छुआछूत की लड़ाई खत्म हो गई है? क्या इन कारीगर और मजदूर जातियों के लोगों को अपनी लड़ाई में कबीर की मदद की जरूरत नहीं है? कबीर को केवल कवि कह कर धर्मेतर अध्यात्म के पाले में क्यों खींच कर लाया जा रहा है? कबीर अपनों से छूट गए और परायों के हो गए—यह प्रक्षिप्त और किंवदन्ती की कौन सी करामाती चाल है? जुलाहों और चमारों को यह क्यों नहीं कहने दिया जा रहा है कि कबीर उन के थे और वे कबीर के हैं? कबीर को, सभी के बनाने के चक्कर में, उन के मूल से क्यों काटा जा रहा है? प्रक्षिप्त और किवंदन्ती की लपेट और झपेट के कारण कबीर की वाणी को कलमी बना कर उस की देशजता पूरी तरह खत्म क्यों की जा रही है? कबीर को हिन्दुओं की नारदीय भक्ति का वैष्णव बनाने में निर्गुणी संतों की देशी गंध गायब हो जाती है—पुरुषोत्तम अग्रवाल किस देशजता की बात कर रहे हैं? पुराणों में देशजता नहीं है, कृत्रिमता है; प्रक्षिप्त में आधुनिकता नहीं है, साजिश है; और किंवदन्ती में लोकवृत्त नहीं है, छुआछूत है।

अमर नाथ 'अज्ञेय' ने 'कथादेश' के मार्च 2010 के अंक में छपे अपने पत्र में पुस्तक 'अकथ कहानी प्रेम की : कबीर की कविता और उन का समय' के लेखक की प्रशंसा में लिखा है—"औपनिवेशिक ज्ञानकांड द्वारा प्रवर्तित व प्रचारित मिथ्याओं की आलोचना होनी ही चाहिए।"[10] यह ठीक बात है, औपनिवेशिक ज्ञानकांड ने यदि किसी

---

9. कबीर का समग्र और अभिनव मूल्यांकन, राकेश शुक्ल, समीक्षा, एच-2, यमुना, इग्नू, मैदानगढ़ी, नई दिल्ली-110 068, जनवरी-मार्च, 2010, पृ. 18
10. अकथ कहानी प्रेम की, अमर नाथ 'अज्ञेय', कथादेश, सहयात्रा प्रकाशन प्रा. लि., सी-52/जेड-3, दिलशाद गार्डन, दिल्ली-110 095, मार्च 2010, पृ. 5

मिथ्या बात का सृजन या उस की वकालत की है तो उस की आलोचना होनी ही चाहिए, बल्कि जम कर आलोचना होनी चाहिए। पूछना यह है कि अमर नाथ 'अज्ञेय' यह लिखना कैसे भूल गए कि हिन्दू ज्ञानकांड के प्रक्षिप्तों और किंवदन्तियों की भी तीखी आलोचना होनी चाहिए। प्रक्षिप्त और किंवदन्ती तो मिथ्या से भी अधिक हानिकारक हैं। मिथ्या चिड़िया की तरह उड़ाई जा सकती है, पर प्रक्षिप्त और किंवदन्ती तो पेड़ पर तथ्य बना कर बांधे गए तोते हैं—इन का क्या करोगे—इन्हें क्यों नहीं भगा रहे हो? इन से इतना लगाव क्यों है—ये यारे-प्यारे क्यों बने हुए हैं? रिश्ते के हिसाब से किंवदन्ती और प्रक्षिप्त मिथ्या के माता-पिता हैं। किंवदन्ती और प्रक्षिप्त को हटाया जाना चाहिए ताकि मिथ्या का जन्म ही न हो सके। प्रक्षिप्त, किंवदन्ती और मिथ्या के निर्माण का यह कारखाना बन्द होना चाहिए।

पुरुषोत्तम अग्रवाल आधुनिक ज्ञानकांड का विरोध करते हुए लिखते हैं—" 'आधुनिक' ज्ञानकांड मानने को तैयार नहीं कि कबीर की वैचारिकता उन की वंशजनित मजबूरी नहीं, बल्कि बेचैन व्यक्ति की साहस-भरी खोज की परिणति अर्थात् 'इंडिविजुल, रेशनल च्वायस' थी।"[11] इसे कहते हैं—उलटा मार्ग। दूसरों को बचाते फिर रहे हैं, खुद यूरोप के आधुनिक ज्ञानकांड के जाल में फँस रहे हैं। भला, आप को जब यूरोप के ज्ञानकांड से कुछ लेना-देना नहीं है तो यूरोप के ज्ञानकांड को अपनी बात कहने की कसौटी क्यों मान रहे हो? जो यूरोप के ज्ञानकांड ने मूल्य खड़े कर दिए हैं, उन्हें सिर झुका कर स्वीकार क्यों कर रहे हो? अपनी देशज आधुनिकता की कसौटी खुद निश्चित करो। हर बात को यूरोप के ज्ञानकांड की तराजू के पलड़ों पर क्यों तोलते हो? यूरोप के मूल्य मान कर यूरोप से होड़ करने क्यों बैठ गए?—निश्चित रूप से हारोगे।

इस पुस्तक में पुरुषोत्तम अग्रवाल ने यूरोप के ज्ञानकांड से मुकाबला करने में अपनी बुद्धि के सारे घोड़े दौड़ा लिए हैं। यदि मैं, दुर्भाग्य से, उन के पक्ष का व्यक्ति होता तो उन की तरफ से की जा रही एक कमी की ओर मेरा ध्यान जरूर जाता। जाने वे यह कहने से कैसे चूक गए कि पन्द्रहवीं-सोलहवीं सदी के भारतीय मछुआरे अटलांटिक सागर में स्थित ब्रिटेन पर अपना अधिकार जमाने निकले थे पर उन दिनों वहाँ ज्यादा बर्फ पड़ने की वजह से वे वापिस आ गए? प्रक्षिप्त का हथियार पास है, साहित्य में 'उप-रचना' की तरह इतिहास में 'उप-इतिहास' की सृष्टि कर दो कि सन् 1947 में भारत ब्रिटेन की गुलामी से आजाद नहीं हुआ था बल्कि ब्रिटेन भारत की गुलामी से आजाद हुआ था। किंवदन्ती का दूसरा हथियार हाथ में है, बात फैला दो कि भारत के लोग 1947 तक ब्रिटेन से गोरों को पकड़-पकड़ कर अपने घरों में गुलाम बना कर रखते थे।

---

11. अकथ कहानी प्रेम की : कबीर की कविता और उन का समय, पुरुषोत्तम अग्रवाल, राजकमल प्रकाशन प्रा.लि., 1-बी, नेताजी सुभाष मार्ग, नई दिल्ली-110 002, पहला संस्करण, 2009, पृ. 175

III

इस बाबत अनिल चमड़िया ने 'जनसत्ता' में छपे अपने लेख 'विचारों की कसौटी' में एक खास सन्दर्भ में सही लिखा है—"ऐसा नहीं है कि जो लोग ऐसा विषयान्तर करते हैं वे अनजाने करते हैं।"[12] उन्होंने रणनीति का खुलासा करते हुए आगे लिखा है—"अपने समाज में वैचारिक स्तर पर जो कुछ घटित हो रहा है उसे बतौर घटना सतह पर आने से ही रोक दिया गया है। इस की वजह से वैचारिक स्तर पर भ्रम की स्थिति बनी हुई है। दरअसल, यह स्थितियों को भ्रामक बनाने की सबसे कारगर कवायद होती है।"[13] प्रक्षिप्त और किंवदन्ती के माध्यम से कबीर के साथ यही किया गया है। असली ऐतिहासिक कबीर को सामने नहीं आने दिया और प्रक्षिप्त वाला और किंवदन्ती वाला कबीर खड़ा कर लिया। ऐतिहासिक और लौकिक कबीर को पौराणिक और अलौकिक कबीर बना डाला। असली कबीर की दावेदारी करने वाले लोग सामने आते हैं तो ये 'अपने-अपने कबीर' की बाँट करने लगते हैं। तब तक ये एक असली कबीर के सामने सौ नकली कबीर बना चुके होते हैं। कहेंगे, हम तो प्रक्षिप्त वाले और किंवदन्ती वाले कबीर का ही विश्वविद्यालयों में अध्ययन-अध्यापन करेंगे। मांग की जा सकती है कि साहित्य की दुनिया में इसे जुर्म करार दिया जाए।

अनिल चमड़िया ने आधुनिकता के बारे में भी सही लिखा है—"आधुनिकता का सीधा संबंध विचारों से है। विचारों की कसौटी पर ही आधुनिकता परिभाषित होती है।" लेकिन पुरुषोत्तम अग्रवाल की देशज आधुनिकता देखिए कि प्रक्षिप्त और किंवदन्ती पर टिकी हुई है। यह कैसी आधुनिकता है जो पौराणिक हो रही है? लेकिन हमें किसी 'कबीर पुराण' की जरूरत नहीं है। किसी की भी सिफारिश से हम उसे नहीं पढ़ेंगे। इसलिए, इन सांस्कृतिक चालाकियों, बौद्धिक षडयन्त्रों और दार्शनिक चुप्पियों को गहराई से समझने की जरूरत है। ये कई-कई तरह से काम करती हैं। इन के एक तरीके का पर्दाफाश अनिल चमड़िया ने किया है। वे लिखते हैं—"समाज के बौद्धिक विकास को अवरुद्ध करने का यह सब से कारगर तरीका है कि नदी की वास्तविक धारा के बीच में एक नई ऐसी धारा निकाल दी जाए कि वास्तविक धारा के रुकने का भान ही नहीं हो। भाषा वही हो, लेकिन उस की अन्तर्वस्तु, वर्चस्ववादी संस्कृति के अनुरूप बदल दी जाए।"[14] यदि कबीर वाणी के सन्दर्भ में इसे परखा और बताया जाए तो प्रक्षिप्तकारों और किंवदन्तीकारों ने 'पुनर्जन्म' और 'बैकुंठ' के दो छेद करके कबीर की नाव को नदी की बीच धार में डुबोया है। हमारा काम है कि हम प्रक्षिप्तों के घनों से तोड़ी गई और किंवदन्ती की कीलों से छेद की गई कबीर की इस टूटी-फूटी नाव की मरम्मत करके दोबारा ठीक-ठाक और काम करने लायक बनाएँ। सच बात है, प्रक्षिप्त

12. विचारों की कसौटी, अनिल चमड़िया, जनसत्ता, नई दिल्ली, 22 मार्च, 2010, पृ. 6
13. वही, पृ. 6
14. वही, पृ. 6

और किंवदन्ती के हथौड़ों से कबीर के विचारों की बहती नाव बुरी तरह दुर्घटनाग्रस्त की गई है। यह समुद्र के किनारे पर क्षतिग्रस्त पड़ी है।

जब कबीर पर बात न हो रही हो तो उन बातों में क्यों उलझा जाए जिन में पुरुषोत्तम अग्रवाल उलझाना चाह रहे हैं? कबीर को पढ़ने में हम तुलसीदास को क्यों पढ़ेंगे? इन्डोलोजी को कोसना पुरुषोत्तम अग्रवाल की जरूरत हो, हमारी नहीं। अछूतों को साक्षर इण्डोलोजी या इस्लाम ने किया है, संस्कृत ने नहीं। नस्लों, जातियों और रक्ताधारित वर्णों का निर्धारण—इन विषयों पर जरूरत हो तो मैं पुरुषोत्तम अग्रवाल से अलग से पूरी बहस कर सकता हूँ। मैं एक वैज्ञानिक हूँ और अपने पास डीएनए का हिसाब-किताब रखता हूँ। पुरुषोत्तम अग्रवाल भाग खड़े होंगे जब कम्प्यूटर पर जैनेटिक विज्ञान की खिड़कियाँ खुलने लगेंगी। पहचान के बन कर हजारों साल के पूर्वज सामने आ खड़े होंगे। उनका क्रुक के इस निष्कर्ष में विश्वास धराशायी हो जाएगा कि भारत में 'सभी का नस्ली मूल एक सा ही है।'[15] मैंने अपनी पुस्तक 'प्रेमचंद की नीली आँखें'[16] में सिद्ध किया है कि प्रेमचंद की आँैर प्रेमचंद जैसे अनेक लोगों की आँखें एक ही भारतीय नस्ली मूल की नहीं हैं। अच्छा रहेगा, वे मेरी इस पुस्तक को पढ़ लें। उस से आगे अब मैंने 'बुद्ध की नीली आँखें' और 'ब्रह्मा की नीली आँखें' भी खोज ली हैं।

पुरुषोत्तम अग्रवाल ने हमारे बाबा साहेब डा. अम्बेडकर को अपने पक्ष में उद्धृत किया है कि 'यह दावा कि आर्य बाहर से आए और भारत पर आक्रमण किया और यह कल्पना कि दास या दस्यु भारत के मूल निवासी थे, एकदम गलत है'।[17] बाबा साहेब को हम समझा देंगे और वे हमारी बात को मान भी लेंगे कि पंजाब के चूहड़े और पंजाब के ब्राह्मण की खोपड़ी की माप एक सी बलात्कार और जारकर्म के कारण है, विवाह के द्वारा नहीं। पुरुषोत्तम अग्रवाल को कैसे समझाएँ जो औपनिवेशिक ज्ञानकांड की खिल्ली उड़ाते हुए यह लिख रहे हैं कि ' "आधुनिक" विद्वानों को नस्लों के "वैज्ञानिक अध्ययन के लिए, भारत अद्वितीय प्रयोगशाला-सा नजर आ रहा था'[18]? कोई अपने दीदे इस तथ्य से कैस मीच लेगा कि अभी 1947 में भारत छोड़ते समय अंग्रेजों ने पहले एंग्लो-इण्डियनों के लिए विशेष संरक्षणों की गारन्टी ली थी? क्या पुरुषोत्तम अग्रवाल को मालूम नहीं है कि संविधान में 'एंग्लो-इण्डियन' की परिभाषा क्या है—और विधायिका में स्थान पाने के लिए उन के लिए क्या उपबंध हैं? शायद, पुरुषोत्तम अग्रवाल ने केरल के आदिवासियों के कद नहीं देखे—वे 'बातन ही बैकुंठ' बखान रहे हैं।

---

15. अकथ कहानी प्रेम की : कबीर की कविता और उन का समय, पुरुषोत्तम अग्रवाल, राजकमल प्रकाशन प्रा.लि., 1-बी, नेताजी सुभाष मार्ग, नई दिल्ली-110 002, पहला संस्करण, 2009, पृ. 126
16. प्रेमचंद की नीली आँखें, डा. धर्मवीर, वाणी प्रकाशन, 4695, 21-ए, दरियागंज, नई दिल्ली-110 002, प्रथम संस्करण 2010
17. अकथ कहानी प्रेम की : कबीर की कविता और उन का समय, पुरुषोत्तम अग्रवाल, राजकमल प्रकाशन प्रा.लि., 1-बी, नेताजी सुभाष मार्ग, नई दिल्ली-110 002, पहला संस्करण, 2009 पृ. 136
18. वही, पृ. 125

IV

भारत में अंग्रेजों को ले कर दो बातें सामने आती हैं–एक औपनिवेशिक सत्ता की और दूसरी औपनिवेशिक ज्ञानकांड की। पहली में, हिन्दुओं और मुसलमानों का सत्ताधारी वर्ग अंग्रेजों से हारा था। यह उनकी सामरिक, राजनैतिक और कूटनीतिक हार थी। हिन्दुओं की ही बात लें तो उन के राजा अंग्रेजों से हारे थे। नामोशी की बात जरूर है, लेकिन अंग्रेजों ने हिन्दू राजाओं को सात समन्दर पार से आ कर उन के घर में हराया था। यह युद्ध ब्रिटेन की धरती पर नहीं हुआ था, बल्कि हिन्दुओं के भारत देश में हुआ था। सुन कर जोर जरूर पड़ता है, पर मान लेना चाहिए कि राजकाज में हिन्दू राजा अंग्रेजों के मातहत थे। हिन्दू राजाओं के पास यह मानने के सिवाय कोई चारा नहीं है कि उन्हें राज करना नहीं आता था या वे देश की रक्षा करने में नाकाबिल थे। यह भी एक तथ्य है कि हिन्दू राजा अंग्रेजों से जूझने में कूटनीति के स्तर पर भी कमजोर थे। इस स्थिति में औपनिवेशिक सत्ता कायम करने के लिए अंग्रेजों की जितनी चाहे बुराई की जाए पर हिन्दू विद्वान थोड़ी बुराई अपनी भी कर लें कि उन के राजा, मन्त्री और सैनिक देश की सीमाओं की रक्षा नहीं कर सके थे। रही दूसरी बात आपनिवेशिक ज्ञानकांड की–इस में कबीर हिन्दुओं की सहायता कैसे करेंगे क्योंकि कबीर ने हिन्दुओं से नाता तोड़ रखा है? उलटे, कबीर हिन्दुओं के ज्ञानकांड से लड़ रहे हैं। हिन्दुओं का ज्ञानकांड कथनी और करनी के भेद का है। किसी भी उस कौम को आधुनिक या पुरातन कैसे कह दिया जाएगा जो अपनी कथनी में ईमानदार न हो? यूरोप से तुलनीय आधुनिकता हिन्दुओं के पास आज तक भी नहीं है। अभी भी भारत राष्ट्र अपने राज्य की संस्थाओं द्वारा निरक्षरता मिटाने में लगा हुआ है। साहित्यिक आलोचना में प्रयोग किए जाने वाले 'आधुनिकता' और 'उत्तर-आधुनिकता' के शब्द यूरोप के इतिहास से निकलते हैं। अभी 64 साल पहले भारत आजाद हुआ था, गर्व करने के लिए ले-दे कर भारतीयों के पास यही कुछ है। विज्ञान और उद्योग आयातित माल हैं। ये ऐसे ही खरीदे जाते हैं जैसे युद्ध के हथियार खरीदे जाते हैं। आधुनिकता और उत्तर-आधुनिकता बुद्धि और संस्कार की चीजें हैं जिनका आयात नहीं हो सकता। कहने का मतलब यह है कि यह देश आधुनिक और उत्तर-आधुनिक भी हो जाएगा और जनता में निरक्षरता भी कायम रहेगी–दोनों बातें एक साथ नहीं चल सकतीं।

कबीर की तरह सांग रूपक अलंकार में बांध कर बात कही जाए तो इस पुस्तक में 'देशज आधुनिकता' के नाम पर पुरुषोत्तम अग्रवाल ने 'देशज मूर्खता' की गाड़ी हाँक रखी है। प्रक्षिप्त और किंवदन्ती के दो अंधे बैल जोड़ रखे हैं। कुबुद्धि और कुतर्क के पीछे की ओर चलने वाले पहिए हैं। पुराण का अवतारी शैली का जुवा है। माल के नाम पर गुलामी का बोझ लाद रखा है। मियाँ मिट्ठू नाम का गाड़ीवान है जो यह भूल गया है कि उसे कहाँ जाना था। हद यह हो गई है कि यह सब उन कबीर के नाम पर हुआ है जिन के पास ज्ञान की आंधी है। तुलसी के नाम पर कर दिया जाता तो हमारी हैरत कम

हो जाती। यूँ कहा जाए कि लेखकों की दुनिया में पुरुषोत्तम अग्रवाल ने किंवदन्तियों की दुकान लगा रखी है। वे हमारा समय इस काम में बर्बाद करवा रहे हैं कि अनंत दासी किंवदन्तियाँ बेहतर नहीं लगतीं तो धर्मदासी किंवदन्तियाँ खरीद लो। धर्मदासी किंवदन्तियों में नफा नहीं दीख रहा है तो परमानंदी किंवदन्तियों का मोलभाव कर लो। कह रहे हैं, सस्ती कर दूँगा। हमने कह दिया है कि हम इन्हें मुफ्त में भी नहीं लेंगे। हम कबीर के सच्चे सौदे की दुकान पर जाएंगे।

पुरुषोत्तम अग्रवाल परमानंद की पुस्तक 'कबीर-मंशूर' को पढ़ने में बेमतलब माथापच्ची कर रहे हैं।[19] वे क्यों हमारे सामने किंवदन्ती के रूप में एक से बढ़ कर एक झूठ परोस रहे हैं? यदि वे कबीर की कविता और उन के समय को समझना चाह रहे हैं तो उन्हें अपना और दूसरों का समय ऊलजलूल की बातों में बर्बाद नहीं करना चाहिए। एक और बकवास कि वे नाभादास की 'भक्तमाल' पर बालक राम द्वारा लिखी गई टीका की पुस्तक 'भक्ति गुणदामचित्रिणी' को 'राजस्थान प्राच्य विद्या प्रतिष्ठान, जोधपुर' में देख आए हैं।[20] खुद दुखी और दूसरों को दुखी कर रहे हैं। एक ढंग का काम यह करना था कि, पूरे प्रयास में, कबीर की मूल वाणी के एक पद को भी प्रामाणिक रूप में ढूंढ लेते। यह काम न कर के, बल्कि इस काम को छोड़ कर, बल्कि इसके विरोध में खड़े हो कर, एक झूठ के बाद दूसरे झूठ की खोज को तथ्य मनवाने की जबर्दस्ती कर रहे हैं। जाने कबीर को ले कर समय की फिजूलखर्ची के सारे काम करने पुरुषोत्तम अग्रवाल के ही हिस्से में आए हैं? कबीर कह रहे हैं कि '...थोथा देइ उड़ाय'[21], लेकिन ये कबीर द्वारा उड़ाए हुए भूसे को बार-बार हमारे छाज में रख रहे हैं। क्या कसम खा ली है कि पाठकों को कबीर का कुछ भी मूल नहीं पढ़ने देंगे? अपनी देशज आधुनिकता को यूरोप की आधुनिकता से भी पुरानी और शक्तिशाली सिद्‌ध करने वाले अपनी आज की उत्तर आधुनिकता में भी प्रक्षिप्त और किंवदन्ती का मोह नहीं छोड़ पा रहे हैं—ये किस हिसाब से यूरोप के ज्ञानकांड का मुकाबला करेंगे जब मूल और प्रक्षिप्त को छाँटने का नीर-क्षीर विवेक इन के पास नहीं है? यूँ समझो कि हमें कबीर के घर जाना है। कबीर से अपनी कौमों की स्वतन्त्रता के गीत सुनने हैं। बीच में पुरुषोत्तम अग्रवाल नाम के रास्ता भटकाने वाले मिल जाते हैं। प्रक्षिप्तों और किंवदन्तियों की भूल-भुलैया खड़ी कर रखी है। पाँच सौ साल के लम्बे प्रक्षिप्त और पाँच सौ साल की लम्बी किंवदन्तियाँ बेल रखी हैं। एक ओर धर्मेतर अध्यात्म की गहरी खाई खोद रखी है, तो दूसरी ओर, देशज पौराणिकता का पहाड़ अड़ा दिया है। अस्पृश्यता से लड़ने के सीधे रास्ते को कितना टेढ़ा-मेढ़ा और मुश्किल कर दिया है!

ये लेखक 'औपनिवेशिक ज्ञानकांड' के पीछे हाथ धो कर पड़े हुए हैं और उस में सारे दोष निकाल रहे हैं। इस दोष निकालने में इन्हें इस बात का ध्यान नहीं रहा कि

---

19. वही, पृ. 170-72
20. वही पृ. 167-69
21. सन्त वाणी अंक, सम्पादक हनुमान प्रसाद पोद्‌दार और चिम्मन लाल गोस्वामी, कल्याण, गीता प्रेस, गोरखपुर, उत्तर प्रदेश-273 005, चतुर्थ पुनर्मुद्रण, सम्वत 2065, पृ. 212

'औपनिवेशिक ज्ञानकांड' ने कबीर की वाणी को कभी प्रक्षिप्त नहीं किया और कबीर के साथ किंवदन्तियाँ नहीं जोड़ीं। यह 'पुरुषोत्तम अग्रवालीय प्रक्षिप्तकांड' है जो कबीर की वाणी के साथ षडयंत्र रचता है। यह 'पुरुषोत्तम अग्रवालीय किंवदन्तीकांड बनाम औपनिवेशिक ज्ञानकांड' का मामला है जिस में विद्वानों की तार्किक बुद्धि को फैसला करना है।

ख. अकाल : मिथिला का नीरो

पहले बताया जा चुका है कि पुरुषोत्तम अग्रवाल का अपनी इस पुस्तक 'अकथ कहानी प्रेम की : कबीर की कविता और उनका समय' में दलितों-पिछड़ों को ले कर वही उद्देश्य है जो प्रेमचंद का चमारों को ले कर उन के उपन्यास 'रंगभूमि' में था। 'रंगभूमि' में दर्शाया गया है कि सूरे चमार को गोली अंग्रेज कलक्टर मिस्टर क्लार्क ने मारी थी। उसी तर्ज पर यहाँ पुरुषोत्तम अग्रवाल लिख रहे हैं–"ब्रिटिश राज को दलितों-पिछड़ों का उद्धारक और 1857 के विद्रोहियों को ब्राह्मणवादी बताने वालों को अनुमान लगाना चाहिए कि चौथाई सदी में अकाल के कारण काल के ग्रास में समा जाने वाले हमारे ढाई-तीन करोड़ अभागे पूर्वजों में से कितने दलित-पिछड़े रहे होंगे और कितने ब्राह्मणवादी!"[22] अग्रवाल ने खुद ही उत्तर दिया है–"स्वयं ब्रिटिश प्रशासन की एक रिपोर्ट (1881) के अनुसार अकाल के शिकार बनने वालों में से अस्सी फीसदी समाज के दरिद्रतम तबकों के थे।"[23]

चलो, अच्छा हुआ, अग्रवाल को हिसाब लगाना आ गया। हिसाब लगाना क्या आया?–यह भी अंग्रेजों से सीखा कि भारत में दरिद्रतम दलित-पिछड़े तबकों की जनसंख्या अस्सी फीसदी है। इन के ब्राह्मणों की मनुस्मृति तो शूद्रों और अछूतों को बिना अकाल के और बिना हिसाब के मारे जा रही थी। मनुस्मृति ने शूद्रों और अछूतों पर अपने स्वर्णकाल में ही ऐतिहासिक दुर्भिक्ष डाल रखा था। विशेषता और अन्तर देखिए, जब इन्हीं अस्सी फीसदी दलित-पिछड़े तबकों के एक हिस्से को ब्रिटिश राज ने 1932 में कम्यूनल अवार्ड के तहत राजनैतिक हकूक दिए तो अग्रवाल द्वारा प्रशंसनीय इन के गांधी जी ने यह कहते हुए आमरण अनशन कर दिया–'नहीं, नहीं लेने दूँ, किसी हालत में नहीं लेने दूँ, मर जाऊँगा, जान खो दूँगा'–और डाक्टर अम्बेडकर पर दबाव बना कर उनके पूना पैक्ट पर गूंठे-दस्तखत ले लिए–अर्थात एक और एकलव्य के गूँठे काट दिए। ब्रिटिश राज दलितों को कुछ दे रहा था–दे लेने देते। उलटे, पुरुषोत्तम अग्रवाल यह लिख कर दलित लेखकों पर कटाक्ष कर रहे हैं–"भारत में अंग्रेजों के देर से आने

---

22. अकथ कहानी प्रेम की : कबीर की कविता और उन का समय, पुरुषोत्तम अग्रवाल, राजकमल प्रकाशन प्रा.लि., 1-बी, नेताजी सुभाष मार्ग, नई दिल्ली-110 002, पहला संस्करण, 2009, पृ. 121
23. वही, पृ. 121

और जल्दी चले जाने से दुखी आत्माएँ... ।''[24] महाराज जी को यह बात समझ में नहीं आई कि अंग्रेज तो 1947 से भी पहले चले जाते यदि हिन्दू लोग दलितों को उन के मुलकी हक दे देते। महाराज जी को यह बात भी समझ में नहीं आई कि यदि दलितों को राजनीतिक अधिकार मिले हुए होते तो अंग्रेज भारत में कदम तक नहीं रख सकते थे। इतिहास को पुरुषोत्तम अग्रवाल बिलकुल ओंधे हो कर पढ़ रहे हैं। यदि द्विज हिन्दू इन वर्गों को दलित-पिछड़े न बनाते और इन्हें शक्तिशाली रहने देते तो अंग्रेज इस देश में कैसे घुस सकते थे? बंगाल की खाड़ी में इन्हें हमारे मछेरे ही हरा देते। अपनी कमेरी कौमों की बेइज्जती करके द्विजों ने अंग्रेजों को भारत में आने का न्यौता दिया था।

पुरुषोत्तम अग्रवाल को औपनिवेशिकता को कोसना है, जरूर कोसें, उस में कमी न छोड़ें, हम भी उनके साथ रहेंगे, पर इतिहास का अध्ययन ईमानदारी से किया जाना चाहिए। वे भारत में अकालों की बात कर रहे हैं और अंग्रेजों को लोगों की भुखमरी के लिए जिम्मेदार ठहरा रहे हैं, पर तनिक होश-हवास संभाल कर संजीव के लेख 'बदहाल हैं गंग नहर खोदने वालों के वंशज' में से यह अंश भी पढ़ लें—''बात 1837-38 की है(।) उस समय भीषण सूखे की मार के चलते ईस्ट इंडिया कम्पनी को बहुत रुपया खर्च करना पड़ा था। अंग्रेज कर्नल प्रोबी कहले ने जमीन को सींचने के लिए पाँच सौ किलोमीटर लंबी नहर बनाने की योजना बनाई। चार साल बाद 1842 में 8 अप्रैल से यह नहर खुदनी शुरू हुई। उस के बाद 1854 को लार्ड डलहौजी ने इसका उद्‌घाटन किया। 348 मील लंबी इस नहर से 767000 एकड़ भूमि व पाँच हजार गाँवों को पानी मिलने लगा।''[25] इस के बाद मैं इस में अपनी कथा जोड़ दूँ। मैं गंगा और गंग नहर के पानी से ही बना हूँ। मेरे गाँव के किसानों के खेतों में इसी गंग नहर से पानी आता है। मेरठ के 'कम्पनी बाग' को बनाने में मेरा गाँव उजड़ा था, जो उस से थोड़ी दूरी पर था, पर दूसरी जगह बसा भी था। आज उसे 'गांधी बाग' नाम दे कर इतिहास को प्रक्षिप्त ही किया गया है। गांधी का उस समय जन्म भी नहीं हुआ था जब मेरठ का वह 'कम्पनी बाग' बनाया गया था। हमारे बच्चे उसे 'गांधी बाग' कहते हैं और मैं 'कम्पनी बाग' कहता हूँ। कौन सही है? सच्चा इतिहास किस के पास है? मेरे बचपन तक उस का नाम 'गांधी बाग' नहीं रखा गया था। मैं 'कम्पनी बाग' में पढ़ा हूँ। मेरी आईएएस की परीक्षा की तैयारी वहीं की थी।

पुरुषोत्तम अग्रवाल कबीर पर लिखी अपनी किताब में किस बहस में उलझ रहे हैं? कबीर का और भारत में बर्तानी राज का क्या लेना-देना? कबीर का समय भारत में ब्रिटिश राज की स्थापना के पहले का है, इसलिए कबीर की वाणी में किसी वारेन हेस्टिंग्स या माउन्टबेटन का जिक्र होना संभव नहीं था। फिर भी, पुरुषोत्तम अग्रवाल अपनी किताब में बर्तानी भारत के अकालों को ले कर कुश्ती के मैदान में दम ठोंक रहे

---

24. वही, पृ. 121
25. बदहाल हैं गंग नहर खोदने वालों के वंशज, संजीव, जनसत्ता, नई दिल्ली, 20 अप्रैल, 2010, पृ. 9

हैं। उन्हें यह विषय इतना ही प्रिय था, तो एक अलग से किताब लिख देते—मैं पढ़ता, न पढ़ता, मेरी मर्जी थी। दुनिया में इतनी किताबें लिखी जा रही हैं, सारी मेरे पढ़ने के लिए थोड़े ही हैं। हर पाठक को अपना चुनाव करना होता है। बेशक, अपनी यह भ्रामक किताब लिख कर अग्रवाल ने चुनाव करने की मेरी स्वतन्त्रता छीनी है।

इस पृष्ठभूमि में कहूँ कि उन्हें अंग्रेजों को जितना कोसना है, कोसें, मैं कोई अंग्रेजों का पक्षधर बैठा हूँ? मुझे केवल इतना कहना है कि अंग्रेजों की बुराई करने में वे मेरी बुराई न करें। जहाँ तक अकाल की बात है तो अंग्रेजों ने भारत में 'फैमिन पोलिसी' तैयार की थी। इस के लिए उन्होंने सन् 1880 में एक 'फैमिन कमीशन' भी खड़ा किया था। उस 'फैमिन कमीशन' ने अपनी रिपोर्ट प्रस्तुत की थी जिस के आधार पर सन् 1883 में 'फैमिन कोड' तैयार किया गया था। ये बातें माइकल एडवर्डीस की पुस्तक 'ब्रिटिश इण्डिया : 1772-1947' में सप्रमाण दर्ज हैं।[26] माइकल ने लिखा है कि यह 'फैमिन कोड' कैसा भी था, इस में कुछ भी अपूर्णताएँ थी, पर यह बहुत पहले उठाया गया एक कदम जरूर था जिस में शासकों ने अपने शासितों के कल्याण की जिम्मेदारी अपने ऊपर लेने का एक बड़ा उदाहरण पेश किया था।[27]

पुरुषोत्तम अग्रवाल ने अपनी पुस्तक के दूसरे संस्करण की भूमिका में पहले पूछे गए सवाल को फिर पूछा है—"उन्नीसवीं सदी की आखिरी चौथाई में अकाल के कारण काल के ग्रास में समा जाने वाले हमारे इन ढाई-तीन करोड़ अभागे पूर्वजों में से कितने दलित-पिछड़े और आदिवासी रहे होंगे और कितने सवर्ण या ब्राह्मणवादी!"[28] लेखक का कहना है कि अंग्रेज शासक अकाल पीड़ित भारतीयों के लिए कुछ नहीं करते थे। उन्हें मालूम नहीं कि इस तरह के आँकड़े इक्ट्ठे करने भी भारतीयों को विदेशियों ने सिखाए थे। जहाँ तक अकाल पीड़ितों की सहायता करने का प्रश्न है तो एक सब से बड़ा तथ्यात्मक प्रमाण हमारे पास बाबा साहेब डा. अम्बेडकर ने ही अपनी आत्मकथा 'वेटिंग फॉर ए वीसा' में दर्ज किया है। उन्होंने लिखा है कि जहाँ तक उन्हें याद है, यह लगभग 1901 में घटी घटना थी। यह वही समय है जिस की पुरुषोत्तम अग्रवाल बात कर रहे हैं। डा. अम्बेडकर के शब्द हैं—"मेरे पिता सातारा जिले के खाटव तालुका के गोरेगांव नामक एक स्थान में खजांची की नौकरी करने चले गए थे, जहाँ बम्बई सरकार ने हजारों की संख्या में अकाल से मरने वाले लोगों (के परिजनों) को रोजगार देने के उद्देश्य से एक तालाब खोदने का काम शुरू किया था।"[29] पुरुषोत्तम अग्रवाल दूसरों पर यह काम

26. British India : 1772-1947, Michael Edwardes, Rupa & Co., 7/16, Ansari Road, Darya Ganj, New Delhi-110 002, Fifth Impression, 2009, pp. 228-30
27. "... the Famine Code remains the earliest and, despite all qualifications, one of the greatest examples of the acceptance by the state of responsibility for the welfare of those it rules." ibid., p. 231
28. अकथ कहानी प्रेम की : कबीर की कविता और उन का समय, पुरुषोत्तम अग्रवाल, राजकमल प्रकाशन प्रा.लि., 1-बी, नेताजी सुभाष मार्ग, नई दिल्ली-110 002, दूसरा संस्करण, 2010 पृ. [xxxviii]
29. वीसा की प्रतीक्षा में (बाबा साहेब डा. आंबेडकर की स्व-जीवनी), डा. बी.आर. आंबेडकर, अनुवादक, तेज सिंह, सम्यक प्रकाशन, 32/3, पश्चिम पुरी, नई दिल्ली-110 063, प्रथम संस्करण, 2010, पृ. 16

छोड़ने के बजाय थोड़ी मेहनत खुद करें तो उन्हें इस तरह के उदाहरण और भी मिल जाएंगे। वे बताएँ कि ऐसे समय उन के हिन्दू राजा क्या करते थे। क्या उन्हें मालूम नहीं कि हमारे अपने समय के पिछले पाँच सालों में आंध्र प्रदेश, महाराष्ट्र, केरल और देश के अन्य प्रान्तों के कितने किसानों ने आत्महत्याएँ की हैं और आज भी कर रहे हैं? उन के लिए क्या मैं ये आँकड़े इक्ट्ठे कर के पेश करूँ? आईना दिखाने के लिए यह उनके आजाद भारत की तस्वीर है। उन्हें मालूम होना चाहिए कि विदर्भ में क्या गुजर रही है। जसविंदर सिंह के लेख 'तेलंगाना से पहले' में लिखा गया है–"...यह जानना होगा कि केवल आंध्र प्रदेश में नहीं, महाराष्ट्र, मध्यप्रदेश, छत्तीसगढ़ आदि राज्यों में भी कृषि संकट से ग्रस्त किसान आत्महत्या कर रहे हैं। यूपीए के पहले कार्यकाल में प्रत्येक आधे घंटे में एक किसान ने आत्महत्या की है। कितनी कोखें सुनी हुई होंगी? कितनी सुहागनों का सुहाग लुटा होगा और कितने बच्चे अनाथ हुए होंगे? यह दर्द किसी एक क्षेत्र का नहीं, सारे देश का है।"[30] राजेन्द्र यादव ने 'हंस' में छपे अपने सम्पादकीय लेख 'सीढ़ियां हैं आत्मकथाएं' में संख्या के बारे में बात खोल ही दी है जब लिखा है कि '...किसानों की आत्महत्याएं दो लाख का आंकड़ा पार कर चुकी है।'[31]

किसानों की आत्महत्याओं के विषय पर 5 दिसम्बर, 2011 के अंग्रेजी के दैनिक पत्र 'द हिन्दू' में पी. साइनाथ का एक लेख 'सम स्टेट्स फाइट द ट्रेन्ड आउट....' शीर्षक से प्रकाशित हुआ है। इस में 'नेशनल क्राइम रिकार्ड्स ब्यूरो' की प्रामाणिक मदद ले कर 1995 से 2010 तक के समय में हुई किसानों की आत्महत्याओं के आँकड़े दिए गए हैं। निष्कर्ष में लिखा गया है कि इन 16 वर्षों के दौरान सवा दो लाख से ज्यादा की संख्या में भारतीय किसान आत्महत्या कर चुके हैं।[32] हिन्दी के दैनिक पत्र 'जनसत्ता' ने 9 दिसम्बर, 2011 को नरेश सांगवान का एक पत्र छापा है। इस पत्र में लिखा गया है–"अगर ये आँकड़े सोमालिया या इथियोपिया जैसे देश के होते तो उसे लगातार अकाल और गृहयुद्ध जैसी स्थितियों से जोड़ दिया जाता।"[33] इसी दैनिक पत्र के 17 दिसम्बर, 2011 के सम्पादकीय 'किसान की मुसीबत' में लिखा गया है–"जब किसी वजह से फसल चौपट होती है तब तो किसान मुसीबत में होता ही है, जब पैदावार अच्छी होती है तब भी उपज का वाजिब दाम न मिल पाने के कारण उसे घाटा उठाना पड़ता है।"[34] इस का मतलब यह निकलता है कि यह कृत्रिम अकाल सृजित किया जाता है। राज्य सभा में भी सवाल उठाया गया है कि इस के लिए, कृषि मंत्रालय के साथ-साथ, वित्त, वाणिज्य और

---

30. तेलंगाना से पहले, जसविंदर सिंह, जनसत्ता, नई दिल्ली, 23 जनवरी, 2011, पृ. 7, कालम-3
31. सीढ़ियां हैं आत्मकथाएं, राजेन्द्र यादव, हंस, 2/36, अंसारी रोड, दरियागंज, नई दिल्ली-110 002, फरवरी, 2011, पृ. 5
32. "Across the entire 16 years from 1995-2010, more than 9 quarter of a million Indian farmers have committed suicide."
Some States fight the trend out..., P. Sainath, The Hindu, Delhi Edition, December 5, 2011, p. 8
33. किसानों के साथ, नरेश सांगवान, जनसत्ता, नई दिल्ली, 9 दिसम्बर, 2011, पृ. 6
34. किसान की मुसीबत, सम्पादकीय, जनसत्ता, नई दिल्ली, 17 दिसम्बर, 2011, पृ. 6

खाद्य मंत्रालयों की नीतियाँ भी जिम्मेदार हैं।[35] एक सांसद ने कहा है कि इन मौतों की जवाबदेही से संसद, राजनैतिक दल, योजना आयोग और मीडिया ने मुँह फेर रखा है।[36]

अब जरा यह भी जान लिया जाए कि पुरुषोत्तम अग्रवाल के प्राचीन हिन्दू भारत की अकाल के मामलों में कैसी स्थिति रहती थी। 'हिन्दू भारत' के बजाय भी 'बौद्ध भारत' की बात की जाए क्योंकि पुरुषोत्तम अग्रवाल को वह ज्यादा प्रगतिशील और उन की देशज आधुनिकता का माई-बाप काल लग सकता है। बुद्ध घोष ने 'धम्मपद' की अट्ठकथा में लिखा है :

> एक समय वेसाली में भंयकर दुर्भिक्ष (अकाल) हुआ था। दुर्भिक्ष के कारण फसलें चौपट हो गयीं और लोग भुखमरी से मरने लगे तथा महामारी फैल गयी। बेतहाशा लोग मरने लगे, लोग उनके दाह-संस्कार को भी उचित ढंग से करने की स्थिति में नहीं थे। अस्तु, वायुमण्डल में अत्यन्त दुर्गन्ध थी, प्रदूषण था और अमनुष्यों का उपद्रव हो रहा था। वेसाली के लोग, दुर्भिक्ष, महामारी और इन अमानुषीय तत्वों से त्रस्त थे। अपने दुख-दर्द को दूर करने के लिए, कम करने के लिए उन्होंने बहुत भाग-दौड़ की, प्रयत्न किये। परन्तु उन्हें कहीं से भी वाजिब मदद मुहैया नहीं हुई। अन्ततोगत्वा उन्होंने भगवान बुद्ध को वेसाली बुलाने का निश्चय किया और लिच्छवि राजा ने राजगृह जाकर भगवान से वेसाली पधारने का निवेदन किया।
>
> भगवान जानते थे कि उनकी यह यात्रा, उनका यह प्रवास बहुजन हिताय के लिए होगा, अस्तु, उन्होंने वेसाली जाने का निमन्त्रण स्वीकार कर लिया। भगवान ने वेसाली में जाकर धर्म की सरिता बहायी। लोगों को कृत-कृत्य किया। रतनसुत्त का पाठ किया, प्रवचन दिये। भगवान की उपस्थिति में ही मृत्यु का नंगा नाच धीरे-धीरे कम होने लगा। सारा रोग समाप्त हो गया। खूब जमकर पानी बरसा। अमनुष्यों का भय भी दूर हो गया। सूखे वृक्ष फिर हरे होने लगे, उनमें कोपलें खिल उठीं, कलियां फूटने लगीं, फल अपनी सुगन्ध बिखेरने लगे। लोगों के चेहरों पर रौनक आने लगी, प्रसन्नता फिर लौटने लगी।
>
> जब भगवान वापस जा रहे थे तो लोगों ने नाना प्रकार से सज-सजाकर खुशियां मनायीं। राजा बिम्बिसार और लिच्छवी राजा दोनों ने गंगा नदी के आर-पार अपने-अपने राष्ट्र में अभूतपूर्व उत्सव किये। तब

---

35. एक दशक में दो लाख से ज्यादा किसानों की खुदकुशी पर राज्य सभा चिंतित : कृषि पर चर्चा के लिए विशेष सत्र की मांग, जनसत्ता, नई दिल्ली, 16 दिसम्बर, 2011, पृ. 9

36. "While 2.15 lakh farmers have committed suicide in the last ten years, Parliament, political parties, Planning Commission and media are biased and indifferent to the agriculture sector." Elders seek special session to discuss farmers' suicides, Gargi Parsai, The Hindu, Delhi Edition, 16 December, 2011, p. 11

भिक्खुओं ने भगवान से पूछा, "भगवान! यह चमत्कार कैसा?" भगवान ने तब पूर्वकर्मों की बात का दृष्टान्त देते हुए बताया कि 'भिक्खुओ! यह बात आज की नहीं है। बहुत पुरानी बात है, पूर्वभव की बात है। मैंने छोटा सा, अत्यल्प पुण्य-कर्म किया था। वह बीज तो छोटा था, परन्तु उसका वृक्ष बड़ा है। उसी छोटे से बीज से निकलकर वृक्ष बड़ा होता है और आकाश को छूने में समर्थ हो जाता है। भिक्खुओ! पूर्वकाल में मैंने शंख नाम ब्राह्मण होकर सुसीम नामक प्रत्येक बुद्ध के चैत्य की पूजा की थी। यह उत्सव और सत्कार उसी विपाक से उत्पन्न हुआ है। अतीतकाल में मैंने अल्पमात्र ही त्याग किया था, जिसका ऐसा महान फल हुआ है।"[37]

देख लिया, यह क्रान्तिकारी बौद्ध भारत का दुर्भिक्ष से निपटने का तरीका है! सब कुछ पूर्व-जन्मों पर आधारित है!! हिन्दू राज से उदाहरण दिया जाए तो क्या उन्हें मालूम नहीं है कि मिथिलेश जनक का सिद्धान्त था–'मिथिलायां प्रदीप्तायां न मे दहति किंचन–सारी मिथिला जल कर खाक हो जाए, तो इस में मेरा क्या बिगड़ता है?'[38] फिर, अकाल के दुख देखने हैं तो वे भारत में अंग्रेजों के राज के ठीक पहले भी रहे हैं। तुकाराम ने खुद अपने और अपने घर के बारे में अभंग कहा है–"अकाल पड़ा। उस में घर में जो कुछ था वह सब द्रव्य स्वाहा हो गया और द्रव्य के साथ ही प्रतिष्ठा भी धूल में मिली। एक स्त्री 'अन्न, अन्न' पुकारती हुई मरी, जो-जो व्यवसाय किया उस में नुकसान ही उठाया। इस से बड़ा कष्ट हुआ, मुझे आप ही अपनी लज्जा आने लगी। इस प्रकार संसार से असह्य ताप हुआ।"[39]

इस अकाल के बारे में ज्यादा जाना जा सकता है क्योंकि यह ठीक ब्रिटिश भारत से पहले का है। श्री लक्ष्मण रामचन्द्र पांगारकर ने अपनी पुस्तक 'श्री तुकाराम-चरित [जीवनी और उपदेश]' में लिखा है–"महीपतिबाबाने लिख रखा है कि उनके वयस्के 'इक्कीसवें वर्ष विपरीत काल' आया अर्थात् घोर दुर्भिक्ष पड़ा और उसमें उनकी प्रथम स्त्रीको अन्नके बिना प्राण त्यागने पड़े। तुकाराम महाराजके वयस्का यह इक्कीसवाँ वर्ष (जन्म-वर्ष 1530 मानने से) शाके 1551 में आता है और इतिहाससे यह बात मिलती है कि शाके 1551 (संवत 1686 वैक्रम या सन् 1629-30 ईसवी) में केवल पूनेमें ही नहीं सम्पूर्ण महाराष्ट्रमें घोर दुर्भिक्ष पड़ा था। अब्दुल हमीद लाहौरी नामक एक मुसलमान इतिहासकारने शाहजहाँ बादशाहके शासनकालके प्रथम 20 वर्षका एक इतिहास 'बादशाहनामा' के नामसे लिखा है। यह लाहौरी 1654 ई. में मरे। यह तुकारामजी के

37. धम्मपद : गाथा और कथा, रचनाकार, ताराराम, चित्र संयोजन, बौद्धाचार्य शान्ति स्वरूप बौद्ध, सम्यक प्रकाशन, 32/3, पश्चिम पुरी, नई दिल्ली-110 063, द्वितीय संस्करण, 2010, पृ. 507-08

38. खट्टर काका, लेखक, हरि मोहन झा, राजकमल प्रकाशन प्रा.लि., 1-बी, नेताजी सुभाष मार्ग, नई दिल्ली-110 002, राजकमल पेपरबैक्स, चौथी आवृत्ति, 2010, पृ. 37

39. श्री तुकाराम-चरित्र (जीवनी और उपदेश), लेखक, श्री लक्ष्मण रामचन्द्र पांगारकर, अनुवादक, श्री लक्ष्मण नारायण गर्दे, गीता प्रेस, गोरखपुर–273 005, पन्द्रहवाँ पुनमुर्द्रण, सम्वत, 2066, पृ. 97

समकालीन थे, 'बादशाहनामा' में इन्होंने लिखा है, 'पिछले साल (सन् 1629 ई.) बालाघाटकी तरफ बारिस नहीं हुई और दौलताबादकी तरफ तो एक बूँद भी पानी नहीं गिरा। इस साल (सन् 1630 ई.) आसपासके सब सूबों में अनाजकी कमी हुई और दक्खिन तथा गुजरातमें तो हाय मची। यहाँके लोगोंका हाल ऐसा बेहाल हुआ कि कुछ कहनेकी बात नहीं। रोटीके एक-एक टुकड़ेपर जानवर और बच्चे बिकने लगे, तो भी कोई ग्राहक न मिलता। बड़े-बड़े दानी एक-एक टुकड़ेके लिये हाथ पसारने लगे लाशोंमेंसे हड्डियाँ निकाल-निकालकर उन्हें पीस-पीसकर वह पिसान आटेमें मिलाया जाने लगा। यहाँतक नौबत आ गयी कि आदमी-आदमीको खाने लगे! यहाँतक कि माँ-बाप अपने बच्चोंको खाने लगे! जहाँ-तहाँ लाशोंके ढेर दिखायी देने लगे। अच्छी-से-अच्छी जमीनमें भी एक दाना नहीं पैदा हुआ! कहीं एक बूँद पानी नहीं, एक दाना अन्न नहीं, यह हालत इन सूबों की हुई...।' (इलियट ऐण्ड डासन भाग 7 पृ. 240) इसीका उल्लेख एलफिन्स्टनके इतिहासमें (पृ. 507) और पूना गजेटियरमें (भाग 3 पृ. 403) किया हुआ है। तुकाराम महाराज के समकालीन इतिहासकारने शाके 1551-52 के उस भीषण दुर्भिक्षका यह वर्णन किया है। शाके 1551 का वर्षाकाल वर्षाके बिना ही बीता, इससे उसी वर्ष दुर्भिक्षका सामना पड़ा। पर पहले का जमा अन्न जहाँ जो था उससे वह वर्ष तो लोगोंने किसी प्रकार रोते-गाते बिता दिया। पर जब शाके 1552 में भी वर्षा नहीं हुई तब लोगोंके दुःखका कोई ठिकाना न रहा और यहाँतक नौबत आयी कि हजारों आदमी अन्नके बिना मर गये और आदमी-आदमीको खाने लगे! इस दुर्भिक्षके विषयमें अपने यहाँ घर का प्रमाण भी मौजूद है। राजवाडे महोदयने 'मराठोंके इतिहासके साधन' प्रकाशित किये हैं। इनके 15 वें खण्डमें शिवाजी महाराजके समयका पत्र-व्यवहार प्रकाशित हुआ है। लेखाङ्क 413-414 और 411 देखिये। मौजा निगुरडाके पाटील (गाँवके मुखिया) ने शाके 1551 के कुआरमें 31 मौजोंकी अपनी वृत्तिका आधा हिस्सा बेचते हुए लिखा है कि 'आफत और फितरतके मारे भूखों मर रहे हैं' इसलिये 'आधी पाटिलाई अपनी खुशीसे बेचते हैं।' शाके 1553 में फिर इसी बची हुई पाटिलाई का आधा हिस्सा और बेचा है, क्योंकि 'दुर्भिक्षके कारण असह्य कष्ट है, खाने को अन्न नहीं है, व्यवहार करनेवाला कोई बनिया नहीं है।' इसके बाद शाके 1555 में बचा हुआ हिस्सा भी यही कहकर बेच डाला है कि 'बड़ा भयङ्कर दुर्भिक्ष है, गाय-बैल नहीं रहे, अन्नके बिना मर रहे हैं।' अस्तु! यह सब शाके 1552 के दुर्भिक्षसे महाराष्ट्र में.......कैसा हाहाकार मचा था, यह दिखाने के लिये ही लिखा है।''[40] इसके बाद लेखक ने पाद टिप्पणी में अलग से लिखा है—''महीपतिबाबाने भी उस दुर्भिक्षका वर्णन किया है। पर उन्होंने जो लिखा है वह सुनी-सुनायी बातोंके आधारपर लिखा है, अपनी आँखों से देखा हाल नहीं। प्रत्यक्षदर्शी श्रीसमर्थ रामदास स्वामी थे, जिनकी आयु उस समय 21-22 वर्ष होगी। इसी समयके लगभग उनका तीर्थयात्राकाल आरम्भ हुआ है। उन्होंने इस

40. वही पृ. 39-40

दुर्भिक्षका वर्णन इस प्रकार किया है–'सब पदार्थ निकल गये, केवल देश रह गया; लोगोंपर सङ्कटके पहाड़ टूट पड़े। कितने स्थान भ्रष्ट हो गये। कितने जहाँ-के-तहाँ मर गये। जो बचे वे अपने गाँव लौटकर मर गये। खाने को अन्न नहीं रहा। ओढ़ने-बिछानेको कपड़ा नहीं रहा। घर-गृहस्थीकी कोई चीज न रही। ......सब लोग उद्वेग-उद्भ्रान्त हो गये। दुश्चिह्न अभीतक मौजूद हैं। कितने जातिभ्रष्ट हो गये। कितने विष खाकर मर गये। कितने जलमें डूब मरे, कितनों का दहन या दफन भी नहीं हुआ। मालूम होता है, दुर्भिक्ष और परचक्र दोनों एक साथ ही टूट पड़े थे।''[41]

पुरुषोत्तम अग्रवाल ने औपनिवेशिक राजसत्ता के अनेक कुकृत्य गिनाए हैं और उन्हें आंकड़ों से पुष्ट किया है। ऐसे में वे देशज राजसत्ता के बारे में दिलीप मंडल के लेख 'विस्थापन का विकास' में आए इन शब्दों को भी पढ़ सकते हैं–''न्यायमूर्ति राजिंदर सच्चर ने पिछले दिनों राजधानी में एक कार्यक्रम में यह कह कर चौंका दिया कि अंग्रेजी सरकार ने अपने लगभग दो सौ साल के शासन में जितने लोगों को मारा, उस से ज्यादा लोग आजादी के बाद सरकारी गोलियों से मारे गए हैं।''[42] सीधी-सच्ची बात है, अंग्रेज इस देश में व्यापार करने आए थे। इस के लिए उन की 'ईस्ट इंडिया कम्पनी' थी जो व्यापार में लाभ कमाने आई थी। यह अलग बात रही कि उसे इस देश का शासन और प्रशासन भी मिल गया। 1857 तक उसी का राज्य था। बिलकुल माना जाए कि ईस्ट इंडिया कम्पनी और बाद में अंग्रेजों के सीधे राज ने भारत का धन लूटा था। मेघनाथ देसाई ने अपने लेख में इस लूट के बारे में लिखा है–''यह 19वीं शताब्दी की बात है। ब्रिटिश जमकर भारत को लूट रहे थे और सारा पैसा इंग्लैंड ले जा रहे थे। यानी भारत से धन की निकासी अपने चरम पर थी। तब कांग्रेस के पुरोधाओं के लिए ब्रिटिश शासन की आलोचना का यही मुख्य आधार रहा। ....उस समय के आकलन के अनुसार यह लूट भारत की राष्ट्रीय आय का 4 से 5 फीसदी थी।''[43] लेकिन देसाई ने समस्या का दूसरा पक्ष भी सामने रख दिया है जब लिखा है–''भारतीय राजा-महाराजाओं ने भारत की संपत्ति को लूटा, लेकिन यह आंतरिक लूट थी, जिसे वे नौकर-चाकर, रॉल्स रॉयसेज और विदेशी प्रेमिकाओं पर उड़ाते थे। किसी ने भी इसका आकलन नहीं किया कि इन राजाओं ने आम आदमी का कितना पैसा लूटा।''[44] यहाँ कबीर और रैदास की जातियों की तरफ से यह कहा जाना शेष है कि विदेशी हों या देशी हों–उन्हें हर कोई लूट रहा था।

---

41. वही पृ. 40-41
42. विस्थापन का विकास, दिलीप मंडल, जनसत्ता, नई दिल्ली, 29 अप्रैल, 2010, पृ. 6
43. भारत को भारतीयों ने ज्यादा लूटा, मेघनाथ देसाई, चौथी दुनिया, एफ-2, सेक्टर-11, नोएडा, उत्तर प्रदेश-201 301, 14 फरवरी - 20 फरवरी, 2011, पृ. 8
44. वही, पृ. 8

ग. भारत का संविधान और आधुनिकता

आधुनिकता क्या है? साहित्यकारों की तथाकथित उत्तर-आधुनिकता हमारे संविधान से कितनी पीछे है? भारत के संविधान के अनुच्छेद 51क(ज) में लिखा गया है–"भारत के प्रत्येक नागरिक का यह कर्तव्य होगा कि वह......... (ज) वैज्ञानिक दृष्टिकोण, मानववाद और ज्ञानार्जन तथा सुधार की भावना का विकास करे।"[45] साहित्य में आधुनिकता और उत्तर-आधुनिकता की बहस चलाने वाले विद्वानों ने संविधान के इन शब्दों से कितनी प्रेरणा ली है या इन में क्या योगदान किया है? क्या वे इन शब्दों के बारे में जानते भी हैं? क्या संविधान के दिशा-निर्देशों के ये शब्द उन की पुस्तकों और लेखों में जगह पाते हैं? मृणाल पाण्डेय ने सही लिखा है–'...जो अल्ट्रा साउंड मशीनें पश्चिम में गर्भस्थ बच्चे के विकास की बेहतर निगरानी के लिए इस्तेमाल हो रही हैं, उनका हमारे पुत्र कामनाग्रस्त उपमहाद्वीप में कन्याभ्रूण की पहचान और हत्या के लिए आयात हो रहा है।"[46] इस में वैज्ञानिक प्रगति क्या कर लेगी यदि मुनष्य का मन और मस्तिष्क सही दिशा में नहीं चल रहा? प्रयोगशालाओं के प्रयोग खर्चीले हो कर भारी पड़ रहे हैं कि मनुष्य अपनी औलाद को मारने में लगा है। वैज्ञानिक उपकरणों का उपयोग पाँव में कुल्हाड़ी है। यह बन्दर के हाथ में उस्तरा है।

यदि आधुनिकता की वास्तविक खोज की जाए तो बर्तानी पूर्व के भारत की बात तो दूर, यह आज के जनवरी 2012 के भारत से भी बहुत दूर की बात है। 'जनसत्ता' के सम्पादकीय 'बेटियों की जगह' में लिखा गया है–"कर्नाटक के शिमोगा जिले के बाहरी इलाके में टुंगा नदी के किनारे फेंके गए लगभग तीस मादा भ्रूण आधुनिकता और प्रगति के तमाम दावों को आईना दिखते हैं।"[47] सम्पादकीय में यह भी लिखा गया है–"इस तरह की यह कोई पहली घटना नहीं है।"[48] इस में लिखा गया है–"लगभग आठ महीने पहले प्रधानमंत्री ने कहा था कि सभी बाधाओं को तोड़ कर हर क्षेत्र में महिलाओं के आगे आने के बावजूद देश में मादा भ्रूण-हत्या की घटनाओं का लगातार सामने आना राष्ट्रीय शर्म की बात है।"[49] अच्छा यह है कि सम्पादकीय ने इस समस्या को सामाजिक वर्गों में बाँट कर देखा है। विश्लेषण इस प्रकार है–"मुश्किल यह है कि इस समस्या पर विचार करते हुए आमतौर पर देश की समूची आबादी को एक औसत नजरिए से देखा जाता है और इसके लिए मुख्य रूप से जिम्मेवार तबकों की पहचान नहीं की जाती। जिन पिछड़े, अशिक्षित, गरीब और सबसे निचले तबकों पर सामाजिक जड़ताओं के बने रहने (के) लिए उंगली उठाई जाती है, कई अध्ययन बताते हैं कि उनके बीच कन्या शिशुओं

45. भारत का संविधान, 1 सितम्बर, 1991 को यथा विद्यमान, भारत सरकार, विधि, न्याय और कम्पनी मन्त्रालय, विधायी विभाग, राजभाषा खण्ड, तीसरा संस्करण, 1991, पृ. 15
46. आधुनिकता, परम्परा और बदलाव, मृणाल पाण्डेय, जनसत्ता, नई दिल्ली, 21 फरवरी, 2010, पृ. 7
47. बेटियों की जगह, सम्पादकीय, नई दिल्ली, 2 जनवरी, 2012, पृ. 6
48. वही, पृ. 6
49. वही, पृ. 6

की संख्या में बढ़ोतरी दर्ज की गई। करीब सात महीने पहले 'लांसेट' पत्रिका की एक रपट के अलावा अनेक रिपोर्टों में ऐसे निष्कर्ष सामने आए हैं कि कन्या भ्रूण-हत्या की समस्या देश के अपेक्षया संपन्न इलाकों और धनी तबकों के बीच ज्यादा गंभीर शक्ल अख्तियार कर चुकी है।"[50]

यह बेटियों को माँ के गर्भ में मारने की बात हो गई। प्रेम पाल शर्मा ने 28 दिसम्बर, 2011 के 'जनसत्ता' में 'शादी का समाजशास्त्र' नाम से एक लेख लिखा है। इस में प्रेम पाल शर्मा ने लिखा है :

> "शादी के समारोह, आयोजन स्थल का लेखा-जोखा रखने वाला वह बाबू ज्यादा पढ़ा-लिखा नहीं था, लेकिन उसने शादी की तारीखों के इर्द-गिर्द बड़ी मजेदार बातें बताईं। कहा, हमारे पास मुसलमान भाई आते हैं, पूछते हैं कि कौन-सा दिन खाली है, बस हो गई बुकिंग। कभी-कभी इतना जरूर कहते हैं कि मंगलवार को छोड़ दो, क्योंकि उस दिन हमारे कुछ हिंदू दोस्त मांस-मछली नहीं खाते तो हम ऐसा दिन क्यों न चुनें, जिसमें सब लोग हंसी-खुशी खाएं-पीएं। सिख भाई आते हैं उनका भी ऐसा ही अंदाज होता है शादी की तारीख चुनने का। बल्कि एक कदम आगे 'क्यों जी! क्या हम दिन में नहीं कर सकते।' सबसे ज्यादा समय लेते हैं हिंदू भाई। एक-एक तारीख और उसके शुभ मुहूर्त के लिए.............आपस में लड़ते-झगड़ते तक हैं।
>
> देखिए जी! अल्लाह या ईश्वर ने सभी दिन अच्छे बनाए हैं तो जब मुसलमान, सिख, ईसाई कभी भी शादी कर सकते हैं तो हिंदुओं के पंडित और ज्योतिषी उनको क्यों डराए रहते हैं। ऐसा लगता है जैसे हिंदू देवी-देवता फरसा लेकर उनके आसपास घूमते और धमकाते रहते हों कि अगर तुमने इस मुहूर्त में शादी नहीं की तो फिर देखना। वरना क्या कारण है कि ये अपने दूसरे धर्मों के भाइयों से कुछ नहीं सीखते।"[51]

इस पर रमेश कुमार दुबे ने 'शादी में बरबादी' शीर्षक से अपनी टिप्पणी दी है—"भले ही देश के अन्य हिस्सों में क्रिकेट मैचों की तर्ज पर 'बीसमबीस' अर्थात जल्द खत्म होने वाले विवाह समारोहों का प्रचलन हो गया हो, लेकिन उत्तर भारतीय अब भी शादियों के मामले में टेस्ट मैच खेल रहे हैं। देखा जाए तो इसका एक कारण हिंदी पट्टी में समाज सुधार के प्रयासों की कमी को माना जा सकता है। दूसरा कारण यह रहा कि हमने सुधारों को आत्मसात करने में कंजूसी दिखाई।"[52]

कहना यह है कि सारी दुनिया आधुनिक हो जाए, पुस्तक 'अकथ कहानी प्रेम

---

50. वही, पृ. 6
51. शादी का समाज शास्त्र, प्रेमपाल शर्मा, जनसत्ता, दुनिया मेरे आगे, नई दिल्ली, 28 दिसम्बर, 2012, पृ. 6
52. शादी में बरबादी, रमेश कुमार दुबे, जनसत्ता, चौपाल, नई दिल्ली, 7 जनवरी, 2012, पृ. 6

की : कबीर की कविता और उन का समय' के लेखक कभी आधुनिक नहीं हो सकते। आखिर, आधुनिक होने में विवेकवान होने की शर्त लागू रहती है। एक आधुनिक विद्वान को बौद्धिक हो कर प्रक्षिप्त और किवंदन्ती की भर्त्सना जरूर करनी चाहिए। उस का काम है कि वह प्रक्षिप्त और किंवदन्ती के झूठ को छाँटने और दूर करने में लग जाए। पर, ये लेखक कबीर के समय की आधुनिकता की खोज क्या करेंगे, अपने समय की आधुनिकता से भी बहुत पीछे खड़े हैं! अनन्तदास की परचइयों में लिखीं ऊल-जलूल बातों को सम्मान दिलवाने में लगे हैं—इन्हें आधुनिक कौन कह देगा—इन का आधुनिकता से क्या रिश्ता? ये मध्यकालीन भी नहीं हैं, ये सीधे पुराणकालीन सिद्ध होते हैं। इन के द्वारा प्रयुक्त शब्दावली का उपयोग किया जाए तो इन्हें प्रक्षिप्तकालीन और किंवदन्तीकालीन कहा जा सकता है। शायद, तब इनका मन ज्यादा खुश हो जाएगा जब इन्हें 'उप-रचना बनाम रचना'-कालीन कहा जाए। इन्हें दुहाग मिला हुआ है कि इन्हें कबीर की वाणी कभी समझ में नहीं आ सकती। समझ में कैसे आए?—इन के 'मैं' की विद्वत्ता ही नहीं मिट पा रही। अनन्तदास की पुस्तक का नाम 'कबीर परचइ' न हो कर 'कबीरी प्रक्षिप्त' होना चाहिए--तब कबीर समझ में आएंगे। दुर्भाग्य से, यह रास्ता इन लेखक ने छोड़ रखा है।

पुरुषोत्तम अग्रवाल ने 'देशज आधुनिकता' के गीत गा रखे हैं, लेकिन वैज्ञानिकता तो क्या, सामान्य ज्ञान भी उन के पास नहीं है। एक मामला कबीर की उम्र को ले कर है। दैनिक पत्र 'हिन्दुस्तान' में 'मानो या न मानो' स्तम्भ के तहत एक जानकारी दी गई है। उस में लिखा गया है—"मौजूदा समय में अनुमानतः दो अरब लोगों में से एक ही व्यक्ति 116 वर्ष या उस से अधिक की आयु प्राप्त कर सकता है।"[53] इधर, पुरुषोत्तम अग्रवाल हैं कि कबीर के काल को मध्य काल भी नहीं कहने दे रहे हैं। उन के लिए कबीर का काल आधुनिक काल है। तब इन्होंने कबीर की उम्र कितनी मानी है? वे लिखते हैं—"अन्त काल का विवरण देते अनन्तदास एक बार फिर से बताते हैं कि कबीर के जीवन के शुरुआती बीस बरस का समय "धोखे में गया"। अनन्तदास का आशय स्पष्ट है—"बीस बरस कछु तप नहीं कियो"। इस के बाद पूरे सौ बरस कबीर ने भक्ति की।"[54]

यहाँ क्या कहा जाए? कहा यही जाए कि अनन्तदास ने जो किया, सो किया, पुरुषोत्तम अग्रवाल को परमात्मा की दी हुई अपनी बुद्धि का थोड़ा इस्तेमाल जरूर कर लेना चाहिए था। 'आधुनिकता' बिना बौद्धिकता के बेइज्जत होती है। यदि शंका नहीं है तो वैज्ञानिकता क्या है? क्या यहाँ ऐसे सरपट दौड़ने की जरूरत है कि कबीर की आयु 120 वर्ष की थी? क्या यहाँ पुरुषोत्तम अग्रवाल का फर्ज नहीं बनता है कि वे कबीर की उम्र 120 वर्ष की होने की मान्यता पर प्रश्न चिह्न लगाएँ? क्या इस तरह साहित्यिक आलोचनाएँ लिखी जानी चाहिए? क्या साहित्यिक आलोचनाओं के लिए कोई 'बेसिक

---

53. मानो या न मानो, हिन्दुस्तान, नई दिल्ली, 31 मार्च, 2010, पृ. 14
54. अकथ कहानी प्रेम की : कबीर की कविता और उन का समय, पुरुषोत्तम अग्रवाल, राजकमल प्रकाशन प्रा.लि., 1-बी, नेताजी सुभाष मार्ग, नई दिल्ली-110 002, पहला संस्करण, 2009, पृ. 199

ट्रेनिंग' नहीं होनी चाहिए? आलोचक बहुत बड़ा विद्वान न हो, पर उसे एक सामान्य मनुष्य जरूर होना चाहिए। पुरुषोत्तम अग्रवाल का जन्म 24 अगस्त, 1955 को हुआ था। यह उन की पुस्तक 'तीसरा रुख' के फ्लैप पर अंकित है।[55] अपनी यह पुस्तक 'अकथ कहानी प्रेम की : कबीर की कविता और उन का समय' उन्होंने 14 अक्टूबर, 2009 को लिखी थी।[56] कहने का मतलब यह है कि यह पुस्तक लिखते वक्त वे 54 वर्ष के हो गए थे। क्या एक 54 वर्ष के व्यक्ति को यह बात इतनी सहजता से लिखनी चाहिए कि कबीर की आयु 120 वर्ष की थी? शंका क्यों नहीं की? वे प्रौढ़ कब होंगे? 'देशज आधुनिकता' की खोज करने वाले लोगों में कुछ तो आधुनिकता होनी चाहिए। परमात्मा उन की उम्र लम्बी करे, हम इन्तजार में रहेंगे कि एक दिन वे आधुनिक बुद्धि के हो जाएंगे।

किस 'देशज आधुनिकता' की बात कही जा रही है?—कबीर की देशज आधुनिकता का आप के प्रक्षिप्त और आप की किंवदन्ती ने कत्लेआम कर दिया है। देशज आधुनिकता का तर्क आगे रखना था तो प्रक्षिप्त और किंवदन्तियों के झूठ और महाझूठ को दूर भगाना चाहिए था। कबीर की देशज आधुनिकता—और उस पर प्रक्षिप्त और किंवदन्ती के राहु और केतु—दो विरोधी बातें एक साथ चल नहीं सकतीं। रेखा गणित में वृत्ताकार त्रिभुज बनाया नहीं जा सकता—जो त्रिभुज होता है, वह वृत्त नहीं हो सकता।

कबीर के सम्बन्ध से सब से पक्की और मुकम्मिल आधुनिकता यह है कि प्रक्षिप्त और किंवदन्ती से लड़ा जाए। प्रक्षिप्त और किंवदन्ती की चतुराई भरी पैरवी में अन्धविश्वास से भी आगे कौटिल्य के 'अर्थशास्त्र' की साजिश काम करती है। अन्धविश्वास अलग चीज है, पर यह तो निरा अपराध है। यह आपराधिक षडयन्त्र है कि कबीर की वाणी को प्रक्षिप्त किया जा रहा है।

ये विद्वान अपनी बात रखते समय इस बात को नहीं समझ पाए कि आधुनिकता का स्वतन्त्रता से कोई रिश्ता होता होगा। आधुनिक भी रहे और परतन्त्र भी रहे—यह कैसी कमाल की आधुनिकता है जो इन के हाथ लगी है? आधुनिकता इन्हें स्वतन्त्रता देती हुई नहीं आई। बात भी सही है। विकल्प इन के पास था—या तो प्रक्षिप्त और किंवदन्ती रच लो या स्वतन्त्रता ले लो? इन्होंने स्वतन्त्रता को छोड़ कर प्रक्षिप्त और किंवदन्ती का वरण कर लिया। अब उसी की हर हाल में गाल बजाई हो रही है।

क्या बढ़िया मुहावरा गढ़ा है—'देशज आधुनिकता'। देशज भी खुद हो गए और आधुनिक भी खुद हो गए। सच यह है कि न ये देशज हैं और न आधुनिक हैं। विदेशी विचारों को उधार ले कर ये उन के अर्थों को खो देते हैं। यदि ऐसा नहीं है तो क्या कोई

---

55. तीसरा रुख (आलोचना और संस्कृति के बारे में), पुरुषोत्तम अग्रवाल, वाणी प्रकाशन, 21-ए, दरियागंज, नई दिल्ली-110 002, प्रथम संस्करण, 1996, दूसरा इनर फ्लैप

56. अकथ कहानी प्रेम की : कबीर की कविता और उन का समय, पुरुषोत्तम अग्रवाल, राजकमल प्रकाशर प्रा.लि., 1-बी, नेताजी सुभाष मार्ग, नई दिल्ली-110 002, पहला संस्करण, 2009, पृ. [12]

देशज व्यक्ति प्रक्षिप्त को एक क्षण के लिए भी बर्दाशत करेगा?—क्या कोई आधुनिकता की जबान को सार्थक करने वाला विचारक किंवदन्ती की ऐसी पैरवी करेगा जैसी इन महोदय ने की है? इन्होंने 'देशज' और 'आधुनिकता' को प्रक्षिप्त और किंवदन्ती में फिट करके निरर्थक कर दिया है। इन्होंने देशज आधुनिकता को पुराणों की कतार में बिठा दिया है।

आधुनिकता और प्रबोधन यूरोप के शब्द हैं। यूरोप की आवश्यकता है कि वे अपने इतिहास को इन शब्दों के माध्यम से समझेंगे। यह उन की भाषा की मजबूरी है कि वे भारत के इतिहास को किसी दूसरे माध्यम से नहीं समझ सकते। लेकिन, पुरुषोत्तम अग्रवाल की क्या विवशता है कि इन्हीं शब्दों को ले कर यूरोप के विद्वानों से भिड़ेंगे? तब इन्हें इस युद्ध में हारना ही हारना है क्योंकि यह अखाड़ा यूरोप का है—हथियार यूरोप के हैं। अंग्रेजी बोलनी सीख गए तो इसका मतलब यह तो नहीं है कि आप अंग्रेज हो गए। उन्हें क्या चुनौती देते हो?—वे आप पर राज कर के गए हैं। जिन डंडों से लड़ रहे हो, ये डंडे उन्होंने आप के हाथ में थमाए हैं। उनकी विद्वत्ता के सामने आप केवल बच्चों की तरह खेल रहे हो। वे आप को खिला रहे हैं। उन्हीं में से दो ग्रुप हो जाते हैं जिन में एक का आप पक्ष लेने लगते हो। अपनी बातों को सामने रखने के लिए उन्हीं के परिश्रम, साक्ष्यों और आँकड़ों पर आश्रित रहते हो। आप क्या खा कर उन का मुकाबला करेंगे—आप प्रक्षिप्त और किंवदन्ती से बाहर नहीं निकल पाए? आपने इतिहास की गति की दिशा गड्ढे में गिरने के लिए तय कर रखी है। आप क्या इतिहास निर्माण करोगे—आपको सामग्री का अता-पता नहीं? प्रक्षिप्त और किंवदन्ती के ये झोझरे बर्तन हैं जो युद्ध में नगाड़े नहीं बनते।

पुस्तक को पढ़ने से पता चलता है कि यूरोप इन लेखक के मन में एक हौवा बन कर उतरा है। इन की लड़ाई भारत की छुआछूत से न हो कर छुआछूत को मिटाने वाले यूरोप के दबदबे से हो गई है। भारत में ये संगठन के स्तर पर बिना छुआछूत को मिटाए आधुनिक और अत्याधुनिक हो रहे हैं। इन का विचार है कि यूरोप ने भारत में आ कर भारतीय आधुनिकता की कोई मदद नहीं की, 'बर्डन आफ व्हाइट मैन' मत मानो, उस में हिन्दू आध्यात्मिकता की हेठी होती है, पर ये यही मान कर सन्तोष कर लें कि यूरोप ने भारत की खिदमत और सेवा की है। अंग्रेजों को अपने शासक मानने से गरूर चूर होता है तो यही सोच लिया जाए कि 1947 तक भारत में यूरोप से अंग्रेज सर्वेन्ट्स नौकरियों पर रखे गए थे।

समझ यह है कि इन लेखक की तरह आधुनिकता को ले कर यूरोप और भारत के बीच हवाई लड़ाई लड़ने की जरूरत नहीं है। यूरोप में भी कुछ सिरफिरे विद्वान हो सकते हैं और ऐसे विद्वानों की कमी भारत में भी नहीं है। यूरोप की तरफ से यदि 'वाइट मैन'स बर्डन' का जुमला आया है तो भारत ने भी 'जगदगुरू' होने का इस से भी ज्यादा निम्नस्तर का भ्रम पाल रखा है। हमें यूरोप और भारत के इन लड़ने वाले विद्वानों की कतार में खड़े नहीं होना। हमें यह बात समझनी है कि यूरोप में भी अच्छे विद्वान पैदा

हुए हैं और भारत में भी। हमें उन्हीं की बातें आगे बढ़ानी हैं। विश्व सभ्यता में पिछले पाँच सौ साल के यूरोप के योगदान को नकारना नहीं है। भारत भी अपने घर की छुआछूत मिटा कर उस में योगदान कर सकता है। इधर-उधर की फेंकने के बजाय अच्छा यह रहेगा कि भारत के विद्वान इस काम में लग कर संविधान और कानून की मदद करें। जो साहित्य और साहित्यिक आलोचना के क्षेत्र में उतरे हुए लोग हैं, वे छुआछूत को मिटाने में माहौल बना सकते हैं। इस माहौल को बनाने में सब से अच्छा तरीका यह है कि वे अनुसूचित जातियों, अनुसूचित जनजातियों, पिछड़े वर्गों और अल्पसंख्यकों के लिए आरक्षण की हिमायत करें। कबीर के लोगों को 'धर्मेतर अध्यात्म' के चौखटे में न जकड़ें बल्कि ठोस संस्थागत और ढांचेगत उपायों के द्वारा सत्ता में भागीदारी के लिए आगे आएँ। जो 'धर्मेतर अध्यात्म' की बात करते हैं, उन्हें कबीर की कोरी जाति को मिलने वाले प्रशासन और विधायिका में आरक्षण से चिढ़ नहीं होनी चाहिए। उन का काम यह नहीं है कि वे सड़कों पर बसों में आग लगाएँ या रेलों को फूँकें। कबीर जिन बातों के लिए अपनी पन्द्रहवीं-सोलहवीं सदी में लड़ रहे थे, उन की वे बातें बीसवीं शताब्दी में उन के सपूतों—बाबू मंगूराम, स्वामी अछूतानंद और बाबा साहेब डा. अम्बेडकर ने आरक्षण की लड़ाई लड़ कर पूरी की है।

हर बार हिन्दुओं के हाथ से भारत का राज क्यों छिन जाता है? अंग्रेजों के हाथ में भारत का राज कैसे आया? हिन्दू विद्वानों को यह सोचना चाहिए कि उन के देश में सात समन्दर पार से यूरोप की सत्ता कायम कैसे हुई। यह औपनिवेशिक सत्ता के बाद औपनिवेशिक ज्ञानकांड से लड़ने वाले चिन्तकों की जवाबदेही है कि सोचें कि उन के चिन्तन में कमजोरी किस जगह है। उत्तर प्रक्षिप्त और किंवदन्ती हैं। ये दोनों भारत की हर क्षेत्र में नामोशी की वजह हैं। इन से जीवन का कोई क्षेत्र अछूता नहीं बचा। साहित्य से ले कर धर्म, दर्शन, अर्थ और राजनीति तक सब सने पड़े हैं। एक तर्क है जो हिन्दू चिन्तक को समझाया जा सकता है। तर्क इस प्रकार है :

1. जो साहित्य में प्रक्षिप्त है, वही राजनीति और प्रशासन में भ्रष्टाचार है।
2. जो साहित्य में किवंदन्ती है, वही उद्योग, व्यापार और बाजार में कालाबाजारी, काला धन और टैक्स की चोरी है।

यदि हिन्दू चिन्तन साहित्य के क्षेत्र में प्रक्षिप्त की चोरी और किंवदन्ती की डकैती करने से रुक जाए, बाज आ जाए, तो इन का राज्य और इन का बाजार शक्तिशाली हो सकता है। कौन समझाए कि घर के कबीर को प्रक्षिप्त और किंवदन्तियों से मिटाया जा सकता है लेकिन सिकन्दर और मिलिन्द से ले कर बाबर और क्लाइव तक के लोग प्रक्षिप्त और किंवदन्ती से नहीं रुकते? कबीर के ज्ञान की देशी आंधी की अनसुनी करोगे तो यवन, शक, कुषाण, हूण, तुर्क, मुगल और अंग्रेजों की तलवार और तोपों के खून खच्चर को कैसे रोकोगे? प्रक्षिप्त और किंवदन्ती सच को कमजोर करते हैं। ये जीवन के व्यवहार में सच को लागू नहीं होने देते। प्रक्षिप्त और किंवदन्ती कबीर की मूल

वाणी और वास्तविक जीवन का अपमान करते हैं। तब, कोई न कोई, सच को सम्मानित करने आएगा, जरूर आएगा—देशी न सही, विदेशी सही। जब छुआछूत मिटाने की देशी वाणी नहीं सुनी जाती तो विदेशी अस्पृश्यता को तलवार से मिटाता है—वरण केवल हिन्दू चिन्तक को करना है।

घ. आधुनिकता बनाम पौराणिकता

कितनी देशजताएँ और कितनी आधुनिकताएँ होती हैं?

'देशज आधुनिकता' के बारे में लेखक ने बताने की चेष्टा नहीं की कि भारत में कितनी भौगोलिक देशजताएँ हैं और कितनी ऐतिहासिक आधुनिकताएँ हैं। भारत के संविधान में भारत की संस्कृति को 'सामासिक संस्कृति'[57] कहा गया है, हिन्दू संस्कृति नहीं। ऐसे ही, भारत में सामासिक देशजताएँ हैं और सामासिक आधुनिकताएँ हैं। इन्हें 'हिन्दू देशजता' और 'हिन्दू आधुनिकता' नहीं कहा जा सकता।

कहना यह है कि इतिहासकार भगवत शरण उपाध्याय के पास एक गुप्तकालीन आधुनिकता है। यह इस प्रकार है—"गुप्त सम्राटों के भारतीय रंगमंच पर आने तक संस्कृति की एक नई पृष्ठभूमि प्रस्तुत हो चुकी थी। यह काल तीसरी-चौथी सदी ईवी का था। गुप्तकालीन हिन्दू संस्कृति तत्कालीन जनता की अस्पष्ट सम्मिलित पैतृक थी। उस का सामंजस्य अभी शेष था, जिसे गुप्तों ने दिया। गुप्तों ने उस तरल सामूहिक परस्पर-विरोधी रीति राशि को संघटित रूप दिया और उन के प्रयास से आदर्शों और सामाजिक विधानों-उपविधानों से प्रस्तुत हिन्दू संस्कृति का आधुनिक रूप निखरा। इसी काल में पुराणों का प्रणयन हुआ और आधुनिक हिन्दू संस्कृति को पौराणिक पृष्ठभूमि प्राप्त हुई।"[58]

हर बार जब कोई विदेशी जाति इस देश में आती है, वह इस देश के लिए अपनी आधुनिकता ले कर आती है। हर विजेता संस्कृति विजित के लिए आधुनिकता है। यदि आधुनिकता बढ़-चढ़ कर नहीं है तो वह आधुनिकता क्या है? हिन्दुओं को अपने आप ज्ञान पैदा नहीं होता। इन के पास सामाजिक विकास के धर्मशास्त्र नहीं हैं। इन की वर्ण-व्यवस्था विकसित नहीं होती है बल्कि समाज को अधोगति की ओर ले चलती है। इसलिए जब ग्रीकों ने भारत को जीता था तो भारत को आधुनिक बनाया था, जब शकों ने भारत पर विजय प्राप्त की थी तो भारत को आधुनिक बनाया था, जब कुषाणों ने भारत को हराया था तो भारत को आधुनिक बनाया था। ऐसे ही, हूणों ने, तुर्कों ने,

---

57. भारत का संविधान [1 फरवरी, 2011 को यथा विद्यमान], प्रकाशक, विधि साहित्य प्रकाशन, भारत सरकार, भारतीय विधि संस्थान भवन, भगवान दास रोड, नई दिल्ली-110 001, द्विभाषी रूप, तीसरा जेबी संस्करण, 2011, पृ. 22
58. भारतीय समाज का ऐतिहासिक विश्लेषण, भगवत शरण उपाध्याय, वाणी प्रकाशन, 21-ए, दरिया गंज, नई दिल्ली-110 002, आवृत्ति, 2009, पृ. 73

मुगलों ने और अंग्रेजों ने बारी-बारी से भारत को आधुनिक बनाया था। इतनी सारी आधुनिकताओं में 'अकथ कहानी प्रेम की : कबीर की कविता और उन का समय' के लेखक एक ही आधुनिकता की बात कर रहे हैं—अर्थात कबीर के समय की आधुनिकता। उन्हें बताया जा सकता है कि श्रीमान जी, यह हर बार की आधुनिकता हर बार की गुलामी होती है। गुलामी का यह सिलसिला टूटना चाहिए। अंग्रेजों की आधुनिकता को छोड़ कर वे तुर्कों की आधुनिकता की वकालत कर रहे हैं--क्या कर रहे हैं? अंग्रेज इतने बुरे लग रहे हैं—अर्थात तुर्क कितने अच्छे लग रहे हैं! गुलाम अपनी कौन सी गुलामी का वरण कर रहा है? कोई सी भी आधुनिकता हो, नाम बदल कर है वह गुलामी ही है। बिलकुल सम्भव है, कबीर के समय में कोई ऐसा लेखक बैठ कर तुर्कों की आधुनिकता को नकार कर यवनों, शकों, कुषाणों और हूणों की आधुनिकताओं की प्रशंसा कर रहा होगा।

इस सन्दर्भ में देशजता का क्या मामला बनता है? एक अपनी हिन्दी की देशजता है। हिन्दी के शब्द भंडार में चार प्रकार के शब्द हैं—तत्सम, तद्भव, विदेशी और देशज। तत्सम संस्कृत के शब्द माने गए हैं जो ज्यों के त्यों प्रयोग किए जाते हैं। तद्भव भी संस्कृत के शब्द माने गए हैं जो रूपान्तारित कर लिए गए हैं। विदेशी शब्द भारत से बाहर की भाषाओं के हैं, मानो संस्कृत भाषा विदेशी न हो। जिन शब्दों की व्युत्पत्ति का पता नहीं चलता उन्हें देशज माना गया है। यह शब्द भंडार में 'देशज' शब्दों की गिनती हुई। बाकी भूगोल की कितनी देशजताएँ हैं क्योंकि भारत का भूगोल बहुत बड़ा है? कबीर से जोड़ कर देशजता को समझा जाए तो यह बहुत लम्बी-चौड़ी है। यह उतनी ही लम्बी-चौड़ी है जहाँ तक कबीर का प्रभाव है। यह बांग्ला देश से ले कर पाकिस्तान तक का क्षेत्र है।

ङ. 'देशज पृथकता' की ओर

I

पुरुषोत्तम अग्रवाल कबीर की कविता के जानकार हो गए—तब मैं क्या हूँ? क्या मैं कबीर की कविता का जानकार नहीं हूँ? पुरुषोत्तम अग्रवाल मेरा विरोध क्यों करते हैं? कबीर को समझने में वे मुझे कबीर से दूर क्यों करते हैं? मुझे कबीर से अलग कर के वे क्या चाहते हैं? ऐसे ही, पुरुषोत्तम अग्रवाल कबीर की देशज आधुनिकता के हो गए—तब मैं इस देशज आधुनिकता की बुद्धि वाला क्यों नहीं हूँ? मेरी आलोचना क्यों की जा रही है? क्या मैं कबीर के विरोधियों में से हूँ? क्या मैं तुलसी का प्रशंसक हूँ? पुरुषोत्तम अग्रवाल की सब से बड़ी लड़ाई मुझ से क्यों हो गई है? क्या मैं 'अन-आधुनिक' हूँ? क्या उन्हें ऐसा दीख रहा है?

पुरुषोत्तम अग्रवाल बताएँ कि उन के हिसाब से कितनी तरह की देशज

आधुनिकताएँ हैं। वे कौन सी देशज आधुनिकता के प्रवक्ता हैं और मेरी देशज आधुनिकता कौन सी है? क्या कई प्रकार की देशज आधुनिकताओं में आपस में टकराव है? क्या 'प्रक्षिप्त आधुनिकता' भी कोई चीज होती है? किंवदन्ती की देशज आधुनिकता को कितनी 'देशज' और कितनी 'आधुनिकता' कहा जाएगा? सच यह है कि यदि सब कुछ 'देशजता' पर ही तुलना है तो मैं 'असली देशज' हूँ। तब मेरे मुकाबले में पुरुषोत्तम अग्रवाल 'नकली देशज' ठहरते हैं। प्रक्षिप्त को उप रचना कह कर ये देशज होने का अपना टेंडर गँवा देते हैं। किंवदन्ती को पौराणिक सम्मान देने वाले आधुनिक कैसे रह जाते हैं? यह कैसी जबर्दस्ती है? कबीर को ले कर वे मेरी बात क्यों नहीं मानते? वे मुझ से कुछ सीखते क्यों नहीं? कबीर को समझने में उन्होंने बत्तीस वर्ष क्यों बर्बाद किए? मैं उन्हें मिनटों में कबीर का दर्शन समझा दूँगा—'साहब मिले तिल ओले।'[59] कबीर का तत्वशास्त्र और अध्यात्म समझना है तो यह मानना ही पड़ेगा कि 'उतते कोई न आइया, जासों पुछिये धाय'[60]—अर्थात पुर्नजन्म नहीं होता। पर, लगता है, पुरुषोत्तम अग्रवाल के जीवन और चिन्तन का निस्तार सम्भव नहीं है। फिर वे कबीर की कविता का अध्ययन करने के बजाय इस बात को जानने में अपना समय बर्बाद करें कि अपने निकट के पूर्वजन्म में वे साँप की योनि में थे या मेंढक की। अगले जन्म में मिलने वाली उन्हें अपनी योनि का भी झिलमिल आभास हो गया हो तो ढिंढोरा पीट कर सार्वजनिक कर दें ताकि लोगों का कुछ मनोरंजन हो जाए—नारदी भक्ति के लोकवृत्त में एक बढ़िया हास्य की रचना हो जाए। क्या यह देशज आधुनिकता के नाम पर अंध विश्वास नहीं फैलाया जा रहा है कि कबीर पुनर्जन्म के सिद्धान्त में विश्वास करते थे? क्या पुनर्जन्म का सिद्धान्त संसार का सब से घोर अन्ध विश्वास नही है? यदि यह देशज आधुनिकता है तो हिन्दू अज्ञान क्या है? इसलिए, कबीर को समझने में 'देशज आधुनिकता' के मुहावरे से कोई मदद नहीं मिलती, सही शब्द 'देशज पृथकता' के हैं।

'देशज आधुनिकता' या 'देशज पृथकता'—इन में से हम किस का अध्ययन करें?

पुस्तक के लेखक ने एक शब्दयुग्म से अपनी किताब बुरी तरह खूंद रखी है। यह 'देशज आधुनिकता' है। खुद मान लिया है कि उन्होंने मौलिकता के पहाड़ तोड़ लिए हैं। जाने क्या कर लिया है?—यूरोप का विरोध करने बैठ गए हैं जबकि 'आधुनिकता' उन्हीं से चुराई हुई चीज है। आधुनिकता, उत्तर-आधुनिकता—ये सारी अवधारणाएँ पश्चिमी विदेशी साहित्य की देन हैं। प्रक्षिप्त और किंवदन्तियों के जिन पलड़ों में बैठ कर वे तराजू में तुल रहे हैं, वहाँ इतिहास लेखन के और आलोचना दृष्टि के ये सारे शब्द सिरे से गायब हैं। पुराणों में, क्या प्रागैतिहासिक काल, क्या मध्य काल, और क्या आधुनिक काल?

---

59. महाबीजक [कबीर साहब की सम्पूर्ण वाणियों का संग्रह], सम्पादक, आचार्य महन्त गंगा शरण शास्त्री, कबीर वाणी प्रकाशन केन्द्र, श्री सदगुरु कबीर मन्दिर, सी. 23/5, कबीर चौरा मठ, वाराणासी-221 001, प्रथम संस्करण, 10 जून, 1998, पृ. 878
60. बीजक टीका मनोरमा, भाष्यकार, आचार्य गंगा शरण शास्त्री, प्रकाशक, श्री सदगुरु कबीर मन्दिर, कबीर चौरा धाम, सन्त कबीर घाट, छित्तूपुर खास, मदरवाँ, पत्राचार—रमना, वाराणसी, द्वितीय संस्करण, मार्च, 2007, पृ. 982

वह लेखन की ऐसी लीला है कि उस में 'भविष्य पुराण' भी लिखे जाते हैं। इसलिए, इन लेखक को आधुनिकता, उत्तर-आधुनिकता और देशज आधुनिकता जैसे शब्दों का इस्तेमाल नहीं करना चाहिए। संस्कृति के अध्याय लिखने वाले लोगों की परम्परा के होने के कारण ये उन के लिए वर्जित शब्द हैं।

देशज आधुनिकता को समझने से पहले इन लेखक को 'देशज पृथकता' को समझ लेना चाहिए। इस में क्या आधुनिकता और क्या उत्तर-आधुनिकता, जब आजीवक धर्म के लोग छब्बीस सौ साल पहले पुनर्जन्म के सिद्धान्त में विश्वास नहीं रखते थे? पुनर्जन्म में विश्वास न रखने वाले लोगों की ये समानान्तर पृथकताएँ चल रही हैं, काल चाहे कोई सा भी हो। क्या आधुनिक और उत्तर-आधुनिक हो कर इन लेखक ने पुनर्जन्म के सिद्धान्त में अवश्विास करना शुरू कर दिया है? क्या इस मामले में इन के चिन्तन पर विज्ञान और प्रौद्योगिकी का कोई असर पड़ा है? क्या इन्होंने वैज्ञानिक प्रगति के कारण बौद्धिक स्तर पर खुद में कोई बदलाव महसूस किया है? ये इतना भी नहीं कर सकते कि पश्चिम के वैज्ञानिकों को धन्यवाद दे दें। डर लगता है कि ये देशज आधुनिकता की तर्ज पर अपनी 'देशज प्राचीनता' में जी कर यह न कह दें कि इन के पास वैदिक काल में रेल, जहाज, मोटर, ट्रैक्टर और पनडुब्बियाँ थीं। ये तो अपनी वैदिक-पौराणिक शैली में रेल की पटरी बिछी दिखा देंगे। किसी प्राचीन अभिलेख में कहीं दो लकीर खुदी हुई मिल गईं, कह देंगे ये रेल की पटरियाँ थीं। विमान को हवाई जहाज कह देंगे। हवाई पट्टियाँ न होने के मुअनजोदड़ो के पुरातत्व की खुदाई के बारे में कह देंगे, वे फूंक से उड़ते थे।

यदि पुनर्जन्म के दार्शनिक प्रश्न से बाहर आया जाए, और यदि वैज्ञानिक दृष्टिकोण रखने की बात से भी दूर निकला जाए, तो क्या समाज के क्षेत्र में अस्पृश्यता का बर्ताव देशज पृथकता नहीं है? छुआछूत से बड़ी पृथकता की प्रामाणिकता और क्या होगी कि इस मामले का कुछ रलना संभव नहीं? इस सामाजिक पृथकता से कैसे बचोगे कि आदमी को छुआ तक नहीं जाता? इस में आधुनिकता और प्राचीनता का क्या अन्तर कि आज भी हमारा अनुसूचित जाति आयोग दलित स्त्रियों के साथ गैर-दलित जातियों के पुरुषों द्वारा किए जा रहे बलात्कारों के आँकड़े इक्ट्ठे करके रह जाता है? कबीर को ले कर कविता की बात करेंगे, किसी समाधान की नहीं, धर्मेतर अध्यात्म की बात करेंगे, किसी कानून की नहीं।

ये लेखक कबीर को ले कर देशज आधुनिकता की फर्जी लड़ाई में लगे हुए हैं और कबीर की देशज धार्मिक पृथकता की असली लड़ाई से भाग रहे हैं। यूरोप के विद्वानों से पहलवानी करनी चाहते हैं जबकि ये उनके पासंग भी नहीं तुल रहे। इन्हें क्या पता—तर्क क्या होते हैं? ये प्रामाणिकता को धता बता कर प्रक्षिप्त और किंवदन्ती से सौदा-सुलफ कर रहे हैं। ये विद्वानों के बीच में बैठने लायक नहीं हैं जब अप्रक्षिप्त कबीर की खोज करने की मंशा प्रकट नहीं करते। विद्वान कैसे जब असली कबीर की खोज नहीं कर रहे? पुरातत्व के विद्वान छेनियों, हथोड़ियों और खुर्पियों से चार-चार

हजार साल पुरानी मानव सभ्यताओं की खोज कर रहे हैं, ये अपनी लेखनी से अभी पाँच सौ साल पहले गुजरे कबीर के सच को मिटा रहे हैं और कबीर पुराण रचने के सारे राछ पैना लिए हैं।

कबीर को प्रक्षिप्त रूप में पेश किया जा रहा है। कबीर के समाज की लड़ाई मात्र आधुनिकता, परम्परा और बदलाव की नहीं है। इतना कह देने से कबीर के तबके का काम नहीं चल जाता कि हमें आधुनिक होना है। यह सच है कि कबीर का आजीवक समाज आधुनिक होने में कभी पीछे नहीं रहा। उस का पर्सनल कानून और उस की जीवन शैली अपने आप में इन की हर आधुनिकता से आगे हैं। कोई कारण नहीं है कि कबीर के लोग आधुनिकता की खिलाफत करेंगे। वे आधुनिकता में सक्रिय सहायक और भागीदार हैं। जो जरूरी है, वह कबीर के आजीवक समाज और धर्म की पृथकता को जानना है। कबीर अपने आजीवक धर्म के रूप में पृथक हो कर आधुनिक हैं, ऐसे नहीं कि धर्मेतर अध्यात्म के नाम से हिन्दू धर्म के निरापद हिस्से हो कर आधुनिक हैं। मुसलमान बिना इस्लाम को छोड़े आधुनिक होना चाहते हैं, हिन्दू बिना हिंदू धर्म को छोड़े आधुनिक होना चाहते हैं, ऐसे ही, कबीर के आजीवक लोग बिना आजीवक धर्म को छोड़े आधुनिक हैं। इस में गलती क्या है? यह सच्चाई स्वीकार क्यों नहीं की जाती? एक कबीर के साथ ही यह क्यों शर्त लगा रखी है कि उन्हें अपने आजीवक धर्म को छोड़ कर ही आधुनिक होना है? ऐसा क्यों है कि यदि कबीर अपने आजीवक होने की घोषणा करते हैं तो वे आधुनिक नहीं रह जाते? ईसाई लोग भी अपने ईसाई धर्म को साथ ले कर आधुनिक हो रहे हैं। यह सब ठीक तो है। इसलिए, कबीर को ले कर 'देशज आधुनिकता' के बजाय 'देशज पृथकता' का अध्ययन किया जाए।

कबीर ईसा की 15वीं शताब्दी में वह कह रहे थे जो ईसा से 5 शताब्दी पूर्व मक्खलि गोसाल कह रहे थे। दोनों दासता को नकार रहे थे, दोनों हीनता को स्वीकार नहीं कर रहे थे, दोनों पुनर्जन्म के सिद्धान्त के विरोधी थे। तब कबीर की इस परम्परा को 'देशज आधुनिकता' में शामिल किया जाना चाहिए या 'देशज पृथकता' में? यदि कबीर को 'देशज आधुनिकता' से जोड़ा जाएगा तो तब 'देशज आधुनिकता' के आदि पुरुष मक्खलि गोसाल को मानना पड़ जाएगा। मतलब, किसी भी काल में यह 'देशज पृथकता' है, जो पुनर्जन्म में विश्वास नहीं रखती। भारत में पुनर्जन्म का खण्डन आज का नहीं है, बल्कि इस सिद्धान्त के जन्म लेने के दिन से है। पर, पुरुषोत्तम अग्रवाल को 'देशज पृथकता' के नाम से डर क्यों लगता है? वे तो इस हद तक प्रतिक्रियावादी हैं कि प्रक्षिप्त और किंवदन्ती के बल पर कबीर को पुनर्जन्म के सिद्धान्त का गायक और पोषक मानते हैं।

किसी भी देशज आधुनिकता का सांग करने से पहले इन लेखक को छुआछूत की देशज पृथकता की बात समझनी चाहिए थी। अस्पृश्यता देशज पृथकता है। यह देशज पृथकता धार्मिक, सामाजिक और सभी तरह की है। कबीर कह तो रहे हैं—''हिन्दू

अपनी करै बड़ाई गागर छुवन न देई।''[61] और, जहाँ तक औपनिवेशिकता का सवाल है, कबीर के यहाँ एक पद है जो हिन्दुओं और मुसलमानों के बारे में है। उस में कहा गया है:

अरे इन दूहू राह न पाई।
हिन्दू की हिंदआई देखी तुरकन की तुरकाई।।[62]

कबीर का समय अंग्रेजों का समय या आज का समय होता तो वे क्या गाते? वे इस में इतना और जोड़ देते:

अरे इन तीहू राह न पाई।
हिन्दू की हिंदवाई देखी, तुरकन की तुरकाई।
गोरों की गर्वाई देखी, पुरुषोत्तम की चतुराई।।

इस एक लाइन में सारी औपनिवेशिकता और सारी आधुनिकता पूरी हो जाती। यह कबीर की आजीवक पृथकता है।

II

कबीर को पढ़ने में पुरुषोत्तम अग्रवाल 'अगस्त्य संहिता की गुत्थी'[63] सुलझाने क्यों बैठ गए? कबीर का अगस्त्य संहिता से क्या लेना-देना? यह जिन्दी रहे, मरे—कबीर के विद्यार्थियों को इस से क्या मतलब? कबीर के नाम से पुरुषोत्तम अग्रवाल हमारे सामने हिन्दू धर्म का बही-खाता क्यों खोल रहे हैं? कबीर के खुद को 'ना हिन्दू' कहने से क्या इस कच्चे चिट्ठे को पढ़ने पर रोक नहीं लगी हुई है? जब कबीर हिन्दू धर्म से दूर खड़े हैं, तब हमें हिन्दू धर्म के बारे में क्यों बताया जा रहा है कि यह 'हिन्दू बनाम हिन्दू' का मामला है? हमारे कबीर 'हिन्दू बनाम हिन्दू' के झगड़े से परे खड़े हैं। हमारे लिए यह 'कबीर बनाम 'हिन्दू बनाम हिन्दू' ' का मामला बनता है। कबीर दोनों तरह के हिन्दुओं को छोड़ कर अलग हैं। 'हिन्दू बनाम हिन्दू' की समझ किसी हिन्दू को दीजिए, कबीर के बालकों को नहीं। जब कबीर 'हिन्दू बनाम हिन्दू' के झाँसे में नहीं आए, हम क्यों आएंगे? लेकिन पुरुषोत्तम अग्रवाल हैं कि कबीर पर लिखी अपनी इस पुस्तक में हमें विलियम पिंच के इस कथन पर ध्यान देने को कहते हैं—''अनेक लोगों को रामानन्द एक बहुत ही महत्वपूर्ण लेकिन उपेक्षित जगह पर खड़े लगते हैं। यह जगह है: दो प्रतिस्पर्धी हिन्दू धर्मों के बीच की जगह। एक ओर है विशिष्ट पंडितों का हिन्दू धर्म तो

61. कबीर समग्र, द्वितीय खंड, लेखक, डा. युगेश्वर, हिन्दी प्रचारक पब्लिकेशंस प्रा.लि., सी-21/30, पिशाच मोचन, वाराणसी-221 010, प्रथम संस्करण, 1997, पृ. 1716
62. वही, पृ. 1597
63. अकथ कहानी प्रेम की: कबीर की कविता और उन का समय, पुरुषोत्तम अग्रवाल, राजकमल प्रकाशन प्रा.लि., 1-बी, नेता जी सुभाष मार्ग, नई दिल्ली-110 002, पहला संस्करण, 2009, पृ. 246

दूसरी ओर है रेडिकल कवियों का हिन्दू धर्म। संस्कृत ज्ञान-सम्पन्न आचार्य और वैष्णव भक्ति के विजनरी एक साथ होने के कारण रामानन्द की जगह इन दोनों के बीच है। जिन भारतविदों को जाति व्यवस्था में केवल मूलभूत संरचनात्मक विरोध ही देखने के संस्कार घुट्टी में पिलाए गए हैं, उनके लिए मुश्किल सवाल यह है : क्या कोई व्यक्ति वर्णपटल के दोनों सिरे एकसाथ छू सकता है? रामानन्द के बारे में जानते हम इतना कम हैं कि इस सवाल का निश्चित उत्तर देना कठिन है।''[64] इस कथन को उद्धृत करने के बाद अग्रवाल खुद लिख बैठते हैं–''भारतीय इतिहास में 'वर्ण पटल के दोनों सिरे एक साथ छूने वाले' अनेक व्यक्ति हुए हैं। अश्वघोष से लेकर सरहपा और रामानंद और फिर गांधी तक; भले ही ''जाति-व्यवस्था में केवल मूलभूत विरोध देखने वाले भारतविदों'' को नजर न आएँ।''[65]

समझ में नहीं आता, ये विद्वान किन्हें समझाने चले हैं? जो उदाहरण ऊपर दिए गए हैं, उन में 'बौद्ध धर्म बनाम हिन्दू धर्म' के भी उदाहरण हैं। ऐसे उदाहरण देने थे तो 'ईसाई बनाम हिन्दू' और 'इस्लाम बनाम हिन्दू' के भी दिए जा सकते थे। फिर, सिकन्दर और कनिष्क, अलाउद्दीन और बाबर, इस इतिहास में शामिल क्यों नहीं हैं? तब मैक्समूलर और ग्रियर्सन के नाम आने ही चाहिए थे–छाँट कर उन्हें कैसे भूल गए? भारत में इस्लाम की ऐतिहासिक भूमिका कहाँ रल गई? मदीने से अजमेर तक के कारवाँ-ए-इस्लाम के रूहानी सफर का वर्णन क्यों नहीं हुआ? अंग्रेजों के औपनिवेशिक ज्ञानकांड से इतनी चिढ क्यों बनी हुई है जबकि उसने भारत में आ कर वेदों को सार्वजनिक किया है? जवाब केवल एक है कि पुरुषोत्तम अग्रवाल ने अपनी यह 'अकथ कहानी प्रेम की : कबीर की कविता और उन का समय' नाम की पुस्तक एक कट्टर हिन्दू के नाते लिखी है। वे पाठक को हिन्दू धर्म के कुचक्र में उलझाए रख कर कबीर के बारे में कुछ सोचने नहीं दे रहे। मेरा जुमला–बताइए, कबीर का 'अगस्त्य संहिता' के खंडन-मंडन से क्या सरोकार? एक ही पंक्ति में अश्वघोष, सरहपा, रामानंद और गांधी के नाम ले लिए–यह जाने बिना कि अश्वघोष किस धर्म के अनुयायी थे, सरहपा की जाति क्या थी, रामानंद कौन थे या नहीं थे, या गांधी ने डा. अम्बेडकर के सामने क्या कहर ढाया था। ध्यान रहे, डा. अम्बेडकर की दलित जातियों को राजकाज में जो भी हिस्सेदारी और सम्मान मिला है, वह औपनिवेशिक राजसत्ता से मिला है, किसी गांधी या किन्हीं 'हिन्दुओं बनाम हिन्दुओं' से नहीं।

जहाँ तक 'कबीर की कविता' से 'हिन्दू बनाम हिन्दू' के इस चरित्र को समझने की बात है, वे अपने इकतारे पर 'करणीं बिना कथणीं कौ अंग' गा कर पुरुषोत्तम अग्रवाल की लीपापोती की सारी योजना को चौपट कर देते हैं। तब पुरुषोत्तम अग्रवाल की क्या रह जाएगी जब कबीर उन के सामने ऐसी साखियों और ऐसे पदों की झड़ी लगा देंगे? फिर भी, हमें इस चौपड़ में जबरन बैठाया जाए तो कहने के लिए हमें केवल यह समझ में

---

64. वही, पृ. 238 पर उद्धृत

65. वही, पृ. 238

आता है कि 'हिन्दू बनाम हिन्दू' की खोज 'क्षत्रिय बनाम ब्राह्मण' की पुरानी खोज है। यह द्विजों का आपसी मामला है—वे जैसे सुलझाना चाहे, सुलझा लें, न सुलझाना चाहे, न सुलझाएँ। हमारे कबीर सभी प्रकार के हिन्दुओं—वैष्णव और शैव—उदारपंथी और कट्टरपंथी—क्षत्रिय और ब्राह्मण—से अलग खड़े हैं।

लगता है, पुरुषोत्तम अग्रवाल के हाथ 'नॉन-कास्ट हिन्दूइज्म' की एक बटेर लग गई है। बड़े खुश हो कर लिख रहे हैं—''नॉन-कॉस्ट हिन्दूइज्म' के विकास की पड़ताल मैं अगली पुस्तक में करूँगा।''[66] यह शब्द इन्होंने डेविड लोरेंजन से लिया है। सन्दर्भ इस प्रकार दिया है—''ट्रैडीशंस ऑफ नॉन-कास्ट हिन्दूइज्म : दि कबीर-पंथ' ('हू इन्वेंटेड हिन्दूइज्म : एसेज़ ऑन रिलीजन इन हिस्ट्री' योदा प्रेस, नई दिल्ली, 2006), पृ. 78-101''[67]। सन्दर्भ फिर अधूरा है कि इन का पाठक नई दिल्ली में योदा प्रेस ढूँढता फिरे। पूरा पता दे देते तो पुस्तक मंगाने के लिए पाठक प्रकाशक को चिट्ठी लिख देता। लेकिन नहीं, यह सब कुछ नहीं सीखेंगे। पाठक की मदद बिलकुल नहीं करेंगे। जिन्दगी रिसर्च में बीत गई पर रिसर्च की पहली शर्त नहीं सीख पाए कि, मालूम हो तो, सन्दर्भित सामग्री का पूरा पता लिख दिया जाए। बताइए, पाठक को क्या बैठे-बैठे आगाज आ रही है कि नई दिल्ली में योदा प्रेस कहाँ है? पाठक अपना सिर फोड़े—क्या करे? पते के लिए किस के पास जाए? पुरुषोत्तम अग्रवाल ने लिखा है कि इन्होंने तय कर लिया था कि—'. ..रिसर्च कबीर पर ही करनी है, और नामवरजी के साथ ही करनी है।'[68] इन की रिसर्च औपचारिक रूप से 1985 में सम्पन्न भी हो गई थी।[69] पूछना यह है कि क्या नामवरजी ने रिसर्च में यह नहीं सिखाया था कि सन्दर्भ देते समय पुस्तकों, मैगजीनों और लेखों के पूरे पते देने चाहिए। शायद प्रवृत्ति यही है कि दूसरों को सूचना न मिल जाए। हाँ, रिसर्च ऐसे की जाती है मानो लुके-छिपे कोई चोरी की जा रही है। खैर, इन के 'नॉन-कास्ट हिन्दूइज्म' की बात की जाए। जब तक डा. अम्बेडकर ने बौद्ध धर्म ग्रहण नहीं कर लिया था, उन्हें अपना धर्म बताने में मुश्किल हो रही थी। वे खुद को कैसा हिन्दू कहते थे? उन्होंने 1931 में कहा था कि राजकीय उद्देश्यों के लिए अछूतों को दलित वर्ग के बजाय 'अवर्ण हिन्दू' (नॉन-कास्ट हिन्दू), प्रोटेस्टेण्ट हिन्दू या 'नान-कनफर्मिस्ट हिन्दू' कहा जाना चाहिए।[70] पंजाब में बाबू मंगू राम ने अछूतों को 'आद धर्मी'[71] लिखवाया था तथा दिल्ली में स्वामी अछूतानंद ने इन्हें 'आदि हिन्दू'[72] कहा था।

पुरुषोत्तम अग्रवाल ने लिखा है कि वे नॉन-कास्ट हिन्दूइज्म के विकास की

---

66. वही, पृ. 141
67. वही, पृ. 15
68. वही, पृ. [8]
69. वही, पृ. [8]
70. Dr. Babasaheb Ambedkar : Writings and Speeches, Volume 2, Compiled and Edited by Vasant Moon, The Education Department, Government of Maharashtra, Bombay-400 032, First Edition, 14th April, 1982, p. 672
71. ibid., p. 498
72. प्रेमचन्द की नीली आँखें, डा. धर्मवीर, वाणी प्रकाशन, 4695, 21-ए, दरिया गंज, नई दिल्ली-110 002, प्रथम संस्करण, 2010, पृ0. 191

पड़ताल अपनी अगली पुस्तक में करेंगे। उन्हें बता दिया जाए कि वे उस में गलती न करें। उसे लिखने से पहले वे यह बात अच्छी तरह समझ लें कि कबीर की हिन्दू धर्म में रह कर ब्राह्मण वर्चस्व से लड़ाई नहीं है, बल्कि हिन्दू धर्म से पृथकता की लड़ाई है। यह 'खुल जा सिम-सिम और बन्द हो जा सिम-सिम' का जादुई चिराग नहीं है, बल्कि 'न्यारे-न्यारे-न्यारे' की पुनरावृत्ति है जो कबीर की वाणी में गरज रही है। 'बँधुवागिरी नहीं, पृथकता'—यह कबीर की विशिष्टता है। सूचना यह भी दी जा सकती है कि पुरुषोत्तम अग्रवाल अपनी पुस्तक जब लिखेंगे, तब लिखेंगे, मैंने इस विषय पर अपनी किताब आज से तेरह साल पहले लिख दी थी—उन की मदद के लिए इसे छपवा दूँगा। अस्पृश्यता पृथकता नहीं तो क्या है? अस्पृश्यता 'नान-कास्ट हिन्दूइज्म' का मामला बिलकुल नहीं है क्योंकि हिन्दूइज्म की कोई परिभाषा नहीं है। यह वर्चस्व का नहीं, पृथकता का युद्ध है। यह बंधुवागिरी से मुक्ति का रास्ता इसी रूप में है कि कबीर हिन्दू नहीं हैं और आजीवक हैं।

अध्याय-3

'कहु कौने बौराया?'

क. इतिहासविहीनता की अराजकता
ख. यह किस वस्तुनिष्ठता की बात चल रही है?
ग. लोकवृत्त या लोक विकृति?

क. इतिहासविहीनता की अराजकता

बहस की ईमानदारी और तर्क की सुस्पष्टता के लिए सब से पहले पूर्वपक्ष की बात रख दी जाए। इस विषय पर पुरुषोत्तम अग्रवाल की लिखतें इस प्रकार हैं :

1. "मजे की बात यह है कि पक्के भारतीयतावादी हों या ठेठ क्रान्तिकारी, इस ऐतिहासिक विकास की उपेक्षा दोनों करते हैं। भारतीय समाज की इतिहासविहीनता के अन्धविश्वास में दोनों ही विश्वास करते हैं।"[1]
2. "भारतीय यात्रियों और व्यापारियों की, ऐतिहासिक दृष्टि से यह कमजोरी जरूर थी कि दस्तावेजीकरण में उनकी दिलचस्पी नहीं थी। वे अपनी स्मृतियाँ किंवदन्तियों और प्रतीकों, रूपकों की भाषा में सुरक्षित रखते थे, लेकिन अरब और ईरान के यात्री तो बहुत यथार्थवादी ढंग से अपने यात्रा-वृत्त और रिपोर्ताज लिखते थे।"[2]
3. "निर्गुण की ही नहीं, कबीर के काफी बाद तक हिन्दू और मुस्लिम की भी सीमा-रेखाएँ वैसी नहीं थीं, जैसी कि औपनिवेशिक आधुनिकता के काल में खींची गईं। तुलसीदास को निर्गुण संत और जो भी लगते हों, 'विदेशी पद्धति' के पथिक तो नहीं ही लगते थे। समकालीन लोगों को कबीर नामक मुस्लिम जुलाहे के वैष्णव और नाथपंथी

1. अकथ कहानी प्रेम की : कबीर की कविता और उन का समय, पुरुषोत्तम अग्रवाल, राजकमल प्रकाशन प्रा.लि., 1-बी, नेताजी सुभाष मार्ग, नई दिल्ली-110 002, पहला संस्करण, 2009 पृ. 74
2. वही, पृ. 111

परम्परा के पारिभाषिक शब्दों और साधना पद्धतियों का गहरा जानकार होने पर आश्चर्य नहीं होता था। रसिक सम्प्रदाय के रामानन्दी नाभादास को वह जुलाहा वन्दनीय लगता था, 'लोकविद्वेषी' नहीं! बेतिया के कबीरपंथी अपने निर्गुण मत पर समझौता किए बिना 'रामचरितमानस' पर भी विचार-विमर्श कर सकते थे।''[3]

4. ''कबीर को अँगुली पकड़कर चलाने की बजाय, उनकी कविता की अँगुली पकड़ कर चलें; विभिन्न ऐतिहासिक स्रोतों और प्रमाणों के साथ मनमानी करने की बजाय, उन्हें विवेक के साथ, समग्रता में पढ़ें, तभी हम कबीर की संवेदना और उनके समय के बारे में प्रामाणिक निष्कर्षों तक पहुँच सकेंगे।''[4]

5. ''निधन के सौ बरस के भीतर ही कबीर की हैसियत चमत्कारी शख्सियत की मान ली गई थी। लेकिन औपनिवेशिक आधुनिकता को कबीर असफल नजर आते हैं।''[5]

6. ''कबीर को निकट माननेवाले अधिकांश अध्येता उन्हें अपने मनोवांछित उपकरण में बदलने के उत्साह में इस हद तक चले जाते हैं कि ऐतिहासिक कबीर की पहचान का सवाल ही बेमानी हो जाता है।''[6]

7. ''इन दो सौ सालों में इतने सारे और इतने परस्पर विरोधी कबीर हमारे सामने प्रस्तुत किए गए हैं कि ऐतिहासिक कबीर तक पहुँचना नामुमकिन-सा लगने लगता है।''[7]

8. ''इसीलिए कबीर ही नहीं, इनमें से किसी के बारे में भी शुद्ध अन्त-साक्ष्य के आधार पर ठेठ आधुनिक किस्म की जीवनी-जिज्ञासा की तृप्ति तो असम्भव है।''[8]

9. ''इतिहास अतीत है, जबकि परम्परा निरन्तरता में निवास करती है। विभिन्न ऐतिहासिक अनुभवों में से कौन-सा अनुभव परम्परा में किस पाठ (टेक्स्ट) और कैसे सबक के रूप में सुरक्षित रहेगा, सामाजिक स्मृति में क्या भूमिका निभाएगा, सामाजिक जीवन की निरन्तरता में क्या जगह पाएगा—इस फैसले पर कोई समाज बहुमुखी, बहुस्तरीय प्रक्रिया से गुजरकर ही पहुँचता है। कौन-सा रीति-रिवाज चलता रहेगा, कौन-सा रूप बदल कर चलेगा, कौन-सा बिल्कुल ही छूट जाएगा—यह समाज के सामने आनेवाली चुनौतियों के सन्दर्भ में तय

---

3. वही, पृ. 154
4. वही, पृ. 23
5. वही, पृ. 21
6. वही, पृ. 20
7. वही, पृ. 19
8. वही, पृ. 21

होता है। परम्परा कोई गठरी नहीं है जिसे 'पारम्परिक' समाज तो अब तक ढो रहे हैं, और 'आधुनिक' समाज कहीं पीछे पटक आए हैं। परम्परा में अब तक स्वीकृत किसी व्यवहार के इतिहास की खोज निस्सन्देह की जा सकती है, लेकिन एक तो परम्परा और इतिहास के अन्तर और सम्बन्ध को ध्यान में रखते हुए, दूसरे खोज के नाम पर चलने वाले मनमानेपन से बचते हुए। परम्परा के प्रसंग में 'आविष्कार' (इन्वेंशन) की जिज्ञासा रोचक भी है, आवश्यक भी। लेकिन परम्परा-बोध के लिए यही जिज्ञासा पर्याप्त नहीं। उस बोध के लिए ज्यादा जरूरी है वास्तविक व्यवहार और निरन्तरता पर ध्यान देना।"[9]

10. "हिन्दी साहित्य का ही नहीं, कोई भी इतिहास लिखते-पढ़ते समय यह याद रखना जरूरी है कि परम्परा साजिशों की संदूकची नहीं होती, और देशभाषा के स्रोत बुद्धूपन के पिटारे नहीं होते। भक्ति-संवेदना और आन्दोलन का इतिहास लिखने की बात भी यह भुलाकर नहीं सोची जा सकती कि इतिहास-लेखन के अनेक स्रोतों और प्रमाणों का गहरा सम्बन्ध विभिन्न भक्ति-सम्प्रदायों के ऐतिहासिक विकास और सघंर्षों से है।"[10]

इन लेखक के पास यह सब क्या है? कबीर को ले कर इन के पास क्या है? इन्हीं के शब्दों में उत्तर मिलता है--"कबीर का व्यापक प्रभाव बल्कि पूज्यता तथ्य है।"[11] इनके पास कबीर को ले कर क्या नहीं है? इस प्रश्न का उत्तर ये लेखक नहीं दे पाएंगे। वह उत्तर इस प्रकार है--"इन के पास कबीर नहीं हैं।" ये कबीर के प्रभाव और कबीर की पूज्यता को तथ्य मानते हैं, खुद कबीर को तथ्य नहीं मानते। यह मूर्त व्यक्तियों का अमूर्त प्रभाववाद है। मूल कबीर खत्म और अपने-अपने कबीर शुरू। यही इन का तरीका है कि आज तक इन्होंने किसी की नहीं मानी। कबीर पर भी अपनी चलाएंगे। कबीर की बात नहीं मानेंगे। कबीर को बदल कर लेंगे। विष्णु-विरोधी को पहले वैष्णव बनाएंगे। कबीर को प्रक्षिप्त इसीलिए करते हैं ताकि इन की निरन्तरता में असली कबीर न आ जाएँ। पहले कबीर की प्रक्षिप्त और किंवदन्ती के द्वारा टांग काट देते हैं। कबीर को पूज्य बना लेंगे, लेकिन उन्हें इतिहास का वास्तविक महापुरुष नहीं मानेंगे। असली कबीर से इन्हें खतरे पैदा होते हैं। मूल कबीर इन के जारकर्म पर रोक लगाते हैं, प्रक्षिप्त कबीर इन्हें जारकर्म के लिए पुरस्कृत करते हैं--और माधव-माधव डकराते हैं।

अकल के टोटे नहीं हैं। थोक में अकल का उपयोग हो रहा है लेकिन गलत काम के लिए। इन्होंने लिखा है--"तर्क की बात तो यह है कि कोई तथ्य आप को दिख रहा है

9. वही, पृ. 87 10. वही, पृ. 306 11. वही, पृ. 112

तो आप सोचें कि यह तथ्य कैसे सम्भव हुआ होगा, किस व्यापक ऐतिहासिक प्रक्रिया का सत्य इससे प्रकट हो रहा है।"[12] सुन लो, ये तो उलटे हमें उपदेश दे रहे हैं। कबीर के बजाय कबीर की पूज्यता को तथ्य बता कर साहित्यिक विवेचन को बरगला रहे हैं। प्रक्षिप्त और किंवदन्ती को तथ्य मान रहे हैं। इन के सारे आँकड़े झूठे हैं, निष्कर्ष क्या निकलेंगे? अपने आँकड़ों की वस्तुनिष्ठता की जाँच-परख करनी छोड़ कर अन्धविश्वासी बन रहे हैं—और तुर्रा यह कि हम लोग, जो मूल कबीर की खोज करने में लगे हैं, हम अन्धविश्वासी हैं। लिख रहे हैं—"ऐसे निराधार, तथ्यहीन विश्वास को अन्धविश्वास नहीं तो क्या कहा जाए?"[13] हमारी बात को निराधार बता रहे हैं—इन की सुनी तो जाए कि ये कहते क्या हैं। यह अक्ल का बेअकली के लिए इस्तेमाल नहीं है बल्कि तथ्य के साथ षड्यन्त्र है। भला, इस का क्यों अध्ययन किया जाए कि किसी ने गलत आँकड़े क्यों इकट्ठे किए हैं—अर्थात कबीर की वाणी को प्रक्षिप्त क्यों किया है? हम इस फालतू काम में क्यों लगें कि प्रक्षिप्त और किंवदन्ती तथ्य हैं? ऐसे तो झूठ भी तथ्य हो जाएगा। क्या हम झूठ को सत्य मान कर अध्ययन करेंगे? झूठ की इस से बड़ी प्रतिष्ठा क्या होगी कि उसे प्रक्षिप्त और किंवदन्ती से जोड़ दिया गया है? वाह, हिटलर को या हिटलर के मंत्री को इन से कुछ सीखना चाहिए था। एक बार कबीर की वाणी को प्रक्षिप्त कर दो तो सौ बार की पुनरावृत्ति से वह कबीर की वाणी बन जाएगी—ठोस तथ्य। क्या कीमियागिरी है?—प्रक्षिप्त के पीतल को कबीर की वाणी का सोना बता कर बेच रहे हैं। बहकाने के लिए अक्ल के सारे घोड़े दौड़ा दिए हैं जब इन्होंने लिखा है—"हम तथ्यों को स्वीकार करें, उन का सन्दर्भ देखें, और फिर यदि वे हमारी मान्यताओं को संदिग्ध बनाते हैं, तो उन मान्यताओं पर पुनर्विचार करें।"[14] पर ये पुरुषोत्तम अग्रवाल के बजाय मेरे विचार हैं क्योंकि मैं वैज्ञानिक हूँ। पुरुषोत्तम अग्रवाल का तर्क की इस पद्धति से क्या लेना-देना? असली बात यह है कि इस ओर आगे बढ़ने से पहले ये अपने आँकड़ों की जाँच तो कर लें कि वे सही हैं। तथ्य मूल सामग्री है, यदि वह झूठी हो गई तो ज्ञान-ध्यान का सारा प्रयास बेकार है। ये लेखक तथ्यों की बात कर रहे हैं जबकि कबीर की मूल वाणी की खोज के बजाय प्रक्षिप्त और किंवदन्ती इन के लिए आधारभूत तथ्य हैं। ये कबीर के अध्ययन को, प्रक्षिप्त और किंवदन्ती को तथ्य मान कर, शुरू करते हैं। कबीर से इनका यही नाता है कि ऐतिहासिक कबीर से इनका कोई नाता नहीं।

बाबा साहेब डा. अम्बेडकर ने कहा था—"जिस समाज को मिटाना हो उस का इतिहास मिटा दो वो समाज अपने आप मिट जाएगा।"[15] पर, किसी समाज का इतिहास मिटाने के क्या-क्या तरीके हैं? एक तरीका यह है कि इतिहास को प्रक्षिप्त कर दो और किंवदन्ती से भर दो—दलितों का इतिहास मिटाने के लिए भारत में द्विजों ने यह भी किया है। जब इतिहास प्रक्षिप्त और किंवदन्ती से भर दिया जाता है तो उस से वह काम

12. वही, पृ. 113 13. वही, पृ. 113 14. वही, पृ. 105
15. सावधान, इतिहास बदल रहा है, धर्मवीर सिंह मिठारिया, अम्बेडकर टुडे, 4, गुलिस्तां कालोनी, लखनऊ, उत्तर प्रदेश, फरवरी, 2010, पृ. 25

नहीं सध सकता जिस की अपेक्षा होती है। बहन कुमारी मायावती बताती हैं कि इतिहास से फायदे की क्या प्रक्रिया है–"इतिहास से प्रेरणा मिलती है, प्रेरणा से जागृति आती है, जागृति से सोच बनती है, सोच से ताकत बनती है, ताकत से शक्ति बनती है, और शक्ति से शासक बनता है।"[16] स्पष्ट है, प्रक्षिप्त और किंवदन्ती के झूठे आईने हमें इतिहास से फायदा नहीं लेने देते।

इतिहासकार भगवत शरण उपाध्याय ने अपनी पुस्तक 'भारतीय समाज का ऐतिहासिक विश्लेषण' में इतिहास-दर्शन के बारे में लिखा है–"इतिहास अतीत के सभ्य युग में किए मानव-प्रयास की आनुक्रमिक कथा है। इतिहास-शरीर के आवश्यक अंग हैं–(1) अतीत, (2) सभ्य-युग, (3) मानव-प्रयास, और (4) घटनाओं का आनुक्रमिक प्रसार।"[17] भारतीय सन्दर्भ से इन चार अंगों में कथनी और करनी के अन्तर के षडयन्त्र से तथा प्रक्षिप्त और किंवदन्ती की चतुराई से क्या फर्क पड़ता है? अतीत अतीत नहीं रह जाता है जब प्रक्षिप्त और किंवदन्ती के द्वारा घटनाओं का अनुक्रम गड़बड़ा दिया जाता है। जो लिखा नहीं गया वह कल्पित कर लिया जाता है और जो घटित नहीं हुआ वह घटित मान लिया जाता है। तब यह किसे धोखा दिया जाता है? सौ बार उत्तर को घुमाया जाए पर परिणाम यही निकलता है कि प्रक्षिप्तकार और किंवदन्तीकार खुद को ही धोखा देता है। इतिहास निर्माण की बागडोर उसके हाथ से छूट जाती है। उसके देश में आ कर इतिहास विदेशी लोग बनाते हैं, और लिखता वह खुद नहीं। वह यही प्रक्षिप्त रचता रहता है और यही किंवदन्ती फैलाता रहता है कि उस के देश में कोई विदेशी नहीं आया। बौद्ध बन कर वह विदेशियों को 'बुद्धम् शरणम् गच्छामि' करवाने लगता है और ब्राह्मण बन कर वह बाद में विदेशी हमलावरों को अग्निवंश के क्षत्रिय घोषित करता रहता है। आज भी पुरुषोत्तम अग्रवाल के लेखक के रूप में वह कोई सबक लेने को तैयार नहीं। उसे मालूम नहीं कि प्रक्षिप्त और किंवदन्ती को तथ्य मान कर इतिहास लेखन नहीं करना है बल्कि प्रक्षिप्त और किंवदन्ती के भूसे को तथ्य से अलग कर के इतिहास लिखा जाना है।

लेखक को इस बात से चिढ़ है कि यूरोप के विद्वान भारत को 'इतिहास के अयोग्य' और इतिहास-विहीन क्यों कहते हैं।[18] लेकिन वे इसे इतिहास के अयोग्य और इतिहास-विहीन इसलिए कहते हैं क्योंकि आप आज भी प्रक्षिप्त और किंवदन्ती की दीवार सामने खड़ी कर रहे हैं और कबीर की मूल वाणी को समझने नहीं दे रहे। कबीर के जीवन और साहित्य को पुराण बनाने से बाज नहीं आ रहे। ये अक्ल दे रहे हैं–"होना यह चाहिए कि रचनाओं, किंवदन्तियों, स्मृतियों का विश्लेषण करके निष्कर्ष प्राप्त किए

16. वही, पृ. 25
17. भारतीय समाज का ऐतिहासिक विश्लेषण, भगवत शरण उपाध्याय, वाणी प्रकाशन, 21-ए, दरियागंज, नई दिल्ली-110 002, आवृत्ति, 2009, पृ. 192
18. अकथ कहानी प्रेम की : कबीर की कविता और उनका समय, पुरुषोत्तम अग्रवाल, राज कमल प्रकाशन प्रा.लि., 1-बी, नेताजी सुभाष मार्ग, नई दिल्ली-110 002, पहला संस्करण, 2009, पृ. 93

जाएँ... ।''[19] ऐसा क्यों किया जाए?—रचनाएँ आपने प्रक्षिप्त कर रखी हैं, किंवदन्तियों में आप कौटिल्य के अर्थशास्त्र की अफवाहें फैलाते हैं और स्मृतियों के नाम पर आपने स्त्री और शूद्र को निरक्षर बना रखा है। दुनिया को बेवकूफ बनाने चले हैं—आप की कौन सी रचना, किंवदन्ती, या स्मृति है जिस में भारत पर सिकन्दर के आक्रमण का हवाला दर्ज है? आप क्या इतिहास लिखेंगे, जब आप में इतिहास-बोध नहीं है? हम से कहा जा रहा है कि हम किंवदन्ती का इतिहास लिखें पर हम नहीं लिखते, हम सौ बार मना कर चुके हैं। कहा जा रहा है कि हम प्रक्षिप्त को आधार बना कर इतिहास को समझें, पर हमने कह दिया है कि हम इतिहास को ऐसे नहीं समझेंगे, क्यों पीछे पड़े हो? हमने कसम खाई है कि हम प्रक्षिप्त और किंवदन्तियों के झाँसों में नहीं आएंगे। हम कबीर को इतिहास पुरुष मान कर पढ़ेंगे, प्रक्षिप्त पुरुष और किंवदन्ती पुरुष मान कर नहीं। यह हमारी जिद है कि हम कबीर को 'पुराण पुरुष' नहीं बनने देंगे। हम प्रक्षिप्त की दासता और किंवदन्ती की कैद से अपने कबीर को मुक्त करके रहेंगे।

पुरुषोत्तम अग्रवाल की प्रक्षिप्त और किंवदन्ती की परम्परा में इतिहास-बोध नाम की कोई चीज नहीं है। एक की ही बात हो सकती है—प्रक्षिप्त और किंवदन्ती की या इतिहास-बोध की। जब उन्होंने प्रक्षिप्त और किंवदन्ती का वरण कर लिया है, इतिहास-बोध के मामले में दखल देने से उन्हें अपने आप अलग हट जाना चाहिए। वे दोनों तरफ पैर क्यों जमाते हैं? ज्यादा जोर डालेंगे तो दिमाग फट जाने के खतरे हैं—हाँ, कथनी और करनी में अन्तर करने की महारत से बौद्धिक तनाव पर जरूर विजय पा ली जाती है—उस उस्तादी के सामने सब हार मान लेते हैं।

जोर से कहा जाए कि हम कुक किए गए कबीर को तथ्य नहीं मानते, हम इसे तथ्य मानते हैं कि खुद कबीर क्या थे। हम इसे सच नहीं मानते कि कबीर के मुँह से क्या कहलवाया गया, हम इसे सच मानते हैं कि खुद कबीर ने क्या कहा। वैष्णवों ने कबीर को क्या माना और खुद कबीर वैष्णवों से क्या मनवाना चाहते थे—इन दो बातों में फर्क है। वैष्णव चाहते थे कि कबीर को वैसे-वैसे बोलना चाहिए जैसे-जैसे वैष्णव चाहते हैं, लेकिन कबीर वैसा-वैसा बोल रहे थे जैसा-जैसा वे वैष्णवों को बदलना चाहते थे। कबीर वैष्णवों को बदलना चाहते थे लेकिन वैष्णव कबीर को बदल रहे थे। न कबीर ने अपनी कहनी छोड़ी और न वैष्णवों ने कबीर की कभी मानी—यही हमें दोफाड़ इतिहास मिलता है। इस में पुरुषोत्तम अग्रवाल क्या नया योगदान कर रहे हैं? प्रक्षिप्त और किंवदन्ती को स्वीकार करने की वजह से वे वैष्णवों की तरफ से बोल रहे हैं। वे कोई नए आदमी नहीं हैं। उन की सारी मशक्कत कुक किए गए कबीर को पढ़ने और पढ़ाने की है। असल में, यह कबीर से दुश्मनी है। प्रक्षिप्तकारों का यही इतिहास रहा है। ये भारत के मूल इतिहास को यवनों, शकों, कुषाणों, हूणों, तुर्कों, मुगलों और अंग्रेजों के हवाले करके अपने कुक किए गए ख्याली इतिहास में 'मगन सरीरा' रहते हैं। इन्हें त्याग, तपस्या,

---

19. वही, पृ. 94

वीरता और बलिदान के सच्चे लौकिक इतिहास से कुछ लेना-देना नहीं। बस, औपनिवेशिकता कह कर दूसरों को ठाली बैठे कोसते रहते हैं। इन्हें राजकाज करने नहीं आते क्योंकि इन के ब्याह-काज में भेद भरे पड़े हैं। कबीर के समय को, यूरोप की तुलना में, भारत की आधुनिकता से जोड़ रहे हैं, यह पूरी तरह भूल कर कि उस समय भारत में तुर्कों की सल्तनतीय औपनिवेशिकता चल रही थी। इन के तर्क का दुर्भाग्य देखिए कि सल्तनत काल के तुर्क भी यूरोप के थे जो इन पर राज कर रहे थे। सुल्तान कोई भी रहे हों पर सल्तनत का निजाम तुर्कों का था। कबीर भारत के सल्तनत काल के महापुरुष थे। आश्चर्य है, पुरुषोत्तम अग्रवाल उस काल को भारत की आधुनिकता के प्रारम्भ से जोड़ने में उसे गुजरात के हिन्दू मारवाड़ियों के व्यापार तक सीमित कर के रह गए। इस्लाम की ऐतिहासिक भूमिका से लगभग अनजान बन कर रहे—रामानंद से फुर्सत मिले, तब ध्यान इधर-उधर जाए।

कबीर ने हमें ज्ञान की आंधी दी है। इस में भ्रम की टाटी टूट गई है। बलींडे गिर गए हैं। कुबुद्धि का भांडा फूट गया है। झूठ-कपट का नाश हो गया है। ऐसे में, प्रक्षिप्त और किंवदन्ती कहाँ बचते हैं? ज्ञान की इस आंधी ने इन के पैर उखाड़ दिए हैं—ये देखो, उलट-पलट होते हुए हवा में उड़ गए हैं। अब पुरुषोत्तम अग्रवाल इन्हें पकड़ नहीं पाएंगे। धर्मेतर अध्यात्म की रस्सियाँ टूट गई हैं। उप-रचना के खम्भे ढह गए हैं। यह बनावटी महल पूरी तरह ध्वस्त है। प्रक्षिप्त और किंवदन्ती की खूँटियों से ताना गया तम्बू गिर पड़ा है। कबीर अज्ञान के फैले इसी अंधकार से जूझ कर लड़े थे। कबीर ने जिस महल को तोड़ा था, प्रक्षिप्त और किंवदन्ती के मलबे से उस महल को हम दोबारा कैसे बनने देंगे? यूँ समझो कि प्रक्षिप्त और किंवदन्ती नाम के दो जंगली जानवर कबीर की खेती को चरने के लिए खेत में बड़ गए हैं। रखवाले का काम है कि थूथड़ियों पर मार कर इन डंगरों को वहाँ तक खदेड़े, वहाँ तक तहा कर आए, कि दोबारा कभी ये इस ओर मुँह न उठा लें। यदि इन्हें न रोका गया तो ये कबीर की मूल वाणी का सारा सच चट कर जाएंगे। और यूँ कहिए कि कबीर वाणी की ओजस्वी सिंह गर्जना के सामने प्रक्षिप्तकार गधे-घोड़े हैं और किंवदन्तीकार भेड़-बकरियाँ। प्रक्षिप्त और किंवदन्ती के हिमायतियों के बारे में क्या रूपक बांधा जाए?—वे खुद तय कर लें। यहाँ इतना कहा जा सकता है—"प्रक्षिप्त न छोड़ा, किंवदन्ती न छोड़ी, कबीर सबद क्यों छोड़ दिया?" प्रक्षिप्तकार और किंवदन्तीकार कबीर के काव्य और जीवन को समझने के लिए अशैने धंधे के लोग हैं। वे हमारे सद्गुरु के बारे में बकवास पर बकवास करते हैं। उन्हें कोई महत्व नहीं मिलना चाहिए। उन का जिक्र नहीं होना चाहिए। यदि उन की बकवास भरी किंवदन्तियों की पोथियों को नदी में फेंक दिया जाएगा तो कबीर के बारे में हम भ्रम से बच जाएंगे—और कोई नुकसान नहीं होगा।

ख. यह किस वस्तुनिष्ठता की बात चल रही है?

मदन सोनी ने 'इस पुस्तक के बारे में' लिखा है—"पुस्तक सवाल उठाती है कि

कबीर के समय को हम जिस रूप में जानते हैं, यह उस समय का वास्तविक रूप है, या उस की औपनिवेशिक निर्मिति? यह सवाल उठाते हुए पुरुषोत्तम ने कबीर के समय और उन की कविता को उन के वास्तविक रूप में पढ़ने की विधियाँ भी सुझाई हैं।''[20] जाने, मदन सोनी इस पुस्तक में यह पढ़ना कैसे भूल गए कि पुरुषोत्तम अग्रवाल को इस बात की फिक्र बिलकुल नहीं है कि कबीर का वास्तविक समय क्या था? जब उन के पास कबीर ही वास्तविक नहीं हैं, बल्कि किंवदन्तीकारों के निर्मित कबीर हैं, तो कबीर के समय को जानने की कौन सी गारन्टी बचती है? साथ ही, जब पुरुषोत्तम अग्रवाल की झोली में कबीर के नाम से प्रक्षिप्त रचनाएँ भरी पड़ी हैं तो कबीर की वाणी को वास्तविक रूप में पढ़ने की उन के द्वारा सुझाई गई कौन सी विधि हमारे काम आ सकती है? ऐसे किंवदन्तीकृत कबीर को जानना ही निष्फल है और ऐसे प्रक्षिप्त कबीर को समझना ही निष्प्रयोजनीय है।

वेद प्रकाश ने 'इस पुस्तक के बारे में' लिखा है—''यह किताब जीवन और कविता से जुड़े कई आधारभूत सवाल उठाती है।''[21] कह-कह कर थक गया हूँ कि यहाँ जीवन वास्तविक नहीं है बल्कि किंवदन्तीकार की निर्मिति का है और यहाँ कविता मूल नहीं है बल्कि प्रक्षिप्तकार की करतूत की है, लेकिन एक रटन्त विद्या का बोलबाला हो गया है। सच्चे शब्द ले कर उन्हें झूठे अर्थ दिए जा रहे हैं। जीवन वास्तविक होना चाहिए और कविता मूल होनी चाहिए—पर यही काम नहीं किया जाएगा—बाकी सारी हाँक ली जाएगी। सवाल यह है कि पुरुषोत्तम अग्रवाल ने अपनी लेखनी चलाने के लिए कबीर को विषय के रूप में क्यों चुना। इन्होंने कबीर को विषय के रूप में इसलिए चुना है क्योंकि इस से इनका स्वार्थ सधता है। ये किसी भी ऐसे विषय पर लिखने से बचने की प्रवृत्ति के व्यक्ति हैं जहाँ दो टूक स्पष्टता होती है। ये स्पष्टता के उजाले से डरने वाले मनुष्य हैं। इन्हें अंधेरा ही रुचिकर है क्योंकि वहाँ ये अपनी चला सकते हैं। यह बात दावे के साथ कही जा सकती है कि यदि कबीर का जीवन किंवदन्तियों के घटाटोप से आच्छादित न होता और उन की कविता प्रक्षिप्तों की सुरंगों से भरपूर न होती तो ये लेखक इस गली में एक पैर न रखते। निश्चित रूप से ये भाग खड़े होते, यदि कबीर की अप्रक्षिप्त वाणी में निश्चायत्मकता पगी होती। वेद प्रकाश के शब्दों में यह बात पूरी तरह उजागर हो गई है।

पुरुषोत्तम अग्रवाल का बड़ा स्पष्ट आरोप है—''निवेदन यह है कि औपनिवेशिक ज्ञानकांड भारतीय समाज का निःस्वार्थ भाव से वस्तुनिष्ठ अध्ययन नहीं कर रहा था।''[22] मान लेते हैं कि वे लोग भारतीय समाज का निःस्वार्थ भाव से वस्तुनिष्ठ अध्ययन नहीं कर रहे थे, पर यह आरोप किस के मुँह से अच्छा लगता है?—पुरुषोत्तम अग्रवाल तो कबीर पर लिखी अपनी इस पुस्तक में किंवदन्तियों और प्रक्षिप्तों को वस्तुनिष्ठता प्रदान

---

20. अकथ कहानी प्रेम की : कबीर की कविता और उन का समय, पुरुषोत्तम अग्रवाल, राजकमल प्रकाशन प्रा.लि. 1-बी, नेताजी सुभाष मार्ग, नई दिल्ली-110 002, दूसरा संस्करण, 2010, पेपर बैक, पृ. [x]
21. वही, पृ. [xi]
22. वही, पृ. [xxvii]

कर रहे हैं! कहीं एक उदाहरण तो बता देते कि यूरोप के अमुक नाम के विद्वान ने कबीर के नाम से प्रक्षिप्त रचनाएँ रची हैं। पुरुषोत्तम अग्रवाल ने लिखा है—"शैल्डॉन पोलक ने एक इंटरव्यू ('आउटलुक', 10 मई, 2010) में कहा है, "अपने अतीत को जानने की भारत की क्षमता को उपनिवेशवाद ने भरसक नष्ट किया, खगोलीकरण के वर्तमान दौर में खतरा यह है कि भारत में अपने अतीत को जानने की इच्छा ही कहीं नष्ट न हो जाए।""[23] झूठ, बिलकुल झूठ—पुरुषोत्तम अग्रवाल बोलें या शैल्डॉन पोलक बोलें। हड़प्पा और मुअनजोदड़ो की खोज विदेशियों ने की है, तक्षशिला और बोधगया को रोशनी उन्होंने दी है, अजन्ता और एलोरा की गुफाओं को अंधकार से निकाल कर प्रकाश में उन्होंने नहलाया है। प्राचीन सिन्धु लिपि को यदि वे नहीं पढ़ पाए हैं तो कोई भारतीय आज तक भी नहीं पढ़ पाया। सवाल दागा जा सकता है—पुरुषोत्तम अग्रवाल समेत भारत के देशज विद्वान अपनी लिपि को क्यों नहीं पढ़ पा रहे हैं? इस में औपनिवेशिक ज्ञानकांड को दोष देने से क्या लाभ?—क्या विदेशियों ने इस के पढ़ने पर रोक लगा रखी है? यहाँ किस वस्तुनिष्ठता की बात हो रही है?—यदि कोई पढ़ ले तो वे विदेशी विद्वान उसे सम्मान देंगे। अंधाधुंध उल्टी-सीधी बगाने से कोई लाभ नहीं—हमें आजीवकों के बारे में अशोक के गुफालेख पहले अंग्रेजी भाषा के अनुवाद में मिले हैं।

पुरुषोत्तम अग्रवाल उन लोगों की खिल्ली उड़ाते हैं 'जो इतिहास का अध्ययन करने की बजाय इतिहास-देवता का कीर्तन करते हैं'[24], लेकिन अपने गिरेबान में एक बार भी झाँक कर नहीं देखा कि खुद उन की यह किताब 'किंवदन्ती-देवी' और 'प्रक्षिप्त-देवता' से भरी पड़ी है। उन्हें समझ नहीं आया कि 'किंवदन्ती-देवी' और 'प्रक्षिप्त-देवता' तो इतिहास-देवता के माँ-बाप हैं—नेक रे नेक, आपा तो देख। उधर, पुरुषोत्तम अग्रवाल की इस पुस्तक की प्रशस्ति करने में कई लोग तो लगते हैं, जैसे बावले हो गए हों। लेकिन कबीर को ले कर किसी भी ऐसे बावलेपन को दूर किए जाने की जरूरत है जो किंवदन्ती-देवी और प्रक्षिप्त देवता की मूर्तियाँ बना कर उन की भर्त्सना नहीं करते।

ग. लोकवृत्त या लोक विकृति?

इस विषय पर पूर्वपक्ष को इकट्ठा करके रख देना उचित होगा। पुरुषोत्तम अग्रवाल की पुस्तक में दर्ज यह पूर्वपक्ष इस प्रकार है :

1. "अनन्तदास जैसे लोग भक्ति के लोकवृत्त के कारण सम्भव हुए और उनके कारण भक्ति का लोकवृत्त सम्भव हुआ। उन्हें बहुत ध्यान से

23. वही, पृ. [xxv]

24. वही, पृ. [xxiv]

पढ़ना चाहिए। उनके बारे में और अधिक जानने की कोशिशें होनी चाहिएँ।''[25]

2. ''नाभादास के तथा अन्य भक्तमालों से अनन्तदास की परिचइयों का अत्यन्त महत्वपूर्ण अन्तर यह है कि भक्तिकाल में पौराणिक चरित्रों का भी वर्णन है, जबकि अनन्तदास ने केवल ऐतिहासिक व्यक्तियों के बारे में लिखा है।''[26]

3. ''अनन्तदास ने इन संतों के बारे में इतना लिखा, लेकिन स्वयं अपने बारे में 'पीपा परिचई' के अन्त में अपनी गुरु-परम्परा बताने के अलावा उन्होंने कुछ भी नहीं कहा। उनकी बताई गुरु-परम्परा है—रामानन्द-अनन्तानन्द-कृष्णदास-विनोदी-अनन्तदास स्वयं।''[27]

4. ''लोकवृत्त की चर्चा करते हुए वे अल्बर्ट हर्षमान को उद्धृत करते हैं : ''लोकवृत्त वफादारी की नहीं, आवाज की जगह है।'' मतलब यह कि लोकवृत्त किसी हद तक राजसत्ता से स्वायत होता है। सर्वसुलभ होता है। इसका विमर्श निजी से अलग और आगे का होता है, क्योंकि जरूरी नहीं कि आप सबसे प्रत्यक्ष संवाद ही करें। लोकवृत्त में सार्वजनिक सवालों पर, 'इंक्लूजन' और 'एक्सक्लूजन' के आधारों के बारे में बहसें अनिवार्यतः होती हैं। लोकवृत्तों की अपनी गतिकी (डायनेमिक्स) होती है, जिसका राजसत्ता से कुछ वास्ता तो होता है, लेकिन स्वायत्तता के साथ ही। राजसत्ता एक सीमा के बाद, इस गतिकी को प्रभावित नहीं कर पाती।''[28]

5. ''विभिन्न समाजों की आधुनिकताओं पर तुलनात्मक नजर डालें, तो साफ दीखता है कि लोकवृत्त की बुनियादी शर्तें दो ही हैं—एक निजवृत्त और राजवृत्त से स्वायत्त अस्तित्व और सूचना तथा दो—ज्ञान तक सब की पहुँच। याने एक ऐसी जगह की रचना, जहाँ लोग अपने आत्म का विस्तार राजसत्ता से स्वायत्त रहते हुए कर सकें, और जहाँ ज्ञान पर किसी का जन्माधारित या हैसियत से जुड़ा विशेषाधिकार न हो।''[29]

6. ''भक्ति के लोकवृत्त में कबीर-गोरख की, कबीर-रैदास की, 'गोष्ठियों' के नाम से मिलने वाली रचनाएँ सार्वजनिक संवाद की गोष्ठियाँ हैं। भक्ति इस संवाद की भाषा है।''[30]

---

25. अकथ कहानी प्रेम की : कबीर की कविता और उनका समय, पुरुषोत्तम अग्रवाल, राजकमल प्रकाशन प्रा.लि., 1-बी, नेताजी सुभाष मार्ग, नई दिल्ली-110 002, पहला संस्करण, 2009, पृ. 155

26. वही, पृ. 155
27. वही, पृ. 155
28. वही, पृ. 138
29. वही, पृ. 140
30. वही, पृ. 143

7. "किसी भी समाज में प्रचलित स्मृति-संरक्षण की विधियों को ठीक से समझे बिना उसके अतीत को ही नहीं, वर्तमान को भी, समझने के नाम पर आप विकृत ही करते हैं। किसी भी परम्परा की जटिलता और उसके मुहावरों को समझने के लिए धीरज और संवेदनशीलता की जरूरत है।"[31]
8. "कबीर को, और उनके समय को समझने के लिए, इन सवालों पर तथ्यसम्मत और तर्कसंगत विचार करना जरूरी है। कबीर की 'खोज' या उन पर 'शोध' करने के पहले कबीर की लोक-स्मृति के साथ संवाद जरूरी है।"[32]
9. "देशभाषा स्रोतों में अन्तर्निहित लोक-चेतना को गम्भीरता से लिये बिना, सारी की सारी परम्परा को साजिश मानने की बीमारी से पिंड छुड़ाए बिना भारतीय या किसी भी परम्परा के आत्मानुसन्धान को समझना असम्भव है।"[33]

अब जवाब में कहा जाए कि कबीर की लोक स्वीकृति जगजाहिर थी। इसी से वैदिक-पौराणिक धर्म के लोग डरे हुए थे। कबीर ने प्राचीन मिथकों को तोड़ दिया था। वे पुराण के ध्वंस पर चढ़ कर खड़े थे। उन्हीं कबीर से मुकाबला करने के लिए कबीर की लोक स्वीकृति से डरे हुए लोगों ने प्रक्षिप्त और किंवदन्ती का ढकोसला खड़ा किया। प्रक्षिप्त और किंवदन्ती ने कबीर की लोक स्वीकृति को लोक विकृति में बदल दिया। कबीर की वाणी का नुकसान इस सीमा तक किया गया कि 'कबीरें' रचने और गाने की परम्परा चला दी। कहा जाए कि हिन्दू पुराणों में मिथक का साम्राज्य रहा है। मिथक और कुछ नहीं है, तार्किक स्तर पर मिथ्या का शोरगुल है। इस से आगे बढ़ें तो प्रक्षिप्त और किंवदन्ती की दोहरी मार पड़ी हुई है। यह समाहार नहीं, निगलना है। जो जुगाली की जाती है, वह कबीर के नाम से कबीरों की है। क्या कबीरों को लोक वृत्त की लोक स्वीकृति में सम्मिलित किया जाए? पूछना यही है कि यदि कबीरें की रचना लोक स्वीकृति है तो लोक विकृति क्या है।

बच्चों को बहकाया जा सकता है, बड़ों को नहीं। पहले तालाब में रोहू मछली डाली जाती है, फिर उसे ही काँटा डाल कर पकड़ा और खींचा जाता है। फिर, यह ढोल पीटा जाता है कि इस तालाब में रोहू मछलियाँ हैं। कबीर वाणी के साथ यही हो रहा है। अपने-अपने प्रक्षिप्त जोड़ कर अपना-अपना पक्ष सिद्ध किया जाता है। इस बात को कौन नहीं जानता कि निशानदेही की कटेर मछली डाली जाएगी तो यह सिद्ध किया जा सकता है कि तालाब में कटेर मछलियाँ हैं? सोली, सिंगी, बाम—कोई भी मछली तालाब में डाल दो और उसे बाहर निकाल दो—यही कौटिल्य के अर्थशास्त्र की जादूगरी है।

---

31. वही, पृ. 246 32. वही, पृ. 19 33. वही, पृ. 36

पुरुषोत्तम अग्रवाल कौटिल्य का अर्थशास्त्र पढ़ लेंगे तो हाथ की सफाई वाली और भी कई जादूगरियाँ दिखा सकते हैं, पर उन की मुसीबत यह रहेगी कि मैं उन एक-एक की काट करता रहूँगा। क्या मैं उन्हें बताऊँ कि कौटिल्य किंवदन्ती खड़ी करने के क्या-क्या गुर सिखाते हैं? मुश्किल यह है कि उन्हें कुछ फायदा नहीं रहेगा क्योंकि मैं ही उन का खंडन भी कर दूँगा।

'मिथ' कैसे बनता है? इस की उपादान सामग्री क्या है? इस के बनने में कितना समय लगता है? दूसरों के महापुरुष क्यों छीने जाते हैं? कबीर के साहित्य में 'आन देव' की पूजा की मनाही क्यों है? इस प्रक्रिया के समान्तर लोकवृत्त की दैनन्दिनी कैसे चलती है? काल की गणना क्यों समाप्त की जाती है? छीन-झपट और उठा-पटक में और क्या-क्या होता है? समाज-वैज्ञानिकों को इस क्षेत्र में ज्यादा काम करना चाहिए। मैं केवल इतना जोड़ सकता हूँ कि मिथ का चिपचिपा अवलेह बनाने में प्रक्षिप्त और किंवदन्ती की महत्वपूर्ण भूमिका होती है।

संस्कृत के माध्यम से हमारे देश में 'मिथ्या' शब्द प्रचलन में है। अद्‌वैत वेदान्त में यह दार्शनिक शब्दावली का पारिभाषिक शब्द है। लगता है, वहाँ इस शब्द का दुरुपयोग हुआ है। पूरे जगत को 'मिथ्या' कह देना, इस के वास्तविक अर्थ को खोने के बराबर है। पूरा जगत 'मिथ्या' नहीं है, बल्कि जगत में 'मिथ्या तत्व' है—यह समझना छोड़ दिया गया। अच्छा और बुरा—दोनों गलत नहीं हैं, बल्कि केवल बुरा ही गलत है। बुरे की वजह से अच्छे को क्यों छोड़ा जाए? खैर, यहाँ इतना ही कहना पर्याप्त होगा कि पुरुषोत्तम अग्रवाल की पाँच सौ साल पुरानी परम्परा कबीर को प्रक्षिप्त और किंवदन्ती के द्वारा 'मिथ' बनाने की फिराक में लगी हुई है। लेकिन यह हमारी जिम्मेदारी है कि हम कबीर के साथ यह दुर्व्यवहार न होने दें। हिम्मत है तो पुरुषोत्तम अग्रवाल की परम्परा सिकन्दर लोदी को, बाबर को और अकबर को मिथ बना कर दिखाए। तब 'अकबरनामा' और 'आईन-ए-अकबरी' को कैसे झुठलाएंगे? फिर भी, हिन्दु पुरुषों के बारे में किंवदन्तीकार मिथ के बिना अपना काम नहीं चला सकते। ऐसा एक मिथ औरंगजेब के सामने के इतिहास पुरुष शिवाजी राजा भोंसले के बारे में खड़ा किया गया है। तथ्यों के सामने उस मिथ का खण्डन करते हुए कलानाथ शास्त्री का एक लेख 'शिवाजी : तथ्य और मिथ' के शीर्षक से छपा है। उस में बताया गया है कि पाठ्यपुस्तकों की शौर्यगाथा में अत्यन्त मनोहारी ढंग से और प्रेरक राष्ट्रभक्ति के रूप में यह पढ़ाया जाना कि शिवाजी और शंभाजी फलों की टोकरियों में छिप कर मुगल बादशाह की कैद से बाहर निकल गए थे, इतिहास का तथ्य नहीं है। इस लोकवृत्त के मिथ के बजाय तथ्य कुछ और हैं। उस तथ्य का कलानाथ शास्त्री ने इतिहास के पुष्ट प्रमाणों से खुलासा किया है।[34]

कबीर का ध्यान हिन्दू धर्म की ओर था कि इस के अनुयायी छुआछूत बरतते हैं, लेकिन पुरुषोत्तम अग्रवाल को इस बात से कोई लेना-देना नहीं कि कबीर का छुआछूत

34. शिवाजी : तथ्य और मिथ, देवर्षि कलानाथ शास्त्री, जनसत्ता रविवारी, नई दिल्ली संस्करण, 7 मार्च, 2010, पृ. 2-3

के विरोध का शुरू किया गया वह सारा काम अधूरा पड़ा है। इन्होंने जादू का डंडा घुमा दिया है कि कबीर को प्रक्षिप्तकारों और किंवदन्तीकारों ने गोद ले लिया है। प्रक्षिप्तकार और किंवदन्तीकार जैसे कृत्रिम कबीर को गा रहे हैं, पुरुषोत्तम अग्रवाल, 'जोर मेरा' लिख कर हम पर दबाव डाल रहे हैं कि उसी को वास्तविक कबीर माना जाए। सब से बड़ा प्रमाण खुद 'बीजक' का है। 'बीजक' में दो साखियाँ इस प्रकार आई हैं :

1. बड़े ते गए बड़ापने, रोम रोम हंकार।
   सतगुरु की परिचय बिना, चारो बरन चमार।।[35]
2. ई माया है चूहड़ी, औ चूहड़े की जोए।
   बाप पूत अरुझाय के, संग न काहु के होए।।[36]

यह इन की भक्ति का लोकवृत्त है। इन के इस पब्लिक स्फीपर में यही अनुमत है जबकि कबीर इसी से घमासान युद्ध कर रहे हैं। 'ई माया चूहड़ी भी रह गई', 'चारों वर्ण चमार' भी रह गए, और कबीर जन-जन में भी चले गए—अब इन के लिए कुछ करने को बाकी नहीं है—मजे से धर्मेतर अध्यात्म की मनुष्य को नाकारा करने वाली अफीम खिलाओ।

35. कबीर-बीजक, प्रस्तुतकर्ता, डा. शुकदेव सिंह, नीलाभ प्रकाशन, 5 खुसरो बाग रोड, इलाहाबाद, प्रथम संस्करण, 1972, पृ. 159
36. वही, पृ. 160

अध्याय-4

दैनन्दिनी के सामने फैंटेसी–एक और फैंटेसी

क. 'रीतभाँति और चालचलगत' पर रीझना
ख. 'दैनन्दिनी बनाम शास्त्र' की खिसियाहट
ग. गुजरात! गुजरात!! गुजरात!!!
घ. व्यापार, समृद्धि और आधुनिकता
ङ. यह हिन्दुओं का इतिहास है
च. फैंटेसी और ग्रेडेड इनइक्विलिटी
छ. कितनी औपनिवेशिकताएँ और कितनी देशजताएँ?
ज. क्या मनुस्मृति नोर्मेटिव टेक्स्ट है?
झ. जुलाहे का दुख

क. 'रीतभाँति और चालचलगत' पर रीझना

यह एक नया और महत्वपूर्ण विषय है। पुरुषोत्तम अग्रवाल ने इसे बड़ी चालाकी से उठाया है। कोई अस्पष्टता न रह जाए, इसलिए यहाँ पूर्वपक्ष को समेट कर रखना अच्छा रहेगा। यह इस प्रकार है :

1. "इस तरह के सवाल पूछने के लिए पेन्डुलम-धर्म से मुक्ति आवश्यक है। या तो जाति पर ध्यान ही न देना; या फिर सिर्फ जाति पर ही ध्यान देना–इस पेन्डुलम-धर्म से मुक्त होकर पूछना चाहिए कि ब्राह्मणों की शाश्वत सर्वोच्चता में सचाई कितनी है, फैंटेसी कितनी।"[1]
2. "क्रुक के, हमारे लिए प्रासंगिक निष्कर्ष इस प्रकार हैं :
    1. ज्राति कोई शाश्वत, अपरिवर्तनीय व्यवस्था नहीं, बल्कि हिन्दू पौराणिक काल और इतिहास में सतत विकासमान व्यवस्था रही है।

1. अकथ कहानी प्रेम की : कबीर की कविता और उन का समय, पुरुषोत्तम अग्रवाल, राजकमल प्रकाशन प्रा. लि., 1-बी, नेताजी सुभाष मार्ग, नई दिल्ली-110 002, पहला संस्करण, 2009, पृ. 124

2. जाति भारत की कोई अनोखी व्यवस्था नहीं, सर्वव्यापी पेशाधारित सामाजिक व्यवस्था का भारतीय रूप है।
3. जाति का वास्ता रिलीजन से कम और समाजशास्त्र से अधिक है।
4. **तथाकथित मूल विभाजन (ब्राह्मण, क्षत्रिय, वैश्य, शूद्र) का वास्तविक तथ्यों से कोई सम्बन्ध नहीं है। ये टर्म्स किन्हीं वास्तविक, निश्चित जनसमूहों को संकेत नहीं करते।..... (जोर मेरा)**

क्रुक बिल्कुल ठीक समझ रहे हैं कि जाति किसी रिलीजन की नहीं, सामाजिक ढाँचे की संस्था है, वर्णाश्रम केवल एक सैद्धान्तिक ढाँचा है, वास्तविकता का वर्णन नहीं।''[2]

3. ''ब्राह्मण-सर्वोच्चता कर्मकाण्ड तक सीमित थी। औपनिवेशिक 'थ्योरी' ने उसे जीवन के पल-पल की सचाई में बदल दिया। अबाध वर्चस्व की ब्राह्मणवादी फैंटेसी को भारतीय इतिहास और संस्कृति के निर्विवाद सत्य की महिमा प्रदान कर दी।''[3]
4. ''ब्राह्मण की 'पूज्यता' और सर्वोच्चता दैनन्दिन जीवन की निरन्तर सच्चाई कम, कर्मकांड के क्षण-विशेष की सच्चाई अधिक थी।''[4]
5. ''ब्राह्मण-सर्वोच्चता की शाश्वतता ऐतिहासिक सत्य नहीं, ब्राह्मणों की फैंटेसी है, जिसे ऐतिहासिक सत्य का दर्जा औपनिवेशिक सत्ता के सहयोगी ब्राह्मणों ने दिया।''[5]
6. ''औपनिवेशिक आधुनिकता ने इतिहास के केन्द्र में रखा दिल्ली याने राजसत्ता को, उसकी भूमिका को इस तरह रि-प्रेजेंट किया कि औपनिवेशिक सत्ता का केन्द्रमोह भारतीय इतिहास का स्वाभाविक विकास मान लिया गया, लेकिन दूसरी तरफ यह कि भारतीय समाज में तो राजसत्ता फालतू की सी चीज थी, सारी सत्ता जाति या गाँव की पंचायत के हाथ में थी—इस पद्धतिगत उलटबाँसी पर ध्यान देने की जरूरत ही नहीं समझी गई।''[6]
7. ''औपनिवेशिक सत्ता और स्मार्त्त चिन्तन दोनों का बल ''सार्वत्रिकता'' पर था, स्थानीयता से दोनों को उलझन होती थी।''[7]
8. ''इस निर्भरता के ही फलस्वरूप 'ऑफिशियल' ब्राह्मण अपनी सतत् सर्वोच्चता की फैंटेसी को भारतीय इतिहास की सतत् वास्तविकता बनाकर औपनिवेशिक ज्ञानकाण्ड में स्थापित करने में सफल रहे।

---

2. वही, पृ. 128
3. वही, पृ. 133
4. वही, पृ. 33
5. वही, पृ. [8]
6. वही, पृ. [9]
7. वही, पृ. 130

औपनिवेशिक ज्ञानकाण्ड और "ऑफिशियल" ब्राह्मणों ने मनुस्मृति जैसे निर्देशात्मक (नॉर्मेटिव) टेक्स्ट को ऐसे "पढ़ा", मानो वह उन्नीसवीं सदी समेत हर युग के भारत के वास्तविक सामाजिक व्यवहारों का यथार्थवादी वर्णन हो। मनु के नाम से प्रचलित फैंटेसियों को अकाट्य तथ्य का दर्जा केवल औपनिवेशिक ज्ञानकाण्ड में ही नहीं, उसके बाद विकसित हुई अध्ययन-परम्परा में भी मिल गया। कट्टरपंथी मनु को "आदर्श" बताने लगे, तो क्रान्तिकारी मनु के आधार पर 'थ्योरी' बनाने लगे कि बिटिश-पूर्व भारतीय समाज सिर्फ दण्ड और भय के बल पर ही संचालित होता था। वर्णाश्रमवादी फैंटेसी की ब्राह्मण सर्वोच्चता को, तथ्यों की उपेक्षा करते हुए, भारतीय समाज का शाश्वत सत्य मान मिला गया। यह भी नहीं सोचा गया कि निर्देशात्मक टेक्स्ट्स को पढ़ने का यही तरीका अपनाया जाए तो मान लेना चाहिए कि स्वतन्त्रता की घोषणा के साथ ही, अमेरिका में सचमुच "परमात्मा द्वारा समान पैदा किए गए मनुष्यों" के बीच समानता स्थापित हो ही गई होगी। मनुस्मृति जैसे विषमतापरक टेक्स्ट हों, या किसी लोकतान्त्रिक संविधान जैसे समतामूलक–निर्देशात्मक टेक्स्ट्स निर्देशात्मक ही होते हैं। उन्हें उसी तरह पढ़ना चाहिए, यथार्थ की रिपोर्ट की तरह नहीं। ऐसे टेक्स्ट्स को वास्तविक दैनंदिन व्यवहार की जानकारी देने वाले स्रोतों, वर्णनों और टिप्पणियों के साथ तुलना करते हुए इन्हें वास्तव में "पढ़ा" जा सकता है। इस तरह "पढ़ने" पर समझा जा सकता है कि कबीर के समय के दैनंदिन व्यवहार में मनुस्मृति की क्या हैसियत रही होगी।"[8]

9. "इन दिनों इतिहासकार और समाजशास्त्री किसी भी समाज का अध्ययन और मूल्यांकन दैनंदिन जीवन-व्यवहार–'एवरीडे प्रैक्टिसेज'–के साक्ष्यों के आधार पर करने की बात करते हैं। मतलब यह कि 'ऐसा होना चाहिए' कहनेवाले शास्त्रों की तुलना 'ऐसा होता है' की सूचना देनेवाले स्रोतों के साथ करके ही किसी निष्कर्ष पर पहुँचा जाए। बात बिलकुल ठीक है। लेकिन, भारतीय समाज के अध्ययन के प्रसंग में इस पर अमल कितना होता है?"[9]

10. "दैनंदिन व्यवहार के साक्ष्य देनेवाले देशभाषा स्रोतों की बात सुनें-समझें तो मालूम पड़ता है कि भारतीय समाज पर ब्राह्मणों के निरन्तर वर्चस्व की तस्वीर वास्तविक जीवन के अध्ययन पर नहीं, निराधार फॉर्मूलों पर आधारित है।"[10]

---

8. वही, पृ. 78-9 9. वही, पृ. 28-9 10. वही, पृ. 29

11. "कबीर ही नहीं, सारे भारतीय इतिहास को ब्राह्मणों की चतुर साजिशों और बाकियों के बुद्धूपन के 'डॉयलेक्टिक्स' के आधार पर 'पढ़ना' इन दिनों परम लोकप्रिय है।"[11]
12. "इस हस्तक्षेप के इतिहास और परिणामों का बोध प्राप्त किए बिना, कबीर के समय के भारत का प्रामाणिक बोध प्राप्त करना असम्भव है। ऐसा प्रामाणिक बोध प्राप्त करने की पहली शर्त है : देशभाषा के स्रोतों से गहराई के साथ गुजरना और समाज के दैनंदिन व्यवहार का ज्ञान प्राप्त करना।"[12]
13. "औपनिवेशिक आधुनिकता स्वयं को परिभाषित ही करती है, परम्परा के नैरंतर्य से तीक्ष्ण टूटन के आधार पर, संवेदना-विच्छेद के आधार पर।"[13]

पुरुषोत्तम अग्रवाल की जो खोज है, वह 'रीतभाँति और चालचलगत' के मुहावरे की है। "ये शब्द मुंशी हरदियाल सिंह ने 1 अप्रैल, 1894 को लिखे थे।"[14] इन्हें ले कर अग्रवाल के उम्हाए थमते नहीं हैं। ये उन्हें लड्डू मिल गए हैं—और सब को दिखाते फिर रहे हैं। ब्राह्मण से जूझने बैठे हैं—और मालूम नहीं है कि ब्राह्मण के बिछाए जाल में बुरी तरह फँस गए हैं। पुरुषोत्तम अग्रवाल जैसे ब्राह्मण-विरोधियों की जो कूद-फांद होती है, वह ब्राह्मण के सर्कस में हन्टर का ऊपर-नीचे होना है। इस सारी मेहनत-मशक्कत का, अग्रवाल द्वारा ठीक समझी जाने वाली क्रुक के निष्कर्ष की जाति की सतत विकासमान व्यवस्था का[15], 'एवरीडे प्रैक्टिसेज' की दैनन्दिनी का[16], ब्राह्मण एक झटके में अपने पक्ष में लाभ उठा लेता है। यह उसका संकट काल होता है। इस के लिए उसने आपद्धर्म का विधान रच रखा है और प्रायश्चित के मन्त्र तैयार कर रखे हैं। वे उसे अपनी रणनीति के लिए रेडी रूप में हमेशा उपलब्ध रहते हैं।

असल में, पुरुषोत्तम अग्रवाल ब्राह्मण को गेंद थमा रहे हैं कि तू मुझ से खेल। यही ब्राह्मण चाहता है। ब्राह्मण खुश हो रहा है कि आ गया मेरी बगड़ में। सच्चाई यह है कि ब्राह्मण के पास शास्त्र है। उस का शास्त्र पूरा है। उस के पास धर्मशास्त्र, राजनीति शास्त्र, स्वीय विधि और दान महिमा हैं। इन के अलावा, उस के पास व्यवहार की नीति है। वह लिखित और अलिखित—दोनों में माहिर है। पुरुषोत्तम अग्रवाल के पास क्या है?—ढेंढस है—मतलब, कुछ भी नहीं है। और तो और, उन्होंने कबीर के धर्म को धर्मेतर अध्यात्म में शामिल कर दिया है। जो रोशनी मिलती थी, उस में अपनी आँखें चौंधिया ली हैं। अब उतना भी नहीं दीख रहा है जितना सामान्यतया आम आदमी को दीखा करता है। अग्रवाल ने लिखा है—"वर्णाश्रम के ढाँचे में किसी जाति का ऊँचा स्थान

---

11. वही, पृ. 179
12. वही, पृ. 16
13. वही, पृ. 87
14. वही, पृ. 129
15. वही, पृ. 129
16. वही, पृ. 129, 130

मिलना निर्भर करता था, उस की आर्थिक या राजनीतिक ताकत पर। वर्णाश्रम एक तरह का फैंटेसी लोक भी था, जिस में ब्राह्मण देवता लोग अपनी शुद्धता और श्रेष्ठता की तरंगें लेते रहते थे, वास्तविक जीवन में श्रेष्ठता निर्भर करती थी—ताकत और पैसे पर। भारत जजमानी व्यवस्था और अपरिवर्तनशील वर्ण-व्यवस्था का समाज नहीं, परजीवी पुरोहितों, सामन्तों, मेहनतकश किसानों, दस्तकारों और व्यापारियों के बीच सम्बन्धों से परिभाषित होता समाज ही था। ये समूह अपने-अपने हितों के हिसाब से वास्तविकता को 'नेगोशिएट' करते थे। परस्पर संघर्ष और एडजस्टमेंट करते थे।''[17]

यहाँ जाति-व्यवस्था की उत्पत्ति और विकास की कथा सुनने में उलझने की आवश्यकता नहीं, सोचना केवल यह है कि ताकत और पैसे का गणित क्या है। कौन सा नियम है जो पुरुषोत्तम अग्रवाल ने खोज लिया है? विकास के कोई नियम होते हैं कि नहीं? तरीका क्या है ताकि उसे सीख कर आगे भी विकास किया जा सके? इतिहास से क्या ज्ञान मिल रहा है? रैदास और कबीर का समाज क्या करे ताकि उस के लोगों का जीवन सुखमय और सम्मानजनक हो? सामान्य बात कोई भी कह सकता है, पुरुषोत्तम अग्रवाल विशेष बताएँ—विकास का क ख ग बताएँ और उस के कोमें और फुलस्टाप बताएँ। समस्याओं को हवा में न उड़ाएँ, उन की गम्भीरता को समझें क्योंकि धर्मेतर अध्यात्म के न हाथ हैं, न पाँव।

अब भारत को संविधान मिला है। लोगों ने लिखित कानून का राज देखा है। इस में क्या गलत है? क्या पुरुषोत्तम अग्रवाल को अभी भी अलिखित एडजेस्टमेन्ट करने की अराजकता पसन्द है? संविधान के अनुच्छेदों के तहत अनुसूचित जातियों, अनुसूचित जनजातियों और पिछड़ी जातियों को लोक सेवाओं में 49.5 प्रतिशत आरक्षण मिला है—यह जातियों के परस्पर संघर्षों से उत्पन्न एडजेस्टमेन्ट से बेहतर है कि नहीं? संसद नेगोशिएट करने का अच्छा मंच माना जाएगा या द्विजों की पुरानी आपसी बन्दरबाँट? कबीर ने कहा था—''पांड़े, बूझि पियहु तुम पानी।''[18] अब संविधान ने इस छुआछूत बरतने पर दण्ड का प्रावधान कर दिया तो क्या यह धर्मेतर अध्यात्म के द्वारा सम्भव हो सका है? क्या छुआछूत के विरुद्ध इस प्रावधान को लागू करने के लिए संविधान के तहत विधायिका, कार्यपालिका और न्यायपालिका की सस्थाएँ सक्रिय और जागरूक नहीं हैं? क्या ये संस्थाएँ यूरोप की देन नही हैं? भारत के किस प्राचीन या मध्यकालीन इतिहास-बोध ने अछूतों के लिए संसद और विधान सभाओं में आरक्षण की व्यवस्था की थी? क्या इस आधुनिकता में अंग्रेजों की भागीदारी नहीं है?

जरूर पुरुषोत्तम अग्रवाल की आँखें धोखा खा रही हैं। वे वर्ण-व्यवस्था में द्विज वर्णों की अदला-बदली को, वर्णसंकर विवाहों को, बंदरबाँट को, परिवर्तन और विकास कह रहे हैं। यही उन का निगोशिएशन है, यही संघर्ष और यही एडजेस्टमेन्ट है। और,

---

17. वही, पृ. 128-29
18. कबीर समग्र, द्वितीय खंड, लेखक, डा. युगेश्वर, हिन्दी प्रचारक पब्लिकेशंस प्रा. लि., सी-21/30, पिशाच मोचन, वाराणसी-221 010, प्रथम संस्करण, 1997, पृ. 1537

इस 'एडजेस्टमेंट' में बहुत कुछ छिपा है। इस में दलाली भी खाई जाती है। दलालों के अपने हित होते हैं। यह बात कितनी बार बताई जाए कि द्विजों के अलावा यदि हिन्दू समाज के बाकी लोगों को इतिहास के किसी कालक्रम में साँस लेने की राहत मिली है तो तभी जब इस देश में बाहर से आए लोगों का शासन रहा है? बिलकुल बताया जा सकता है कि रैदास और कबीर के समय में यहाँ मुसलमान सुलतानों का राज था। अग्रवाल समझते क्यों नहीं हैं कि छुआछूत को बिना राज्य की ताकत के मिटाया नहीं जा सका है क्योंकि इस को राज्य के द्वारा ही लागू किया गया था?

पुरुषोत्तम अग्रवाल वर्णाश्रम व्यवस्था को ब्राह्मणों की एक फैंटेसी बताते हैं। वे ऐसा इसलिए कह सके क्योंकि वे वर्ण व्यवस्था में द्विज वर्ग से हैं। उन्हें कहने का अधिकार है, वे कहें, लेकिन अछूतों पर इस चिन्तन को न थोंपें। द्विजातियाँ सम्पूर्ण सत्ता के धार्मिक, राजनैतिक और आर्थिक विभेद करके चाहे तो वर्ण व्यवस्था को 'फैंटेसी लोक' कहें पर अन्य लोगों के लिए यह बहुत दुखदायी रही है, इसलिए उन्हें कुछ अलग कहने दें। उन के कुछ कहने में तीनों द्विजातियाँ बाकी समाज के सामने एक हो जाती हैं। फिर, यह तो बताना ही पड़ेगा कि ब्राह्मणों की वर्ण व्यवस्था पुरुषोत्तम अग्रवाल की बहस का भी सन्दर्भ बिन्दु क्यों बनी हुई है। इस खींचतान में ब्राह्मण कहाँ से कहाँ तक चलता है? वह चलता नहीं है बल्कि दूसरों को कोल्हू के बैल की तरह घुमाता है। यही वेदान्त का अद्वैत दर्शन खड़ा करता है और यही छुआछूत बरतता है। यही 'वसुधैव कुटुम्बकम्' का नारा लगाता है और यही समुद्र-यात्रा का निषेध करता है। यही उपनिषदों की व्याख्या करता है और यही यज्ञों का कर्मकाण्ड रचता है। हाँ, मैंने अपनी गली के चौराहे पर एक दिन देखा था कि ब्राह्मणों का मुकाबिल हो कर एक निपट भोंदू आदमी दलितों को बुद्धू बनाने की कोशिश कर रहा था। मैंने उससे कह दिया था–"जा, जा, कहीं दूसरी जगह जा।" वह अपने लिए वोट मांगने आया था।

काश, पुरुषोत्तम अग्रवाल की यह बात सही होती कि ब्राह्मण केवल पौरोहित्य के कर्मकाण्ड तक सीमित था। जो वे कह रहे हैं, वह सही हो सकता है, लेकिन रैदास और कबीर के सम्बन्ध से उन का वह कहना सही नहीं है। पुरुषोत्तम अग्रवाल के समाज के लिए ब्राह्मण पौरोहित्य के कर्मकाण्ड के जरूरी फंक्शन तक सीमित था, लेकिन यह लिखते समय पुरुषोत्तम अग्रवाल कतई लिखना भूल गए कि रैदास और कबीर के यहाँ ब्राह्मण पुरोहितगिरी और कर्मकाण्ड भी नहीं करता था। तभी बार-बार कह रहा हूँ कि एक जुलाहे का दुख जुलाहा ही समझ सकता है, ब्राह्मण द्वारा संस्कारित कोई द्विज नहीं। रैदास और कबीर के समाज में उनके अपने पुरोहित होते आए हैं, ब्राह्मणों के ऋषि-गोत्र उन के गोत्र नहीं होते। पुरुषोत्तम अग्रवाल ने यह बिलकुल जाली किताब लिख दी है कि कबीर के घर में ब्राह्मण पुरोहितगिरी और कर्मकांड कराने जाते थे। यही दिक्कत है कि वे अपने समाज और कबीर के समाज में एक बार भी अन्तर नहीं कर सके। अन्तर करने का अवसर पाया तो उस पर कायम नहीं रह सके क्योंकि उन्हें कबीर पर जाल फेंकना था।

देश का सब से बड़ा आदमी कौन होता है? राष्ट्र का प्रथम नागरिक किसे माना जाए? निश्चित रूप से वह राजा होता है। राष्ट्र की रक्षा राजा ही करता है। तब समाज में सबसे ज्यादा प्रतिष्ठा किसकी होनी चाहिए? निस्संदेह, राजा की होनी चाहिए। लेकिन, हिन्दू समाज में इस का उल्टा हुआ है। इस की समाज व्यवस्था वर्ण व्यवस्था की है। हिन्दू वर्ण व्यवस्था में सब से ऊपर कौन है? ब्राह्मण कहते-कहते नहीं थका कि वह राजा से बड़ा है। यही इस देश की हार का कारण है। जो समाज में सबसे बड़ा है, उस को हार का जिम्मेदार ठहराया जाना चाहिए। ब्राह्मण राजा बन कर युद्धभूमि में मरने के लिए तैयार नहीं है। राजा को सबसे बड़ा माना जाएगा तो वह हार के लिए जिम्मेदार ठहराया जाएगा, पर जब वह समाज में सब से बड़ा नहीं है तो उसे जिम्मेदार कैसे बनाया जा सकता है? चूँकि ब्राह्मणी वर्ण व्यवस्था में ब्राह्मण ने खुद को सर्वोच्च घोषित कर रखा है, इसलिए इस देश की राजनैतिक गुलामी के लिए उसे ही जिम्मेदार ठहराया जाना चाहिए।

यह हुआ है कि ब्राह्मणी वर्ण व्यवस्था को नकार कर इस देश में एक दूसरी वर्ण व्यवस्था भी खड़ी की गई थी। यह क्षत्रियों की वर्ण व्यवस्था है। लेकिन इस में भी क्षत्रिय को ब्राह्मण से ऊपर घोषित होने का कोई अर्थ नहीं है जब क्षत्रिय बुद्ध और महावीर के रूप में धर्मगुरु बनता है। बात वही बैठी—कि धर्मगुरु बड़ा होता है। बड़ा होने के चक्कर में क्षत्रिय ने राजकाज और तलवार के अपने काम ही छोड़ दिए। वह 'बुद्धं शरणं गच्छामि' और 'ओं नमों अरिहंताणं' के नाम से धर्म-दीक्षा देने में लग गया। प्रश्न वही है—देश की राजनैतिक हार के लिए किसे जिम्मेदार बनाया जाए—ब्राह्मण को या क्षत्रिय को या इन में से किसी को नहीं?

फिर, बात केवल राजनैतिक हार तक सीमित नहीं है। इस देश में, ब्राह्मणों की, तथा बौद्ध और जैन धर्म के रूप में क्षत्रियों की, धार्मिक हार भी हुई है। यह धार्मिक हार की ही कहानी है कि इस भारत भूमि में से पाकिस्तान और बांग्ला देश बने हैं और भारत में भी मुसलमानों की जनसंख्या 14.6 प्रतिशत है।[19] यह दूसरी धार्मिक हार है कि देश में कही अल्पसंख्यक और कहीं बहुसंख्यक ईसाई समुदाय के लोग हैं। तब, व्यापार के क्षेत्र में क्या कुछ अलग घट सकता था? जब राजनैतिक हार हुई तो वैश्य वर्ण की हार होनी लाजिमी थी। ऐसी स्थिति में, शूद्र वर्ग की कारीगरी के बारे में भी अलग कुछ नहीं हो सकता था। हिन्दुस्तान का कारीगर विदेशी कारीगरों से पिछड़ा रहा है। और तो और, विदेशियों का दास वर्ग भी हिन्दुओं के दास वर्ग से बेहतर स्थिति में रहा। विदेशियों के गुलामों ने भारत के राजनैतिक इतिहास में अपना गुलाम वंश चलाया है। तब, यह क्यों नहीं कहा जाए कि ब्रिटेन के मछेरों ने समुद्री रास्ते से भारत पर विजय की थी? मानते क्यों नहीं हैं, मानने में दिक्कत क्या है कि ब्राह्मण वर्ण का आदमी अपनी वर्ण-व्यवस्था में तिरस्कार से जिन्हें शूद्र और अछूत बना कर रहता है, दूसरी सामाजिक व्यवस्थाओं के

---

19. अल्पसंख्यकों को 4.5% आरक्षण, विशेष संवाददाता, हिन्दुस्तान, नई दिल्ली, 23 दिसम्बर, 2011. पृ. 1

उन्हीं वर्गों के लोगों के नाम भारत की फतह लिखी गई है?

इस बहस का परिणाम क्या निकलता है? परिणाम यह निकलता है कि प्रक्षिप्त रच कर और किंवदन्ती गढ़ कर बाहरी हमलों का सामना नहीं किया जा सकता। असली इतिहास प्रक्षिप्त के पन्नों को फाड़ देता है और किंवदन्तियों की झूठी जन्म-साखियों को हवा में झीर-झीर उड़ा देता है। कबीर की सही बात मत मानो पर सिकन्दर की तो मानी, कनिष्क की तो घुटनों के बल पर रेंग कर सुनी। घर के आदमी की न मानो, बाहर के आदमी की माननी पड़ेगी। भला, प्रक्षिप्त और किंवदन्तियाँ राज कैसे कर लेंगी? इतिहास इन्हें राज कैसे करने देगा?

यवन, शक, कुषाण और हूण धर्मेतर अध्यात्म के नाम से भारत में राज करें, पर इस्लाम और ईसाइयत के धर्मों के बारे में क्या कहा जाएगा? इस्लाम और ईसाइयत के धर्म धर्मेतर अध्यात्म की गालबजाई नहीं सुनेंगे। वे अपने धर्मों की बात कहेंगे, वे अपनी मस्जिदों और अपने चर्चों की संस्थाओं की बात कहेंगे, वे अपनी कुरान और बाइबल की धर्म-पुस्तकों की बात कहेंगे। कबीर को रोक दो, पर, प्रक्षिप्त, किंवदन्ती और धर्मेतर अध्यात्म की भूल-भुलैया में उन्हें कैसे रोक दोगे? कोई न कोई प्रक्षिप्त को हटाने वाला आ ही जाएगा, कोई न कोई किंवदन्ती को झुठलाने आ ही जाएगा, कोई न कोई धर्म के रूप में धर्मेतर अध्यात्म की खाली जगह को भरेगा ही।

ख. 'दैनन्दिनी बनाम शास्त्र' की खिसियाहट

इन लेखक ने मान लिया है कि कबीर द्विजों के वेद के खिलाफ थे लेकिन उन की लोक रीति-नीति के समर्थक थे। गलत, एकदम गलत—कबीर द्विजों के वेद के समान उन के लोक के भी खिलाफ थे। उन्होंने द्विजों के 'लोक-वेद', दोनों को, एक साथ नकारा है। कबीर के लिए हिन्दुओं का वेद इन के लोक से बुरा था और इन का लोक इन के वेद से बुरा था। उन का कहना है :

पीछैं लागा जाइ था, लोक-वेद के साथि।
आगैं तै सतगुरु मिल्या, दीपक दीया हाथि।।[20]

यूँ, कबीर ने लोक-वेद दोनों को धता बताई है, लेकिन ये विद्वान कबीर को हिन्दुओं के लोक से जोड़ रहे हैं, जो गलत बात है। इन्हें बार-बार बताए जाने की जरूरत है कि कबीर ने हिन्दुओं के लोक-व्यवहार को कभी नहीं सराहा। घर-गृहस्थी में यह जारकर्म का लोक-व्यवहार है—कबीर कैसे इज्जत दे देंगे? यह जारज सन्तान पैदा करने का घोटाला है—कबीर कैसे सहन कर लेंगे? कबीर के सामने यह कोई तर्क नहीं है कि

20. कबीर समग्र : प्रथम खण्ड, सम्पादक और लेखक, प्रो. युगेश्वर, हिन्दी प्रचारक संस्थान, पो.बा. 1106, पिशाच मोचन, वाराणसी-221 010, द्वितीय संस्करण, 1995, पृ. 206

-बच्चा तो पैदा हो गया—क्या फर्क पड़ता है—विवाह के द्वारा या जारकर्म के द्वारा—शास्त्र के द्वारा या लोक-व्यवहार के द्वारा? सच यह है कि कबीर ऐसे लोगों से अपना संवाद बन्द कर देंगे।

ये जारकर्म को कानून कह रहे हैं। इन के कहने का निचोड़ यह है कि ब्राह्मणों के शास्त्रों द्वारा द्विज विधवा को पुनर्विवाह की मनाही थी, पर लोक रीति में वह जारकर्म तो करती रही है। इन के अनुसार, स्त्री को चाहिए क्या था?—सेक्स चाहिए था—वह तो भरपूर हो रहा है। उस की रीति-नीति में कोई मनाही नहीं थी। ये मेरी जबान इन तर्कों पर बन्द कर रहे हैं कि वेश्यावृत्ति को तो पूरी छूट थी। ये कह रहे हैं कि ब्राह्मणों के धर्मशास्त्रों की किस ने सुनी है, चोरी से विधवा को सधवा से ज्यादा सेक्स मिल रहा था। परमात्मा करे, इन के तर्क जल जाएँ। शास्त्र अलग और दैनन्दिनी अलग। कथनी और करनी का भेद इसी जगह खुलता है। यह दैनन्दिनी बनाम शास्त्र की रिडल है, जो बिलकुल नई और ताजी तैयार की गई है। इसे हम बाबा साहेब डा. अम्बेडकर द्वारा 'रिडल्स इन हिन्दुइज्म' में खोजी गईं रिडलों में शामिल कर सकते हैं।

पुरुषोत्तम अग्रवाल की इस दैनन्दिनी के सौ अर्थ निकल सकते हैं। आखिर, वे सोच भी रहे हैं कि वे क्या कह रहे हैं? जीवन के हर क्षेत्र में कानून को धता बताई जा सकती है। यहाँ आज की उन की दैनन्दिनी के सिद्धान्त के कुछ उदाहरण दिए जा सकते हैं :

1. कानून यह है कि सरकारी कार्यों में रिश्वत नहीं ली जाएगी, लेकिन दैनन्दिनी यह है कि दफ्तरों में रोज रिश्वत ली जा रही है।
2. कानून यह है कि छुआछूत नहीं बरती जाएगी, लेकिन दैनन्दिनी यह है कि लोग छुआछूत को धड़ल्ले से बरत रहे हैं।
3. कानून यह है कि जारकर्म के लिए जेल की सजा है, लेकिन दैनन्दिनी यह है कि लोग बेखौफ खूब जारकर्म करते हैं।
4. कानून यह है कि वेश्यावृत्ति दण्डनाय अपराध है, लेकिन दैनन्दिनी यह है कि खूब वेश्यावृत्ति होती है। कानून बनाने वाली संसद की दिल्ली में ही जी.बी. रोड वेश्यावृत्ति के लिए मशहूर जगह है।
5. कानून यह है कि विवाह में दहेज न लिया जाएगा और न दिया जाएगा, लेकिन दैनन्दिनी यह है कि बिना दहेज के इन का विवाह नहीं होता।

क्या ये कानून लागू करने के लिए नहीं हैं? क्या कानून निर्माण एक तरह से होगा और उन का लागू न होना दूसरी तरह से होगा? ये हिन्दू दो तरह का जीवन क्यों जीते हैं? ऐसा दो तरह का जीवन जीने की इन के विद्वान लोग वकालत क्यों करते हैं? जो कानून बना है, उस के अनुरूप रहते क्यों नहीं हैं? जिस तरह रहते हैं, उसी तरह का कानून क्यों नहीं बनवाते? यदि ये दो तरह के लोग हैं तो कानून में इन्हें दो तरह के लोग क्यों नहीं माना जाता? यदि हिन्दू धर्म में दो धर्म मौजूद हैं तो दो धर्मों को मान्यता क्यों

नहीं दे दी जाती? तब, धर्मेतर अध्यात्म का कूंचला आग में देने लायक ही रह जाता है।

अंग्रेजों ने क्या बुरा कर दिया था कि वे हिन्दुओं के लिए एक कोडिफाइड और यूनिफाइड कानून बनाने में लग गए थे? यदि ब्राह्मणों के कानून को स्वीकृति नहीं दी जानी थी तो पुरुषोत्तम अग्रवाल की परम्परा के उस समय के लोगों ने अपने कानून क्यों नहीं दिखाए? उन्होंने कानून अपनी धोती में कहाँ दुबका रखे थे? इस मामले में अंग्रेजों की नीयत में कहाँ खोट था जब उन्होंने सती प्रथा पर रोक लगाई थी और विधवा विवाह की अनुमति दी थी? पहले हिन्दुओं के पर्सनल कानून का पता चलता, तभी वे उस में दखल कर सकते थे। हिन्दुओं के पास एक राष्ट्र नहीं था, उन्होंने हिन्दुओं को एक राष्ट्र दिया; हिन्दुओं के पास पर्सनल कानून की अराजकता थी, उस में उन्होंने एकरूपता देने की कोशिश की—इस में उन की क्यों नानी मारी जाती है? अपना कुछ करेंगे नहीं और दूसरों की हर बात में फर्क निकालना—यह गैर-जिम्मेदारी नहीं तो क्या है? अपनी दैनन्दिनी को कानून क्यों नहीं बनवा लिया? अब अंग्रेज नहीं हैं, अब बनवा लो, मना किसने किया है? कानूनों की दुनिया में भारत को सर्वश्रेष्ठ बना लो, लागू करने में कानूनों को सौ प्रतिशत लागू कर लो—संप्रभुता है, रोक कौन रहा है? अंग्रेजों को दोष देने का क्या अर्थ है? अंग्रेज क्या यहाँ धर्मखाता खोलने आए थे? आप का देश है, आप धर्मखाता खोल लो। अपने देश की गरीबी मिटा लो। लोगों को साक्षर कर दो। चिकित्सा सेवाएँ उपलब्ध करा दो। यदि अंग्रेज लोग दलितों को लूट रहे थे तो आप दलितों को धनवान बना दो—मौका है, अब यहाँ अंग्रेज लुटेरे नहीं हैं। आपने सरकारी सेवाओं में आरक्षित रिक्तियां नहीं भरीं—आप के विश्वास का क्या किया जाए? अंग्रेज धन को ब्रिटेन ले जा रहे थे, देशी काला बाजारी धन को कहाँ ले जा रही है? यदि अंग्रेजों ने पिछड़े लोगों के लिए कुछ नहीं किया तो आप पिछड़ों का प्राप्य उन्हें दे दो। यदि अंग्रेजों ने ब्राह्मणों के कानून को गैर-जरूरी मान्यता दी थी तो अब आप ब्राह्मणों के कानून को जरूरी रूप से अमान्य कर दो। विदेशियों को क्यों कोसते हो जब खुद को वह सब करने का अवसर मिला है जो विदेशियों ने नहीं किया? 'देशज आधुनिकता' से भी आगे आप 'देशज उत्तर-आधुनिकता' को खड़ी कर लो। आरक्षण के विरोध में रेल और बसें क्यों फूँकी जाती हैं? दलित स्त्रियों के साथ बलात्कार क्यों हो रहे हैं? आप क्या करके रहोगे?—आप प्रक्षिप्त और किंवदन्ती से बाहर नहीं निकल पा रहे। अनन्तदास 'कबीर परचई' में कबीर को इन्द्र, ब्रह्मा और विष्णु के स्वर्ग लोक में भेज रहे हैं, यहाँ संविधान में कबीर की औलाद के लिए सरकारी नौकरियों में आरक्षण की सीमा बिना हूल-हिज्जत के पचास प्रतिशत से ऊपर करवा दो। यदि हिन्दुओं की दैनन्दिनी ब्राह्मणों की जात-बिरादरी को नहीं मानती तो निजी क्षेत्र की नौकरियों में दलित-पिछड़ी जातियों के लिए आरक्षण का कानून पास करवा दो। तभी कबीर कहते हैं—"बातन ही बैकुंठ बखानै।"[21]

21. वही, पृ. 536

यदि रीतभाँति और चालचलगत पर रीझने की बात है तो मुझे यहाँ यह कहना है कि शास्त्र की क्रूरता के मुकाबले में वह यथार्थ और भी ज्यादा भयानक है। उस के लिए वे सन् 1882 में एक अज्ञात हिन्दू औरत द्वारा लिखित पुस्तक 'सीमन्तनी उपदेश' पढ़ लें। उसे मैंने ही सम्पादित किया है।[22] उस के पढ़ने से उन्हें पता चलेगा कि हिन्दू विधवाओं पर क्या बीत रही थी। माइकल एडवर्डीस अपनी पुस्तक ब्रिटिश इण्डिया : 1772-1947' में सूचना देते हैं कि 1780 में मारवाड़ के एक राजा की मृत्यु पर उसकी चौंसठ पत्नियों को उस के साथ में सती के रूप में जलाया गया था। पंजाब के एक राज कुमार के मरने पर उसकी दस पत्नियों और कम से कम तीन सौ रखैलों को सती होना पड़ा था।[23] सरकारी आँकड़ों के अनुसार, बंगाल में 1785 में 378 औरतें सती हुई थीं तो 1818 में उन की संख्या 839 थी।[24] सर विलियम जोन्स ने 1785 में कोलकाता जूरी को सम्बोधित करते हुए अपने भाषण में कहा था कि इस भीड़ भरे शहर में मुश्किल से कोई आदमी या औरत होगी जिस के पास कम से एक गुलाम बालक नहीं है।[25] ये सारे बालक, पता होना चाहिए, रैदास और कबीर की बिरादरियों के रहे होंगे। अंग्रेजों ने ही यहाँ एक अधिनियम बना कर सन् 1843 में दासता की वैधानिक मान्यता को समाप्त किया था।[26] रीतभाँति और चालचलगत के प्रशंसकों को मालूम होना चाहिए कि कानून में बंधुआ मजदूरी की समाप्ति आजादी के बाद सन् 1971 में हुई है। ये सारे बंधुआ मजदूर गरीब-गुरबी जातियों के रहे हैं। यह फैन्टेसी नहीं थी कि बंगाल के कुलीन ब्राह्मण सौ-सौ से ज्यादा स्त्रियों से विवाह करते थे।[27] ये स्त्रियों के प्रति अन्याय की क्रूर सच्चाइयाँ थीं।

ग. गुजरात! गुजरात! गुजरात!!!

पुरुषोत्तम अग्रवाल ने एम.एन. पियरसन की पुस्तक 'सोलहवीं सदी में भारत और हिंद महासागर के प्रमाण' से बताया है–"विभिन्न जातियों के हिन्दुओं द्वारा समुद्र-पार से–मिसाल के लिए गुजरात से पूर्वी अफ्रीका तक तथा पश्चिमी घाट के अन्तिम छोर तक–व्यापार करने के अच्छे खासे साक्ष्य उपलब्ध हैं।"[28] उस में लिखा गया है–"... (हिन्दू) बनिए लाल सागर तथा हज़ामौत के बंदरगाहों से व्यापार करते थे, तथा वहाँ बसे

22. सीमन्तनी उपदेश, लेखिका, एक अज्ञात हिन्दू औरत, भूमिका, सम्पादन तथा अन्य शोध लेख, डा. धर्मवीर, वाणी प्रकाशन, 21-ए, दरियागंज, नई दिल्ली-110 002, द्वितीय संस्करण, 2008
23. British India : 1772-1947, Michael Edwardes, Rupa & Co., 7/6, Ansari Road, Daryaganj, New Delhi-110 002, Fifth Impression, 2009, pp. 99-100
24. ibid., p. 100
25. ibid., p. 96
26. ibid., p. 97
27. ibid., pp. 105-06
28. अकथ कहानी प्रेम की : कबीर की कविता और उन का समय, पुरुषोत्तम अग्रवाल, राजकमल प्रकाशन प्रा.लि., 1-बी, नेताजी सुभाष मार्ग, नई दिल्ली-110 002, पहला संस्करण, 2009 पृ. 107

हुए थे।''[29] लेकिन यह तथ्य भर है, विश्लेषण नहीं है। सच ही, इन लेखक को तथ्यों का विश्लेषण करना नहीं आता। तथ्यों को अंधे आदमी की तरह इस्तेमाल करते हैं। अंधे आदमी की मजबूरी होती है पर इन के साथ कौन सी मजबूरी है?

जब गुजरात के व्यापारियों की समुद्र यात्राओं का तथ्य सामने रखते हैं तो भूल जाते हैं कि ऐसा किन कारणों से था। इस तथ्य को बताने से पहले इतना जान लेना चाहिए था :

1. उस समय राज्य व्यवस्था मुसलमानों के हाथों में थी।
2. काफी व्यापारी जैन धर्म के अनुयायी थे। जैनियों में समुद्र-यात्रा निषिद्ध नहीं है। आज तक भी अनेक व्यापारी जैन समाज के हैं।

तथ्यों का सही विश्लेषण न करने के कारण ये लेखक एक और गलत सवाल पूछ बैठते हैं—''समुद्र-यात्रा पर प्रतिबंध सारे हिन्दू समाज की रीति-भाँति का हिस्सा लगता है या बंगाल के ब्राह्मणों तक सीमित मान्यता को सारे भारतीय जीवन की शाश्वत विशेषता बना देने वाले औपनिवेशिक ज्ञानकाण्ड का चमत्कार?''[30] ध्यान नहीं दिया कि सवाल पूछने से पहले इस सवाल का जवाब इन्हें खुद दे देना चाहिए था कि यहाँ 'सारे हिन्दू समाज' से क्या तात्पर्य है। जो हिन्दू नहीं हैं, उन्हें हिन्दुओं में क्यों शामिल किया जा रहा है? अछूतों को मौका मिले तो वे दस बार विदेश जाएंगे। विदेश जाने वाले को प्रायश्चित किए बिना छुआ नहीं जा सकता था पर अछूत तो किसी प्रायश्चित के बाद भी सछूत नहीं बन सकता था। वह पचास बार विदेश जाएगा। ऐसे ही, दूसरे धर्म के लोग भी विदेश की यात्रा करेंगे।

मुख्य मुद्दा जैन धर्म और ब्राह्मण धर्म के बीच का है जिस में यह याद रखना जरूरी है कि जैनियों की तरह, भारत में, कभी बौद्धों ने भी ब्राह्मणों की तरह के सिविल कोड और पर्सनल लॉ के कानून तैयार नहीं किए थे। बिना अपने सिविल और पर्सनल कानून की वजह से जैन धर्म के अनेक अनुयायी इन मामलों में ब्राह्मणों की चातुर्वर्ण्य व्यवस्था में वैश्य बने हुए हैं।

जिस अर्थ में यूरोप ने भारत पर राज किया है, उस अर्थ में इन लेखक द्वारा यूरोप का मुकाबला करना व्यर्थ है। यह हिरस है कि मैं भी यूरोप के विद्वानों के बराबर हूँ। कह रहे हैं कि गुजरात के व्यापारी समुद्री यात्रा करते थे।[31] मान ली, दस बार बात मान ली—यह आप की क्या, हमारी ही बात है। पूछना यह है कि उन में से किस भारतीय ने यूरोप की समुद्री यात्रा की खोज की थी? पुर्तगाल से वास्को डि गामा भारत आया, भारत का कौन सा 'पुरुषोत्तम अग्रवाल' खोज करता हुआ पुर्तगाल पहुँचा? ब्राह्मणों ने समुद्र-यात्रा निषिद्ध कर रखी थी, बाकी हिन्दुओं ने समुद्र-यात्रा निषिद्ध नहीं कर रखी थी। मान ली, सौ बार बात मान ली--कबीर के समय की क्या बात, जैन आगमों में ऐसी

29. वही, पृ. 107 30. वही, पृ. 107-08 31. वही, पृ. 98-9

यात्राएँ भरी पड़ी हैं। पूछना यह है कि बाकी हिन्दुओं के वे मछेरे ब्रिटेन पर धावा नहीं बोल सके—क्यों? वे समुद्र को टोहते-टोहते फ्रांस क्यों नहीं पहुँचे, फ्रांसीसी मछेरे भारत में कैसे पहुँच गए?

मुझे भारत के किसी प्रान्त पर अलग से कुछ नहीं कहना चाहिए। लेकिन पुरुषोत्तम अग्रवाल ने गुजरात का शोर मचा रखा है कि वहाँ ब्राह्मण प्रभाव नहीं रहा और वहाँ के मारवाड़ी व्यापारी देशज आधुनिकता के अगुआ थे। इसी, और केवल इसी, सन्दर्भ में कह रहा हूँ कि मेरे अनुभव में सब से ज्यादा छुआछूत का अपराध गुजरात में है। मेरा गुजरात में दो बार जाना और रहना हुआ और दोनों बार वहां छुआछूत का आतंक देखा। यहाँ अलग से सुखदेव थोराट और कैथरीन एस. न्यूमैन की संयुक्त रूप से सम्पादित पुस्तक 'ब्लोक्ड बाई कास्ट, एकोनोमिक डिस्क्रिमिनेशन इन मोडर्न इण्डिया' से प्रमाण देने की आवश्यकता नहीं है।

गुजरात में दलितों की आज भी कैसी दुर्दशा है, इसका पता 20 अप्रैल, 2010 के दैनिक पत्र 'जनसत्ता' से भी चल जाता है। वहाँ दलित परिवारों को गाँवों से बहिष्कृत किया जा रहा है। नेशनल दलित फ्रंट के नेताओं ने इस में राष्ट्रपति से मिल कर अपना विरोध दर्ज करने का फैसला किया है। फ्रंट के अध्यक्ष पूर्व केन्द्रीय मन्त्री राम विलास पासवान ने प्रेस कान्फ्रेंस में बताया कि बनथल गाँव के उक्त दलित परिवारों को वापस उन के घर पहुँचाने के लिए उन्होंने 15 अप्रैल को अपने सैकड़ों कार्यकर्त्ताओं के साथ अहमदाबाद से बनथल गाँव तक मार्च किया, गाँव में जनसभा की और बहिष्कृत दलितों के घर के ताले खुलवा कर उन्हें दोबारा घर में दाखिल कराया। उन्होंने बताया कि वहाँ उन्हें पता चला कि 27 और ऐसे गाँव हैं जहां दलितों को किसी न किसी कारण से बहिष्कृत कर उन्हें गांव से कई मील दूर भेज दिया गया है। राम विलास पासवान ने कहा कि बनथल में दलितों की गलती केवल इतनी थी कि कुछ दलित गाँव में चल रहे राम मन्दिर की प्राण प्रतिष्ठा के लिए हो रहे समारोह को देखने के लिए वहाँ पहुँच गए थे। दबंगों ने उन्हें वहाँ से खदेड़ दिया।[32]

घ. व्यापार, समृद्धि और आधुनिकता

व्यापारियों की समृद्धि को आधुनिकता से नहीं जोड़ा जा सकता। आधुनिकता के द्वारा भी व्यापारी लोग समृद्ध हुए हैं, यह सच है, पर दोनों में अन्योन्याश्रय का सम्बन्ध नहीं है। बिना आधुनिकता के अवलम्बन के भी व्यापारी लोग समृद्ध रहे हैं। कबीर के समकालीन व्यापारी समृद्ध रहे हैं, कबीर के पहले के भी और कबीर के बाद के भी। जैन ग्रन्थों से पता चलता है कि कबीर के बहुत पहले भारत के व्यापारी लोग समृद्ध रहे हैं। प्रमाण देने लगूँ तो पुस्तक का आकार बढ़ जाएगा। कबीर के बाद धनी

---

32. दलितों के बहिष्कार के खिलाफ आन्दोलन करेगा दलित फ्रंट, जनसत्ता, नई दिल्ली, 20 अप्रैल, 2010, पृ. 5

धर्मदास हुए ही हैं। अच्छा होता, पुरुषोत्तम अग्रवाल रामानंद पर पृष्ठ के पृष्ठ खर्च करने के बजाय इस पुस्तक में एक अध्याय धनी धर्मदास पर लिखते। रामानंद को वे नाहक कबीर पर थोंप रहे हैं पर धनी धर्मदास ने खुद अपने आप को कबीर से जोड़ा है। आश्चर्य ही कहा जाएगा कि कबीर को व्यापारी लोगों से जोड़ कर भी पुरुषोत्तम अग्रवाल कबीर और धनी धर्मदास के ऐतिहासिक सम्बन्ध को विस्तार नहीं दे पाए। यह उन की चूक है या क्या है? डर क्यों गए? अनन्त दास के बजाय धनी धर्मदास पर थोड़ा समय देते तो बात कुछ ठीक जँचती।

यहाँ खासमखास कबीरकालीन सल्तनतों की बात की जा सकती है। कुछ वर्ष पहले भारत की 'इण्डियन कौन्सिल ऑफ हिस्टोरिक्ल रिसर्च' ने एक तुर्की विद्वान को नई दिल्ली के अपने सभा भवन में भाषण देने के लिए आमन्त्रित किया था। मैं उस में उपस्थित था। भाषण सुनने के उपरान्त सवाल-जबाव का समय आया। एक श्रोता ने अच्छा सवाल किया। उन्होंने तुर्की विद्वान से कहा कि भारत में तुर्कों की सल्तनतें इसलिए ज्यादा कामयाब और टिकाऊ नहीं हुईं क्योंकि सुलतानों ने व्यापार पर ध्यान नहीं दिया जबकि अंग्रेजों ने भारत में अपने पदार्पण की शुरूआत ही ईस्ट इण्डिया कम्पनी से की थी। इस पर तुर्की विद्वान ने मुस्करा कर कहा था–"तुर्की लोग व्यापार को हेय काम समझते थे। वे राज करने वाले लोग थे। व्यापार जैसा छोटा काम करेंगे, वे ऐसा सोच भी नहीं सकते थे।" उन के कहने का तात्पर्य था कि सुलतानों को धन की आवश्यकता होती थी तो वे व्यापारियों पर टैक्स लगाते थे या सीधा उनका धन उठा लेते थे। यहाँ ध्यान रखा जाए कि कबीर अपने समय के सुलतान और सुलतानी राज व्यवस्था से लड़ रहे थे। कबीर सुलतान के धर्म के अनुयायी भी नहीं थे। इसलिए, कबीर को उसी बड़े फलक पर देखा जाए। उन्हें कविता या व्यापार में सीमित न किया जाए। कबीर को समझने के लिए उतना बड़ा हुआ जाए, जितने बड़े कबीर थे। छोटे दिमाग से बड़े आदमी का दिमाग नहीं समझा जा सकता। कबीर बड़े ही आदमी थे।

यह भारत के इतिहास का एक महत्वपूर्ण पन्ना है कि समुद्र यात्रा किस लिए निषिद्ध की गई और किसने की। आजीवकों, बौद्धों और जैनियों ने यह गुनाह नहीं किया था। अच्छा हो, कबीर पर लिखना छोड़ कर, क्योंकि वे इस काम के लिए सर्वथा काबिल नहीं हैं, पुरुषोत्तम अग्रवाल भारत में समुद्र यात्रा की बहस पर एक अलग पुस्तक लिखें। उस में उन्हें खोजने को और कहने को काफी कुछ मिल जाएगा। जैन धर्मग्रन्थों में विपुल सामग्री उपलब्ध है, उस का करीने से उपयोग करें।

वणिक वर्ग का विकास कब अवरुद्ध होता है? जब वह निवेश के बजाय मूलधन के ब्याज पर खाने लगता है–तभी वह अपनी भूमिका में पिछड़ जाता है। उस की स्थिति जेवरों को गिरवी रखने वाले महाजन की रह जाती है और वह ऋण ब्याह-शादियों के लिए देने लगता है। यह पूरे समाज के अधःपतन का लक्षण है। कारोबार में निवेश करना प्रगति का परिचायक है जबकि ब्याह-शादियों के मौकों पर ब्याज पर कर्ज देना, समाज के पिछड़ेपन का द्योतक है। पैदावार और उत्पादन को इधर से उधर ले जा कर

लोगों को मुहैया कराना व्यापार है जिस में जलपोत डूबने पर, या रास्तों में डकैतों द्वारा माल लूटे जाने पर, या गोदाम में आग लग जाने पर कभी-कभी टोटे भी हो जाते हैं। बात साफ है, व्यापारी वर्ग की बात कहो, और पूरी ताकत से कहो, पर उस के लिए कबीर की वाणी को प्रक्षिप्त क्यों करते हो? अपनी बात स्वतन्त्र रूप में कहो। उस के लिए चरणदास को पढ़ो, सहजोबाई को पढ़ो, दयाबाई को पढ़ो। इतिहास की झोली में आगे-पीछे कमी कहाँ है, पर कबीर को प्रक्षिप्त करने में क्यों लगे हुए हो?

पुरुषोत्तम अग्रवाल को यह कहने की पड़ी है कि अग्रेजों के भारत में आने से पूर्व भारत हर मामले में समृद्ध और आगे था। उन का मतलब है कि विचारों के क्षेत्र में भी भारत आधुनिक था। पता नहीं, यह लिख कर उन्होंने कौन से तीर मार लिए हैं? मेरा कहना है कि उस दौरान भारत जितना भी आधुनिक था, उस का श्रेय इस्लाम को जाता है, हिन्दू धर्म को नहीं। भारत जितनी प्रतिशतता में भी समृद्ध और आधुनिक था, वह इस्लाम मजहब और इस्लामी राज व्यवस्था के कारण था जिस में छुआछूत को कोई स्थान नहीं था। दूसरी बात, अंग्रेजों ने भी भारत को आधुनिक बनाया है, इसे मानने में पुरुषोत्तम अग्रवाल को दिक्कत क्यों हो रही है? गुलाम को गुलाम रहना है, अब वह सल्तनत काल में तुर्कों और अफगानों का हो, या यूरोप काल में पुर्तगालियों, डचों, फ्रांसिसियों या अंग्रेजों का हो। जो हथियारों, उद्योगों और व्यापार की आधुनिकताएँ विदेशियों के पास होती है, वे देशी लोगों को मिल ही जाती हैं? गड़बड़ यह है कि कबीर के समय के सिकन्दर लोदी की प्रशंसा की जाती है और स्वामी अछूतानंद के समय के 'प्रिंस आफ वेल्स' की बुराई की जाती है। ये दोनों विदेशी शासक हैं और दोनों अपने-अपने समय के हिसाब से आधुनिक थे। इस तर्ज पर पुरुषोत्तम अग्रवाल को लिखना चाहिए था कि अंग्रेजी काल में जो उन्नति हुई है, वह सब भारत की उन्नति है और भारत की आधुनिकता है। रेल, जहाज, कोयला, इस्पात, पुल, बांध, नगर–यह सब उन्नति ही थी। राष्ट्रपति भवन, संसद भवन, इण्डिया गेट की इमारतें, कनाट प्लेस का बाजार, बिजली और संचार व्यवस्था, उद्योग, कारखाने, यूरोप और अमरीका तक वाणिज्य और व्यापार–ये सब भारतीय आधुनिकता की देन हैं। ज्योतिबा फुले, स्वामी अछूतानंद, बाबू मंगूराम, डा. अम्बेडकर, जोगेन्द्रनाथ मंडल, एम. एन. राय–ब्रिटिश भारत की आधुनिकता की विचारधाराएँ थीं। यूँ ये सारी बातें मानने में नाक-भौंह क्यों सिकुड़ती हैं? ये लोग आधुनिक भारत का बौद्धिक खजाना हैं।

व्यापारी वर्ग की बात आगे रख कर पुरुषोत्तम अग्रवाल ने इस पुस्तक में यह सिद्ध करना चाहा है कि वे ब्राह्मणों के जाल से बाहर खड़े हैं। कई जगह वे ब्राह्मणों को कुछ समझ ही नहीं रहे हैं। ब्राह्मणों पर गुर्राना वे कर नहीं पाए पर इतना दिखाने की कोशिश जरूर करते हैं कि वे उन के खेमे से बाहर हैं। अब वे हजारी प्रसाद द्विवेदी के चिन्तन से भी ना-नुकुर करने की हिम्मत जुटा पाए हैं। पर, जब तक रामानंद से जुड़े हुए हैं, वे ब्राह्मण से दूर कहाँ हटे हैं? ज्यादा से ज्यादा वे डा. राम मनोहर लोहिया के 'हिन्दू

बनाम हिन्दू' की तर्ज पर 'ब्राह्मण बनाम ब्राह्मण' के जुमले तक गए हैं। यह ब्राह्मण से क्या अलग हटना हुआ?

पुरुषोत्तम अग्रवाल को व्यापारियों और वैश्यों की बात को सामने लाना है तो उस का तरीका दूसरा है। उस के लिए कबीर को प्रक्षिप्त करने की आवश्यकता नहीं। वह कथा ज्यादा पुरानी है। हिन्दुओं के बौधायन धर्मसूत्र (1/11/14-16) में लिखा गया है :

> अयंत्रिकलत्र हि वैश्यशूद्रा भवन्ति।
> कर्षण शुश्रूणधि कृत्वात्।[33]
> "वैश्य एवं शूद्र अपनी स्त्रियों को नियंत्रण में नहीं रख पाते और स्वयं, खेती-बारी एवं सेवा के कार्य में लगे रहते हैं।"[34]

यह बात हिन्दुओं की गीता में भी आई है। शब्द बदल कर वहां यही बात इस प्रकार लिखी गई है :

> **"मां हि पार्थ व्यपाश्रित्य येऽपि स्युः पापयोनयः।**
> **स्त्रियो वैश्यास्तथा शूद्रास्तेऽपि यान्ति परां गतिम्।। ।।**
>
> क्योंकि हे पार्थ! जो कोई पापयोनिवाले हैं अर्थात् जिनके जन्मका कारण पाप है ऐसे प्राणी हैं—वे कौन हैं? सो कहते हैं—वे स्त्री, वैश्य और शूद्र भी मेरी शरणमें आकर—मुझे ही अपना अवलम्बन बनाकर परम—उत्तम गतिको ही पाते हैं।। ।।
>
> **किं पुनर्ब्राह्मणाः पुण्या भक्ता राजर्षयस्तथा।**
> **अनित्यमसुखं लोकमिमं प्राप्य भजस्व माम्।। ।।**
>
> फिर जो पुण्ययोनि ब्राह्मण और राजर्षि भक्त हैं उनका तो कहना ही क्या है? जो राजा भी हों और ऋषि भी हों, वे राजर्षि कहलाते हैं।
>
> क्योंकि यह बात है, इसलिये इस अनित्य, क्षणभङ्गुर और सुखरहित मुनष्यलोकको पाकर अर्थात् परम पुरुषार्थके साधनरूप दुर्लभ मनुष्य-शरीरको पाकर मुझ ईश्वरका ही भजन कर—मेरी ही सेवा कर।। ।।"[35]

---

33. बौधायन—धर्मसूत्रम्, हिन्दी व्याख्याकार, डा. उमेशचन्द्र पाण्डेय, चौखम्भा संस्कृत संस्थान, पोस्ट बाक्स नम्बर 1139, जड़ाव भवन, के. 37/116, गोपाल मन्दिर लेन, वाराणसी-221 001, तृतीय संस्करण, वि.सं. 2047, पृ. 143
34. धर्मशास्त्र का इतिहास : प्राचीन एवं मध्यकालीन धर्म तथा लोक-विधियाँ, प्रथम भाग, डा. पी.वी. काणे, अनुवादक, अर्जुन चौबे काश्यप, उत्तर प्रदेश हिन्दी संस्थान, महात्मा गांधी मार्ग, लखनऊ, तृतीय संस्करण, 1980, पृ.
35. श्रीमद् भगवद् गीता : शांकर भाष्य हिन्दी अनुवाद सहित, अनुवादक, हरि कृष्ण दास गोयन्दका, गीता प्रेस, पो. गीता प्रेस, गोरखपुर, उत्तर प्रदेश, द्वादश संस्करण, सम्वत 2028, पृ. 243

ङ. यह हिन्दुओं का इतिहास है

पुरुषोत्तम अग्रवाल बात को छेड़ छोड़ कर भाग जाते हैं। वे जमते नहीं हैं, बस, यहाँ-वहाँ , उलटा-सीधा, लीपते-पोतते फिर रहे हैं। एक तरह से वे मुद्दों को गन्दे कर रहे हैं। उन के तर्कों और तथ्यों में तारतम्यता नहीं है। बस, उन्होंने कबीर को नष्ट करने का अपना स्वार्थ अपने पेट से भी आगे जरूर रख रखा है। बता रहे हैं कि ब्राह्मणों ने अंग्रेजों के समय में हिन्दू कानूनों पर सार्वभौमिकता पा ली थी, पर यह नहीं जान पा रहे हैं कि पेशवाई राज में ब्राह्मणों ने क्या गर्दिश काट रखी थी। अछूतों की उस मुसीबत का वर्णन बाबा साहेब डा. अम्बेडकर ने अपनी पुस्तक 'एन्निहिलेशन आफ कास्ट' में किया है। उस के सम्बन्धित अंश, एल.आर. बाली ने अपनी पुस्तक 'हिन्दुइज्म : धर्म या कलंक?' में दिए हैं जो इस प्रकार हैं :

> "मराठा देश में, पेशवाओं के शासन काल में, अछूत को उस मार्ग से चलने की आज्ञा न थी जिस द्वारा कोई हिन्दू जा रहा हो, ताकि कहीं अछूत की छाया उन पर न पड़े। अछूत को अपनी कलाई अथवा गर्दन की गिरद काला धागा बांधने का आदेश था ताकि हिन्दुओं को गलती से उनके साथ छू कर भ्रष्ट होने से बचाया जाए। पेशवा की राजधानी पूना में अछूत को अपनी कमर के गिर्द एक झाड़ू लटका कर चलना पड़ता था ताकि उस मिट्टी को जिस पर चल कर उसके पग पड़ते थे, झाड़ू से साफ कर दिया जाए ताकि कहीं कोई हिन्दू उस पर चल कर भ्रष्ट न हो जाए। उसको मिट्टी का एक बर्तन अपने गले में लटका कर रखना पड़ता था ताकि वह अपना थूक उसमें डाले.....कहीं यह थूक धरती पर गिर कर किसी हिन्दू को जो अनजाने में इस धरती पर चले, भ्रष्ट न कर दे।"[36]

अकबर के समय में क्या हुआ था? एल.आर. बाली ने बताया है कि तब ब्राह्मणों ने 'अल्लाह उपनिषद' रच दिया था। उस उपनिषद का तीसरा छंद इस प्रकार है—"इलामिला मिलामिलामिलाम्। इलेलाकबहों कबर्द्ध इलेलाकबहों कबह इलेलाकबर्ह कबर्हः। अकबर्हो स्मयकबर्हो स्मयकबर्हो स्मयकबही स्मयकबर्हो स्मि।।3।।"[37] इस छंद का हिन्दी में अनुवाद इस प्रकार दिया गया है—"अल्लाह को, अल्लाह को, अल्लाह को, अल्लाह को, मैं अकबर पूजता हूं, मैं अकबर पूजता हूं, मैं अकबर पूजता हूं, मैं अकबर पूजता हूं। मैं अकबर हूं, मैं अकबर हूं, मैं अकबर हूं, मैं अकबर हूं।"[38] बाली ने लिखा है—"हाल ही की खोज से ज्ञात हुआ है कि सम्राट अकबर ने अपने सिक्कों पर राम और

---

36. हिन्दुइज्म : धर्म या कलंक? (तीनों भाग एक साथ), एल.आर. बाली, भीम पत्रिका पब्लिकेशन्स, ई.एस.--393ए, आबादपुरा, जालंधर, पंजाब-144 003, पृ. 273
37. वही, पृ. 231
38. वही, पृ. 232

सीता के चित्र अंकित करवाए थे।''[39] बाली ने इस से भी ऊपर के इतिहास में जा कर लिखा है—''मुहम्मद गौरी ने भी अपने स्वर्ण-सिक्कों पर देवी लक्ष्मी का चित्र और अपना नाम देवनागरी में अंकित करवाया था।....... स्पष्ट ही है कि ब्राह्मणों ने गौरी जैसे अत्याचारियों पर भी अपने स्वार्थ का जादू किए बिना नहीं छोड़ा।''[40]

यूँ, यह एक परम्परा है जिस का निर्वाह ब्राह्मण हमेशा से करते आ रहे हैं। चाहे समय अकबर का हो, या मुहम्मद गौरी का हो, या अंग्रेजों का हो, नीति एक ही है। अंग्रेजों के समय के बारे में एल.आर. बाली ने लिखा है—''अंग्रेजों ने टूटे-फूटे मन्दिर मुरम्मत करवाए। जैसे कंजीवरम का शिव मन्दिर मुरम्मत कराया गया, हिन्दू मेलों का आयोजन किया, मनु-स्मृति जैसे शास्त्रों को ढूंढ निकाला, ब्राह्मणों की शान, उनके अधिकारी और षड्यन्त्रों को बढ़ावा दिया और सुधारकों के काम को पीछे डाला।''[41] कुल मिला कर, कहना यह है कि कबीर की वाणी के अध्ययन को दलितों की दृष्टि से देखा जाए, ब्राह्मणों की दृष्टि से या क्षत्रियों की दृष्टि से या वैश्यों की दृष्टि से नहीं। पुरुषोत्तम अग्रवाल का आग्रह है कि उन की वाणी को वैश्यों की दृष्टि से देखा जाए। उन का आरोप है कि ब्राह्मणों ने अंग्रेजी काल में हिन्दू कानूनों पर कब्जा कर लिया था। पर, एक अंग्रेजी काल में क्या, उन्होंने हर काल में हिन्दू कानूनों पर कब्जा किया है।

यदि अंग्रेजी काल में ब्राह्मणों ने हिन्दू कानूनों पर कब्जा किया था तो वैश्यों ने अंग्रेजी काल में क्या किया था? इस बारे में पुरुषोत्तम अग्रवाल बहुत कुछ जानने की शेखी बघारते हैं पर तनिक थोड़ा ज्ञानवर्धन हमारी ओर से भी कर लिया जाए कि एल. आर. बाली ने अपनी इसी पुस्तक में लिखा है—''मन्दिरों की आमदनी दबोच लेने के पश्चात हिन्दुओं ने ईस्ट इन्डिया कम्पनी से व्यापारिक सुविधाएं प्राप्त करना शुरू कीं।''[42] उन्होंने खासमखास गुजराती बनियों की बाबत प्रमाण सहित लिखा है :

> ''गुजराती बनियों ने ईस्ट इन्डिया कम्पनी से जो सुविधाएं मांगीं थीं, उनका विवरण नीमापाख नामक बनिए के उस निवेदन-पत्र से मिल सकता है जो उसने कम्पनी को पेश किया था। बनियों ने ईस्ट इन्डिया कम्पनी से जो सुविधाएं मांगीं थीं, वह इस प्रकार थीं--
>
> (1) ''सम्मानीय ईस्ट इन्डिया कम्पनी गुजराती बनियों को बम्बई शहर में बिना कोई किराया-भाड़ा वसूल किए मकानों और गोदामों आदि के लिए जगह प्रदान करे।''
>
> (2) ''ब्राह्मणों पुरोहितों समेत उन्हें किसी भी व्यक्ति के हस्तक्षेप किए बगैर अपने धर्मानुसार आचरण करने की पूरी स्वतन्त्रता प्रदान की जाए। किसी अंग्रेज, पुर्तगाली, ईसाई अथवा मुसलमान को

39. वही, पृ. 233
40. वही, पृ. 233
41. वही, पृ. 258
42. वही, पृ. 258

उनकी बस्ती में रहने की आज्ञा नहीं होगी। वे उनकी बस्ती में किसी पशु-पक्षी को न मार सकेंगे, न उन्हें सताएंगे और न ही उनका किसी प्रकार अपमान ही करेंगे। यदि कोई ऐसा करेगा तो उन्हें सूरत के राज्यपाल अथवा बम्बई के उपराज्यपाल कड़ा दण्ड देंगे। बनियों को अपने शव जलाने की आजादी होगी। वे अपने विवाह आदि सम्बन्धी रीतिरिवाजों का पालन करने में स्वतन्त्र होंगे। उनकी बिरादरी के किसी भी व्यक्ति से, चाहे उसकी आयु अथवा लिंग कैसी भी हो, ईसाई धर्म में दीक्षित नहीं किया जाएगा और उनकी इच्छा के विरुद्ध उन से बोझ आदि उठाने का कष्टकारी काम नहीं करवाया जाएगा।''

(3) ''यदि किसी बनिया को अपने वकील के साथ अथवा बम्बई में रहने वाले किसी अन्य व्यक्ति के साथ उनमें कोई परस्पर मतभेद या विवाद उत्पन्न हो जाए तो राज्यपाल या उपराज्यपाल उसे पेशगी नोटिस दिए बगैर न तो गिरफ्तार करेगा, न उसे जेल भेजेगा और न ही उसका अपमान करेगा। किसी कानूनी न्यायालय में जाए बगैर बनिया-बिरादरी में फैसला करने की उन्हें खुली छुट्टी हो।''

(4) ''बनियों को राज्यपाल या उपराज्यपाल की आज्ञा लिए बगैर या ग्राहक को सूचना दिए बगैर अपने जहाजों और नावों को जहां और जब भी वे ले जाना चाहें, ले जाने की स्वतन्त्रता हो।''

(5)''यदि बनिया लोग जो माल वे बाहर से बम्बई में लाएंगे, एक वर्ष के अन्दर-अन्दर न बेच पाएं तो उन्हें उस माल को, बिना कोई कर अदा किए, वापिस भेजने की सुविधा हो।''

(6) ''बनियों को राज्यपाल अथवा उपराज्यपाल के निवासस्थान पर जाने-आने की स्वतन्त्रता हो। वहाँ उनका सम्मान-पूर्वक स्वागत हो, उनके गुणानुसार उन्हें बैठने, अपने साथ चौपहिया-घोड़े-गाड़ी, पालकी और छात्रीं आदि ले जाने की आज्ञा हो। उन के नौकरों को तलवार अथवा कटार रखने की आजादी हो। उन्हें अपराध के बगैर मारपीट न की जाए, न गाली दी जाए और न बन्दी बनाया जाए। यदि बनियों का कोई मित्र अथवा निकटवर्ती बाहर अथवा किसी अन्य बन्दरगाह से आए तो उसके साथ सम्मानपूर्वक व्यवहार किया जाए।''

(7) ''बनियों को किसी प्रकार की बाधा के बगैर द्वीप पर नारियल, मूंगफली, तम्बाकू और अन्य किसी भी वस्तु के खरीदने और बेचने की सुविधा दी जाए।''[43]

---

43. वही, पृ. 258-59

अजीब बात है, ब्राह्मणों ने हिन्दू कानून पर कब्जा कर रखा था, क्षत्रियों ने रियासतें हथिया रखी थीं और वैश्यों ने अपना व्यापार फैला रखा था, तब अंग्रेज भारत में क्या करने आए थे? जाहिर है, वे हिन्दुओं के शूद्र और अछूत बनने नहीं आए थे। इधर, पुरुषोत्तम अग्रवाल अपनी पुस्तक में यही बताने में लगे हैं कि अंग्रेजों ने सब से ज्यादा नुकसान शूद्रों और अछूतों का किया था—वाह रे विद्वत्ता के उलट-फेर!

च. फैन्टेसी और ग्रेडेड इनइक्विलिटी

यह पुरुषोत्तम अग्रवाल ने सही लिखा है कि 'या तो जाति पर ध्यान ही न देना; या फिर सिर्फ जाति पर ही ध्यान देना—इस पेन्डुलम-धर्म से मुक्त हो कर' सोचने की जरूरत है। यह वाक्य इसी रूप में सही है कि यह उनके हिसाब से सही है। कारण साफ है कि वे चार वर्णों की व्यवस्था के छोरों पर नहीं खड़े बल्कि बीच में खड़े हैं। वैश्य ही नहीं, क्षत्रिय भी ऐसा कह सकते हैं। जो ऐसा नहीं कह सकते वे वर्ण व्यवस्था के छोरों पर खड़े ब्राह्मण और शूद्र हैं। ब्राह्मण को जाति के केवल लाभ हैं और शूद्र को जाति के केवल नुकसान हैं, इसलिए इस चार वर्णी व्यवस्था में इन दोनों वर्णों की सोच वैश्य और क्षत्रिय वर्णों की सोच से अलग ही होनी है। वैश्य वर्ण के लिए जातिवाद इतना मुश्किल कहाँ है जितना शूद्र वर्ण के लिए या दलित वर्ग के लिए है?

पुरुषोत्तम अग्रवाल का ज्ञान उसी किस्म का है जिसे बाबा साहेब डा. अम्बेडकर अपनी समाजशास्त्रीय भाषा में 'ग्रेडेड इनइक्विलिटि' कहते हैं। ब्राह्मण, क्षत्रिय, वैश्य और शूद्र की चतुर्वर्णी समाज व्यवस्था का मतलब ही यह है कि ब्राह्मण और शूद्र के बीच में क्रमवार क्षत्रिय और वैश्य पड़ते हैं। जाहिर है, जो शूद्र को ब्राह्मण से शिकायत है, वही शिकायत वैश्य को ब्राह्मण से नहीं हो सकती। अपने-अपने वर्णों की समस्याओं का प्रतिनिधित्व और वर्णन करने में चारों वर्णों की जबान एक सी नहीं हो सकती। यूँ तो एक ब्राह्मण भी दूसरे ब्राह्मण का विरोध कर सकता है लेकिन उस में इतना नयापन और तीखापन नहीं आ सकता कि वर्ण-व्यवस्था के सुधार के लिए या अस्पृश्यता को मिटाने के लिए वह अपनी पत्नी से तलाक ले लेगा। तभी अपने नाम को धन्य करते हुए पुरुषोत्तम अग्रवाल 'हिन्दी-क्षेत्र के बारे में निश्चित रूप से' पुनः कह रहे हैं—"शाश्वत ब्राह्मण-वर्चस्व की तस्वीर औपनिवेशिक सत्ता के साथ ब्राह्मणों के 'कोलैबोरेशन' के फलस्वरूप अठाहरवीं-उन्नीसवीं सदी में गढ़ कर कबीर के समय पर चिपका दी गई है। इसीलिए, जिन्हें निकोलस डर्क्स 'ऑफिशियल ब्राह्मण' कहते हैं, उपनिवेशवाद के साथ उन की जुगलबंदी के नतीजों को समझे बिना ब्राह्मणवाद को न तो समझा जा सकता है, न उस का उचित उपचार किया जा सकता है।"[44]

---

44. अकथ कहानी प्रेम की : कबीर की कविता और उन का समय, पुरुषोत्तम अग्रवाल, राजकमल प्रकाशन प्रा.लि., 1-बी, नेताजी सुभाष मार्ग, नई दिल्ली-110 002, दूसरा संस्करण, 2010, पृ. [xxix]

पता नहीं, किसे समझा रहे हैं कि कबीर का समय क्या था और ब्राह्मणवाद का उचित उपचार क्या है? कबीर पर ब्राह्मण रामानंद को खुद चिपका रहे हैं और समझा दूसरों को रहे हैं कि ब्राह्मण वर्चस्व की तस्वीर औपनिवेशिक काल की और झूठी है। खुद आज भी कबीर पर बिना ब्राह्मण वर्चस्व को स्वीकारे एक कदम आगे नहीं बढ़ रहे। आखिर, ब्राह्मण वर्चस्व क्या है? ब्राह्मण को गुरु मान लेना भी तो ब्राह्मण वर्चस्व का स्वीकार ही है। ब्राह्मण अपना वर्चस्व सत्ता प्राप्त करके स्वीकार करवाए या गुरु बन कर पाँव पुजवा अपना वर्चस्व मनवाए—दोनों तरह से बात एक ही है।

अगली बात यह है कि कबीर ने छुआछूत के खिलाफ बोला है तो इस का मतलब यही है कि उस समय समाज में ब्राह्मण की छुआछूत जोरों से प्रचलित थी। यदि छुआछूत न होती तो कबीर क्या इस का विरोध करने के लिए इसे आसमान से उतार कर लाते? दूसरी बात यह है कि कबीर छुआछूत के खिलाफ बोल रहे थे, इतने भर से छुआछूत मिट नहीं गई थी। आज भारत के संविधान के 17वें अनुच्छेद ने छुआछूत के प्रचलन को दण्डनीय घोषित कर दिया है तो इतने भर से समाज से छुआछूत रुक नहीं गई है। हो यह रहा है कि छुआछूत को मिटाने के लिए नए-नए कानून बनाने पड़ रहे हैं और विशेष अधिनियमों और अदालतों की व्यवस्था खड़ी करनी पड़ रही है। छुआछूत पर कानूनी हमले हो रहे हैं, पर बासठ साल तक संविधान को लागू करके भी हम निश्चिन्त नहीं हो पाए हैं कि समाज से छुआछूत मिट गई है। यही कबीर के समय में हुआ था। कबीर ने ब्राह्मण वर्चस्व की छुआछूत के खिलाफ युद्ध छेड़ रखा था लेकिन वह लड़ाई सफल हो कर खत्म नहीं हो गई थी। कबीर की लड़ाई जारी थी लेकिन उन के बाद अनन्तदास जैसे ब्राह्मण वर्चस्व के किंवदन्तीकारों और प्रक्षिप्तकारों ने उस लड़ाई को आगे नहीं बढ़ने दिया। वही काम आज, अनन्तदास की परम्परा में किंवदन्तियों और प्रक्षिप्तों को सही करार दे कर, पुरुषोत्तम अग्रवाल कर रहे हैं।

आखरी बात यह पूछी जाए कि यदि अंग्रेज शासक और प्रशासक हिन्दुओं की कानूनी संहिता का दस्तावेजीकरण और एकीकरण कर रहे थे तो क्या बुरा कर रहे थे। यह काम खुद हिन्दुओं को करना चाहिए था। हिन्दू कोड बिल की संसद और संसद से बाहर हुई बहसों का हमें पता है कि तब ब्राह्मणों ने हिन्दू कोड बिल का इतना विरोध किया कि बाबा साहेब डा. अम्बेडकर ने भारत के विधि मन्त्री के पद से इस्तीफा दे दिया था। पूछा जाए, ब्राह्मण वर्चस्व का उपचार ढूंढने के चक्कर में पुरुषोत्तम अग्रवाल कानून के क्षेत्र में अराजकता की वकालत क्यों कर रहे हैं? उन्हें अंग्रेजों और आफिशियल ब्राह्मणों की जुगलबन्दी पसन्द नहीं है तो बताएँ कि ब्राह्मणों को छोड़ कर और ब्राह्मणों के वर्चस्व को चुनौती देती हुई बाकी तीन वर्णों की तिगलबंदी इतिहास में कब हो रही थी। यह तय करना ही पड़ेगा कि किसी कौम में वसीयत और निर्वसीयत सम्पत्ति उत्तराधिकार में किन-किन को और कितनी-कितनी बँटेगी। यह कहने का कोई अर्थ नहीं है कि कौम के पास कोई कानून नहीं है। यदि वर्ण व्यवस्था में ब्राह्मण वर्चस्व नहीं था तो बताया जाए कि कबीर के समय में किस अछूत ने ब्राह्मणी या ठकुरानी से शादी

की थी। इसके लिए यह कोई जवाब नहीं होगा कि चोरी से लोग दूसरी जातियों की स्त्रियों के साथ जाराचार करते थे। कानून क्या है, हमें यह देखना है, हमें यह नहीं देखना कि कानून का उल्लंघन करके लोग जीवन जी रहे हैं। चोर बन कर और जार हो कर नहीं, साहू बन कर और विवाह कर के जीने वालों की बात होनी चाहिए। यहाँ अपराधियों का जिक्र नहीं होना है बल्कि नेकचारियों की खोज की जानी है।

यह बात ठीक है कि कबीर के समय में भी क्षत्रिय और वैश्य वर्णों के लोग यह दावा कर सकते थे कि उन पर पूर्णरूप में ब्राह्मण वर्चस्व का राज नहीं है। पर इस में नई बात क्या है क्योंकि किसी भी काल में उन पर ब्राह्मणों का पूर्ण वर्चस्व नहीं रहा? जानना उस स्थिति का है जिस में ब्राह्मण, क्षत्रिय और वैश्य मिल कर शूद्र पर वर्चस्व कायम करते हैं। यह 'ग्रेडेड इनइक्विलिटी' यहाँ तक विस्तारित रहती है कि ब्राह्मण, क्षत्रिय, वैश्य और शूद्र के चारों वर्ण मिल कर वर्ण-बाह्य अछूतों पर अपना वर्चस्व कायम करते हैं। इसलिए, क्षत्रिय और वैश्य वर्णों के लोग रैदास और कबीर की पीड़ा को असल रूप में नहीं जान सकते। वे ऐसे ही लिख देंगे जैसे पुरुषोत्तम अग्रवाल ने अपनी इस किताब में लिख मारा है कि ब्राह्मण वर्चस्व की बात एक फैन्टेसी भर है। उनका यह लिखना सही है, पर तब वे रैदास और कबीर के साहित्य को जानने का दावा नहीं कर सकते। उन्हें नहीं मालूम कि छुआछूत में बेइज्जती का कैसा अनुभव होता है।

छ. कितनी औपनिवेशिकताएँ और कितनी देशजताएँ?

पुरुषोत्तम अग्रवाल ब्राह्मणों की सर्वोच्चता को फैन्टेसी कहते हैं, वे ऐसा जरूर कह सकते हैं। उन्हें ऐसा कहने का अधिकार है क्योंकि वे पिछड़े वर्ग, अनुसूचित जाति और अनुसूचित जनजाति में से नहीं हैं। बल्कि कहना चाहिए कि यदि वे ऐसा न कहें तो वह झूठ होगा। लेकिन, यहाँ बात कबीर की चल रही है और रैदास की चल रही है। कबीर और रैदास की जातियों के बारे में क्या कहा जाए? उन से ब्राह्मणों के, क्षत्रियों के और वैश्यों के अधिकार छिने हुए हैं। न वे धर्म की साधना कर सकते हैं, न उन के हाथ में राज आ सकता है और न उन्हें व्यापार में आने का अधिकार है। कहना यह है कि यह फैन्टेसी नहीं है बल्कि हकीकत है। यदि इन जातियों के किसी एकाध व्यक्ति ने कभी हिन्दुओं के बाकी तीन वर्णों के अधिकारों में हाथ मार लिया है तो वह अपवाद माना जाएगा, दैनन्दिनी का व्यवहार नहीं। इन जातियों के लोगों के साथ दैनन्दिनी की चाल-चलगत कुछ और ही है, जिसे पुरुषोत्तम अग्रवाल नहीं जानते, और न ही जान सकते हैं। मेरे स्कूल के सामने का हिन्दू मन्दिर वैश्यों का ही था पर उस में मैं नहीं चढ़ सकता था। माहौल ही ऐसा बना हुआ मिला कि मुझे वहाँ नहीं जाना है। यह मैं स्वतन्त्र भारत की बात बता रहा हूँ, औपनिवेशिक काल की नहीं। ऐसे ही, राजकाज और व्यापार के बारे में सच रहे हैं। चूँकि, यहाँ जोर ब्राह्मणों की सर्वोच्चता की बात पर चल रहा है, इसलिए ब्राह्मणों तक ही सीमित रहा जा रहा है, फिर भी, पुरुषोत्तम अग्रवाल को

इतना समझ लेना चाहिए कि उन्होंने भी ब्राह्मणों की सर्वोच्चता को धार्मिक कर्मकाण्ड तक जरूर स्वीकार किया है। कबीर और रैदास के लिए जैसे धर्म के मामले में ब्राह्मणों के कर्मकाण्ड की सर्वोच्चता एक फैन्टेसी नहीं बल्कि हकीकत थी, ऐसे ही, राजकाज में क्षत्रियों की सर्वोच्चता और व्यापार के क्षेत्र में वैश्यों की सर्वोच्चता कायम थी। यदि पुरुषोत्तम अग्रवाल को ऊपर का कथन स्वीकार्य नहीं है तो उन्हें बताना चाहिए कि अंग्रेजों के आने से पहले भारत की कुल रियासतों में से जुलाहों, चमारों और भंगियों के हाथ में कितनी रियासतें थीं। उन्हें यह भी बताना चाहिए कि खटीकों, धोबियों और मालियों के हाथ में कितने देशी या विदेशी व्यापार थे। अपनी दैनन्दिनी के बारे में लिख मारा पर हम धींवरों और कुम्हारों की दैनन्दिनी के बारे में पूछ रहे हैं। हर अपने वाक्य में पुरुषोत्तम अग्रवाल को यह ध्यान रखना चाहिए था कि वे कबीर पर किताब लिख रहे हैं, धनी धर्मदास पर या चरणदास पर नहीं।

पुरुषोत्तम अग्रवाल ने बिलकुल ध्यान नहीं दिया कि भारत में अंग्रेजों की सत्ता का औपनिवेशिक काल पहला और इकलौता नहीं है। इतिहास में भारत ऐसे अनेक औपनिवेशिक काल देखता रहा है। कितने गिनाऊँ?—सल्तनत काल और मुगल काल भी औपनिवेशिक काल ही थे। इन से पहले शक, कुषाण और हूणों के औपनिवेशिक काल थे। उनसे भी पहले यवनों का औपनिवेशिक काल ईसा पूर्व की कई सदियों तक रहा है। हर बार इस देश में यही बहस हुई है जो आज पुरुषोत्तम अग्रवाल कर रहे हैं। बर्तानी औपनिवेशिकता के बारे में अब वे अपनी मगजपच्ची की जमा-खर्च ही कर रहे हैं। 'ऑफिशियल ब्राह्मण' केवल बर्तानी भारत में नहीं जन्मे, ये हर औपनिवेशिक काल में रहे हैं। ये अकबर के दरबार में घुस गए थे और इन्होंने अलाउद्दीन खिलजी को भी घेर लिया था। किसी का नाम 'महाबली' और किसी का 'नवल' रख दिया था। मुस्लिम काल में भी भारत में ब्राह्मणों, क्षत्रियों और वैश्यों के विवाह और उत्तराधिकार के मामलों में निपटारे हिन्दू विधि के अनुसार तय होते थे, दलितों के पर्सनल कानून के तहत नहीं, या शरीयत के अनुसार नहीं। विदेशियों के औपनिवेशिक कालों की क्या कही जाए, यहां भारत के देशी बौद्ध काल के उदाहरण लिए जा सकते हैं। माना जाता है कि बौद्ध काल बड़ा क्रांतिकारी था। शूद्रों और अछूतों के हिसाब से ऐसा बिलकुल नहीं था। एस. के. पंजम ने अपनी पुस्तक 'शूद्रों का प्राचीनतम इतिहास' में लिखा है :

1. "सिर्फ कहने के लिए बौद्धकालीन राज्यों में 16 राजतंत्रात्मक तथा 32 में गणतंत्रात्मक व्यवस्था थी किंतु असल में बौद्धकाल शुद्ध सामंत (बर्बर) काल था। यहां सामंत राजा की आज्ञा ही कानून थी, पुरोहित, निजी सचिव ब्राह्मण और गुप्तचर ब्राह्मण की सही-गलत रिपोर्ट ही उसकी दृष्टि का अपराधी होता था।"[45]

---

45. शूद्रों का प्राचीनतम इतिहास, एस.के. पंजम, दिव्यांशु पब्लिकेशन्स, एम.आई.जी. 222, फेज-1, एल.डी.ए. टिकैतराय कालोनी, प्रथम संस्करण, 2010, पृ. 303

2. ''बौद्धकालीन राज्य घोर धार्मिक राज्य था। राज्यों का स्वरूप धर्मतंत्री था। धर्मनिर्पेक्ष कतई नहीं। राज्य में पुरोहित धर्मगुरु होता था। धर्मगुरु ब्राह्मण होता था, और धर्मगुरु ही राज्य का स्वामी होता था। धर्म चाहे जो भी हो—पुरोहित सिर्फ ब्राह्मण होता था। बौद्ध काल में सारे राजा क्षत्रीय और पुरोहित—ब्राह्मण।''[46]

3. ''बौद्धकाल के समस्त पदाधिकारी (मंत्री, सभासद) ब्राह्मण होते, उनके आदेशों का अक्षरशः पालन होता और कराया जाता। क्षत्रीय राजा भी निन्यानवे प्रतिशत ब्राह्मण दिमाग का हो जाता। लिहाजा शूद्रों के साथ अन्याय ही अन्याय करता। प्रत्येक बौद्ध गणराज्य के 20 से लेकर 50 तक कौटिल्य, मनु, पराशर, याज्ञवल्क्य, वशिष्ठ जैसे विक्षिप्त ब्राह्मण हुआ करते थे। शासन सूत्र तो इन्हीं के हाथों में था, राजा तो मात्र कुम्हारों का चक्का था, जो डंडा लगाए और घुमा ले या राजा वह बैल जो जिसे पुरोहित चाहे जिस हल से जोत ले।''[47]

जहाँ तक ब्राह्मण, क्षत्रिय और वैश्य वर्णों की बात है, तो बौद्ध काल में वे तीनों बड़ी मौज में थे। सारा धन उन्हीं के पास था, उन में भी विशेषकर वैश्यों के पास। पंजम सप्रमाण लिखते हैं :

1. ''बौद्धकाल में ब्राह्मण, क्षत्रीय, वैश्य तीनों वर्ग संपन्न थे। वैश्य वर्ग तो करोड़ों की संपत्ति से खेलता था। जाहिर सी बात है जब पड़ोसी व्यक्ति करोड़पति होगा तो उसके इर्द-गिर्द हजारों भूखे और दुखी होंगे। करोड़पति व्यक्ति ने कहीं ना कहीं, किसी ना किसी रूप में बेईमानी की है, हजारों-लाखों का खून चूसा है। बौद्ध काल में सामंत राजाओं की तानाशाही तथा सेठों-महाजनों के प्रति उदार भावना के कारण ये करोड़पति और अरबपति बन बैठे थे। यह कितनी आश्चर्य की बात है कि आज से तीन-चार हजार वर्ष पूर्व भी कुछ करोड़पति व अरबपति थे। आश्चर्य ये कि (ये) बौद्धकाल में भी थे और बौद्धधर्म का कोई प्रभाव नहीं पड़ा उन पर और प्रभाव पड़ा भी तो शोषण का माध्यम मंदिर और बौद्ध विहार बनवाए और बुद्ध मुस्कराए।''[48]

2. ''बौद्धयुग में 80 करोड़ तक के धन्नासेठों का उल्लेख मिलता है।...... श्रावस्ती के प्रसिद्ध व्यापारी अनाथपिंडक ने जेतवन विहार के निर्माण के लिए 18 करोड़ अशर्फी (सुवर्ण) व्यय की थी।....बब्बू जातक की कथा के अनुसार काशी के एक सेठ ने 40 करोड़ की स्वर्ण मुद्राएं जमीन में गाड़ दी थीं।..... वह मर गया और संपत्ति नष्ट हो गई। आज

---

46. वही, पृ. 303   47. वही, पृ. 317   48. वही, पृ. 370

भी कहीं-कहीं खंडहरों में सोने की मुद्राओं के पाए जाने की सूचनाएं मिलती रहती हैं, वे मुद्राएं सेठों की ही होती हैं। असंपदान जातक..... में मगध के संख नामक सेठ के पास.... करोड़ का धन था और इतनी ही संपत्ति वाराणसी के उसके एक मित्र सेठ के पास थी। इल्लीस जातक.... के अनुसार कोसिय नाम का एक कंजूस सेठ 80 करोड़ की संपत्ति का मालिक था।''[49]

3. ''धनंजय नायक एक बौद्धिष्ट सेठ ने अपनी कन्या के विवाह में जो दहेज दिया था, वह इस प्रकार है—.......
   (क) आभूषण 9 करोड़ मूल्य के
   (ख) धन 54000 गाड़ियों में लाद कर
   (ग) दासियां 500
   (घ) रथ 100
   (ङ) अन्य वस्तु 2 करोड़ मूल्य के।''[50]

4. ''बौद्ध काल में हजारों ब्राह्मण करोड़पति थे जिन्हें 'असीति कोटि धन विभवा' अर्थात 80 करोड़ धन वैभव वाले कहा गया है।..... जबकि जातक बौद्धकाल में एक भी शूद्र दास अथवा किसान करोड़पति क्या लखपति भी नहीं था, उल्टे इन पर जुल्म अत्यधिक होते थे और इन्हीं का खून चूसकर ब्राह्मण, वैश्य, सामंत करोड़पति बनते थे।''[51]

परिणाम क्या निकलता है?—वे ही धान पसेरी। पंजम ने लिखा है—''शूद्र वर्ग को बौद्ध काल में हीन और नीच जाति कहा गया है।..... इनके पास जमीन नहीं होती थी। ये कृषि मजदूर एवं घरेलू दास (गुलाम) हुआ करते थे। शूद्र सदा सेवक और मजदूर ही थे।..... चांडाल भी शूद्र का ही एक रूप था। यह शूद्रों में घृणितम था।..... इनका मुख्य कार्य था—1. भीख मांगना 2. मरे पशुओं, मुर्दों को ढोना तथा..... अपराधियों को सजा देना अर्थात जल्लादी.....(।) चित्तसम्भूत जातक में भ्रमण को जा रही दो मंगलिकाएं चांडाल को मार्ग में देखकर अशुभ मान, आंखें धोकर स्वच्छ करती हैं और घर वापस लौट जाती हैं...... ।''[52] पंजम खासमखास बुद्ध के बारे में लिखते हैं—''यह ध्रुव सत्य है कि गौतम बुद्ध न ब्राह्मण के खिलाफ थे, न ब्राह्मणवाद के, न जाति के न वर्ण के, न सामंतवाद के न तानाशाही शासन के, वे सिर्फ अपने धर्म की आलोचना के खिलाफ थे। बुद्ध को सिर्फ अपने धर्म की चिंता थी, बौद्धिस्ट राजाओं को चिंता थी अपनी कुर्सी की, बौद्ध सामंतों की चिंता थी अपने धन-वैभव-जनपद विस्तार की और व्यापारियों को चिंता थी स्वर्ण मुद्राओं की।''[53]

---

49. वही, पृ. 370
50. वही, पृ. 374-75
51. वही, पृ. 370
52. वही, पृ. 317
53. वही, पृ. 369

ज. क्या मनुस्मृति नोर्मेटिव टेक्सट है?

पुरुषोत्तम अग्रवाल की यह पुस्तक पढ़ कर पता चलता है कि ये लेखक सत्ता पक्ष के व्यक्ति हैं और सत्ताविहीनता के नहीं। इन के हाथ में राज व्यवस्था, धर्म व्यवस्था और अर्थ व्यवस्था आ गई है—और इन्हें अपनी इन तीनों सत्ताओं को बचाने की पड़ी हुई है। इन्हें धर्मसत्ता, राजसत्ता और अर्थसत्ता प्राप्त करने के लिए संघर्ष नहीं करना बल्कि उसे बचाए रखने की पड़ी हुई है कि उसे कोई छीन न ले जबकि बात केवल भागीदारी की है। 'भक्ति माने भागीदारी'[54] का सूत्र हाथ लगने पर भी ये उसे मालिक तक सीमित रखना चाहते हैं।

इन्हें धर्मसत्ता, राजसत्ता और अर्थसत्ता के क्षेत्रों में इस सूत्र का प्रसार पसन्द नहीं है, तभी यह हाल है कि पूरी पुस्तक में इन विषयों का जिक्र तक नहीं मिलता। यदि कुछ है तो उसे व्यापारी वर्ग तक बखान कर सीमित कर दिया है। मान लिया है कि किसानों को कबीर से मतलब नहीं है और इन्हें कबीर के कारीगरों और मजदूरों से सम्बन्ध नहीं रखना। जब इन्होंने 'मनुस्मृति जैसे निर्देशात्मक (नॉर्मेटिव) टेक्स्ट' के शब्दों का प्रयोग किया है तो यही किया है। इन्होंने मान लिया है कि मनुस्मृति नोर्मेटिव टेक्स्ट भर है, उसका दैनन्दिनी 'रीतभाँति और चालचलगत' से दूर का भी रिश्ता नहीं है। कितना भयानक निष्कर्ष है? इन की इस दृष्टि से पता चलता है कि ब्राह्मण ने समाज को चार वर्णों में किस उद्देश्य से विभाजित किया था। इन्हें पता ही नहीं है कि कबीर और रैदास का संघर्ष क्या है—और ये समन्वय की बात कर रहे हैं। कबीर को रामानंद और रामानंद के वैष्णवों से जोड़ने की किंवदन्ती में और दहाड़ दे कर समन्वय-समन्वय डकराने में मतलब केवल यह निकलता है कि भक्ति में भागीदारी का मामला जीवन के धर्मसत्ता, राजसत्ता और अर्थसत्ता के लौकिक मामलों से न जुड़ जाए। भक्ति भगवान से जुड़ी हुई चीज है—और वहाँ नवधा और दशधा भक्ति में कुछ भी होता रहे, पर सामान से भरे घरों के कोठे-कुठलों में हाथ न लग जाए।

मनुस्मृति को नोर्मेटिव टेक्स्ट कह कर पुरुषोत्तम अग्रवाल दलितों के सारे संघर्ष की मजाक उड़ा रहे हैं। हिन्दी साहित्य में इस से ज्यादा भौंडा वाक्य दूसरा नहीं होगा। मजाक उतारने से पहले यह तो सोच लिया होता कि महान दलित बाबा साहेब डा. अम्बेडकर ने मनुस्मृति को महाड़ सत्याग्रह में 25 दिसम्बर, 1927 को अपने 3000 सत्याग्रहियों के साथ फूँका था।[55] क्या उन्होंने मनुस्मृति को ब्राह्मणों की फैंटेसी मान कर फूंका था? क्या उन्होंने यह मान कर गलती की थी कि मनुस्मृति का आतंक उन के अछूत समाज के जीवन की दुर्दान्त हकीकत है? उन्होंने मनुस्मृति को अछूतों की

---

54. अकथ कहानी प्रेम की : कबीर की कविता और उन का समय, पुरुषोत्तम अग्रवाल, राजकमल प्रकाशन प्रा.लि., 1-बी, नेताजी सुभाष मार्ग, नई दिल्ली-110 002, पहला संस्करण, 2009, पृ. 339
55. भीमराव आम्बेडकर, लेखक, डब्लू.एन. कुबेर, अनुवादक, सीताराम खोड़ावाल, निदेशक, प्रकाशन विभाग, सूचना और प्रसारण मंत्रालय, पटियाला हाउस, नई दिल्ली-110 001, प्रथम संस्करण, अक्तूबर, 1981 पृ. 22

सामाजिक, आर्थिक और धार्मिक दासता कारण माना था, क्या वह गलत माना था? यह पुरुषोत्तम अग्रवाल ने क्या लिख दिया? हिन्दी साहित्य में इस प्रवृत्ति के लेखन की चारों ओर से भर्त्सना की जानी चाहिए। इस पर विद्वानों द्वारा निंदा प्रस्ताव लाए जाने चाहिए। यह दलितों की आजादी के संघर्ष का झुठलाना ही नहीं, बल्कि उस का तिरस्कार भी है।

बाबा साहेब डा. अम्बेडकर का मनुस्मृति को फूँकने का समाचार न मिला हो, क्योंकि वे दूर मराठी के क्षेत्र के थे, हिन्दी क्षेत्र के स्वामी अछूतानंद की गजल तो याद कर ली होती जो उन्होंने शम्बूक के मुख से पुरुषोत्तम अग्रवाल के 'भगवान पुरुषोत्तम' राम के सामने कहलवाई है। अब तक न पढ़ी हो, कबीर की निर्गुण परम्परा के सन्त स्वामी अछूतानंद की उस गजल को अब पढ़ लें और अपनी दृष्टि में सुधार कर लें ताकि ऐसी गलत-सलत बातों की पुनरावृत्ति न हो। वह गजल इस प्रकार है :

निशदिन मनुस्मृति ये, हमको जला रही है।
ऊपर न उठने देती, नीचे गिरा रही है।।
ब्राह्मण व क्षत्रियों को सबका बनाया अफसर।
हमको 'पुराने उतरन पहनो' बता रही है।।
दौलत कभी न जोड़ें, गर हो तो छीन लें वह।
फिर 'नीच' कह हमारा दिल भी दुखा रही है।।
कुत्ते व बिल्ली मक्खी, से भी बना के नीचा।
हा शोक! ग्राम बाहर हमको बसा रही है।।
हमको बिना मजूरी, बैलों के संग जोतें।
गाली व मार उस पर, हमको दिला रही है।।
ऐ हिन्दू कौम! सुन ले, तेरा भला न होगा।
हम बेकसों को 'हरिहर' गर तू रुला रही है।।[56]

दलितों के चिन्तन में मनु के खिलाफ युद्ध का नगाड़ा बजा पड़ा है। स्वामी अछूतानंद की इस परम्परा में शंकरानंद के शिष्य केवलानंद ने भी अपना डंका पीटा है। उन की दलितों में मसहूर काव्य रचना है :

मनु जी तुमने वर्ण बना दिये चार।
जा दिन तुमने वर्ण बनाये, न्यारे रंग बनाये क्यों ना?
गोर ब्राह्मण लाल क्षत्री बनिया पीले बनाये क्यों ना?

56. प्रेमचंद की नीली आँखें, डा. धर्मवीर, वाणी प्रकाशन, 21ए, दरियागंज, नई दिल्ली-110 002, प्रथम संस्करण, 2010 पृ. 171-72 पर पुस्तक 'राम राज्य न्याय नाटक : शम्बूक-मुनि-बलिदान', लेखक, आदि हिन्दू आन्दोलन के प्रवर्तक श्री 108 स्वामी अछूतानंद जी हरिहर, बहुजन कल्याण प्रकाशन, 360/103, मातादीन रोड, सआदत गंज, लखनऊ-226 003, 11वीं बार, 1995, पृ. 19-20 से उद्धृत

शूद्र बनाते काले वर्ण के, पीछे को पैर लगाये क्यों ना?
कैसे हो पहिचान पोप जी दो अक्षर डलवाये क्यों ना?
पांच तत्व तो सबमें दीखें ज्यादा तत्व लगायें क्यों ना?
वह सर्वज्ञ सर्व में व्यापक उससे भी जुदे बनाये क्यों ना?
एक चूक बड़ी भारी पड़ गयी, न्यारे मुल्क बसाये क्यों ना?
लोहे के बर्तन पर पानी कंचन को दयौ डार।[57]

कोई पुरुषोत्तम अग्रवाल नाम के व्यक्ति को यह कहने से रोके कि मनुस्मृति एक नोर्मेटिव टेक्स्ट है और उसका दलितों की दैनन्दिनी पर कोई बुरा असर नहीं पड़ा। वे यह भी बिलकुल झूठ लिखते हैं कि मनुस्मृति को महत्व बर्तानी भारत में अंग्रेजों और आफिशियल ब्राह्मणों की मिलीभगत से मिला है। कम से कम कबीर के साहित्य का अध्ययन करने वाले एक व्यक्ति के नाते यह कहने का उन्हें कोई अधिकार नहीं है कि अंग्रेजों के आने से पहले दलितों पर मुनस्मृति का कोई बुरा असर नहीं था या यह कबीर के पास चर्चा का विषय नहीं था। कबीर ने स्मृति का विरोध किया है और पूरा विरोध किया है। इस का मतलब है कि कबीर को कबीर के अपने समय में हिन्दुओं की यह स्मृति परेशान कर रही थी। कबीर की आवाज है :

सुम्रित बेद पढ़े असरारा।
पाखंड रूप करै हंकारा।।[58]

इसीलिए कहा जा रहा है कि जब कबीर पर किताब लिखने बैठे थे तो कबीर की और कबीर के अछूत समाज की जानकारी अवश्य और अद्यतन कर लेनी चाहिए थी। यह लिखना तो वैसा ही हुआ जो बिना देखे की बजाता है। क्या अब भी उन्हें पता नहीं चला है कि कबीर के समय के दैनन्दिन व्यवहार में मनुस्मृति की हैसियत क्या रही होगी? मनुस्मृति की हैसियत यह रही थी कि कबीर और रैदास किसी हिन्दू मन्दिर में नहीं चढ़ सकते थे और उन्हें रामानंद का कोई वैष्णव छू नहीं सकता था। तो, जब मनुष्य को मनुष्य न कहा जा कर उसे अछूत कहा जा रहा हो, तब पुरुषोत्तम अग्रवाल अछूत के किस दैनन्दिन व्यवहार की बात पूछ रहे हैं? आखिर, सवाल पूछने के भी कुछ सलीके होते हैं। उन्हें मालूम नहीं कि चमार-भंगी की जाति के आदमी का उस समय वजूद खत्म हो जाता है जब उस से उस की जाति पूछी जाती है।

बात यह कह कर टरका देने की नहीं है कि 'मनुस्मृति जैसे विषमतापरक टेक्स्ट हों, या किसी लोकतांत्रिक संविधान जैसे समतामूलक—निर्देशात्मक टेक्स्ट्स

---

57. दलित साहित्य की अवधारणा, कंवल भारती, दलित-जन-उभार (सभी आयामों का विश्लेषण), अतिथि संपादक, कंवल भारती, बी.एम.एन. प्रकाशक, लखनऊ, पृ0 174 से उद्धृत
58. महाबीजक [कबीर साहब की सम्पूर्ण वाणियों का संग्रह], सम्पादक, आचार्य महन्त गंगाशरण शास्त्री, कबीर वाणी प्रकाशन केन्द्र, सी-23/5, कबीरचौरा मठ, वाराणसी-221 001, प्रथम संस्करण, 10 जून, 1998, पृ. 13

निर्देशात्मक ही होते हैं।'[59] यह लिखने से पहले बताया यह जाना चाहिए था कि इन दो विरोधी निर्देशात्मक टैक्स्टों के बीच में क्या पड़ता है। लोगों का वह दैनन्दिन व्यवहार क्या है? वह सत्ताधारी और सत्ताहीन वर्गों के बीच का फासला है। सत्ताधारी वर्ग मनुस्मृति जैसा विधान न भी रचे तब भी वह शोषण और अत्याचार करता है, दूसरी ओर सत्ताहीन वर्ग अपने पक्ष में संविधान बनवा कर भी उसे लागू करवाने की स्थिति में नहीं होता। शासक और शासित के बीच मनुस्मृति बिना लिखे अपने आप लागू रहती है जबकि भारत के समतामूलक संविधान को कोशिश कर के भी अमल में नहीं लाया जा रहा है। मनुस्मृति के लोग संविधान को फेल करने में लगे हुए हैं। बाबा साहेब डा. अम्बेडकर ने इस आशंका को बहुत अच्छी तरह भाँप लिया था। उन्होंने संविधान के इस विषय पर बोलते हुए 25 नवम्बर, 1949 को कन्स्टीट्यूएट असेम्बली में जो कहा था उसे आचार्य के.पी. गुरु प्रसाद के हिन्दी अनुवाद का थोड़ा सहारा लेते हुए यहाँ रखा जा रहा है—"मैं संविधान की अच्छाइयों पर कुछ नहीं बोलूँगा क्योंकि मुझे महसूस हो रहा है कि संविधान कितना भी अच्छा क्यों न हो, यदि उसे लागू करने वाले लोग बुरे हैं तो वह संविधान बुरा कहलाएगा और यदि कोई संविधान कितना भी बुरा है किन्तु उसे लागू करने वाले लोग अच्छे हैं तो वह संविधान अच्छा कहलाया जाएगा। संविधान की कारगरता उस की प्रकृति पर पूर्णतः निर्भर नहीं होती। संविधान केवल विधायिका, कार्यपालिका और न्यायपालिका के अंग देता है। राज्य के इन अंगों का प्रयोग लोगों और राजनैतिक पार्टियों पर निर्भर करता है कि वे अपनी और अपनी राजनीति की आकांक्षाओं की पूर्ति के लिए इनका कैसा इस्तेमाल करते हैं।"[60-61]

भारत की सुप्रीम कोर्ट के मुख्य न्यायधीश न्यायमूर्ति एस.एच कपाड़िया ने हैदराबाद में 17वें राष्ट्रमंडल विधि सम्मेलन के उद्घाटन समारोह में सम्मेलन को संबोधित करते हुए सही कहा है कि 'कानून के लिए सबसे जरूरी यही है कि उसे लागू किया जाए।'[62] सब से बड़ी दिक्कत की बात यही है कि कानून को लागू करना आसान नहीं है। इस अवसर पर वरिष्ठ अधिवक्ता के.टी.एस. तुलसी ने कहा है कि 'कानून नहीं

---

59. अकथ कहानी प्रेम की : कबीर की कविता और उन का समय, पुरुषोत्तम अग्रवाल, राजकमल प्रकाशन प्रा.लि., 1-बी, नेताजी, सुभाष मार्ग, नई दिल्ली-110 002, पहला संस्करण, 2009, पृ. 78

60. "I shall not therefore enter into the merits of the Constitution. Because I feel, however good a Constitution may be, it is sure to turn out bad because those who are called to work it, happen to be a bad lot. However bad a Constitution may be, it may turn out to be good if those who are called to work it, happen to be a good lot. The working of a Constitution does not depend wholly upon the nature of the Constitution. The Constitution can provide only the organs of State such as the Legislature, the Executive and the Judiciary. The factors on which the working of those organs of the State depend are the people and the political parties they will set up as their instruments to carry out their wishes and their politics."
Dr. Babasaheb Ambedkar : Writings and Speeches : Vol. 13 : Dr. Ambedkar--The Principal Architect of The Constitution of India, Edited by Vasant Moon, Education Department, Government of Maharashtra, Bombay-400 032, First Edition, 14 April, 1994, p. 1210

61. भारतीय संविधान के जनक डा. भीमराव अम्बेडकर, संग्रहकर्त्ता, आचार्य के.पी. गुरु प्रसाद, भारतीय दलित साहित्य अकादमी, 233, टैगोर पार्क, माडल टाउन, नई दिल्ली-110 009, पृ. 5

62. न्यायिक समीक्षा का इस्तेमाल दूसरे विभागों को कमजोर करने के लिए न हो : मन मोहन, जनसत्ता, नई दिल्ली, 7 फरवरी, 2001, पृ. 1

बल्कि कानून लागू करना अधिक महत्वपूर्ण है।[63] पहले रैदास और कबीर की अनुसूचित जातियों के पक्ष में कानून बनवाना मुश्किल है, फिर उसे लागू करवाना और भी मुश्किल होता है। आखिर, जिस देश में संविधान के माध्यम से शूद्रों को विधायिका और सरकारी सेवाओं में आरक्षण देने की व्यवस्था की गई है, उसी देश के जयपुर हाई कोर्ट के परिसर में मनु की मूर्ति लगाई गई है। पुरुषोत्तम अग्रवाल के लिए यह तुलना सोचने लायक चीज है।

जहाँ तक सार्वत्रिकता और स्थानीयता के विरोध का प्रश्न है तो वह इस रूप में बेमानी हो जाता है कि छुआछूत देश के एक भी क्षेत्र में और एक भी व्यक्ति के मन में विद्यमान क्यों रहे। छुआछूत को देश-निकाला क्यों नहीं दिया जा सकता? इस बहस से क्या फायदा कि कहीं यह ज्यादा है तो कहीं कम भी है? छुआछूत कितने प्रकार की होती है?—हम इस प्रश्न का उत्तर देने में क्यों इलझे रहें? हम इस बहस में पड़ कर कौन सी सन्तुष्टि पा लेंगे कि अस्पृश्यता की छुआछूत अदृश्यता की छुआछूत से ज्यादा गम्भीर नहीं है? हम छुआछूत को हलकी और भारी कहने नहीं जा रहे हैं, हम यह कह रहे हैं कि मनुष्य का अपमान किसी भी रूप में त्याज्य और दंडनीय है। यूँ तो पुरुषोत्तम अग्रवाल यह भी तर्क दे देंगे कि ब्राह्मण उन से वैसी छुआछूत नहीं बरतते जैसी चमार या भंगी से बरतते हैं—उन की बात सही है पर हम उसे सुने क्यों?

झ. जुलाहे का दुख

अग्रवाल ने लिखा है—"...शाश्वत ब्राह्मण सर्वोच्चता की कल्पना वास्तविक व्यवहार में कब की पीछे छूट चुकी थी। 'निज-निज बरन धरम नर-नारी' की कल्पना का तो वास्तविकता से दूर-दूर का भी सम्बन्ध कभी था ही नहीं।"[64] पता नहीं, किस की बात कह रहे हैं? ये लेखक कौन सी दुनिया में रह रहे हैं? अप्रस्तुत को प्रस्तुत कर रहे हैं। कबीर की वास्तविकता को झुठला रहे हैं। ख्याली पुलाव पका रहे हैं। क्या कबीर और रैदास की वाणी से पता नहीं चलता कि उन की लड़ाई किस से थी, किस तरह की थी, और कितनी संगीन थी? तभी बार-बार कहा जा रहा है कि अछूत के दुख को अछूत ही समझ सकता है। जैसे प्रेमचंद ने अपने उपन्यास 'रंगभूमि' में सूरे चमार के मुख से अपने बोल बुलवाए हैं, वैसे ही पुरुषोत्तम अग्रवाल कबीर और रैदास से अपनी भाषा बुलवा रहे हैं। कहना यह है कि प्रेमचंद को एक कायस्थ के रूप में खुद बोलना चाहिए था, उन्हें अपनी भाषा के वहन के लिए सूरे चमार का सहारा नहीं लेना चाहिए था। ऐसे ही, पुरुषोत्तम अग्रवाल को भी ब्राह्मणी वर्ण-व्यवस्था के तीसरे वर्ण के वैश्य होने के हिसाब

63. वही, पृ. 8
64. अकथ कहानी प्रेम की : कबीर की कविता और उन का समय, पुरुषोत्तम अग्रवाल, राजकमल प्रकाशन प्रा.लि., 1-बी, नेताजी सुभाष मार्ग, नई दिल्ली-110 002, पहला संस्करण, 2009, पृ. 123

से अपनी जुबान के लिए कबीर और रैदास का पल्ला नहीं पकड़ना चाहिए था। अपनी बात को स्वयं कहो और कबीर और रैदास को अपनी बात खुद कहने दो--यही प्रतिनिधित्व का असली सुलझाव है। उन की वाणी को प्रक्षिप्त मत करो और उन के वास्तविक जीवन को किंवदन्ती में मत उलझाओ। इस से यह भी पता चलता है कि प्रक्षिप्त और किंवदन्ती की जरूरत तभी पड़ती है जब अछूत की तरफ से कोई द्विज बोलता है। अछूत को कभी बोलने नहीं दिया जाता। स्मृतियों में विधान है कि उस की जबान काट लो। यह धर्माज्ञा का एक चरण है। लागू होने में इस का दूसरा चरण यह है कि अछूत की वाणी को प्रक्षिप्त करके विकृत कर दो। गर्ज यह कि जबान काट लो या वाणी को प्रक्षिप्त कर दो—परिणाम एक ही निकलता है कि अछूत कबीर और अछूत रैदास की वाणी सुननी नहीं है। अछूत की वाणी ऐसे ही हजारों साल से अनसुनी रही जा रही है। अब जुलाहे के दुख को समझने का दम भरने वाले पुरुषोत्तम अग्रवाल आ गए हैं कि कबीर को प्रक्षिप्त करके बोल रहे हैं। 1932 की ब्रिटेन में हुई गोल मेज सभाओं में गांधी अपनी इसी ऊदरी के बल पर डा. अम्बेडकर के सामने दलितों का प्रतिनिधित्व करने का दावा ठोंक रहे थे कि वे दलितों के दुख को डा. अम्बेडकर की तुलना में ज्यादा जानते हैं। कोई नहीं जानता—न गांधी अम्बेडकर के दुख को जानते थे, न प्रेमचंद 'रंगभूमि' में सूरे चमार नाम का पात्र खड़ा कर के स्वामी अछूतानंद के दुख को जानते थे, और न अब पुरुषोत्तम अग्रवाल कबीर के दुख को जानते हैं। ये इन के झूठे दावे हैं—बस, होते रहते हैं। और हाँ, पुरुषोत्तम अग्रवाल का यह इतिहास-बोध और इतिहास-लेखन, लगता है, मानो रांगेय राघव ब्राह्मण के सामने एक बालक नाच रहा है। रांगेय राघव ने अपनी पुस्तक 'महागाथा' के दो खण्डों—'अंधेरा रास्ता' और 'रैन और चंदा'—में दिखाया है कि ब्राह्मण भारत के इतिहास में कभी-कभी गुम दीखता है, पर सौ दो सौ साल बाद वह पुनः अपनी आधिकारिक भूमिका में प्रकट हो जाता है।

आखिर, इन लेखक की लेखनी से 'धर्मेतर अध्यात्म' के नाम का जुमला क्यों बार-बार बुलक-बुलक निकल रहा है? कारण यह है कि ब्राह्मण ने वर्ण-व्यवस्था में 'ग्रेडिड इनइक्वेलिटी' खड़ी की है। लेखक अपनी वर्णीय पहचान गांधी से, हेमू से, हर्ष वर्धन के कुल से जोड़ रहे हैं। यह कोई छोटी-मोटी अस्मिता नहीं है और यही लेखक की कन्डीशनिंग है। ब्राह्मण ने अपने फ्रेम में ठोंक-पीट कर लेखक की वर्गीय सोच को फिट कर रखा है—वह बाहर निकल कर दिखाए। उसे धर्मेतर अध्यात्म का झूलना दे दिया है—मुँह में चूसने को लाली-पोप दे दिया है। चूँकि, अछूत के दर्द को अछूत ही समझ सकता है, तभी धर्मेतर अध्यात्म की बात कही जा रही है। उन्हें पता नहीं कि अछूत अपनी बहू-बेटियों की बलात्कारों से रक्षा के लिए, जरूरत पड़ी तो, अध्यात्मेतर धर्म की तरफ भी जा सकता है।

कबीर की या स्वामी अछूतानंद की भारत में ऐतिहासिक स्थिति को कैसे समझा जाए? सब से पहले शूद्र, गुलाम और अछूत को एक वर्ग में रखा जाए। भगवत शरण उपाध्याय ने अपनी पुस्तक 'खून के छींटें इतिहास के पन्नों पर' में एक अध्याय 'शूद्र'

शीर्षक से लिखा है। उस में शूद्र को एक पात्र बनाया गया है—और वहाँ शूद्र स्वयं बोलता है। विदेशियों और देशियों को ले कर उन का शूद्र इस प्रकार बोलता है :

> "मेरी पूछ वास्तव में विदेशी आक्रमणों के अवसर पर थोड़ी-बहुत हो जाती थी। मैंने यह अपने इतिहास के अगले अध्यायों में देखा कि मेरा परम शत्रु भारतीय व्यवस्था थी, क्योंकि उसमें समाज-शास्त्र का नपा-तुला समझा हाथ लगता था, जो मेरी पूरी-कतर ब्योंत कर देता था।
>
> मेरी रक्षा राजनीतिक उथल-पुथल में होती थी जब ब्राह्मण द्वारा प्रजनित और क्षत्रिय द्वारा रक्षित व्यवस्था छिन्न-भिन्न हो जाती थी। अशोक के निधन के कुछ ही काल बाद जब ग्रीकों ने भारत पर प्रबल आक्रमण कर पाटलिपुत्र तक जीत लिया था तब द्विजातियों के विनष्ट हो जाने में मुझे सांस लेने का अवसर मिला। और मैंने पर्याप्त आनन्द मनाया। मैं जानता हूँ इसकी मुझे लाज भी है कि मेरी प्रवृत्ति सर्वदा भारतीय अथवा देशप्रेम की न होकर अनेक बार देशद्रोह की हो जाती थी, परन्तु मैं करूं क्या? मेरा स्वतन्त्र स्वदेश तो मेरा घातक था और मुझे अपनी नैतिक दुर्दशा और भारतीय स्वाधीनता के बीच एक को चुनना था।
>
> मैं निश्चय अपनी स्थिति से संतुष्ट न था। मेरी स्थिति में किसी को भी उससे संतोष न हो सकता था। देश के लिए अत्यन्त दारुण अवस्था तो तब आयी जब शक लोहिताक्ष अम्लाट आया जिसने अधिकतर पुरुषों को तलवार के घाट उतार दिया और देश में कुहराम मचा दिया। परन्तु मुझे यह स्वीकार करते तनिक भी संकोच नहीं होता कि वह कुहराम त्रिवर्गों में मचा जिन्हें कुछ खोना था। किसी की व्यवस्था और प्रभाव जाता था, किसी का राज्य जाता था, किसी का धन जाता था। मेरे पास सिवा मेरे बन्धनों, प्रतिबन्धों, असमानताओं के और क्या था जो जाता? मैं प्रसन्न था। समाज की ऊबड़-खाबड़ जमीन बराबर हो रही थी। समतल।"[65]

यह शूद्र वर्ण का पात्र अपनी स्थिति और स्पष्ट करता है। वह अपनी बात को प्रामाणिकता देनी चाहता है। वह इस क्रम में आगे बोलता है :

> "युगपुराणकार ने लिखा कि द्विजातियों के आचरण शूद्रों के होने लगे, शूद्रों के द्विजातियों के। न कोई वर्ण रहा, न उसके नियम रहे, न उसके पालन करने वाले। निश्चय यह स्थिति मेरी ग्लानि की न थी। जैसे मैं मुक्त हो गया था, वैसे मेरे काराध्यक्ष अब स्वयं बन्धन में थे। मैं आह्लाद से एक बार थिरक उठा, इसलिए विशेष कि मैं जानता था कि यह समता

---

65. खून के छींटें इतिहास के पन्नों पर, भगवत शरण उपाध्याय, वाणी प्रकाशन, 21-ए, नई दिल्ली-110 002, प्रथम संस्करण, 2004, पृ. 86-7

परिस्थितिवश ही है, स्वाभाविक नहीं। जैसे ही देश-दशा स्वाभाविक हुई वैसे ही मेरा प्रभु अपनी चाबुक संभालेगा, क्योंकि मैं इसे भली प्रकार जानता था कि बाहर से आने वाली शक आदि जातियां हाथ में केवल तलवार लेकर आयी थीं। उनके पास किसी प्रकार की सामाजिक अथवा नैतिक व्यवस्था न थी और अपनी घुमक्कड़ स्थिति छोड़ देश में शान्तिपूर्वक बसने की इच्छा करते ही उन्हें ब्राह्मणों का मुंह देखना पड़ेगा।

और जहां लोहे की छाया गयी, शास्त्र की आयी, वहां शास्त्र-निरूपण में दक्ष ब्राह्मण प्रबल हो उठेगा। वह समाज और जनता का स्वाभाविक नेता होगा और उसका विजेता, ग्रीक या शक, सर्वथा अनुचर। मेरा अनुमान, मेरा निष्कर्ष सही निकला। मेरा सुख चार दिनों की चांदनी निकला। शकों ने सिन्ध, तक्षशिला, मथुरा, महाराष्ट्र और उज्जैन में अपने पांच कुल स्थापित किये परन्तु विजेता होकर भी वे नैतिकता में ब्राह्मण के मारक प्रभाव से स्वतंत्र न रह सके। उसके पाश में वे सर्वथा बंध गये।''[66]

पूछना यह है कि जब भगवत शरण उपाध्याय को एक इतिहासकार के नाते कबीर और स्वामी अछूतानंद के सामाजिक वर्ग के बारे में इतनी समझ है, जो ऊपर उद्धृत है, तो साहित्यकार हो कर भी पुरुषोत्तम अग्रवाल इस समझ से क्यों कतरा या बिदक रहे हैं? साहित्यकार का दावा करने वाले व्यक्ति को एक इतिहासकार की अपेक्षा दलितों, पिछड़ों और शूद्रों के प्रति ज्यादा सहृदय और संवेदनशील होना चाहिए। विदेशियों को ले कर उन्हें भारत का इतिहास इस रूप में समझ में क्यों नहीं आ रहा है कि कबीर के समय में मुसलमानों का आना और स्वामी अछूतानंद के समय में अंग्रेजों का आना इन वर्गों के लिए शुभ रहा है? पुरुषोत्तम अग्रवाल अपनी पुस्तक में विरोध करते हैं जब लिखते हैं–''अपने यहाँ भी, इन दिनों कुछ लोगों को अंग्रेजों से सिर्फ इतनी शिकायत है कि वे 'देर से आए और जल्दी चले गए'।''[67] उत्तर यह है कि यदि पुरुषोत्तम अग्रवाल कबीर की जुलाहा जाति में पैदा होते तो तभी वे उक्त कथन के अर्थ को समझ सकते थे। मेरे वाक्य को बिना मेरा नाम और बिना सन्दर्भ दिए पुरुषोत्तम अग्रवाल मेरे विरोध में लिखते हैं–''जुलाहे का दुख केवल जुलाहा ही समझ सकता है'', यह आजकल का ज्ञान है। जाति के जुलाहे और मति के धीर कबीर का ज्ञान जुदा किस्म का था। वे जानते थे कि सिर्फ अपना और अपने जैसों का ही नहीं, बल्कि अन्यों का भी दुख समझने की कोशिश किए बिना, परकाया-प्रवेश की साधना किए बिना कविता न लिखी जा सकती है, न सुनी जा सकती है। कबीर को केवल जुलाहा, शूद्र या दलित होकर ही समझा जा सकता है–यह कहना कबीर की सम्प्रेषण-क्षमता को, उन के कवित्व को सिरे से

66. वही, पृ. 87
67. अकथ कहानी प्रेम की : कबीर की कविता और उन का समय, पुरुषोत्तम अग्रवाल, राजकमल प्रकाशन प्रा.लि., 1-बी, नेताजी सुभाष मार्ग, नई दिल्ली-110 002, पहला संस्करण, 2009, पृ. 117

नकारना है।"[68] अब अलग से क्या कहूँ?—सिद्ध तो हो रहा है कि जुलाहे कबीर की कविता के दर्द को पुरुषोत्तम अग्रवाल नहीं समझ सकते। कबीर की असली वाणी को नहीं समझ सकते, तभी तो प्रक्षिप्त कबीर की रचना की गई है। यदि जुलाहे कबीर की कविता को समझने की क्षमता थी, उन के दुख से एकाकार थे, तो कबीर को प्रक्षिप्तकारों और किंवदन्तीकारों के भेड़ियों के हवाले क्यों होने देते? प्रक्षिप्त और किंवदन्ती का पक्ष लेने का मतलब ही यह है कि मूल कबीर की वाणी समझी नहीं जा सकी।

पुरुषोत्तम अग्रवाल सही बात को समझने को तैयार नहीं हैं। बात जुबान पर आती है पर कहने को तैयार नहीं हैं। जिस बात पर सबसे ज्यादा बोलना चाहिए था, उस पर नहीं के बराबर बोले। एक बार, शायद भूल से, इतना जरूर लिख गए हैं—"आजकल कबीर, रैदास और मीरा को हाशिए की आवाजें मानकर पढ़ा जा रहा है। इन संतों से जो समुदाय प्रत्यक्ष रूप से जुड़ते हैं, उनकी वर्तमान दशा के लिहाज से ऐसी पढ़त ठीक लगती है, लेकिन इतिहास के लिहाज से भी क्या यह ठीक है?"[69] कैसे गलती हो गई कि मान लिया कि कबीर और रैदास से जो समुदाय प्रत्यक्ष रूप से जुड़े हैं, उन की वर्तमान स्थिति दुर्दशा की है? यहाँ प्रक्षिप्त और किंवदन्ती का जादू नहीं चला। जो सामने नहीं है, उसके बारे में कुछ भी कह दो। यह अच्छी व्याख्या है कि कबीर और रैदास से जुड़े समुदायों की आज की दीनहीन अवस्था के लिए अंग्रेज और उन की औपनिवेशिकता जिम्मेदार हैं! हम यह समझा रहे हैं कि इतिहास के लिहाज से भी यह ठीक है कि इन समुदायों की स्थिति बदतर रही थी। हाशिए की आवाज?—आपने कबीर और रैदास को मुख्य धारा की आवाज कब बनने दिया है जब उन की वाणियों को प्रक्षिप्त कर दिया है? प्रक्षिप्त को मुख्य धारा कहोगे?—हे भगवान, ये क्या-क्या करेंगे? कबीर और रैदास को व्यक्तिगत संतों के रूप में स्वीकार कर लिया और उन के समुदायों को जहाँ के तहाँ छोड़ दिया—यही इन की मुख्य धारा है। ऐसी मुख्य धारा को दूर से सौ-सौ सलाम।

यह प्रक्षिप्त रचना क्यों की जाती है? इस का उत्तर प्रक्षिप्त रचने के परिणामों से निकाला जा सकता है। मंशा दीखती नहीं है पर परिणाम दृष्टिगोचर रहते हैं। एक परिणाम का नाम भगवत शरण उपाध्याय ने अपनी पुस्तक 'खून के छींटें इतिहास के पन्नों पर' में दिया है। उनका 'अन्त्यज' पात्र कह रहा है—"रैदास ने आवाज उठाई और कुछ अंशों में वह मान्य भी हुआ परन्तु वह केवल मेरा एकांग चमार था। उसके पद तो वर्णाश्रमियों में गाए जाने लगे परन्तु उसके चमार भी वहीं बने रहे जहाँ वे पहले थे, मैं भी वहीं बना रहा क्योंकि आर्थिक आधार मेरे हाथ में न थे.....।"[70] यही पुस्तक 'अकथ कहानी प्रेम की : कबीर की कविता और उन का समय' के लेखक का उद्देश्य है, जब वे

68. वही, पृ. 38   69. वही, पृ. [8]

70. खून के छींटे इतिहास के पन्नों पर, भगवत शरण उपाध्याय, वाणी प्रकाशन, 21-ए, दरिया गंज, नई दिल्ली-110002, प्रथम संस्करण, 2004, पृ. 120

कबीर की कविता को 'धर्मेतर अध्यात्म' के जबड़ों में झोंक देते हैं। वे नहीं चाहते कि रैदास और कबीर की वाणी समाज के वर्गों में आर्थिक और अन्य लौकिक परिवर्तनों का क्रांतिकारी मंच बन जाए। कबीर की वाणी को 'कविता' कह दिया और कविता को 'धर्मेतर अध्यात्म' की शृंखला में जकड़ दिया–फिर हर तरह का शोषण खूब हो–ऐसा कबीर ये लोग चाहते हैं। ये कबीर के नाम से प्रक्षिप्त रचनाओं को मान्यता दिलवा कर और उन्हें 'धर्मेतर अध्यात्म' की श्रेणी में रख कर कबीर के हाथ-पाँव बांध रहे हैं।

बहस का निचोड़ यह है कि कबीर सच्ची बात कह रहे थे पर उन की बात मानी नहीं जा रही थी। कबीर के कहने भर को यह न मान लिया जाए कि वह हो भी गया था। कबीर ने ही कहा है–"सन्तो, बोले तो जग मारै।"[71] कबीर की बात मनवाने के लिए एक ओथोरिटी चाहिए थी। ओथोरिटी की बात कहाँ, उलटे लोगों ने कबीर की वाणी को ही प्रक्षिप्त कर दिया। इस तरह हमें पता चलता है कि द्विज वर्गों में कबीर के विचारों की स्वीकृति नहीं हुई। जब वाणी ही प्रक्षिप्त कर दी तो बात में दम क्या रह गया?

---

71. महाबीजक [कबीर साहब की वाणियों का संग्रह], सम्पादक, आचार्य महन्त गंगाशरण शास्त्री, कबीर वाणी प्रकाशन केन्द्र, श्री सद्गुरु कबीर मन्दिर, सी-23/5, कबीरचौरा मठ, वाराणसी, उत्तर प्रदेश-221 001, प्रथम संस्करण, 10 जून, 1998, पृ. 33

अध्याय-5

संदर्भहीनता से मुठभेड़

क. यह 'देशज आधुनिकता' हमारे किस काम की है?
ख. यह आधुनिकता रबड़ बन गई है

क. यह 'देशज आधुनिकता' हमारे किस काम की है?

आधुनिकता का माजरा क्या है? इस माध्यम से पश्चिमी सभ्यता के लोग अपने देशों के इतिहास को समझना चाहते हैं। चूँकि, पिछली शताब्दियों में पूरे विश्व में उन की कलोनियाँ बसी हैं, उन्हें आधुनिकता के विस्तार में इन उपनिवेशों को भी समेटना है। इस कार्य में आधुनिकता तालाब के पानी की तरह ठहरी हुई नहीं रह सकती। राज्य विस्तार में खून-खच्चर शामिल रहा है। आधुनिकता में सेनाएँ समाप्त नहीं हुईं। वे आज की उत्तर-आधुनिकता के समय में भी राष्ट्रों के साथ क्रमवार जुड़ी हुई हैं। विभिन्न देशों की सालाना योजनाओं में रक्षा बजट बढ़ ही रहे हैं। इसलिए, यूरोप की आधुनिकता के दोष निकालने हैं तो सामने भरपूर सामग्री उपलब्ध है। उस विषय पर पुरुषोत्तम अग्रवाल एक हजार पृष्ठ और लिख दें, मुझे क्या परेशानी है? अच्छा होता, इस विषय पर वे एम.एन. राय की एक किताब पढ़ लेते जो दो खण्डों में प्रकाशित है। इस पुस्तक का नाम Reason, Romanticism and Revolution है। तब वे यूरोप के इतिहास की सही कद्र करनी सीख जाते। लेकिन उन्हें तो केवल विदेशी विद्वानों के नाम गिना कर पाठकों की आँखें चौंधियानी हैं। अच्छा होता कि दूसरों की आँखें चौंधाने के बजाय अपनी आँखें खोल लेते।

सवाल है, किसी घटना से क्या पूरा युग उठता या बदलता है? बात एक आदमी की हो रही है या उस युग के सभी लोगों की हो रही है? डा. अम्बेडकर और गांधी के बीच हिन्दू धर्म को ले कर यह बहस चली भी थी। यह बहस डा. अम्बेडकर की पुस्तक Annihilation of Caste की वजह से शुरू हुई थी। डा. अम्बेडकर की पुस्तक पढ़ कर गांधी ने अपने पत्र 'हरिजन' में 18 जुलाई, 1936 को लिखा था-"अपने योग्यतापूर्ण भाषण में डाक्टर ने अपने मुद्दे को अत्यधिक सिद्ध करने की कोशिश की है। क्या चैतन्य, ज्ञानदेव, तुकाराम, तिरुवल्लूवर, रामकृष्ण परमहंस, राजा राममोहन राय, महर्षि

देवेन्द्र नाथ टैगोर, विवेकानंद व अन्य विद्वानों द्वारा सिखाया धर्म पूरी तरह गुणरहित है, जैसा कि डा. अम्बेडकर ने अपने भाषण में बताया है? कोई धर्म उसके सबसे खराब उदाहरण से नहीं, बल्कि सबसे अच्छे परिणाम से परखा जाना चाहिए।"[1] इस के जवाब में बाबा साहेब डा. अम्बेडकर ने लिखा था—"तीसरा प्रश्न महात्मा ने उठाया है कि चैतन्य, ज्ञानदेव, तुकाराम, तिरुवल्लूवर, रामकृष्ण परमहंस इत्यादि द्वारा ज्ञापित धर्म गुण रहित नहीं हो सकता, जैसा कि मैंने बताया है, और यह किसी भी धर्म को सबसे खराब नमूने से नहीं, बल्कि सबसे अच्छे परिणाम से परखना होगा। मैं इस वक्तव्य के प्रत्येक शब्द से सहमत हूं। लेकिन मैं बिल्कुल नहीं समझ पाया कि महात्मा इससे क्या सिद्ध करना चाहते हैं। यह सत्य है कि धर्म को सबसे खराब नमूने से नहीं, बल्कि सबसे अच्छे से परखना चाहिए, लेकिन क्या मामला यहीं समाप्त हो जाता है? मैं कहता हूं—नहीं। प्रश्न अभी भी उठता है कि सबसे खराब इतने अधिक क्यों हैं और सबसे अच्छे इतने थोड़े से क्यों?"[2]

बहस का एक दूसरा धरातल भी है। यूरोप के देशों में ज्यादातर एक ही धर्म के लोग रहे हैं। दूसरे देशों की जटिलताओं को छोड़ कर सुभीते के लिए इग्लैंड के बारे में कहा जाए कि वहाँ ईसाई रहते थे। ईसाइयों के कई धार्मिक विभाग हो सकते हैं पर अन्ततः वे सब ईसाई हैं। स्पष्ट है, ऐसे देशों में लोगों के बीच विचारों का आदान-प्रदान दूसरे तरह का होगा। इस के विपरीत, भारत में प्राचीन काल से कई धर्म रहे हैं। आजीवक, बौद्ध और जैन—तीनों धर्म सुदूर इतिहास के गर्भ से निकले हैं। कबीर के समय में दूसरे धर्म भी जुड़ गए थे। उस समय का सुल्तान ही मुसलमान था। कबीर के बाद अकबर ने नए धर्म के रूप में दीन-ए-इलाही खड़ा कर दिया था। सिक्ख धर्म अस्तित्व में आया ही है। इन सब के बीच से भारत में आधुनिकता के चिन्तन को गुजरना है। इसलिए, यहाँ की आधुनिकता उतनी एकांगी और सपाट नहीं रह सकती। यहाँ इस सन् 2012 के साल तक ऐसी आदिवासी जातियाँ विद्यमान हैं जो रेल और कम्प्यूटर के बारे में नहीं जानतीं। पुरुषोत्तम अग्रवाल कबीर के नाम से यूरोप के मुकाबले की और उस से भी अच्छी किस देशज आधुनिकता की बात कर रहे हैं? गरीब से उस की लंगोटी हटवा कर पजामे का कपड़ा नहीं सिलवा पाए—और आधुनिक बन रहे हैं। घोड़े के तन्नाल ठुक रही थीं तो मेंढकी ने भी अपने पैर आकाश की ओर उठा दिए। उधर, कबीर कालीन 'बाबरनामा' क्या बिना अपनी आधुनिकता और श्रेष्ठता के लिखा गया था? आखिर, तब हिन्दुस्तान में पहली तोप दगी थी। क्या आधुनिकता बिना अपने हथियारों और बिना अपने विचारों के हो सकती है?

विद्वान लोग आधुनिकता को एक टेक्नीकल शब्द बना कर कितनी भी बहस करें पर इस का असली अर्थ तभी खुलेगा जब गरीब की झोपड़ी के स्थान पर गर्मी, सर्दी

---

1. बाबा साहेब डा. अम्बेडकर : सम्पूर्ण वाङ्मय : खंड 1, सूचना और प्रसारण मंत्रालय, प्रकाशन विभाग, भारत सरकार, सुपर बाजार (दूसरी मंजिल), कनाट सर्कस, नई दिल्ली-110 001, अप्रैल, 1993, पृ. 109
2. वही, पृ. 114

और बरसात से बचाता, वहाँ उस का एक बिना चूता पक्का मकान बन जाएगा। यही इस देश के चिन्तकों की कमी है कि यहाँ सुधार, प्रबोधन, आधुनिकता और अब उत्तर-आधुनिकता की हवाएँ भी चल जाएंगी और गरीब की स्थिति समाज की व्यवस्था में ज्यों की त्यों बंधुवा मजदूर की बनी रह जाएगी। यूँ, पुरुषोत्तम अग्रवाल की देशज आधुनिकता की हवा हवा हो गई है। वह ऊपर-ऊपर से बह रही है, वे उसे नीचे नहीं उतरने देते। इस देश में विदेशी शब्दों के अर्थ खू जाते हैं। ये कम्प्यूटर और रेल गाड़ी को वेद में ढूंढ लेते हैं। इन्होंने वायुयान को पुराणों का विमान कह ही रखा है। इसी तर्ज पर इन में से एक पुरुषोत्तम अग्रवाल ने यूरोप की आधुनिकता की तर्ज पर अपनी देशज आधुनिकता की खोज की है। यह यूरोप के Aeroplane को अपने पुराणों का 'विमान' कहना है—और कुछ नहीं। संस्कृत से निकाल कर नाम ही ऐसे रख दिए हैं कि पूरी गफलत फैला दी है—नागर विमानन, विमान पत्तन आदि आदि। शब्दों की चतुराई में इन से बड़ा कौन?—दलित के हिसाब से ये इतिहास में शब्दों के जार्गन खड़े करते रहे हैं। यह शब्दजाल का जादुई करिश्मा है। जादूगर हाथ का कमाल दिखाते हैं, ये शब्दों की सफाई से पूरे इतिहास को गायब कर देते हैं। जादूगर के पास एक जादू की छड़ी या डंडा होता है, इन के पास किंवदन्ती और प्रक्षिप्त के शब्दों की डबल-मार ताकत है। यह इन के 'ओं हीं' के तन्त्र का छूमन्तर है। बस, इसी का इस्तेमाल करते रहते हैं। हाँ, वैदिक-पौराणिक सोच के हिन्दू लेखकों का यह कहने का एक फैशन हो चला है कि वे हर मामले में दूसरे देशों से आगे हैं। विदेशी राजा अपनी सेना के बल पर इन्हें इन के देश में आ कर हराते रहे हैं पर ये वीर बने रहते हैं। इन से कोई यह पूछे कि जब इन के पास हमेशा दूसरों की तुलना में आधुनिक हथियार थे और आधुनिक समाज व्यवस्था थी तो इन्होंने विदेशियों को अपने देश में बड़ने क्यों दिया। यदि देशज आधुनिकता के इतने गुणगान गाने हैं तो बिना अंग्रेजी पढ़े अंग्रेजों से क्यों नहीं लड़ पाए? आज भी अंग्रेजी भाषा, पब्लिक स्कूल खोल-खोल कर, क्यों सीखते फिर रहे हैं?

दलित की प्रश्नाकुलता है कि पुरुषोत्तम अग्रवाल की देशज आधुनिकता कामयाब क्यों नहीं हुई? द्विजों की दृष्टि से भी ब्रिटिश सेना को समुद्रों के मुहानों पर क्यों नहीं मार गिराया था? क्या किसी ने मना कर दिया था? किसी ने मना कर दिया था तो उस की सुनी क्यों थी? क्या ये आधुनिक और देशज आधुनिक होने के लक्षण हैं कि विदेशी राज सत्ताओं को हमलावरों के रूप में अपने घर में आने दिया जाएगा? देशज आधुनिकता खड़ी कर ली पर राष्ट्र की रक्षा की जिम्मेदारी क्यों नहीं ली? देशज आधुनिकता राष्ट्र रक्षा के साथ जुड़ती है कि नहीं? देशज आधुनिकता लोगों को स्वतन्त्र करती है कि उन्हें परतन्त्र बनाए रखती है? नकलची बन्दरों की जमात से कब निकला जाएगा?

देशज आधुनिकता को एक व्यक्ति कबीर की प्राप्ति तक सीमित क्यों कर दिया? जब कबीर के जीवन को किंवदन्तियों से पूर दिया और कबीर की वाणी को प्रक्षिप्तों से भर दिया तो उस परम्परा में शिष्य के रूप में दूसरे कबीर बनने-बनाने पर रोक लगा दी—फिर यह देशज आधुनिकता कैसे रह गई? इस देशज आधुनिकता का लोगों में

विस्तार होगा कि नहीं? पुरुषोत्तम अग्रवाल की देशज आधुनिकता का क्या अचार डाला जाएगा जब किंवदन्तियों और प्रक्षिप्तों के कारण सब लोगों के अपने-अपने और अलग-अलग कबीर हो जाएंगे? कबीर किसी को क्या समझा रहे हैं जब उन की वाणी प्रक्षिप्त कर के बदल दी गई है? कबीर कह रहे हैं कि पुनर्जन्म के सिद्धान्त में विश्वास मत करो पर प्रक्षिप्त रचनाओं के कारण लोग मान रहे हैं कि कबीर पुनर्जन्म में विश्वास रखने की सीख दे रहे हैं—यह देशज आधुनिकता हुई कि बेवकूफ बनाना हुआ? क्या इसे शास्त्रज आधुनिकता कहा जाएगा? कबीर के पास तत्कालीन 'देशज आधुनिकता' थी पर पुरुषोत्तम अग्रवाल के पास तो आज तक 'प्रक्षिप्तज पुरातनता' है—इस का क्या किया जाए?

ख. यह आधुनिकता रबड़ बन गई है

यह देशज आधुनिकता का चूहा क्यों खोजा और पकड़ा गया है? इसे खरगोश की तरह क्यों दौड़ाया जा रहा है? कुल मकसद क्या है? क्या यह कोई नई चीज है जो चूर्ण बना कर बेची जा रही है? फायदा किसे हो रहा है? इस बहस में रलाया क्या जा रहा है? अब पता चलता है कि पुराणों की सृष्टि कैसे हुई होगी। बिलकुल समझ में आता है कि पुराणकार ऐसी ही घात-बुद्धि के रहे होंगे जो सच को पूरी तरह से अंधियारे में ढंक देते हैं।

इस चर्चा के इकड़म-तिकड़म जाने जाएँ। द्विज लोग हर बात को अपनी बना कर पेश करते हैं। अपने अन्तिम उद्देश्य में ये हर चीज को अपनी बनाते हैं और दूसरे का अस्तित्व खत्म कर देते हैं। इसे कहते हैं, दुनिया में जो कुछ भी हो रहा है, उस पर अपना रंग चढ़ा देना। इस बहस के बीच में पड़ते हुए अशोक वाजपेयी ने लिखा है :

1. ''क्या भारत में आधुनिकता एक निरन्तर चली आ रही धारा है, जिस में कोई फांक या अवरोध नहीं है?''[3]
2. ''क्या यह भी सही नहीं है कि हमारे यहाँ परिवर्तन को आत्मसात कर परम्परा को आगे बढ़ाने का उपक्रम था वह परम्परा बरक्स परिवर्तन के अनावश्यक द्वैत में फंस कर लगभग समाप्त हो गया.... ।''[4]
3. ''क्या भारत की परम्परा मुख्यतः पुनर्नवता की है और मौलिकता और नवीनता के आग्रहों का विशेष महत्व हमारे यहाँ नहीं रहा है?''[5]
4. ''...अब हम द्वैतों की भाषा में नहीं निरन्तरता के रूपक में अधिक सोचते हैं।''[6]

---

3. वैकल्पिक आधुनिकताएँ, अशोक वाजपेयी के 'कभी-कभार' शीर्षक का स्तम्भ, जनसत्ता, नई दिल्ली, 19 दिसम्बर, 2010, पृ. 6
4. वही, पृ. 6
5. वही, पृ. 6
6. वही, पृ. 6

5. "...वेदों से ले कर आधुनिकता और उत्तर-आधुनिकता तक, बहुलता की भी अटूट निरन्तरता रही है, जिसे बार-बार चुनौतियाँ भी मिलती रही हैं। भारत की आधुनिकता विशिष्ट है, पर उस की कई अन्य आधुनिकताओं से साझेदारी भी है।"[7]

ऊपर के उद्धृत वाक्यांश केवल अशोक वाजपेयी के ही नहीं हैं। इन में कई अन्य विद्वानों के विचार भी हैं। काशी हिन्दू विश्वविद्यालय के अंग्रेजी विभाग और कला संकाय ने मिल कर 'आल्टरनेटिव माडर्निटीज : व्यूज फ्रॉम कोलेनियल इंडिया' विषय पर जो अन्तर राष्ट्रीय परिसंवाद आयोजित किया था, यहां अशोक वाजपेयी उस की संक्षिप्त रिपोर्ट पेश कर रहे हैं। लेकिन रिपोर्टिंग का उद्देश्य क्या है? रिपोर्टिंग के उद्देश्य की बात छोड़ो, इस विषय का ही इरादा क्या है जो काशी हिन्दू विश्वविद्यालय में छेड़ा गया है? इरादा एक ही है कि सच को अन्धा कर देना और सोच को गफलत में बदल देना। यह आजीवकों के दिशाचार, बौद्धों के त्रिपिटक और जैनियों के आगमों के जवाब में वैदिक विद्वत्ता के विद्वानों का पुराण निर्माण है। इस बार यह घमासान कबीर पर मचा है, पुराने जमाने में यह घमासन शिव पर मचा था। यह रामानंद का कोल्हू है जिस में कबीर को पीसा जा रहा है। किंवदन्ती और प्रक्षिप्त की फालतू खोई झोंक कर गुड़ को जलाया जा रहा है। यूँ, ये आधुनिकता की सोच को बनने और बढ़ने नहीं दे रहे। गनीमत है कि पुरुषोत्तम अग्रवाल को यह 'देशज आधुनिकता' कबीर में दीखी, किसी दूसरे विद्वान से पूछो तो वह इसे वेदों और पुराणों में ढूंढ निकालेगा। वह उस का नाम 'वैदिक आधुनिकता' रख देगा—वैसे, आधुनिकता को परम्परा से जोड़ कर पुरुषोत्तम अग्रवाल ने भी यही किया है।

होना क्या है? कहिए, कि इन्हें करना क्या है? इन्हें कबीर को रामानंद से जरूर जोड़ना है। रामानंद से जुड़ते ही कबीर वैदिक-पौराणिक परम्परा और आधुनिकता से जुड़ जाते हैं। नामवर सिंह इस जुगाड़ को 'पुनर्नवता' कहते हैं। पुनर्नवता का मतलब है कि ये पहले से ही 'नव' हैं, नवता इन के यहाँ सदाबहार का पौधा है। ये कभी पुराने नहीं होते, बल्कि 'नवता' से हमेशा 'पुनर्नवता' में दौड़ लगाते रहते हैं। यूँ, बैठे-बैठे घरों में शब्द गढ़ते रहते हैं और बाहर एक भी परिवर्तन नहीं होने देते। आजीवकों, बौद्धों और जैनियों से लड़ने में ये अद्वैत तक पहुँच गए, पर चण्डाल ज्यों का त्यों इन के सपनों तक के द्वैत में बचा रहा। उस का कोई समाधान नहीं, उसका कोई सम्मान नहीं। वह अछूत से अछूततर और अछूततम बनता रहा। इस के लिए कबीर रामानंद से नहीं जुड़ सकते थे तो इन्होंने किया क्या है? इन्होंने किंवदन्ती और प्रक्षिप्त के फावले और तसले उठा लिए। यही किया है—जहाँ प्राकृतिक ढूह नहीं था वहाँ कृत्रिम पहाड़ खड़ा कर दिया है।

यदि आधुनिकता रामानंद और वेद-पुराणों से नहीं जुड़ी तो ये आधुनिकता में आग लगा देंगे। पुरुषोत्तम अग्रवाल को किस कबीर और किस आधुनिकता की जरूरत

---

7. वही, पृ. 6

हैं?—इन्हें अपने सनातन धर्मी रामानंद की जरूरत है। पहले मिथकों में नारद देवलोक से भूलोक तक विचरण किया करते थे और भारत के मध्यकालीन इतिहास में वही काम रामानंद से ले रहे हैं। रामानंद केवल गुरु बनते हैं, वे किसी के चेले नहीं बनते—न कबीर के और न रैदास के। मानने को तैयार नहीं हैं कि देश में दो तरह के समाज हैं। कबीर के समाज में, कितने भी पीछे जाते, वैवाहिक जीवन में खोट आने पर तलाक का प्रावधान है, जबकि रामानंद के समाज में, कितने भी आगे आते, वैवाहिक जीवन में कोई भी खोट आने पर तलाक असम्भव है। फिर, दोनों को अध्यात्म के नाम पर चेले और उस्ताद के रूप में एक कैसे माना जा रहा है? पुरुषोत्तम अग्रवाल ने लिखा है—"चूँकि यूरोपीय आधुनिकता निकट अतीत के साथ विच्छेद या संघर्ष से जन्मी है, इसलिए हर आधुनिकता ऐसी ही होगी; या फिर अन्य आधुनिकताओं, परम्परा की पुनर्नवताओं का अस्तित्व ही नहीं है—यह यूरोकेन्द्रित पूर्वग्रह ही है। इस पूर्वग्रह की परिणतियों का बोध प्राप्त करना बेहद जरूरी है ; और अन्य बातों के साथ, इस काम के लिए भी देशज आधुनिकता की अवधारणा मुझे अपरिहार्य लगती है।"[8] लेकिन, फिर सीधी सी बात को ये तिरछी कर रहे हैं। यूरोपीय ज्ञानकांड से छुटना चाह रहे हैं, पर उसी में अपने आप को जकड़ते जा रहे हैं। मान लेना चाहिए था कि आधुनिकता की घटना यूरोप के इतिहास में घटी थी। यूरोप के विद्वान उस पर बहस करते हैं। वहाँ भी यह कबीर वाले समय में नहीं घटी थी। जे.ए. कुड्डोन ने 'मोडर्निज्म' के बारे में लिखा है :

> "A comprehensive but vague term for a movement (or tendency) which began to get under way in the closing years of the 19th C. and which has had a wide influence internationally during much of the 20th C. The term pertains to all the creative arts, especially poetry, fiction, drama, painting, music, architecture."[9]
>
> "—एक आन्दोलन (या प्रवृत्ति) का व्यापक लेकिन अस्पष्ट अर्थ वाला नाम, जो 19वीं सदी के आखरी वर्षों में शुरू हुआ और जिसने 20वीं सदी के अधिकांश में अन्तरराष्ट्रीय स्तर पर व्यापक प्रभाव डाला। यह पद सभी सर्जनात्मक कलाओं, विशेषतः, कविता, उपन्यास, नाटक, पेन्टिग, संगीत और भवन कला से सम्बन्धित है।"

आधुनिकतावाद की इस खोल-बांध में कबीर, कबीर की कविता और कबीर का समय कहाँ से आ गए? यूरोप भी इस का इतना पुराना दावा नहीं कर रहा है, तब यह भारत में यूरोप के आने से पहले पुरुषोत्तम अग्रवाल को कहाँ से सूझने और दीखने

---

8. अकथ कहानी प्रेम की : कबीर की कविता और उन का समय, पुरुषोत्तम अग्रवाल, राजकमल प्रकाशन प्रा.लि., 1-बी, नेताजी सुभाष मार्ग, नई दिल्ली-110 002, दूसरा संस्करण, 2010, पृ. [xxxiv]
9. Dictionary of Literary Terms & Literary Theory, J.A. Cuddon (Revised by C.E. Preston), Penguin Books India (P) Ltd., 11 Community Centre, Panchsheel Park, New Delh-110 017, India, Edition 1999, p. 515

लगा? आधुनिकतावाद से तुलना करनी थी तो भारत की 19वीं सदी के आखरी वर्ष देखने चाहिए थे। ईमानदारी की बात तो यह होती कि पुरुषोत्तम अग्रवाल यह निर्णय देते कि हमारे यहाँ कोई आधुनिकता-वाधुनिकता नहीं है। चूँकि भारत में आधुनिकता सिद्ध कर रहे हैं, उसे देशज कह रहे हैं, इसलिए, यूरोप के मुकाबले में उनके चेतन और अवचेतन मन में यह सीधे हीनताग्रन्थि काम कर रही है। इन्हें कुछ हिन्दू दृष्टि से कहना था तो अपने रामानंद और तुलसी की पौराणिक शब्दावली में कबीर के युग को 'कलियुग' कहना चाहिए था।

पुरुषोत्तम अग्रवाल की इस पुस्तक को पढ़ कर लगता है, पुरुषोत्तम अग्रवाल कवि नहीं हैं। वे कवि होते तो निश्चित रूप से इक्कीसवीं सदी के पहले दशक में इस किताब को लिखने के बजाय कबीर के नाम से प्रक्षिप्त रचनाएँ करते। ऐसी स्थिति में वे क्या कर सकते थे जब वे कवि नहीं हैं? वे पुराने प्रक्षिप्तकारों की पैरवी कर सकते थे। यही उन्होंने पूरी किताब में कर दिखाया है। प्रक्षिप्त रचने की कुव्वत नहीं तो प्रक्षिप्त रचनाकारों और उन की प्रक्षिप्त रचनाओं की वकालत कर बैठे। अपराधी कौन बड़ा है—प्रक्षिप्तकार या प्रक्षिप्तकार का वकील?

पुरुषोत्तम अग्रवाल के लिए कबीर क्या हैं—ऐतिहासिक कबीर या कबीर के नाम से जो चला आ रहा है? इस किताब में ऐतिहासिक कबीर को उन्होंने पूरी तरह छोड़ दिया है। मूल कबीर की खोज करने पर ताला लगा कर चाबी प्रक्षिप्त सागर में फेंक दी—अब इन्हें केवल अपने कबीर गढ़ने हैं। सुलतान सिकन्दर के समय के पाँच सौ साल पुराने ऐतिहासिक कबीर को सारे हिन्दुओं ने मिल कर पौराणिक बना दिया। ये कविता के भ्रम में इस बात को भूली रखना चाहते हैं कि कबीर का समय न पाषाणकालीन प्रागैतिहासिक था, न हड़प्पा और मुअनजोदड़ो का पुरातात्विक था, और न संस्कृत के अनुष्टुप श्लोकों का वैदिक-पौराणिक था। कम से कम, मुसलमानों के सल्तनत काल को तो इतिहास मान कर उस में पैदा हुए कबीर का अध्ययन कर लेते। कसम क्यों खा ली है कि डा. अम्बेडकर और गांधी के समय तक इन के यहाँ पुराण काल ही चल रहा है? मान कर क्यों नहीं दे रहे हैं कि वह भारत में ब्रिटिश साम्राज्य का समय था? इस दृष्टि से, पुरुषोत्तम अग्रवाल के चिन्तन में 'आधुनिकता' एक आयातित शब्द है और उसे 'देशज' विशेषण से नवाज कर मारामारी करने पर उतर आए हैं। यदि ये 'देशज आधुनिकता' को 'विदेशी आधुनिकता' से अलग कर रहे हैं तो 'देशज आधुनिकता' में 'तत्सम आधुनिकता' और 'तद्भव आधुनिकता' का घालमेल क्यों कर रहे हैं? कबीर की 'देशज आधुनिकता' में से रामानुज की 'तत्सम आधुनिकता' और रामानंद की तथाकथित 'तद्भव आधुनिकता' दोनों को बाहर निकाल फेंको। आखिर, तत्सम और तद्भव दोनों का मूल संस्कृत ही है। कबीर के लिए रामानुज हों या रामानंद—दोनों का उद्गम वैदिक-पौराणिक संस्कृति का खाँचा है।

यह आधुनिकता नहीं, आधुनिकता का चमगादड़ है जो पुरुषोत्तम अग्रवाल की इस किताब की काया पर चारों ओर चिपट गया है। उस ने नाक-कान नोच लिए हैं और

आँखें तो निकाल ही ली हैं। भला, कबीर के साहित्य का आधुनिकता की इस बहस से क्या रिश्ता था? यूरोप के विद्वानों से भिड़ना था तो अपने तुलसी को ले कर भिड़ते। वे तो कबीर के भी बाद के भारत में पैदा हुए थे। निश्चय ही, पुरुषोत्तम अग्रवाल के इस अनाप-शनाप के काम से हिन्दी समीक्षा में एक नए पदनाम का सृजन और हो गया है जो अब तुलसी को ले कर 'देशज आधुनिकता' पर अपनी किताब लिखेगा। जब कबीर 'आधुनिक' हैं तो तुलसी तो इन की परम्परा की पुनर्नवता में 'अत्याधुनिक' होने चाहिए। कबीर को 'देशज आधुनिकता' से जोड़ा जा रहा है तो इन की परम्परा की पुनर्नवता में तुलसी को 'पौराणिक आधुनिकता' से जोड़ देना चाहिए। आखिर, वे भारत के हिन्दू इतिहास पर लिख रहे हैं तो त्रिभुजाकार बेलन बनाने में क्या शर्मिन्दगी? पुरुषोत्तम अग्रवाल अपनी पुस्तक के दूसरे संस्करण की भूमिका में लिख ही रहे हैं—"वास्तविक आधुनिकता किसी भी परम्परा की पुनर्नवता ही है—"हर आधुनिकता की अपनी परम्परा और हर परम्परा में आधुनिकता की संभावना।" "[10] वे अपनी बात को दोहरा रहे हैं—"कोई आधुनिकता परम्परा-बोध के बिना संभव नहीं होती, और हर परम्परा में अपनी आधुनिकता की संभावना होती है।"[11] सीधे क्यों नहीं कह देते कि वेदों की आधुनिकता पुराणों में है और पुराणों की परम्परा वेदों में है? कसम लें रखी है कि कबीर की एक भी बात मान कर नहीं देंगे। कबीर को रामानदं का शिष्य घोषित करने के माध्यम से ये तुलसी को कबीर की आधुनिकता और कबीर को तुलसी की परम्परा सिद्ध करना चाहते हैं। ये कुछ भी कर देंगे—इन के पूर्ववर्तियों और समवर्तियों में से कइयों ने ऐसा धोखा कर दिखाया है कि तुलसी और कबीर एक ही धारा के व्यक्ति हैं। विष्णु कान्त शास्त्री को कौन समझा देगा कि ये दोनों अलग-अलग संस्कृतियों के व्यक्ति हैं?

10. अकथ कहानी प्रेम की : कबीर की कविता और उन का समय, पुरुषोत्तम अग्रवाल, राजकमल प्रकाशन प्रा.लि., 1-बी, [illegible]ाजी सुभाष मार्ग, नई दिल्ली-110 002, दूसरा संस्करण, 2010, पृ. [xxvi]
11. वही, पृ. [xxvi]

भाग - तीन

अध्याय-6

गैर-जिम्मेदारी की विद्वत्ता

क. पाठ-निर्धारण से दुश्मनी
ख. उप रचना—अर्थात जारज रचना

क. पाठ-निर्धारण से दुश्मनी

इस विषय का महत्व बढ़ गया है। यह कबीर के साहित्य को ले कर मूल बहस है। पाठ-निर्धारण के अभाव में किंवदन्ती और प्रक्षिप्त की इतिहासविहीन पुराण रचनाओं को अवसर मिलता है। इस में पुरुषोत्तम अग्रवाल की पुस्तक में पूर्वपक्ष इस प्रकार है :

1. "कविता पर बात करने के प्रसंग में यह जरूर खटकने वाली बात है कि कबीर की अपनी भाषा तक पहुँचना अब लगभग असम्भव है। वे पूरब के, रचना उनकी संकलित हुई, राजस्थान और पंजाब में। 'बीजक' में भी परवर्ती प्रभाव हैं ही, आखिरकार 'बीजक' की पांडुलिपियाँ दो सौ साल से पीछे की नहीं मिलतीं। लेकिन संतोष इस बात का है कि कबीर की भाषा तक पहुँचना भले ही दूभर हो चुका हो, उनकी 'काव्य-भाषा' के तेवर और मिजाज को, उसकी समृद्धि को मौखिक परम्परा ने भी सुरक्षित रखा है, और 'ग्रन्थावली', 'आदिग्रन्थ' तथा 'बीजक' ने भी।"[1]
2. "बोली भले ही बनारसी के साथ राजस्थानी, पंजाबी, छत्तीसगढ़ी और मालवी प्रभावों को भी लिये हो, लेकिन कबीर का मुहावरा, उनके द्वारा प्रयुक्त काव्य-विधियाँ पछाँह की आदिग्रन्थ-ग्रन्थावली परम्परा में भी सुरक्षित हैं, और पूरब की बीजक परम्परा में भी।"[2]
3. "कबीर का पाठ-निर्धारण निस्सन्देह आवश्यक काम है, लेकिन

---

1. अकथ कहानी प्रेम की : कबीर की कविता और उन का समय, पुरुषोत्तम अग्रवाल, राजकमल प्रकाशन प्रा.लि., 1-बी, नेताजी सुभाष मार्ग, नई दिल्ली-110 002, पहला संस्करण, 2009, पृ. 232
2. वही, पृ. 394

प्रामाणिक रूप से किया तभी जा सकता है, जबकि पाठ-निर्धारण के प्रसंग में भी, अन्य प्रसंगों की तरह यूरोप द्वारा आरोपित औपनिवेशिक आधुनिकता और देशज आधुनिकता के मिजाज और उनकी विधियों के बीच के फर्क का ध्यान रखा जाए। कविता को 'दि बुक' बनाने के प्रलोभन से दूर रहा जाए। 'कागजी' के साथ ही 'मगजी' की महत्ता को भी 'मगज' में जगह दी जाए, तभी हम इस सही सवाल का सही जवाब पा सकेंगे कि किन आधारों पर देशज आधुनिकता किन रचनाओं को कबीर-कृत होने की मान्यता देती थी, और किन्हें नहीं देती थी।''[3]

4. ''सवाल एकदम जायज है, लेकिन अभूतपूर्व बिलकुल नहीं। पाठ-निर्धारण की समस्या औपनिवेशिक आधुनिकता के ही सामने नहीं आई थी। उसने तो अन्य समस्याओं की तरह इसे भी सुलझाने की बजाय उलझाने में ही ज्यादा योगदान किया है। प्रामाणिकता का सवाल देशज आधुनिकता में, भक्ति के लोकवृत्त में विमर्श कर रहे लोगों के सामने भी था। हम उन प्रतिमानों से काफी कुछ सीख सकते हैं, जो उन लोगों ने 'कोर-कबीर' निर्धारित करने के लिए अपनाए। इन प्रतिमानों में कबीर के मानवीय व्यक्तित्व की समग्रता के प्रति संवेदनशीलता के साथ ही, वे मर्यादाएँ खींची गईं, जिनके बाहर जानेवाली रचना को कबीर-कृत्त नहीं माना जाएगा। ये मर्यादाएँ पंथी आवश्यकताएँ पूरी करने के लिए खींची गई सीमा-रेखाओं से एकदम अलग किस्म की थीं।''[4]

5. ''निवेदन है कि 'पाठ-निर्धारण' की उन विधियों पर भी ध्यान दिया जाए, जो कबीर के अपने समाज ने, उनकी अपनी परम्परा ने अपनाई। पांडुलिपियों को भी उनके विशिष्ट सन्दर्भों को ध्यान में रखते हुए पढ़ा जाए।''[5]

6. ''भक्ति के लोकवृत्त में अपनाई गई पाठ-निर्धारण पद्धति पर चलकर ही हम कबीर तक विश्वसनीय ढंग से पहुँच सकते हैं। न तो मौखिक परम्परा को 'मैन्युस्क्रिप्ट स्कॉलरशिप' की 'ऊँचाई' से धिक्कारने की जरूरत है, और न कबीर के नाम से प्रचलित हर रचना को कबीर-कृत मान लेने की। साजिश और बुद्धूपन जैसे 'की-कंसेप्ट्स' के माया-मोह से मुक्ति परमावश्यक है। रचना-उपरचना के अन्तस्सम्बन्ध को लगातार ध्यान में रखना जरूरी है।''[6]

7. ''कबीर की अपनी रचनाओं के साथ, उनकी ढेरों उप-रचनाएँ आज

3. वही, पृ. 224-25
4. वही, पृ. 220
5. वही, पृ. 45
6. वही, पृ. 232

तक प्रचलित हैं। 'एकेडमिक स्कॉलर्स' की दुनिया में तो प्राचीनतम पांडुलिपि में उपलब्धता ही प्रमाण है, लेकिन प्रह्लादसिंह टिपानिया और हीरालाल यादव जैसे लोक-गायकों के प्रतिमान क्या हैं? यह सवाल पूछते ही हमें प्रामाणिकता के निर्धारण की एक और विधि, एक और प्रतिमान का बोध होने लगता है। कबीर की कविता और उनकी सामाजिक उपस्थिति का महत्त्व समझने के लिए, प्रामाणिकता निर्धारण की इस विधि के साथ संवाद करना जरूरी है।''[7]

8. ''सन्दर्भ चाहे मौखिक परम्परा से प्राप्त रचना-उपरचना का हो, चाहे पांडुलिपियों का, उस वक्त के लोगों को 'भोले-भाले' और बुद्धू मानने में, मानने वालों का ही बुद्धूपन प्रकट होता है—यह बात कबीर-वाणी का पाठ-निर्धारण करते समय याद रखनी चाहिए।''[8]
9. ''कबीर को ''पढ़ने'' के लिए, उनकी रचनाओं-उपरचनाओं के परस्पर सम्बन्ध को और उनके संकलन के परिवेश की विशेषताओं को ध्यान में रखना जरूरी है। प्रामाणिकता का निर्धारण करते हुए उन प्रतिमानों को अपनाना ही सार्थक है, जो भक्ति के लोकवृत्त में अपनाए गए।''[9]

पुरुषोत्तम अग्रवाल ने अपनी पुस्तक में 'बाइबिल' के 'प्रामाणिक' पाठ (कैनन) के निर्माण का संक्षिप्त जिक्र किया है। उन्होंने लिखा है—''आज जिसे 'बाइबिल' का चर्च-स्वीकृत, 'कैननाइज्ड' पाठ माना जाता है, उसे चर्च की अन्तिम स्वीकृति 393 ई. में उत्तरी अफ्रीका के हिप्पो नगर में हुई पादरियों की सभा (सिनोड) के बाद ही मिली।''[10] बस, इसी से पुरुषोत्तम अग्रवाल को खुन्नस है कि ऐसा क्यों हुआ। बात भी ठीक है, एक प्रक्षिप्तकार और किंवन्तीकार की बेरोक बादशाहत को दुख तो होना ही है, दर्द तो पहुँचना ही है, नुकसान तो खेना ही है। उन्हें इस बात से खुशी नहीं है कि 393 ई. तक प्रक्षिप्तकारों और किंवदन्तीकारों को खुल कर बकवास करने का मौका मिला था, बल्कि दुख इस बात का है कि उन की प्रजाति से 393 ई. के बाद प्रक्षिप्त रचने और किंवदन्ती खड़ी करने का अधिकार क्यों छीन लिया गया। लेकिन मानव-इतिहास को इस बात को बड़ा फायदा रहा कि 393 ई. के बाद बाइबिल से कोई छेड़छाड़ या उस में कोई फेरबदल नहीं की जा सकी, भले ही पुरुषोत्तम अग्रवाल जैसे लोग माथा भिनभिना कर और दाँत पीस कर रह गए। यदि बाइबिल का 393 ई. में पाठ-निर्धारण न किया जाता तो पुरुषोत्तम अग्रवाल सरीखे लोगों को अपने मौखिक अनुसंधानों में आज भी बाइबिल में प्रक्षिप्त जोड़ते हुए लोग मिल सकते थे।

पुरुषोत्तम अग्रवाल को बहुत बुरा लग रहा है कि बाइबिल का सन् 393 ई. में 'कैननाइजेशन' हो गया। उन के अनुसार, यह नहीं होना चाहिए था। वे लिखते

---

7. वही, पृ. 43
8. वही, पृ. 46-7
9. वही, पृ. 231
10. वही, पृ. 221

हैं—"ईसा के साथियों द्वारा छोड़े गए चालीस संस्मरणों (गॉस्पेल्स) में से केवल चार को प्रामाणिक माना गया, बाकी को अप्रामाणिक घोषित कर दिया गया...... ।"[11] उन्हें इस बात का अफसोस है कि 'ईसा के अपने मित्र-मंडल-चर्च-की बहुवचनात्मकता को रोमन कैथॉलिक चर्च के एक वचन में रूपान्तरित कर दिया गया।'[12] असल में, ईसा एक ही पैदा हुए थे, लेकिन पुरुषोत्तम अग्रवाल को कई कबीर की तरह कई ईसा चाहिए थे। उनकी 'हन्ड्रेड-इन-वन' की ख्वाहिश पर रोक लग गई। उन्होंने रंज करते और हाथ मलते हुए लिखा है—"आत्मानुसंधान, नैतिक जीवन और प्रेम के आग्रही 'ऐतिहासिक' ईसा को हाशिए पर करके पापात्माओं के उद्धारक, धर्म-संस्थापक 'मसीह' को केन्द्रीय बल्कि एक मात्र ईसा मान लिया गया।"[13] तब, क्या मैं यह मानूँ कि ईसा कश्मीर में मरे थे? मेरे पास अंग्रेजी में ऐसी छह किताबें हैं जिन में लिखा गया है कि ईसा की मृत्यु क्रूस पर नहीं हुई, वे उस से बच गए थे, और कश्मीर में आ कर रहे थे, यहीं उन्हें मृत्यु प्राप्त हुई थी। उन किताबों के लेखकों ने यह भी दावा किया है कि ईसा की मृत्यु 120 वर्ष की आयु में हुई थी। उन छह किताबों के नाम ये हैं :

1. ए सर्च फार दि हिस्टोरिकल जीसस : फ्रोम एपोक्रिफल, बुद्धिस्ट, इस्लामिक एण्ड संस्कृत सोर्सेस, बाई प्रोफेसर फिदा एम. हसनैन।[14]
2. जीसस लिव्ड इन इण्डिया : हिज अननोन लाइफ बिफोर एण्ड आफ्टर दि क्रुसिफिकेशन, बाई होल्जर कर्स्टन।[15]
3. जीसस इन इण्डिया : जीसस डेलिवेरेन्स फ्रोम दि क्रोस एण्ड जर्नी टू इण्डिया, बाई हदरत मिर्जा गुलाम अहमद आफ कादियान।[16]
4. व्हेयर डिड जीसस डाई?, बाई जे.डी. शाम्स।[17]
5. जीसस अमोंग दि लोस्ट शीप, बाई अजीज ए चौधरी।[18]
6. दि ट्रु स्टोरी आफ जीसस, बाई रशीद अहमद चौधरी।[19]

इस बारे में मैंने अपनी पुस्तक 'प्रेमचंद की नीली आँखें' में अपने विचार रखे हैं।

---

11. वही, पृ. 222 12. वही, पृ. 222 13. वही, पृ. 221

14. A Search For The Historical Jesus : From Apocryphal, Buddhist, Islamic & Sanskrit Sources, Professor Fida M. Hassnain, Gateway Books, The Hollies, Wellow, Bath BA2 8QS, U.K, 1st Indian Reprint, 2003
15. Jesus Lived in India : His Unknown Life Before and After the Crucification, Holger Kersten, Penguin Books India Pvt. Ltd., 11, Community Centre, Panchsheeel Park, New Delhi-110 017, India, 1st Indian Edition, 2001
16. Jesus in India : Jesus' Deliverance from the Cross & Journey to India, by Hadhrat Mirza Ghulam Ahmad of Qadian, 1st Edition, 1908, Present Publisher, Nazarat Nashr-o-Ishaat, Sadr Anjuman Ahmadiyya, Qadian-143 516, Distt. Gurdaspur, Punjab, India, Edition, 2003
17. Where Did Jesus Die?, by J.D. Shams, Published by Nazarat Nashr-O-Ishaat, Sadr Anjuman Ahmadiyya, P.O. Qadian-143 516, Punjab, India, 9th Edition, 2002
18. Jesus Among the Lost Sheep, by Aziz A Chaudhary, Published by Islam International Publication Ltd., Islamabad, Sheephatch Lane, Tilford, Surrey GUIO 2AQ, U.K. 1st Edition, July, 1992
19. The True Story of Jesus, by Rashid Ahmad Chaudhary, Published by Nazarat Nashr-O-Ishaat, Sadr Anjuman Ahmadiyya, Qadian-143 516, Punjab, India, Edition, 2005

उन में से कुछ को यहाँ उतारा जा सकता है। वे इस प्रकार हैं—"इस मामले में मेरी सोच यह है कि यदि ईसा 120 वर्ष की आयु तक जीवित रहे थे, जैसा कि इन लेखकों का दावा है, तो मुझे '120-36=84' वर्षों के ईसा के बाकी जीवन का लेखा-जोखा चाहिए जबकि मैं जानता हूँ कि उन के 36 वर्ष के ज्ञात जीवन के लेखे-जोखे ने आज तक दुनिया को हिला रखा है। मेरा मानना है कि ईसा ऐसे गुमनामी में 84 वर्ष नहीं बिता सकते थे। वे गुमनामी में किसी युद्ध की तैयारी में रह सकते थे, सिर्फ जीने के लिए वे गुमनामी में नहीं रह सकत थे। ईसा इतिहास से फूट कर निकलते हैं। भला, सुकरात राजा से डर कर कब तक चुप रहेंगे? पोप के डर से गैलीलियो अपना मुँह कब तक बन्द रखेंगे? मुझे वे ईसा ईसा से ही नहीं लगेंगे जो इजरायल को छोड़ कर 84 वर्षों तक कश्मीर में आ कर गुमनामी की जिन्दगी बसर करते रहे। तब उन में मेरे मतलब का ईसापन क्या रह जाएगा? इस के विपरीत, मेरा सोचना है कि यदि ईसा कश्मीर में इस से कम दिनों भी रहते तो संसार में ईसाइयत कश्मीर से फैलती। यह मुझे ईसा का अपमान सा लगता है कि वे कश्मीर में गुमनामी में मृत्यु को प्राप्त हुए थे। यदि मौत से डरने लगें तो इतिहास के इन महापुरुषों की विशेषता क्या रह जाती है?"[20]

खैर, बाइबिल वालों ने सफल न होने दिया, पर इधर कबीर की वाणी के नाम पर ये लोग 21वीं सदी में भी प्रक्षिप्त रचने की अनुमति हासिल करना चाहते हैं। जाने कितनी बड़ी मौखिक परम्परा शुरू कर दें कि हिन्दी के अगले जमाने के कवि जो कुछ भी लिखते चले जाएंगे, वह सब कबीर की वाणी मानी जाती रहेगी? चूँकि, बहस कबीर पर हो रही है, इसलिए हमें कबीर के वास्तविक जीवन और प्रामाणिक रचनाओं तक ही सीमित रहना चाहिए। कबीर के नाम से हम हर धर्म पुरुष के बारे में बात नहीं कर सकते। यही एक धर्म और दूसरे धर्म की प्रासंगिकता और तीव्रता में फर्क भी होता है। जैसी जहाँ की समस्या होती है वैसे ही उस समाज के धर्म पुरुष पैदा होते हैं और वैसा ही वे उसका समाधान देते हैं। कबीर ने भारत के दलित समाज को समग्र और मुकम्मिल समाधान दिया है। लेकिन, पुरुषोत्तम अग्रवाल अपनी इस पुस्तक में बहुत ज्यादा इधर-उधर भटके हैं। बात को एक ऐसी गाय के उदाहरण से समझा जा सकता है जो दूसरों के खेतों में मुँह मारती फिरती है। उस का फल बहुत बुरा निकलता है।

बताया ही जाए कि पुरुषोत्तम अग्रवाल ने इस पुस्तक में ईसा को ले कर बहुत लम्बी बहस की है। उन्होंने कई किताबें पढ़ कर ईसा और ईसाइयत के बारे में लिखा है—"ईसा के साथियों द्वारा छोड़े गए चालीस संस्मरणों (गॉस्पेल्स) में से केवल चार को प्रामाणिक माना गया, बाकी को अप्रामाणिक घोषित कर दिया गया—कारण वही, "भला बताइए, ईसा मसीह ऐसा कह या कर सकते थे?" ईसा की अत्यन्त प्रिय शिष्या और मित्र मेरी मैग्डलीन को मसीह के ठेठ पुरुषवादी आख्यान में हाशिए पर फेंक दिया गया। आत्मानुसंधान और प्रेम पर जिनका बल था, ऐसे संस्मरणों को अप्रामाणिक और

---

20. प्रेमचंद की नीली आँखें, डा. धर्मवीर, वाणी प्रकाशन, 4695, 21-ए, दरियागंज, नई दिल्ली-110 002, प्रथम संस्करण, 2010, पृ. 550

उनके रचयिताओं को खुराफाती बता दिया गया। ईसा की वाणी को भरे-पूरे स्वतन्त्रचेता, आत्मसंघर्षरत और इसलिए विभिन्न मनोदशाओं से सम्पन्न इंसान की आवाज के स्थान पर उनके नाम पर कायम की गई धर्मसत्ता के इकहरे प्रतीक और प्रचवन में बदल दिया गया। ईसा के अपने मित्र-मंडल-चर्च-की बहुवचनात्मकता को रोम कैथॉलिक चर्च के एकवचन में रूपान्तरित कर दिया गया।"[21]

पहले ही कह चुका हूँ कि बिलकुल जरूरत नहीं है कि यहाँ मैं ईसा और उन की ईसाइयत के इतिहास पर बहस करने बैठ जाऊँ। मुझे खासमखास कबीर के जीवन और उन की वाणी पर बहस करनी है। उसी सन्दर्भ में कह रहा हूँ, ईसा के बजाय हिन्दुओं ने कबीर के साथ क्या किया है? बहुवचनात्मकता से भी आगे बढ़ कर इन्होंने अपनी सर्ववचनात्मकता में कबीर को कबीर नहीं रहने दिया। वहाँ ईसा के चार संस्मरण बच गए लेकिन यहाँ कबीर के सारे संस्मरण किंवदन्तियों के माध्यम से बिगाड़ दिए। वहाँ ईसा के 36 संस्मरणों को प्रामाणिक नहीं माना गया लेकिन यहाँ कबीर के मामले में हर किंवदन्ती को प्रामाणिक मानने की वकालत की जा रही है। यह फर्क ही फर्क है, कोई तुलना संभव नहीं है।

पुरुषोत्तम अग्रवाल ने अगली आपत्ति दर्ज की है कि ईसा के मामले में मेरी मैग्डलीन को मसीह के ठेठ पुरुषवादी आख्यान में हाशिए पर फेंक दिया गया, पर उन्होंने यह क्यों नहीं बताया कि हिन्दुओं ने कृष्ण के मामले में राधा को अपने ठेठ पुरुषवादी वर्चस्व की मुख्यधारा के जारकर्म में आज तक झोंक रखा है? पुरुषोत्तम अग्रवाल ने ध्यान नहीं दिया कि यदि ईसा नहीं थे तो उन का मित्र मंडल कुछ नहीं कर पा रहा था। वे स्वयं ईसा को श्रेय और सम्मान देते हैं। असल बात यह है कि ईसा ने अपनी जान दी थी। यह पहल थी, यह बांग थी—एक क्या, सौ पुरुषोत्तम अग्रवाल भी इन बातों को क्या समझेंगे? कोई क्या कर लेगा जब ये तो हिन्दू बन कर यह भी कहने लगेंगे कि ईसा ने अपनी जान बेकार में दी थी?

बात फिर भी बहुवचन और एकवचन की रह जाती है। पुरुषोत्तम अग्रवाल को ध्यान रखना चाहिए कि धर्मों के मामले में द्विवचन हमेशा रहा है। खुद ईसाइयत में कैथोलिक और प्रोटेस्टेन्ट की द्विवचनात्मकता आज तक कायम है। इस्लाम में शिया और सुन्नी का भेद चल ही रहा है। बौद्धों में हीनयान और महायान, जैनियों में श्वेताम्बर और दिगम्बर तथा हिन्दुओं में शैवों और वैष्णवों की द्विचवनात्मकताएँ जग जाहिर हैं। लेकिन एकवचन, द्विवचन और बहुवचन को भी पीछे छोड़ कर सर्ववचन में जैसी दुर्गति कबीर के जीवन और उन की वाणी की की गई है, ऐसी दुर्गति दुनिया में किसी महापुरुष की न कहीं देखी और न कभी सुनी गई है। इस के लिए धन्यवाद पुरुषोत्तम अग्रवाल जैसे किंवदन्तीकारों और प्रक्षिप्तकारों के पैरवीकारों को जाता है—और, ये आज भी रुक नहीं रहे हैं।

---

21. अकथ कहानी प्रेम की : कबीर की कविता और उन का समय, पुरुषोत्तम अग्रवाल, राजकमल प्रकाशन प्रा.लि., 1-बी, नेताजी सुभाष मार्ग, नई दिल्ली-110 002, पहला संस्करण, 2009, पृ. 222

ख. उप रचना—अर्थात जारज रचना

क्या नाम बदलने से किसी चीज का चरित्र बदल जाता है? किसी वस्तु को हिन्दी में न कह कर अंग्रेजी में कहने से क्या फर्क पड़ता है? 'पानी' और 'वाटर' में भाषाभेद है या पानी ही बदल जाता है? इस विषय में पुरुषोत्तम अग्रवाल की पुस्तक से पूर्वपक्ष उठा कर रखा जा सकता है। यह इस प्रकार है :

1. ''लिखित स्रोतों में अनुपलब्ध, किन्तु कबीर की संवेदना और मान्यताओं को, और उनकी नाम-छाप को धारण करनेवाली ऐसी रचनाओं को हम कबीर की 'उप-रचना' कह सकते हैं।''[22]
2. ''कबीर को निरक्षर, 'अशिक्षित', बौद्धिक विमर्श से वंचित मानने वाली औपनिवेशिक आधुनिकता के विपरीत, देशज आधुनिकता और भक्ति के लोकवृत्त ने ध्यान दिया 'सात समंद की मसि करौं' पर और कबीर के नाम को ऐसे स्पेस में बदल दिया जिसमें बहुत से कवि अपनी रचनाएँ कबीर को अर्पित कर सकें। ऐसी रचनाओं को हम कबीर की उप-रचना कह सकते हैं। उप-रचनाओं को कबीरार्पित करने की अपनी मर्यादा थी। प्रतिमान थे, यह तय करने के कि कौन-सी उपरचना 'कबीर' नाम के अवकाश में जगह पाएगी, कौन-सी नहीं।''[23]
3. ''साजिशवादी सोच से प्रभावित हो कर कबीर की लोकमान्य रचनाओं को नकारने में उन असंख्य कबीर-कवियों का अपमान निहित है, जिन्होंने इतनी सुन्दर रचनाएँ रचकर, उन पर अपने नाम की छाप छोड़ने की बजाय उन्हें कबीरार्पित कर दिया। अपने नाम को अमर करने की बजाय, अपने त्याग और बलिदान को अमर कर दिया।''[24]
4. ''जिस विवेक की कसौटी पर कसकर कबीर के श्रोताओं ने उप-रचनाओं को कबीर-रचना होने का गौरव दिया है, उसका अपमान करते हुए, कबीर का सम्मान करने के दावे व्यर्थ हैं। कौन-सी रचना लिपिबद्ध न होते हुए भी कबीर की मानी गई, और कौन-सी नहीं, पाठ-निर्धारण इस विवेक का सम्मान करते हुए ही किया जाना चाहिए, कबीर को अपना मतलब निकालने का औजार बनाने के इरादे से नहीं। 'वैचारिक सुसंगति' का ध्यान लोक-परम्परा ने भी रखा है—बहुत तर्कसंगत और संवेदनशील ढंग से।''[25]
5. ''मुगलों के आने के बाद या पहले, उप-रचनाएँ करनेवाले कबीर-कवि

22. वही, पृ. 43
23. वही, पृ. 217
24. वही, पृ. 45
25. वही, पृ. 45

जानते थे कि ऐसी कोई रचना कबीर के नाम से नहीं चलनेवाली, जो जन्माधारित ऊँच-नीच का समर्थन करे। ऐसी रचना भी कबीर की कही जाकर नहीं चलनेवाली, जिसमें मुक्ति का मार्ग वेद या कुरान की ही राह से जाता बताया गया हो, जिसमें गंगा-स्नान या हज की महिमा बखानी गई हो। मूर्ति-पूजा की आलोचना के बावजूद कबीर प्रेम की अनुभूति और अभिव्यक्ति के लिए, 'निर्गुण राम' का मानवीकरण वैष्णव परम्परा में प्राप्त नामों और कथाओं के जरिए करते हैं—यह बात भी कबीर की रचनाओं में उप-रचनाएँ जोड़नेवाले अच्छी तरह समझते थे। वे यह भी जानते थे कि कबीर अपनी भक्ति को नारद से ही क्यों जोड़ रहे हैं, शांडिल्य या किसी और से क्यों नहीं।''[26]

6. ''न जाने कितने अनाम कवियों ने कबीर के विपुल रचना-संसार की समृद्धि में, उप-रचनाओं का योगदान किया है। ये अनाम कवि विभिन्न क्षेत्रों और विभिन्न कालों के रहे हैं। अपनी रचना पर कबीर की छाप छोड़ जानेवाले, इन कबीर-कवियों ने शायद पूरी-पूरी रचनाएँ अलग-अलग भी रची हों, और शायद अनेक रचनाएँ ऐसी भी हों, जिनमें कई कवियों की प्रतिभा बोल रही हो। इसीलिए इनमें विविधता भी मिलती है, और विभिन्न कालखंडों के हस्ताक्षर भी।''[27]
7. ''कबीर की ये उप-रचनाएँ याद दिलाती हैं कि कबीर व्यक्तित्वविहीन होने के अर्थ में नहीं, अद्वितीय लोक-सम्पृक्ति और लोक-स्वीकृति के अर्थ में लोक-कवि हैं। जिस कबीर को उनके समाज और समय द्वारा 'उपेक्षित' बताया जाता है, उनके समाज ने न केवल उनकी आवाज सुनी बल्कि उसमें अपने सुर भी मिलाए। कबीर के रचना-संचार को न केवल सराहा, बल्कि उसे और समृद्ध भी किया।''[28]
8. ''कबीर और मीरा की उप-रचनाओं की विपुलता उनके व्यापक प्रभाव की सूचना देती है।''[29]

यदि किसी को अपने मन में कबीर से घृणा उत्पन्न करनी हो तो वह पुरुषोत्तम अग्रवाल की पुस्तक को पढ़ ले। इसे पढ़ कर कबीर के अध्ययन से उस का मन उचाट हो जाएगा। आखिर, अग्रवाल कबीर के पीछे दाँत गिड़गिड़ा कर ऐसे पड़े हैं कि कबीर को खा ही जाएंगे। प्रक्षिप्त को उप-रचना कहने का ठेका ले लिया है। भारतीय इतिहास का इतना नुकसान होने पर भी समझ पैदा नहीं हुई कि प्रक्षिप्त को कबीर से अलग करके कुछ भरपाई करें। कसम खा ली है कि कबीर का अध्ययन नहीं करेंगे बल्कि प्रक्षिप्त का

---

26. वही, पृ. 45
27. वही, पृ. 38
28. वही, पृ. 43
29. वही, पृ. 44

नया नाम उप-रचना रखेंगे। इधर हमने भी कसम खाई है कि कबीर के नाम पर किसी गैर-कबीर को नहीं पढ़ेंगे। हम प्रक्षिप्त को उप-रचना नहीं कहने देंगे। हम अपराध से समझौता नहीं करेंगे। थाली में जो परोसा जा रहा है, वह घी-शक्कर होना चाहिए, गोबर नहीं।

पूरी संस्कृति दलित के साथ की गई जालसाजी है। घर-गृहस्थी में औरस सन्तान के मुकाबले में जारज सन्तान पैदा कर रखी है। कबीर की रचनाओं के मामले में क्या कर रखा है? इसे भी दो भागों में बाँटा जा सकता है—एक औरस रचना और दूसरी जारज रचना। हमें यह बिलकुल जानना है कि कौन सी कविता कबीर की औरस रचना है ओर कौन सी जारज रचना कबीर पर थोपी जा रही है।

पुरुषोत्तम अग्रवाल आग्रह कर रहे हैं कि कबीर के नाम से जारज रचना करने वाले लोगों का सम्मान किया जाए। मेरे मत में, सम्मान के बजाय इन के साथ वैसा ही बर्ताव किया जाना चाहिए जैसा समाज में जारज सन्तान पैदा करने वाले जारों के साथ किया जाता है। कानून में जार पुरुष को पाँच वर्ष की सजा का प्रावधान है और आर्थिक दंड का अतिरिक्त नियम है। आखिर, जार पुरुष एक पति के सम्मान और उस की धन-दौलत को लूटता है। जार पुरुष बेशर्म होता है, पर उस के वकील को क्या कहा जाएगा? जारों को वकील मिलने बन्द होने चाहिए। साहित्य के क्षेत्र में आलोचक उतनी हिम्मत कर जाता है जो कचहरी में जार वकील नहीं कर सकता। कोर्ट में बचाव पक्ष की तरफ से यह दलील दी जाया करती है कि जारकर्म नहीं की किया गया और मुवक्किल पर झूठा इल्जाम लगाया जा रहा है, लेकिन पुरुषोत्तम अग्रवाल साहित्यिक आलोचना में यह जिरह कर रहे हैं कि जारकर्म किया गया है और ठीक किया गया है—''माई लोर्ड, मेरे मुवक्किलों ने विगत पाँच सौ वर्षों में कबीर के नाम से अनगिनत जारज रचनाएँ रची हैं और उन्हें अधिकार मिलना चाहिए कि 21वीं सदी में भी वे कबीर के नाम से जारज रचनाएँ अबाध रूप से रचते रहें। माई लोर्ड, जार कवि बहुत त्यागी और बलिदानी होता है कि अपनी रचना को भी अपनी नहीं कहता, दूसरे की रचना होने का नाम देता है। माई लोर्ड, मेरा निवेदन है कि इस मुकदमे का फैसला मेरे पक्ष में किया जाए, नहीं तो एक आलोचक-वकील के रूप में मैं भूखा मर जाऊँगा।''

जिस-जिस ने कबीर की वाणी को प्रक्षिप्त किया है और जिस-जिस ने कबीर की जीवन कथा के बारे में किंवदन्तियाँ फैलाई हैं, वे सब-सब कबीर के साहित्य के अपराधी हैं। प्रक्षिप्तकारों और किंवदन्तीकारों के नामों का पता चल रहा है कि वे आज तक पुरुषोत्तम अग्रवाल हैं। इन पर कबीर की वाणी को प्रक्षिप्त करने के साहित्यिक अपराध का पक्का मुकदमा बनता है—और यह चलना ही चाहिए। निश्चित रूप से, एक विद्वान के पेशे को जलालत से बचाना है तो पुरुषोत्तम अग्रवाल को प्रक्षिप्त और किंवदन्ती की पैरोकारी करने के लिए शर्मिन्दगी महसूस करनी चाहिए। वकालत में फीस मिलती है, लेकिन आलोचना के क्षेत्र में मेहनताने और मुआवजे का कोई प्रावधान नहीं है। वकालत के क्षेत्र में अपराधी को बचाने का बुरा नहीं माना जाता, लेकिन

साहित्यिक आलोचना में इसे बुरा माना जाता है। इन लेखक ने लिखा है—"जिस विवेक की कसौटी पर कस कर कबीर के श्रोताओं ने उप-रचनाओं को कबीर-रचना होने का गौरव दिया है, उस का अपमान करते हुए, कबीर का सम्मान करने के दावे व्यर्थ हैं।"[30] लेखक ने यह क्यों नहीं लिखा कि उप-रचनाकारों ने श्रोताओं को भ्रमित किया है? इन प्रक्षिप्तकारों (उप-रचनाकारों) का सम्मान किया जाए या इन्हें कबीर के राज्य में विदेशी घुसपैठिये मान कर बाहर किया जाए? इन घुसपैठियों की ही पहचान कर जलावतन करने का काम विद्वानों का होता है। यह कौन-सी विद्वत्ता है कि घुसपैठियों की घुसपैठ को, आतंकियों के आतंक को, वैध ठहराने की वकालती मुहिम चली हुई है? जरूरी हो गया है कि इन घुसपैठियों से भी पहले इन के वकीलों को पकड़ा जाए। घुसपैठियों को चीहनने में देर लग सकती है, पर उनका वकील काला कोट पहने कचहरी में खड़ा है। इस मुक़दमे में एक जगह ऐसी आती है जब मुजरिम से बड़ा मुजरिम उस का वकील होता है। सम्मान हम कबीर का करेंगे या भ्रमित करने वाले लोगों का, प्रक्षिप्तकारों का और उन के वकीलों का? जन-श्रोताओं का धोखा हुआ है। अनपढ़ रख कर उन्हें गलत सुनाया गया है। जो कबीर का सबद नहीं है, कबीर के नाम पर, उन्हें वह सुनाया गया है। कबीर जनता में जा चुके थे, ऐसी स्थिति में, कबीर को हराने के लिए, कबीर की सेना में जा कर कबीर के नाम से गलत पर्चे बाँटे गए हैं, अफवाहें फैलाई गई हैं।

यदि किसी को सच में कबीर की वाणी का अध्ययन करना है तो उसे यह मान कर चलना चाहिए कि किंवदन्तियाँ मूर्खता से मूर्खता तक की यात्राएँ हैं। प्रक्षिप्त की जारज रचना को यह मान कर चलना चाहिए कि यह अज्ञान से अज्ञान तक का कोल्हू है। कबीर के अध्ययन में प्रक्षिप्त और किंवदन्ती से पीछा छुड़ाना है, सम्मान दे कर उन्हें हाथ में लिए-लिए डोले नहीं फिरना। जिन्हें प्रक्षिप्त और किंवदन्ती लाड़ले बालक दीखते हैं, उन से बच कर दूर रहना है। पुराने वेद और पुराण तथा आज के प्रक्षिप्त और किंवदन्ती एक ही मार्ग पर चले हुए लोगों के पदचिह्न हैं। कबीर ने वेद-पुराण की बखिया उधेड़ी है, हमारा काम है कि हम प्रक्षिप्त और किंवदन्ती की धज्जियाँ उड़ा दें। प्रक्षिप्त और किंवदन्ती के सिद्धान्तकारों और पैरोकारों से हमें संवाद नहीं रखना, बल्कि साहित्यिक युद्ध करना है। हमें प्रक्षिप्त और किंवदन्ती को वैचारिक संग्राम में हराना और मिटाना है। कबीर की ज्ञान परम्परा में प्रक्षिप्त और किंवदन्ती का कोई स्थान और सम्मान नहीं। कबीर सृष्टि के सत्य के जानकार हैं, प्रक्षिप्तकार नहीं, और ऐसे ही, कबीर प्रेम की अकथ कथा के कथाकार हैं, किंवदन्तीकार नहीं। लेकिन पुरुषोत्तम अग्रवाल ने शपथ ले रखी है कि भाड़ में जाए कबीर, और चूल्हे में जाए कबीर की वाणी, मुझे प्रक्षिप्त और किंवदन्ती में रम कर रहना है।

रचना के सामने यह उप-रचना क्या बला है? साहित्य के क्षेत्र में उप-रचना जैसी

30. वही, पृ. 45

चीज कुछ नहीं होती। यह अनुपस्थित खे-कुसुम है। हम कबीर की वाणी के अध्येता हैं, हमें उप-रचना से क्या मतलब? यदि किसी ने कबीर के नाम से प्रक्षिप्त रचना की है तो यह उसका साहित्यिक अपराध है। कोपीराइट एक्ट क्या है? ये लोग विद्वान हैं कि विद्वानों के पिछोंडे? ज्ञान के क्षेत्र में क्या गदर काट रखी है कि इतिहास को इतिहास नहीं रहने देते? यह कैसा प्रबोधन है कि वाणी को प्रक्षिप्त किया जा रहा है? आश्चर्य है, इन लोगों को अपराध करते डर नहीं लगता? प्रक्षिप्त और किंवदन्ती साहित्यिक इतिहास में अपराध हैं, इन्हें कोपीराइट एक्ट में प्रावधान रख कर दण्डित किया जाना चाहिए। इन की वकालत और पैरवी को अपराध को उकसाने में शामिल किया जाना चाहिए। हद हो गई–प्रक्षिप्त और किंवदन्ती के खिलाफ मुहिम क्यों नहीं चलती? इस में पोथियों और सर्वंगियों के सन्दर्भ देने का क्या वास्ता? वे भी गलत और उन के संकलनकर्ता भी गलत। संकलनकर्ता को हमारा इतिहास ढंग से पेश करना चाहिए था। लेकिन उनकी नीयत खराब थी। उन्हें अच्छा काम नहीं करना था।

पता यह चलता है कि द्विज समाज ने कबीर को दो तरह से मारा है–एक मोर्चा तुलसीदास ने खोल रखा है कि सीधे टक्कर होगी, दूसरे मोर्चे में प्रक्षिप्कारों के घुसपैठिए भेज कर कबीर की वाणी को बेअसर कर रखा है। यह दो मोर्चों पर एक साथ लड़ाई चल रही है। यह लड़ाई एक ही आदमी लड़ रहा है–तुलसीदास और कबीर की वाणी का प्रक्षिप्तकार। प्रक्षिप्तकार और किंवदन्तीकार कबीर वाणी की प्रखरता को भीतर से पनपने नहीं दे रहा है और तुलसीदास के तीर सामने से सीधे चल रहे हैं। यह आश्चर्य नहीं है कि घर से बाहर भाषणों में कबीर के पक्षधर द्विज लेखक घर में सुबह तुलसीदास की 'विनय पत्रिका' को कंठ से सस्वर गाते हैं। परमार्थ और व्यवहार में भेद कर के इन लोगों ने यह क्षमता हासिल कर रखी है कि कहें कुछ और करें कुछ। कथनी और करनी में अन्तर करना इन के लिए कोई मानसिक तनाव की चीज नहीं। इस से इन के माथे पर शिकन नहीं पड़ती। ये, शंकर के अद्वैत ने, झूठ बोलने के लिए अभ्यस्त कर रखे हैं। इन के एक सिरगुरु प्रेमचंद ने झूठ बोलने को फन कह रखा है।[31]

यूँ समझा जाए कि हमें कबीर के घर जाना है। रास्ते में दुश्मनों ने प्रक्षिप्तों और किंवदन्तियों की माइन्स बिछा रखी हैं। कैसे जाएँ? क्या करें? यदि भूल से पैर पड़ गया तो हम हिन्दू और वैष्णव हो जाएंगे। फिर कबीर के घर कभी नहीं पहुँच पाएंगे। एक ही उपाय है कि प्रक्षिप्तों और किंवदन्तियों की इन माइन्सों को फ्यूज कर दिया जाए और इन्हें चिह्नित करना ही इन्हें फ्यूज करना है। पुरुषोत्तम अग्रवाल इन्हें उप-रचना कह कर हमें धोखा नहीं दे सकते। हमें इन खतरों का पता है। जैसा पहले कहा गया है, प्रक्षिप्त रचना को 'उप-रचना' न कह कर साहित्य के क्षेत्र में 'जारज रचना' कहना चाहिए। इस की औरस रचना के मुकाबले में कोई वैधता नहीं है। जो कबीर की औलाद नहीं है, उसे कबीर का उत्तराधिकार कैसे मिल जाएगा? ऐसे ही, जो कविता कबीर ने

31. प्रेमचंद : घर में, शिवरानी देवी प्रेमचंद, आत्माराम एण्ड संस, 1376, कश्मीरी गेट, दिल्ली-110 006, संस्करण 2005, पृ. 23

नहीं रची, वह कबीर के नाम से विश्वविद्यालयों के पाठ्यक्रमों में कैसे पढ़ाई जा सकती है? यह दुश्मनी है—दुश्मनी निकालनी है कि पति से जार की सन्तान पलवाई जाती है। कबीर के जीवन से किंवदन्ती का तलाक होना चाहिए। किंवदन्ती कबीर की अपनी पत्नी नहीं है। किंवदन्ती साहित्य में जार औरत है। यह वेश्या है। प्रक्षिप्त इसकी जारज सन्तान है। सन्तान जिस की है, वह उसे पाले। जारज रचना को उस के जार बाप का नाम मिलना चाहिए, कबीर का नहीं। जन्म से ले कर मृत्यु तक जार संस्कृति एक घोटाला है। विश्व सभ्यता के इतिहास में हो रहे इस महा घोटाले का पर्दाफाश होना चाहिए।

प्रक्षिप्त और कुछ नहीं है, मुद्रा के क्षेत्र में जाली नोट है। जाली मुद्रा असली मुद्रा को नाकाम कर रही है। खोटे सिक्के खरे सिक्कों को चलन से बाहर कर रहे हैं। पुनर्जन्म के सिद्धान्त में विश्वास न करने वाली कबीर की वाणी नहीं पढ़ाई जाती और पुनर्जन्म के सिद्धान्त में विश्वास रखने वाली 'जाली वाणी' कबीर की बता कर पढ़ाई जा रही है। 'पूरब जन्म हम ब्राह्मण होते'[32] और 'पूरब जनमु हउ तप का हीना'[33]—को कबीर के नाम से पढ़ाया जा रहा है। इसलिए, जैसे मुद्रा के क्षेत्र में जाली नोटों को पकड़ा जाता है और चलन से बाहर किया जाता है, वैसे ही, साहित्य के क्षेत्र में प्रक्षिप्त और जारज रचनाओं को पठन-पाठन से बाहर किया जाना चाहिए। जैसे जाली नोटों के छापेखानों पर पुलिस की रेड़ पड़ती है, वैसे ही साहित्यिक आलोचकों द्वारा प्रक्षिप्त और किंवदन्ती की फैक्ट्री पर धावा बोला जाना चाहिए। प्रक्षिप्त और किंवदन्ती का जाली धंधा चलाने वालों पर कानूनी कार्रवाई की जानी चाहिए। इन के पैरोकारों के तर्कों को खण्डित किया जाना चाहिए।

इस पुस्तक में एक असली शब्द का पुरुषोत्तम अग्रवाल इस्तेमाल नहीं कर पाए। उन्हें बताना चाहिए था कि 'कबीर' को वे किस रूप में मानते हैं। उन्हें किंवदन्ती और प्रक्षिप्त से हमदर्दी है पर किंवदन्ती और प्रक्षिप्त का असली सिरमौर 'कबीरें' हैं। 'कबीरें' संसार की सब से बड़ी अश्लीलता है। जितनी भी जबान गन्दी होती है, वह कबीरें के नाम से की जाती है। किसी भी समाज में वह दण्डनीय अपराध है। अगले साल की होली पर अग्रवाल को 'कबीरें' का संग्रह निकालना चाहिए। क्या वे लिखेंगे कि वे परम्परा के तहत गाए जा रहे हैं, इसलिए कबीर की मूल वाणी हैं? क्या 'कबीरें' को कबीर वाणी से अलग करना चाहेंगे या नहीं? यदि अलग करना चाहेंगे तो कसौटी क्या होगी? क्या तब भी मेरी मजाक फोड़ कर लिखेंगे?—"भला बताइए, ईसा मसीह ऐसा कह या कर सकते थे?"[34] हाँ, मैं पचास बार कह रहा हूँ, सौ बार कह रहा हूँ कि कबीर 'कबीरें' नहीं गा सकते थे जो उन के नाम पर यह अश्लीलता का नंगा नाच हो रहा है। इसलिए, यदि उप-रचना को महत्व देना है तो 'कबीरें' के घातक अपराध से बचा नहीं

---

32. अकथ कहानी प्रेम की : कबीर की कविता और उन का समय, पुरुषोत्तम अग्रवाल, राजकमल प्रकाशन प्रा.लि., 1-बी, नेताजी सुभाष मार्ग, नई दिल्ली-110 002, पहला संस्करण, 2009, पृ. 196
33. वही, पृ. 195
34. वही, पृ. 222

जा सकता। महीप सिंह ने 'जनसत्ता' में छपे अपने लेख 'आलोड़न के दौर में' सही लिखा है—''कबीर की ऐसी दुर्गति हुई कि उत्तर प्रदेश-बिहार में होली के मौके पर गाए जाने वाले सभी प्रकार के भद्दे, अश्लील और फूहड़ गीतों के साथ कबीर का नाम जोड़ दिया गया।''[35] निश्चित रूप से कबीर को मिटाने की यह दोहरी रणनीति है। एक तरफ विद्वानों के बीच कबीर को वैष्णव सिद्ध करने के लिए उन के नाम से प्रक्षिप्त रचनाएँ रच दीं, दूसरी तरफ कबीर को लोक में बदनाम करने के लिए उन के नाम से 'कबीरें' बना डाले। कबीर को न लोक का छोड़ा और न विद्वानों के बीच का जबकि वे दोनों के बीच बिग बैंग की थ्योरी के द्वारा महाविस्फोट कर रहे थे। अब कबीर के इस महा विस्फोट की संभावना को कि यह दुबारा घटित न हो जाए, पुरुषोत्तम अग्रवाल अपने स्तर पर डिफ्यूज करने में लगे हुए हैं।

यूँ कहिए कि अब पुरुषोत्तम अग्रवाल से मेरी कोई बहस शेष नहीं है। जब वे उप-रचना की मान्यता तक आ गए हैं तो आगे उन से कोई बात फिजूल की ही हो सकती है, जो मेरा उद्देश्य नहीं है। यह तर्क और बौद्धिकता पर विराम है। जिस व्यक्ति को इस बात का दुख नहीं कि कबीर की मूल वाणी को खोजना मुश्किल है—वह साहित्यिक गिरावट में कहीं तक भी जा सकता है। निवेदन यही किया जा सकता है कि ऐसे लोगों को कबीर पर लिखना बन्द कर देना चाहिए जिन्होंने कबीर की मूल वाणी की खोज करनी बन्द कर रखी है। कोई दूसरा व्यक्ति ऐसी खोज करने की कोशिश करता है तो उस का हौंसला बढ़ाने के बजाय ये उसे हतोत्साहित करते हैं, उस की मजाक फोड़ते हैं, यहाँ तक कहते हैं कि यह काम संभव ही नहीं है।

यूँ, हिन्दू चिन्तन में पूरी अराजकता है। यह अराजकता किसी भी चिन्तन की दुश्मन है। गिरिराज किशोर इसी अराजकता का परिचय देते हुए पुरुषोत्तम अग्रवाल की पुस्तक के पक्ष में लिखे गए अपने लेख 'कबीर का समय और हम' में पन्ना काला करते हैं—''गांधी ने कबीर से यही गुरु-मंत्र लिया था।''[36] वे पन्ने को और काला करते हैं—''संस्कृति, विश्वास और संवेदना कबीर और गांधी के लिए अधिक स्थायी हैं।''[37] उन्हें कौन बताए कि गांधी ने कबीर से कोई गुरु मंत्र नहीं लिया था? गांधी का मेल तुलसी से बैठता है और गीता से बैठता है, कबीर से नहीं। लेकिन, ये लोग लिखते ही चले जाएंगे कि पुराने 'शिव पुराण' की तरह मध्य काल में 'कबीर पुराण' तैयार करना ही है। आखिर, किंवदन्ती और प्रक्षिप्त को प्रमाण मान कर पुरुषोत्तम अग्रवाल ने 'कबीर पुराण' लिखने की पूरी ठान ली है। निस्संदेह, उन की इस पुस्तक 'अकथ कहानी प्रेम की : कबीर की कविता और उन का समय' को कबीर पुराण की पूर्व-पीठिका ही माना जाए।

35. आलोड़न के दौर में, महीप सिंह, जनसत्ता, नई दिल्ली, 7 नवम्बर, 2010, पृ. 6
36. कबीर का समय और हम, गिरिराज किशोर, जनसत्ता, नई दिल्ली, 26 मार्च, 2011, पृ. 6
37. वही, पृ. 6

अध्याय-7

किंवदन्ती का नाच

क. साँच कहूं तो मारि हैं....[1]
ख. सनाथ दास का किंवदन्तियों पर हल्लाबोल हमला
ग. फतवों का कारण : किंवदन्तियाँ
घ. संवादहीनता का सिद्धान्त

क. सांच कहूं तो मारि हैं...

इस विषय को शुरू करने में भी सब से पहले पूर्वपक्ष रखा जा रहा है जो इस प्रकार है :

1. "महत्त्वपूर्ण व्यक्तित्वों के आस-पास ही किंवदन्तियाँ विकसित होती थीं। किसी भी व्यक्ति से जुड़ी किंवदन्तियों को, उसकी लोक-स्वीकृत महिमा की व्यंजना पढ़ने के लिए पढ़ा जाना चाहिए, कल की खबर आज छापने वाले अखबार के रूप में नहीं।"[2]
2. "सवाल, लेकिन यह है कि अनन्तदासी हों या धर्मदासी—किंवदन्तियों को पढ़ा कैसे जाए?"[3]
3. "आजकल जैसी लिखी जाती हैं, वैसी 'जीवनी' और आत्मकथा तो नहीं लेकिन अनन्तदास की परिचई और कबीर-वाणी को साथ-साथ पढ़ने से कबीर के व्यक्तित्व और जीवन-संघर्ष का एक आख्यान अवश्य उपलब्ध हो जाता है।"[4]
4. "कबीर ने 'आतमखबर' कही है, आत्मकथा नहीं। दूसरों ने भी उनके बारे में जो कहा है, वह 'जीवनी' नहीं, आख्यान है, कबीर की साधना

---

1. कबीर समग्र : प्रथम खंड, सम्पादक और लेखक, प्रो. युगेश्वर, हिन्दी प्रचारक संस्थान, पो.बा. 1106, पिशाच मोचन, वाराणसी-221 010, द्वितीय संस्करण, 1995, पृ. 444
2. अकथ कहानी प्रेम की : कबीर की कविता और उन का समय, पुरुषोत्तम अग्रवाल, राजकमल प्रकाशन प्रा.लि., 1-बी, नेताजी सुभाष मार्ग, नई दिल्ली-110 002, पहला संस्करण, 2009, पृ. 181-82
3. वही, पृ. 179
4. वही, पृ. 182

का, उनकी अलौकिक महिमा का। कबीर की जन्म और निधन तिथियों जैसे ब्यौरे और जीवन-विकास बताने में इस आख्यान की कोई रुचि नहीं है। कबीर की साधना की गहनता और उनके प्रभाव की महिमा जिन प्रसंगों से सामने आती हो, परिचई, भक्तमाल और भक्तमाल की टीकाओं की दिलचस्पी उन्हें बताने में ही है।''[5]

5. ''कबीर की विचार-यात्रा और जीवन-यात्रा को जानने का, उनके व्यक्तित्व को अनुमानने का एक ही तरीका है—कबीर की अपनी रचनाओं में प्राप्त संकेतों को 'पढ़ना' और विभिन्न स्रोतों में दर्ज की गई किंवदन्तियों को 'सुनना'। कबीर-विषयक किंवदन्तियों को हम दो वर्गों में बाँट सकते हैं—'अनन्तदासी' और 'धर्मदासी'। 'धर्मदासी' या पंथ में प्रचलित किंवदन्तियाँ अनन्तदास द्वारा वर्णित घटनाओं को खारिज नहीं करतीं, बल्कि उनकी व्याख्या अपने ढंग से करती हैं, और कुछ घटनाएँ अपनी ओर से जोड़ती हैं। 'अनन्तदासी' से मेरा आशय उन किंवदन्तियों से है, जो कबीर के निधन के कोई सत्तर साल बाद अनन्तदास को उपलब्ध थीं, और जिन्हें उन्होंने 'परिचई' में दर्ज किया। ये किंवदन्तियाँ अनन्तदास के बाद विभिन्न स्रोतों—भक्तमालों, टीकाओं और मुबाद शाह के 'दबिस्तां-ए-मजाहिब' में जस की तस या थोड़े विस्तार के साथ दर्ज हुईं। 'अनन्तदासी' किंवदन्तियों में कबीर की महिमा और चमत्कारों का उल्लेख है : महिमा इस हद तक है कि कबीर के वैकुंठ पहुँचने पर स्वयं विष्णु उनका स्वागत करते हैं : 'बिष्न कहै बैकुंठ तुम्हारौ। बसौ सदा यहु भाव हमारौ''। लेकिन यह महिमा है काशी के अद्भुत जुलाहे रामानन्द के शिष्य, सच्चे भक्त की ही। किसी देवता के अवतार की नहीं। अनन्तदास के कबीर महिमा तक पहुँचते हैं, जिज्ञासा और साधना की संघर्ष-यात्रा के फलस्वरूप, धर्मदासी किंवदन्तियों के कबीर जन्म से ही 'पूरे ब्रह्मज्ञानी' हैं।''[6]

6. ''कबीर के वैचारिक विकास और जीवन-यात्रा का बोध प्राप्त करने के लिए अनन्तदासी किंवदन्तियों को कबीर की बानियों से मिलाकर पढ़ना काफी उपयोगी है। अनन्तदास की परिचई में किंवदन्तियाँ ही नहीं, सीधे-सीधे तथ्यकथन भी हैं। कबीर का जन्म से जुलाहा और रामानन्द का शिष्य होना अनन्तदास के लिए किंवदंती या मान्यता नहीं, सीधा सा तथ्य है।''[7]

7. ''किंवदन्ती एक तरह की संधा-भाषा है, जिसमें कुछ तथ्य है, कुछ कल्पना। कुछ घटना है, कुछ व्याख्या। इस संधा-भाषा के धुँधलके में,

---

5. वही, पृ. 177 6. वही, पृ. 177-78 7. वही, पृ. 178

समाज का सामूहिक अवचेतन ऐतिहासिक स्मृतियों के अर्थ को सुरक्षित रखने का, उनके मर्म को अगली पीढ़ियों तक पहुँचाने का प्रयत्न करता है। किंवदन्तियों के आकाश में कोई समाज केवल वही नहीं उकेरता, जो है, बल्कि उसे भी उकेरने की कोशिश करता है, जो होना चाहिए और जो हो सकता था, लेकिन हो नहीं सका। किंवदन्ती की संधा-भाषा इन तीनों—जो है, जो होना चाहिए और जो हो सकता था—के बीच संवाद की भाषा है।''[8]

8. ''किंवदन्तियों की अपनी भाषा होती है, यथार्थ के साथ सम्बन्ध बनाने की, स्मृतियों को सुरक्षित रखने की अपनी विधि होती है। इस विधि को भाषा के यथार्थवादी मुहावरे में ढालने के लिए वैसी ही संवेदनशीलता की जरूरत है, जैसी एक भाषा से दूसरी में अनुवाद करते समय जरूरी होती है—स्रोत और लक्ष्य दोनों भाषाओं के व्याकरण, मुहावरे और परिवेश के प्रति संवेदनशीलता। ऐसी संवेदनशीलता के बिना किंवदन्तियों के साथ ज्यादती ही की जा सकती है, संवाद नहीं।''[9]

9. ''लेकिन किसी भी सांस्कृतिक अनुभव और उसकी संचित स्मृतियों को 'पढ़ने' के लिए किंवदन्तियों का संवेदनशील पाठ जरूरी है। किंवदन्तियाँ केवल अफवाहें नहीं होतीं, वे तर्कबुद्धि का अभाव भी सूचित नहीं करतीं। किंवदन्तियाँ सांस्कृतिक भाषा हैं, जिसके व्याकरण को जाने बिना किसी समाज की बात समझना असम्भव है।''[10]

10. ''सामाजिक स्मृति-संरक्षण की विधियों को 'किंवदन्तियाँ हैं, किंवदन्तियों का क्या' कहकर रद्द करना घातक है। सही तरीका यह है कि किंवदन्तियों, लोकमान्यताओं और साहित्यिक तथा साहित्येतर रचनाओं में झलकने वाले विचारों और रुझानों, कल्पनाओं और फैंटेसियों के सामाजिक-आर्थिक आधार की खोज की जाए। बिना बात के कोई समाज किंवदन्तियाँ नहीं रचा करता, जरूरत उन्हें समझने की है। चुनौती फैंटेसियों में निहित सामाजिक कल्पना के ताने-बाने को समझने की है। किंवदंती एक संकेतन व्यवस्था, एक भाषा है। किंवदंती वह अवकाश है जिसमें समाज अपनी स्मृतियाँ भी सँजोता है, कल्पनाएँ भी; जिसमें सामाजिक यथार्थ के अनुभवों के स्वर भी गूँजते हैं, और सामूहिक आकांक्षाओं के भी।''[11]

11. ''यह खोज की तभी जा सकती है, जबकि आप देशभाषा स्रोतों पर 'कृपा' करने की बजाय उनसे संवाद करें, किंवदन्तियों की

---

8. वही, पृ. 180
9. वही, पृ. 180
10. वही, पृ. 145
11. वही, पृ. 101-02

अवैज्ञानिकता सिद्ध करने के पराक्रम की बजाय उनका सांस्कृतिक सार और आशय समझने की कोशिश करें। मैंने यही कोशिश की है। मैंने कबीर को 'चकित' होकर पढ़ने, या उनका मनमाना इस्तेमाल करने की नहीं, उन्हें ऐसे लगाव से पढ़ने की कोशिश की है, जिसमें जिरह के लिए विख्यात कवि से जिरह की भी पूरी गुंजाइश है।''[12]

12. ''किंवदन्ती की संधा-भाषा को तथ्यात्मकता की वैसी उम्मीद के साथ पढ़ना व्यर्थ है, जैसे उम्मीद के साथ आप अख़बार पढ़ते हैं। उम्मीद करनी चाहिए यह जान पाने की कि किंवदन्ती बता क्या रही है, और जो भी बता रही है, उसके जरिए जता क्या रही है। कुछ पुष्टिमार्गी स्रोत अकबर को पूर्वजन्म का मुकुन्द नामक ब्राह्मण बताते हैं। इस बात की तथ्यहीनता 'सिद्ध' करने के लिए किसी जबर्दस्त प्रतिभा की जरूरत नहीं है। जरूरत इस बात को समझने की है कि किंवदन्ती अकबरी दरबार में पुष्टिमार्गियों की जबर्दस्त पहुँच के बारे में बता रही है, और यह जता रही है कि 'यवन' के साथ 'वैष्णव' सम्प्रदाय के इतने अच्छे सम्बन्धों की व्याख्या करने की जरूरत सम्प्रदाय का सत्तातन्त्र महसूस कर रहा था। वैसे ही जैसे, कबीर को अलौकिक रीति से जन्मा या विधवा ब्राह्मणी का पुत्र बतानेवाली किंवदन्तियाँ 'साहेब सद्गुरु' की अलौकिकता ऐन उनके जन्म-समय से ही रेखांकित करने की पंथी जरूरत को जता रही हैं।''[13]

13. ''ऐसे नमूनों के विपरीत, इस किताब की कोशिश किंवदन्तियों और अन्य स्रोतों के साथ, आलोचनात्मक संवेदनशीलता बनाए रखते हुए संवाद करने की ही है।''[14]

14. ''भारतीय इतिहास, सांस्कृतिक प्रक्रियाओं और साहित्य के बारे में वे लोग लम्बी लम्बी हाँकते हैं, जो किसी भी देशभाषा के साहित्य और चिन्तन की जानकारी हासिल करने की कोई जरूरत नहीं समझते। इससे भी बदतर यह कि किंवदन्तियों और सांस्कृतिक भाषा के अन्य रूपों को सिरे से खारिज करते हुए, भाषा के सपाट यथार्थवाद को ही विमर्श और स्मृति का एकमात्र प्रामाणिक माध्यम मान लिया जाता है—प्रसंग चाहे साहित्य का हो, चाहे इतिहास का। ऐसे सपाटपन के अभाव को तर्क-बुद्धि और ऐतिहासिक स्मृति के अभाव का अकाट्य प्रमाण भी मान लिया जाता है। यह सवाल तो मन में आने की कोई गुंजायश ही नहीं कि अनन्तदास द्वारा रिकार्ड की गई कबीर-जीवन-घटनाएँ कबीर के बारे में मानक 'किंवदन्तियों' की

---

12. वही, पृ. [7]   13. वही, पृ. 181   14. वही, पृ. 180

हैसियत किस प्रक्रिया के जरिए हासिल कर बैठीं। कबीर के अध्ययन की अनेक समस्याओं का मूल भक्ति के लोकवृत्त, देशभाषा स्रोतों और किंवदन्तियों की संवेदनहीन अवहेलना में है। किंवदन्तियों को सांस्कृतिक भाषा के रूप में पढ़ने की कोशिश और इस कोशिश के विचारोत्तेजक नतीजे आप इस किताब में बार-बार देखेंगे, खासकर कबीर के जीवन-वृत्त, उनके सामाजिक प्रभाव और रामानन्द के साथ उनके सम्बन्ध के प्रसंग में।''[15]

15. ''किंवदन्तियों की ऐतिहासिकता शोध का विषय है, लेकिन अधिक रोचक है इनकी सांस्कृतिक संकेतात्मकता। किंवदन्तियाँ ऐतिहासिक स्मृति के लोक-चित्त में स्थापित होने की विधियाँ ही हैं। किसी समय और समाज के चित्त, चिन्तन और चिन्ताओं को समझने के लिए उसमें प्रचलित किंवदन्तियों के संकेतों को समझना जरूरी है।''[16]

16. ''किंवदन्तियों के आशयों को समझने के लिए जरूरी है कि चतुराई, साजिश और बुद्धूपन जैसे 'बीज-शब्दों' के व्यामोह से मुक्त होकर, आलोचनात्मक संवेदनशीलता के साथ किंवदन्तियों को पढ़ा जाए। उनके विकास-सन्दर्भों को समझा जाए। अनन्तदास कबीर को अवतार सिद्ध नहीं करते, धर्मदासी किंवदन्तियाँ अवतार-धारणा पर ही आधारित हैं, यह सन्दर्भ का फर्क है। किंवदन्तियों को मनमानी दिशा में धकेलने की बजाय, धीरज के साथ परखना चाहिए कि वे हमें किस दिशा में ले जाना चाह रही हैं। किंवदन्तियों और अन्य स्रोतों के संवेदनशील, आलोचनात्मक पाठ से जो सामने आ रहा है, वह असुविधाजनक बल्कि हृदयविदारक हो तब भी उससे आँखें मिलाना ईमानदार इतिहास-लेखन की पहली शर्त है।''[17]

17. ''कबीर के स्वभाव की मूल विशेषता थी—स्वतन्त्र चेता जिज्ञासा। इस विशेषता का ही रेखांकन उन किंवदन्तियों में हुआ है, जिनमें वे स्वयं रामानन्द द्वारा अपने गुरू का श्राद्ध करने पर सवाल उठाते सुनाई पड़ते हैं।''[18]

18. '' ''चमत्कार'' की भाषा जो बात ''पढ़ने'' का न्यौता दे रही है, वह यही है कि कबीर को लोक-बड़ाई से नहीं भक्ति से ही वास्ता है—यह बात दूर-दूर तक, काशी से पुरी तक जाहिर हो चुकी है।''[19]

पूर्व-पक्ष के इन प्रचुर उद्धरणों को पढ़ने के बाद मुझे यह कहना है कि किंवदन्ती

---

15. वही, पृ. 145-46
16. वही, पृ. 70-71
17. वही, पृ. 179-80
18. वही, पृ. 184
19. वही, पृ. 191

को मान्यता देने का मतलब है, कबीर को मान्यता नहीं दी जा रही है। कबीर अपने समय में किस बात से लड़ रहे थे? वे किंवदन्तियों के विरुद्‌ध रहे थे। वे सच के लिए लड़ रहे थे। वे सच के लिए मुसीबतें उठा रहे थे। उन्होंने बोला है :

1. सांचे कहूं तो मारि हैं, झूंठे जग पतियाय।[20]
2. सन्तो, बोलै तो जग मारे।[21]

इस का अर्थ है, कबीर अपने समय के झूठे लोकवृत्त, झूठी लोकस्मृति और झूठे लोक-व्यवहार से लड़ रहे थे। लोकवृत्त पुनर्जन्म में विश्वास का था, लोकस्मृति में राम द्वारा शम्बूक का गला कट रहा था, लोक-व्यवहार अस्पृश्यता के बर्ताव का था—कबीर इन में से किस से न लड़ते? आज छुआछूत का पूरा लोकवृत्त जेल में है। लोकवृत्त के नाम पर कोई छुआछूत का बर्ताव कर के दिखाए तो कानूनी प्रक्रिया में उसे निश्चित रूप से जेल होगी। आज दलित जातियों की स्त्रियों के साथ बलात्कार और जारकर्म के लोक व्यवहार को 'अत्याचार' के रूप में परिभाषित करके दण्ड दिया जा रहा है। कबीर इन अस्पृश्यताओं, बलात्कारों, अत्याचारों और जारकर्मों से लड़ रहे थे—इन के बारे में किंवदन्तियों को समझने की क्या जरूरत है? यह सीधी लौकिक लड़ाई है—इन में चमत्कारों की क्या भूमिका हो सकती है? इसलिए, यह किंवदन्ती की परम्परा न हो कर सत्य बोलने की परम्परा है। रैदास को कहना ही पड़ा है—"सत भाषै रैदास।"[22]

कबीर के सम्बन्ध से मैं पुरुषोत्तम अग्रवाल को पढ़े-लिखे आदमी नहीं मान सकता। अनपढ़ कहूँगा तो मेरी बात का खण्डन करता हुआ ग्वालियर के पास की किसी प्राइमरी पाठशाला का परीक्षा-फल दिखा दिया जाएगा जहाँ के ये निवासी हैं। निरक्षर कहने में भारत सरकार का साक्षरता मिशन आड़े आ जाएगा कि उन्होंने इतना रुपया खर्च कर दिया है, फिर कोई निरक्षर कैसे रह गया? तब क्या कहूँ? इन्हें 'किंवदन्तीपढ़ा' और 'प्रक्षिप्तसुना' कह रहा हूँ। दुख की बात है कि इन्हें इन की शैली में जवाब देना पड़ रहा है। एक भी काम ऐसा नहीं किया जिससे जाहिर हो कि इन्होंने कबीर को पढ़ा है। जिन की तर्क-पद्‌धति गलत हो, उन से क्या संवाद किया जाए, और जिन का उद्देश्य षडयन्त्रकारी हो, उन से क्या सम्बन्ध जोड़ा जाए?

जो राजनीति में अफवाह है, वहीं साहित्य में किंवदन्ती है, और जो राजनीति में षडयन्त्र है, वही साहित्य में प्रक्षिप्त है। जैसे चाणक्य ने राजनीति में अफवाह और

---

20. कबीर समग्र : प्रथम खंड, सम्पादक और लेखक, प्रो. युगेश्वर, हिन्दी प्रचारक संस्थान, पो.बा. 1106, पिशाच मोचन, वाराणसी-221 010, द्वितीय संस्करण, 1995, पृ. 444
21. महाबीजक [कबीर साहब की सम्पूर्ण वाणियों का संग्रह], सम्पादक, आचार्य महन्त गंगा शरण शास्त्री, कबीर वाणी प्रकाशन केन्द्र, श्री सद्‌गुरु कबीर मन्दिर, सी. 23/5, कबीर चौरा मठ, वाराणसी-221 001, प्रथम संस्करण, 10 जून, 1998, पृ. 33
22. सत भाषै रैदास (रैदास-वाणी), ओशो, सम्पादन, स्वामी चैतन्य कीर्ति, डायमंड पाकेट बुक्स (प्रा.) लि., एक्स-30, ओखला इन्डस्ट्रियल एरिया, फेज-II, नई दिल्ली-110 020, संस्करण, 2009, पृ. 64

षडयन्त्र के सूत्र तैयार कर रखे हैं, वैसे ही राजनीति में अनन्तदास से ले कर पुरुषोत्तम अग्रवाल तक ने धर्म और साहित्य के क्षेत्र में किंवदन्ती और प्रक्षिप्त के शास्त्र खड़े कर रखे हैं। पुरुषोत्तम अग्रवाल की यह पुस्तक 'अकथ कहानी प्रेम की : कबीर की कविता और उन का समय' किंवदन्तीसूत्र और प्रक्षिप्तशास्त्र की ही पुस्तक है।

इस हिन्दू मानसिकता ने यथार्थ से नाता तोड़ कर रखा है। बौद्ध धर्म भी हिन्दू मानसिकता के इस प्रभाव से बरी नहीं है। लेकिन आजीवक धर्म के लोग वस्तुनिष्ठता को ग्रहण करके चलते हैं। वे यथार्थ से सम्बन्ध जोड़ते हैं। बाबा साहेब डा. अम्बेडकर ने जब बुद्ध के जीवन का और उन के धर्म का अध्ययन किया तो अपने सामने इसी कसौटी को आगे रखा। उन्होंने कई बातों को ले कर बौद्ध धर्म की परम्पराओं में अविश्वास व्यक्त कर दिया। ऐसी परम्पराएँ प्रक्षिप्त और किंवदन्ती की कारीगरी से बनी थीं। ऐसी एक परम्परा का जिक्र उन्होंने अपनी पुस्तक 'भगवान बुद्ध और उन का धर्म' में इस प्रकार किया है—"पहली समस्या भगवान बुद्ध के जीवन की प्रधान घटना प्रव्रज्या के ही सम्बन्ध में है। बुद्ध ने प्रव्रज्या क्यों ग्रहण की? परम्परागत उत्तर है कि उन्होंने प्रव्रज्या इसलिए ग्रहण की क्योंकि उन्होंने एक वृद्ध पुरुष, एक रोगी व्यक्ति, तथा एक मुर्दे की लाश को देखा था। स्पष्ट ही यह उत्तर गले के नीचे उतरने वाला नहीं। जिस समय सिद्धार्थ (बुद्ध) ने प्रव्रज्या ग्रहण की थी उस समय उनकी आयु 29 वर्ष की थी। यदि सिद्धार्थ ने इन्हीं तीन दृश्यों को देख कर प्रव्रज्या ग्रहण की तो यह कैसे हो सकता है कि 29 वर्ष की आयु तक सिद्धार्थ ने कभी किसी बूढ़े, रोगी तथा मृत व्यक्ति को देखा ही न हो? यह जीवन की ऐसी घटनायें हैं जो रोज ही सैकड़ों हजारों घटती रहती हैं और सिद्धार्थ ने 29 वर्ष की आयु होने से पहले भी इन्हें देखा ही होगा। इस परम्परागत मान्यता को स्वीकार करना असम्भव है कि 29 वर्ष की आयु होने तक सिद्धार्थ ने एक बूढ़े, रोगी और मृत व्यक्ति को देखा ही नहीं था और 29 वर्ष की आयु होने पर ही प्रथम बार देखा। यह व्याख्या तर्क की कसौटी पर कसने पर खरी उतरती प्रतीत नहीं होती। तब प्रश्न होता है कि यदि यह व्याख्या ठीक नहीं तो फिर इस प्रश्न का यथार्थ उत्तर क्या है?"[23] इस में भी, यह एक अलग बात है कि बाबा साहेब डा. अम्बेडकर ने बुद्ध के गृहत्याग का कारण बताते हुए जो उत्तर देने की कोशिश की है, वह भी सही नहीं माना जा सकता। उस में खोज जारी रह सकती है। कहना यह है कि हमारा आजीवक चिन्तन हर मामले में यथार्थ तक पहुँचने का प्रयत्न करता है। वह प्रक्षिप्त, किंवदन्ती और परम्परा के नाम से झुठलाया और बहलाया नहीं जा सकता।

पुरुषोत्तम अग्रवाल का इस पुस्तक के तीसरे अध्याय का शीर्षक 'कासी बसै जुलाहा एक......' है। इस अध्याय का दूसरा उप शीर्षक है—'सारद लिखत न आवै

---

23. भगवान बुद्ध और उन का धर्म, लेखक, डा. भीमराव रामजी आंबेडकर, अनुवादक, भदन्त आनंद कौसल्यायन, भारतीय बौद्ध शिक्षा परिषद, जेतवन महाविहार, श्रावस्ती, बलरामपुर, उत्तर प्रदेश, द्वितीय संस्करण, 1970, परिचय, पृ. 23-4

अंतू' : कैसे पढ़ें किंवदन्तियों को।[24] प्रश्न के पहले उत्तर दे देना चाहिए—''मत पढ़ो, किस ने कह दिया? क्या जरूरत है? क्या फायदा है? पढ़नी ही नहीं चाहिए। कैसे भी नहीं पढ़नी चाहिए। नुकसान ही नुकसान है। झूठ के जंगल में बड़ना है। कौटिल्य की अफवाहों में घिरना है। कोई समझदार व्यक्ति किंवदन्तियों के षडयन्त्रों से बाहर निकलना चाहेगा, न कि उन में फँसना। दिमाग में गलत बात क्यों आए? कबीर वेद को नहीं पढ़ते तो कबीर के बच्चे किंवदन्तियों को क्यों पढ़ें? कबीर पुराणों को नहीं पढ़ते, हम प्रक्षिप्तों को क्यों पढ़ेंगे? हमारा रास्ता साफ है—कबीर वेद-पुराण की मजाक फोड़ते हैं, हम प्रक्षिप्त-किंवदन्ती की मजाक फोड़ेंगे। प्रक्षिप्त और किंवदन्ती के आख्यान वेद-पुराण के आख्यानों से भी गए-गुजरे हैं। हम इन्हें सुनेंगे नहीं। हम कबीर के सबद सुनने के आदी हैं, हमें प्रक्षिप्त और किंवदन्ती को सुनने-बाचने के अभ्यस्त नहीं बनाया जा सकता। अपेक्षा ही न रखी जाए। अनुनय-विनय न की जाए। जान लिया जाए कि हम इस मामले में बहुत सख्त किस्म के लोग हैं। कबीर ने अपने समय तक के प्रक्षिप्तों और किंवदन्तियों को काट फेंका था, हम कबीर के बाद रचे गए प्रक्षिप्तों और खड़ी की गईं किंवदन्तियों को जला रहे हैं। हम कबीर की परम्परा में हैं—हम क्या गुनाह कर रहे हैं?—सच के सामने झूठ को बर्दाश्त नहीं कर रहे। जो कबीर ने हमें सिखाया है, हम प्रक्षिप्त और किंवदन्ती के थोथेपन को उड़ाएंगे नहीं तो क्या करेंगे? हम कबीर के सामने पुरुषोत्तम अग्रवाल को ही थोथा मान कर उड़ा देंगे। यह सारा थोथापन नहीं तो क्या है? यह बकवास कबीर की वाणी के सामने कहाँ टिकती है? कबीर की वाणी उजली है। उस पर पुरुषोत्तम अग्रवाल ने कालिख पोतनी चाही है। यह बेमतलब की अपै-झपै है। इसे जरूर पोंछना है। कबीर का साहित्य नहीं समझना है, छोड़ दो, कबीर का साहित्य समझ में नहीं आता है, अलग हट जाओ। यह क्या जबर्दस्ती है कि कबीर के साहित्य को प्रक्षिप्त कर के समझना है और किंवदन्ती फैला कर समझाना है? यह फासिज्म है। यह कबीर पर एक जाली किताब है। जाली किताबों का यह चलन लम्बा है। कबीर को समझने के लिए कबीर पर ब्राह्मणों द्वारा लिखा कुछ भी न पढ़ा जाए तो नुकसान जीरो भी नहीं होगा। कबीर की वाणी पढ़ो और कबीर के समकालीन दलित जातियों के सद्गुरुओं की वाणी पढ़ो—तब कबीर समझ में आते हैं। कबीर के समकालीन और पूर्वकालीन ब्राह्मणों की वाणी पढ़ने से लाभ यह मिलता है कि कबीर उन सब का खंडन कर रहे थे। कबीर के पश्चातकालीन ब्राह्मणों ने वह सब कबीर के नाम से रचा जिन का कबीर खण्डन कर रहे थे। ब्राह्मणों ने कबीर को मार कर अपने गले में डाल रखा है। उन के पास जिन्दे कबीर नहीं हैं। दुराग्रह कर रहे हैं कि लोगों ने कबीर के नाम से जो किंवदन्तियाँ खड़ी की हैं, उन्हें तथ्य मान कर इतिहास होने की मान्यता दो। पर, झूठ को मान्यता क्यों दी जाए? कह रहे हैं, किंवदन्तियाँ लोगों ने खड़ी कीं हैं, इसलिए उन्हें मान्यता अवश्य दी जाए। इस तरह ये लोग वेद, पुराण और संस्कृति के अध्याय लिखते

---

24. अकथ कहानी प्रेम की : कबीर की कविता और उन का समय, पुरुषोत्तम अग्रवाल, राजकमल प्रकाशन प्रा.लि., 1-बी, नेताजी सुभाष मार्ग, नई दिल्ली-110 002, पहला संस्करण, 2009, पृ. 177

आ रहे हैं और उन्हें मान्यता दिलवाने की जबर्दस्ती करते हैं। यदि मैं लिख दूँ कि एक बार पुरुषोत्तम अग्रवाल हवाई जहाज से जाते समय प्रशान्त महासागर में डूब गए थे पर भगवान राम का नाम लेने से वे बच गए थे तो पुरुषोत्तम अग्रवाल को और बाकी लोगों को इस किंवदन्ती के बारे में कैसा लगेगा? मेरे द्वारा खड़ी की गई इस किंवदन्ती में कौन सी वैज्ञानिकता ढूँढी जाएगी कि इसे तथ्य माना जाएगा? क्या मैं पुरुषोत्तम अग्रवाल के जीवन के बारे में किंवदन्तियों की झड़ी लगा दूँ कि एक बार...., दूसरी बार....., और तीसरी बार......?

दो चीजों के बीच लड़ाई है। एक तरफ कबीर के ज्ञान की आँधी चल रही है, दूसरी तरफ हिन्दुओं के प्रक्षिप्त और किंवदन्ती के भ्रम फैल रहे हैं। कबीर अपने समय तक के हिन्दुओं के भ्रमों से लड़ कर गए हैं। उन्होंने उस लड़ाई में जीत हासिल की थी। सवाल है, जो प्रक्षिप्त और किंवदन्ती के भ्रम कबीर के बाद फैलाए गए हैं, उन से कबीर के बालक कितने लड़ पाए और कितने जीत पाए हैं? अब कबीर नहीं है, लेकिन भ्रम मौजूद है। क्या कबीर के बच्चों के पास ज्ञान की आँधी नहीं है?

ये विद्वान कहते हैं कि प्रक्षिप्त और किंवदन्ती को पढ़ो और मानो। हमने कह दिया है कि नहीं पढ़ते, नहीं मानते। कोई जबर्दस्ती है? तानाशाही है? पीछे क्यों पड़े हुए हो? हमें सच के कबीर चाहिए—हमें कबीर के नाम से झूठ के सौदागर नहीं चाहिए। हमें खरा माल चाहिए, हम खोटा माल क्यों लें? हमें कबीर की वाणी में मिलावट नहीं चाहिए। अमृत में जहर क्यों मिलाया जा रहा है? वह दिमागी स्वास्थ्य के लिए हानिकारक होता है। मिलावट करने वालों को जेल बुला करती है। नकली दवाइयाँ बेचने वालों से सरकार ने नागरिकों को सावधान रहने को कह रखा है। हमने खाद्य पदार्थों में मिलावट करने वालों के लिए कानून बना रखा है, क्या कबीर की साहित्यिक वाणियों में प्रक्षिप्त और किंवदन्ती के द्वारा मिलावट करने वालों के लिए कानून नहीं बनाना चाहिए? कानून जरूर बनाया जाना चाहिए और कसूरवार लोगों को उस से भी ज्यादा सख्त सजा मिलनी चाहिए जो खाद्य पदार्थों में मिलावट करने वाले अपराधियों को मिलती है। दवाओं के मामलों में यह अपराध मिलावट तक सीमित नहीं रहता बल्कि बिलकुल नकली दवाइयाँ बेची जाती हैं। 'जोनसन एण्ड जोनसन' नाम की पक्की फर्म के नाम से नकली व्यापार किया जाता है। डाक्टरों को हतप्रभ किया जाता है कि पर्चे पर लिखी हुई उन की सही दवाई ने असर क्यों नहीं किया या रोगी क्यों मर गया। लोग कबीर की वाणी का अमृत चखना चाहते हैं, लेकिन प्रक्षिप्तकारों ने उन की वाणी को बेमजा और बेस्वाद कर दिया है। किंवदन्तियों की आधार सामग्री पर रची गई कबीर की जीवनी मन पर असर नहीं करती। प्रक्षिप्त और किंवदन्ती हमें धर्मेतर अध्यात्म के अंधेपन पर ले पटकती हैं। धर्मेतर अध्यात्म से हमें जालिम संस्थानों और तानाशाही संस्थाओं को बदलने और ढहाने की प्रेरणा नहीं मिलती।

क्या कोई खाद्य पदार्थों में मिलावट करने वाला व्यापारी यह कह कर अपना माल बेच सकता है कि उस के मिलावटी माल को खरीदा जाए? क्या कोई नकली दवाइयाँ

तैयार करने वाला फैक्ट्री मालिक यह बता कर अपनी दवाइयाँ बाजार में उतारेगा कि उस की दवाइयाँ नकली हैं? लेकिन साहित्य में ऐसा जरूर धमक रख कर किया जा रहा है। पहले ऐसा हजारी प्रसाद द्विवेदी कर रहे थे, उन की परम्परा में ऐसा अब पुरुषोत्तम अग्रवाल कर रहे हैं। वे कबीर के अनुयायियों का पूरा मार्केट कब्जाना चाहते हैं। सच ही, जो खाद्य पदार्थों में मिलावट है, कबीर की वाणी में वह प्रक्षिप्त है तथा जो फार्मेसी में नकली दवाइयाँ हैं, कबीर की जीवनी में वे किंवदन्तियाँ हैं। ऊपर लेबल कबीर का और साहित्य सारा नकली।

ओशो कई बातों को बहुत अच्छी तरह समझे हुए थे, फिर भी कई दूसरी बातों को वे सही तरीके से समझ नहीं सके। जो वे नहीं समझ सके, वह उन के इन शब्दों में है—"रैदास और कबीर दोनों एक ही संत रामानंद के शिष्य हैं।"[25] लेकिन जो वे ठीक-ठीक समझ सके, वह उन के इस लेखन में है—"रामानंद को लोग भूल ही गये होते अगर रैदास और कबीर न होते। रैदास और कबीर के कारण रामानंद याद किये जाते हैं।"[26] सही बात यह है कि रैदास और कबीर के नामों पर रामानंद का नाम जबरन चिपकाया गया है। लेकिन अच्छी बात यह है कि किंवदन्ती के मामले में ओशो बहुत स्पष्ट हो कर आए हैं। वे कहते हैं :

> "तो देखते हो तुम हिन्दू बेईमानी! बुद्ध को इनकार करें तो उन्हें लगा कि यह तो भारी नुकसान हो जाएगा—बिलकुल इनकार करना। और बुद्ध को इनकार तो करना ही होगा। क्योंकि बुद्ध को इनकार न करें तो पांडित्य कैसे चले, पुरोहित कैसे चले, यज्ञ-हवन कैसे चलें, यह धोखाधड़ी और धंधा यह जो धर्म के नाम पर चलता है, यह कैसे चले?
>
> तो दोहरी दिक्कत थी, बुद्ध के विचार तो इनकार करने पड़ेंगे, बुद्ध को स्वीकार कर लो। बड़ी कुशलता से यह काम किया। वही कुशलता उन्होंने फिर रैदास के साथ भी की।
>
> रैदास को भक्तमाल में स्वीकार कर लिया परम भक्त, भक्त शिरोमणि, लेकिन दो कहानियां गढ़ीं। और जैसी कहानी ब्राह्मण गढ़ सकते हैं दुनिया में कोई भी नहीं गढ़ सकता। क्योंकि इतना पुराना अभ्यास है उनका कहानियां गढ़ने का, पुराण लिखने का......।
>
> अगर यहूदियों को पता होता कि कहानियां गढ़ी जा सकती हैं तो जीसस को सूली न दी होती, सिर्फ एक कहानी गढ़ ली होती। सूली देनी पड़ी क्योंकि कहानी नहीं गढ़ सके।
>
> हिंदू कुशल हैं, इन्होंने कभी सूली नहीं दी किसी को—कहानियां गढ़ने

25. सत भाषै रैदास (रैदास-वाणी), ओशो, संपादन, स्वामी चैतन्य कीर्ति, डायमंड पाकेट बुक्स (प्रा.) लि., एक्स-30, ओखला इंडस्ट्रियल एरिया, फेज-II, नई दिल्ली-110 020, संस्करण, 2009, पृ. 7

26. वही, पृ. 8

में कुशल हैं। जब कहानी से ही काम चल जाये तो कटारें क्यों निकालो! कहानियां ही कटारें बन जाती हैं।

रैदास के संबंध में दो कहानियां गढ़ीं। एक कि रैदास अपने पूर्वजन्म में भी रामानंद के शिष्य थे। एक दिन रैदास भिक्षा मांगकर आये—पूर्व जन्म की बात है, जब वे रामानंद के ब्रह्मचारी शिष्य थे, ब्राह्मण थे—भिक्षा मांगकर लाये। रामानंद ने पूजा का थाल सजाया और अपने ठाकुरजी को, भगवान की प्रतिमा को प्रसाद चढ़ाया। लेकिन पहली बार रामानंद के जीवन में ठाकुरजी ने प्रसाद लेने से इन्कार कर दिया।

....

रामानंद तो बहुत दुःखी हुए, जीवन में ऐसा कभी न हुआ था। उन्होंने पूछा ठाकुरजी से कि आप क्यों इनकार कर रहे हैं? तो उन्होंने कहा कि यह प्रसाद ऐसे घर से लाया गया है, एक ऐसे बनिये के घर से यह ब्रह्मचारी भिक्षा मांग लाया है जिसका सीधा कारोबार एक चमार से है। इसलिए यह प्रसाद स्वीकार नहीं हो सकता।

....

मगर कहानी गढ़ने में ब्राह्मण सच में कुशल हैं और कहानियां प्रचलित कर देते हैं और लोक-मानस में कहानियां बैठ जाती हैं।

....

यह एक कहानी उन्होंने गढ़ी। इसीलिए चूंकि रैदास पूर्वजन्म के ब्राह्मण हैं, उनको भक्तमाल में स्वीकार किया, नहीं तो उनको भक्तमाल में स्वीकार नहीं कर सकते थे। उनको भक्तों ने इसलिए स्वीकार किया, उनकी भक्ति के कारण नहीं, समझ लेना तर्क। उनके परमात्मा के प्रति समर्पण के कारण नहीं। उनकी प्रार्थना की अद्‌भुतता के कारण नहीं। उनके समाधि के अनुभव के कारण नहीं, ईश्वर साक्षात् के कारण नहीं। सब बातें गौण हैं। असली बात यह है कि वे पूर्वजन्म के ब्राह्मण हैं, इसलिए उनको भक्त स्वीकार किया।

....

कहानी चल पड़ी, लेकिन लोगों को कैसे भरोसा आये कि यह कहानी सच है? अब पूर्वजन्म किसी ने देखा तो नहीं। रामानंद कहते हैं, पंडित कहते हैं, मगर क्या पता! तो दूसरी कहानी भी गढ़ी कि लोगों ने एक बार बहुत आग्रह किया रैदास को कि आप कुछ प्रमाण दें कि आप पिछले जन्म के ब्राह्मण हैं।

....

तो कहते हैं रैदास ने प्रमाण दिया! उन्होंने अपनी चमड़ी उधेड़ दी और चमड़ी जब उधेड़ी तो स्वर्ण यज्ञोपवीत, जनेऊ सोने का चमड़ी के भीतर

छिपा हुआ निकला। तब लोगों ने माना। इसलिए उनका भक्तमाल में स्मरण किया गया है महान भक्त की तरह।

....

ये सड़ी-गली कहानियां, ये झूठी कहानियां, सिर्फ एक छोटे से तथ्य को झुठलाने के लिये हैं कि वे चमार थे। और चमार को अंगीकार कैसे करें। लेकिन मैं तुमसे कहता हूँ ये कहानियां झूठी हैं।''[27]

बात सच है। इन किंवदन्तियों को हम मान्यता क्यों दें? नहीं देंगे , मान्यता नहीं देंगे, हर्गिज मान्यता नहीं देंगे। ऐसे सारे लेखक कान खोल कर खूब सुन लें–"हम अपने महापुरुषों के बारे में प्रक्षिप्त रचनाओं और किंवदन्तियों को मान्यता कभी नहीं देंगे।" एक बार की नहीं सुनी गई तो हम हजार बार घोषणाएँ कर रहे हैं कि हम प्रक्षिप्तों और किंवदन्तियों के अध्ययन में अपना समय जाया नहीं करेंगे। कह इसलिए रहा हूँ कि एक किंवदन्ती को चलने देने से मैंने रोका है। पुरुषोत्तम अग्रवाल किसे बता रहे हैं कि किंवदन्ती को पढ़ने की अकल होनी चाहिए? यह मेरे तजर्बे की बात है। एक कमरा था। उस में दो आदमी थे। एक ब्राह्मण थे, दूसरे गैर-ब्राह्मण थे। दोनों हिन्दू थे। पढ़े-लिखे थे, बहुत पढ़े-लिखे थे। एक लेखक थे। उन दोनों ने मिल कर उस कमरे में वह किंवदन्ती बाबा साहेब डा. अम्बेडकर के बारे में चलाई। मुझे पता चला–उन्होंने मुझसे कहा कि वे इस किंवदन्ती को चलाएंगे। मैं नाराज हुआ। नाराज नहीं हुआ, बल्कि उस किंवदन्ती को न चलाने के लिए उन पर दबाव बनाया। मैं उस किंवदन्ती को रोकने में सफल हुआ। यहाँ भी मैं उस किंवदन्ती के शब्द नहीं लिख रहा हूँ क्योंकि शब्द लिखते ही वह चल पड़ेगी। वह डा. अम्बेडकर के आन्दोलन को कमजोर करने के लिए किंवदन्ती रची गई थी।

ख. सनाथ दास का किंवदन्तियों पर हल्लाबोल हमला

कबीर के किसी भी अध्येता को इस बात की जिद नहीं करनी चहिए कि उसे सच से मतलब नहीं है बल्कि किंवदन्ती से मतलब है। किसी भी हालत में किंवदन्ती को सच की तरह नहीं पढ़ा जा सकता। कबीर जब थोथे को छाज पर फटक कर और उड़ा कर फेंकने की सलाह दे रहे हैं तो उन के अध्ययनकर्ताओं को इस बात का विशेष ख्याल रखना चाहिए कि किंवदन्ती को सच्चाई से दूर फटकाना है। जब कबीर के बारे में सच्चाई के साथ किंवदन्ती का भूसा रला हुआ हो तो उसे कूड़ा मान कर बाहर करना है। लेकिन यदि कोई व्यक्ति उलटी कसम खा ले कि उसे सच्चाई की खोज बंद कर के केवल किंवदन्ती को स्वीकार करना है तो क्या किया जाए? ऐसे व्यक्ति पुरुषोत्तम अग्रवाल हैं

27. वही, पृ. 12-5

जो किंवदन्तियों की प्रशंसा में गीत गाए जा रहे हैं। वे हमें किंवदन्तियों को पढ़ने की अक्ल दे रहे हैं, पर अपनी इस अक्ल को वे कहीं और बेचें।

पुरुषोत्तम अग्रवाल ने तर्क दिए हैं कि हम यह जानने की कोशिश करें किंवदन्तियाँ क्यों रची जाती हैं। पर इस में जानने की क्या जरूरत है क्योंकि हम अच्छी तरह समझते हैं कि वे इतिहास के साथ जालसाजी करने की नीयत से गढ़ी जाती है? जब विरोधी लोगों को भारी दिक्कतें पेश आती हैं, तब वे किंवदन्तियों के हथियार को इस्तेमाल करते हैं। इस बारे में सनाथ दास अपनी पुस्तक 'कबीर और रामानंद' के चौथे अध्याय 'वैष्णवों के बहकते कदम' में लिखते हैं—"रामानंदीय वैष्णव लोग सद्गुरु कबीर की प्रसिद्धि से लाभ तो उठाना चाहते हैं, किन्तु जब वे देखते हैं कि कबीर राम का नाम लेते हुए अपने राम को न केवल दाशरथी राम से अलग करते हैं बल्कि अवतारवाद और मूर्तिपूजा का जमकर खण्डन भी करते हैं... और इतना ही नहीं सनातन से चली आ रही वर्णाश्रम व्यवस्था को धराशायी करने में कोई कसर नहीं रखते... तब रामानन्दीय वैष्णव लोग तिलमिला उठते हैं... और कबीर से अपना पिण्ड छुड़ाने के लिए किंवदंतियां गढ़ते हैं... दूसरे कबीर की कल्पना करने लगते हैं।"[28] किंवदन्ती संधा-भाषा नहीं, बल्कि छल-कपट की भाषा होती है। सनाथ दास ने लिखा है—"भारत की संस्कृति ही ऐसी है कि यहां पुराण पर पुराण लिखे जाते हैं। बाद के रामानंदीय विद्वानों ने इस पर विचार किया। किन्तु उनके सामने विकट समस्या यह भी थी कि कबीर साहेब को स्वामी रामानंद का शिष्य बताते हैं तो उनकी परंपरा, शास्त्रप्रमाण आड़े आता है। यदि उन्हें अस्वीकार करते हैं तो कबीर उनके हाथ से निकल जाते हैं। और कबीर के निकल जाने से केवल कबीर ही नहीं उनके साथ रैदास सेन पीपा तथा धना भी अलग हो जाते हैं। फिर जिस स्वामी रामानंद की उदारता की ढिंढोरा पीटते वे नहीं अघाते थे उसका क्या होगा। उस पर सवालिया निशान लगता है। ऐसी स्थिति में रामानन्दीय वैष्णवों की स्थिति "भई गति सांप छछुन्दर केरी, उगलत निगलत पीर घनेरी" वाली कहावत को चरितार्थ करती दीख पड़ती है तब वे उल्टी सीधी किंवदन्तियां गढ़ते हैं।"[29] किंवदन्ती को गढ़ना रणनीति का एक हिस्सा होता है। यह दिमाग से उतर कर आती है। सनाथ दास ने सही लिखा है—"वैष्णव परम्परा के लोग कबीर रैदास आदि निर्गुणी संतों को अपने स्वार्थ के लिये आत्म सात करना चाहते थे, किंतु जब देखा कि इन्हें अपने में मिलाना खतरे से खाली नहीं है तब नाना प्रकार की उल्टी सीधी बातें लिखने लगे। ब्राह्मणी परम्परा का यह स्वभाव है कि प्रसिद्ध महापुरुषों का विरोध करना जब उन्हें कठिन लगता है तब वे लोग समाहार की नीति अपनाते हैं।"[30]

सवाल यह है कि किंवदन्ती किस ने चलाई। सीधा उत्तर है कि किंवदन्ती ब्राह्मण

---

28. कबीर और रामानंद, सनाथ दास, सद्गुरु कबीर संस्थान, गुरुद्वारा फोर्ट रोड, रीवा, मध्य प्रदेश, प्रथम संस्करण, 2010, पृ. 111
29. वही, पृ. 113
30. वही, पृ. 186

ने चलाई। ब्राह्मण ने किंवदन्ती क्यों चलाई? ब्राह्मण ने किंवदन्ती इसलिए चलाई क्योंकि किंवदन्तियों में बार-बार 'ब्राह्मण' शब्द आता है। कबीर को ब्राह्मण रामानंद का शिष्य बताया तो कबीर के माँ-बाप को ब्राह्मण ही बता दिया। इस किंवदन्तियों के बारे में सनाथ दास ने लिखा है–"......नीरू-नीमा को भी ब्राह्मण बताया गया। इस संदर्भ में कबीरपंथी विद्वान तथा संस्कृत के महान पंडित श्री ब्रह्मलीन मुनि ने लिखा है–"कबीर साहेब के माता-पिता ब्राह्मण थे। .....कबीर के पिता का नाम गौरीशंकर था तथा माता का नाम सरस्वती देवी ......(था)। मुसलमानों ने जबरदस्ती उनके मुख में नीर (पानी) डाल दिया इसलिये उसका नाम नीरू पड़ गया और उनकी पत्नी सरस्वती देवी का नाम नीमा हो गया। ब्राह्मणों ने उन दोनों को जाति से बहिष्कृत कर दिया जिसके परिणाम स्वरूप वे मुसलमानों के बीच रहने लगे और लोग उन्हें मुसलमान मानने लगे। वस्तुतः वे लोग ब्राह्मण थे। कबीर मंसूर तथा अनुराग सागर में भी नीरू-नीमा को पूर्व जन्म का ब्राह्मण बताया गया है।"[31]

कबीर के बारे में खड़ी की गईं इन किंवदन्तियों की गिनती की हद हो गई है। एक तरह से किंवदन्तियों की बाढ़ आ गई है। इस में कबीर ही दो तरह के बना दिए गए। सनाथ दास ने रामानंदी भगवदाचार्य की पुस्तक 'रामानंद दिग्विजय' से उद्धृत किया है–"परन्तु आज कबीर जी के ग्रंथों से मालूम होता है कि उन्होंने साकारब्रह्म की उपेक्षा करके निराकारब्रह्म को अधिक महत्व दिया है। मैं यह मानने के लिए कभी तैयार नहीं हूं कि स्वामी जी जैसे आचार्य के शिष्य स्वयं भगवन्मत कोविद स्वामी जी के सिद्धान्तों उपदेशों और आदर्शों के विरुद्ध कोई भी काम करे। तब हमको विवश होकर यह मान लेना पड़ता है कि सिकन्दर लोदी के समय में जो कबीर रहे होंगे वह मूल कबीर जी से पीछे गद्दीनशीन हुए होंगे। उन्होंने भी अपने को कबीर नाम से ही विख्यात किया होगा... ... तथा मूल कबीर जी के साकार ब्रह्म के सिद्धान्त में निराकार ब्रह्म का समावेश कर दिया होगा। मेरा यह कथन केवल कल्पना की भित्ति पर आधार नहीं रखता है। प्रत्युत इसमें प्रमाण भी उपस्थित किया जा सकता है। अयोध्या में श्री हनुमत निवास तथा बड़ी कुटिया इत्यादि जो वैष्णव स्थान है वह रामकबीरीय स्थान है। परन्तु वह लोग अपने को कबीरपंथी न कह कर रामकबीर कहते हैं। आज के कबीरपंथी लोगों के साथ उनका कोई सम्बन्ध नहीं है। ये लोग भी राम के परमोपासक और रामानंदीय वैष्णव हैं। श्री वैष्णवों के साथ ही उनका सभी प्रकार का संबंध है। अतः रामकबीर इस संज्ञान्तर के बल पर मैं कह सकता हूं कि राम कबीर ही मूल कबीर जी थे........ और निराकारी कबीर पीछे से उन्हीं मूल कबीर जी की शाखा में से है औ उनके साथ आज भी रामानंदीय का कोई घनिष्ठ संबंध व्यवहार नहीं दीख पड़ता है।"[32] इस पर विचार करते हुए सनाथ दास ने लिखा है कि भगवदाचार्य ने दो कबीर की कल्पना कर के खुद अपनी परेशानी बढ़ाई है। दो कबीर की कल्पना निराधार है। सनाथ दास ने प्रश्न पूछे

31. वही, पृ. 52-3   32. वही, पृ. 111

हैं—"पहले जो मूल कबीर की चर्चा की गयी है, उसका इतिहास क्या है? उनका जन्म किस कुल योग में हुआ था? उनके माता पिता का नाम क्या था? किस ग्राम में, व किस प्रदेश में, किस सन् संवत् में उनका जन्म हुआ था? क्या उनके शिष्य शाखा भी थे? वे किस मठ या मंदिर के मठाधीश थे? उक्त सभी बातों पर बिना विचार किये केवल नाम के ही आधार पर दूसरे कबीर की कल्पना करना हास्यास्पद है.... और यह भी कहना कि उक्त तथाकथित रामकबीर की शाखा में निर्गुणी कबीर साहेब हुए थे।"[33] इस किंवदन्ती ने भारी नुकसान यह किया कि '......कबीर के ऐतिहासिक रूप को ही गायब कर दिया और कबीर की जगह पर कल्पित कबीर को ला बिठाया।"[34]

पहले कहा जा चुका है कि कबीर के बारे में किंवदन्तियों की कोई कमी नहीं है। शायद एक किंवदन्ती से कबीर को मिटाने का काम नहीं हो पा रहा था तो एक अन्य किंवदन्ती के बारे में सनाथ दास ने बताया है—"......वैष्णव संतों ने कबीर को साक्षात शुकदेव.... का अवतार बताया, किसी रामानंदी ने लिखा कि कबीर साहेब प्रहलाद के अवतार थे, तो किसी ने कहा कि वे ध्रुव.... के अवतार थे। फिर तो क्या कहना कबीर को वैष्णवी लबादा से ऐसा ढंका कि उनका निर्गुण रूप ही विलुप्त होने लगा(।) आगे चल कर ऐसे भी विद्वान पैदा हुये जिन्होंने कबीर के क्रांतिकारी, वेद विरोधी रूप को प्रक्षिप्त करार दिया। इसके लिये एक कल्पित कहानी गढ़ी गई जिसका सारांश इस प्रकार है—"कबीर साहेब एक वैष्णव संत थे। उनमें अनेक प्रकार की सिद्धियां भी थीं। कई बार वे अपने स्थूल शरीर को सिद्धि बल से छोड़कर सूक्ष्म शरीर से तीर्थ-यात्रा आदि करने चले जाते थे। कहीं जाने से पहले वे अपने शरीर को रक्षाचक्र से बांध दिया करते थे। वे एक बार पुनः जब अपने शरीर को छोड़कर तीर्थ यात्रा को गये तो उसे रक्षा चक्र में बांधना भूल गये। कबीर तो सूक्ष्म शरीर से तीर्थ यात्रा में चले गये। इधर उनके स्थूल शरीर को खाली देखकर उसमें एक भूत प्रवेश कर गया। ....(वह) भूत ....कबीर के रूप में वेद-शास्त्र, अवतारवाद, मूर्तिपूजा, वर्णाश्रम व्यवस्था आदि हिन्दू धर्म का खण्डन करने लगा। उसने कबीर के नाम से बहुत से साखी-शब्द भी रच लिया। उसने बहुत से चेले भी बनाये। इस प्रकार उक्त भूत ने कबीर के नाम पर एक पंथ ही खड़ा कर दिया। जब कबीर साहेब बहुत दिनों के बाद वापस आये तो उन्हें अपना रखा हुआ शरीर नहीं दिखा। तब ध्यान के द्वारा जाना कि मेरे शरीर में तो भूत प्रेवश कर गया है। कबीर को देखते ही भूत उनका शरीर छोड़कर भाग खड़ा हुआ। परन्तु उक्त भूत ने कबीर के नाम पर एक पंथ खड़ा कर रखा था। भूत द्वारा भटकाये लोगों को उन्होंने समझा-बुझाकर अपने रास्ते पर लाया किन्तु कुछ लोग बच गये थे, वे ही कबिरहा हुये। वे ही भूतपंथी, दानवपंथी कहलाए और कबीर के नाम पर उल्टा-सीधा उपदेश दिया करते हैं। वेद शास्त्रों की निंदा, मूर्तिपूजा, अवतारवाद तथा तीरथ-व्रत की निंदा किया करते हैं। असली कबीर साहेब तो भगवान के परम भक्त थे.... और गुरु रामानंद स्वामी के शिष्य थे। वे तो परम वैष्णव थे।"[35]

33. वही, पृ. 112 34. वही, पृ. 187 35. वही, पृ. 63-4

यह किंवदन्ती कबीर को भीतर से मारने का औजार थी। इसे समझते हुए सनाथ दास लिखते हैं–"कबीर को शुकदेव का अवतार कहा, किसी ने ध्रुव का अवतार बताया तो किसी ने उन्हें भक्त प्रहलाद का अवतार मानकर उनकी प्रसिद्ध से लाभ उठाये और रामानंद का शिष्य बताकर प्रकारान्तर से रामानंद को सबसे बड़ा सिद्ध किया गया, किन्तु कबीर के विचारों को भूत-प्रेत द्वारा प्रचारित और त्याज्य बताया। कबीर को उनके मौलिक रूप में वे कतई स्वीकार नहीं कर सकते।"[36] कहानी पूरी यही है–"इसी प्रकार कबीर का विरोध करना रामानंदियों के वश की बात नहीं थी। इसलिए कबीर को शुकदेव का अवतार,.... प्रहलाद का अवतार मानकर.... पूज लिये, किन्तु कबीर पंथियों को निर्गुनिया अर्थात् भूत के चेले बनाकर रख दिये। यह ब्राह्मणों का पुराना ब्रह्मास्त्र है। जब-जब भारत में ऐसे महापुरुष हुए हैं तब-तब इन्हीं ब्रह्मास्त्रों का उन्होंने उन पर प्रयोग किया है। संत रैदास को पूर्व जन्म का ब्राह्मण बताया।.... इतना ही नहीं वैष्णवों ने उन्हें यमराज का अवतार बताया। ....भगवान बुद्ध को विष्णु का अवतार,........ कबीर को प्रहलाद का अवतार बनाकर इन महापुरुषों को अपने खेमे में कर लिये और उनके अनुयायियों को नरकगामी करार दिया। यह एक प्रकार की मिली मार हैं। अतः इनके सब्जबाग से सावधान रहने की जरूरत है। कबीर जब किसी अवतार को तवज्जो नहीं देते हैं, श्रेय नहीं देते हैं तब उन्हें अवतार सिद्ध करना हास्यास्पद है। निष्कर्ष यह है कि सद्गुरु कबीर किसी रामानंद के न तो शिष्य थे और न ही किसी रामकबीर के शिष्य या दो नम्बर के कबीर थे।"[37]

जरा यह भी जान लिया जाए कि किंवदन्ती की यह संधा-भाषा होती कैसी है। होता यह है कि किंवदन्ती निर्माण में किंवदन्तीकारों की जबान शुरू में लड़खड़ाने लगती है। वह भाषा एकदम पकड़ी जाती है। विद्वत्ता के स्तर पर तो ये तोतले हो जाते हैं और पंथ के स्तर पर सरपट दौड़ते हैं। विद्वानों के बीच में मुँह दिखाना होता है तो पुरुषोत्तम अग्रवाल बन जाते हैं कि किंवदन्ती का बौद्धीकरण करते हैं। महन्त सनाथ दास ने कबीर पंथ में आए एक दूसरे ब्राह्मण अभिलाष दास की तुतलाती भाषा के कुछ नमूने दे दिए हैं जो अभिलाष दास की पुस्तकों में आए हैं। सनाथ दास लिखते हैं–"उपर्युक्त उद्धरणों में -पल्ला पकड़ा होगा, या सीखा समझा होगा, साधना में सहारा पाया होगा, उनका संबंध स्वामी रामानंद से रहा हो, तथा–....."व्यवहारतः गुरु स्वामी रामानंद हो सकते हैं।" ये सभी शब्द संदेह परक हैं।"[38] सनाथ दास ने सही पूछा है–"यह बार-बार एक ही वाक्य की पुनरावृत्ति क्यों की जा रही है? यह रटन क्यों हो रही है? गुरु स्वीकारा होगा, चुना होगा, गुरु माना हो तो इसमें आश्चर्य नहीं तथा गुरु तो हो सकते हैं। अन्दर में ब्राह्मण रामानंद जमकर बैठा है। इतने भर से वे विराम नहीं लेते प्रमाण भी देने को उद्यत हैं।"[39]

---

36. वही, पृ. 186
37. वही, पृ. 113-14
38. वही, पृ. 137
39. वही, पृ. 138-39

ग. फतवों का कारण : किंवदन्तीगर्दी

फतवों के जन्म लेने का कारण क्या है? फतवों का विलोम क्या है? फतवों का विलोम प्रक्षिप्त है। यदि प्रक्षिप्त न गढ़े जाएँ तो फतवों की जरूरत अपने आप खत्म हो जाती है। यदि फतवे खत्म करने हैं तो प्रक्षिप्तों को खत्म करना ही पड़ेगा। ऐसा नहीं हो सकता कि प्रक्षिप्तों की फैक्ट्री चालू रहे और उस पर रोक लगाने की आवाज को दबाया जाता रहे। और, आप किंवदन्ती खड़ी क्यों करते हो? किंवदन्ती खड़ी कर के झूठ को तथ्य बना कर पेश क्यों करते हो? प्रक्षिप्त और किंवदन्ती का मतलब है कि आप ने लड़ाई की ठान ली है। आप लड़ाई को बुरी चीज नहीं मानते, बल्कि उसे आमंत्रित करते हो। यह झगड़े की जड़ है। आप झगड़ालू व्यक्ति हैं। आप को झगड़े से डर नहीं लगता।

अपनी पुस्तक 'कबीर के आलोचक-3 : सूत न कपास' में मैंने बताया था कि किंवदन्तियों से भरपूर अनन्तदास की 'कबीर परचई' एक झूठी किताब है। कबीर बैकुंठ में विश्वास नहीं करते। कबीर ने कहा ही है—"चलन चलन सब को कहत है, नाँ जाँनौं बैकुंठ कहाँ है।"[40] वे पूरी तीव्रता से कह रहे है—"बातन ही बैकुंठ बखानै।"[41] वे समझा रहे हैं—"कहैं सुनें कैसे पतिअइये, जब लग तहाँ आप नहिं जइये।"[42] लेकिन अनन्तदास हैं कि खुद कबीर को ही बैकुंठ भेज कर मानते हैं। कबीर के ज्ञान की आंधी के सामने कुपढ़ और अंधविश्वासी अनंतदास कबीर के बैकुंठ में जाने का झूठा वर्णन करते हैं :

1. इंद्र लोकि भया अधिक उछाहा।[43]
2. ब्रह्मा कहै भाग बड मेरा।[44]
3. बिसन कहै बैकूंठ ही लीजे।[45]

यहीं से फतवे शुरू होते हैं। अनन्तदास ही फतवों की जड़ हैं। सोचा जाए कि इस 'कबीर परचई' में विश्वास रखने वाले पुरुषोत्तम अग्रवाल की इस किंवदन्तीगर्दी को कैसे रोका जाए? यह प्रक्षिप्तगर्दी की माँ है। कबीर के जमाने में से कबीर गायब और हमारे जमाने में से हम गायब—क्या बात है? क्या भारतीय इतिहास को पढ़ने का तरीका है? क्या प्रक्षिप्त और किंवदन्ती के छक्के मारे हैं कि कबीर को बैकुंठ में तार दिया, गोया, इस दुनिया के लिए वे बने ही नहीं थे? अनन्तदास उन्हें इस पौराणिक अन्दाज़ में याद कर रहे हैं कि वहाँ वे विष्णु के साथ मौज में हैं। क्या इस पौराणिक अनन्तदास, रामानंदी

---

40. कबीर समग्र : प्रथम खंड, सम्पादक और लेखक, प्रो. युगेश्वर, हिन्दी प्रचारक संस्थान, पो.बा. 1106, पिशाच मोचन, वाराणसी-221 010, द्वितीय संस्करण, 1995, पृ. 536
41. वही, पृ. 536
42. वही, पृ. 536
43. Kabir Legends and Ananta Das's Kabir Parachai : With a translation of the Kabir Parachai prepared in Collaboration with Jagdish Kumar and Uma Thukral and with an Edition of the Niranjani Panth Recension of this work, David N. Lorenzen, Sri Satguru Publications, 40/5, Shakti Nagar, Delhi-110 007, 1st Indian Edition, Delhi 1992, p. 252
44. ibid., p. 252
45. ibid., p. 253

अनन्तदास और वैष्णव अनन्तदास को कबीर के बारे में कोई दूसरी बात नहीं सूझ सकती थी? कबीर कह रहे हैं कि वे 'सुंनिहि माँहि समावहिंगे',[46] लेकिन पुरुषोत्तम अग्रवाल के अनन्तदास उन्हें ब्रह्मा के साथ बैकुंठ का राज करवा रहे हैं। यह कबीर के जीवन दर्शन के बारे में भ्रम फैलाना नहीं तो क्या है? इसे कबीर की कविता के साथ ऐब करना नहीं तो और क्या कहा जाए? यह दार्शनिक बलात्कार है। कबीर की कविता की इज्जत एक कौड़ी की नहीं छोड़ी। कहीं ऐसे कबीर की कविता पढ़ी जाती है? प्रक्षिप्त और किंवदन्ती के भार के बैल लाद कर चले हैं—कहाँ जाना है? बता रहे हैं, कबीर के शिखर घर जाना है।

कट्टरता इसी रास्ते से जन्म लेती है कि दूसरों के महापुरुषों के बारे में भ्रम फैलाए जाएँ और उन का अपमान किया जाए। यही वह गलत रास्ता है जिस पर चलने की वजह से दुनिया के अनेक झगड़े जन्म लेते हैं। यह लड़ाई है, लड़ाई को न्यौता है कि कबीर बैकुंठ गए हैं। अनन्तदास को ऐसा लिखने का अधिकार किसने दिया? उन के दिमाग में क्या चल रहा था जब पुराणों से लड़ने वाले कबीर को वे पुराणों की भाषा में पेश कर रहे थे? क्या उन के पास कबीर की शब्दावली नहीं थी? नहीं थी तो कबीर पर लिखना छोड़ देते। किसने कहा था कि 'कबीर परचई' नाम से किताब लिखो? कबीर को रामानंद से सम्बन्धित बता कर पुरुषोत्तम अग्रवाल पूछ रहे हैं कि 'संवेदना की ऐसी समानधर्मिता'[47] कहाँ मिलेगी। किसी पहले वाले पुरुषोत्तम अग्रवाल ने रामानंद के नाम से कोई पद रच दिया और नए पुरुषोत्तम अग्रवाल ने उस की वकालत कर दी—हिन्दू विद्वानों का इतिहास लिखने का कुल जमा यही तरीका चल रहा है। पर, पुरुषोत्तम अग्रवाल ने बताया नहीं कि कबीर के बैकुंठ के खंडन में और अनन्तदास के कबीर को बैकुंठ में भेजने के मंडन में कितनी 'विचारों की समानधर्मिता' है।

फतवे इसलिए दिए जाते हैं ताकि प्रक्षिप्तों और किंवदन्तियों पर रोक लगे। फतवों के सिवा दूसरे बौद्धिक उपाय क्या हैं कि कबीर से सम्बन्धित प्रक्षिप्तों और किंवदन्तियों को फैलाने से रोका जा सके? एक धर्म का अनुयायी दूसरे धर्म के मामले में दखल न दे—यही धार्मिक लोकतन्त्र है। क्या पुरुषोत्तम अग्रवाल को इतनी धार्मिक समझ है कि वे कबीर के बारे में अफवाह न फैलाएँ? यदि उन के अनन्तदास को किसी को बैकुंठ में पहुँचा कर दम लेना है तो कबीर के बजाय अपने सारे हिन्दुओं को ले जाएँ। जो शख्स बैकुंठ के सिद्धान्त को अंधविश्वास मान कर उस का खंडन करता है, उसी को बैकुंठ वास कराया जा रहा है—यह साम्प्रदायिक युद्ध को न्यौता देना नहीं, तो क्या है? दूसरों के धर्मपुरुषों के बारे में अनुचित्र बातें लिखनी और उन्हें भाषण दे-दे कर प्रचारित करना धार्मिक सौहार्द पैदा करने का रास्ता नहीं है। भाईचारा इसी बात में निहित है कि जब

---

46. कबीर समग्र : प्रथम खंड, सम्पादक और लेखक, प्रो. युगेश्वर, हिन्दी प्रचारक संस्थान, पो.बॉ. 1106, पिशाच मोचन, वाराणसी-221 010, द्वितीय संस्करण, 1995, पृ. 580
47. अकथ कहानी प्रेम की : कबीर की कविता और उन का समय, पुरुषोत्तम अग्रवाल, राजकमल प्रकाशन प्रा.लि., 1-बी, नेताजी सुभाष मार्ग, नई दिल्ली-110 002, पहला संस्करण, 2009, पृ. 269

कबीर की वाणी समझ में नहीं आ रही है तो कबीर पर लिखना छोड़ दें। इन्तजार कर लें, जब समझ में आ जाएगी, तब लिख लेना। आधुनिक विश्वविद्यालय के पढ़े-लिखे आदमी हैं, इसलिए यह बात शोभा नहीं देती कि पुरुषोत्तम अग्रवाल आधुनिक किंवदन्तीकार के रूप में दूसरे अनन्तदास या दूसरे धर्मदास बनें। देशज आधुनिकता का आख्यान करने बैठे हैं, पर 21वीं सदी के अपने समय को भी पौराणिक बना रहे हैं, जब लिख रहे हैं—"आमी नदी के किनारे मगहर है, दूसरे पर कसरौल या कसरबल। कहते हैं कि कबीर यहीं आ कर रहे थे। यहाँ धूनी मन्दिर है, जहाँ कबीर ने एक बार फिर गोरख को विवाद और करामात दोनों में हराया था। 'आओ कबीर गोष्ठी करें' कह कर गोरख ने त्रिशूल हवा में टाँग दिया, जवाब में काशी के जुलाहे कबीर ने धागा हवा में खड़ा कर दिया। पाँच सौ 'मूरतियों' की प्यास बुझाने के लिए गोरख तो कमंडल भर ही पानी जुटा पाए, कबीर ने कुँआ ही खोल दिया। गोरख मान गए कि 'कबीर बढ़ कर हैं'।"[48]

पुरुषोत्तम अग्रवाल ने यहाँ क्या किया है? यह उन का 'कहते हैं' क्या है? इस 'कहते हैं' का ओर-छोर क्या है? हमें बता दें कि इस 'कहते हैं' में उन का और क्या-क्या भरा और छिपा है। क्या किसी विद्वान को ऊपर वाली पंक्तियाँ लिखनी चाहिए थीं? क्या यह अफवाहों को फैलाना नहीं है? क्या इसी 'देशज आधुनिकता' का उन्हें बहुत ज्ञान-घमंड हो रहा है? क्या वे यूरोप की आधुनिकता का अपनी इसी 'देशज आधुनिकता' से मुकाबला करने चले हैं? अच्छा होता, वे अपनी किताब में इस 'कहते हैं' का जिक्र न करते। अफसोस होता है कि दिल्ली के 'जवाहर लाल नेहरू विश्वविद्यालय' ने यूरोप में चल रही उत्तर-आधुनिकता के इस समय में कबीर के ऐसे अध्येता पैदा किए हैं कि इस 'कहते हैं' कि किंवदन्ती को प्रामाणिक बनाने के लिए वे यह लिख कर अपनी तरफ से ठप्पा भी लगा रहे हैं—"कुँआ आज तक है। पानी बहुत ही मीठा है, या था। मैंने अप्रैल, 1987 के किसी दिन पिया था।"[49] भला, 'आपने अप्रैल, 1987 के किसी दिन वहाँ उस कुएँ से पानी पिया था'—से यह कैसे सिद्ध हो जाता है कि मगहर में कबीर की गोरख से गोष्ठी हुई थी? यह अकल का कौन सा पैदलपन है कि नहीं समझ रहे हैं कि गोरख के समय तक कबीर पैदा भी नहीं हुए थे? त्रिशूल हवा में खड़ा है, जवाब में धागा हवा में खड़ा है, ...और.........और.......। भगवान बचाए भारतीयों को ऐसी 'देशज आधुनिकता' के ऐसे विद्वानों से । कम से कम, अपनी पुस्तक के शीर्षक 'अकथ कहानी प्रेम की : कबीर की कविता और उन का समय' की लाज रखी होती कि कबीर का समय गोरख का समय नहीं है। इन की गोष्ठी कैसे संभव हो सकती थी? तब, ऐसी 'देशजता' में सोम नाथ का मन्दिर टूटेगा नहीं तो क्या होगा? अंग्रेज इन्हें इन के घर में आ कर हराएंगे नहीं तो और क्या करेंगे? किंवदन्तीकार पुरुषोत्तम अग्रवाल जाने कैसे लिखना भूल गए?—"वहाँ, मगहर में, मुझे अप्रैल, 1987 में खुद कबीर ने अपने हाथों से पानी पिलाया था।" किंवदन्तीकार को काल की गणना

---

48. वही, पृ. 198

49. वही, पृ. 198

नहीं करनी होती जैसे पुरुषोत्तम अग्रवाल से पहले के एक दूसरे किंवदन्तीकार धर्मदास ने भी नहीं की थी।

क्या किंवदन्ती मात्र किंवदन्ती होती है? उत्तर यह है कि यह कई रूपों में प्रकट हो सकती है, पर इस का एक रूप अतिशयोक्ति का भी है। पौराणिक शैली में यह एक महामारी की तरह से फैलती है। पौराणिक उपाख्यान इन अतिशयोक्तियों की आतिशबाजी से भरे पड़े हैं। हरि मोहन झा ने अपनी पुस्तक 'खट्टर काका' में व्यंग्य की सृष्टि करते हुए में लिखा है कि '...अतिशयोक्ति हमारे रक्त में है।'[50] वे इस का खुलासा करते हैं–".....हमारा सारा साहित्य ही अतिशयोक्तियों से भरा हुआ है। बड़ी आँखें अच्छी लगीं तो उन्हें कान तक सटा दिया। पुष्ट पयोधर पसंद आये, तो उन्हें कलशों के बराबर बना दिया। अजी, सब बातों की एक सीमा होती है। यहाँ तो कोई सीमा ही नहीं!

मुख मस्तीति वक्तव्यं दशहस्ता हरीतकी!

जिसे जो मन में आया, लिख मारा। कोई पहाड़ उठा लेता है! कोई समुद्र सोख जाता है! कोई पृथ्वी को दाँतों में रख लेता है! कोई सूर्य को निगल जाता है! कोई चतुरानन, कोई पंचानन, कोई षडानन, कोई दशानन! कोई चतुर्भुज, कोई अष्टभुज, कोई सहस्रभुज! कोई एक सहस्र वर्ष युद्ध करता है। कोई पाँच सहस्र वर्ष तपस्या करता है। कोई दस सहस्र वर्ष भोग करता है! इन्हीं अतिशयोक्तियों के प्रवाह में हमने सत्य को डुबो दिया।"[51] आखिर, अनन्त दास द्वारा लिखी गई पुस्तक 'कबीर परचई' में यही सब कुछ हुआ है जिस की प्रशंसा करते पुरुषोत्तम अग्रवाल नहीं अघा रहे हैं। यह इन लोगों का माइन्ड सेट है और इन की हर रचना में गलत मन्तव्य छिपा रहता है। देशज आधुनिकता का इतना बखान–और अनन्तदास कबीर को पौराणिक चरित्र बनाने में लगे हुए है!

पुरुषोत्तम अग्रवाल एक ऐसे लेखक हैं जो जिस विषय पर कुछ नहीं जानते, उस पर सब से ज्यादा बोले हैं। यह विषय कबीर के साहित्य का है। फलतः, वे गैर-कबीर पर ही सब कुछ लिख-बोल गए हैं। उन की इस किताब से पता चलता है कि उन्होंने अपनी उम्र इस गलत काम में गुजार दी है। उन का चुनाव, वे जाने, पर उन्हें सफलता का श्रेय कैसे लेने दिया जाएगा कि वे पाठकों को गुमराह करने में कामयाब हो गए हैं? उन के अनुसार, कबीर पन्द्रहवीं-सोलहवीं शताब्दियों में आधुनिक थे पर वे खुद तो आज इक्कीसवीं सदी के मोहाने पर भी आधुनिक नहीं हुए हैं जब कबीर के जीवन को किंवदन्तियों से और उन के दर्शन को प्रक्षिप्तों से भर रहे हैं। निश्चित रूप से, इन कारनामों की वजह से पुरुषोत्तम अग्रवाल को आज की आधुनिकता में वैचारिक स्तर पर खलनायक की पदवी दी जा सकती है। हर युग का अपना खलनायक हुआ करता है, और निसंस्देह पुरुषोत्तम अग्रवाल आज की आधुनिकता के खलनायक हैं। अच्छी बात

---

50. खट्टर काका, हरि मोहन झा, राजकमल प्रकाशन प्रा.लि., 1-बी, नेताजी सुभाष मार्ग, नई दिल्ली-110 002, राजकमल पेपर बैक्स, चौथी आवृत्ति, 2010, पृ. 41
51. वही, पृ. 41

है, हमने अपने समय का साहित्यिक खलनायक ढूंढ लिया है। यह किताब उन के टेढ़े मस्तिष्क के झूठ को साकार रूप देती है। इस से उन के मस्तिष्क की बुनावट समझ में आती है कि वे साहित्य के क्षेत्र में कितना झूठ बोल सकते हैं। सच को दबा कर झूठ कैसे खड़ा किया जाता है और उस की वकालत कैसे की जाती है, दोनों का इतिहास और उस की प्रक्रिया का यह पुस्तक एक ताजा उदाहरण और दस्तावेज है। कबीर को ले कर यह पुस्तक झूठ का जामा है। यह हिन्दू पुराणों की परम्परा के अनुक्रम में लिखा गया पुलिंदा है।

घ. संवादहीनता का सिद्धान्त

एक 'डायनामिक्स' होती है और एक 'डायलेक्टिक्स' होती है। कार्ल मार्क्स के चिन्तन की वजह से डायलेक्टिक्स को संसार के सभी चिन्तक जान गए हैं। यह तर्क की द्वन्द्वात्मक पद्धति है जिसे कार्ल मार्क्स ने भौतिकवाद से जोड़ा है। यह मानव के क्रमिक विकास में ऐतिहासिक भौतिकवाद बन जाता है। इस की द्वन्द्वात्मक पद्धति वाद, विवाद और संवाद के पहियों से हो कर आगे बढ़ती है। जो संवाद सृजित होता है, अगले विकास के लिए वह वाद बन जाता है। उस नए वाद का नया विवाद तैयार हो जाता है। फिर नया संवाद अस्तित्व में आता है। यह संवाद वास्तविक होता है, और फिर यह नया वाद बन जाता है। कार्ल मार्क्स ने यूरोप के इतिहास का इसी तर्क पद्धति से विश्लेषण और उसकी व्याख्या की है।

भारत के इतिहास में इस तर्क पद्धति का क्या हाल है? क्या यह यहाँ मौजूद और कारगर है? क्या यहाँ थीसिस है, क्या यहाँ एन्टी-थीसिस है, और क्या यहाँ सिन्थेसिस है? उत्तर यह है कि यहाँ थीसिस है और यहाँ एन्टीथीसिस भी है, पर यहाँ सिन्थेसिस गायब है। तब तर्क को पूर्ण बनाने के लिए यहाँ सिन्थेसिस के स्थान पर क्या है? यहाँ सिन्थेसिस के स्थान पर हिप्पोक्रेसी है। पर, क्या इस हिप्पोक्रेसी का खुलासा किया जा सकता है? जरूर, वही एक जरूरी काम है। भारतीय चिन्तन की इस हिप्पोक्रेसी का विश्लेषण और इस की व्याख्या की ही जानी चाहिए।

विदेशियों ने हिन्दुओं को हिप्पोक्रेट कहा है। क्या उन्होंने सही कहा है? क्या वे हिन्दुओं को किसी अन्य विशेषण से सम्बोधित नहीं कर सकते थे? क्या हिप्पोक्रेट कहने में हिन्दुओं के चरित्र को पूरी तरह समझा जा सकता है? जो हिन्दुओं से सताए हुए लोग हैं, उन्हें इस शब्द से कहाँ तक मदद मिलती है? जो विदेशी लोग हिन्दुओं के सम्पर्क में आते हैं, उन्हें लाभ क्या है?

डा. अम्बेडकर इस सिन्थेसिस के गायब होने से परेशान हैं। सिन्थेसिस नहीं है तो फिर क्या है? खाली जगह कैसे भरी गई? पता चलता है कि डा. अम्बेडकर को सिन्थेसिस की जगह 'रिडल' मिलती है। इस ऊहापोह में उन्होंने अपनी एक पुस्तक 'रिडल्स इन हिन्दूइज्म' ही लिख डाली है। कहने का मतलब यह है कि वे हिन्दू धर्म को

समझने में असमर्थ हैं। हिन्दू धर्म उनके लिए पहेलियों का पिटारा है। यह नेक दलित चिन्तन का पड़ाव है कि उस की समझ में नहीं आ रहा है कि उस का किस से पाला पड़ा है। वह हतप्रभ है।

कबीर ने हिन्दुओं को किस रूप में समझा है? उन्होंने हिन्दुओं के चरित्र को समझने के लिए अपना 'कथनी करनी कौ अंग' का हथियार पैना किया है। उनके अनुसार, ये लोग कहते कुछ हैं, और करते कुछ हैं। इन की कथनी-करनी एक नहीं रहती। हिन्दुओं का जीवन दोफाड़ है। इस में इनका धर्म, दर्शन, अध्यात्म और भक्ति–सब दोफाड़ हैं।

हमें उस कैमेस्ट्री के मसाले का पता चलना चाहिए जिस से हिन्दू लोग रिडल, हिप्पोक्रेसी और कथनी-करनी का अन्तर बनाते हैं। वह मूल सामग्री क्या है जो इस कार्य में ईंट-गारे की तरह काम आती है? पच्चीकारी में क्या किया जाता है? रंग कैसे भरे जाते हैं? कच्चे माल से पक्का माल कैसे तैयार किया जाता है? यह उद्योग क्या है और इस का औद्योगिक क्षेत्र क्या है? इसे वैधता के लाइसेंस कौन देता है? पीछे की फोर्स क्या है? संयोग से, पुस्तक 'अकथ कहानी प्रेम की : कबीर की कविता और उनका समय' उन साधनों और उपकरणों को मुहैया करा देती है जिन से रिडल, हिप्पोक्रेसी और कथनी तथा करनी के अन्तर की व्याख्या की जा सकती है। ये दो उपकरण प्रक्षिप्त और किंवदन्ती के हैं। लेखक ने अपने घमंड में लिख मारा है–"सभ्यताओं का हो या समाजों का, इतिहास केवल संघर्ष-स्थली नहीं, संवाद-भूमि भी रहा है।"[52] बिलकुल वे इस वाक्य को पूरा नहीं कर पाए और उनका इतिहास का ज्ञान अधूरा है। उनकी कलम पकड़ कर आगे उन से बच्चे की तरह लिखवाया जा सकता है–"इतिहास रिडल का भी रहा है, हिप्पोक्रेसी का भी रहा है, कथनी और करनी के अन्तर का भी रहा है।" उन्हें सिखाते हुए और भी लिखवाया जा सकता है–"इतिहास प्रक्षिप्तीकरण का भी रहा है और इतिहास किंवदन्तीकरण का भी रहा है–अर्थात झूठ का भी रहा है।" जब वे विद्वानों से प्रक्षिप्त और किंवदन्ती के सम्मानजनक अध्ययन का आग्रह करते हैं तो झूठ का ही इतिहास सृजित करते हैं। फतवा क्या होता है? फतवा यह होता है कि उस में तर्क की गुंजाइश समाप्त रहती है। फतवा एक धार्मिक काम के लिए दिया जाता है पर एक झूठा आदमी क्या चाहता है? वह यह चाहता है कि उस के झूठ को झूठ न मान कर सच माना जाए। यदि झूठ को सच न माना गया तो झूठ बोलने वाले का सारा खेल समाप्त हो जाता है। झूठ को सच मनवाने के लिए वह सारे हथकण्डे अपनाता और अजमाता है। ये लेखक जब प्रक्षिप्त ओर किंवदन्ती की हिमायत और वकालत करते हैं तो झूठ की ही हिमायत और वकालत करते हैं। बिना फतवे के भय के इनका काम चल जाए तो इस से झूठ की गम्भीरता कम नहीं हो जाती।

झूठ बोलना कितना मुश्किल होता है? इसे असम्भव काम माना जाए। ब्राह्मण भी

---

52. अकथ कहानी प्रेम की : कबीर की कविता और उन का समय, पुरुषोत्तम अग्रवाल, राजकमल प्रकाशन प्रा.लि., 1-बी, नेताजी सुभाष मार्ग, नई दिल्ली-110 002, पहला संस्करण, 2009, पृ. 90

कथनी और करनी में अन्तर कर के झूठ बोलता है–सीधे झूठ उस से भी नहीं बोला जाता। लेकिन इन लेखकश्री का दुस्साहस देखिए कि प्रक्षिप्त और किंवदन्ती के नाम से झूठ का सीधा इस्तेमाल कर रहे हैं। जबकि भले लोगों को ऐसे नंगे झूठ से तौबा करनी चाहिए, ये उसे बढ़ावा देने में लगे हुए हैं। इन्होंने झूठ को बढ़ाने का 'झूठशास्त्र' ही खड़ा कर लिया है। रूपक में कबीर के करघे पर इनका ताना-बाना इंगला-पिगंला का नहीं, प्रक्षिप्त और किंवदन्ती का है।

इन्होंने खुद को इस काम में क्यों नहीं लगाया कि कबीर की मूल वाणी की खोज की जाए? खोज करने के बजाय ये कबीर वाणी का आविष्कार करने क्यों बैठ गए? विद्वत्ता क्या है और पढ़ाई-लिखाई क्या की है जब मन्तव्य कबीर की मूल वाणी की खोज का नहीं है? आज कबीर को मरे लगभग 500 साल हो गए, पर ये कबीर की वाणी का अध्ययन उस रूप में भी करवाएंगे जो कबीर के नाम से आज से सौ साल बाद और दो सौ साल बाद प्रक्षिप्त कविताएँ रची जाएंगी। इन्होंने रोक नहीं लगाई है कि सन् 2012 के बाद कबीर के नाम से कोई प्रक्षिप्त कविता नहीं रची जाएगी। प्रक्षिप्त रचने का इन का शाश्वत नैरन्तर्य है। ये उस में विघ्न, बाधा या टूट देखनी नहीं चाहते। इस निरन्तरता में अब कबीर की वाणी में 'कम्प्यूटर' शब्द भी आएगा और 'एटम बम्ब' भी। कबीर 'बर्गर' खाएंगे और 'पिज्जा' का स्वाद भी देखेंगे। इन का तर्क इसी ओर जा रहा है कि कबीर ओक्सफोर्ड और हार्वर्ड घूम कर आएंगे। इनका तर्क सीधा है कि प्रक्षिप्तीकरण और किंवदन्तीकरण तो कालातीत होते हैं। उन की महिमा के प्रसार के सामने कबीर की मूल वाणी क्या बेचेगी? इन्हें कबीर नहीं, प्रक्षिप्त कबीर चाहिए, क्योंकि ऐतिहासिक कबीर से इन्हें डर लगता है। पर, हमारी हाथ जोड़ कर प्रार्थना है कि इन की कलम से अगली कोई किताब प्रक्षिप्त से ले कर किंवदन्ती तक दौड़ लगाने वाले पेन्डुलम की नहीं आनी चाहिए। प्रक्षिप्त के पक्ष में चलने वाली कलम रुक जानी चाहिए और किंवदन्ती खड़ी करने वाली जिह्वा पर रोक लग जानी चाहिए। लेकिन इन्होंने अपनी पुस्तक में सूचना देते हुए लिखा है–"किताब में कई बातें ऐसी हैं, जिन पर किंचित विस्तार की अपेक्षा होगी। कुछ तो यहीं मिलेगा, कुछ के लिए प्रतीक्षा करें अगली किताब की।"[53] कितनी भयावह सूचना है? हे भगवान, झूठ के हाथ और पाँव और कितने लम्बे होंगे? दुनिया में हिन्दी आलोचना की कितनी बदनामी होगी कि 'देशज आधुनिकता' के नाम में प्रक्षिप्त और किंवदन्ती के गान गाए जा रहे हैं? 'जन गण मन अधिनायक जय हे' के स्थान पर हिन्दी आलोचना के क्षेत्र में यह 'प्रक्षिप्त महाराज और किंवदन्ती महारानी की जय हे' की नई गीतांजलि गाई जा रही है।

क्या हिन्दी साहित्यकारों में कोई दूसरा लेखक होगा जो प्रक्षिप्त और किंवदन्ती का इतना बड़ा हमदर्द हो? इन्होंने इस हमदर्दी की सारी सीमाएँ तोड़ दी हैं। आश्चर्य है कि अपराध-बोध का नामोनिशान तक नहीं। कबीर की मूल वाणी को खोजने के काम में एक फली फोड़ कर नहीं दी, उलटे उस सच्चे काम को छोड़ बैठे। पल्ला झाड़ लिया कि

53. वही, पृ. [7]

यह काम नहीं होना—पर आप मत करो, दूसरों को तो करने दो। उन के किए काम में रोड़ा क्यों अटकाते हो? कोई दूसरा इस महती काम को कर रहा है तो खुश तो हो जाओ—रोने क्यों बैठ गए हो? छाती क्यों पीट ली है? भले काम में क्या बुराई देख ली? कम से कम, मेहनत की तो प्रशंसा करो, दिशा की तो दाद दो, प्रयास से तो मुँह मत बिचकाओ।

प्रक्षिप्त और किंवदन्ती का झूठ से क्या रिश्ता है?—यह प्रक्षिप्त और किंवदन्ती के पक्षधरों को बताना पड़ेगा। वे मुँह छुपा कर भाग नहीं सकते। वे हर दिशा में पकड़े जाएंगे। उन्हें कोनों में दुबकने नहीं दिया जाएगा। प्रक्षिप्त और किंवदन्ती का हिप्पोक्रेसी से नाता अपने आप जुड़ता है। कथनी और करनी के भेद की चौपाल यहीं बिछती है। रिडल की चौपड़ इसी जगह खेली जाती है। यह अच्छा हुआ, सब समझ में आ गया। अपने-अपने कबीर की सृष्टि इसी तरह होती है। कबीर कबीर न हो गए, एक मेटाफर हो गए—मेटाफर भी ऐसे जो विरोधियों के हाथों में गए।

हमें प्रक्षिप्त और किंवदन्ती को कबीर द्वारा तैयार की गई कथनी और करनी के अन्तर की कसौटी पर जरूर कसना है। इस कसौटी पर प्रक्षिप्त और किंवदन्ती कहाँ ठहरते हैं? क्या यह खरा माल है या खोटा माल है? प्रक्षिप्त और किंवदन्ती के ढलाई मिल की रक्षा की जानी है या पारख की खातिर इसे ढहाने की जरूरत है? यह फैक्ट्री चल किस की इजाजत से रही है? इस का लाइसेंस कहाँ है? उसे किस ओथोरिटी ने जारी किया है? उस ओथोरिटी के खिलाफ आलोचना जगत में मुकदमा दायर किया जाना है।

भगवत शरण उपाध्याय ने अपनी पुस्तक 'भारतीय समाज का ऐतिहासिक विश्लेषण' में लिखा है—''उपनिषदों में अमूर्त 'ब्रह्म' की प्रतिष्ठा हुई जो कल्पनातीत था, जड़-चेतन दोनों का प्रादुर्भाव। उस का न्याय्य अन्त वेदांत हुआ जब सारे चराचर में व्याप्त उस का रूप माना गया। और, फलतः उस की पराकाष्ठा हुई मिथ्यावाद में। यह वही कह सकते थे जिन्हें या तो भूख न थी या शांत करने के जिन के पास साधन थे।''[54] पूछना यह है कि वेदान्त के इस दार्शनिक मिथ्यावाद में और लौकिक प्रक्षिप्त और किंवदन्ती में रिश्ता क्या है। क्या ये दोनों मिल कर एक ही काम नहीं कर रहे हैं? सीधा पूछा जाए, झूठ बोलने में और प्रक्षिप्त रचने में फर्क क्या है? प्रक्षिप्त रचने को झूठ से अलग कैसे किया जाएग? प्रक्षिप्त रचने को झूठ बोलना क्यों न कहा जाए? प्रक्षिप्त को उप-रचना कहने से क्या झूठ की चौड़ाई और गहराई बदल जाती है?

मुश्किल यह है कि झूठ को सच बता कर बोला जाता है। वैसे, प्रेमचंद झूठ बोलने के काम में माहिर हैं। लेकिन झूठ का मतलब तो यही है कि शेर को गीदड़ बता दिया जाए। प्रक्षिप्त की उप-रचना क्या है? वही है जो स्वामी अछूतानंद को दबाने के लिए प्रेमचंद ने अपना उपन्यास 'रंगभूमि' रचा था। जो चमार जाति का सच नहीं है, सूरे

54. भारतीय समाज का ऐतिहासिक विश्लेषण, भगवत शरण उपाध्याय, वाणी प्रकाशन, 21-ए, दरिया गंज, नयी दिल्ली-110 002, आवृत्ति, 2009, पृ. 24

चमार नाम का पात्र खड़ा कर के वैसा 'रंगभूमि' में दिखा दिया। इसलिए, 'रंगभूमि' नाम का उपन्यास प्रेमचंद की प्रक्षिप्त उप-रचना है।

संस्कृति में ग्राह्य और अग्राह्य का सवाल भी बहुत ही गलत मन्तव्य से उठाया जाता है। जब एक ही संस्कृति हो तब बात दूसरी है, अन्यथा दो संस्कृतियों के बीच इस सवाल को उठाना नहीं चाहिए। भगवत शरण उपाध्याय ने अपनी पुस्तक 'भारतीय समाज का ऐतिहासिक विश्लेषण' में छठे अध्याय का शीर्षक 'भारतीय संस्कृति में ग्राह्य और अग्राह्य' रखा है। इस में उन्होंने कबीर के बारे में लिखा है—"......कबीर का सांस्कृतिक समन्वय भारतीय समाजशास्त्री और साहित्यिक दोनों के लिए आदर की वस्तु है.....।"[55] आगे तुलसी दास के बारे में वे साहित्यकार को परामर्श देते हैं—"तुलसीदास की अमर रचना, यदि रूढ़ि के प्रतिकार के लिए नहीं तो कम-से-कम उसकी जन-कल्याण की भावना के लिए उसे देखनी ही पड़ेगी और इस से उस की मंजिलें आसानी से तय होंगी।"[56] गलत, दो संस्कृतियों को एक साथ तोलने का यह तरीका गलत है।

---

55. वही, पृ. 90

56. वही, पृ. 90

अध्याय-8

प्रक्षिप्त के ठुमके

क. सबद साधना या प्रक्षिप्त टाँकना?
ख. प्रक्षिप्त का सिलोलिज्म
ग. प्रक्षिप्त की खोज
घ. कहीं रमैनी, कहीं नहीं, क्यों?
ङ. 'मुगल' शब्द

पुरुषोत्तम अग्रवाल की यह किताब 'अकथ कहानी प्रेम की : कबीर की कविता और उन का काव्य' चार सौ छप्पन पृष्ठों की है। उन्हें कैसा लगेगा यदि उन की इस किताब को प्रक्षिप्त कर दिया जाए? यदि इस में वह जोड़ दिया जाए जो उन्होंने इस में नहीं लिखा, तब उन की प्रतिक्रिया क्या होगी? यदि इस में उन के नाम से तीन सौ छह पृष्ठ और जोड़ दिए जाएँ जो उन के विरोधी विचार के हों तो क्या वे उस का जश्न मनाएंगे? लेकिन यहाँ ऐसा कुछ नहीं किया जा रहा है और उन के शब्दों को पूर्वपक्ष के रूप में अप्रक्षिप्त रखा जा रहा है। वे प्रक्षिप्त के बारे में लिखते हैं :

1. ''किसी भी कवि की विविध व्याख्याएँ की जा सकती हैं। विविधता विचारोत्तेजक होती है। लेकिन विविधता के नाम पर क्या तथ्यों की पूर्ण उपेक्षा और व्याख्या के नाम पर मनमानेपन को जायज ठहराया जा सकता है? 'सही' पॉलिटिक्स में क्या इतनी भी दम नहीं होती कि कबीर को जबरन 'ऑफिशियल स्पोक्समैन' बनाने की बजाय अपनी बात खुद कहे। 'सही' पॉलिटिक्स किसी समाज की ऐतिहासिक स्मृति के साथ मनमानापन किए बिना काम क्यों नहीं चला सकती?''[1]
2. ''सारे अनोखेपन के साथ कोई व्याख्या वहीं तक प्रामाणिक कही जा सकती है, जहाँ तक उसमें पाठ और पाठक का संवेगात्मक तनाव बना रहे। इसके आगे जाने के इच्छुक लोगों को, किसी कवि पर मनमाने

1. अकथ कहानी प्रेम की : कबीर की कविता और उन का समय, पुरुषोत्तम अग्रवाल, राजकमल प्रकाशन प्रा.लि., 1-बी, नेताजी सुभाष मार्ग, नई दिल्ली-110 002, पहला संस्करण, 2009, पृ. 21

अर्थ आरोपित करने की बजाय अपनी खुद की रचना करनी चाहिए।"[2]

3. "दूसरी ओर, कबीर की संवेदना में उत्तेजक बहुवचनात्मकता और ज्ञानकोश में गहरी विविधता है।"[3]
4. "औपनिवेशिक आधुनिकता के प्रभाव में हुए कबीर-वाणी संकलनों और अध्ययनों में, अपनी मनचीती व्याख्या में बाधा डालने वाली कबीर-वाणी को प्रक्षिप्त बता देने का मोह कदम-कदम पर दिखता है।"[4]

क. सबद साधना या प्रक्षिप्त टाँकना?

प्रक्षिप्त रचने की समस्या भारत में छोटी नहीं है। यह हिन्दू रचनाकारों के दिमाग में कैंसर है कि पूरी ज्ञान-संपदा को अपनी चपेट में ले रखा है। हरि मोहन झा ने अपनी पुस्तक 'खट्टर काका' में इस प्रवृत्ति की निन्दा की है और इस के नुकसान बताए हैं। उन्होंने लिखा है—"....इस देश में जहाँ कोई शास्त्र बना कि तुरंत क्षेपकों की भरमार होने लग जाती है। जिसके मन में आता है, एक श्लोक जोड़कर घुसेड़ देता है। और वही कालक्रम से प्रमाण बन जाता है! आयुर्वेद में भी वही बात हुई है। तभी तो ऐसे-ऐसे श्लोक भी उसमें पाये जाते हैं—

कृष्णवर्णाश्वपुच्छस्य सप्तकेशेन वेणिका
तां बध्वा च गले दंतकड्मडीं हन्ति मानवः

"काले रंग के घोड़े की पूँछ में से सात बालों की लट बनाकर शिशु की गर्दन में बाँध दो, तो दाँतों का कटकटाना दूर हो जाय!" यह बात यदि कोई डाक्टर सुने तो क्या कहेगा? परंतु अभी तक आयुर्वेद के आचार्य ये सब श्लोक पढ़ाते हैं और इन्हें विद्यार्थी रट जाते हैं! इससे बढ़कर उपहासास्पद बात और क्या हो सकती है?"[5]

पुरुषोत्तम अग्रवाल मूल कबीर की प्रामाणिकता को छोड़ कर प्रक्षिप्त कबीर की प्रामाणिकता का तर्क गढ़ रहे हैं। 'प्रामाणिकता' शब्द रह गया—और कबीर गायब हो गए—जादूगर के हाथ की कैसी सफाई है? कबीर को प्रक्षिप्त और किंवदन्ती की लय में डाल कर लिखा जा रहा है—"कैसे 'पढ़' सकते हैं आप कबीर को, उन स्थितियों के प्रामाणिक बोध के बिना, जिन में कबीर के शब्द उच्चारे और संभारे, विचारे जा रहे थे।"[6] हम कह रहे हैं, हमें उतने कबीर 'पढ़ने' ही नहीं हैं जितने वे प्रक्षिप्त कर दिए गए

2. वही, पृ. 405   3. वही, पृ. 19   4. वही, पृ. 224
5. खट्टर काका, लेखक, हरि मोहन झा, राजकमल प्रकाशन प्रा.लि., 1-बी, नेताजी सुभाष मार्ग, नई दिल्ली-110 002, राजकमल पेपरबैक्स, चौथी आवृत्ति, 2010, पृ. 86
6. अकथ कहानी प्रेम की : कबीर की कविता और उनका समय, पुरुषोत्तम अग्रवाल, राजकमल प्रकाशन प्रा.लि., 1-बी, नेताजी सुभाष मार्ग, नई दिल्ली-110 002, पहला संस्करण, 2009, पृ. 113

हैं। प्रक्षिप्त के लिए 'प्रामाणिकता' शब्द का प्रयोग—मतलब, किसी शब्द का कितना दुरुपयोग हो सकता है! इनका प्रामाणिकता से क्या नाता जब चारों ओर किंवदन्ती का बखेड़ा खड़ा कर दिया है?

कबीर की साधना को, पुरुषोत्तम अग्रवाल ने, 'शब्द-साधक की साधना'[7] कहा है। पढ़ कर लगता है, जैसे शब्दों के साथ खिलवाड़ की जा रही है। भला, कबीर की 'शब्द-साधक की साधना' की अर्थवत्ता कहाँ रह गई जब प्रक्षिप्त और किंवदन्ती से उसे हिटलर के आर्य स्वास्तिक बना कर पूर दिया है? आज लोगों को कबीर तक जाना मुश्किल हो गया है क्योंकि रास्ते में मिथ्या कथनों की भूल भुलैयाएँ खड़ी कर दी गई हैं। 'शब्द-साधक की साधना' का मुहावरा पकड़ लिया और एक भी शब्द को अप्रक्षिप्त नहीं रहने दिया—यह दोपहरी में डकैती डाली जा रही है। ये लोग कबीर को कबीर रहने देंगे तभी तो कबीर पर बात हो सकेगी—पर इन्होंने पिछले पाँच सौ साल के बीच में 'अपने-अपने कबीर' रच और खोज डाले हैं। ऐसे में, कबीर को ले कर, 'शब्द-साधक की साधना' का क्या अर्थ रह जाता है? अब मैं कौन से कबीर की बात करूँ?—एक कबीर पुरुषोत्तम अग्रवाल ने अपने खिलौने के रूप में गढ़ लिए हैं, जहाँ 'शब्द-साधक की साधना' में शब्द ही गायब है। सारी अकल की बात—पर प्रक्षिप्त और किंवदन्ती की बेअकली को कैसे सहन किया जाएगा?

ये प्रोफसर हिन्दी के उन बहुत से प्रोफेसरों में से हैं जो कबीर को समझे बिना विद्यार्थियों को कबीर समझाने बैठ जाते हैं। इन्हें कबीर नहीं पढ़ना है पर दूसरों को कबीर जरूर पढ़ाना है। इन के लिए, बिना पाठ के कबीर—बिना प्रक्षिप्त खोजे कबीर—बिना कसौटी के कबीर—'अपने-अपने राम' की तरह 'अपने-अपने कबीर' हो गए हैं। 'अपने-अपने कबीर' में कबीर खत्म हो जाते हैं। यही इनकी संस्कृति और किंवदन्तियों का इतिहास लेखन है, जिस में कबीर के अध्ययन में दुर्घटना घटती है—और यह दुर्घटना जबर्दस्त है। इस दुर्घटना को उकाने के लिए हम बिना प्रक्षिप्त तय किए इन की कलम को एक अक्षर नहीं लिखने देंगे। उप-रचना प्रक्षिप्त का खूबसूरत नाम है—पर हमने भेड़िये को पहचान लिया है। अनुनय-विनय यही है कि जब तक प्रक्षिप्त तय न कर लें, भले लोग कबीर के अध्ययन में उद्यत न हों। यह शोध का ईमानदार तरीका नहीं है कि झूठ-सच को एक कर के चलेंगे। आलोचक के पास हंस की तरह का नीर-क्षीर को अलग करने का विवेक होना चाहिए। अखाड़े में पीठ से लंगर उतर चुका है—पहले उसे ठीक कर लें। धोती तो चढ़ा लें, पैंट तो कस लें। जो कबीर के नाम से प्रक्षिप्त का अध्ययन कर रहे हैं, वे नंगे हो कर अखाड़े में उतर आए हैं!

पुरुषोत्तम अग्रवाल एक ऐसे विद्वान हैं जिन्हें यह फिक्र नहीं है कि कबीर की वाणी में प्रक्षिप्त रचनाएँ मौजूद हैं। बात इस से भी ज्यादा गम्भीर यह है कि ये विद्वान प्रक्षिप्त और किंवदन्ती को कबीर वाणी में जश्न के रूप में मानते हैं। कबीर के नाम से

7. वही, पृ. 328, 330

प्रक्षिप्त और किंवदन्ती की किसी भी रचना या प्रकरण को ऐसे प्रयोग कर लेते हैं जैसे वही प्रमाण है। ये झिझकते नहीं हैं जबकि इन से पहले के विद्वानों में एक झिझक होती थी। यह साहित्यिक बेईमानी है कि 'रामानंद की प्रेरणा से कबीर की बानी'[8] का निर्माण किया जाता है। लगता है, हिन्दी के विद्वानों में प्रेमचंद का यह वाक्य मूलमंत्र बन गया है—"सच कहता हूँ, झूठ बोलना भी एक फन है।"[9] दलितों के बारे में पूरे इतिहास में हिन्दू संस्कृति झूठ ही बोलती आ रही है। इन के इस झूठ पर कोई रोक नहीं है सिवाय इस के कि कभी इन्हें सिकन्दर इन के घर में आ कर पीट जाता है और कभी यहाँ तुर्कों का साम्राज्य खड़ा हो जाता है। यदि ये लोग झूठ बोलना बंद करें और उस का प्रचार-प्रसार रोक दें तो गुलामी के आसार थोड़े थमें, कुछ कम हों।

यह अच्छा है कि पुरुषोत्तम अग्रवाल योग की पारिभाषिक शब्दावली से दूर रहे हैं। उन्होंने अष्टांग योग के धारणा, ध्यान और समाधि से अपना कैसा भी सम्बन्ध नहीं रखा। इस के कई फायदे रहे। इस के बावजूद इन्होंने 'ध्यान' शब्द का लोक प्रचलित अर्थ में खूब प्रयोग किया है। ये बार-बार पाठक को ध्यान रखने को कहते हैं। मसलन, 'ध्यान रखना चाहिए कि अपने श्रेष्ठ रूप में भी धार्मिक कल्पना की एक विशिष्ट विचार-प्रक्रिया होती है',[10] 'इसी के साथ यह भी ध्यान रखना चाहिए कि जहाँ कबीर..... ...'[11], और '.....लेकिन ध्यान रहना चाहिए कि 'देव' की पूजा अन्ततः 'पूजनहार' की ही पूजा है।'[12] कहना यह है कि हम सारे ध्यान रख लें पर कुछ ध्यान पुरुषोत्तम अग्रवाल को भी रखना चाहिए कि कबीर के अध्ययन में प्रक्षिप्त का अध्ययन न कर जाएँ और किंवदन्ती की अन्तर्वस्तु को सत्य न मान लें क्योंकि प्रक्षिप्त और किंवदन्ती की भी एक विशिष्ट विचार-प्रक्रिया होती है। पाठक को सावधान कर रहे हैं और खुद गड्ढे में गिर रहे हैं—यह कबीर के 'अथ चितावनी को अंग'[13] को न समझना ही हुआ। धार्मिकता मनुष्य की स्वाभाविक प्रवृत्ति के साथ जुड़ी हुई चीज है कि यह उसे आध्यात्मिक बनाती है और पवित्रता की मनोभूमि में ले जाती है, लेकिन प्रक्षिप्त की उप रचना मनुष्य के कौन से मर्ज की दवा है या किंवदन्ती कौन सी 'मुगली जन्म घुट्टी' है कि झूठ बोलना ही सिखाती है? बिलकुल अविद्वत्तापूर्ण बात है कि पुरुषोत्तम अग्रवाल ने अपनी इस किताब में इन बातों का तनिक ध्यान नहीं रखा। नुकसान उन का हुआ पर दूसरों का नुकसान तो न करें। प्रक्षिप्त के भूसे को और किंवदन्ती के कूड़े-कबाड़े को अपने आंगन में फैलाने तक सीमित रखें—मौहल्ले में उड़ाने की जरूरत नहीं है।

---

8. वही, पृ. 345
9. प्रेमचंद : घर में, शिवरानी देवी प्रेमचंद, आत्मा राम एड सन्स, 1376, कश्मीरी गेट, दिल्ली-110 006, संस्करण, 2005, पृ. 23
10. अकथ कहानी प्रेम की : कबीर की कविता और उन का समय, पुरुषोत्तम अग्रवाल, राजकमल प्रकाशन प्रा.लि., 1-बी, नेताजी सुभाष मार्ग, नई दिल्ली-110 002, पहला संस्करण, 2009, पृ. 331
11. वही, पृ. 332
12. वही, पृ. 377
13. कबीर समग्र : प्रथम खंड, सम्पादक और लेखक, प्रो. युगेश्वर, हिन्दी प्रचारक संस्थान, पो.बा. 1106, पिशाच मोचन, वाराणसी-221 010, द्वितीय संस्करण, 1995, पृ. 419

कबीर के सबदों को प्रक्षिप्त करने का मतलब यह है कि कि कबीर से कुछ सीखना नहीं है, बल्कि कबीर से लड़ना है। कबीर से हारे हुए लोग कबीर को हराना चाहते हैं। कबीर और कबीर-विरोधियों के बीच यह संग्राम है, बल्कि महा संग्राम है, जो हो रहा है। इस में सुलह और समझौते की कोई गुंजाइश नहीं। प्रक्षिप्तकारों और प्रक्षिप्तकारों के पैरोकार सिद्धान्तकारों की सुननी नहीं है। हम कबीर के इन्हीं विरोधियों को ढूंढते फिर रहे थे—अपने सरदारों समेत ये हमें पकड़े-पकड़ाए मिल गए। बैकुंठ का विरोध करने वाले कबीर को बैकुंठ भेजते समय थोड़ा ठिठकना चाहिए था। यह किंवदन्ती चलाने का कौन सा तरीका है जो देशज आलोचना में मान्य करवाया जा रहा है? बैकुंठ लोक में भेजते समय क्या रामानंदी अनन्तदास ने कबीर का साहित्य पढ़ लिया था—या उस पढ़े हुए का तनिक भी ध्यान रखा था? बड़े आदमियों के नाम भर ले कर उन बड़े आदमियों के सन्देशों को प्रक्षिप्तों और किंवदन्तियों की चाकू-छुरियों से काटा जाता है। कबीर और रैदास की विचारधाराओं की पृथकता के साथ यही किया गया है--बैकुंठ के विरोधी को बैकुंठ में भेज रहे हैं—यह समझ पर पत्थर पड़ना है। क्या इसे मोटी बुद्धि की बात कहा जाए?

पुरुषोत्तम अग्रवाल प्रक्षिप्त और किंवदन्ती को नमन करने की वजह से कबीर के साहित्यिक हत्यारे हैं, जो कांड एक परम्परा के तहत हुआ है। हरि मोहन झा ने अपनी पुस्तक 'खट्टर काका' में प्रक्षिप्त को ठग-विद्या से जोड़ा है। उन के पात्र खट्टर काका भृगु-पराशर के जातक विचार के बारे में अपने सामने बैठे ज्योतिषी से कह रहे हैं—"ये ही सब नाम बेचकर तो आप लोग हजारों वर्षों से यह ठग-विद्या का व्यापार चला रहे हैं। जो मन में आवे सो श्लोक गढ़ कर जोड़ दीजिए और ठोक दीजिए पराशर के मत्थे!"[14] हिन्दुओं के महाभारत का पेट ऐसे ही फूला है कि वह 'जार भारत' होता चला गया है।

किंवदन्ती और प्रक्षिप्त के मूल में क्या-क्या बातें होती हैं? लक्ष्य क्या है और उसके पीछे के हथकंडे क्या होते हैं? हथकंडा यहाँ तक अपनाया जाता है कि साहित्य को नष्ट कर दिया जाता है। यह विरोधी के साहित्य की होली जलाने के बराबर है। रैदास की वाणी के साथ यही किया गया है। इस साहित्य से द्वेष रखने वालों के बारे में महात्मा राम चरन 'कुरील' ने सन् 1940 में लिखी अपनी पुस्तक 'भगवान रविदास की सत्य कथा' के 'दो वचन' में लिखा है—"जात्याभिमानी साम्प्रदायिक ब्राह्मण भगवान रविदास के उत्तम से उत्तम कार्यों में सदा अड़ंगा लगाते और द्वेष करते रहे, परन्तु वे उनको प्रेम से समझाते रहे कि आपका जीवन मनुष्यों के कल्याण के लिये होना चाहिये, किन्तु वे नहीं मानते थे। जहाँ तक इनका वश चला, इन द्वेषीजनों ने इनके साहित्य को नष्ट-भ्रष्ट करने में कोई कसर बाकी नहीं रक्खी (।) भगवान रविदास के ज्योति में लय होने के पश्चात् यह भी लिख मारा कि ये महापुरुष कबीर साहिब की भाँति गुप्त तो हो गये, वरन अपनी वाणी भी साथ में लेते गये। पाठक इसी से इनकी ईमानदारी के बारे में

---

14. खट्टर काका, लेखक, हरि मोहन झा, राजकमल प्रकाशन प्रा.लि., 1-बी, नेताजी सुभाष मार्ग, नई दिल्ली-110 002, पेपरबैक्स, चौथी आवृत्ति, 2010, पृ. 70

अनुमान लगा सकते हैं। फिर भी जो ढूंढ़े खोजे मिला है, वह आप लोगों के सम्मुख प्रस्तुत है।"[15]

इस ढूंढने की मजबूरी में विरोधियों की बन आती है। फिर, जो विरोधी बताने को तैयार बैठे रहते हैं, उसे ही सच मानने के फरेब में आ जाना पड़ता है। अब रैदास के बारे में जो भी बता दें–वे सारे पुरुषोत्तम अग्रवाल के पूर्वज ही हैं। ईमानदार रहने के लिए राम चरन 'कुरील' यह लिखने के सिवा और क्या कर सकते हैं?–"भगवान रविदास के सम्बन्ध में अभी तक जितने लेख, आख्यायिकायें, वंश-विषयक गाथायें, सन्त-बचनावली और घटनाओं के बिखरे हुए हीरे भारत के विभिन्न प्रदेशों में इस सेवक को अपनी यात्रा में प्राप्त हुए हैं, उन्हीं को भूत के आधारसूत्र में गूंथ कर इस सत्य कथा के लिखने का प्रयास किया गया है।"[16]

ख. प्रक्षिप्त का सिलोलिज्म

पुरुषोत्तम अग्रवाल खुद कोई भला काम न करें, लेकिन भला काम करने वाले लोगों की मजाक फोड़ें–यह जायज नहीं है। वे विनांद कैल्वर्त्त के पीछे हाथ धो कर पड़ गए हैं।[17] विनांद ने कबीर वाणी का पाठ निर्धारित करने की एक पद्धतिगत कोशिश की है और उस के नियम तय किए हैं। लेकिन पुरुषोत्तम अग्रवाल उन के इस काम से चिढ़ गए हैं। मालूम होता है, उन्हें कहाँ और क्यों परेशानी होती है। लेकिन उन्हें विनांद कैल्वर्त्त के परिश्रम भरे काम पर व्यंग्य कसने का कोई अधिकार नहीं है क्योंकि पाठ-निर्धारण के मामले में खुद उन्होंने एक फली फोड़ कर नहीं दी–एक तिनका तोड़ कर नहीं दिया। विनांद कैल्वर्त्त अपने काम की कमियों को दुरुस्त कर लेंगे पर पुरुषोत्तम अग्रवाल तो अपनी त्रुटियों को 21वीं शताब्दी तक में बढ़ाते ही जा रहे हैं। अच्छा है, वे इस क्षेत्र से बाहर हो जाएँ और काम करने वाले लोगों को काम करने दें। पाठ-निर्धारण उन के बूते का काम नहीं है क्योंकि उन का 'मेन्टल मेक-अप' प्रक्षिप्त और किंवदन्ती की कीचड़ में सना-भना पड़ा है।

पुरुषोत्तम अग्रवाल ने प्रक्षिप्त के बारे में लिखा है–"जहाँ तक प्रक्षिप्त होने-न-होने का सवाल है–कबीर (या मौखिक से लिखित परम्परा के बीच आवाजाही करने वाले किसी भी कवि) के प्रसंग में प्रामाणिक और प्रक्षिप्त पाठ की बहस की सार्थकता-निरर्थकता अपनी जगह–लेकिन उन्हें सार्थक ही मान लें तो भी पाठ निर्धारण का यह तरीका एकदम बेतुका है कि मनचाहे को प्रामाणिक कह दिया जाए और

---

15. भगवान रविदास की सत्य कथा, लेखक, महात्मा राम चरन, 'कुरील', प्रकाशक, प्रवीण कुमार चौधरी 'गोविन्द', 109/134, जवाहर नगर, कानपुर-208 012, तृतीय संस्करण, 2011, पृ. 13
16. वही, पृ. 12
17. अकथ कहानी प्रेम की : कबीर की कविता और उन का समय, पुरुषोत्तम अग्रवाल, राजकमल प्रकाशन प्रा.लि., 1-बी, नेताजी सुभाष मार्ग, नई दिल्ली-110 002, पहला संस्करण, 2009, पृ. 208-09, 225

अनचाहे को प्रक्षिप्त। यह तरीका कवि को मसीहा या धर्मप्रवर्तक मानने वालों को ही रास आ सकता है—कविता के पाठकों को नहीं।''[18]

ऊपर के इन दो बड़े-छोटे और तिरछे-बंके वाक्यों में पुरुषोत्तम अग्रवाल की मानसिक बनावट पूरी तरह समझी जा सकती है। अच्छा रहेगा, उन की इस जटिल मानसिकता का विश्लेषण करके इसे सरल बनाया जाए कि वे क्या कहना चाहते हैं। विश्लेषण इस प्रकार है :

1. प्रक्षिप्त होने-न-होने का सवाल पुरुषोत्तम अग्रवाल का नहीं है।
2. प्रक्षिप्त होने-न-होने का सवाल इन के लिए एक आफत है।
3. कुछ भी कहने से पहले 'मौखिक से लिखित परम्परा के बीच आवाजाही' को सदा-सदा के लिए जीवित रखना चाहते हैं।
4. चोर पकड़ लिया गया है पर वह झूठ की पुटलिया को अब भी नहीं छोड़ रहा।
5. पुरुषोत्तम अग्रवाल के लिए कबीर के प्रसंग में प्रामाणिक और प्रक्षिप्त पाठ की बहस निरर्थक है।
6. मजबूरी में ही वे प्रामाणिक और प्रक्षिप्त पाठ की बहस को सार्थक मान सकते हैं।
7. प्रामाणिक और प्रक्षिप्त पाठ की बहस पुरुषोत्तम अग्रवाल पर लाद दी गई है। ये बोझ से मरे जा रहे हैं। इन्हें कोई सहारा नहीं मिल रहा। ये सहारे की तलाश में है कि कब और कैसे इस बहस से छुटकारा मिले।
8. हाथ से सब कुछ छूटते यह अड़ंगी लगा ही रहे हैं कि मनचाहे को प्रामाणिक न कहा जाए और अनचाहे को प्रक्षिप्त न कहा जाए।
9. ये गारन्टी देनी चाह रहे हैं कि जिन्होंने कबीर की वाणी को प्रक्षिप्त किया था, उन की मंशा गलत नहीं थी, वे सब कुछ ठीक कर रहे थे।
10. प्रक्षिप्त को मनचाहे ढंग से जोड़ने देंगे, लेकिन मनचाहे ढंग से प्रक्षिप्त की पहचान नहीं होने देंगे।
11. इन के हिसाब से, कबीर की वाणी की प्रक्षिप्त करने वाले लोग बड़े ईमानदार और पवित्र थे और उन्होंने मनमानी नहीं की थी।
12. बिना कबीर को पढ़े इन्होंने यह पहले से तय कर लिया है कि कबीर मसीहा नहीं थे या धर्मप्रवर्तक नहीं थे।
13. यदि यह तय हो गया कि कबीर मसीहा थे या धर्मप्रवर्तक थे तो इन्हें कबीर से कुछ लेना-देना नहीं रहेगा।
14. कहने का मतलब है कि कबीर को ले कर पूर्वाग्रह से ग्रस्त हैं और जिद्दी भी हैं।

18. वही, पृ. 357-58

15. कबीर को बाद में पढ़ेंगे, पहले यह शर्त लगा दी है कि कबीर को कवि—और केवल कवि—होना चाहिए।
16. इन्होंने अपने ऊपर कोई जिम्मेदारी नहीं ली कि ये भी कबीर की वाणी में प्रक्षिप्त ढूंढने के लिए दो-चार साल का अपना समय देंगे।
17. जो कबीर की वाणी में, इन के हिसाब से, प्रक्षिप्त ढूंढने का गुनाह करने की सोच रहे हैं, उन पर अपनी ये सारी बंदिशें लगा दी हैं।
18. कुल मिला कर, यही कहा जा सकता है कि बुद्धि है पर उलटी तरफ को चल रही है।
19. प्रक्षिप्त को ले कर ये पूरी तरह बचाव पक्ष के अभियुक्त बन गए हैं।
20. किसी अन्य के द्वारा भी प्रक्षिप्त ढूंढने की इन्हें कोई खुशी नहीं होती।
21. किसी के द्वारा प्रक्षिप्त ढूंढ लेने पर ये बच्चे की तरह रोने लगेंगे कि इस शोधकर्ता ने एक भी प्रक्षिप्त क्यों ढूंढ लिया।
22. ये प्रक्षिप्त की ढेरी को दाब कर ऐसे बैठे हैं जैसे मुर्गी कुड़क हो कर अंडों पर बैठती है—मर जाऊँगी, हटूँगी नहीं।
23. यह प्रक्षिप्त को ले कर मोहान्ध होने की हद से गुजर गई स्थिति है। प्रक्षिप्त के बचाव में ऐसी अन्धविश्वास भरी जड़ता और ऐसा दुराग्रह पूर्ण दंभ, सच में, मनो-विश्लेषकों द्वारा विशेष अध्ययन की अपेक्षा रखता है।

मैं अपना काम यह कहते हुए यहीं छोड़ रहा हूँ कि हमारे लिए, प्रक्षिप्त का मतलब है, कबीर की वाणी के साथ ऐब करना।

पुरुषोत्तम अग्रवाल ने जो काम पकड़ा है, वह एक आसान काम है। पिछले पाँच सौ सालों में वैष्णवों ने कबीर की वाणी को बेरोक और भरपूर प्रक्षिप्त कर दिया। इधर, पुरुषोत्तम अग्रवाल को प्रक्षिप्त की पहचान नहीं करनी है। तब आसानी से कबीर को वैष्णव सिद्ध किया जा सकता है। वैष्णव नहीं, ऐसे कबीर को कुछ भी सिद्ध किया जा सकता है। ऐसे एक कबीर को ही नहीं, किसी को भी कुछ भी सिद्ध किया जा सकता है। इन्हें बाइबल को प्रक्षिप्त करने का मौका दे दिया जाए, तो ये बाइबल को वैष्णव मत से प्रभावित हुई सिद्ध कर सकते हैं। पुरुषोत्तम अग्रवाल का गुस्सा इसी बात को ले कर है कि बाइबल का पाठ 393 ईस्वी में अन्तिम रूप से निर्धारित क्यों कर दिया,[19] प्रक्षिप्तीकरण आज तक क्यों नहीं चलने दिया, इन्हें ईसा पर पुराण और उपन्यास लिखने का मौका क्यों नहीं दिया गया? गाय के सींग उखाड़ कर उस के सिर पर भैंस के सींग जड़ दो, उतने अंशों में उसे भैंस सिद्ध किया ही जा सकता है। कोई मना करते रहे पर तमाशा तो बन ही जाएगा। यही तमाशा कबीर के साथ हो रहा है। दुख की बात है कि इतना मना करने पर भी यह तमाशा रुक नहीं रहा। आखिर, मैंने कबीर पर अपनी

19. वही, पृ. 221

छह पुस्तकें किस लिए लिखी थीं? पुरुषोत्तम अग्रवाल ने उन का जिक्र तक नहीं किया तो मैं क्या करूँ? मेरे पास इन से मूल कबीर वाणी को बचाने का क्या रास्ता है? हेत्वाभास का एक नया सिलोलिज्म बनता है। कबीर के बारे में उस का इस्तेमाल ऐसे किया जा सकता है :

कबीर की मूल वाणी है।
हर किसी को मूल वाणी को प्रक्षिप्त करने का अधिकार है।
पूर्व में वैष्णवों ने कबीर की वाणी को प्रक्षिप्त किया है।
चूँकि, कबीर को कुछ भी सिद्‌ध किया जा सकता है,
इसलिए, कबीर रामानंद के शिष्य हैं।

पुरुषोत्तम अग्रवाल की इस पूरी पुस्तक में सिलोलिज्म का यही हेत्वाभास रंग लाया है। गनीमत रही, इन्होंने कबीर को शैव सिद्‌ध नहीं किया। चलो, उस काम को कोई दूसरे पुरुषोत्तम अग्रवाल कर लेंगे। हद हो गई—बिना प्रक्षिप्त की खोज किए ये लोग कबीर पर लिखने बैठ जाते हैं? इन विद्‌वानों की हिम्मत देखिए कि तनिक संकोच नहीं होता। एक ईमानदार विद्‌वान यही कहेगा कि जब मेरे पास कबीर की वाणी में से प्रक्षिप्त को छाँटने की कसौटी नहीं है तो मैं कबीर पर एक भी लाइन कैसे लिख सकता हूँ। दूसरी तरफ, ये हिन्दू विद्‌वान है कि कबीर के सूप में थोथे को भरे जा रहे हैं। कबीर फटक-फटक कर बाहर फेंक रहे हैं, पर ये उस में इतना कबाड़ा और डाले जा रहे हैं कि इस इक्कीसवीं सदी में भी कबीर के नाम से प्रक्षिप्त निर्माण करने का अधिकार मांग रहे हैं।

ग. प्रक्षिप्त की खोज

दृष्टि यह होनी चाहिए कि कबीर की वाणी में प्रक्षिप्त की ढूंढ मचाई जाए। दुर्भाग्य से, पुरुषोत्तम अग्रवान ने इस काम को अपने जिम्मे नहीं लिया। इतना ही नहीं, जो दूसरे लोग प्रक्षिप्त की खोज में लगे हुए हैं, वे उन की मजाक भी फोड़ते हैं। मेरा काम इस पुस्तक में यह नहीं है कि प्रक्षिप्त की खोज करूँ, वह काम मैंने अपनी एक पुस्तक 'कबीर की वाणी में प्रक्षिप्त की खोज' में किया है। फिर भी, पुरुषोत्तम अग्रवाल की इस पुस्तक में से चलते-चलते दो-चार प्रक्षिप्तों पर हाथ साफ कर सकता हूँ। मसलन, पुरुषोत्तम अग्रवाल ने इस पुस्तक में ग्रन्थावली से उद्‌धरण देते हुए लिखा है :

> "कबीर स्पष्ट शब्दों में साखी भरते हैं (और शुकदेव का नाम लेकर परम्परा का संकेत भी साथ ही दे देते हैं) :

"काम मिलावे राम कूं जे कोई जांणै राखि।
कबीर बिचारा क्या करै, जे सुखदेव बोलै साखि।।"
(ग्रन्थावली, साध साखीभूत कौ अंग, 11, पृ. 86)" [20]

इस में क्या प्रक्षिप्त है? इस में सभी कुछ प्रक्षिप्त है। 'कबीर बिचारा क्या करै'—यह प्रक्षिप्त है। इस से बड़ा प्रक्षिप्त यह है—'जे सुखदेव बोलै साखि।' ये दोनों बातें इस साखी को पूरी तरह प्रक्षिप्त कर देती हैं। 'कबीर बिचारा क्या करै'—किसी प्रक्षिप्तकार की रचना है। फिर, अपनी बात कहने के लिए कबीर सुखदेव को प्रमाण मानेंगे—यह कबीर के साथ अन्याय नहीं तो क्या है? कबीर सुखदेव के भगवानों को प्रमाण नहीं मानते तो उनके भक्त सुखदेव को क्या प्रमाण मानेंगे? यह कबीर को छोटा करना हुआ, कम आँकना हुआ।

चलो, ऊपर की इस साखी पर बहस की जा सकती है कि यह प्रक्षिप्त है या नहीं, या कितनी प्रक्षिप्त है, लेकिन इस बारे में क्या कहा जाए जो पुरुषोत्तम ने लिखा है?—"कहने की आवश्यकता नहीं कि यह बहस कल्पनापरक ही हो सकती है—'ये होता तो वो होता, वो होता तो ये होता, डुबोया मुझको होने ने, न होता तो मैं क्या होता!' "[21] यहाँ, यह सिंगल इनवर्टेड कौमों में जो है, क्या है? जरूर किसी की कविता होनी चाहिए। किस की कविता है, यह बताने की पुरुषोत्तम अग्रवाल ने जरूरत नहीं समझी। मुझे मालूम है, पंक्ति—'डुबोया मुझको होने ने, न होता मैं तो क्या होता'—गालिब की है। लेकिन पुरुषोत्तम अग्रवाल ने इस पंक्ति को दूषित कर दिया है जब लिखा है—'न होता तो मैं क्या होता!' फिर, पहली पंक्ति—'ये होता तो वो होता, वो होता तो ये होता'—गालिब की गजल में नहीं है। यह खुद पुरुषोत्तम अग्रवाल ने अपनी तरफ से रच डाली है। फिर, सिंगल इनवर्टेड कौमों के प्रयोग का क्या मतलब रह जााता है? यूँ कहिए, कि पुरुषोत्तम अग्रवाल ने गालिब की गजल के इस शेर का मजा किरकिरा कर दिया है। गालिब का यह मूल शेर इस प्रकार है :

न था कुछ, तो खुदा था; कुछ न होता, तो खुदा होता;
डुबोया मुझको होने ने, न होता मैं तो क्या होता।।[22]

इस से पता चलता है कि गालिब गालिब हैं और पुरुषोत्तम अग्रवाल पुरुषोत्तम अग्रवाल। गालिब होते तो उन के साथ की गई इस नाइन्साफी पर क्या कहते? कहते क्या, रो उठते—"हैराँ हूँ, दिल को रोऊँ, कि पीटूँ जिगर को मैं!"[23]

पुस्तक 'अकथ कहानी प्रेम की : कबीर की कविता और उन का समय' के लेखक

---

20. वही, पृ. 371
21. वही, पृ. 112
22. गालिब-उग्र : गालिब के दीवान की टीका, व्याख्याकार, पाण्डेय बेचन शर्मा उग्र, प्रकाशक, रणजीत प्रिन्टर्स एण्ड पब्लिशर्स, 4872, चांदनी चौक, दिल्ली-110 006, प्रथम संस्करण, 1966, पृ. 63
23. वही, पृ. 211

को तनिक भी ध्यान नहीं रहा कि किसी की वाणी को प्रक्षिप्त नहीं करना चाहिए। कबीर की वाणी को प्रक्षिप्त करने का अधिकार ले रहे हैं पर ये तुलसी दास की कविता को भी प्रक्षिप्त कर रहे हैं। उदाहरण पाठकों के सामने है। ये एक जगह लिखते हैं—"वें (तुलसी दास) अपने सन्ताप को दो टूक अभिव्यक्ति स्वयं राम के मुँह से दिलाते हैं : 'पूजिए न सूद्र सकल गुन प्रबीना'।"[24] इस में इन्होंने 'पूजिए न सूद्र सकल गुन प्रबीना'—को सिंगिल इन्वर्टिड कोमों में रखा है। तुलसी दास हों तो जरूर ही अपनी लाठी इन की पीठ पर भाजेंगे। उन की चौपाई की अर्धाली में 16 मात्राएँ होती हैं। इस अर्धाली में 19 मात्राएँ हैं। 3 मात्राएँ बढ़ गई हैं। यह छन्द दोष है। इस का चौपाई की तरह से गायन नहीं हो सकता। साज विद्रोह कर देंगे और राग इस अर्धाली को दूर फेंक देंगे। अगेय हो कर कण्ठ पर जोर पड़ जाएगा। सिंगिल इनवर्टिड कोमों में रख कर भी यह नहीं बताया कि यह उद्धरण किस स्रोत से लिया गया है ताकि उस की जाँच कर ली जाती। हर गलती करने का ठेका ले लिया है। तुलसी की चौपाई—और अर्धाली में मात्राएँ 16 के बजाय 19—कोई क्या कहेगा? मेरे पास इस चौपाई की इस पंक्ति का वर्जन इस प्रकार है :

पूजिअ बिप्र सील गुन हीना,
सूद्र न गुन गन ग्यान प्रवीना।[25]

तो, इस सहूर पर यह किताब लिखी गई है। इन का वश चले तो ये संविधान को प्रक्षिप्त कर देंगे—और उस के अनुच्छेदों के मनमाने अर्थ निकालेंगे। कोर्ट को फेल कर देंगे। यह अच्छा है कि संगठित धर्म होने की मजबूत किलेबंदी की वजह से ये वेद, कुरान और बाइबल को प्रक्षिप्त नहीं कर सकते। पोच केवल एक हमारे कबीर हैं कि उन की वाणी को प्रक्षिप्त करने से रोकने वाला पीछे मजबूत संगठित धर्म नहीं है। कबीर के नाम पर वह परोसा जा रहा है जिस से कबीर ने युद्ध की ठान रखी है।

घ. कहीं रमैनी, कहीं नहीं, क्यों?

तुलसी दास की 'दोहावली' का 55वाँ दोहा इस प्रकार है :

साखी सबदी दोहरा कहि किहनी उपखान।
भगति निरुपहिं भगत कलि निंदहि बेद पुरान।।[26]

---

24. अकथ कहानी प्रेम की : कबीर की कविता और उन का समय, पुरुषोत्तम अग्रवाल, राजकमल प्रकाशन प्रा.लि., 1-बी, नेता जी सुभाष मार्ग, नई दिल्ली-110 002, पहला संस्करण, 2009, पृ. 71
25. कबीर साहित्य की प्रासंगिकता, सम्पादक, विवेक दास, कबीर वाणी प्रकाशन केन्द्र, सतगुरु कबीर मंदिर, कबीर चौरा मठ, वाराणसी-1, 1978, पृ. 153
26. अकथ कहानी प्रेम की : कबीर की कविता और उन का समय, पुरुषोत्तम अग्रवाल, राजकमल प्रकाशन प्रा.लि., 1-बी, नेताजी सुभाष मार्ग, नई दिल्ली-110 002, पहला संस्करण, 2009, पृ. 140

प्रश्न बहुत महत्वपूर्ण है कि इस दोहे में 'रमैनी' शब्द नहीं है। यह तुलसी का समय है। क्या तुलसी का बीजक की रमैनियों से परिचय नहीं था? छन्द की दृष्टि से 'साखी' और 'दोहरा' में अन्तर भी नहीं है। 'दोहरा' को हटा कर यदि 'रमैनी' शब्द रख दिया जाता तो मात्रिक छन्द में दोष पैदा नहीं होना था। बिलकुल छन्द बन सकता था—'साखी सबदी रमैनी'। उधर, नाभादास की पुस्तक 'भक्तमाल' के 60वें छप्पय की कबीर के बारे में दो पंक्तियाँ इस प्रकार हैं :

हिन्दू तुरक प्रमाण रमैनी सबदी साखी।
पक्षपात नहिं वचन सबन के हित की भाखी।[27]

ध्यान रखा जाए, नाभादास का यह छप्पय खास कबीर के बारे में है जिस में 'रमैनी सबदी साखी' के शब्द आए हैं। तुलसी की 'दोहावली' का दोहा केवल कबीर पर नहीं है। तब 'दोहरा' इसी रूप में प्रयुक्त हुआ जान पड़ता है कि यह 'साखी' से भिन्न है। 'साखी' कबीर से जुड़ा हुआ छंद है, जबकि दोहे अन्य सन्त कवि भी गाते रहे हैं। 'सबदी' भी कबीर से ही जुड़ी हुई कविता है। तब तुलसी के पास कबीर की केवल साखी और सबदी हैं, लेकिन नाभा दास के पास कबीर की रमैनी, सबदी और साखी हैं।

तुलसीदास की पुस्तक 'दोहावली' और नाभादास की पुस्तक 'भक्तमाल' के रचना काल क्या तय किए गए हैं? समय जानने से बहुत कुछ तय हो सकता है क्योंकि 'दोहावली' में 'रमैनी' शब्द नहीं है और 'भक्तमाल' में है। यह मामला 'रामचरित मानस' की चौपाइयों से जुड़ सकता है। 'रामायण' की 'रमायण' से 'रमैनी' जुड़ती ही है। फिर, राघवदास कृत भक्तमाल में भी 'रमैनी' शब्द आया है। यह कबीर के बारे में 125वें पद में इस प्रकार है—"सबद रमैंणी साखि, सत्य सगलां करि मांनी।"[28] निश्चित रूप से राघवदास बाद के हैं और उनके 'भक्तमाल' में इस के होने को अजूबा नहीं माना जा सकता, लेकिन खुद बीजक के चौथे सबद में रमैनी शब्द नहीं है। सबद इस प्रकार है—"साखी सबदी गावत भूले।"[29] इसका मतलब यह हो सकता है कि बीजक का यह चौथा सबद बीजक के संग्रह से पहले का है। यह अचरज वाली बात नहीं है।

ङ. 'मुगल' शब्द

पुरुषोत्तम अग्रवाल ने अपनी किताब के दूसरे संस्करण की भूमिका में लिखा है—"...श्री वागीश शुकल ने..... साढ़े चार सौ पेज की किताब पर, कोई साठ पृष्ठ का अत्यन्त विचारोत्तेजक और सारगर्भित समीक्षा-लेख लिख कर ..... सप्रमाण बताया है कि मुगल भी भारत की शब्द-सम्पदा में मुगल राज कायम होने के पहले मौजूद था, और तोप-बन्दूक भी। यानी, इन शब्दों के प्रयोग के आधार पर कबीर के कुछ पदों को

27. वही, पृ. 164   28. वही, पृ. 165   29. वही, पृ. 399

परवर्ती, इसलिए 'अप्रामाणिक' मानना व्यर्थ है। इस बात से मेरे द्वारा प्रस्तावित पाठ-निर्धारण विधि को और बल प्राप्त होता है।''[30] लेकिन यह लिख कर भागे कहाँ जा रहे हो? वागीश शुक्ल ने मुगल और तोप-बन्दूक के शब्दों पर साठ पृष्ठों के अपने लेख में पाँच-दस पृष्ठ दिए होंगे, मैंने इस एक ही विषय पर उन से अनेक गुने पृष्ठों की किताब लिखी है, जो वागीश शुक्ल के लेख की तरह ही अभी आने वाली है। वागीश शुक्ल का लेख आए तो मुकाबला वहीं होगा। हम देखेंगे कि उन्होंने इन शब्दों पर हम से ज्यादा रिसर्च कहाँ कर ली है। इतनी जल्दी में यह लिख कर कैसे चलते बन रहे हैं कि उन के द्वारा प्रस्तावित पाठ-निर्धारण की विधि को बल प्राप्त होता है। हमारी रिसर्च उन का सारा बल वापस खींच लेगी। हम उन्हें बताएंगे कि 'मुगल', 'तोप' और 'बन्दूक' के शब्द कब प्रयोग हुए हैं, किस सन्दर्भ में और किस-किस के द्वारा। यहाँ इतना ही कहा जा सकता है कि 'मुगल पठान न सैयद सेखवा' का शब्द-क्रम मुगल राज कायम होने से पहले मौजूद नहीं था। इस चतुर्शब्दी में उस समय 'मुगल' नहीं, बल्कि 'मोमिन' शब्द था। इसलिए, आप द्वारा प्रस्तावित पाठ-निर्धारण की विधि को बल प्राप्त नहीं होता है बल्कि वह पूरी कमजोर सिद्ध होती है।

अन्त में दोहराया जाए कि विचित्र भाषा है और अद्भुत हौंसला है कि खुद सारी मनमानी कर के दूसरों पर मनमानी करने का आरोप मढ़ रहे हैं। भला, किंवदन्ती और प्रक्षिप्त को इन के स्वीकार करने के मुकाबले में दूसरा किसी का क्या कोई मनमानापन होगा? दूसरों को नसीहत दे रहे हैं कि व्याख्या में कबीर के कवि पर मनमाने अर्थ आरोपित करने के बजाय अपनी खुद की रचना करनी चाहिए, पर यही बात वे अपने प्रक्षिप्तकारों से क्यों नहीं कहते? उनके प्रक्षिप्तकार मनमानी व्याख्या करने के बजाय सीधे कबीर की वाणी का मूल पाठ ही बदल कर सेंधमारी कर रहे हैं। इसीलिए, इन लेखक को ईमानदार कहने को जी नहीं चाहता। सब कुछ जानते हैं—और जानते हुए सारी गड़बड़ कर रहे हैं। भूल में कुछ भी नहीं है, भलमनसाहत का यहाँ अता-पता नहीं, नेकनीयती का नामोनिशान नहीं, और सुलझाव का दूर-दूर तक धर्मदौरा नहीं है। दुनिया में कैसे-कैसे लोग होते हैं—कबीर और कबीर की वाणी पर बहस न कर के कबीर के बारे में किंवदन्तियों और प्रक्षिप्त रचनाओं पर बहस करवाना चाहते हैं? फिर, दुनिया के सारे नियम लागू होंगे कि प्रक्षिप्त पाठ से हटने में मनमानापन है। फिर, इन्हें सारे कायदे-कानून याद आ जाते हैं कि वेद को शब्द प्रमाण के रूप में अपौरुषेय कह देते हैं। लेकिन हमारे हिसाब से, किंवदन्ती को संधा भाषा का नाम देने का प्रयोजन क्या है जब उसे धिक्कारना नहीं है और प्रक्षिप्त को उप-रचना कहने का मतलब क्या है जब उसे पाठ से बाहर नहीं करना है? भला, किंवदन्ती और प्रक्षिप्त मूल वाणी को रिप्लेस कैसे कर देंगे? यह साहित्य के क्षेत्र में कल्पना, स्वप्न और स्मृति के नाम पर धोखा है कि

30. अकथ कहानी प्रेम की : कबीर की कविता और उनका समय, पुरुषोत्तम अग्रवाल, राजमकमल प्रकाशन प्रा.लि., 1-बी, नेताजी सुभाष मार्ग, नई दिल्ली-110 002, दूसरा संस्करण, 2010, पृ. [xix]

किंवदन्ती और प्रक्षिप्त के गीदड़ों को सिंह माना जाए। तभी कबीर के यहाँ उलटबाँसी जन्म लेती हैं। टोनी मोरिसन के उपन्यास The Bluest Eye में प्रयोग किए शब्दों के द्वारा हिन्दू भारतीयता की इस किंवदन्ती और प्रक्षिप्त की वैदिक-पौराणिक शैली के अर्थों को बेहतर ढंग से समझा जा सकता है–"....We rearranged lies and called it truth....."[31] क्या पुरुषोत्तम अग्रवाल आधुनिकता के दायरे में ईमानदार हो कर इन शब्दों को अपना सकते हैं?

31. "...हमने (अपने) झूठों को पुनर्व्यवस्थित किया और उसे सत्य कहा.... ।"
The Bluest Eye, Toni Morrison, Vintage, Random House, 20 Vauxhall Bridge Road, London SW1 2SA, 1999, p. 163

अध्याय-9

खूब परदा है[क]

पुरुषोत्तम अग्रवाल ने 'अकथ कहानी प्रेम की : कबीर की कविता और उनका समय' नाम से एक पुस्तक लिखी है। इसमें बताना यह है कि इसे पूरी करने के बाद वे यह जानना भूल गए कि उनकी पुस्तक कबीर पर नहीं है। पूछना यह है कि क्या शीर्षक में 'कबीर' शब्द रख देने से यह पुस्तक अपने आप कबीर पर लिखी हुई हो जाती है। क्या दो-चार पृष्ठ भी मुख्य विषय पर लिखने की दरकार नहीं रह जाती? सच यही है कि इस पुस्तक में कबीर पर कोई चर्चा नहीं की गई। इसे जादूगरी ही कहा जाएगा कि कबीर पर लिखी गई पुस्तक में कबीर गायब हैं। यह पाठकों के साथ की गई परले सिरे की कलम की सफाई है। शायद यही इस देश में मोटे-मोटे पुराण लिखने का तरीका है।

ऐसा कैसे कहा जा रहा है कि आलोच्य पुस्तक कबीर पर नहीं है? इसके प्रमाण इसी पुस्तक में हैं। लेखक ने एचएच विल्सन के बहाने से लिखा है–"इन दो सौ सालों में इतने सारे और इतने परस्पर विरोधी कबीर हमारे सामने प्रस्तुत किए गए हैं कि ऐतिहासिक कबीर तक पहुंचना नामुमकिन-सा लगने लगता है।"[1] हाय-हाय करते हुए इसमें भी वे दोष बर्तानी भारत के पिछले दो सौ सालों की औपनिवेशिक आधुनिकता के अध्ययन को दे रहे हैं कि कबीर को रामानंद के शिष्य और वैष्णव होने की स्वीकृति में गहरी दरार डाल दी। वे यह जानना और मानना भूल गए कि कबीर की ऐतिहासिकता के साथ जो भी गलत-सही किया है, वह भारतीयों ने किया है। अपने उन्हीं भारतीय पुरखों के बचाव की पशोपेश में अग्रवाल ने सारी संभावनाओं पर पानी फेरते हुए लिखा है–"इसलिए कबीर ही नहीं, इनमें से किसी के बारे में भी शुद्ध अंत-साक्ष्य के आधार पर ठेठ आधुनिक किस्म की जीवनी जिज्ञासा की तृप्ति तो असंभव है।"[2]

अगली बात किंवदंतियों की आती है। किंवदंतियां वास्तविकता की दुश्मन हैं। सही-सही और खरी-खरी बातें सही नहीं जातीं और बदलाव लाने की मंशा नहीं रहती, तभी किंवदंतियां खड़ी करने का हथियार इस्तेमाल किया जाता है। किंवदंती अफवाह का दूसरा नाम है। यह द्वंद्वात्मक संवाद नहीं, बल्कि संवाद को हवा में उड़ा देना है। इसमें

क. मेरा यह लेख 'जनसत्ता' के नई दिल्ली के संस्करण में 29 जनवरी, 2012, को पृ. 7 पर प्रकाशित हुआ है।

1. अकथ कहानी प्रेम की : कबीर की कविता और उन का समय, पुरुषोत्तम अग्रवाल, राजकमल प्रकाशन प्रा.लि., 1-बी, नेताजी सुभाष मार्ग, नई दिल्ली-110 002, पहला संस्करण, 2009, पृ. 19
2. वही, पृ. 21

सफलता तभी मिलती है जब दो अजनबियों में भाषा की पैठ बन जाती है। पुरुषोत्तम अग्रवाल ने लिखा है कि 'किंवदंती एक तरह की संधा-भाषा है, जिसमें कुछ तथ्य है, कुछ कल्पना।'[3] वे लिखते हैं—"किंवदंतियों के आकाश में कोई समाज केवल वही नहीं उकेरता जो है, बल्कि उसे भी उकेरने की कोशिश करता है, जो होना चाहिए और जो हो सकता था, लेकिन हो नहीं सका।"[4] कितनी विचित्र बात है कि अपनी पूरी पुस्तक में वे यही सलाह देने में लगे हुए हैं कि किंवदंतियों को सम्मानपूर्वक पढ़ना सीख लिया जाए!

हम अच्छी तरह जानते हैं कि किंवदंती संधा-भाषा के रूप में बिल्ली मौसी की भाषा है, जिसमें संवाद नहीं, बल्कि कपट होता है।

अंतिम बात प्रक्षिप्त की रह जाती है। क्या कोई व्यक्ति साहित्य में प्रक्षिप्त रचने की प्रशंसा कर सकता है? दुनिया में ऐसे एक आलोचक पुरुषोत्तम अग्रवाल हैं, जो इस प्रश्न का बेधड़क उत्तर 'हां' में देते हैं। प्रक्षिप्त के बचाव में उनकी भाषा का बनाव-ढलाव देखा जा सकता है—"...कबीर की लोकमान्य रचनाओं को नकारने में उन असंख्य कबीर-कवियों का अपमान निहित है, जिन्होंने इतनी सुंदर रचनाएं रच कर उन पर अपने नाम की छाप छोड़ने के बजाय उन्हें कबीरार्पित कर दिया। अपने नाम को अमर करने के बजाय अपने त्याग और बलिदान को अमर कर दिया।"[5] इस साहित्यिक आलोचना के क्षेत्र में चोर ही कोतवाल को डांट रहा है—"जिस विवेक की कसौटी पर कस कर कबीर के श्रोताओं ने उप-रचनाओं को कबीर-रचना होने का गौरव दिया है, उसका अपमान करते हुए, कबीर का सम्मान करने के दावे व्यर्थ हैं।"[6]

आश्चर्य है, जिसने भी कबीर की ऐतिहासिकता, जीवनी और वाणी की ऐसी दुर्दशा की, पुरुषोत्तम अग्रवाल उस व्यक्ति की हिजो या उस परंपरा पर थू-थू करने से तो रहे, उलटे उसकी प्रशंसा ही प्रशंसा किए जा रहे हैं। ऐसे में नतीजा क्या निकलता है? पहले ऐतिहासिक कबीर तक पहुंचने को नामुमकिन घोषित कर दिया, दूसरे उनकी जीवनी के वास्तविक संघर्ष को किंवदंतियों द्वारा अलौकिकताओं और चमत्कारों से भर दिया और तीसरे उनकी औरस रचनाओं को उप-रचनाओं की जारज-रचनाओं से स्थानापन्न कर दिया—ऐसी हालत में वैष्णव क्या, कबीर को वैष्णवों की जूती बना दो—क्या रोकटोक है? पुराण की शैली है—कुछ भी बना दो—मनाही क्या है?

असल में, पुरुषोत्तम अग्रवाल की इस पुस्तक को पढ़ कर पता चलता है कि कबीर के मोबाइल में सिम कार्ड रामानंद का डाल दिया गया है। यह कंप्यूटर की पूरी अदला-बदली है। अब कबीर के साहित्य की ई-मेल रामानंद की विष्णु भक्ति का नारदी पासवर्ड जानने के बाद ही खुलेगी। बुद्धिमान बन कर ये अपने पाठकों को क्या पढ़ाने चले हैं—क्या तकाजा है?

सच बात यह है कि झूठ को झूठ न कहा जाए तो यह दुनिया झूठिस्तान हो

---

3. वही, पृ. 180
4. वही, पृ. 180
5. वही, पृ. 45
6. वही, पृ. 45

जाएगी। ऐसे कैसे चलेगा? ईमानदार लोगों के लिए जगह बनानी पड़ेगी। जो कबीर के बारे में सच जानना चाहते हैं उनके लिए किंवदंती और प्रक्षिप्त पर झाड़ू फेरना पड़ेगा। इन्हें विश्वास और शक्ति में तब्दील नहीं किया जा सकता। ये गर्व करने की चीजें नहीं हैं। तब, जो इनकी बात सामने रखते हैं, उनका विद्वानों की बस्ती में कितना सम्मान किया जाना चाहिए? नियम यही है कि या तो सही काम करो—या काम करना छोड़ दो—कोई दूसरा काबिल और समर्थ आदमी उसे कर लेगा। जिद क्या है कि कबीर पर जरूर लिखेंगे? सिर क्यों खुजाता है? हाथ जोड़ लो कि यह काम वश में नहीं है। माथापच्ची की जरूरत नहीं—झूठ का बचाव किसी हालत में नहीं किया जा सकता।

शब्दों के इस संस्कृतीकरण की पोल तत्काल खुल जाती है। इतिहास झाड़-झंखाड़ को हटा देता है। कबीर की सहलास की बात नहीं सुनी जाएगी तो तोप दागता हुआ बाबर आएगा। दोनों में से किसी एक की जरूर सुननी है, क्योंकि इतिहास का पहिया किंवदंती और प्रक्षिप्त से बने पुराणों पर नहीं टिकता। इसलिए भारत के बारे में कोई पुस्तक लिखने से पहले विद्वानों को इस बात पर कान देना चाहिए कि इतिहास किंवदंती और प्रक्षिप्त को नहीं जानता। इतिहास युद्ध को जानता है, उसमें हार-जीत को जानता है, समझौतों को जानता है, शान्तिकाल को जानता है, लेकिन किंवदंती और प्रक्षिप्त से उसका छत्तीस का नाता है। वह स्वतंत्रता को जानता है और गुलामी को जानता है, किंवदंती और प्रक्षिप्त के सांस्कृतिक षड्यंत्रों को नहीं। ये आमने-सामने की वीरता की लड़ाइयां नहीं हैं, बल्कि राजभवनों के भीतर की घुसपैठ और कानाफूसी से भी कम असरदार हैं।

रही बात साहित्य की, तो उसमें कल्पना, स्वप्न, स्मृति और अनुभूति को सम्मानजनक स्थान प्राप्त है। उसमें इतिहास, पुरातत्त्व, आत्मकथा, संस्मरण, पत्र और जीवनी की सारी वस्तुनिष्ठता सुरक्षित है, लेकिन उसमें दूर तक भी किंवदंती, प्रक्षिप्त और पुराण के लिए कोई जगह खाली नहीं है।

अध्याय-10

साहित्य में किंवदन्ती, प्रक्षिप्त और जारकर्म (प्रतिषेध) अधिनियम, 201...

दलित के हिसाब से हिन्दू के मामले में कुल कितने मुद्दे बनते हैं जो अपराध की श्रेणी में आ चुके हैं या आने हैं? ये इस प्रकार हैं :

1. ज्ञान के क्षेत्र में पुनर्जन्म के सिद्धान्त में विश्वास करना अपराध है।
2. सामाजिक सम्बन्धों में छुआछूत का बर्ताव करना अपराध है।
3. शासन-प्रशासन के मामले में भ्रष्टाचार अपराध है।
4. उद्योग और व्यापार में कर-चोरी और काला बाजारी अपराध हैं।
5. वैवाहिक और सेक्स के सम्बन्धों में बलात्कार और जारकर्म अपराध हैं।
6. साहित्य और इतिहास के क्षेत्र में प्रक्षिप्त और किंवदन्ती अपराध हैं।

अभी तक छुआछूत, भ्रष्टाचार और कर-चोरी के बारे में कानून बन चुके हैं। बलात्कार के विरुद्ध कानून बना है लेकिन जारकर्म के खिलाफ कानून नहीं बना। पुनर्जन्म का अन्धविश्वास फैलने के विरुद्ध भी कोई कानून नहीं बना। ऐसे ही, साहित्य और इतिहास के क्षेत्र में प्रक्षिप्त और किंवदन्ती के खिलाफ भी कोई कानून नहीं बना। इस अध्याय के अगले पृष्ठों में साहित्य में किंवदन्ती, प्रक्षिप्त और जारकर्म के खिलाफ कानून बनाने की जरूरत पूरी की जा रही है। इस के लिए मैंने कानून का एक मसौदा तैयार किया है। इस पर ज्यादा विचार किया जा सकता है। यह भारत की संसद द्वारा ही पारित होना चाहिए। मसौदा आगे दिया जा रहा है।

मसौदे को पढ़ने से पहले यह समझ लिया जाए कि हम प्रक्षिप्त और किंवदन्ती को इसलिए नहीं पढ़ेंगे क्योंकि, कोई और नहीं, इस के लिए हमें खुद कबीर मना कर के गए हैं। प्रक्षिप्त के पैरोकार कितने भी हाथ जोड़ें, हम उन के लिए बहरे बन जाएंगे, और किंवदन्ती के हिमायती कितने भी पैर पकड़ें, हम उन के लिए गूंगे हो जाएंगे। फिजूल की बातों में से किसी की एक नहीं सुननी, यह हमारे कबीर की हमें हिदायत है। हम इस हिदायत का पालन करेंगे कि वेद और पुराण की तरह प्रक्षिप्त और किंवदन्ती पर भी कान और ध्यान नहीं देंगे। हम प्रक्षिप्त और किंवदन्ती के झुनझुनों को तोड़ देंगे। ये

हमारे बच्चों के मन बहलाव के खिलौने होने लायक भी नहीं हैं। हम जानते हैं, जो प्रक्षिप्त और किंवदन्ती की गठरी बेचते फिर रहे हैं, उस में उन का भारी स्वार्थ है। हम उस स्वार्थ का पर्दाफाश कर देंगे कि हमारे लिए धर्मेतर अध्यात्म की दीवार खड़ी कर के इन लोगों द्वारा अपने संगठित धर्म के दुर्ग की रक्षा की जा रही है। 'देशज आधुनिकता' में न ये 'देशज' हैं और न ये 'आधुनिक' हैं। कबीर के सल्तनत काल में इन्होंने फारसी पढ़ कर राज सुख भोगे और अंग्रेजी काल में अंग्रेजी पढ़ कर आज तक हमारी देशज हिन्दी को धता बता रखी है। कबीर से पहले वेद-पुराण में उलझे हुए थे और कबीर के बाद प्रक्षिप्त और किंवदन्ती में दीक्षित हो गए—ये आधुनिक कब हो गए? क्या इसे आधुनिकता कहा जाएगा? कहना यह है कि कबीर को चकमा दे दें, लेकिन ये हिन्दू विद्वान सिकन्दर, मिनान्डर, कनिष्क, बाबर, क्लाइव आदि को चकमा नहीं दे सकते। आज इन का काम प्रक्षिप्त कर के कबीर की वाणी को मिटाने का चल रहा है।

बताया जाए कि 'प्रैग्मेटिज्म' एक दार्शनिक स्कूल है जिसका जन्म हाल ही की शताब्दियों में अमरीका और यूरोप में हुआ था। उस में ईश्वर की खोज नहीं की जाती कि वह है या नहीं है। एक तरह से, वहाँ यह खोज बन्द है। उस में सोचना केवल यह होता है कि ईश्वर के मानने या न मानने से मनुष्य पर क्या प्रभाव पड़ता है और वह कैसा व्यवहार करने लगता है। इधर, हिन्दू विद्वानों ने कबीर के जीवन, साहित्य और समय की खोज करनी बंद कर रखी है, उलटे इन्होंने कबीर पर किंवदन्ती और प्रक्षिप्त के अपने प्रैग्मा ओढ़ा दिए हैं। अब ये हमें दिखा रहे हैं कि इन के कबीर कैसे लगते हैं। यूँ, यह कबीर की चेतावनी का गद्य अंग है कि हिन्दू विद्वान कबीर के जीवन, साहित्य और समय का सही अध्ययन नहीं कर रहे हैं, बल्कि ये कबीर को हम से दूर करने की साजिश रच रहे हैं। इस अपराध में इन के एक से बढ़ कर एक लेखक शामिल हो रहे हैं। लेकिन हमें यह सिद्ध करना है कि पुरुषोत्तम अग्रवाल के रूप में यह इन की आखरी कोशिश है। अब आगे इन में से कोई कबीर की वाणी के साथ कभी छेड़छाड़ नहीं कर पाएगा।

यह ध्यान रखा जाना है कि भले लोगों को किंवदन्तियों और प्रक्षिप्तों से कष्ट होता है। इस से ईमानदार लोगों की आत्माओं को चोट पहुँचती है। महन्त सनाथ दास एक कबीरनिष्ठ व्यक्ति हैं। उन्होंने अपनी पुस्तक 'कबीर और रामानंद' में बिलकुल सही लिखा है—"कबीर साहेब धर्म क्षेत्र के वैज्ञानिक थे।"[1] मेरे आकलन में, कबीर के बारे में इस से उत्तम दूसरा वाक्य नहीं हो सकता। उधर, कबीर को किंवदन्तियों और प्रक्षिप्तों के माध्यम से धर्मेतर अध्यात्म से जोड़ने के बराबर का दूसरा झूठ नहीं हो सकता, जो पुरुषोत्तम अग्रवाल ने अपनी इस किताब में लिखा है। तब सनाथ दास की वेदना को समझा जा सकता है। उन्होंने बहुत दुखी हो कर लिखा है :

1. "चोटी के विद्वान कहे जाने वाले कभी-कभी ऐसी बातें लिख जाते हैं

---

1. कबीर और रामानंद, सनाथ दास, सद्गुरु कबीर संस्थान, गुरुद्वारा फोर्ट रोड, रीवा, मध्य प्रदेश, प्रथम संस्करण, 2010, पृ. 10

जो न तो इतिहास सम्मत होती हैं न ही विवेक सम्मत। कभी-कभी तो ऐसा भी देखा जाता है कि किसी एक विद्वान ने लिख दिया तो पीछे वाले उस पर विचार तक नहीं कर पाते और लकीर पकड़ कर चल पड़ते हैं। होना तो चाहिये कि कितने ही बड़े विद्वान ने क्यों न लिखा हो हमें उसकी जांच पड़ताल स्वयं भी करना चाहिए। प्रस्तुत संदर्भ में लेखक का विचार इन्हीं बिन्दुओं पर केन्द्रित है। स्वामी रामानंद के संबंध में विद्वानों द्वारा प्रायः किंवदन्तियों का सहारा लिया गया जान पड़ता है। सामाजिक परिवेशों ऐतिहासिक साक्ष्यों को नजरअंदाज कर दिया गया है। इनमें सामान्य लोग नहीं अपितु हिन्दी साहित्य के विद्वान हैं—जैसे 1. डॉ. आर.जी. भण्डारकर, 2. आचार्य रामचन्द्र शुक्ल, 3. डॉ. पीताम्बरदत्त बड़थ्वाल, 4. श्री रामधारी सिंह दिनकर, 5. डॉ. मुन्शीराम शर्मा, 6. डॉ. श्यामसुन्दर दास, 7. डॉ. मोहनलाल तिवारी, 8. श्री अर्जुन प्रसाद शुक्ल, 9. डॉ. वि.डी. महाजन, 10. डॉ. बदरीनारायण श्रीवास्तव, 11. डॉ. कृष्णलाल, 12. डॉ. मारुति नंदन तिवारी, 13. डॉ. प्रेमनारायण सिंह, 14. डॉ. रामचन्द्र सिंह, 15. संत श्री अभिलाष साहेब जी, 16. संत श्री गंगाशरण शास्त्री एवं 17. स्वामी भगवदाचार्य आदि हैं। उपरोक्त विद्वान अपने-अपने क्षेत्र के दिग्गज हैं एवं हिन्दी साहित्य के लिए वरदान स्वरूप हैं, किन्तु उनके द्वारा स्वामी रामानंद के संबंध-रचित लेखों को पढ़ने से मालूम होता है कि कुछ आग्रह पूर्वाग्रह से स्वामी जी को जाना समझा गया है।"[2]

2. "...नाभादास के—"बहुत काल" शब्द को डेढ़ सौ या दो सौ वर्षों से भी अधिक तक स्वामी रामानंद के जीवित रहने की बात कतई नहीं मानी जा सकती।"[3]
3. "मेरा विनम्र निवेदन मात्र इतना है कि आनुषंगिक बातों का सहारा इतना न लिया जावे कि उन्हें (रामानंद को) 200 वर्षों तक जीवित रहने वाला सिद्ध किया जाय या फिर गियासुद्दीन तुगलक से ले कर सुल्तान सिकंदर लोदी के कार्यकाल तक पहुंचा दिया जाये जैसे कि कल्याण भक्त चरितांक में एक शुक्ल जी ने किया है। इस प्रकार की असंगत बातों पर रोक जरूर लगनी चाहिए।"[4]
4. "...अंधाधुंध लकीर पीटने की आदत से विद्वानों को बाज आना चाहिए।"[5]
5. "...कबीर के ऐतिहासिक रूप को ही गायब कर दिया और कबीर की

---

2. वही, पृ. 100
3. वही, पृ. 90
4. वही, पृ. 89
5. वही, पृ. 123

जगह पर कल्पित कबीर को ला बिठाया।"[6]

6. "आश्चर्य तो इस स्मारिका के संपादक और प्रकाशक पर भी होता है उस ने ऐसे लेख को छाप कैसे दिया।"[7]

साहित्य के लिए निर्देश भारत के संविधान के भाग 4क के अनुच्छेद 51क(ज) से लिए जा सकते हैं जो मूल कर्तव्य के अन्तर्गत है। इस का वाचन इस प्रकार है :

> **"51क. मूल कर्तव्य–भारत के प्रत्येक नागरिक का यह कर्तव्य होगा कि वह–............(ज) वैज्ञानिक दृष्टिकोण, मानववाद और ज्ञानार्जन तथा सुधार की भावना का विकास करे...... ।"[8]**

साहित्य में किंवदन्ती, प्रक्षिप्त और जारकर्म (प्रतिषेध) अधिनियम, 201............ (201..... का अधिनियम संख्यांक......)

(दिनांक, माह, 201.....)

साहित्य के द्वारा संविधान के अनुच्छेद 51क(ज) के अधीन वैज्ञानिक दृष्टिकोण, मानववाद और ज्ञानार्जन तथा सुधार की भावना का विकास और अनुच्छेद 19(2) के अधीन लोक व्यवस्था में सदाचार के हितों को आगे बढ़ाने के लिए अधिनियम भारत गणराज्य के ....वें वर्ष में संसद द्वारा निम्नलिखित रूप में यह अधिनियमित हो।

1. संक्षिप्त नाम, विस्तार और प्रारम्भ–

(1) इस अधिनियम को 'साहित्य में किंवदन्ती, प्रक्षिप्त और जारकर्म (प्रतिषेध) अधिनियम, 201......' कहा जा सकेगा।

(2) इस का विस्तार जम्मू-कश्मीर राज्य के सिवाय समस्त भारत पर है।

(3) यह तत्काल प्रवृत्त होगा।

2. परिभाषाएँ–

(क) किंवदन्ती–किंवदन्ती कई बार बोला गया झूठ है जिसे सत्य की तरह पेश किया जाता है।

(ख) प्रक्षिप्त–प्रक्षिप्त साहित्य में चोरी का उलट है और चोरी से ज्यादा संगीन है।

---

6. वही, पृ. 187 7. वही, पृ. 103
8. भारत का संविधान (7 फरवरी, 2003 को यथा विद्यमान), प्रकाशन और विक्रय प्रबंधक, विधि साहित्य प्रकाशन, भारत सरकार, भारतीय विधि संस्थान भवन, भगवान दास मार्ग, नई दिल्ली-110 001, प्रथम जेबी संस्करण, 2003, पृ. 19

(ग) जारकर्म–जारकर्म की 'भारतीय दंड संहिता, 1860' की धारा 497 में दी गई वर्तमान परिभाषा में बदलाव ला कर ढील खत्म की जाएगी।

3. **पाठ्यक्रमों में साहित्य**–केन्द्र सरकार, राज्य सरकारों तथा अन्य सरकारी संस्थानों के पाठ्यक्रमों में वही सृजनात्मक और आलोचनात्मक साहित्य पढ़ा और पढ़ाया जाएगा जो संविधान के अनुच्छेद 51क(ज) की शर्तों के अधीन होगा।

4. **जारकर्म हानिकारक है**–प्रत्येक पुस्तक इस आधार पर पाठ्यक्रम में स्वीकृत की जाएगी कि वह जारकर्म को बढ़ाने वाली नहीं है या वह बताएगी कि जारकर्म राज्य, समाज, राष्ट्र, व्यक्ति, परिवार और साहित्य के लिए हानिकारक है।

5. **साहित्य की प्रस्तुति**–यथार्थ को यथार्थ कह कर लिखा जाएगा, स्वप्न को स्वप्न बता कर प्रस्तुत किया जाएगा, कल्पना के बारे में बताया जाएगा कि वह कल्पना है और कानून को ज्यों का त्यों रूप दिया जाएगा

   अपवाद–ऊपर की प्रस्तुतियों का आगाह करते हुए मिश्रण किया जा सकता है।

6. **करने योग्य काम**–
   1. किंवदन्ती को मिटा कर सत्य तक पहुँचने की कोशिश की जाएगी।
   2. प्रक्षिप्त की खोज उसे हटाने के लिए और उस की भर्त्सना करने के लिए की जाएगी।
   3. जारकर्म को इस रूप में प्रस्तुत किया जाएगा कि वह व्यक्तियों के भीतर खलनायकी है।

      स्पष्टीकरण–यह माना जा रहा है कि जब कोई जार हँसता है तो जरूर कहीं कोई सदाचारी व्यक्ति रोता है। साहित्यकारों का काम है कि उस रोने वाले व्यक्ति की खोज की जाए और कानून का काम है कि उस की तत्काल मदद की जाए।

7. **पुरस्कार-प्रोत्साहन**–
   1. जो साहित्यकार अपने लेखन में किंवदन्ती, प्रक्षिप्त और जारकर्म को मिटाने की सब से सशक्त अभिव्यक्ति करेगा, उसे प्रति वर्ष केन्द्र सरकार और राज्य सरकारों की साहित्य अकादमियों द्वारा पुरस्कृत किया जाएगा।
   2. वर्तमान में मिलने वाले साहित्यिक पुरस्कारों और प्रोत्साहनों में

भी ऊपर उपधारा(1) में बताई गईं कसौटियों का ध्यान रखा जाएगा।

3. ऊपर उपधाराओं(1) और (2) के लिए नियम बनाए जाएंगे जिन में पुरस्कारों और अन्य प्रोत्साहनों की संख्या और राशि तय की जाएगी और बढ़ाई जा सकेगी।

8. **दंड**–जो कोई साहित्यकार अपने साहित्य में जान-बूझ कर किंवदन्ती, प्रक्षिप्त और जारकर्म को बढ़ावा देगा, वह कारावास और-या आर्थिक दंड से दंडित किया जाएगा जो तय किए जाने हैं।

9. **अन्य बंदिशें जारी रहेंगी**–इस अधिनियम में वे सारी बंदिशें जारी रहेंगी जो साहित्य से सम्बन्धित अन्य कानूनों के प्रावधनों में पहले से लगी हुई हैं।

भाग - चार

अध्याय-11

रामानंद–अर्थात धोखानंद[क]

वह पिटारा खोल दिया जाए तो पुरुषोत्तम अग्रवाल के पास उनकी पुस्तक 'अकथ कहानी प्रेम की : कबीर की कविता और उनका समय' में इस बाबत है कि कबीर के गुरु रामानंद थे। ईमानदारी के साथ पूर्व-पक्ष को रखा जा सकता है। वे शब्द इस प्रकार हैं :

1. "कबीर और रामानंद ईसा की पंद्रहवीं-सोलहवीं सदी में सक्रिय थे।"[1]
2. "रामानंद के शिष्य, संवादी कबीर ने स्वयं को न कभी धर्मगुरु कहा, न अवतार।"[2]
3. "मुसलमान वंश में जन्म होने पर भी, अजीब बात है कि रामानंद के शिष्य बनते हैं....इस तरह की अजब-गजब मार्का बातों के आदि-स्रोतों की खोज स्वयं ही रोचक और रोमांचक है।"[3]
4. "थे वे जुलाहे परिवार के, शिष्य-संवादी माने गए वैष्णव साधक रामानंद के।"[4]
5. "कबीर का निधन देर से देर 1518 ईस्वी में माना जाता है। पचास साल के भीतर-भीतर हरिराम व्यास ने उनके तथा उनके गुरु रामानंद के गुण गाए।"[5]
6. "कुछ लोग रामानंद को कबीर का गुरु बताने के कारण अनंतदास के इतिहास-बोध पर तरस खाते हैं।"[6]
7. "अनंतदास की परिचई में कबीर को संदेह है कि रामानंद उन्हें शिष्य बनाएँगे या नहीं। कबीर द्वारा स्वयं को शिष्य घोषित कर देने पर रामानंद चकित होते हैं, कबीर से मिलते भी हैं तो परदे की ओट से, लेकिन कबीर से प्रभावित इतने होते हैं कि उन्हें गले लगाकर शिष्य

क. मेरा यह लेख पत्रिका 'वाक', वाणी प्रकाशन, 21-ए, दरियागंज, नई दिल्ली-110 002, अंक 9, वर्ष 2011, पृ. 7-21 पर प्रकाशित हुआ है।

1. अकथ कहानी प्रेम की : कबीर की कविता और उनका समय, पुरुषोत्तम अग्रवाल, राजकमल प्रकाशन प्रा. लि०., 1-बी, नेताजी सुभाष मार्ग, नई दिल्ली-110 002, पहला संस्करण, 2009, पृ. 27
2. वही, पृ. 311
3. वही, पृ. [7]
4. वही, पृ. 20
5. वही, पृ. 216
6. वही, पृ. 24

मान लेते हैं।''[7]

8. ''कबीर से रामानंद के संबंध के प्रसंग में आ. सेन ने कबीर को शिष्य बनाने में रामानंद की हिचक विषयक किंवदंती को दो-टूक शब्दों में 'हास्यास्पद और बेहूदी' किंवदंती करार दिया।''[8]

9. ''संवेदना की समानधर्मिता, कबीर-रामानंद की ऐतिहासिक समकालीनता और रामानंद-कबीर के गुरु-शिष्य संबंध के बारे में पारम्परिक सर्वसम्मति के बावजूद, रामानंद-कबीर संबंध पर जो संदेह आधुनिक विद्वानों और अविद्वानों के चित्त का संस्कार बनकर जम गया है, ब्राह्मणवाद की सफलता का प्रमाण वह है, देशभाषा स्रोतों में सर्वमान्य रामानंद-कबीर संबंध नहीं।''[9]

10. ''कबीर के अलावा रामानंद के शिष्यों में रैदास, धन्ना जाट और सेन नाई के साथ पीपा को गिना जाता है। पीपा ने राजा होते हुए भी दर्जी का पेशा अपना लिया था। पद्मावती नाम की साधिका भी रामानंद की शिष्या थीं।''[10]

11. ''कबीर के समकालीन और देशभाषा में पद रचनेवाले साधक-विचारक रामानंद को संस्कृत में भाष्य रचने वाले आचार्य रामानदं में कब, किसके द्वारा, क्यों बदला गया।''[11]

12. ''रामानंद के बारे में हम बहुत कम जानते हैं, यह सच है, साथ ही यह भी सच है कि जो कुछ जानते हैं, देशभाषा स्रोतों की बदौलत ही जानते हैं। उस समय के संस्कृत स्रोत तो रामानंद का उल्लेख तक नहीं करते। देशभाषा स्रोत उन्हें कबीर का गुरु बताते हैं। अनंतदास तो चलिए मान लिया कि स्वयं रामानंदी थे लेकिन प्रियादास, ओरछा वाले हरिराम व्यास और 'दबिस्ताँ' का लेखक?''[12]

13. ''रामानंद के बारे में हमारी जानकारी के प्राचीनतर स्रोत संस्कृत के नहीं, देशभाषा के हैं। जो कुछ भी हम उनके बारे में प्रामाणिक रूप से जानते हैं, वह भक्तमालों और परचई जैसे देशभाषा स्रोतों से ही प्राप्त हुआ है।''[13]

14. ''ब्राह्मण कुल में जन्मे रामानंद ने ब्राह्मण सर्वोच्चता के दंभ को रद्द करके, वैष्णवता की जाति-कुलनिरपेक्ष धारणा का प्रचार किया। अपनी अभिव्यक्ति का ही नहीं साधना का भी माध्यम उन्होंने संस्कृत को नहीं, लोकभाषा को बनाया।''[14]

---

7. वही, पृ. 156
8. वही, पृ. 260
9. वही, पृ. 307
10. वही, पृ. 235
11. वही, पृ. 19
12. वही, पृ. 245
13. वही, पृ. 237
14. वही, पृ. 235

15. “ऐसा नहीं है कि रामानंद को संस्कृत विद्या-परम्परा का ज्ञान नहीं था। हिंदी भाषा के माध्यम से वर्णाश्रमवादी विचारधारा का खंडन करना रामानंद का चुनाव था, संस्कृत न जानने की मजबूरी नहीं। ठीक उसी तरह जैसे नये धर्म या पंथ की स्थापना करने की बजाय धर्म मात्र की मूलगामी समीक्षा करना कबीर का चुनाव था, मजबूरी नहीं। ऐसे चुनावों को समझना ही अध्येताओं का काम है।”[15]

16. “लेकिन, कबीर की कविताई तक पहुँचने से पहले तो हमें कबीर के गुरु रामानंद, कबीर की साधना और भावभगति आदि पर विचार करना है। अगले अध्याय में आप कबीर-रामानंद संबंध का, और स्वयं रामानंद की संस्कृत निर्मिति का अद्‌भुत भेदभरा आख्यान पढ़ेंगे।”[16]

पुरुषोत्तम अग्रवाल की बौद्धिक संदूकची में कबीर और रामानंद के सम्बन्ध को ले कर ये कुल औजार हैं जो पूरी पुस्तक में चलाए गए हैं। देखा जा सकता है, ये सारे भोथरे औजार हैं। इनसे इतना बड़ा काम सध नहीं सकता जो वे ले कर चले हैं। अपर्याप्त ही नहीं, फिजूल भी हैं। वे किंवदंतियों के आधार पर रामानंद को कबीर का गुरु कह रहे हैं। उनके संदेह बोल रहे हैं कि सारी बहस खोखली चल रही है। यह नई बहस नहीं है कि उन्होंने विद्वत जगत में कोई नई जमीन तोड़ी है। इन सारे प्रश्नों को मैंने अपनी पुस्तकों में विस्तार से देखा-परखा है और पाया है कि यह झूठ है कि कबीर के गुरु रामानंद थे। लेकिन पुरुषोत्तम अग्रवाल का उद्देश्य है कि झूठ बोलते रहो, लगातार झूठ बोलते रहो, बेझिझक झूठ बोलते रहो, यदि एक भी कबीर का अध्येता झूठ के चक्कर में आ गया तो वही सफलता है।

कबीर को रामानंद के शिष्य बताने में न कबीर को कबीर रहने देंगे और न रामानंद को रामानंद रहने देंगे। दोनों की सूरतें बिगाड़ देंगे। एक सच्ची बात की हामी नहीं भरी जाती कि कबीर रामानंद के शिष्य नहीं थे। तब न प्रक्षिप्त को कबीर की उप-रचना कहने की जरूरत रहेगी और न अनंतदास की 'कबीर परचई' की झूठी किंवदंती की मिथकीय व्याख्या की अपेक्षा रहेगी। एक सही बात को मानने से आदमी कितने बवालों से एक साथ बच जाता है, पर पुरुषोत्तम अग्रवाल को यह रास्ता अपनाना सही नहीं लगता। उन्हें उलझाव भरा रास्ता ही पसंद आ रहा है। उनकी किस्मत—ऐसे लोगों की कोई कितनी मदद कर सकता है?

II

पुरुषोत्तम अग्रवाल लिखते हैं—“सदियों से चली आ रही पारम्परिक सर्वसम्मति

15. वही, पृ. 238   16. वही, पृ. 232

को नकारने का कोई तो तार्किक आधार होना चाहिए।"[17] जाने, ये लेखक हमें क्या समझाने बैठ गए हैं? परम्परा में सर्वसम्मति कहां से ढूंढ़ ली? कबीर ने अपने समय में झूठी परम्पराओं को ही तोड़ा था। क्या परम्पराएँ कबीर की सोच को जकड़ सकती थीं? कबीर का अध्ययन करने चले हैं–और हिंदू परम्परा को प्रमाण मान रहे हैं–ये क्या कर रहे हैं? क्या इन्हें कोई समझाने वाला और रोकने वाला नहीं है? रामानंद को कबीर का गुरु कहने से बेहतर यह होता कि कह दिया जाता कि कबीर की गुरु कोई भैंस थी। कबीर का अपमान करना ही था तो कुछ और ढंग से करते। रामानंद में कबीर का गुरु होने की योग्यता ही नहीं थी। कोई अवैदिक व्यक्ति ही कबीर का गुरु हो सकता था। अवैदिक का गुरु वैदिक–क्या करिश्मे घटित किए जा रहे हैं? पुरुषोत्तम अग्रवाल किसी और को बहकाएँ–यहाँ पर उनका मजमा चलने वाला नहीं है। अपनी परम्पराओं को वे आप ढोएँ–हम उनके बोझ तले क्यों दबें, क्यों कुचले जाएँ?

मैंने अपनी पुस्तक 'कबीर के आलोचक' में कबीर और रामानंद के संबंध की सादृश्यता से डा. अंबेडकर और गांधी के संबंध के बारे में चेतावनी देते हुए लिखा था–"यदि दलित डॉ. अम्बेडकर के बचाव में ढंग से नहीं लड़ सके तो कुछ दिन बाद हिंदू विद्वान यह सिद्ध कर देंगे कि डॉ. अम्बेडकर महात्मा गांधी के सबसे प्रिय शिष्य थे।"[18] क्या मेरा वह डर सच्चा नहीं था? मेरे डर को डॉ. बिंदेश्वर पाठक ने अपनी पुस्तक 'रोड टु फ्रीडम : ए सोशियोलोजिकल स्टडी ऑन दि एबोलिशन ऑफ स्केवेंजिंग इन इण्डिया' में सच कर दिखाया है क्योंकि उन्होंने डॉ. अम्बेडकर को गांधी का वालंटियर और शिष्य लिखा है। उन्होंने लिखा है–"राष्ट्रपिता ने वोलंटियरों से कहा कि वे भारत की स्वतंत्रता के लिए लड़ने के साथ-साथ सामाजिक और रचनात्मक काम भी करें। यह आश्चर्यजनक है कि जहां दूसरे कार्यक्षेत्रों में अनेक लोग आए और उन्होंने खुद को सामाजिक कार्यक्रमों तथा दूसरे रचनात्मक कामों में लगाया, मैला ढोने वालों (Scavengers) को मुक्त करने के कार्यक्रम में महात्मा गांधी के कुछ ही शिष्यों ने खुद को जोड़ा।"[19] उन्होंने आगे महात्मा गांधी के उन खास वालंटियरों और शिष्यों के नाम गिनाए हैं–"उन लोगों में खास थे–अप्पा साहेब पटवर्धन, अन्ना साहेब दास्ताने, अत्री गुरुजी, डॉ. बी.आर. अम्बेडकर, जीवन लाल, जयराम दास, केशो दास शाह, युगल वैद्यवे, मामा साहेब फड़के, ठक्कर बापा, बिट्ठल फराने, संत विनोबा भावे, बल्लभ स्वामी, एस.एन. मूर्ति, आर.आर. दिवाकर, रामेश्वरी नेहरू, भाऊ नर्वेकर, वियोगी हरि,

---

17 वही, पृ. 307

18. कबीर के आलोचक, डॉ. धर्मवीर, वाणी प्रकाशन, 21-ए, दरियागंज, नई दिल्ली-110 002, पहला संस्करण, 1997, पृ. 96

19. "The Father of the Nation asked the volunteers to do social and constructive work simultaneously fighting for the independence of India. It is surprising that whereas in other fields of activity a number of people emerged and engaged themselves in social programmes and other constructive works, only a few disciples of Mahatma Gandhi engaged themselves in the programme of liberating scavengers."
Road to Freedom : A Sociological Study on the Abolition of Scavenging in India, Bindeshwar Pathak, Motilal Banarsidass, 41 U.A. Bungalow Road, Jawahar Nagar, Delhi-110 007, Reprint, 2003, p. 40

जग लाल चौधरी, सरयू प्रसाद और राजेंद्र लाल दास।''[20]

पुरुषोत्तम अग्रवाल जवाब दें कि डॉ. बिंदेश्वर पाठक ने यह क्या किया कि कि डॉ. अम्बेडकर को गांधी का वोलंटियर और शिष्य लिखा है। यह किंवदंती हमारे सामने चलाई जा रही है जो सच की विरोधी है। पुरुषोत्तम अग्रवाल डॉ. बिंदेश्वर पाठक से जवाब तलब जरूर करें। उन पर विद्वानों के बीच कहा-सुनी करें। मैं तब तक पुरुषोत्तम अग्रवाल को समझा रहा हूं कि अनंतदास ने कबीर को रामानंद का शिष्य ऐसे ही लिख दिया था जैसे आज डॉ. बिंदेश्वर पाठक ने डॉ. अम्बेडकर को गांधी का वोलंटियर और शिष्य लिखा है। डॉ. पाठक के प्रमाण से अगले पुरुषोत्तम अग्रवाल यही बहस करेंगे कि डॉ. अम्बेडकर गांधी के वोलंटियर और शिष्य थे। नामों की यह सूची वैसी ही है जैसे रामानंद के शिष्य गिनाते हुए रैदास और कबीर के नाम लिखे गए हैं।

III

पुरुषोत्तम अग्रवाल ने यह काम बहुत बुरा किया कि कबीर पर लिखी अपनी इस किताब में 'अगस्त्य संहिता की गुत्थी' सुलझाने बैठ गए। भला, कबीर से इस पुस्तक का क्या लेना-देना? अगले किसी संस्करण में कोई महाभारत में 'भविष्ययोत्तर खंड' लिख कर उसमें कबीर का नाम जोड़ दे तो क्या हम कबीर का अध्ययन करने के लिए सात खंडों की पूरी 'महाभारत' पढ़ेंगे? क्यों टांग अड़ाई जाती है कि कबीर के अध्ययन में 'अगस्त्य संहिता' का काल-निर्धारण किया जाए। हम ऐसे फालतू के काम में क्यों पड़ें? हमें कबीर का अध्ययन करना है तो हम दूसरी कोई अच्छी किताब पढ़ लेंगे। यह हमारी ड्यूटी नहीं है कि हम यह सिद्ध करते फिरें कि 'अगस्त्य संहिता' में 'भविष्योत्तर खंड' कब जोड़ा गया है। आखिर, पुरुषोत्तम अग्रवाल को भी इस काम में मिला क्या?—वही ढाक के तीन पात। वे लिखते हैं—'' 'भविष्योत्तर खंड' को बिना विचारे 'प्रामाणिक' मान लेने वाले काश वास्तविक 'अगस्त्य संहिता' देखते।''[21] वे देखें न देखें, इसी तर्ज पर हम पुरुषोत्तम अग्रवाल से अनुनय-विनय कर रहे हैं कि काश वे अनंतदास की 'कबीर परचई' से अपना पीछा छुड़ा लेते।

हम यह कह और पूछ रहे हैं कि जिन लोगों ने 'अगस्त्य संहिता' में 'भविष्योत्तर खंड' जोड़ कर उसे प्रक्षिप्त किया, क्या वे सीधे-सादे और भोले-भाले लोग थे? जिन्होंने यह गंदा काम किया, उन्हें चालाक और धूर्त क्यों नहीं कहा जाता? उस संस्कृति को झूठ

---

20. "Notable among such persons were Appa Saheb Patwardhan. Anna Saheb Dastane, Atre Guruje, Dr. B.R. Ambedkar, Jiwan Lal, Jai Ram Das, Kesho Das Sah, Yugal Ram Vaidyave, Mama Saheb Phadke, Thakkar Bapa. Bithal Pharane, Sant Vinoba Bhave, Ballabh Swami, S.N. Murthi, R.R. Diwakar, Rameshwari Nehru, Bhau Narvekar, Viyogi Hari, Jaglal Chouldhary, Sarayu Prasad and Rajendra Lal Das."
ibid., p. 40

21. अकथ कहानी प्रेम की : कबीर की कविता और उनका समय, पुरुषोत्तम अग्रवाल, राजकमल प्रकाशन प्रा.लि., 1-बी, नेताजी सुभाष मार्ग, नई दिल्ली-110 002, पहला संस्करण, 2009, पृ. 253

और फरेब से क्यों नहीं जोड़ा जाता जिसमें यह सब अनुमोदित और अनुमत है? कहना यह भी है कि 'अगस्त्य संहिता' वैष्णवों की पुस्तक है। जब वैष्णवों पर कोई किताब लिखी जाए, उसमें इस पुस्तक का जिक्र किया जाना चाहिए। हाँ, बिल्कुल ध्यान रखा जाना चाहिए था कि पुरुषोत्तम अग्रवाल अपनी यह किताब कबीर पर लिख रहे हैं। लेकिन सच्चाई यह है कि पुरुषोत्तम अग्रवाल ने कबीर को वैष्णव ही सिद्ध किया है—और इसी कारण कबीर की टांग 'अगस्त्य संहिता' तक खींच कर ले गए हैं।

अच्छा होता, पुरुषोत्तम अग्रवाल 'अगस्त्य संहिता' के अध्ययन में समय जाया करने के बजाय कबीर वाणी में एक-दो प्रक्षिप्त पद या साखी की शिनाख्त कर लेते। लेकिन उस अच्छे काम से तो ये बिदक जाते हैं, और, औरों को भी कोसने लगते हैं। 'अगस्त्य संहिता' में प्रक्षिप्त पाठ ढूँढ़ कर खुश हो रहे हैं, उसका श्रेय ले रहे हैं कि यह काम उन्होंने किया है, लेकिन मेरे द्वारा कबीर वाणी में प्रक्षिप्त ढूंढ़ने पर रो रहे हैं। झट पाला बदल लेते हैं—और प्रक्षिप्त तथा किंवदंती के हिमायती बन बैठते हैं कि यह भक्ति का लोकवृत्त है—इसे इतिहास का तथ्य मान कर कबीर के अध्ययन में आगे बढ़ना चाहिए। जैसे वैष्णवों की पुस्तक 'अगस्त्य संहिता' में 'भविष्योत्तर खंड' का प्रक्षिप्त पाठ ढूंढ़ कर पुरुषोत्तम अग्रवाल ने एक अच्छा काम किया है, ऐसे ही मैं 'कबीर वाणी' में से ढूंढ़ कर प्रक्षिप्त पाठों की झड़ी लगा रहा हूँ—पुरुषोत्तम अग्रवाल को खुश होना चाहिए या रोने बैठना चाहिए? पूरी किताब में बिलबिलाए ही तो हैं। इनकी किस्मत—जिस काम से खुश होना चाहिए था, उससे दुखी हो रहे हैं! हम इन विद्वानों के दुख कैसे बाँटें, कैसे काटें? हमें ओझागिरी करनी नहीं आती। झाड़-फूँक में हमारा विश्वास नहीं है।

IV

पुरुषोत्तम अग्रवाल ने अब तक दो रामानंद खोज निकाले हैं। वे लिखते हैं—''हम संस्कृत रचनाओं में झलकने वाले रामानंद को 'संस्कृत रामानंद' और हिंदी रचनाओं वाले रामानंद को 'हिंदी रामानंद' कहेंगे।''[22] उन्होंने स्पष्टीकरण दिया है—''दो रामानंदों की बात का कोई ऐतिहासिक आधार नहीं है। दो रामानंदों की बात केवल इस अर्थ में की जा सकती है कि वास्तविक रामानंद हिंदी में रचते थे और आधुनिक निर्मिति के रामानंद की रचनाएँ संस्कृत में हैं।''[23] पर मेरा कहना है, समय गुजरने दो, प्रक्षिप्तों और किंवदंतियों के पुरातत्व का आख्यान है, अभी और भी कई रामानंद खोजे जाएंगे। आज के तीसरे रामानंद मैंने खोज निकाले हैं। ये पुरुषोत्तम अग्रवाल हैं—'हिंदी रामानंद' और 'संस्कृत रामानंद' की तर्ज पर 'अंग्रेजी रामानंद'।

किंवदंतियों को इस बात से कोई मतलब नहीं होता कि इतिहास में सच में क्या घटा था। इतिहास की घटना का स्मृतिलोप कर के ये अपनी कल्पित घटनाएँ घटित

22. वही, पृ. 238

23. वही, पृ. 240

करती हैं। यह संस्कृति और पुराण रचने की प्रक्रिया है, इतिहास लिखने की नहीं। घटना न हो गई, इनके हाथ का खिलौना हो गई। कहीं मुंह दाब दिया, कभी ठोढ़ी बाहर को निकाल दी, कहीं हाथ टेढ़े कर दिए, तो जब जी चाहा, पाँव मरोड़ दिए। इतिहास नहीं लिखते, इतिहास के साथ मजाक करते हैं। ऐसी एक मजाक पुरुषोत्तम अग्रवाल के कवि रवींद्रनाथ ठाकुर ने रामानंद और कबीर के संबंध को ले कर की है। उनके लिए मजे की, पर हमारे लिए दुख की बात है कि पुरुषोत्तम अग्रवाल इसे अपनी किताब में दर्ज कर रहे हैं। किसी और के नहीं, पुरुषोत्तम अग्रवाल के शब्द हैं—''वैष्णव साधु नाभादास के बांधे सेतु-रूपक की मूल भावना को कवि रवींद्रनाथ ठाकुर ने अपनी कवि-दृष्टि और कल्प-सृष्टि के जरिए और भी मार्मिक रूप दे दिया। उन्होंने रामानंद पर अनेक कविताएं रचीं। 1932 में रची गई 'शुचि' शीर्षक कविता में कबीर चतुर संयोग उत्पन्न करके रामानंद के शिष्य नहीं बन जाते। कवि रवींद्र के रामानंद हृदय की सच्ची 'शुचिता' प्राप्त करने के लिए कबीर और रैदास तक पहुंचने की पहल स्वयं करते हैं।''[24]

सुन लें, हिंदी जगत के विद्यार्थी इतिहास के साथ किए जा रहे इन चुटकलों को सुन लें। एक जरा-सा बच्चा इतिहास के शेर की पूंछ को खिलौना समझ कर हिला रहा है। मालूम नहीं कि इतिहास को गुस्सा आता है तो वह पलटवार में क्या करता है। सारी की सारी कवि-दृष्टि धरी की धरी रह जाती है और पूरी की पूरी 'कल्प-सृष्टि' चकनाचूर हो जाती है, जब भारत भूमि पर सिंकदर के घोड़े हिनहिनाते हैं। पहले झूठ में यही कहा गया था कि कबीर रामानंद के शिष्य बनना चाह रहे थे, इस दूसरे झूठ में यह कहा जा रहा है कि रामानंद कबीर को अपना शिष्य बनाना चाह रहे थे। दो झूठ एक साथ अड़ा दिए—बहस करने वाले इसी बात पर बहस करते रहेंगे कि पहला कथन सही है या दूसरा कथन सही है। उन्हें यह सोचने ही नहीं दिया जाएगा, कि पहले और बाद के, ये दोनों कथन झूठे हैं, मिथ्या कथन हैं। इनके लिए इतिहास एक रबड़ है। जब चाहे बढ़ा लो, जब चाहे घटा लो, मोड़ लो, तोड़ लो, लंबवत को समांतर कर लो, समांतर को लंबवत बैठा लो। कवि बन गए हैं, अब सत्य के प्रति जवाबदेह नहीं रह गए।

हमें पता नहीं, इनके जो अगले कवि जन्म लेंगे, वे क्या-क्या करेंगे? कौन-सी कल्पना उड़ाएंगे? जाने लिख दें,—रामानंद के बाप कबीर के बाप के गुरु थे और रामानंद की माँ कबीर की माँ की गुरुवानी थी। जाने लिख दें,—गुरु-शिष्य का यह रिश्ता उनमें पिछली सात पीढ़ियों से चला आ रहा था।

कोई है, इन्हें कुछ कहने वाला? इनकी कल्पनाएं हैं—ये जाने क्या लिख दें कि मंगलवार के दिन इन्होंने जंगल में एक भैंस के सिर पर साढ़े सात सींग देखे। बुद्धू बन कर अंगुलियों पर हिसाब लगाते रहो। कवींद्र रवींद्र ने 1932 में नई किंवदंती चला ही दी कि खुद रामानंद के पेट में प्रसव के दर्द हो रहे थे कि भाग कर कबीर को शिष्य बनाया जाए। इस सूचना के कथन को तथ्य बनाते हुए पुरुषोत्तम अग्रवाल विशेष नोट लिख

---

24. वही, पृ. 237

कर गद्गद हो रहे हैं—"इस कविता की ओर ध्यान आकृष्ट करने के लिए मैं इतिहासकार गौतम भद्र का आभारी हूं।"[25] एक-दूसरे के प्रति ऐसे ही आभारी होते रहो, पर हमारे लिए यह सूचना चूल्हे में झोंकने लायक है। तभी हम सही कह रहे हैं कि कबीर किसी रामानंद-वामानंद के शिष्य नहीं थे। ये ऐसे ही किंवदंतियां खड़ी करते हैं जैसे 1932 में, पूना पैक्ट के साल में, इनके कवि रवींद्रनाथ ठाकुर ने यह खड़ी की है कि रामानंद ही कबीर को शिष्य बनाने की पहल कर रहे थे। यह साल इतिहास में डॉ. अम्बेडकर और गांधी के विवाद और युद्ध का साल है।

बचपन में बाजीगर का तमाशा देखा करता था। बाजीगर कमाल का काम दिखाया करता था। गोलघेरे में खड़े हममें से किसी एक बच्चे को बीच में बुला लेता था। फिर वह रुपये बनाया करता था। कभी बच्चे की नाक से रुपया बनाता था, कभी कान से रुपया झाड़ता था। शरीर के किसी भी हिस्से से 'चुर्रैट' कह कर रुपया निकाल लेता था। कभी-कभी बच्चे की पीठ हिलवा कर ढेर सारे खनकते रुपये एक साथ निकाल देता था। हम विस्मय से देखते थे और हंसा करते थे। अब बड़ा हो कर साहित्यिक-जादूगरी देख रहा हूं कि पुरुषोत्तम अग्रवाल रुपये की तरह कई-कई रामानंद बनाने में लगे हुए हैं। एक रामानंद यहां पैदा, दूसरा रामानंद वहां पैदा, तीसरा रामानंद तहां पैदा और चौथा.... पांचवां....छठा.....सातवां। अग्रवाल न हो गए, रामानंद बनाने की फैक्ट्री हो गई। मतलब, रामानंद को जबरन कबीर का गुरु सिद्ध कर के रहेंगे। यह रामानंद नहीं तो वह रामानंद, वह रामानंद नहीं तो वह रामानंद, और वह रामानंद नहीं तो...। यह वैष्णव नहीं तो वह वैष्णव, वह वैष्णव नहीं तो वह वैष्णव, और वह वैष्णव नहीं तो...। यूं रामानंद नहीं तो यूं रामानंद और यूं रामानंद नहीं तो यूं रामानंद...। काले रामानंद नहीं तो पीले रामानंद, नीले रामानंद नहीं तो धोले रामानंद...।

कुछ भी घटित हो सकता है। आलोचक के दिमाग पर पुनर्जन्म का सिद्धान्त काबिज है। कबीर का गुरु सिद्ध होने के लिए रामानंद कबीर के बाद भी तो जन्म ले सकते हैं। इस जन्म में न सही, किसी अगले-पिछले जन्म में रामानंद कबीर के गुरु रहे होंगे। प्रक्षिप्त और किंवदंती का नेशनल हाइवे है, पूर्वापर में किधर को भी गुजर सकता है।

V

रामानंद क्या थे, और उदारवाद की चातुर रणनीति में किस सीमा तक जा सकते थे, यह बताने के लिए प्रामाणिक विद्वान पुरुषोत्तम अग्रवाल नहीं हो सकते। उस प्रामाणिकता के लिए हमें किसी ब्राह्मण के पास जाना चाहिए। ब्राह्मण ही बता सकता है कि इन मामलों में ब्राह्मण का क्या हिसाब होता है। पुरुषोत्तम अग्रवाल ब्राह्मणों की तरफ से कैसे बोल जाएंगे? ये बीच में पड़ते हैं—इनकी रंगत अलग है। लेकिन पुरुषोत्तम

25. वही, संदर्भ-2, पृ. 307

अग्रवाल यह सीधी सी बात समझने को तैयार नहीं हैं कि ये रामानंद के मन की बात नहीं जान सकते, उन के मन की बात रामचंद्र शुक्ल जानते हैं। शुक्ल को पुरुषोत्तम अग्रवाल ने उद्धृत भी किया है। उद्धरण के वे शब्द प्रकार है–"भक्तिमार्ग में इनकी उदारता का अभिप्राय यह कदापि नहीं है–जैसा कि कुछ लोग समझा और कहा करते हैं कि रामानंद जी वर्णाश्रम के विरोधी थे। समाज के लिए वर्ण और आश्रम की व्यवस्था मानते हुए वे भिन्न-भिन्न कर्त्तव्यों की योजना स्वीकार करते थे। केवल उपासना के क्षेत्र में उन्होंने सबका समान अधिकार स्वीकार किया। भगवद्भक्ति में वे किसी भेदभाव को आश्रय नहीं देते थे। कर्मक्षेत्र में शास्त्रमर्यादा इन्हें मान्य थी।"[26] यह एक रामानंद की नहीं, बल्कि किसी भी उदारवादी ब्राह्मण की शर्त है कि वह इस सीमा को नहीं लांघ सकता। वेदांतियों के कई भेद हैं, आगे और भी भेद हो सकते हैं, लेकिन वे भेद दूसरी बातों को ले कर हैं, व्यवहार की वर्ण व्यवस्था को ले कर नहीं। यदि व्यवहार में इस सीमा से आगे कुछ करना पड़ता है तो वह आपद्धर्म माना जाता है, जिसका अनुकूल समय आने पर प्रायश्चित कर लिया जाता है। ऐसा वे करते आए हैं क्योंकि हमेशा उनकी नहीं चलती। वे मजबूरी की आपदा के समय को नए मंत्र रच कर काट जाते हैं। लेकिन, पुरुषोत्तम अग्रवाल हैं कि इन बातों को मानने को तैयार नहीं हैं। वे दावा कर रहे हैं कि वे ब्राह्मणों को ब्राह्मणें से ज्यादा जानते हैं–एक फिजूल की बात। इनके चक्कर में कौन आए? हम सीधे ब्राह्मण से पूछेंगे। वह भारत के हर दौर में जीवित है। रामचंद्र शुक्ल रामानंद के बारे में बिल्कुल मार्के की बात बता कर गए हैं क्योंकि उनकी कसौटी एक रामानंद पर नहीं बल्कि अगले-पिछले सारे रामानंदों पर लागू होती है। कोई रामानंद इससे आगे तब बढ़े जब इसकी अनुमति हो। यह काम चाहने या न चाहने का नहीं है, क्योंकि यह काम चाह कर भी नहीं किया जा सकता। मैंने कई ब्राह्मणों से कोशिश की, लेकिन कोई ब्राह्मण अब्राह्मण बनने को तैयार नहीं मिला। पूछना यही है कि क्या पुरुषोत्तम अग्रवाल के तथाकथित रामानंद ब्राह्मण अब्राह्मण हो गए थे।

अपने सिद्धान्त के पक्ष में पुरुषोत्तम अग्रवाल हमें संस्कृत के श्लोक पढ़ाने बैठ जाते हैं। रामानंद के नाम से उपलब्ध संस्कृत रचना 'वैष्णव मताब्ज भास्कर' के बारे में सिफ़ारिश करते हैं–"...अब जरा 'भास्कर' का सौवां श्लोक और उसका बलभद्र दास कृत हिंदी रूपांतर पढ़ें।"[27] बिना झिझक के संस्कृत का सौवां श्लोक उद्धृत कर देते हैं। उसके बाद लिखते हैं–"दो श्लोक और पढ़ें।"[28] वे उन्हें भी उद्धृत कर देते हैं। पर हमारा कहना है–"हम क्यों पढ़ें? नहीं पढ़ते। हम नहीं पढ़ेंगे। किसी हालत में नहीं पढ़ेंगे। कबीर ने नहीं पढ़े। कबीर ने हमें भी मना कर रखा है। कबीर को पढ़ने में हम संस्कृत के श्लोक नहीं पढ़ेंगे। हम औरों से भी कहेंगे कि वे इन्हें न पढ़ें। हम पुरुषोत्तम अग्रवाल को भी सलाह देंगे कि वे इस 'पढ़िबे' को दूर करें क्योंकि इस रास्ते कबीर हाथ नहीं आने।"

हम 'वैष्णव मताब्ज भास्कर' को इसलिए भी नहीं पढ़ेंगे क्योंकि हमने इस तरह के

---

26. वही, पृ. 239
27 वही, पृ. 271
28. वही, पृ. 272

ग्रंथों की माँ 'गीता' पढ़ रखी है। "जात-पांत पूछे नहिं कोई। हरि को भजे सो हरि का होई।"[29]—का उद्गम गीता का वह श्लोक है जिसमें कृष्ण ने ब्राह्मणों और राजन्यों को पुण्य योनि का तमगा दे कर वैश्यों और शूद्रों को पाप योनि का मान कर अपनी शरण में लेने की बात कही है। हम ऐसे चिंतन की पूरी बनावट को नकारते हैं जिसमें प्रपत्ति का यह भेद बना है।

पुरुषोत्तम अग्रवाल ने 'जात-पांत पूछे नहिं कोई' का एक गंजन गा रखा है। पर इस से पहले उन्हें बताना चाहिए था कि रामानंद ने वेद और मनुस्मृति का खंडन अपने किस आकर ग्रंथ में किया है। कबीर वेद और स्मृति का खंडन करते हैं, और ढोल पीट कर करते हैं, रामानंद द्वारा इनकी दबी जबान से भी किए गए खंडन की सूचना उनकी कौन-सी हिंदी या संस्कृत रचना में मिलती है? दुनिया को बहकाने का ठेका ले रखा है कि रामानंद के नाम से प्रसिद्ध उक्ति चल रही है—'हरि को भजे सो हरि का होई।' पर, क्या रामानंद की मनुस्मृति और कोई मनुस्मृति है? क्या रामानंद के वेद दूसरे वेद हैं? रामानंद के पुराण क्या और कोई पुराण हैं? क्या रामानंद का ब्रह्मसूत्र बदला हुआ है? क्या रामानंद ने अपने अलग से उपनिषद रचे हैं? क्या रामानंद गीता की पुण्य योनि और पाप योनि के भेद को तिलांजलि दे चुके हैं?

हम सौ बार कह चुके हैं कि किसी रामानंद से कबीर के वेद विरोध की व्याख्या नहीं हो सकती। हम यह भी कह चुके हैं कि कोई रामानंद कबीर के स्मृतियों के विरोध को फूटी आंख नहीं देखेगा। कबीर रामानंद के संन्यास की जड़ उखाड़ कर फेंक रहे हैं, कबीर हर संन्यासी के हाथ से भीख का कटोरा छीन रहे हैं, कबीर किसी भी संन्यासी को गृहस्थ जीवन में आने के लिए नेक बुलावा दे रहे हैं, कबीर किसी भी संन्यासी को कमा कर खाने की दो टूक सीख दे रहे हैं, लेकिन जाने यह बकझक कब तक लगी रहेगी कि कबीर 'रामानंद के शिष्य-संवादी थे'[30], और 'परम्परा में कबीर को रामानंद का प्रत्यक्ष शिष्य माना जाता है?'[31] कबीर हरि भजन की छोटी-सी झोंपड़ी में नहीं, बल्कि लोक-जीवन के हर भवन में 'जात-पांत पूछे नंहि कोई'—का महागीत गा रहे हैं।

यह धोखा बहुत पुराना है। पहले से होता आया है कि हिंदुओं के दो ग्रुप बन जाते हैं। उनमें से एक ग्रुप उदार बन जाता है और दूसरा कट्टर बना रहता है। यह कूटनीतिक रणनीति है। सामने वाले को असली बात समझने नहीं दी जाती। उसे उदार और कट्टर के झमेले में उलझाए रखा जाता है। पूछना यह है कि जब रामानंदी लोग उदार वैष्णव बने थे तो क्या उन्होंने वर्णविहीन, जातिविहीन या अस्पृश्यताविहीन कोई नया समाज खड़ा किया था। यदि नहीं, जो सच भी है, तो यह भांय-भांय क्या लगा रखी है? यदि ढील केवल हरि भक्ति तक सीमित थी, तो दलितों के लिए यह ढील चूल्हे में झोंकने लायक थी।

ऐसा पहले भी हुआ था। तब पूरे बौद्ध धर्म को उदार हिंदू कहिए। बौद्ध धर्म का

29. वही, पृ. 271 30. वही, पृ. 174 31. वही, पृ. 259

हिंदू धर्म से फर्क क्या था? ब्राह्मणों के धर्म में शूद्र संन्यासी नहीं बन सकता था लेकिन बौद्ध धर्म में शूद्र भिक्षु बन सकता था। यदि मामला हरि भजन और अध्यात्म का नहीं था तो बौद्ध धर्म और हिंदू धर्म में कोई फर्क नहीं था। भिक्षु और संन्यासी को छोड़ कर बाकी समाज दोनों का एक था क्योंकि बुद्ध ने कोई पर्सनल कानून नहीं बनाया था। बौद्धों के पास पर्सनल कानून ब्राह्मणों का ही था।

हरि भजन में जाति-पांति भुला दी और घर में भोजन की छुआछूत बचा ली—यह वैष्णवों का परमार्थ और व्यवहार में अंतर करने का पुराना हथियार है। हरि भजन का जोर-शोर से बार-बार जिक्र करने वाले पुरुषोत्तम अग्रवाल इस बात का दबी जवान से, और एक बार भी, जिक्र नहीं कर रहे हैं कि उनके रामानदी वैष्णवों ने घर के भोजन में मुसलमान कबीर से छुआछूत बचा रखी है। यह भक्तिकाल में वैष्णवों की चाल थी कि वे हरि भजन में जाति-पांति का ख्याल नहीं रखेंगे। हमेशा इन्होंने संकट काल आने पर ऐसे टोटके किए हैं। लेकिन आजीवकों की आवाज यह रही है कि वर्ण-व्यवस्था की असमानता, जाति-प्रथा की छोट-बड़ाई और छुआछूत की ऊंच-नीच मनुष्यों में किसी भी रूप में कायम न रहे। चतुर हिंदू क्या करता है? वह आजीवकों के इन नारों को छीन लेता है। फिर, उनका गलत इस्तेमाल कर देता है। कहने लगता है कि वर्ण-व्यवस्था की असमानता जन्म के आधार पर न हो कर कर्म के आधार पर होनी चाहिए, भगवान की भक्ति में जाति नहीं पूछनी चाहिए और पारमार्थिक सत्ता में छुआछूत की भेदबुद्धि नहीं होनी चाहिए। उसने आजीवकों की यह आवाज कभी नहीं सुनी कि वर्ण-व्यवस्था, जातिभेद और छुआछूत किसी भी स्तर पर और किसी भी किस्म की नहीं होनी चाहिए। हरि भजन की बात सशर्त और अधूरी है। आजीवकों का कहना है कि यदि कोई भगवान का भक्त न हो, उसके लिए भी जाति नहीं पूछनी चाहिए। केवल भगवान की भक्ति और उसके भजन से जोड़ कर नहीं, उनसे बिना जोड़े भी लौकिक रूप में जातिभेद खत्म होना चाहिए। इसके लिए पुरुषोत्तम अग्रवाल का कौन-सा रामानंद और कौन-सा रामानंदी वैष्णव तैयार हो जाएगा? उन्होंने इस पुस्तक में जिरह करते हुए कई तरह के वैष्णव खोजे और कल्पित किए हैं, भक्ति मार्ग को छोड़ कर, कर्म मार्ग में उनके कौन-से रामानंद जाति भेद को समूल नष्ट करेंगे?

बार-बार पूछना है—जाति को न पूछने को हरि भजन तक सीमित क्यों किया गया? इसे बढ़ा कर भोजन तक क्यों नहीं लाया गया? जिन्हें हरि भजन नहीं करना, और राजकाज या ब्याह-काज करना है, उन्हें जाति को किरोद-किरोद कर जानने की जरूरत क्यों पड़ी रही? यह फरेब क्या है कि हरि भजन को छोड़ कर जीवन के बाकी सारे क्षेत्रों में जाति की पूछ-गछ ज्यों की त्यों रह गई? हरि भजन के मामले में वैष्णव हो गए, पर पानी पीने के मामले में पांडे के पांडे बने रहे। कबीर पूछते ही हैं—"पांडे बूझि पियहु तुम पानी।"[32] क्या ये पांडे खुद रामानंद नहीं थे? हरि भजन करवा लिया, घर में भोजन भी

32. कबीर समग्र, द्वितीय खंड, लेखक, डॉ. युगेश्वर, हिंदी प्रचारक पब्लिकेशंस प्रा. लि., सी-21/30, पिशाच मोचन, वाराणसी-221 010, प्रथम संस्करण, 1997, पृ. 1537

जिमवा लेते। भजन के साथ-साथ भोजन में छुआछूत क्यों नहीं मिटी? परमार्थ में अद्वैत वेदांत का भवन खड़ा कर लिया, व्यवहार में कबीर की झोपड़ी तक चले जाते। इसलिए, पुरुषोत्तम अग्रवाल की यह सारी बहस कथनी और करनी के अंतर को दर्शाती है। उनके रामानंद से यह क्यों नहीं गाया जा सका?–'जाति-पांति कुल सबै नसाई, भोजन साथ करो सब भाई।' वे क्यों नहीं कह सके?–'हरि भगति की यही बड़ाई, ब्याह-काज में जात नसाई।' यदि ऐसा नहीं है तो इस सारी कवायद का अर्थ केवल इतना है जो 'सृजन के आईने में मलमूत्र ढोता भारत' और 'विचार की कसौटी पर' पुस्तक के लोकार्पण के अवसर पर 30 अप्रैल, 2010 को नई दिल्ली में साहित्य अकादमी के उपाध्यक्ष एस.एस. नूर ने कहा है–"...पंजाब में कीर्तन करने वाले दलितों को कीर्तन होने तक बराबर का माना जाता है और उसके बाद वे अछूत हो जाते हैं।"[33]

रामानंदियों की जिस कथा को पुरुषोत्तम अग्रवाल ने इस किताब में बड़े चाव से विस्तार दिया है, वैसी कथा 19वीं और 20वीं सदी में आर्य समाजियों को ले कर भी घटी थी। यदि रामानंदी लोग अंत्यजों को दीक्षा दे रहे थे और शूद्रों को जनेऊ बांट रहे थे, तो यही काम बाद में आर्य समाजियों ने पूरे भारत में किया था। हमारे स्वामी अछूतानंद भी आर्य समाज में गए थे, लेकिन वहां से उनका जल्दी ही मोहभंग हो गया था। बाबा साहेब डॉ. अम्बेडकर की पुस्तक 'एन्निहिलेशन ऑफ कास्ट' आर्य समाजियों से उनके संबंध की सच्ची कहानी है कि उन्होंने डॉ. अम्बेडकर को लाहौर में यह भाषण देने नहीं दिया था। जैसे रामानंदियों ने वैरागी छांटे थे, वैसे ही आर्य समाजियों ने 'महाशय' बनाए थे। ये सब भारत के हिंदू इतिहास के फरेब हैं। ये विचलन हैं, आंखों को धोखा देते हैं। ये वास्तविक संघर्ष को सामने नहीं आने देते। ये अपवाद कहे जाने लायक भी नहीं हैं। अपवादों में एक सत्यता होती है, लेकिन ये निरे छद्म हैं। पुरुषोत्तम अग्रवाल हमें इन छद्मों में उलझाना चाह रहे हैं। ऐसे विनोबाओं के भूदान हमने बहुत देखे हैं। उस-उस समय ये अपने किसी संकट काल को निकालना चाहते हैं। इन्हें किसी कबीर, रैदास, स्वामी अछूतानंद, बाबू मंगूराम या डॉ. अंबेडकर से मतलब नहीं होता, समयानुकूल 'सत्यार्थ प्रकाश' जैसी एकाध किताब लिख कर ये अपना आपद्धर्म निभाते हैं।

VI

इस बारे में एक बात और यह है कि 'जाति-पाँति' में कबीर का समाज जाति को जानता है, पाँति से उस की जान-पहचान नहीं है। 'पाँति' द्विजों की समस्या है। इसीलिए, 'जाति-पाँति' में 'पाँति' की वजह से आधा हिस्सा द्विजों का है। वह मिटे या न मिटे, उस से कबीर के लोगों का ताल्लुक नहीं है। रही बात जाति की, तो रामानंद के बाद भी वैष्णवों में जाति मिटी नहीं है। समाज की बात अलग, यदि द्विजों के साहित्य से

---

33. आज की समानता दिखावटी है : राजेन्द्र यादव, जनसत्ता, नई दिल्ली संस्करण, 4 मई, 2010, पृ. 7

ही प्रमाण लिए जाएँ तो जाति पूर्णतः सुरक्षित रही है। सूरदास के साहित्य को देखा जा सकता है। उन के एक पद के सम्बन्धित अंश इस प्रकार हैं :

खेलनमें को काको गुसैयाँ।
हरि हारे जीते श्रीदामा, बरबस ही कत करत रुसैयाँ।।
जातिपाँति हमते बड़ नाहीं, ना हम बसत तुम्हारी छैया।[34]

इस में जाति कहाँ से टूट गई? ग्वाल-बाल कृष्ण से साफ कह रहे हैं कि तुम हम से जाति-पाँति में बड़े नहीं हो। यह बच्चों का खेल हो रहा है पर 'जाति-पाँति' बीच में यहाँ की आ टपकी है। यदि जाति-पाँति टूटी हुई होती तो क्या बच्चे इस तरह की बातें करते?

सूर के बाद हिन्दुओं के सिरमौर साहित्यकार तुलसी के साहित्य से प्रमाण देखा जा सकता है। उन की एक काव्य रचना है :

मेरे जातिपाँति न चहौं काहूकी जातिपाँति,
मेरे कोऊ कामको न हौं काहूके कामको।
लोक परलोक रघुनाथहीके हाथ सब,
भारी है भरोसो तुलसीके एक नामको।।
अति ही अयाने उपखाने नहीं बूझैं लोग,
साहहीको गोत गोत होत है गुलामको।
साधु कै असाधु, कै भलो कै पोच, सोच कहा,
का काहूके द्वार परौं जो हौं सो हौं राम को।।[35]

यहाँ तुलसी पूरे गुस्से में हैं। यह ऐसा ही है जैसे किसी को गाली दे रहे हों। गाली में आदमी कुछ भी कह देता है। जब गुस्सा उतर जाता है, आदमी सहज भाव में आ जाता है। वह कभी-कभी क्षमा भी मांग लेता है कि जाने गुस्से में वह क्या-क्या बक गया था। इस काव्य रचना में तुसली के साथ यही स्थिति है। गुस्से में कह रहे हैं कि न मेरी कोई जाति-पाँति है और न मुझे किसी की जाति-पाँति चाहिए। इस गुस्से में भी गोत कहाँ छोड़ा है? कह रहे हैं—'साह ही को गोत गोत होत है गुलाम को।'' यह छोटा गोत तो नहीं है? दशरथ के बेटे राम का गोत है। तब रामानंद के असर में वैष्णवों में क्या मिट गया है? उत्तर है—जाति-पाँति का कुछ भी नहीं, बाल भी बाँका नहीं हुआ।

VII

'जात-पांत पूछे नहिं कोई, हरि को भजे सो हरि का होई'—को एक अन्य तरीके से

---

34. प्रेम-दर्शन : देवर्षि नारद विरचित भक्तिसूत्र, हनुमान प्रसाद पोद्दार, गीताप्रेस, गोरखपुर, उत्तर प्रदेश-273 005, इकतीसवां पुनर्मुद्रण, सम्वत् 2066, पृ. 118-19
35. वही, पृ. 122-23

भी समझा जा सकता है, जो सब से ज्यादा महत्वपूर्ण है। सनाथ दास ने अपनी पुस्तक 'कबीर और रामानंद' में रामानंद के नाम से प्रचलति आनंद भाष्य के बारे में लिखा है। उन्होंने आनंद भाष्य का अर्थ दिया है—"शूद्र लोग ब्राह्मण की अगुवायी में पुराण इतिहास अर्थात् महाभारत श्रवण कर सकते हैं और भगवान की बिना वैदिक मन्त्र के भक्ति कर सकते हैं, किन्तु अन्य तपस्या, वेदाध्ययन तथा व्रतादि का उन्हें कोई अधिकार नहीं है।"[36] इस आधार पर उन्होंने रामानंद और आनंद भाष्य की ठीक आलोचना की है और निष्कर्ष निकाला है कि कबीर के गुरु रामानंद नहीं थे। पर यहाँ 'हरि को भजे सो हरि का होई'—का आयाम और विस्तार अधिक बनता है। मुद्दा है, रामानंद या शंकराचार्य होते कौन हैं जो इस बात का हिसाब लगाएंगे कि किसी को ईश्वर की भक्ति करने का कितना अधिकार है और कितना नहीं? ये भगवान के ठेकेदार कहाँ से पैदा हो गए? 'हरि को भजे सो हरि का होई'—में हरि ईश्वर है। इसे अपनी-अपनी भाषाओं में लोग अलग-अलग नामों से पुकारते हैं। यह गोड, खुदा, अल्लाह है। अब यह रामानंद और शंकराचार्य कैसे कह सकते हैं कि मुसलमानों को 'अल्लाह' और ईसाइयों को 'गोड' का नाम लेने का अधिकार है या नहीं? मुसलमान अपने अल्लाह के सामने झुकते हैं तो क्या वे इस की अनुमति रामानंद और शंकराचार्य से लेंगे? क्या ईसाइयों को अपने गोड का नाम लेने में हिन्दुओं से पूछना पड़ेगा? इसी दृष्टि से कबीर को देखा जाए। कबीर अपने स्वतन्त्र और पृथक धर्म के अनुयायी और गायक हैं, उन्हें अपने धर्मानुसार अपने भगवान का नाम लेने से कौन रोक सकता है? रामानंद और शंकराचार्य अपने वेदों को अलग लिए फिरें, उन का कबीर के भगवान से क्या मतलब ठहरता है? कोई मुसलमान क्या अपने अल्लाह का नाम लेने में वेदाध्ययन की शर्त रखेगा? ऐसे ही, किसी ईसाई को वेद या महाभारत की क्या जरूरत है? क्या हिन्दू आचार्य यह कहना चाहते हैं कि उन्होंने भारत में मुसलमानों और ईसाइयों को बिना वेदाध्ययन के अपने-अपने ईश्वरों को मानने की अनुमति दे रखी है? यह कैसी सोच है और कैसी परिभाषा है कि भगवान के मामले में कबीर के साथ टोकाटाकी और छेड़छाड़ चल रही है? बिना वेदाध्ययन के यदि कबीर ने अपना ईश्वर खोजा और माना है तो यह उन के धर्म की पृथकता का ईश्वर है। इस तरह, 'हरि को भजे सो हरि का होई'—से कबीर के धर्म की पृथकता सिद्ध होती है, किसी रामानंद या शंकराचार्य की अनुमति या स्वीकृति लेनी नहीं। असल में, कबीर ने अपना ईश्वर बिना वेदाध्ययन के ही पाया है—और जो पाया है, वह वेदों के ईश्वर से अलग ईश्वर है। उस में किसी रामानंद आचार्य को दखलअन्दाजी करने की क्या जरूरत है? कबीर अपने उसी ईश्वर के आधार पर सृष्टि के सृजन को मानते हैं।

बात शूद्र की रह जाती है। कबीर किसी धर्म और समाज के शूद्र क्यों बनेंगे?

---

36. कबीर और रामानंद, सनाथ दास, सदगुरु कबीर संस्थान, गुरुद्वारा फोर्ट रोड, रीवा, मध्य प्रदेश, प्रथम संस्करण, 2010, पृ. 97

किसी धर्म और समाज के शूद्र बनने के बजाय वे अपना अलग धर्म और अपना अलग समाज क्यों नहीं बना लेंगे जहाँ शूद्र और ब्राह्मण नहीं होते? उन्हें किसने रोका है? उन्हें कौन रोक देगा? वे बिलकुल नहीं जानते कि ब्राह्मण और शूद्र कौन होते हैं। उन्होंने गाया है :

एकै त्वचा हाड़ मल मूत्रा, एक रुधिर एक गूदा।
एक बूंद से सृष्टि रची है, को ब्राह्मण को शूद्रा।।[37]

यहाँ एक बात और कही जा सकती है कि पुरुषोत्तम अग्रवाल ने 'भविष्य पुराण' के बारे में लिखा है कि '...काल-क्रम बोध 'भविष्य पुराण' का भी वैसा ही ठीक-ठाक है, जैसे अनन्तदास का।'[38] उन्होंने यह भी लिखा है कि 'भविष्य पुराण रामानंद सम्बन्धी पारम्परिक मान्यताओं और नव-प्रचारित दावों के बीच सन्तुलन स्थापित करने का प्रयत्न करता है।'[39] यह सब ठीक हो पर जब देखने-दिखाने की बात चल रही है तो उन्हें 'भविष्य पुराण' में रामानंद के बारे में लिखे ये श्लोक भी देख लेने चाहिए थे :

रामानन्दस्य शिष्यो वै अयोध्यायामुपागतः
कृत्वा विलोमं तं यन्त्रं वैष्णवांस्तानकारयत्।। 54।।
भाले त्रिशूल चिह्नश्च श्वेतरक्तं तदाभवत्
कण्ठे च तुलसीमाला जिह्वा राममयी कृता।। 55।।
म्लेच्छास्ते वैष्णाश्चासन रामानन्दप्रभावतः
आर्याश्च वैष्णवाः मुख्या अयोध्यायां बभूविरे।। 56।।

अर्थात पंडित रामानंद के शिष्य अयोध्या गए और वहां पर मुसलमानों के यंत्रों को तोड़-फोड़कर तथा उनके उपदेशों का खंडन कर उन सब म्लेच्छों को वैष्णव हिंदू बनाया। उनके माथे पर लाल रंग से युक्त त्रिशूलाकार चंदन का चिह्न किया। जबरन कंठ में तुलसी की माला पहनाई। जिह्वा पर राम मंत्र का उपदेश लिखा। वे सभी मुसलमान रामानंद के प्रभाव से वैष्णव हिंदू बने और मुख्य आर्य वैष्णव अयोध्या में रहने लगे।[40]

अपने समन्वय में वे इन श्लोकों की व्याख्या कैसे करेंगे? इस इतिहास-बोध में माथा दुखेगा कि नहीं? वे हमें रामानंद के और उन के वैष्णवों के बारे में बार-बार पढ़ने

37. वही, पृ. 59
38. अकथ कहानी प्रेम की : कबीर की कविता और उन का समय, पुरुषोत्तम अग्रवाल, राजकमल प्रकाशन प्रा. लि., 1-बी, नेताजी सुभाष मार्ग, नई दिल्ली-110 002, पहला संस्करण, 2009, पृ. 257
39. वही, पृ. 257
40. शूद्रों का प्राचीनतम इतिहास, एस. के. पंजम, दिव्यांश पब्लिकेशंस, एम.आई.जी. 222, फेज-1, एल.डी.ए. टिकैतराय कालोनी, लखनऊ, उत्तर प्रदेश-226 017, प्रथम संस्करण, 2010, पृ. 191

को कह रहे हैं, जाने ये श्लोक पढ़ कर अब उन की प्रतिक्रिया क्या होगी? उन्होंने किंवदंतियों को पढ़ने का तरीका खोज निकाला है, इन्हें किंवदंतियों के रूप में ही पढ़ लें, कुछ तो अर्थ करें। यह रामानंद के वैष्णवों के ही बारे में बात हो रही है।

VIII

इस पुस्तक में पुरुषोत्तम अग्रवाल ने कबीर के नाम से रामानंद का बखान कर रखा है। लिख रहे हैं—''रामानंद के पांच हिंदी पद नीचे दिए गए हैं।''[41] पांच पदों को देने के बाद लिख रहे हैं—'' 'मानसी सेवा' भी यहां पढ़ लें।''[42] मेरा यही पूछना है, क्यों पढ़ें लें? कबीर पर लिखी गई किताब में रामानंद के नाम से मानी गईं रचनाएँ हम क्यों पढ़ें? पाठक ने अपने पैसे कबीर पर लिखी गई किताब के लिए खर्च किए हैं। बहुत जरूरी था तो पुरुषोत्तम अग्रवाल रामानंद पर अलग से एक किताब लिख देते, जिसे खरीदनी होती, खरीद लेता। मैं बिल्कुल नहीं खरीदता क्योंकि मुझे कबीर का अध्ययन करना है, रामानंद का नहीं। मैं फालतू किताबें क्यों पढ़ूं? मुझे रामानंद से क्या लेना-देना? आखिर, मेरा समय खराब ही किया। खुद झूठी किंवदंती खड़ी करेंगे—हम से उसे इतिहास का तथ्य मनवाएंगे। हम नहीं मानते—दो टूक जवाब है—हम नहीं मानते।

पुरुषोत्तम अग्रवाल ने रामानंद को कबीर का गुरु इस किंवदंती के कारण माना है—''आचार्य चतुर्वेदी को अब कबीर की तिथियों को एडजस्ट करने की भी जरूरत नहीं पड़ रही। वे बिल्कुल ठीक बात कह रहे हैं कि 'चार सौ वर्षों से कबीर के रामानंद से दीक्षा की जो प्रसिद्धि चली आ रही है वह सर्वथा उपेक्षणीय नहीं है।''[43] क्या ठीक कह रहे है?—सारी बेठीक कह रहे हैं। उपेक्षणीय क्यों नहीं है?—पूरी तरह उपेक्षणीय है। जैसे भगवद आचार्य ने झूठा ग्रंथ लिखा, और जैसे 'अगस्त्य संहिता' का जाली संस्करण निकला,—क्या चार सौ साल पहले के हिंदू लेखकों ने ऐसे झूठे काम नहीं किए थे? अनंतदास कौन-से दूध के धुले थे? मैंने इस समय के किंवदंतीकार भी पकड़े हैं और चार सौ साल पहले के किंवदंतीकार भी पकड़े हैं। जिन्हें इन किंवदंतीकारों में झूठ और सच को ले कर फर्क करने हों, वे करें, हम इनमें फर्क नहीं करते। हमारी दृष्टि में ये सब झूठे हैं।

'मानसी सेवा' को पूर्ण रूप में उद्धृत कर के पुरुषोत्तम अग्रवाल लिखते हैं—''इन रचनाओं की संवेदना निर्गुण संवेदना के अनुकूल है या प्रतिकूल? मैंने तो एक प्रयोग किया। कोई पच्चीस मित्रों, छात्र-छात्राओं को ये सारी रचनाएँ रचनाकार का नाम बताए बिना सुनाईं। पूछा—किसकी रचनाएँ लगती हैं ये? एक स्वर में उत्तर मिला—कबीर की और किसकी?''[44] पर, मेरे हिसाब से, पुरुषोत्तम अग्रवाल के प्रयोग में एक कमी रह गई

---

41. अकथ कहानी प्रेम की : कबीर की कविता और उनका समय, पुरुषोत्तम अग्रवाल, राजकमल प्रकाशन प्रा. लि., 1-बी, नेताजी सुभाष मार्ग, नई दिल्ली-110 002, पहला संस्करण, 2009, पृ. 264

42. वही, पृ. 268 43. वही, पृ. 263 44. वही, पृ. 269

कि उन्होंने मुझसे नहीं पूछा। उनके पच्चीस मित्रों और छात्र-छात्राओं के अलावा छब्बीसवां मित्र मैं बताता हूँ कि ये सारी प्रक्षिप्त रचनाएँ हैं। ये किसी रामानंद की रचनाएँ नहीं हैं। ये किसी धोखानंद की रचनाएँ हैं। ये उस जमाने के कोई भगवद आचार्य और 'अगस्त्य संहिता' में 'भविष्योत्तर खंड' के प्रक्षिप्तकार हैं। पुरुषोत्तम अग्रवाल पूछ रहे हैं—''संवेदना की ऐसी समानधर्मिता और कबीर-रामानंद की ऐतिहासिक समकालीनता को ध्यान में रखकर आप स्वयं सोचे कि रामानंद कबीर के गुरु हो सकते थे या नहीं?''[45] मैं उत्तर दे चुका हूँ, और उन्हें फिर उत्तर दे रहा हूँ—''मेरे भाई, मेरे छोटे भाई, कबीर के गुरु रामानंद नहीं हो सकते थे। प्रक्षिप्त और किंवदंती पर भरोसा करना छोड़ दो। ऐसे हो जाओ, जैसा मैं हूं--बिना प्रक्षिप्त और किंवदंती का। यह प्रक्षिप्त और किंवदंती का झूठ का बोझ क्यों ढो रखा है? इसे सिर से उतार फेंको।''

पुरुषोत्तम अग्रवाल को इस पुस्तक में एक कथा बरबस याद आ गई है—''पंडित सर्वजीत काशी पधारे थे, कबीर को शास्त्रार्थ में पछाड़ने का संकल्प लेकर। बैल पर लदी पुस्तकों के रूप में अपना ज्ञान साथ लेकर। कबीर की पुत्री कमाली से ही पूछ बैठे रास्ता कबीर के घर का। कमाली ने रास्ता तो बता दिया, लेकिन चुटकी लेने से न चूकी—''जन कबीर का सिखरि घर, बाट सलैली गैल; पांव न टिके पिपीलका, लोगन लादै बैल।''[46] आश्चर्य है, वे इस दोहे का संकेत और व्यंग्य नहीं समझ सके। अहंकार के बैल की बात में यह नहीं जोड़ सके कि प्रक्षिप्त और किंवदंती तो बैलों पर निरा भार ही भार लदा है। जहां चींटी के पैर फिसलते हों, कबीर के उस शिखर छोर पर, पुरुषोत्तम अग्रवाल प्रक्षिप्त और किंवदंती की पीठ पर लद कर कैसे पहुँच जाएंगे?

मेरा सीधा पूछना है, कबीर के अध्ययन में रामानंद के अध्ययन को 'रेफेरेन्स पाइंट' क्यों बना रखा है? बिना रामानंद का नाम लिए कबीर की वाणी का अध्ययन क्यों नहीं हो सकता? रामानंद कबीर की रागिनी की टेक क्यों बनी हुई है? इस वजह से हमें वैष्णवों के गाड़ी भरे ग्रंथ नहीं पढ़ने। हमें वैष्णवों के ग्रंथों से बाहर निकलना है। कबीर इन पोथियों से बाहर निकले हुए थे। एक रामानंद और वैष्णव ही नहीं, कबीर रामानंद और वैष्णवों की जड़ वेद से बाहर निकले हुए हैं। जब ज्ञान की इस आंधी में वेद उड़ रहे हैं, तब रामानंद और वैष्णव कहां ठहरते हैं? रामानंद और वैष्णव वेद के भाग या उपभाग ही तो हैं। वे वेद के ऊपर या वेद से अलग नहीं हैं।

कबीर ने जीवन के किसी पक्ष पर कोई बात कही, किसी वैष्णव ने भी जीवन के उसी पक्ष पर अपनी बात कह दी, इससे कबीर और वैष्णव एक नहीं हो जाते। कविता में कोमों और नुक्तों की समानता ढूंढ़ने के लिए कभी बैल को बंदर कहना पड़ सकता है। कबीर ने ब्याह के गीत गाए हैं, तुलसी ने भी ब्याह के गीत गाए हैं—इसी वजह से कबीर और तुलसी में समानता नहीं बैठाई जा सकती। फिर, यदि कोई कबीर को बिना अपनी वैष्णव शब्दावली में अनुवाद किए नहीं समझ सकता तो बेहतर यह है कि वह कबीर को

---

45. वही, पृ. 269

46. वही, पृ. 16-7

समझना छोड़ दे। कबीर को वैष्णव शब्दावली में अनुवाद कर के समझने की जिद नहीं होनी चाहिए। कबीर की अपनी शब्दावली है, उसका सम्मान किया जाए। कबीर को समझने के लिए पुरुषोत्तम अग्रवाल को पहले हिंदू होने के, वैष्णव होने के, रामानंदी होने के, अपने चश्मे बाहर गेट पर रख देने चाहिए। कबीर को समझने के लिए किसी हिंदू को पहले खुद में परिवर्तन लाना चाहिए। जिस दिन पुरुषोत्त अग्रवाल खुद में यह परिवर्तन लाने की सार्वजनिक रूप से घोषणा कर दें, उम्मीद बनती है कि उस दिन से वे कबीर की कविता को समझना शुरू कर देंगे, उससे पहले कदापि नहीं। आश्चर्य है, कहीं हिंदू होने का चश्मा चढ़ा कर भी कोई 'ना हिंदू' कबीर की कविता के अर्थ लगा सकता है? ऐसा अजूबा कैसे घट सकता है, जब कबीर के आजीवक ज्ञान की आंधी चल रही है?

बार-बार एक ही सवाल पूछना है—हम कबीर को पढ़ने चले हैं, हमें रामानंद क्यों पढ़ाए जा रहे हैं? जिन्हें रामानंद को पढ़ना है, उन्हें रामानंद पढ़ाइए, रामानंद न पढ़ने वाले को रामानंद के झूठे छंद क्यों रटवाए जा रहे हैं? क्या कबीर के बिना रामानंद को नहीं पढ़ाया जा सकता? यह कबीर और रामानंद में अन्योन्याश्रय का तर्क क्या है? क्या रामानंद का स्वतंत्र अस्तित्व नहीं है? क्या रामानंद कबीर के पेड़ पर चढ़ी हुई बेल है जो कबीर का शोषण कर रही है? रामानंद की अकेले अपनी गुजर क्यों नहीं? कमाने वाले कबीर से स्वतंत्र हो कर अपना मांगें-खाएं।

रामानंद पर इतने कागज रंगने के बाद भी पुरुषोत्तम अग्रवाल को संतोष नहीं मिल रहा है। अंत में एक उपशीर्षक और लिख मारा—"कबीर और रामानंद : एक बार फिर।"[47] एक बार फिर क्या?—'दस बार फिर' करो—'पचास बार फिर' करो। पूरी किताब में किया ही क्या है?

रामानंद हो गए—क्या अमर कथा हाथ लग गई? रामानंद को इस रूप में पेश किया जा रहा है मानो रामानंद के बिना उस जमाने में कुछ होता ही नहीं था। पत्ता नहीं फड़कता था। जादू की छड़ी हाथ लग गई। रामानंद का प्रभाव हिंदुओं पर ही पड़ सकता था। हिंदुओं में अनेक मतांतर थे। सो, हो गया, दो-चार परसेंट, पांच-दस परसेंट। सच यह है कि वह युग रामानंद का नहीं था, कबीर का युग था। रामानंद की कुल पांच छोटी-छोटी रचनाएँ मिली हैं, वे भी संदिग्ध और 'महान प्रभावकारी हिंदी रामानंद' की खोज कर डाली। रामानंद न हो गए, अलादीन का चिराग हो गए। विद्वत जगत में ऐसा वातावरण बना दिया कि बिना रामानंद का नाम लिए पंद्रहवीं सदी को समझा ही नहीं जा सकता। भला, हमने क्या गलती कर दी कि हम अपने कबीर के साहित्य का अध्ययन करने चले हैं? कबीर के अध्ययन में हमारे लिए रामानंद का अध्ययन लाजिमी क्यों कर दिया? हमारा रामानंद से क्या लेना-देना? रामानंद की एक रचना तो कोई दिखा दे जो कबीर की तरह कह सके—'पांडे कौन कुमति तोहि लागी'[48], या 'पंडित बाद बदंते

47. वही, पृ. 306
48. कबीर समग्र, प्रथम खंड, संपादक-लेखक, प्रो. युगेश्वर, हिंदी प्रचारक संस्थान, पो.बा. 1106, पिशाच मोचन, वाराणसी-221 010, द्वितीय संस्करण, 1995, पृ. 541

झूठा।'[49] बस, वैसे ही इनकी मान लो कि 'रामानंद के वे शिष्य संवादी थे।'[50] क्यों मान लें? नहीं मानते। कोई जबर्दस्ती है, तानाशाही है? कुछ मतलब भी होता है शिष्य-संवादी का?

IX

रामानंद के बारे में हमें जो कुछ बताया जाता है वह यही मान कर बताया जाता है कि वे कबीर के गुरु थे या रैदास के गुरु थे। कम से कम, पुरुषोत्तम अग्रवाल ने अपनी इस पुस्तक में जो इतना लम्बा-चौड़ा विस्तार दिया है, वह इसी बात को ले कर है। पर हम यह चाहते हैं कि रामानंद पर स्वतन्त्र किताब लिखी जाए जिस में इस बात का जिक्र न हो कि वे कबीर के या रैदास के या किसी अन्य दलित-पिछड़ी जाति के सन्त या किसी स्त्री-सन्त के गुरु थे। तब, वह जो किताब लिखी जाएगी, हमारी मर्जी पर होगी कि हम उसे पढ़ें या न पढ़ें। मेरी कसम रहेगी कि मैं उसे बिलकुल नहीं पढ़ूँगा। मैं दूसरों के रामानंद में क्यों मगज मारूँ? मैं अपना माथा क्यों दुखाऊँ? लेकिन, उन की सारी कवायद यही होती है कि रामानंद को कबीर का गुरु कह कर पूरी किताब रामानंद पर लिख देते हैं। रामानंद न हो गए, कबीर पर जिन्न हो गए,—कि पीछा नहीं छूटता। रामानंद की झुट्ठम-सुट्ठम हिन्दी में चार-पाँच कविताएँ लिखी मानी गई हैं, हिन्दी साहित्य के इतिहास में उन पर ही बात कर लो, यह बवाल क्या है कि कबीर पर कितबिया लिखते समय पहले सौ पेज रामानंद पर लिखे जाएंगे? कोई बात कहनी है, आधेक पेज में कह दो—ये रामानंद पर पन्ने के पन्ने क्यों रंगे जाते हैं?

मैंने तय कर रखा है कि मैं तुलसी दास की 'राम चरित मानस' नहीं पढ़ूँगा। वह मेरे मतलब की किताब नहीं है। उसे पढ़ कर मैं अपना जी खराब क्यों करूँ? उसे पढ़-पढ़ कर मैं तुलसी के साहित्य के विद्‌वानों से क्यों लड़ता फिरूँ? लड़ना मेरा धंधा नहीं है। मुझे खूब पता है कि इस में मुझे कुछ नहीं मिलना। अब यदि कोई मेरे लिए शर्त लगा दे कि 'बीजक' को पढ़ने के लिए मुझे 'राम चरित मानस' भी पढ़नी जरूरी है तो यह मेरे साथ अन्याय ही होगा। यही हो रहा है कि कबीर के साहित्य को पढ़ने के लिए शर्त लगाई जा रही है कि पहले रामानंद को पढ़ा जाए। तभी कबीर के यहाँ आवाज आती है—"ब्राह्मण गुरु जगत का, भर्म कर्म का पाइ।"[51] आवाज यहाँ तक तीखी है—"ब्राह्मण गदहा जगत का, तीरथ लादा जाय।"[52] क्या ऐसी सख्त प्रतिक्रियाओं से गंध आती है कि कबीर के गुरु ब्राह्मण रामानंद होंगे? कहीं ऐसा तो नहीं है कि कबीर से किसी ने पूछ

49. दही, पृ. 542
50. अकथ कहानी प्रेम की : कबीर की कविता और उनका समय, पुरुषोत्तम अग्रवाल, राजकमल प्रकाशन प्रा.लि., 1-बी, नेताजी सुभाष मार्ग, नई दिल्ली-110 002, पहला संस्करण, 2009, पृ. 174
51. कबीर समग्र, प्रथम खंड, संपादक-लेखक, प्रो. युगेश्वर, हिंदी प्रचारक संस्थान, पो.बा. 1106, पिशाच मोचन, वाराणसी-221 010, द्वितीय संस्करण, 1995, पृ. 505
52. वही, पृ. 435

लिया होगा कि क्या आप के गुरु रामानंद थे? ऐसी सख्त प्रतिक्रियाएँ ऐसे ही प्रश्नों के पूछने पर आती हैं—इस से ज्यादा और क्या माना जाए? पर, क्या करें, ब्राह्मण को जगदगुरु बनने की पड़ी हुई है? इस से कम में उस का गुजारा नहीं। वह भिक्षा में अन्न के साथ यह भी मांगता फिर रहा है—"मुझे कोई गुरु बना ले, मुझे कोई गुरु बना ले, मुझ पर दया कर के कोई मुझे गुरु बना ले।" ऐसा लग रहा है कि जैसे भिखारी को रोटी न मिलने पर वह मर जाएगा, ऐसे ही, ब्राह्मण को गुरु न बनाने पर ब्राह्मण मर जाएगा। यह हास्य रस की अच्छी उत्पत्ति हो गई कि ब्राह्मणें को मारना है तो आसान तरीका है कि उन्हें गुरु मत बनाओ—बिना गुरु बने वे बेचारे आप ही मर जाएंगे।

X

पुरुषोत्तम अग्रवाल ने झूठ के जितने भी तीर चलाए हैं, उनमें से एक भी सफल नहीं हुआ। जो तीर सुधीश पचौरी पर चलाया गया है, क्या वह सफल हो सका? उत्तर है, नहीं हो सका। तीर इस प्रकार है—"ऐसे अनुष्ठानों के विपरीत, यूरोपीय आधुनिकता को ही एकमात्र आधुनिकता मानने वाली 'आधुनिकतावादी' दृष्टि हो या सार्वभौम मानवीय सरोकारों तथा मूल्यों के अस्तित्व से इन्कार करने वाली 'उत्तर-आधुनिकतावादी' दृष्टि—दोनों की सोच और पद्धति विकट रूप से यूरोकेंद्रित है। उत्तर-आधुनिकतावादी सुधीश पचौरी पूरे आत्मविश्वास के साथ फतवा देते हैं—"अब कबीर आपको साबुत रामानंदी चादर में नहीं मिलने के।" ...फतवा जिस 'टेक्स्ट' में दिया गया है, वह कहीं नहीं जताता कि "रामानंदी चादर" का परिचय करने का जरा-सा भी प्रयत्न सुधी विद्वान ने किया है। लेख कबीर-रामानंद संबंध के बारे में अवश्य है, लेकिन लेख में फूको हैं, पीपा नहीं; देरिदा हैं, दरिया नहीं। पीपा, दरिया हो भी कैसे सकते थे। न तो पेरिस में निवास करते थे, न फ्रेंच में लिखते थे, न उनकी रचनाओं का अंग्रेजी अनुवाद हुआ। पचौरी जी उन पर ध्यान दें तो क्यों दें।"[53]

यह 'प्रक्षिप्त महाराज' और 'किंवदंती आचार्य' के तर्क चूड़ामणि का आरोप है कि सुधीश पचौरी को उत्तर-आधुनिक होने की वजह से 'साबुत रामानंदी चादर' फैलानी नहीं आई। कह रहे हैं कि कबीर और रामानंद के संबंध को समझने के लिए फूको और देरिदा मदद नहीं कर सकते। आवाज लगा दी है कि कबीर-रामानंद के शिष्य-गुरु के संबंध को समझने के लिए उनके प्रक्षिप्तों और किंवदंतियों के झूठ-तूफानों के अखाड़े में फंस जाओ। पीपा और दरिया की दुहाई दे रहे हैं—भला, जिन झूठे लोगों ने कबीर को कबीर नहीं रहने दिया, क्या वे पीपा को पीपा और दरिया को दरिया रहने देंगे? इनके पास एक अनंतदास नहीं, अनेक अनंतदास हैं। आज के अनंतदास खुद पुरुषोत्तम अग्रवाल विराजमान हैं। यह बात पक्की है कि फूको और देरिदा को प्रक्षिप्त नहीं किया

53. अकथ कहानी प्रेम की : कबीर की कविता और उनका समय, पुरुषोत्तम अग्रवाल, राजकमल प्रकाशन प्रा.लि., 1-बी, नेताजी सुभाष मार्ग, नई दिल्ली-110 002, पहला संस्करण, 2009, पृ. 88

जा सकता, फ्रेंच से अंग्रेजी में अनुवाद करने पर भी, लेकिन कबीर का देशभाषा में ही प्रक्षिप्तीकरण हो रहा है। प्रक्षिप्तीकरण और किंवदंतीकरण रुके तो कबीर पर बात हो, बिना उन्हें रोके ही कबीर पर उल्टी-उल्टी हांकी जा रही है। क्या पुरुषोत्तम अग्रवाल की मजाल है कि वे फूको और देरिदा का कुछ से कुछ बना देंगे? मैं सभी को समझा रहा हूं कि कबीर को समझने के लिए पृथकता को समझना होगा—और पृथकता को समझने के लिए आजीवक धर्म को समझना होगा। पुरुषोत्तम अग्रवाल इस दिशा में बढ़ने को तैयार क्यों नहीं हैं? वे मुझे अनंतदास के बोए गए झाड़ों में लहूलुहान क्यों करना चाहते हैं? आखिर, फूको और देरिदा तक आने या न आने के लिए अनंतदास की परचइयों से तो पीछा छुड़ाना ही पड़ेगा—क्या पुरुषोत्तम अग्रवाल तैयार हैं? फूको और देरिदा तक मत आओ, प्रक्षिप्तों को तो आस्तीन के सांप मान कर झटक दो। वैष्णवों की पहचान इस रूप में की गई थी—'मुंह में राम, बगल में छुरी।' साहित्य का संदर्भ बना कर इस पहचान में यह जोड़ना है—'आस्तीन में प्रक्षिप्त के सांप और किंवदंती के सपौले'। सुधीश पचौरी के लिए 'साबुत रामानंदी चादर' की फिक्र हो रही है, खुद मालूम नहीं कि खुद ने पूरी चादर गंदी कर दी है। कबीर का गुरु बता कर रामानंद को रामानंद ही नहीं रहने दिया गया। वे घर के छोड़े, न घाट के। कबीर तक बढ़ाने के चक्कर में वैष्णवों के लायक भी नहीं छोड़े। कोई इसे अपराध न कहे तो क्या कहे?

इसलिए, कहा जा सकता है कि कबीर साहित्य के विद्यार्थी के लिए पुरुषोत्तम अग्रवाल की पुस्तक 'अकथ कहानी प्रेम की : कबीर की कविता और उनका समय' पूर्णतया अपठनीय और अनुपयोगी है क्योंकि इसमें उसे रामानंद और वैष्णवों के जंगल में से गुजारा गया है। यह यात्रा नीरस है क्योंकि लम्बी दूरी तक बियाबान में से हो कर गुजरती है। पाठक इसी बिगूचन में फंसा रहता है कि यह किताब कबीर पर लिखी गई या रामानंद पर। मजे की जानकारी यह भी है कि आजकल हर जिले में कन्ज्यूमर कोर्ट खड़ी की गई हैं। यह एक व्यंग्य का विषय है कि पुरुषोत्तम अग्रवाल की यह पुस्तक 'अकथ कहानी प्रेम की : कबीर की कविता और उनका समय' कन्ज्यूमर कोर्ट के दायरे की चीज है या नहीं।

XI

कबीर के बारे में हिंदू समाज के लोग अपनी-अपनी कहने में लगे हुए हैं। वे कबीर के समाज के लोगों की सुनते नहीं हैं और उन्हें चुप करने में लगे हुए हैं। अच्छा होगा कि कबीर के बारे में कबीर के समाज के लोगों को कहने दिया जाए। आश्चर्य है, कबीर पर मुझे न बोलने दिया जाए और पुरुषोत्तम अग्रवाल बोलें। कारण यह है कि मैं कबीर पर बोलता हूं, जबकि पुरुषोत्तम अग्रवाल कबीर के नाम से रामानंद पर बोलते हैं। जी हां, पुरुषोत्तम अग्रवाल के अध्ययन की शर्त यह है कि यदि कबीर रामानंद के शिष्य और वैष्णव नहीं माने गए तो वे कबीर के अध्ययन को छोड़छाड़ कर भाग जाएंगे। उनकी उन

कबीर में कोई रुचि नहीं है जो हिंदू न हों—और हिंदुओं में भी खास वैष्णव न हों। मैं कबीर के समाज का आदमी यह सोच-सोच कर हतप्रभ हूं कि इन लोगों ने हमारे कबीर का क्या बना दिया है। ये कौन-से कबीर सृजित करके हमें दिए हैं—ये हमारे कबीर नहीं हैं। ये हमारी पहचान के कबीर नहीं हैं।

कबीर की तरह मुझे भी पुरुषोत्तम अग्रवाल को ले कर गाना पड़ रहा है—"मेरा तेरा मनुवां कहु कैसे एक होय रे।"[54] परेशानी सच्ची है। मैं कबीर की बात करता हूँ और पुरुषोत्तम अग्रवाल रामानंद की बात करते हैं। कबीर को छोड़ कर रामानंद की बात की जाए तो वह रामानंद की बात होगी। लगता है, कबीर को छोड़ कर रामानंद का कोई अस्तित्व नहीं है। रामानंद को मिथक बना दिया गया है। कबीर की बात करो तो रामानंद का भूत और रैदास की बात करो तो रामानंद का प्रेत—हमें आंगन में खेलने नहीं दिया जा रहा है।

पुरुषोत्तम अग्रवाल का मन ऐसा क्यों नहीं हो जाता जैसा मेरा है? जब कबीर पूरे हिंदू धर्म से नाता तोड़ रहे हैं तो पुरुषोत्तम अग्रवाल रामानंद और वैष्णव से मोह क्यों नहीं छोड़ पा रहे हैं? एक धक्का दे कर इनके पाश को भी तोड़ें। हिंदू धर्म से, उसकी शाखा-प्रशाखाओं से, एकदम दूर खड़े हो जाएं। सवाल है, क्या रामानंद और वैष्णव जन हिंदू नहीं हैं? मुझे कबीर की राह पर चलते हिंदू धर्म को, रामानंद को और वैष्णव को बचाने की कोई लोड़ नहीं है, पुरुषोत्तम अग्रवाल को इन्हें बचाने की लोड़ क्यों पड़ी है? उन्हें कबीर के अध्यात्म की प्रशंसा करनी है, पर वह प्रशंसा तब भी की जा सकती है जब कबीर को रामानंद का शिष्य और वैष्णव न माना जाए। क्या अध्यात्म का रामानंद और वैष्णव के नाम ठेका बुला हुआ है? क्या कबीर की आध्यात्मिकता पर इनका कब्जा चल रहा है? क्या बिना रामानंद का शिष्य और वैष्णव हुए उस युग का कोई आदमी आध्यात्मिक नहीं हो सकता था? चक्कर क्या है? भीतर क्या छुपा है? गोट कौन-सी रखी जा रही है?

---

54. महाबीजक [कबीर साहब की सम्पूर्ण वाणियों का संग्रह], संपादक, आचार्य महंत गंगाशरण शास्त्री, कबीर वाणी प्रकाशन केन्द्र, सी-23/5, कबीर चौरा मठ, वाराणसी-1, प्रथम संस्करण, 10 जून, 1998, पृ. 829

अध्याय-12

कबीर का कबीर न होना

क. इतने सारे कबीर : गिजबिज कबीर
ख. कबीर हिन्दू और वैष्णव नहीं थे
ग. कबीर के नाथीकरण का ब्राह्मणीकरण
घ. पुनर्जन्म का फार्म

क. इतने सारे कबीर : गिजबिज कबीर

राज कुमार ने पुरुषोत्तम अग्रवाल की इस पुस्तक पर अपने लेख 'देशज आधुनिकता, भक्ति और कबीर' में आगाह करते हुए लिखा है–"यदि कबीर का रिडक्शन नहीं करना है तो सब से पहले यह देखना चाहिए कि उन की कविता का भारतीय साहित्यिक संस्कृति में क्या अर्थ रहा होगा।"[1] अच्छा होता, पुरुषोत्तम अग्रवाल को भी एक सलाह दे देते कि कबीर का किंवदन्तीकरण और प्रक्षिप्तीकरण नहीं करना है। रिडक्शन मत करो पर कबीर का एनलार्जमेन्ट भी तो मत करो कि उन्हें पुनर्जन्म में विश्वास करने वाला दार्शनिक मान लिया जाए। कबीर के काव्य के अर्थों को डिकोड करने में कबीर को नष्ट नहीं करना है। कबीर अपने जीवन और दर्शन समेत पहले से विद्यमान हैं, उन का निर्माण नहीं किया जाना है। लेकिन जल्दी पता चल जाता है कि राजकुमार की वैचारिक नीयत सही दिशा की नहीं है। वे शेलडन पोलक के शब्द उद्धृत कर बैठते हैं–"सबसे ज्यादा जरूरी चीज यह जानने का प्रयास करना है कि दक्षिण एशियाई साहित्यिक रचनाओं का उन लोगों के लिए क्या अर्थ था जिन्होंने उन्हें लिखा, सुना देखा और पढ़ा। और कैसे इन कृतियों के अर्थ समय बीतने के बाद बदले। हम किसी पाठ को तब तक नहीं समझ सकते जब तक ये न जान लें कि उसके पाठकों ने उसे कैसे समझा होगा।"[2] यह रास्ता ही गलत है जो राज कुमार और उनके पुरुषोत्तम अग्रवाल ने पकड़ा है। राज कुमार ने पुरुषोत्तम अग्रवाल की इस पुस्तक के बारे में लिखा

1. देशज आधुनिकता, भक्ति और कबीर, लेखक, राजकुमार, कथादेश, सी-52/जेड-3, दिलशाद गार्डन, दिल्ली-110 095, अगस्त, 2010, पृ. 82
2. वही, पृ. 83

है–"असल में योरोप के निकष पर भारत को देखने के बजाय पुरुषोत्तम अग्रवाल ने भारतीय सांस्कृतिक जीवन के वैशिष्ट्य को पहचानने और विश्लेषित करने का उपक्रम किया है। कबीर की रचनाओं के पाठ-निर्धारण में भी उन्होंने पश्चिमी/औपनिवेशिक पाठ-निर्धारण-पद्धति को अस्वीकार करते हुए लिखा है कि 'ऐसे समाज में जहाँ श्रुति को इतना महत्व दिया जाता हो, जहाँ गुरु के तथा अन्य कई प्रकार के वचनों को लेखबद्ध संकोच के साथ किया जाता हो, वहाँ मौखिक परम्परा को हिकारत के साथ देखना और 'लेखबद्ध' स्रोतों को पूज्य सा मान लेना बुद्धिमता का परिचय देना नहीं है। कबीर की रचनाएँ मौखिक और लेखबद्ध के मुखामुखम में ही स्थित हैं और वहीं से लोगों को आज तक प्राप्त हो रही हैं।' मौखिक परम्परा के प्रति तिरस्कार का भाव औपनिवेशिक आधुनिकता के दौरान पैदा हुआ और उसकी तार्किक परिणति भक्तिकालीन कविता को सिर्फ लिखित पाठ मान लेने में हुई। कहने की जरूरत नहीं है कि भक्तिकालीन कविता को वाचिक परम्परा से अलगाने के दुष्परिणाम पाठ-निर्धारण से लेकर रचना के अध्ययन-अध्यापन और आस्वादन तक में दिखाई देते हैं।"[3] इस अध्ययन में बुराई की जड़ों की जड़ वही है जो कबीर से रामानंद का रिश्ता जोड़ा गया है। सच ही, जब कबीर से रामानंद को जोड़ दिया है तो बाकी किंवदन्तियों और प्रक्षिप्तों को जोड़ने का रास्ता साफ हो जाता है। राज कुमार ने लिखा है–"इस पुस्तक में लेखक ने रामानंद और कबीर के जीवन-वृत्त और पारम्परिक सम्बन्ध का दिलचस्प आख्यान रचा है। उस तफसील में जाने का यहाँ अवकाश नहीं, फिर भी यह कहना जरूरी है कि कबीर और रामानंद या कबीर और वैष्णवता के सम्बन्ध को लेखक ने लगभग अकाट्य तथ्यों के आधार पर सिद्ध किया है। अनन्तदास की परिचई, कबीर-वाणी तथा प्रचलित किंवदन्तियों के साक्ष्य पर उसने कबीर को रामानंदी वैष्णवता से जोड़कर देखने का आग्रह किया है।"[4]

यह हजारी प्रसाद द्विवेदी से शुरू हुई एक पुरानी बीमारी है जो किंवदन्तीकरण और प्रक्षिप्तीकरण के द्वारा कबीर के रामानंदी और वैष्णव होने की पुरुषोत्तम अग्रवाल ने हिन्दी में नए सिरे से फैलाई है। राज कुमार जैसे अनेक लोग इस संक्रामक रोग से बुरी तरह पीड़ित हो गए हैं।

रामानंद के बारे में रवीन्द्र त्रिपाठी ने भी पुरुषोत्तम अग्रवाल की इस पुस्तक पर अपने लेख 'कुछ सुरझावन हारी कुछ उरझावन हारी' में लिखा है–"दरअसल यही प्रसंग–जो किताब के भीतर एक समांतर किताब है–भारतीय भक्ति आन्दोलन के भीतर चले एक वैचारिक, बौद्धिक और सामाजिक संघर्ष का विशद खाका पेश करता है।"[5] लेकिन मैं यह कहता हूँ कि रामानंद का प्रसंग कबीर के जीवन और दर्शन में जबर्दस्ती ठूँसा गया है। वैसे, पुरुषोत्तम अग्रवाल की इस आलोचनात्मक अति और

---

3. वही, पृ. 84
4. वही, पृ. 84
5. कुछ सुरझावन हारी कुछ उरझावन हारी, रवीन्द्र त्रिपाठी, कथादेश, सी-52/जेड-3, दिलशाद गार्डन, दिल्ली-110 095, जुलाई, 2010, पृ. 95

ऐतिहासिक क्रूरता पर रवीन्द्र त्रिपाठी बचाव की मुद्रा में भी खड़े हुए हैं। वे मानते हैं कि 'पुरुषोत्तम अग्रवाल ने अपने शोध, अध्ययन और विश्लेषण से यह दिखाया है कि रामानंद कबीर (के) (रैदास और पीपा के भी) गुरु थे।'[6] इस से आगे वे खुद परेशान होते हुए लिखते हैं–"पर उनके शोध, अध्ययन और विश्लेषण का एकमात्र नतीजा इसी निष्कर्ष पर पहुँचना है–ऐसा मानना सरलीकृत समाधान ही कहा जाएगा।"[7] यह कैसा बचाव है–और क्यों है? मतलब, चोर की दाढ़ी में तिनका छिपा हुआ है। असल बात यह है कि कुछ सुरझावन हारी और कुछ उरझावन हारी नहीं, बल्कि कबीर के पास सारी सुरझावन हारी बात है और कुछ भी उरझावन हारी बात नहीं है, जिस चिन्तन की ऊँचाई पर द्विज समाज के लेखक कभी नहीं पहुँच सकते। रवीन्द्र त्रिपाठी की दाढ़ी में यह तिनका लम्बा होता जाता है जब वे पुनः इस लेख में लिखते हैं–"रामानंद और भगवदाचार्य के बारे में इतनी विशद चर्चा से यह भ्रामक निष्कर्ष निकाला जा सकता है कि इस पुस्तक में वही प्रमुख रूप से उद्घाटित हुआ है। ऐसा नहीं है।"[8] लिखते हैं–"कबीर एक हैं पर उन की कई मूर्तियाँ बन गई हैं। वे निर्गुण संत थे पर सगुण साहब भी बना दिए गए हैं। कबीर के अनुयायी भी कई प्रकार के हैं और अध्येताओं के लिए भी उनके अलग-अलग रूप हैं। कबीर के एक बड़े अध्येता हजारी प्रसाद द्विवेदी की भाषा में कहें तो 'नाना' प्रकार के कबीर हैं।"[9] तब, इतने सारे कबीरों में एक 'रामानंदी कबीर' भी गढ़ लिए गए हैं। जाहिर है, कबीर के साथ ऐसा काम कबीर के विरोधियों ने ही किया है। निश्चित रूप से, जिन्होंने एक कबीर के कई कबीर बनाए हैं, वे कबीर के दुश्मन हैं।

ख. कबीर हिन्दू और वैष्णव नहीं थे

पुरुषोत्तम अग्रवाल ने यह बड़ी जल्दी सिद्ध मान लिया है कि कबीर मुसलमान नहीं थे। वे लिखते हैं मानो उन के हाथ सोने की खत्ती लग गई है–"अबुल फ़ज़ल ने 'आईन-ए-अकबरी' में कबीर को 'मुवाहिद'...... बताया है। मुस्लिम घर में जन्मे होने के बावजूद कबीर आस्था के धरातल पर मुसलमान से अलग ही थे। मुसलमान होने के लिए मुवाहिद (एकेश्वरवादी) होना पर्याप्त नहीं है; पैगम्बरे इस्लाम और कुरान के प्रति समर्पित आस्था आवश्यक है, जो कि अबुल फ़ज़ल जानते थे कि कबीर में नहीं है।"[10] लेकिन यह कबीर के 'ना हिन्दू ना मुसलमान' में से 'ना मुसलमान' की आधी बात ही है, बाकी 'ना हिन्दू' की आधी बात को पुरुषोत्तम अग्रवाल मानने के लिए तैयार नहीं हैं। वे कबीर को वैष्णव बनाने पर उतारू हैं, लिखते हैं–"कबीर के वैष्णव बन जाने से उत्पन्न

6. वही, पृ. 95
7. वही, पृ. 95
8. वही, पृ. 96
9. वही, पृ. 95
10. अकथ कहानी प्रेम की : कबीर की कविता और उन का समय, पुरुषोत्तम अग्रवाल, राजकमल प्रकाशन प्रा.लि., 1-बी, नेताजी सुभाष मार्ग, नई दिल्ली-110 002, पहला संस्करण, 2009, पृ. 164

माँ-बेटे का यह सतत तनाव सीधी बातचीत के रूप में ही नहीं, मार्मिक, नाटकीय बिंब के रूप में भी कबीर की कविता में आता है........।''[11] ठीक भी है—मुसलमान होने के लिए कुछ नेम-धर्म होते हैं, लेकिन वैष्णव तो वैष्णव, हिन्दू होने के लिए किसी नेम-धर्म की जरूरत नहीं मानी गई। इसलिए, कबीर को वैष्णव मानने में पुरुषोत्तम अग्रवाल ने 'वैष्णव' शब्द की ऐसी-तैसी कर दी है। पता नहीं चलता कि वे क्या कहना चाह रहे हैं जब लिख रहे हैं :

1. ''वैष्णव शब्द का व्युत्पत्तिपरक आशय विष्णु के किसी-न-किसी अवतार को मान्यता देने वाले से है, लेकिन औपनिवेशिक आधुनिकता के पहले, दैनन्दिन व्यवहार में इसका उदार और रेडिकल अर्थ ही अधिक लोकमान्य था।''[12]
2. ''कबीर ऐसे ही वैष्णव को अपना राम जितना ही प्यारा संगी बताते हैं, स्मार्त्त वैष्णव को नहीं।''[13]
3. ''कबीर वैष्णव को अपना राम सरीखा संगी कह सकते थे, क्योंकि उनके वक्त में वैष्णव होने का अनिवार्य अर्थ गौड़ीय सम्प्रदाय का सदस्य, पुष्टिमार्ग का पथिक या स्मार्त मत का अनुयायी होना नहीं था। वैष्णव शब्द को इन सम्प्रदाय-सापेक्ष अर्थों तक सीमित किया उन्नीसवीं और बीसवीं सदी के ज्ञानकांड ने।''[14]

लेकिन, रामानंद का शिष्य बनाने का मतलब ही यह है कि कबीर को वैष्णव भी सिद्ध करना है। कबीर वैष्णवता में ठीक नहीं बैठे तो वैष्णव की परिभाषा को विस्तार देने लगते हैं। कबीर जब उस में भी नहीं समाते तो 'वैष्णव' शब्द को अपरिभाषित बना देते हैं। जो हाल आजकल 'हिन्दू' शब्द का कर रखा है, वही हाल कबीर के समय में 'वैष्णव' शब्द का कर दिया है। वैष्णव भी कहना है और वैष्णव की कोई पहचान भी नहीं बनने देनी है—यह निपट 'चित कपटी कौ अंग'[15] है।

कबीर के सामने चार-चार तरह के वैष्णव खड़े कर दिए हैं—रामानंदी, पुष्टिमार्गी, गौड़ीय और स्मार्त—पर ऐसे कबीर बहकावे में आने वाले नहीं हैं। कबीर अच्छी तरह जानते हैं कि यह एक ही आदमी है जो बहरूपिया है। मंच पर बदल-बदल कर वेश धारण कर रहा है। कबीर के लिए वैष्णव मनोरंजन की चीज हो सकता है, मतलब की नहीं। अपने समय में कबीर वैष्णवों का सांग देख रहे थे—और उन्हें परख रहे थे। परखने की कसौटी कथनी और करनी को एक करने की थी—और कोई वैष्णव इस पर कभी खरा नहीं उतर सकता। शर्त यह है कि यदि कोई वैष्णव कथनी और करनी में भेद

11. वही, पृ. 408
12. वही, पृ. 184
13. वही, पृ. 184
14. वही, पृ. 183
15. कबीर समग्र : प्रथम खंड, सम्पादक-लेखक, प्रो. युगेश्वर, हिन्दी प्रचारक संस्थान, पो.बा. 1106, पिशाच मोचन, वाराणसी-221 010, द्वितीय संस्करण, 1995, पृ. 323-24

करना बंद कर देगा तो तब वह वैष्णव नहीं रह जाएगा। तब वह मुसलमान बन जाएगा या ईसाई बन जाएगा या कुछ और हो जाएगा, लेकिन वैष्णव के रूप में जरूर ही गायब हो जाएगा। रामानंद ने इन में से कौन सा एक काम किया था? उत्तर है—कोई सा भी नहीं।

कबीर के यहाँ 'सबद साधना' हो रही है और पुरुषोत्तम अग्रवाल 'वैष्णव' शब्द का अर्थ करने में चपरे-चपरे फिर रहे हैं। यहाँ तक चपरे हैं कि 'वैष्णव ढाबे' तक उतर आए हैं। शायद उन का इरादा साहित्य के बाजार में 'कबीर वैष्णव ढाबा' खोलने का है। बिलकुल लग रहा है कि यह कबीर के साथ मजाक हो रही है। हमें नहीं मालूम था कि कबीर के साहित्य की ऐसी दुर्गति भी होनी है। जब 'वैष्णव' शब्द का अर्थ यह भी नहीं है और वह भी नहीं है तो कबीर को वैष्णव कहने के पीछे क्यों पड़े हुए हो? पहले शब्द का अर्थ तय कर लिया जाए, तभी उसे विशेषण के रूप में प्रयोग किया जाए—आलोचना कर्म यही है। घट साधना वश में नहीं और सबद साधना प्रक्षिप्त कर दी—फिर कबीर में कविता के नाम पर क्या ढूंढा जा रहा है? धर्म को चरित्र से जोड़ने वाली ताकत से महरूम रह कर कविता की उलझन और निर्भाग्यता ही मिलेगी—सो, रटें और जपें।

जब आप के पास वैष्णव का कोई निश्चित अर्थ नहीं है तो कबीर को वैष्णव क्यों कहा जा रहा है? कबीर को वैष्णव कहते समय बताया जाना चाहिए कि वैष्णव का क्या अर्थ है। यह सब धुप्पल में अंधे की लाठी चलानी ठीक नहीं। कबीर 'सबद' के माहिर थे—उन के 'सबद' को अर्थहीन डुगडुगी पर नहीं बजाया जाना चाहिए। 'वैष्णव' एक धार्मिक शब्द है, यदि पुरुषोत्तम अग्रवाल उस धार्मिक अर्थ को नहीं जानते हैं तो उन्हें कुत्तों और बिल्लियों को वैष्णव कहने से कौन रोक सकता है? यदि वैष्णव होने को परिभाषित नहीं किया जाएगा तो संवेदना के नाम पर मछलियों और मगरमच्छों को भी वैष्णव कहा जा सकता है। जी हाँ, वैष्णव का अर्थ ऐसा नहीं हो सकता कि जब चाहे इसे छछूंदर बना लिया और जब चाहे साँप। भैंस और बिजार दोनों एक नहीं हैं। वैष्णव बनाने के लिए गैर-वैष्णवों से कुछ फर्क रखना ही पड़ेगा। बताया जाए कि वह फर्क क्या है। यह 'हिन्दू' की कोई परिभाषा नहीं है कि जो मुसलमान, ईसाई, यहूदी और पारसी नहीं है, वह हिन्दू है। पर, इस हिन्दू वैष्णवता को पुरुषोत्तम अग्रवाल ने नया नाम दिया है। यह नाम है—जाति-कुल-सम्प्रदाय- निरपेक्ष वैष्णवता। वे लिखते हैं :

1. ''औपनिवेशिक आधुनिकता ने इस संकीर्ण, साम्प्रदायिक अर्थ को ही वैष्णव शब्द के एकमात्र अर्थ की प्रतिष्ठा दे डाली। औपनिवेशिक आधुनिकता में रचे-बसे विद्वानों की स्मृति से वैष्णव शब्द का वह व्यापक अर्थ गायब हो गया जो आरम्भिक आधुनिक काल में सर्वमान्य था, और लोक प्रचलन में आज भी मान्य है। ऐसी स्थिति में, विभिन्न प्रकार के लोकवादी, जनवादी विद्वानों के लिए यह समझना भी मुश्किल हो गया कि कबीर स्वयं और आरम्भिक आधुनिक काल के अन्य स्रोत कबीर को वैष्णव ही क्यों बताते हैं। यह देख पाना सम्भव नहीं रहा कि

उस समय उपलब्ध साधनापरक पहचानों में से किसी के साथ कबीर जुड़ाव-लगाव महसूस कर सकते थे, तो जाति-कुल-सम्प्रदाय निरपेक्ष वैष्णवता से ही।''[16]

2. ''कबीर-वाणी को धर्मशास्त्र पढ़ने के वातावरण की बजाय कविता पढ़ने के वातावरण में पढ़ते हुए समझें तो इसमें न समझने की बात क्या है कि वे अपनी जाति-कुल-निरपेक्ष वैष्णवता के कुछ पहलू नाथपंथ और इस्लाम से भी लेते हैं।''[17]

यह जाति-कुल-सम्प्रदाय-निरपेक्ष वैष्णवता क्या होती है? मेरे एक मित्र एक महिला लेखिका का भाषण सुनने के बाद मुझ से कह रहे थे कि उन की समझ में कुछ नहीं आया कि वे महिला भाषण में क्या कहना चाह रही थीं। वे कह रहे थे कि उक्त महिला अपने भाषण में और अपने लेखन में भी जलेबियाँ बनाती हैं कि पता नहीं चलता कि ओर-छोर कहाँ हैं। 'जाति-कुल-सम्प्रदाय-निरपेक्ष वैष्णवता' भी ऐसा ही कोई गोलाकार त्रिभुज है। गिन-गिन कर एक-एक शादी पतरों में निकलवा कर जाति-सापेक्ष होगी—और वैष्णवता नाम की कोई हवाई चीज जाति-निरपेक्ष रहेगी। विवाह जाति-सापेक्ष और वैष्णवता जाति-निरपेक्ष—हमारी बाँट में क्या आता है? यह मुंह की लपालपी इस देश में अशोक और उस से पहले के समय से चली आ रही है। जब वैष्णवता जाति-निरपेक्ष है तो पुरुषोत्तम अग्रवाल ब्याह-शादी, खेती-बाड़ी, बनज-व्यौपार, पुरोहित और संस्कार की लौकिक बातों को जाति-सापेक्ष रूप में क्यों छोड़ रहे हैं? घर को छोड़े हुए एक रामानंद संन्यासी की वैष्णवता का लौकिक दायरा कितना बड़ा हो सकता था? 'हरि को भजे सो हरि का होई'[18]—में जगत ज्यों का त्यों जात-बिरादरियों का क्यों कायम रखा जा रहा है? कोठे-कुठले के हाथ मत लगाना, बाकी घरबार सब तेरा—यह वही बात हुई। मानो हिन्दू धर्म का चौकीदारा नौकरों-चाकरों को दे दिया गया है। इसे ही कबीर कथनी-करनी का अन्तर कहते हैं। शब्दों में उलझाते हैं, हर बार ऐसे शब्द ढूंढ लेते हैं जिन के कोई लौकिक और कानूनी अर्थ न हों। आखिर, पुरुषोत्तम अग्रवाल ने भी इस वैष्णवता को अपरिभाषित ही रहने दिया है। परिभाषा करने से धन और धरती बँटने लगेगी—और वही एक काम इन्हें कभी नहीं करना और न दूसरों के द्वारा होने देना है। जब रैदास मांग कर रहे हैं—'ऐसा चाहूं राज मैं जहां मिले सभी को अन्न'[19], तब उन्हें 'हरि को भजे सो हरि का होई'[20] का

16. अकथ कहानी प्रेम की : कबीर की कविता और उन का समय, पुरुषोत्तम अग्रवाल, 1-बी, नेताजी सुभाष मार्ग, नई दिल्ली-110 002, पहला संस्करण, 2009, पृ. 184
17. वही, पृ. 176
18. वही, पृ. 235
19. ऐसा चाहूं राज मैं.....संत सिपाही रैदास, लेखक, कुलदीप कुमार, सम्यक प्रकाशन, 32/3, क्लब रोड, पश्चिमपुरी, नई दिल्ली-110 063, प्रथम संस्करण, 2009, प्रस्तावना, पृ. 8
20. अकथ कहानी प्रेम की : कबीर की कविता और उन का समय, पुरुषोत्तम अग्रवाल, 1-बी, नेताजी सुभाष मार्ग, नई दिल्ली-110 002, पहला संस्करण, 2009, पृ. 235

झुनझुना थमाया जा रहा है—मतलब, कहने में और करने में भेद बना कर रखना ही है।

समस्या यह आई कि कबीर ने वैष्णवों की बुराई की है। तब उन्हें वैष्णव कैसे कहा जाए? पुरुषोत्तम अग्रवाल ने इस समस्या का रेडीमेड समाधन विरोधी पक्ष की भर्त्सना करते हुए दिया है—"ऐसे ही कुछ वीर पुरुष बड़े ठसके से सवाल उठाते हैं, (और सुधी पुरुषों की प्रशंसा प्राप्त करते हैं) कि 'कबीर यदि वैष्णव होते तो वैष्णव की बुराई क्यों करते?' इस सवाल की परिणति यह है कि भारतीय समाज की "बुराई" करने वाले भारतीय को भारतीय नहीं माना जा सकता, और अमेरिकी समाज के आलोचक अमेरिकी को अमेरिकी नहीं मानना चाहिए। वैसे, सवाल यह भी बनता है कि चूँकि कबीर ने कहीं भी मनु की "बुराई" नहीं की है, तो क्या वे मनुवादी थे? अपने साँई को "बाँणियाँ" कहते थे, तो क्या जाति के बनिए थे?"[21] कुतर्क में बिलकुल ध्यान नहीं रहा कि इस आधार पर कबीर को मुसलमान भी सिद्ध किया जा सकता है क्योंकि उन्होंने मुसलमान की भी बुराई की है।। तर्क का फैलाव यहाँ तक किया जा सकता है कि कबीर ने जिस-जिस की बुराई की है, वह-वह वे थे। तब वे नाथ भी थे, सिद्ध भी थे, बौद्ध भी थे, जैन भी थे और मुसलमान भी थे। जवाब देने की हड़बड़ी में कुछ लोगों को ध्यान नहीं रहता कि वे किस खाई में गिर पड़ेंगे। ये वे लोग होते हैं जिन के पास जीवन में कोई नियम और परिभाषा नहीं हैं। ये नहीं चाहते कि कोई इन्हें किसी बात के लिए पकड़े और जिम्मेदार ठहराए। इन के लिए भाषा का पूरा शब्दकोश अर्थहीन है।

कबीर बड़ी बहस में उतरे हुए आदमी थे, उन्हें छोटा न बनाया जाए। अपनी पक्षधरता के कारण उन के मिजाज को समझने में गलती न की जाए। यह कहने की चातुरी न बरती जाए कि कबीर वैष्णव थे। जब कबीर हिन्दू की आलोचना कर रहे थे तो वे मुसलमान की प्रशंसा नहीं कर रहे थे। ऐसे ही, जब वे मुसलमान की कमियाँ गिना रहे थे तो हिन्दू की खूबियाँ नहीं ढूंढ रहे थे। वे शाक्त की प्रशंसा नहीं कर सकते थे, पर वे वैष्णव के कथनी-करनी के अन्तर की निन्दा भी उसी समय कर रहे थे। कबीर के साहित्य पर तनिक सोच-समझ कर बात की जाए। कबीर पर कितबिया लिखने वाला लेखक 'कम से कम' कबीर के पासंग तो तुलना चाहिए। हर कोई ऐरा-गैरा नत्थू-खैरा कबीर पर किताब नहीं लिख सकता। यह कुव्वत होनी ही चाहिए कि वैष्णव होने का मोह छोड़ा जाए। सब कुछ नकार कर कबीर के शिखर घर पहुंचना होता है। रामानंद के शिष्य मानने का दर्प और वैष्णव होने की पुटलिया का भार कबीर को केवल नाम से ही जानता है, खुद कबीर को नहीं।

ध्यान नहीं रहा कि 'वैष्णव' एक धार्मिक शब्दावली का शब्द है, कविता का पर्यायवाची शब्द नहीं। पुरुषोत्तम अग्रवाल ने दावा यह किया है कि उन्होंने कबीर को कवि माना है, लेकिन उन का यह दावा एकदम झूठा हो जाता है क्योंकि उन्होंने कबीर को कवि के बजाय वैष्णव माना है। हमें भी यह कहना है कि कबीर से संवाद बनाना है,

21. वही, पृ. 185

जरूर बनाइए, पर संवाद में ऐसा तो नहीं होना चाहिए कि कबीर को मिटा कर ही कबीर से संवाद बनाना है। पुरुषोत्तम अग्रवाल कबीर को रामानंद और वैष्णव में विलीन कर रहे हैं। सच बात है, इन्हें अपने खाँचे में फिट करने के लिए कबीर को वैष्णव बनाना जरूरी है। बिना वैष्णव बनाए मूल कबीर को ले कर एक डगन्तो भर लेते।

पुरुषोत्तम अग्रवाल जो कह रहे हैं, उस में तालमेल नहीं बैठा रहे। वे पेट को फाड़ती हुई विरोधी बातें एक साथ कह रहे हैं कि आदमी को जिन्दा भी रहना है। असल में, उन्होंने अपना होम वर्क पूरा नहीं किया—और इम्तहान में बैठ गए हैं। वे कबीर को कवि कह रहे हैं और वे कबीर को धर्म पुरुष नहीं कह रहे। वे कबीर को केवल कवि इस रूप में कह रहे हैं कि दूसरों को भी कबीर को धर्म पुरुष नहीं कहने दे रहे। वे अड़ गए हैं जबकि इस की कोई जरूरत नहीं थी। खुद कबीर को कवि कहते रहते और दूसरों के द्वारा कबीर को धर्म पुरुष भी कहने देते रहते। लेकिन वे इस मामले में तनिक भी सहिष्णु नहीं हैं—और चिन्तन के क्षेत्र में अराजकता फैलाने पर उतारू हैं।

दूसरी बात वे यह कह रहे हैं कि कबीर रामानंद के शिष्य और शाक्त का विरोध करने वाले वैष्णव हैं। रामानंद और वैष्णव दोनों धार्मिक शब्दावली के शब्द हैं। उन्हें ध्यान नहीं रहा कि रामानंद का शिष्य बनाते ही वे कबीर को धर्म पुरुष बना देते हैं। रामानंद कवि नहीं थे। रामानंद हिन्दू स्वामी थे। रामानंद कवि होते तो पुरुषोत्तम अग्रवाल उन के नाम से केवल पाँच प्रक्षिप्त कविताएँ हमारे सामने न रखते। तब हमें रामानंद का हिन्दी में लिखा हुआ महाकाव्य ही मिलता—पर, वहाँ ऐसा कुछ भी नहीं है। वैष्णव कहने का मतलब भी वैष्णव धर्म ही है। जो धार्मिक नहीं है, वह वैष्णव कैसा? इस नाम से पूरा भागवद धर्म चला ही है। कबीर को भक्ति से जोड़ोगे तो वह भी धार्मिक शब्द है। ज्ञान, कर्म और भक्ति—तीनों धार्मिक शब्द हैं—और हिन्दू धर्म के शब्द हैं। इन पर गीता काल से लम्बी बहस चल रही है। यह हिन्दू धर्म के लिए यह कोई नई बात नहीं है। तब पुरुषोत्तम अग्रवाल ने इस पुस्तक में यह शब्दों का और वाक्यों का क्या पाथा है? वे तीन उपले इस प्रकार हैं :

1. कबीर रामानंद के शिष्य हैं।
2. कबीर वैष्णव हैं।
3. कबीर नारदी भक्ति के भक्त हैं।

ऊपर की ये तीनों बातें धर्म की—और केवल धर्म की हैं। ऐसी हालत में, कबीर को धार्मिक और धर्म पुरुष न कहने देना—ऐसा कुतर्क पुरुषोत्तम अग्रवाल ही कर सकते हैं। कबीर को रामानंद का शिष्य मान रहे हैं, कबीर को वैष्णव बना रहे हैं, और कबीर को 'भगति नारदी मगन सरीरा'[22] कह रहे हैं—इन सब के साथ कबीर को धर्मसत्ता मात्र से लड़ने वाला वीर योद्धा बता रहे हैं—कुछ मालूम भी है कि वे क्या कह रहे हैं? यदि

22. वही, पृ. 339

कबीर को धर्मसत्ता मात्र से भिड़वाना था तो इस कद्र पीछे पड़ कर कबीर को रामानंद, वैष्णव और नारदी भक्ति से नहीं जोड़ना चाहिए था। बात वह भी गलत होती पर कुछ तो समझ में आती। कबीर को रामानंद, वैष्णव और नारदी भक्ति से जोडूंगा, कबीर को धर्मसत्ता मात्र से लड़वाऊँगा—और कबीर को केवल कवि कहने दूँगा—कोई जबर्दस्ती है? घर की जागीर है कि वृत्ताकार आयत और आयताकार त्रिभुज बना कर ही रहेंगे? सच बात यह है कि न कबीर रामानंद के शिष्य थे, न वैष्णव थे, और न नारदी भगति में मगन सरीरा थे—और वे धर्मपुरुष भी थे और महाकवि भी थे। जो लोग घर-गृहस्थी में होते हैं, वे कवि तो होते ही हैं। कविता लिखी ही गृहस्थ जनों के लिए जाती है। गृहस्थियों से बाहर के लोगों के लिए तो अश्लील और जार साहित्य लिखा जाया क़रता है। वह सब कुछ अशोभनीय है। मक्खलि गोसाल का महावीर से मतभेद ही इस बात के लिए हुआ था कि मक्खलि गोसाल को गृहस्थ पुरुष रहना था। जब गृहस्थी है तो दूल्हे और दुल्हन की कविता आएगी ही जैसी कि पुरुषोत्तम अग्रवाल को कबीर के साहित्य में सही दीख रही है। उन से यही कहना है कि कभी किसी से कुछ सीख भी लिया करते हैं। दर्प जब उन का ही नुकसान कर रहा हो तो किस काम का? आगे वे जाने कि उन के मन में जो-जो है।

ग. कबीर के नाथीकरण का ब्राह्मणीकरण

पुरुषोत्तम अग्रवाल बार-बार लिख रहे हैं कि हजारी प्रसाद द्विवेदी ने कबीर का ब्राह्मणीकरण नहीं किया था, नाथीकरण किया था। उद्धरण इस प्रकार हैं :

1. ''आ. रामचन्द्र शुक्ल ने कहा था, ''कबीर के विचारों में कोई दार्शनिक व्यवस्था दिखाने का प्रयत्न व्यर्थ है।'' द्विवेदीजी को शुक्लजी का यह कथन 'अश्रद्धाप्रसूत' लगा। 'अश्रद्धा' का प्रतिवाद करते हुए द्विवेदीजी ने 'सिद्ध' किया कि कबीर के विचार बाकायदा नाथपंथी 'दार्शनिक व्यवस्था' (फिलॉसफिकल सिस्टम) पर आधारित हैं। कबीर ने भक्ति जरूर 'आकाशधर्मा गुरु' रामानंद से प्राप्त की, लेकिन अपनी बानियों में प्रतिपादन तो वे नाथपंथी 'तत्त्ववाद' का ही कर रहे थे।''[23]
2. ''अनन्तदास की परिचई कबीर के नाम पर प्रचलित पंथ का आभास तक नहीं देती, पंथ-प्रवर्तन उनके समय तक हुआ ही नहीं था, जबकि द्विवेदीजी कबीरपंथी मान्यताओं को कबीर के बारे में 'प्रामाणिक' ऐतिहासिक तथ्य मानकर ही बात करते हैं। अनन्तदास कबीर को रामानंद का शिष्य बताने के बाद कबीर की अपनी महिमा बताने में

23. वही, पृ. 158

लग जाते हैं; रामानंद के विचारों-व्यवहारों का परिचय देने की जरूरत नहीं समझते। द्विवेदीजी नाथपंथी 'साधना' और पारिभाषिक शब्दावली की विस्तृत चर्चा करते हैं। कबीर तक पहुँचने के पहले, द्विवेदीजी का पाठक छह अध्यायों में नाथपंथी साधना को समझने की योग्यता प्राप्त करता है। द्विवेदीजी यह तो कहते हैं कि कबीर हू-ब-हू नाथपंथी नहीं थे, लेकिन महिमा वे 'कबीरनाथ' की ही बखानते हैं।''[24]

3. ''द्विवेदीजी की पुस्तक 'कबीर' के परिशिष्ट में दिए गए पदों की चर्चा करते हुए विनांद से उस पूरी पुस्तक को ''कबीर का ब्राह्मणवादी एप्रोप्रिएशन कहे बिना रहा नहीं जाता।'' वैसे रहा जा सकता था, यदि पुस्तक को ध्यान से 'पढ़' लेते। साथ में द्विवेदी जी की 'हिन्दी साहित्य की भूमिका' भी पढ़ लेना और हितकारी रहता। 'कबीर' ही 'पढ़ते' तो भी 'देख' पाते कि द्विवेदीजी कबीर का ब्राह्मणीकरण नहीं नाथीकरण (चूँकि द्विवेदजी ही नहीं, सभी इतिहासकार नाथों को महायान बौद्ध परम्परा के लोकप्रिय रूप से विकसित मानते हैं, इसलिए असल में बौद्धीकरण) कर रहे थे। द्विवेदीजी कबीर तक पहुँचाने के पहले अपने पाठक को नाथपंथी साधना और सिद्धान्तों का विस्तृत परिचय देते रहे, पूरी पुस्तक में सिद्ध करते रहे कि पौराणिक हिन्दू मत (उर्फ 'ब्राह्मणवाद') को कबीर ने बस दूर-दूर से ही देखा था, वे तो तत्त्ववाद से लेकर 'बाह्याचार-विवर्जन' तक के मामले में 'लोकधर्म का रूप लेते जा रहे' बौद्ध धर्म के नाथ संस्करण से ही प्रेरित थे। द्विवेदीजी तो कबीर-कालीन हिन्दी साहित्य की सार्थकता ही, ''क्रमशः लोकधर्म का रूप ग्रहण'' करते जा रहे बौद्ध धर्म का ''थोड़ा भी पता'' दे पाने में मान रहे थे, ...लेकिन ज्ञानी लोग हैं कि द्विवेदीजी को कबीर के ब्राह्मणीकरण का ही (कु) श्रेय दिए चले जा रहे हैं।''[25]

ऊपर तीसरे उद्धरण में देखा जा सकता है कि पुरुषोत्तम अग्रवाल एक ठीक राह पर चल रहे विदेशी विद्वान विनांद कैल्वर्त पर छींटाकशी भी कर रहे हैं। क्या इन्हें मालूम है कि नाथीकरण क्या होता है? इतना तो इन्हें पता ही है कि द्विवेदी नाथों को बौद्धों से जोड़ते थे—और क्या भारत के पूरे इहिास में बौद्धों का ब्राह्मणीकरण नहीं हुआ? और तो और, ब्राह्मण लोग बौद्ध धर्म में इतने भीतर घुसे हैं कि हिन्दुओं के 'गीता' जैसे बौद्ध धर्म के धर्मग्रन्थ 'धम्मपद' का आखरी अध्याय 'ब्राह्मणवग्गो' है। एक बुद्ध और एकाध अन्य को छोड़ कर भारत में सारे दूसरे बौद्ध दार्शनिक ब्राह्मण रहे हैं। क्या पुरुषोत्तम अग्रवाल को मालूम नहीं कि आज अपनी इस पुस्तक 'अकथ

---

24 वही, पृ. 157

25. वही, पृ. 206

कहानी प्रेम कीः कबीर की कविता और उनका समय' के लिखने में वे आज के नित्यानंद तिवारी, विश्वनाथ प्रसाद तिवारी, विश्वनाथ त्रिपाठी आदि के टूल्स बने हुए हैं? आखिर, विश्वनाथ प्रसाद तिवारी ने अपने लेख 'देशज आधुनिकता और कबीर' में यह वैसे ही नहीं लिख दिया है—"पुरुषोत्तम किंवदन्तियों को भी लोकचित्त में स्थापित ऐतिहासिक स्मृति मानते हैं और उन का यह मानना सौ फीसद सही है। ये किंवदन्तियाँ व्यक्ति और उन के समय को समझने में मदद करती हैं।"[26] क्या इस तथ्य से उन्हें समझ नहीं आ रहा कि ब्राह्मणों द्वारा उच्च स्वर से उनका नन्दीगान शुरू हो चुका है? क्या वे वाकिफ नहीं कि ब्राह्मणों की कितनी परम्पराएं होती हैं? डा. नामवर सिंह बामुश्किल 'दूसरी परम्परा' की ही खोज कर सके थे, पर ब्राह्मणों की तीसरी और चौथी और पांचवीं और छठी और सातवीं परम्परा भी होती है। ठीक है, अब मैदानी लड़ाई बहुत साफ हो गई है। पुरुषोत्तम अग्रवाल और उनके प्रशंसकों को कबीर के बारे में साजिशों द्वारा लोकचित्त में स्थापित की गईं किंवदन्तियों का अध्ययन करना है, और हमें, ठीक उन सारी किंवदन्तियों को निशाना बना कर उन का नाश करना है। ब्राह्मणों का एक ही उद्देश्य है कि कबीर के नाम पर भी ब्राह्मण रामानंद का ही अध्ययन करवाओ। इसी प्रयोजनार्थ किंवदन्ती खड़ी कर दी कि कबीर के गुरु रामानंद थे—मतलब कबीर को पढ़ना है तो रामानंद ब्राह्मण को पढ़ना ही पड़ेगा, नहीं तो यूनिवर्सिटी की परीक्षा में विद्यार्थियों के नम्बर कट जाएंगे। कबीर के अध्ययन में कबीर से पहले रामानंद और कबीर के बाद अनन्तदास—बस, इन्हें ही पढ़ते रहो—और कबीर को छुओ तक नहीं, परीक्षा में नम्बर पूरे मिल जाएंगे। इनके हिसाब से, आगे-पीछे रामानंद और अनन्तदास के अध्ययन में बीच के कबीर का अध्ययन बिना पढ़े ही हो जाता है। मतलब बहुत खास है—तुलसीदास को पढ़ाते समय ब्राह्मण तुलसीदास को ही पढ़ाना है, और कबीर को पढ़ाने में भी ब्राह्मण रामानंद और ब्राह्मण अनन्तदास को ही पढ़ाना है। दिशाओं की चारों खूँट उन की हैं। आखिर, पुरुषोत्तम अग्रवाल की इस पुस्तक 'अकथ कहानी प्रेम की : कबीर की कविता और उन का समय' के पाँचवें अध्याय 'द्वितीय सेतु जगतरण कियो...' : रामानंद और कबीर' में भी 235वें से ले कर 310वें तक के 76 पेज निखर्चे रामानंद पर जाया हुए। इन्हें किसी कबीर को नहीं पढ़ना है, केवल अपने रामानंद को पढ़ाना है। सही बात कहूँ तो 456 पृष्ठों की इस पूरी कितबिया में कबीर के बारे में चार-पांच पृष्ठ भी नहीं लिखे गए। जाने इन विद्वान की क्या मुसीबत हो गई है कि बिना रामानंद और अनन्तदास के कंधे चढ़ाए कबीर को अपना एक कदम भी नहीं रखने दिया? कबीर को पुनर्जन्म और बैकुंठ की हवाओं में उड़ाए रखा, जमीन पर उनको अपने पैर धरने ही नहीं दिए। पुरुषोत्तम अग्रवाल ने कबीर से यह क्या नाता जोड़ा कि हम से हमारे कबीर छीनने की कोशिश हो रही है? तब, हम अपने दादा पुरुष की अंगुली

26. देशज आधुनिकता और कबीर, लेखक, विश्वनाथ प्रसाद तिवारी, जनसत्ता, नई दिल्ली संस्करण, 21 फरवरी, 2010, पृ. 6

पकड़ने के लिए भी तरसेंगे? इन के दादा इन के और प्रक्षिप्त तथा किंवदन्ती के माध्यम से हमारे दादा भी इन के—ऐसी हालत में हम कहाँ जाएंगे? ऐसी स्थिति में, कबीर से भी पहले के अपने शिव को ले कर सोच रहा हूँ—क्या करूँ?—वे तो त्रिदेवों में महादेव घोषित कर के बांध और जकड़ रखे हैं।

पुरुषोत्तम अग्रवाल ने अपनी विद्वत्ता का एक और मील का पत्थर गाड़ा है कि हजारी प्रसाद द्विवेदी कबीर का ब्राह्मणीकरण नहीं कर रहे थे, बल्कि नाथीकरण कर रहे थे। यूँ, उन्होंने हमें ब्राह्मणीकरण और नाथीकरण के झगड़े में डाल दिया—अब इस पर बहस करते रहो कि नाथीकरण क्या होता है। एक सीधी सी बात नहीं पकड़ी गई कि कबीर का ब्राह्मणीकरण भी क्यों हो और कबीर का नाथीकरण भी क्यों हो। फिर, खुद पुरुषोत्तम अग्रवाल कबीर का रामानन्दीकरण और वैष्णवीकरण क्यों कर रहे हैं? इन सारे 'करणों' में कबीर का एकमात्र सीधा कबीरीकरण क्यों नहीं किया जाता? हम कबीर का कबीरीकरण कर रहे हैं तो उस से डर कर क्यों भागा जा रहा है? हमे कबीर का न ब्राह्मणीकरण होने देना है, न नाथीकरण स्वीकार्य है, और न वैष्णवीकरण मानना है। हम से सच्चा कौन?—हम कबीर का कबीरीकरण कर रहे हैं। वह सुना क्यों नहीं जाता?

पुरुषोत्तम अग्रवाल समझ रहे हैं कि यह लिख कर उन्होंने बड़ा भारी मोर्चा जीत लिया है कि डा. हजारी प्रसाद द्विवेदी कबीर का ब्राह्मणीकरण नहीं कर रहे थे बल्कि कबीर का नाथीकरण कर रहे थे। बेमतलब के शब्द-जाल में खुद उलझ रहे हैं और दूसरों को उलझा रहे हैं। हम इस फालतू बहस में क्यों पड़ें कि डा. हजारी प्रसाद द्विवेदी कबीर का नाथीकरण कर रहे थे और पुरुषोत्तम अग्रवाल कबीर का वैष्णवीकरण कर रहे हैं? हमें कबीर का कबीरीकरण चाहिए, न उन का ब्राह्मणीकरण चाहिए, न उन का नाथीकरण चाहिए और न उन का वैष्णवीकरण चाहिए। क्या मैं पुरुषोत्तम अग्रवाल को यह समझाने बैठूँ कि हजारी प्रसाद द्विवेदी द्वारा कबीर का किया गया नाथीकरण भी द्विवेदीकरण था—अर्थात ब्राह्मणीकरण था? इस गलफत में पुरुषोत्तम अग्रवाल रह सकते हैं कि मुर्गी मोरनी के अंडे दे सकती है, हम नहीं। बस, मैं केवल अपना समय बचा रहा हूँ, यह सोच कर कि हमें कबीर का कबीरीकरण करना है—और किसी दूसरी बात में उलझना नहीं है। आखिर, कबीर कोई छोटी-मोटी हस्ती नहीं हैं।

फिर भी, सोच रहा हूँ कि पुरुषोत्तम अग्रवाल के इस भ्रम की फांस निकाल ही दूँ कि हजारी प्रसाद द्विवेदी कबीर का ब्राह्मणीकरण नहीं कर रहे थे बल्कि नाथीकरण कर रहे थे। इस के लिए मैं हजारी प्रसाद द्विवेदी की पुस्तक 'नाथ सम्प्रदाय' को ही प्रमाण बना रहा हूँ। इस में उन्होंने एक शीर्षक 'मत्स्येंद्रनाथ कौन थे?' रखा है। यह शीर्षक इस प्रकार शुरू होता है—''नाथ परम्परा में आदिनाथ के बाद सब से महत्वपूर्ण आचार्य मत्स्येन्द्रनाथ ही हैं। हमने यह पहले देखा है कि आदिनाथ शिव का ही नामान्तर है। सो, मानव गुरुओं में मत्स्येन्द्रनाथ ही इस परम्परा के सर्वप्रथम आचार्य हैं। ये गोरखनाथ के

गुरु थे।''[27] हजारी प्रसाद द्विवेदी ने नेपाल दरबार लाइब्रेरी में रखी एक पुस्तक 'नित्याह्निकतिलकम्' से मत्स्येन्द्रनाथ का विवरण इस प्रकार दिया है:

नाम	—	विष्णु शर्मा
जाति	—	ब्राह्मण
जन्मभूमि	—	वारणा (बंगदेश)
चर्यानाम	—	श्री गौडीशदेव
पूजानाम	—	श्री पिप्लीशदेव
गुप्तनाम	—	श्री भैरवानन्दनाथ।[28]

गोरखनाथ के बारे में हजारी प्रसाद द्विवेदी का लिखना है—''विक्रम संवत् की दसवीं शताब्दी में भारतवर्ष के महान् गुरु गोरखनाथ का अविर्भाव हुआ। शंकराचार्य के बाद इतना प्रभावशाली और इतना महिमान्वित महापुरुष भारतवर्ष में दूसरा नहीं हुआ।''[29] बड़े-छोटे की बात एक तरफ, पर हजारी प्रसाद द्विवेदी के अनुसार उन की जाति क्या थी? झूठ-सच का निर्णय कुछ भी हो पर हजारी प्रसाद द्विवेदी ने उत्तर देते हुए लिखा है—''मेरा अनुमान है कि गोरखनाथ निश्चित रूप से ब्राह्मण जाति में उत्पन्न हुए थे और ब्राह्मण वातावरण में बड़े हुए थे।''[30] तब, पुरुषोत्तम अग्रवाल किस नाथीकरण की डींग मार रहे हैं?

इस बहस का क्या निष्कर्ष निकलता है? निष्कर्ष यह है कि ब्राह्मण, क्षत्रिय, वैश्य या शूद्र में से कोई होने के लिए किसी को हिन्दू होना चाहिए पर जब कबीर हिन्दू नहीं हैं तो वे शूद्र भी क्यों होंगे?

घ. पुनर्जन्म का फार्म

किसी को पता हो या न हो, लेकिन सच्चाइयों की सच्चाई यह है कि हिन्दुस्तान का और विदेश में रह रहा कोई ब्राह्मण पुनर्जन्म में विश्वास नहीं करता। अगली सच्चाई यह है कि ब्राह्मण दूसरों को इस गफलत में जरूर रखता है कि पुनर्जन्म होता है। यह उस के हाथ में ढाल और तलवार एक साथ हैं। धार्मिक दृष्टि से पुनर्जन्म को ले कर दूसरों पर हमला करता है और खुद दार्शनिक स्तर पर पुनर्जन्म में विश्वास न कर के अपना बचाव रखता है। क्या इस नीति का कोई अपवाद है? अपवाद न कह कर यह समझने की कोशिश करें कि अशोक वाजपेयी का चिन्तन इस मामले में कहाँ ठहरता है। सीधे पुरुषोत्तम अग्रवाल की पुस्तक के बारे में जाना जाए कि अशोक वाजपेयी ने इस पुस्तक

27. हजारी प्रसाद द्विवेदी ग्रन्थावली : खण्ड-6, राजकमल प्रकाशन प्रा.लि., 8, नेताजी सुभाष मार्ग, नई दिल्ली-110 002, प्रथम संस्करण, अगस्त, 1981, पृ. 52

28. वही, पृ. 57

29. वही, पृ. 107

30. वही, पृ. 109

पर क्या कहा है। उत्तर है कि उन्होंने इस पुस्तक की तारीफ में पुल बाँधते हुए लिखा है—"ऐसी आधुनिकता को गढ़ने में देशी भाषाओं और लोक जीवन और व्यवहार की केन्द्रीय भूमिका का ऐसा विशद निरूपण मेरे जाने, हिंदी में तो क्या, अन्यत्र भी इस से पहले शायद ही हुआ है।"[31] इधर, पुरुषोत्तम अग्रवाल अपनी पुस्तक में लिख रहे हैं कि 'पूरब जन्म हम ब्राह्मन होते' को 'बीजक में न मिलने' के आधार पर प्रक्षिप्त नहीं माना जाना चाहिए।[32] यह पुनर्जन्म के सिद्धान्त में विश्वास करने का औरों के लिए सिलोलिज्म हो गया। खुद अपने बारे में अशोक वाजपेयी के क्या विचार हैं? क्या वे मानते हैं कि उन का पुनर्जन्म होगा? क्या अपनी मृत्यु के बाद वे धरती पर दुबारा आएंगे? अशोक वाजपेयी की हिम्मत और स्पष्टवादिता की दाद देनी पड़ेगी, जब उन्होंने 'जनसत्ता' में छपे अपने स्थायी स्तम्भ 'कभी-कभार' में 16 जनवरी, 2011 को लिखा है—"संसार हमें एक बार ही मिला है और उसी में खपना-मरना है : उसे देखने-समझने और उस में रहने का सौभाग्य भी एक ही बार मिला है। साहित्य और कलाओं का आभार कि उन के माध्यम और संसर्ग से एक ही जीवन में कितने जीवन जानने-जीने का अवसर मिला।"[33]

अशोक वाजपेयी बच गए, पर इस से बच कौन नहीं सका?—वे पुरुषोत्तम अग्रवाल हैं। वे झूठ पर झूठ बोले जा रहे हैं। कहानी इस प्रकार है कि एक दिन एक ताई बालक को खिला रही थी। ताई उसे खिलौने दे-दे कर उस से हँसती-हँसती बात कर रही थी। ताई उस बच्चे का स्वभाव जानना चाह रही थी। थोड़ी देर बाद वहाँ कुटुम्ब की दूसरी औरतें भी बैठने आ गईं। ताई ने उस बच्चे के बारे में उस की माँ और दूसरी औरतों को हँसते हुए बताया—"ऐ, यो झूठ बोलना सीख गया है।" बच्चा भी अपनी तारीफ सुन कर मद्धम-मद्धम हँस रहा था। शायद, पुरुषोत्तम अग्रवाल भी अपने घर के उन्हीं बालकों में से हैं। प्रक्षिप्त और किंवदन्ती के झूठों के बाद अब इन का पुनर्जन्म में विश्वास का महाझूठ सामने आया है।

इसे क्या कहा जाए कि पुरुषोत्तम अग्रवाल यह दुष्प्रचार फैला रहे हैं कि कबीर पूवर्जन्म और पुनर्जन्म में विश्वास करते थे? यह मेरी जानकारी में सब से अनहोनी और खतरनाक बात है। इस से ज्यादा बड़ा झूठ दूसरा नहीं हो सकता कि कबीर पुनर्जन्म के झूठ को मानते हैं। इस में दो झूठ शामिल हैं। पहला झूठ यह है कि पुनर्जन्म होता है और दूसरा झूठ यह है कि कबीर पुनर्जन्म में विश्वास करते हैं। लेकिन अगले वाक्य पुरुषोत्तम अग्रवाल के ही हैं :

---

31. अकथ कहानी प्रेम की : कबीर की कविता और उन का समय, पुरुषोत्तम अग्रवाल, राजकमल प्रकाशन प्रा.लि., 1-बी, नेताजी सुभाष मार्ग, नई दिल्ली-110 002, दूसरा संस्करण, 2010, पृ. [vi]
32. अकथ कहानी प्रेम की : कबीर की कविता और उन का समय, पुरुषोत्तम अग्रवाल, राजकमल प्रकाशन प्रा.लि., 1-बी, नेताजी सुभाष मार्ग, नई दिल्ली-110 002, पहला संस्करण, 2009, पृ. 46
33. कभी-कभार : कितना कम, अशोक वाजपेयी, जनसत्ता, नई दिल्ली, 16 जनवरी, 2011, पृ. 6

1. "कबीर की उप-रचनाओं से प्रकट होता है कि इन्हें रचने-पढ़नेवाले कविमानस के अन्तस्संघर्षों के प्रति भी संवेदनशील थे, और कवि के मन में आनेवाली भावनाओं की विविधता के प्रति भी। वे कवि को मनुष्य समझते थे, कम्प्यूटर नहीं, जिसमें बुद्धि तो होती है, लेकिन उसका उपयोग फीड किए प्रोग्राम से ही निर्धारित होता है। वे जानते थे कि कई बार सांस्कृतिक मुहावरा कवि की वैचारिकता से हट कर भी कुछ बातें कहला लेता है। ऐसी संवेदनशीलता के विपरीत, आजकल, वैचारिक सुसंगति के नाम पर कवि को कम्प्यूटर बनाने वाली 'इंटेलिजेंस' के कारण, 'पूरब जनम हम ब्राह्मन होते' को 'बीजक में न मिलने' के आधार पर प्रक्षिप्त कहा जा रहा है, बावजूद इसके कि यह पंक्ति कबीर-रचना के बीजक से प्राचीनतर लिखित रूपों में उपलब्ध है।"[34]
2. "कबीर की किसी 'असुविधापूर्ण' बात के आगे उनके ब्राह्मणवादी, इस्लामवादी, मार्क्सवादी, दलितवादी व्याख्याकारों को आपने दसियों बार यह कहते पढ़ा-सुना होगा कि 'भला बताइए कबीर ऐसा कह सकते थे?' 'पूरब जनम हम ब्राह्मण होते' के प्रसंग में एक नमूना आप पहले अध्याय में देख चुके हैं।"[35]
3. "कबीर की अक्खड़ छवि को रेखांकित करने के लिए उपर्युक्त पद का बार-बार उपयोग किया गया है। लेकिन उन्हीं कबीर का कथन यह भी है :

   जिउ जल छोड़ बाहर भइयो मीना।
   पूरब जनम हउ तप का हीना।।"[36]

इस में बताया जाए कि सांस्कृतिक मुहावरा कवि की वैचारिकता से हट कर झूठ के सिवा क्या कहला लेता है। जो कबीर पुनर्जन्म में विश्वास रखने वाली संस्कृति को बदलने चले हैं, उन कबीर को प्रक्षिप्त और किंवदन्ती के द्वारा नमेट किया जा रहा है। बिलकुल कबीर ऐसा नहीं कह सकते थे :

1. पूरब जनम हम बांम्मन होते, वोछै कर्म तप हींना।
   राम देव की सेवा चूकी, पकरि जुलाहा कीन्हां।।[37]

---

34. अकथ कहानी प्रेम की : कबीर की कविता और उन का समय, पुरुषोत्तम अग्रवाल, राजकमल प्रकाशन प्रा.लि., 1-बी, नेताजी सुभाष मार्ग, नई दिल्ली-110 002, पहला संस्करण, 2009, पृ. 45-6
35. वही, पृ. 152
36. वही, पृ. 195
37. कबीर समग्र : प्रथम खंड, संपादक-लेखक, प्रो. युगेश्वर, हिन्दी प्रचारक संस्थान, पो.बा. 1106, पिशाच मोचन, वाराणसी-221 010, द्वितीय संस्करण, 1995, पृ. 21

2. देखो कर्म कबीर का, कछु पुरब जनम का लेख।
जाका महल न मुनि लहैं (सो) दोसत किया अलेख।।[38]

यह कबीर की वाणी के साथ क्रूरता है। पुनर्जन्म में विश्वास का प्रक्षिप्त जोड़ कर हमारे कबीर की नाव में पूरा छेद कर दिया गया है। अब नाव में क्या बचा है?—वह डूबेगी ही। कहना यह है कि पुरुषोत्तम अग्रवाल जिसे सांस्कृतिक मुहावरा कह रहे हैं, कबीर उसे ही तोड़ रहे थे। पुनर्जन्म में विश्वास रखना हिन्दुओं की संस्कृति है, कबीर के आजीवक धर्म की नहीं। आजीवक धर्म में पुनर्जन्म में विश्वास रखना अमान्य है। यदि यह सांस्कृतिक मुहावरा है तो फिर दो सांस्कृतिक मुहावरों की खोज की जानी चाहिए। एक-दूसरे के सामने आने पर दोनों सांस्कृतिक मुहावरे आपस में लड़ पड़ेंगे। इसलिए, किसी लेखक को इस मामले में सतर्क हो कर अपनी बात रखनी चाहिए। एक सांस्कृतिक मुहावरा जान लिया और दूसरा सांस्कृतिक मुहावरा नहीं जाना—यह विद्वानों की कम-पढ़ी की बात ही हुई।

पुनर्जन्म के मामले में यह सांस्कृतिक मुहावरा नहीं, सांस्कृतिक पृथकता है, जिस का प्रतिनिधित्व कबीर कर रहे हैं। ऐसे तो अस्पृश्यता की भी सांस्कृतिक मुहावरा कह दिया जाएगा, तब कबीर की वैचारिक सुसंगतता किस से युद्ध करेगी? यदि कबीर ने छुआछूत को स्वीकार कर लिया तो कबीर कहाँ रहे? ऐसे वैष्णव हुआ करते हैं जो पुनर्जन्म में भी विश्वास करते हैं और छुआछूत में भी, कबीर नहीं। पूछा यह भी जा सकता है कि हिन्दुओं के पुनर्जन्म और अस्पृश्यता के सांस्कृतिक मुहावरों में दलितों के लिए झूठ और दमन क्यों शामिल हैं।

कुछ लोग आदत से मजबूर हैं कि उन से हिन्दू शब्दावली का मोह छोड़ा नहीं जाता। 'अकथ कहानी प्रेम की : कबीर की कविता और उन का समय' के लेखक ऐसे ही एक हिन्दू हैं। 'रेनेसांस' एक विदेशी शब्द है। यह यूरोप का शब्द है जहाँ पुनर्जन्म के सिद्धान्त में विश्वास नहीं किया जाता। लेकिन इन लेखक ने 'रेनेसांस' को 'पुनर्जन्म' मान कर गड़बड़झाला किया है, जब लिखा है—"असल में यूरोपवासियों के सभ्य 'पुनर्जन्म' (रेनेसांस का शाब्दिक अर्थ यही होता है) का श्रेय तो अरबों को ही जाता है।"[39] कहने का मतलब यह है कि कुछ भी समझने को तैयार नहीं हैं। कोई सलीके की बात इन के मस्तिष्क में नहीं आती। जब भी सोचते हैं, हिन्दू हो कर ही सोचते हैं। अनुवाद में विदेशी शब्दों के मूल अर्थ की हत्याएँ की जा रही हैं। यदि 'रेनेसांस' शब्द का अर्थ 'पुनर्जन्म' के अर्थ में लिया जा रहा है तो इस का मतलब है कि दिमाग से हिन्दूपन छूट नहीं रहा है। बिल्ली को सपने में छीछड़े ही दिखाई देते हैं। और हाँ, जब पुनर्जन्म की

38. कबीर समग्र : द्वितीय खंड, लेखक, डा. युगेश्वर, हिन्दी प्रचारक पब्लिकेशंस प्रा.लि., सी-21/30, पिशाच मोचन, वाराणसी-221 010, प्रथम संस्करण, 1997, पृ. 1033

39. अकथ कहानी प्रेम की : कबीर की कविता और उन का समय, पुरुषोत्तम अग्रवाल, राजकमल प्रकाशन प्रा.लि., 1-बी, नेताजी सुभाष मार्ग, नई दिल्ली-110 002, पहला संस्करण, 2009, पृ. 81

बात चली है तो वह एक ही बार थोड़े होता है? लेखक ने पुनर्जन्म की बारम्बारता देते हुए लिखा है—"...'पहले' रेनेसांस के बाद, 'दूसरा' रेनेसांस, दूसरा पुनर्जन्म।"[40]

अच्छा होता, पुरुषोत्तम अग्रवाल इस शब्द को 'रिबर्थ' ही रहने देते और हिन्दी में 'पुनर्जन्म' न कहते। कयामत के दिन लोगों के दुबारा जी उठने की मान्यता को हिन्दुओं के पुनर्जन्म की मान्यता से भिन्न मानना पड़ेगा। ऐसे ही, ईसा की मृत्यु के बाद तीसरा दिन हिन्दुओं के पुनर्जन्म से जुदा धार्मिकता है। यह मरने के बाद दूसरे जिस्म में पैदा होना नहीं है। न यह हिन्दुओं का पुनर्जन्म है और न यह बौद्धों का पुनर्भव है। हर हालत में, 'रिनेसांस' हिन्दुओं और बौद्धों के 'पुनर्जन्म' और 'पुनर्भव' से भिन्न रहना है। पर, ये लोग विदेशी शब्दों को पढ़ कर उन्हें अर्थहीन करने में लगे रहते हैं। इन्हें मालूम नहीं कि यूरोप के पास पुनर्जन्म का प्रत्यय नहीं है। मैं इन से यूरोप के रेनेसांस को हिन्दुओं के पुनर्जन्म के बिना ही समझने के लिए अभ्यर्थना करूँ तो कुछ लाभ हो सकता है। यूरोप वाले अपने रेनेसांस को हिन्दुओं के पुनर्जन्म वाला अर्थ कैसे दे सकते हैं? इन के बहकाने से ऐसी गलती करेंगे तो वे अपने रेनेसांस को ही भूल जाएंगे।

मतलब यह निकला कि पुरुषोत्तम अग्रवाल पुनर्जन्म के सिद्धान्त में विश्वास करते हैं। इन्होंने, और इन के हिन्दुओं ने, जो कबीर कल्पित और सृजित किए हैं, वे भी पुनर्जन्म को मानते थे। इनके कबीर को यह भी पता था कि वे अपने पिछले जन्म में ब्राह्मण थे। तब, कबीर की बात छोड़ कर खुद पुरुषोत्तम अग्रवाल पर बात लाई जाए। इस में पुरुषोत्तम अग्रवाल को भी अपने पूर्वजन्म का पता होना चाहिए। एक क्या?—अपने अनेक पूर्वजन्मों का पता होना चाहिए। यही विवरण जानने के लिए मैंने एक फार्म तैयार किया है। इस की पहली क्रम संख्या को, मिली जानकारी के अनुसार, भर दिया गया है। पुरुषोत्तम अग्रवाल अगली क्रम संख्याओं को भर दें। और यह फार्म किसी एक पुरुषोत्तम अग्रवाल के लिए तैयार नहीं किया गया है, बल्कि यह पुनर्जन्म में विश्वास रखने वाले सारे लोगों के लिए है। फार्म इस प्रकार है।

पूर्वजन्मों के लेखे-जोखों का फार्म

क्रम संख्या (1)	नाम (2)	पिता का नाम (3)	माता का नाम (4)	जन्म तिथि (5)	स्थान (6)	योनि (7)	लिंग (8)
1. वर्तमान जन्म	श्री पुरुषोत्तम अग्रवाल	स्व. फूलचंद अग्रवाल	स्व. कमला देवी	25 अगस्त, 1955	ग्वालियर	मनुष्य	पुल्लिंग
2. पहला पूर्वजन्म							

40. वही, पृ. 92

क्रम संख्या (1)	नाम (2)	पिता का नाम (3)	माता का नाम (4)	जन्म तिथि (5)	स्थान (6)	योनि (7)	लिंग (8)
3. दूसरा पूर्वजन्म							
4. तीसरा पूर्वजन्म							
5. चौथा पूर्वजन्म							
6. पाँचवाँ पूर्वजन्म							

स्थान :

हस्ताक्षर

दिनांक :

भाग - पाँच

अध्याय-13

कबीर को निहत्था करना

क. धर्मेतर अध्यात्म की संस्थाविहीनता
ख. क्या रामानंद धर्मेतर अध्यात्म के व्यक्ति थे?

क. धर्मेतर अध्यात्म की संस्थाविहीनता

I

पुरुषोत्तम अग्रवाल का घोषित उद्देश्य यह है कि कबीर के धर्म-दर्शन के लिए कोई संस्था मत बनने दो। संस्था बनने में कबीर शक्तिशाली हो जाएंगे, इसलिए उन की चाहत है कि कबीर को उन के मिशन से हटा कर एक व्यक्ति बना दिया जाए। अकेले व्यक्ति को संस्थागत लोग आसानी से पीट लेते हैं। इसीलिए, बाबा साहेब डा. अम्बेडकर अपने अनुयायियों को नारा दे कर गए हैं–''शिक्षित बनो, संगठित रहो और संघर्ष करो।''[1] पर, इस बात को सिद्ध करने के लिए अच्छा रहेगा कि पुरुषोत्तम अग्रवाल के रूप में व्यक्त पूर्वपक्ष को रख दिया जाए, जो इस प्रकार है :

1. ''जगजाहिर बात है कि कबीर की साधना हिन्दू धर्म, इस्लाम, नाथपंथ, देशाचार, लोकाचार से न्यारी थी। सवाल यह है कि क्या कबीर का रास्ता किसी नए धर्म/पंथ की स्थापना की ओर जा रहा था? क्या वे सचमुच 'निराला पंथ' निकाल रहे थे, जैसा कि आचार्य शुक्ल ने क्षुब्ध भाव से कहा? क्या वे सचमुच 'धर्मगुरु' थे, जैसा कि आचार्य द्विवेदी मानते हैं?''[2]
2. ''रामानंद के शिष्य, संवादी कबीर ने स्वयं को न कभी धर्मगुरु कहा, न अवतार। वे स्वयं को न पैगंबर के रूप में देखते हैं, न नए धर्म के

1. ऐसा चाहूं राज मैं...... संत सिपाही रैदास, लेखक, कुलदीप कुमार, सम्यक प्रकाशन, 32/3, क्लब रोड, पश्चिमपुरी, नई दिल्ली-110 063, प्रथम संस्करण, 2009, पृ. 217
2. अकथ कहानी प्रेम की : कबीर की कविता और उन का समय, पुरुषोत्तम अग्रवाल, राजकमल प्रकाशन प्रा.लि., 1-बी, नेताजी सुभाष मार्ग, नई दिल्ली-110 002, पहला संस्करण, 2009, पृ. 315

संस्थापक के रूप में। उनके नाम से पंथ का प्रवर्तन किया धनी धर्मदास ने—कबीर के निधन के कम से कम सौ बरस बाद। आधुनिक खोजियों ने कबीर के दावों और पंथ के दावों को गड्डमड्ड कर डाला। ये खोजी कल्पना ही नहीं कर सकते थे कि आधुनिक युग से पहले भी संगठित धर्म की ऐसी आलोचना सम्भव थी, जिसका लक्ष्य किसी नए धर्म का प्रवर्तन या किसी नए पंथ की स्थापना करने की बजाय धर्म-मात्र के विकल्प की खोज करना होगा। अपनी कल्पना की दरिद्रता को कबीर पर आरोपित करके यह मान लिया गया कि वे नया पंथ खड़ा करने चले थे; वे धर्मगुरु थे, उनका लक्ष्य एक और संगठित धर्म-मत की स्थापना करना था। धर्मगुरुओं द्वारा कबीर के नाम से किए गए दावों को ऐसे सुना गया जैसे कि वे कबीर के अपने वचन हों। मान लिया गया कि कबीर की सारी साधना का लक्ष्य था : नए पंथ या नए धर्म का प्रवर्तन।''[3]

3. ''कबीर की कविता केवल उपलब्ध धर्मों की आलोचना ही नहीं, धर्म के मूल तर्क से ही असंतोष का साक्ष्य देती है। 'स्वतन्त्र धार्मिक परम्परा' को उनकी साधना का लक्ष्य मान लेना भारी भ्रम है, जिसका आधार ऐसा मान लेने में निहित है कि मौजूदा धर्मों की आलोचना करने का एक ही मतलब है—नए धर्म की स्थापना। दूसरे शब्दों में संगठित धर्म के बिना मुनष्य का काम चल ही नहीं सकता। पुराना नहीं, तो नया सही, 'धर्म' तो चाहिए! आजकल के उत्तर-आधुनिकतावादियों की तो मूल स्थापना ही है : धर्म ही मानव की सामाजिक अस्मिता और 'अन्यों' से उसके 'फर्क' का प्राथमिक प्रमाण है; सो इक्कीसवीं सदी में संगठित धर्मसत्ता को पूरी धूमधाम के साथ वापस आना ही चाहिए।''[4]
4. ''सभी संगठित धर्मों की आलोचना करके धर्मेतर अध्यात्म का प्रस्ताव करने वाले कबीर धर्मगुरु लगने लगते हैं।''[5]
5. '' 'हद बेहद दोऊ तजे' अध्याय में हमने देखा है कि कबीर किसी एक धर्म की नहीं, संगठित धर्म की धारणा मात्र की समीक्षा करते हुए धर्मेतर अध्यात्म की खोज करते हैं।''[6]
6. ''कबीर की कविता इस तथ्य का रोमांचक प्रमाण देती है कि वे अपने वक्त से ही नहीं, धर्मसत्ता की वास्तविकता को समझने के प्रसंग में हमारे भी वक्त से आगे थे। आधुनिक युग के बुद्धिवाद से पहले के उन लोगों में थे कबीर, जो जानते थे और धर्मप्रेमियों, धर्मवीरों के 'फिरि-फिरि डंक मारने' के बावजूद बताते थे कि प्रचलित धर्मों की

---

3. वही, पृ. 311
4. वही, पृ. 316
5. वही, पृ. 24
6. वही, पृ. 398

आलोचना का अर्थ अनिवार्यतः किसी नए धर्म की स्थापना करना नहीं। धर्मसत्ता के सामने सर झुकाना मनुष्य की शाश्वत नियति नहीं। कबीर की आलोचना किसी धर्मविशेष तक सीमित न होकर धर्म-मात्र की आलोचना है। उनकी साधना धर्म-मात्र का विकल्प खोजने की साधना है। कबीर का काव्य ऐसा ही विकल्प है।''[7]

7. ''कबीर जब स्वयं को न हिन्दू न मुसलमान कहते हैं तो उनकी कविता से यह अर्थ कहीं भी नहीं निकलता कि वे किसी नए धर्म की स्थापना कर रहे थे।''[8]
8. ''वे नया पंथ निकालना भी नहीं चाहते थे, उनका रास्ता तो 'निज ब्रह्म विचार' का, निर्भय होकर निर्गुण के गुण गाने का, राम से भी और समाज से भी परस्पर सम्मान और समानता का रिश्ता बनाने का रास्ता था, इसी पर चलने का न्यौता वे अपनी कविता में देते थे।''[9]
9. ''धर्मगुरु बनाने की प्रक्रिया में ही कबीर-वाणी धर्मशास्त्र में बदली गई। कविता और धर्मशास्त्र को पढ़ने के वातावरण में फर्क होता है। कबीर ही नहीं, धर्मगुरु बना दिए गए अन्य कवियों से भी प्रेम करने वालों को सोचना चाहिए कि उन्हें कौन-सा वातावरण सुहाता है। कविता को ऐसे धर्मशास्त्र में बदलने वाला वातावरण, जिसमें कवि से सम्बन्ध आप मठाधीशों और 'आधिकारिक' व्याख्याकारों से अनुमति लेकर ही बना सकें, या ऐसा वातावरण जिसमें धर्मशास्त्रों को भी कविता की तरह विवेक, अनभय और संवाद—के साथ पढ़ना सम्भव हो।''[10]
10. ''कबीर धर्म-प्रवर्तन नहीं कर रहे थे, वे कविता में अपना आप खोलकर रख रहे थे। आत्मविश्वास भी उनके आत्म का अंश है, और आत्मभर्त्सना भी।''[11]
11. ''कवि हो या उपदेशक; धर्मगुरु हो या क्रान्तिकारी; कुछ भी होने के पहले मनुष्य मनुष्य ही होता है। कबीर को, या किसी को भी अपनी मनचीती क्रान्ति का झंडा बनाने के फेर में उसकी मनुष्यता छीन लेना काफी अमानुषिक हरकत है।''[12]
12. ''मैंने..... कबीर को धर्मगुरु बनाने की बजाय उनके कवि-व्यक्तित्व के साथ संवाद करने की कोशिश की है।''[13]
13. ''फिलहाल तो इतना ही कहना है कि जुलाहे साधक को धर्मगुरु में

7. वही, पृ. 317-18
8. वही, पृ. 332
9. वही, पृ. 192
10. वही, पृ. 231
11. वही, पृ. 197
12. वही, पृ. 197
13. वही, पृ. [7]

तब्दील करने वाले कबीर-पंथ की मान्यताओं को समझना आवश्यक है, उन्हें आत्मसात कर लेना नहीं। पंथ-निर्माण को सहानुभूति से देखना जरूरी है, लेकिन उतना ही जरूरी है पंथ के सत्ता-तन्त्र पर ध्यान देना। कबीर को जुलाहा कुलोत्पन्न की बजाय 'अलौकिक रीति से अवतरित' बताना उन्हें धर्मगुरु बनाने के लिए जरूरी था।''[14]

II

धर्म केवल अन्धविश्वास, कर्मकाण्ड और पूजा पद्धति का ढकोसला नहीं है। इन अन्धविश्वासों को, कर्मकाण्डों को और ढकोसलों को तोड़ो पर धर्म के मामले में कुछ इस से भी ज्यादा करने की अपेक्षा रहती है। धर्म ने पर्सनल कानूनों पर कब्जा कर रखा है। यदि हिन्दू धर्म ने अपने पर्सनल कानून में जारकर्म की गन्दगी भर रखी है तो क्या कबीर उसे बाहर नहीं करेंगे? 'खसम खुशी क्यों होय'[15]—में कबीर क्या यही काम नहीं कर रहे हैं? यहाँ कबीर की कविता और धर्मेतर अध्यात्म का क्या मतलब? इन का उद्देश्य यह है कि कबीर को 'धर्मेतर अध्यात्म' का पुरोधा और प्रवक्ता मानने में हिन्दू धर्म अपने सारे कानूनों समेत ज्यों का त्यों बच जाता है। वे कानून वर्ण-धर्म के हैं और ब्राह्म-विवाह के हैं। वर्ण-धर्म में छुआछूत और ब्राह्म-विवाह में जारकर्म का शाश्वत राज कायम है। छुआछूत और जारकर्म की इसी शाश्वतता को बचाने के लिए कबीर को कविता के जहाज में बैठा कर धर्मेतर अध्यात्म के काले पानी की सजा में उतार दिया गया है। जैसे वर्ण-विरोधियों को पहले विहारों में भिक्षु बना कर दुर्मुन्द कर दिया गया था, वैसे ही जार-विरोधी कबीर को अब धर्मेतर अध्यात्म की घुट्टी पिला कर प्रक्षिप्त और किंवदन्तियों के झूलने में नींद और झपकियाँ लिवाई जा रही हैं। इन्हें डर यही है कि इन की अनछेड़ दुनिया का कुछ बिगड़ न जाए।

ये लेखक कबीर के सम्मानित रैदास की वाणी—'ऐसा चाहूँ राज मैं'[16]—में कौन से वायवी धर्मेतर अध्यात्म की बात सुनेंगे? क्या पैंतरा बदल कर इस जगह से 'राज्येतर अर्थशास्त्र' की बात करनी चाहेंगे? मुँह खोलेंगे तो इन की कौन सुनेगा? इनके 'राज्येतर अर्थशास्त्र' के बोल इतिहास में अप्रांसगिक हो कर रह जाएंगे।

वर्ण-व्यवस्था में स्वधर्म का पालन करना होता है। स्वधर्म वर्ण-धर्म का आरक्षण ही है। वर्ण धर्म का पालन न करने पर राज्य की ओर से दंड-विधान है। ऐसे में, किस धर्मेतर अध्यात्म की बात की जा रही है? पूरी गीता स्वधर्म के उपदेश पर टिकी हुई है। युद्ध में देश को कौन सा धर्मेतर अध्यात्म बचा लेगा? राजनीति में जो रंगीले शाह हैं, वे

14. वही, पृ. 228
15. कबीर समग्र : प्रथम खंड, सम्पादक और लेखक, प्रो. युगेश्वर, हिन्दी प्रचारक संस्थान, पो.बा. 1106, पिशाच मोचन, वाराणसी-221 010, द्वितीय संस्करण, 1995, पृ. 418
16. ऐसा चाहूँ राज मै... सन्त सिपाही रैदास, लेखक, कुलदीप कुमार, सम्यक प्रकाशन, 32/3, क्लब रोड, पश्चिमपुरी, नई दिल्ली-110 063, प्रथम संस्करण, 2009, प्रस्तावना, पृ. 8

ही धर्म में 'आध्यात्मिक श्रीमान' हैं। इन 'आध्यात्मिक श्रीमानों' ने इतिहास के प्रति हमेशा गैर-जिम्मेदारी का परिचय दिया है। ये किसी बात के लिए कमर कस कर खड़े नहीं होते। ये ढुलमुल नीति के लोग हैं। जीवन में तनिक मुश्किल आने पर ये बेपैंदी के लौटे बन जाते हैं। इन्होंने कई बार राष्ट्र की आजादी खोई है।

हिन्दू धर्म वर्ण-धर्म के सिवा कुछ भी नहीं है। वर्ण-व्यवस्था में वर्ण-क्रम होते हैं। शूद्र को छोड़ कर बाकी तीनों वर्णों को वर्ण-व्यवस्था से क्या खास परेशानी है? क्षत्रिय जरूर वर्ण-क्रम में प्रथम होने के लिए लड़ता रहा है लेकिन वैश्य वर्ण ने ऐसी जद्दोजहद नहीं दिखाई। वैश्य वर्ण का वर्ण-क्रम में युद्ध हुआ है तो क्षत्रिय से हुआ है, ब्राह्मण से नहीं। वैश्य राजा बना है, पुरोहित नहीं। वैश्य वर्ण को वर्ण-व्यवस्था में वह जकड़न महसूस नहीं होती जो शूद्र को होती है। फिर, वर्ण-व्यवस्था में शूद्रों का भी वैसा दम नहीं घुटता जैसा दलितों का घुटता है। वे सब शिंकजे में हैं।

'धर्मेतर अध्यात्म' के जुमले का मतलब है कि ये हिन्दू धर्म का कोई विकल्प नहीं बनने दे रहे हैं। धर्मेतर अध्यात्म की वजह से हिन्दू धर्म को कोई नुकसान नहीं होना। सब कुछ निरापद—कोई खरोंच नहीं। कोई घटत-बढ़त नहीं। हिन्दू धर्म का साम्राज्य ज्यों का त्यों निष्कंटक और अक्षुण है। कोई धर्मान्तरण नहीं—कोई नया धर्म नहीं—और हिन्दू धर्म की संस्थागत बेल बिना कटे-छंटे लहलहाती रहेगी।

हिन्दू धर्म एक संस्था है—और जो इस के सताए हुए हैं, उनके पास कोई संस्था नहीं है। वे धर्मेतर अध्यात्म के शिगूफे के द्वारा निहत्थे किए जा रहे हैं। आओ, और धर्मेतर अध्यात्म के नाम से इक्के-दुक्के महापुरुष बनते रहो, बाकी संस्थागत धर्म का खूँटा शाश्वत गड़ा रहेगा। ये गांधी हैं, जिन्होंने इसी बात को ले कर डा. अम्बेडकर से 'एन्निहिलेशन आफ कास्ट' नाम की उन की पुस्तक पर लड़ाई ठानी थी।

क्या हिन्दू धर्म की छुआछूत धर्मेतर अध्यात्म के जरिए मिटने जा रही है? हिन्दू चिन्तकों द्वारा ऐसे झाँसे पहले भी दिए जाते रहे हैं। ऐसा एक झाँसा पिछली बार गांधी ने दिया था कि वे हृदय परिवर्तन के द्वारा छुआछूत मिटाने जा रहे थे। हृदय परिवर्तन करते रहो पर संवैधानिक संस्थाएँ खड़ी करने और उन की कारगरता से बेचैनी क्यों बढ़ती है? जो छुआछूत नहीं बरतता, उस का हृदय परिवर्तन हुआ हो या न हुआ हो, उसे कौन दंड देने जा रहा है? जिस ने अपराध किया है, हृदय परिवर्तन के नाम पर और कानून की अनुपस्थिति में, उसे दण्ड का भागीदार बनने से क्यों बचाया जाता है? उस के बाद, ऐसा एक दूसरा झाँसा भूदान का चला था। उसे विनोबा भावे ने चलाया था। भला, जो अपनी भूमि का स्वयं दान कर रहा है, उस की जमीन का अलग से कौन अधिग्रहण कर रहा है, लेकिन जो भूमिपति राज्य द्वारा निर्धारित एक सीमा से ज्यादा भूमि पर कब्जा जमाए बैठे हैं, उन की जमीन का खेतीहर मजदूरों के हक में हिसाब-किताब क्यों न करने दिया जाए? असल में, 'हृदय परिवर्तन', 'भूदान', 'धर्मेतर अध्यात्म'—ये सब की सब समय-समय पर धोखा देने के लिए चली गई चाले हैं। ये दिमाग से उतरी हुई रणनीतियाँ हैं जो सत्तासीन वर्ग द्वारा दुनिया में हर जगह चली जाती हैं।

धर्मेतर अध्यात्म का नाम दे कर यह कबीर के चिन्तन को नपुंसक बनाने की कोशिश है। यह बांझपन है, हिजड़ापन है, जिनको रोग मान कर चिकित्सा की जानी चाहिए। इस धर्मेतर अध्यात्म की उड़ान की वजह से इस देश में अस्पृश्यता अपना घर किए बैठी है। धर्मेतर अध्यात्म सच्ची सोच को हवा में उड़ा देता है। धर्मेतर अध्यात्म कथनी है, करनी नहीं। कथनी और करनी को एक करने से धर्मेतर अध्यात्म के गुब्बारे की हवा निकल जाती है—वह फूट जाता है।

धर्म करनी से जुड़ता है, धर्मेतर अध्यात्म कथनी बन कर रह जाता है। धर्म के लिए बलिदान करने की जरूरत होती है, धर्मेतर अध्यात्म में धर्म को बेच कर खाया जाता है। धर्म की गलत संस्थाओं का विकल्प अच्छी संस्थाएं खड़ी करने का है, धर्म को बिना संस्थाओं वाला करने का नहीं। धर्मेतर अध्यात्म दन्तहीन मुँह है—क्या खाएगा? धर्मेतर अध्यात्म से धर्म के हाथ-पाँव तोड़ दिए जाते हैं। धर्म का विकल्प धर्मान्तरण या नया धर्म है, धर्महीनता नहीं। राज्य का विकल्प राज्यविहीनता नहीं है, अच्छा राज्य है, नया राज्य है। धर्मेतर अध्यात्म धर्म और अध्यात्म के क्षेत्रों में अराजकता है, कानूनों को न मानना है, अपनी चलाना है, लोकतन्त्र का गला घोटना है।

जो लोग कबीर को धर्मेतर अध्यात्म से जोड़ते हैं, वे लोग कबीर के धार्मिक अपराधी हैं। धर्म अध्यात्म की ही प्राप्ति नहीं कराता, मनुष्य को शील और चरित्र भी देता है और संस्था के रूप में इन का संस्कार भी देता है। जो अध्यात्म की बात कर रहे हैं, क्या उन्हें शील और चरित्र नहीं चाहिए? शील और चरित्र के बिना अध्यात्म की प्राप्ति कैसे हो सकती है? लेकिन हिन्दू संस्कृति का कठोर सत्य यही है कि इन के कवीन्द्र रवीन्द्र नाथ ठाकुर भी बिना शील और चरित्र वाले अध्यात्म की प्राप्ति करना चाहते हैं।

III

पुरुषोत्तम अग्रवाल ने कबीर का अध्ययन एक पूर्वाग्रह की नीति के तहत किया है। ये इस बात को सिद्ध्ध करने के लिए एड़ी-चोटी का जोर लगा रहे हैं कि कबीर को कोई कवि के सिवा अन्य रूप में न पढ़ ले। ये कवि तक सीमित नहीं हैं, बल्कि, कबीर को कुछ और नहीं होने देते। ये अपने से बाहर के क्षेत्र में लाठी क्यों भांज रहे हैं? ये कबीर को कवि के रूप में पढ़ना चाहते हैं, पढ़ें, जरूर पढ़ें, पर कबीर की हस्ती को एक शायर तक महदूद क्यों रखना चाहते हैं? इस से अच्छी बात क्या होगी कि कबीर ने अपनी बात संवेदनाओं में पूर कर कही है? यह शैली ज्यादा असर करती है। इसे अपीलिंग शैली कहा जाता है। ईसा के पास यही शक्ति थी और मोहम्मद के पास यही ताकत थी। उन की वाणियों पर सौ-सौ हजार-हजार कवि अपनी कविताओं को न्यौछावर करते हैं। वही ताकत कबीर की वाणी में है। सीधे हृदय को अपील करती है। आँसू बहाती है और मर्यादा में रहती है। कवि की कविता में रस बहता है लेकिन कबीर

की वाणी महारस का रसास्वादन कराती है। जिसे इस के मुकाबले में महारस से महरूम रहना है, उस की नियति को क्या सराहा जाए? पुरुषोत्तम अग्रवाल कबीर की शब्द-साधना को भी नहीं पकड़ पाए क्योंकि प्रक्षिप्त की मिलावट ने मजा खराब कर के रख दिया है, जबकि उन्हें घट-साधना तक जाना था। वे कबीर की घट-साधना से कोसों दूर हैं। अच्छा है, उन्होंने मान भी लिया है कि यह उन के वश की बात नहीं है—परिवार में चरित्र को महत्व न देने वाले लोग घट-साधना के संयम से डरते ही हैं।

कुछ लोग मानते हैं कि अब इस बात को नहीं दोहराना चाहिए कि साहित्य समाज का दर्पण होता है। वे अपनी बात इस रूप में पेश करते हैं कि अब यह आउटडेटिड बात हो गई है। लेकिन यह सच नहीं है कि साहित्य की इस परिभाषा के जन्म लेने के दिन इस के विरोधी उन के पूर्वज नहीं थे। वे वहाँ मौजूद थे। वे कलावादी थे। वे मान रहे थे कि साहित्य की समाज से स्वतन्त्र अपनी स्वायत्तता है। ऐसा कौन लोग कहते हैं? दूसरे लोग ऐसा क्यों नहीं कहते? मेरा मानना है कि जो लोग साहित्य की समाज से स्वतन्त्र स्वायत्तता मानते हैं और जो लोग साहित्य को समाज का दर्पण कहते हैं, उन दोनों के बीच उन के जीवन-स्तरों और वर्गों का अन्तर है। एक वर्ग को दूसरे वर्ग के जीवन स्तर पर ले आया जाए तो परिभाषाओं का यह दुराव और टकराव मिट जाएगा। किसी का पेट छक जाता है तो वह अंघाई भी करने लगता है। जिसका पेट नहीं छकता, उसे अंघाई करने के मौके नहीं मिलते। जो लोग साहित्य की समाज से स्वतन्त्र स्वायत्तता मानते हैं, उन्हें अपनी बात दूसरों से मनवाने के लिए उन-दूसरे लोगों के जीवन-स्तर को अपने बराबर लाने के लिए प्रयत्न करना चाहिए। यह काम वह नहीं करते—और परिभाषा से लड़ने बैठ जाते हैं। अपने चुटकले सुनाने हैं तो सुनने वालों के पास चुटकले सुनने की फुर्सत और मनोभूमि होनी चाहिए। जिस आदमी को रोटी के लाले पड़े हुए हैं, वह साहित्य से सबसे पहले रोटी के लाले दूर करने की बात नहीं सोचेगा तो उसे कमअकला ही कहा जाएगा। धर्मेतर अध्यात्म तक के ऊँची टेर में राग गाने वाले सिद्धान्तकारों को भूख लगने पर यही कहना पड़ेगा—'भूखे भजन न हो गोपाला, यह ले अपनी कंठी माला।'

'साहित्य समाज का दर्पण है'—मानने वालों का काम है कि वे भी अपनी परिभाषा को कुछ आगे-पीछे खिसकाएँ। चूँकि साहित्य की प्रेम, विवाह और सेक्स के क्षेत्र में जागीरदारी ज्यादा चलती है, इसलिए वे इसे पर्सनल कानून की तीव्रता और गहराई तक ले जाएँ। इस उपक्षेत्र में साहित्य की एक 'उप-परिभाषा' बनती है कि 'जार साहित्य पर्सनल कानून में उपलब्ध व्यभिचार का विस्तार या उस के सदाचार से चोरी है।'

पुरुषोत्तम अग्रवाल एक रौ में बह रहे हैं और कबीर के बारे में लिख रहे हैं—"ऐसे खतरनाक आदमी के विरुद्ध **उस की कविता के विरुद्ध** हिन्दुओं, मुसलमानों—दोनों के प्रतिनिधि एक हैं, और उन का माई-बाप भी एक ही है—दिल्ली के तख्त पर बैठा सुल्तान।"[17] कितना बड़ा झूठ बता रहे हैं कि मात्र एक कवि से और उस की कविता से

17. अकथ कहानी प्रेम की : कबीर की कविता और उनका समय, पुरुषोत्तम अग्रवाल, राजकमल प्रकाशन प्रा.लि., 1-बी, नेताजी सुभाष मार्ग, नई दिल्ली-110 002, पहला संस्करण, 2009, पृ. 193

उस समय के हिन्दू और मुसलमान धर्मों के लोग और सुल्तान डर गए हैं? दुनिया के इतिहास में ऐसा कहीं सुना है कि मात्र एक कवि ने दो धर्मसत्ताओं और राजसत्ता को एक साथ हिलाया हो? यह कवि की ताकत नहीं थी जो कबीर के पास थी। कबीर के सामने ऐसे कवि हजार होते फिरते हैं। सच्चाई यह है कि कबीर के पास जन सैलाब था। कोई कवि ऐसी आफतें मोल क्यों लेगा जो कबीर पर पड़ी थीं? कवि को अपनी कविता से मतलब होता है, उसे सुल्तानों से और धर्मसत्ताओं से छेड़छाड़ की क्या जरूरत होती है? राम गुण गाने थे तो राम गुण गा लेते—पुरुषोत्तम अग्रवाल के रामानंदी और वैष्णव हिन्दू यही कर रहे थे—कबीर की काशी में उन्हें कोई परेशानी नहीं थी। फिर, कबीर को कवि कह दिया, पुरुषोत्तम अग्रवाल रैदास को क्या कहेंगे? उन की वाणी का आधार क्या था? नानक के बारे में पुरुषोत्तम अग्रवाल क्या विचार रखते हैं? सिक्ख धर्म की स्थापना को कैसे व्याख्यायित करेंगे? अकबर के दीन-ए-इलाही की घोषणा को कविता की छोटी सी टोकरी में कैसे संभालेंगे? असल में, वह समय धर्मसत्ताओं के संघर्ष का था, कवियों की कविताई करने का नहीं। यदि ऐसा नहीं था तो जवाब में तुलसी दास को 'राम चरित मानस' नाम की धर्म पुस्तक न लिखनी पड़ती। कबीर और रैदास का वह संयुक्त धार्मिक अभियान इतना जबर्दस्त था कि पुरुषोत्तम अग्रवाल जैसे लोगों को आज तक परेशान कर रहा है।

IV

कबीर की कविता के धर्मेतर अध्यात्म की प्राप्ति कराने वाली बात को एक ओर छोड़ कर पूछना यह है कि पुरुषोत्तम अग्रवाल को धर्म की जरूरत है या नहीं है। इससे भी सही सवाल यह पूछा जाना है कि पुरुषोत्तम अग्रवाल का कोई धर्म है या नहीं है। इस प्रश्न को भी छोड़ कर यह पूछा जाना है कि रामानंद या रामानंद के वैष्णवों का धर्म क्या है। आखरी प्रश्न इसलिए पूछना पड़ा है क्योंकि उन्होंने कबीर को रामानंद का शिष्य माना है। तब उत्तर इस प्रकार बनते हैं :

1. रामानंद हिन्दू धर्म के व्यक्ति हैं।
2. रामानंद का एक-एक वैष्णव शिष्य हिन्दू धर्म का व्यक्ति है।
3. पुरुषोत्तम अग्रवाल हिन्दू धर्म के व्यक्ति हैं।

मैं यह दावे के साथ कहना चाह रहा हूँ कि पुरुषोत्तम अग्रवाल सन् 2011 की पिछली जनगणना के अनुसार हिन्दू धर्म के व्यक्ति होने चाहिए। यदि वे हिन्दू धर्म के व्यक्ति नहीं हैं तो उन्हें पूरी छूट है कि वे मेरे दावे को प्रमाण सहित सार्वजनिक रूप से खारिज करें। मैं यह भी दावा कर रहा हूँ कि अगली 2021 की दस साला जनगणना में भी वे खुद को हिन्दू धर्म का व्यक्ति लिखवाएंगे। यदि वे ऐसा करने नहीं जा रहे हैं तो उन्हें पूरा मौका है कि वे मेरी इस भविष्य वाणी का खडंन करें। निश्चित रूप से, यह उन

के हाथ में है। मैं और भी कुछ कहने जा रहा हूँ। मैं इस सत्य का उद्घाटन कर रहा हूँ कि पुरुषोत्तम अग्रवाल का विवाह 'हिन्दू विवाह अधिनियम, 1955' के तहत सम्पन्न हुआ होना चाहिए। मैं यह भी उद्घाटन करने जा रहा हूँ कि पुरुषोत्तम अग्रवाल अपनी सम्पत्ति के मामले में 'हिन्दू उत्तराधिकार अधिनियम, 1956' के तहत मुकदमा दायर करेंगे, और किसी धर्मेतर अध्यात्म के तहत अपने दावे छोड़नें नहीं जा रहे हैं। बताने के इस क्रम में बताया यह भी जाया जाए कि पुरुषोत्तम अग्रवाल की इस पुस्तक का समर्पण इस प्रकार है :

"सोइ नूर, दिल पहचान...
सुमन के लिए"[18]

इस में मुझे पता चला है कि सुमन इन की पत्नी का नाम है। तब मैं दावों का दावा यह करने जा रहा हूँ कि पुरुषोत्तम अग्रवाल ने अपना यह विवाह हिन्दू धर्म की एक लड़की से किया था, किसी धर्मेतर अध्यात्म की कविताई से नहीं। दावों की झड़ी लगाते हुए मैं यह भी कहने जा रहा हूँ कि, मेरे आकलन में, पुरुषोत्तम अग्रवाल की सन्तान का धर्म भी हिन्दू होना चाहिए। मैं यह भी भविष्य वाणी करने जा रहा हूँ कि पुरुषोत्तम अग्रवाल की भावी पीढ़ियों का धर्म भी हिन्दू धर्म रहेगा, कोई धर्मेतर अध्यात्म नहीं। और, यदि ये मेरे ऊपर के सारे दावे ठीक हैं तो पुरुषोत्तम अग्रवाल का कबीर को धर्मेतर अध्यात्म से जोड़ना ढकोसला और दूसरों को बरगलाना नहीं है तो और क्या है? अच्छा हो कि अब ऐसे लोगों के झूठे कथनों पर रोक लगे। साहित्यिक आलोचना विद्वानों को उन की धरती से जोड़ कर हो, वायवी और मुँह की बड़बड़ वाली नहीं। नाभादास के 'भक्तमाल' के कबीर सम्बन्धी छप्पय की पंक्तियाँ इस प्रकार शुरू होती हैं:

भक्ति विमुख जो धर्म सु सब अधर्म करि गाए।
योग यज्ञ व्रत दान भजन बिन तुच्छ दिखाए।।[19]

ये एक रामानंदी की पंक्तियाँ हैं। इन में यह नहीं कहा गया है कि कबीर यह सिखा रहे हैं कि योग, यज्ञ, व्रत और दान तुच्छ हैं। ऐसा कोई पढ़ न ले कि नाभादास के कबीर धर्म को अधर्म मान रहे हैं। समझने में गलती हो न जाए क्योंकि यहाँ 'ब्रह्मसूत्र' की चतुर्सूत्री की व्याख्या चार हजार पृष्ठों में की जा सकती है। नाभादास के कबीर केवल यह कह रहे हैं कि योग भी करो, यज्ञ भी करो, व्रत भी रखो और दान भी दो--बस, यह सब भजन के साथ हो। यहाँ सारे धार्मिक कर्मकाण्ड भक्ति के साथ आदरणीय, वरणीय और करणीय हैं। अब इस में नाभादास की दिमागी हालत कैसे ठीक मानी जाएगी क्योंकि हमारे अप्रक्षिप्त कबीर भक्ति के साथ भी यज्ञ नहीं करते? भक्ति और भजन के साथ भी कबीर के लिए हिन्दू धर्म के योग, यज्ञ, व्रत और दान—सब अधर्म हैं, निरर्थक

18. वही, पृ. 5

19. वही, पृ. 164

हैं, त्याज्य हैं। यही कबीर को समझने का तरीका है। कौन रामानंद और कौन रामानंदी शिष्य कबीर को वेद पढ़ा कर यज्ञ करने की अनुमति देगा?

इस पुस्तक में लेखक ने कबीर को हिन्दू—और उस में भी रामानंदी वैष्णव—बनाने की एक फर्जी प्रक्रिया का अध्ययन किया है, कबीर का नहीं। कसम खा ली है कि वे कबीर का स्वतन्त्र अध्ययन नहीं करेंगे। उन की मर्जी—पर इस कारण वे दूसरों को बहकाने में क्यों लगे हुए हैं? आज सारे मुसलमानों को हिन्दू बनाने की कोशिश हो सकती है पर इस का मतलब यह तो नहीं है कि मुसलमानों का अपना स्वतन्त्र धर्म नहीं है। मानना यह पड़ेगा कि ईसाइयों को हिन्दू बनाने में उनका ईसाई धर्म एक स्वतन्त्र धर्म है। यही कबीर के बारे में सच है जब कबीर को रामानंदी वैष्णण घोषित करने की नाकामयाब कोशिश हो रही है तो इसका मतलब है कि कबीर का और कबीर के समाज का अपना स्वतन्त्र अस्तित्व और स्वतन्त्र धर्म है।

V

इस बात की बहुत जरूरत थी कि पता किया जाता कि इतिहास में हमारे कबीर के चिन्तन के साथ क्या-क्या हुआ है। अब इस मामले में इस से बढ़कर दूसरी बात नहीं हो सकती कि इस की खोज-खबर हमें अपने वर्तमान समय के अध्ययन से ही मिल जाती है। कहने का मतलब यह है कि जो कबीर के धर्म के साथ मध्य कालीन इतिहास में हुआ है, वह आज भी हो रहा है। आज भी कबीर के मिशन को भ्रमित किया जा रहा है, जिस का सब से सबलतम प्रमाण पुरुषोत्तम अग्रवाल की यह किताब 'अकथ कहानी प्रेम की : कबीर की कविता और उन का समय' है। यह पुस्तक कबीर की वाणी को प्रक्षिप्त करने वाले पुराने सारे अपराधों को वैध ठहराती है। सुखद है, यह सुखद है, कि हमें सब पता चल गया है। दुख प्रकट करने की नहीं, हमारे लिए यह खुशी जाहिर करने की बात है।

यह अपराध हमारे सामने लेखक के रूप में एक पढ़ा-लिखा आदमी कर रहा है। कबीर की वाणी को प्रक्षिप्त करो, उन के जीवन के बारे में किंवदन्तियाँ खड़ी करो, और उन की प्राप्ति को धर्मेतर अध्यात्म कहो—ये तीन अपराध एक साथ किए जा रहे हैं। अच्छा यह हुआ कि अब ये अपराध छिपाए नहीं जा सकते। मैं हिन्दू संस्कृति के इन्हीं अपराधों को ढूंढता फिर रहा था। विरोधी जमात के किसी व्यक्ति को बड़ा आदमी अपने ढंग से कहेंगे और उस बड़े आदमी की एक नहीं सुनेंगे। उस के जीवन और कथन को अवैज्ञानिक पुराण बनाएंगे तथा बाकी लोगों के लिए प्रेरणादायक और वैज्ञानिक इतिहास नहीं बनने देंगे।

इन प्रक्षिप्तकारों, किंवदन्तीकारों और धर्मेतर अध्यात्मकारों की मंशा को एक दूसरे ढंग से समझा जा सकता है। समझने का तरीका यह है कि ये लोग जो कबीर के साथ करना चाह रहे हैं, यही ये इस्लाम के साथ नहीं कर पा रहे हैं। ये इस्लाम को प्रक्षिप्त नहीं कर पा रहे हैं, ये इस्लाम के बारे में किंवदन्तियाँ नहीं फैला पा रहे हैं, और ये इस्लाम

को धर्मेतर अध्यात्म में सीमित नहीं कर पा रहे हैं। हिन्दुत्व के नाम से इन की कोशिश यही करने की है, लेकिन संभव नहीं हो पा रहा। कारण यह है कि कुरान की एक पंक्ति को प्रक्षिप्त नहीं कर सकते, पैगम्बर के बारे में एक भी किंवदन्ती नहीं चला सकते और धर्मेतर अध्यात्म के नाम पर किसी भी संस्थागत मस्जिद को तोड़ नहीं सकते।

'धर्मेतर अध्यात्म' में इन की मंशा है कि कबीर को संस्थाविहीन और संगठनविहीन कर दो। जो आजीवकों के पास संघ था, ये उसे मिटाने में लगे हुए हैं। ये कबीर को व्यक्ति बनाना चाहते हैं जबकि वे समाज हैं। संसार का कोई भी विचार बिना संस्था और संगठन के मरने के लिए ही होता है। विचार को रूप ही मत लेने दो, उस के आकार ग्रहण करने की ताकत को मिटा दो—यही ये कबीर के साथ कर रहे हैं। इसीलिए कबीर को धर्मगुरु कहने से डर रहे हैं और उन्हें कविता में सीमित कर रहे हैं।

कोई सामाजिक परिवर्तन बिना संगठन और संस्थाओं के घटित नहीं होता। छुआछूत को मिटाने के लिए संविधान में अनुच्छेद लिखना पड़ा है। संविधान के पास पुलिस और न्यायालय की संस्थाएं हैं, तब जा कर कोई मामला दर्ज होता है और अपराधी को छुआछूत बरतने के लिए दण्ड मिलता है। लेकिन जो लोग छुआछूत को मिटाने के मामले में गैर-जिम्मेदार हैं, वे हृदय-परिवर्तन की और धर्मेतर अध्यात्म की बात करते हैं। वे दायित्व के मामले में अन्तरात्मा की आवाज के नाम पर अन्तर-ध्यान हो जाते हैं। लेकिन जिन लोगों पर मुसीबत पड़ी रहती है, वे हृदय परिवर्तन, धर्मेतर अध्यात्म और आन्तरिक आवाज होने की बात नहीं मानते। वे छुआछूत को मिटाने के लिए डा. अम्बेडकर की तरह नारा देते हैं—शिक्षित बनो, संगठित रहो और संघर्ष करो।[20] 'शिक्षित बनो' से यहाँ यही मतलब है कि प्रक्षिप्त को उखाड़ फेंको, किंवदन्तियों को फूंक दो और धर्मेतर अध्यात्म को धरती में दफन कर दो। प्रक्षिप्त की रचना मूल शिक्षा को नष्ट करती है, किंवदन्तियों की व्यूह-रचना संगठन को तोड़ती है और 'धर्मेतर अध्यात्म' मनुष्य को सामाजिक संघर्ष से विरत करता है। प्रक्षिप्त, किंवदन्तियाँ और धर्मेतर अध्यात्म—ये तीन चोर हैं, तीन रंगदार हैं। अच्छा है, ये तीनों इस विश्लेषण में एक साथ पकड़े गए हैं।

इधर, 'अकथ कहानी प्रेम की : कबीर की कविता और उन का समय' के लेखक कबीर को प्रक्षिप्त, किंवदन्ती और धर्मेतर अध्यात्म के तीन औजारों से नेस्तानबूद करने में लगे हैं, लेकिन राजनीतिक मोर्चे पर क्या हो रहा है? उधर, 'निचली जातियों के भगवाकरण की नई मुहिम' के तहत कबीर की चीर-फाड़ की जा रही है। बद्री नारायण ने उक्त शीर्षक के तहत लिखा है—''कबीर ने हिन्दू और मुसलमान दोनों धर्मों की परम्पराओं, रूढ़ियों और धार्मिक तर्कों पर तीखा आक्रमण करते हुए कहा था—'हिन्दुवन की हिन्दुआई देखी, तुर्कन की तुरकाई, अरे इन दोउ राह न पाई। अर्थात् मैंने इन दोनों धार्मिक पंथों के दावों की सच्चाई को जान लिया, देख लिया, इन्हें आज तक अपनी सही

20. ऐसा चाहूं राज मैं... संत सिपाही रैदास, लेखक, कुलदीप कुमार, सम्यक प्रकाशन, 32/3, क्लब रोड, पश्चिमपुरी, नई दिल्ली-110 063, प्रथम संस्करण, 2009, पृ. 217

राह नहीं मिली।' उसी कबीर पंथ से पिछले दिनों आरएसएस के सरसंघ चालक मोहन भागवत ने 'हिन्दू समाज को संकट' से बचाने के लिए आगे आने का आह्वान किया है।"[21] लेखक ने सूचना दी है–"कबीर पंथ के साथ जितने भी अन्य आधुनिक पंथ विकसित हुए हैं, इन सब के पंथ प्रमुखों की एक बैठक मोहन भागवत जी ने लखनऊ सरस्वती शिशु मन्दिर में आयोजित की और सब से हिन्दुत्व के प्रसार में लगने की अपील की।"[22] बद्री नारायण ने अपने स्तर पर चेतावनी देते हुए लिखा है–"यूँ तो संघ ने समरसता अभियान चला कर दलितों व निम्न तबकों को जोड़ने पर पिछले दशकों में ज्यादा जोर दिया है, किन्तु इस समरसता के इस हिन्दुत्ववादी अभियान में दलितों एवं गरीबों के बीच लोकप्रिय पंथों का उपयोग एक रोचक, पर खतरनाक मोड़ है।"[23]

सोचना यह है कि क्या पुस्तक 'अकथ कहानी प्रेम की : कबीर की कविता और उन का समय' के लेखक के और सर संघ चालक के उद्देश्यों में कोई फर्क है। उत्तर यह है कि इन दोनों के उद्देश्य एक हैं। धर्मेतर अध्यात्म का जुमला आगे रख कर लेखक कबीर को किसी पंथ का स्थापक नहीं मानते। वे कबीर पंथ को ही नकारते हैं। सर संघ चालक यह चाह रहे हैं कि जब कबीर पंथ बन ही गया है–अर्थात आंखों के सामने मताधिकार पर प्रभाव डालता हुआ मौजूद है तो इसे मतदान के लिए अपने पक्ष में लाया जाए। एक अस्तित्व बनने नहीं दे रहा है, दूसरा अस्तित्व को खा रहा है। जबड़े दोनों के एक से हैं कि कबीर वर्ण-धर्म के समाज में परिवर्तन न कर डालें।

धर्मेतर अध्यात्म का सिद्धान्त कबीर की धार्मिक हत्या है। यह हत्या इस देश में पुराणों से ले कर आज तक जारी है। तेईस मई, 2009 को यूरोपीय राष्ट्र आस्ट्रिया की राजधानी विएना के गुरु रैदास मन्दिर में रैदासी सन्त श्री रामानंद जी महाराज की हत्या की गई है।[24] कबीर के समय में राणा विक्रम के महल में चितौड़ के कुंभ श्याम मन्दिर में दर्शन के पश्चात रैदास की हत्या की गई थी।[25] एस.के. पंजम ने अपने लेख 'जगत गुरु संत रैदास की दूसरी हत्या' में लिखा है–"अध्यात्म की निर्गुण और ज्ञानमार्गी शाखा की उत्पत्ति वैसे ही नहीं हो गई। उपेक्षित वर्ग के प्रबुद्ध व्यक्ति बड़े संघर्ष के बाद ही निर्गुण ज्ञान मार्ग स्थापित कर सके। इस के प्रथम संस्थापक हैं महर्षि शंबूक जिन को अपनी जान गँवानी पड़ी। दूसरे महर्षि सुपच सुदर्शन जिन की ..... युधिष्ठिर के एक पुरोहित विरोतिक ने हमला बोल कर हत्या कर दी थी।"[26] एस.के. पंजम ने अपने उक्त लेख में यह भी सूचना दी है–"इतिहास के महान स्तंभ संत शंबूक का 'तथाकथित भगवान राम' ने खुद हाथों में तलवार लेकर गला काट डाला.... जिस का समर्थन करते हुए मोहन

21. निचली जातियों के भगवाकरण की नई मुहिम, बद्री नारायण, हिन्दुस्तान, नई दिल्ली, संस्करण, 18 फरवरी, 2010, पृ. 12
22. वही, पृ. 12
23. वही, पृ. 12
24. जगद गुरु संत रैदास की दूसरी हत्या, एस.के. पंजम, अपेक्षा, 27 घौंडली, कृष्णा नगर, दिल्ली-110 051, संयुक्तांक, जुलाई-दिसम्बर, 2009, पृ. 26
25. वही, पृ. 26
26. वही, पृ. 25

दास करम चंद गांधी ने कहा, "शूद्र-शंबूक ने वर्ण बदलने की धृष्टता की थी इसी लिए राम ने उसका सिर काट डाला था।"[27] असल में, जब पुरुषोत्तम अग्रवाल कबीर को धर्मेतर अध्यात्म से जोड़ते हैं–और दूसरे विद्वान उन की वाहवाही करते हैं, उस का मतलब यही होता है कि कबीर को अपना धर्म खड़ा करने का अधिकार नहीं था। कबीर को अपना धर्म न खड़ा करने दो या उन्हें धर्मेतर अध्यात्म का पुरोधा कह दो–ये दोनों बातें एक ही हैं क्योंकि परिणाम दोनों का एक ही निकलता है। अग्रवाल समेत ये सब शम्बूक के सामने 'भगवान पुरुषोत्तम राम' बने हुए हैं।

पुरुषोत्तम अग्रवाल ब्राह्मणों का विरोध करते दिखाई देना चाह रहे हैं लेकिन 'धर्मेतर अध्यात्म' का शब्द-युग्म चला कर ये ब्राह्मणों की सब से ज्यादा मदद और सेवा कर रहे हैं। इस समय, ब्राह्मणों को इन लेखक से बड़ा अपना सेवक दूसरा नहीं मिलेगा। 'धर्मेतर अध्यात्म' से ब्राह्मणों की लंगोटी भी नहीं भीगती। ब्राह्मणों को चुनौती–और ब्राह्मणों के दाव का सब से आसान शिकार! यह यूँ ही नहीं है कि राकेश शुक्ल ने अपने लेख 'कबीर का समग्र और अभिनव मूल्यांकन' में इस पुस्तक के महत्व के बारे में लिखा है कि पुरुषोत्तम अग्रवाल की इस पुस्तक को 'पढ़ते हुए डॉ. नामवर सिंह की टिप्पणी बिलकुल सही लगती है कि "हजारी प्रसाद द्विवेदी की कबीर पर पुस्तक के बाद यह सब से महत्वपूर्ण पुस्तक है।" '[28] यहाँ राकेश शुक्ल अपना हिसाब-किताब पूरा कर रहे हैं।

पुरुषोत्तम अग्रवाल को 'निज ब्रह्म विचार' का विचार बहुत पसन्द आया है। इसे उन्होंने अपनी पुस्तक के परिशिष्ट में विशेष स्थान और अतिरिक्त विस्तार दिया है।[29] लेकिन उन्हें समझना चाहिए कि भारतीय वाङ्मय में ऐसे शब्दों के विशिष्ट पृथकता लिए हुए अर्थ होते हैं। 'निज ब्रह्म' का मतलब है कि यह 'परब्रह्म' से अलग विचार है। हरि मोहन झा ने अपनी पुस्तक 'खट्टर-काका' में इस अन्तर को समझाते हुए कहा है–"परपुरुष और परब्रह्म एक ही हैं। यदि स्त्रियाँ भी वेदांतिनी बन जाएँ, तो कैसा अनर्थ हो।"[30] ब्रह्म और पुरुष एक ही हैं, इस का सत्यापन गिरजा कुमार ने भी अपनी पुस्तक 'ब्रह्मचर्य, गांधी एण्ड हिज वुमेन एसोसिएट्स' में किया है कि पुरुष ब्रह्म का एक शाश्वत नाम है।[31] सच्चाई यह भी है कि कबीर के साहित्य में ऐसे 'आनदेव' की मान्यता के खिलाफ सशक्त आवाज उठी हुई है–"राम पियारा छाड़ि करि, करै आन का

---

27. वही, पृ. 26
28. कबीर का समग्र और अभिनव मूल्यांकन, राकेश शुक्ल, समीक्षा, एच-2, यमुना, इग्नू, मैदानगढ़ी, नई दिल्ली-110 068, जनवरी-मार्च, 2010, पृ. 18
29. अकथ कहानी प्रेम की : कबीर की कविता और उन का समय, पुरुषोत्तम अग्रवाल, राजकमल प्रकाशन प्रा.लि., 1-बी, नेताजी सुभाष मार्ग, नई दिल्ली-110 002, पहला संस्करण, 2009, पृ. 425
30. खट्टर काका, हरि मोहन झा, राजकमल प्रकाशन प्रा.लि., 1-बी, नेताजी सुभाष मार्ग, नई दिल्ली-110 002, पेपर बैक्स, चौथी आवृत्ति, 2010, पृ. 156
31. "PURUSHA–The eternal man, also a name of Brahma."
    Brahmacharya, Gandhi & His Women Associates, Girja Kumar, Vitasta Publishing Pvt. Ltd., 2/15, Ansari Road, Daryaganj, New Delhi-110 002, Second Reprint, 2010, p. 405

जाप।"[32] कबीर का एक और दर्द है जो उन की वाणी में उभर कर सामने आता है, वे कहते हैं—"मो सिर ढारे ढेकुली, सीचैं और कि कियारि।"[33] पुरुषोत्तम अग्रवाल ने अपनी इस पूरी किताब में यही तो किया है कि कबीर को दर्द ही दर्द दिया है।

ख. क्या रामानंद धर्मेतर अध्यात्म के व्यक्ति थे?

पुरुषोत्तम अग्रवाल ने खोज कर ली कि कबीर कवि थे। कवि बनने में उन्होंने कबीर को धर्म से अलग धर्मेतर अध्यात्म के साथ जोड़ दिया। विधि के मामले में क्या करेंगे? क्या यहाँ भी 'विधि-इतर समाज' की बात करेंगे? उत्तराधिकार के कानून का क्या होगा? क्या कबीर ऐसे अराजक कवि थे कि पर्सनल कानून में पत्नी को जार के साथ रंगरेलियाँ मनाने देंगे? उत्तर हर बार 'नहीं' में है। इसलिए, कबीर को ले कर धर्म के क्षेत्र में 'धर्मेतर अध्यात्म' का जुमला ऐसा ही है जैसे कानून के मामले में 'विधि-इतर समाज'। ये सच में गधे के सिर पर सींग उगे हैं जो दुनिया में सब से पहले पुरुषोत्तम अग्रवाल ने देखे हैं।

कबीर का जीवन और दर्शन पुरुषोत्तम अग्रवाल के जीवन और दर्शन से एकदम भिन्न था। यहाँ पुरुषोत्तम अग्रवाल से मतलब उन के आदर्श रामानंद से है। पुरुषोत्तम अग्रवाल की और उन के रामानंद की वे समस्याएँ नहीं हैं जो कबीर की और कबीर के समाज की समस्याएँ हैं। उदाहरण के लिए, पुरुषोत्तम अग्रवाल और उन के रामानंद हिन्दुओं के लिए अछूत नहीं हैं जो कबीर और उन के समाज के लोग हैं। चूँकि, पुरुषोत्तम अग्रवाल को अपना हिन्दू धर्म बचाना है, इसीलिए वे कबीर को धर्मेतर अध्यात्म से जोड़ रहे हैं। उन का असली उद्देश्य यह है कि कबीर का और कबीर के लोगों का अपना धर्म मजबूत न हो जाए। मजबूत तब हो, वे उसे जन्म ही नहीं लेने दे रहे हैं। वे कबीर के धर्म का बीजनाश कर रहे हैं। उन्होंने बीज ही भून दिया है। इस के विपरीत, रामानंद के रूप में पुरुषोत्तम अग्रवाल का अपना हिन्दू धर्म पूरी तरह सुरक्षित है।

सवाल है, पुरुषोत्तम अग्रवाल कबीर को धर्मेतर अध्यात्म से जोड़ रहे हैं पर उन्होंने एक बार भी रामानंद को धर्मेतर अध्यात्म से क्यों नहीं जोड़ा? क्यों नहीं कहते कि रामानंद धार्मिक और हिन्दू नहीं थे? कबीर को धर्मेतर अध्यात्म से जोड़ने के बजाय सिद्ध करें कि रामानंद हिन्दू नहीं थे। अगला सवाल है, पुरुषोत्तम अग्रवाल के आदर्श पुरुष रामानंद क्यों हैं? जबकि रामानंद उन के आदर्श पुरुष हैं, तब वे अपने रामानंद पर बोलें और खूब बोलें, पर कबीर पर क्यों बोलते हैं? कबीर पर उन्हें तनिक नहीं बोलना चाहिए क्योंकि उन के पास कबीर को समझने की समझ नहीं है। इस के बाद भी वे

---

32. कबीर समग्र : प्रथम खंड, सम्पादक और लेखक, प्रो. युगेश्वर, हिन्दी प्रचारक संस्थान, पो.बा. 1106, पिशाच मोचन, वाराणसी-221 010, द्वितीय संस्करण, 1995, पृ. 217
33. बीजक टीका मनोरमा, भाष्यकार, आचार्य गंगा शरण शास्त्री, श्री सद्गुरु कबीर मन्दिर, कबीर चौरा धाम, संत कबीर घाट, छित्तूपुर खास, मदरवाँ, पत्राचार—रमना, वाराणसी-221 001, द्वितीय संस्करण, मार्च 2007, पृ. 989

कबीर पर बोलते हैं तो इसका मतलब है कि वे शिकारी हैं और कबीर के 'अगन पक्षी' का शिकार करने चले हैं।

कबीर और रामानंद में कोई लिंक नहीं है। इन दोनों के बीच इस डिलिंकिंग को समझे बिना कोई व्यक्ति ईमानदार नहीं है। वह व्यक्ति विद्वत्ता को बदनाम करता है जो कबीर और रामानंद में शिष्य-गुरु का सम्बन्ध जोड़ता है—मान लो, उस ने अपनी पढ़ाई-लिखाई का जनाजा निकाल दिया है। यह अज्ञानता नहीं बल्कि साजिशों का उत्सव है कि कबीर को रामानंद से जोड़ा जाए। आखिर, क्या बात है कि पुरुषोत्तम अग्रवाल एक इसी काम में लगे हुए हैं कि कबीर को रामानंद से जोड़ा जाए?

'धर्मेतर अध्यात्म' कबीर की नहीं, पुरुषोत्तम अग्रवाल की निर्मिति है। इस बात को रवीन्द्र वर्मा ने भी समझा है जब अपने लेख 'बुद्धिजीवी और लोकधर्म' में लिखा है—"...पुरुषोत्तम अग्रवाल का कबीर शोध, जिस में धर्म (संगठित) की रूढ़ियों से मुक्ति धर्मेतर अध्यात्म में खोजने का प्रस्ताव है—कबीर के बहाने।"[34] राज की बात यह भी है कि पुरुषोत्तम अग्रवाल 'धर्मेतर अध्यात्म' के प्रति भी निष्ठावान नहीं हैं क्योंकि यह इन के लिए वाग्जाल भर है—और ये खुद नहीं जानते कि ये क्या कह रहे हैं। ये अपने मनुष्य को कायदे-कानूनों से बाहर ले जा रहे हैं जहाँ नैतिकता और चरित्र की हत्याओं का बूचड़खाना खुला हुआ है। इसे उन्मुक्तता, स्वतन्त्रता और उदात्तीकरण भी कहा जाता है जो बिना कानून-कायदों के उच्छृंखलता से अभिन्न होता जाता है। जोर दे कर पूछा जाए तो सेक्स के क्षेत्र में पुरुषोत्तम अग्रवाल इसी अभिन्नता से एकाकार हो जाएंगे।

संयोग से, इस मामले में पुरुषोत्तम अग्रवाल को एक चेले मिल गए हैं। उम्र का मुझे पता नहीं पर इनका नाम ब्रजेश है। इन का एक लेख 'कथादेश' में 'भक्ति सम्वेदना : भारतीय सांस्कृतिक इतिहास का पुनराख्यान' शीर्षक से छपा है। ये भी नहीं जानते कि धर्मेतर अध्यात्म क्या है पर आँख मीच कर पक्ष लिए जा रहे हैं। इन्होंने अपने अज्ञान के संकोच को निम्न शब्द दिए हैं—"बहुत से विद्यार्थी सोचेंगे यह....धर्मेतर अध्यात्म कौन-सी बला? हमारे अध्यापकों ने तो ऐसे शब्दों की चर्चा नहीं की।"[35] उत्तर देने के बजाय छान्दोग्य उपनिषद पढ़ाने बैठ जाते हैं, यह भूल कर कि हमारे लिए इन का छान्दोग्य उपनिष्द भी प्रमाण नहीं है—और वितंडा है। इन के यहाँ सब एक से बढ़ कर एक हैं। सच बात है, ब्रजेश के लिए कबीर के अध्ययन में रह क्या गया है जब उन्होंने लिखा है?—"मैं पुरुषोत्तम की इस बात से पूरमपूर सहमत हूँ कि किंवदन्तियाँ सांस्कृतिक भाषा हैं जिस के व्याकरण को जाने बिना समाज की बात समझना असम्भव है।"[36] पर, जब मानसिक दरिद्रता का यह आलम है तब उन्हें अपने इस लेख में पुरुषोत्तम अग्रवाल के ये शब्द उतारने की क्या जरूरत थी?—"मसीही तर्कों से रेवरेंड

---

34. बुद्धिजीवी और लोकधर्म, रवीन्द्र वर्मा, जनसत्ता, नई दिल्ली, 11 जुलाई, 2010, पृ. 6
35. भक्ति सम्वेदना : भारतीय सांस्कृतिक इतिहास का पुनराख्यान, ब्रजेश, कथादेश, सी-52/जेड-3, दिलशाद गार्डन, दिल्ली-110 095, अगस्त, 2010, पृ. 90
36. वही, पृ. 89

वेस्कॉट कबीर-वाणी का अप्रामाणिक पाठ रच रहे थे।''[37] आप अपने व्याकरण में कौन सा काम कर रहे हो जब किंवदन्तियों और प्रक्षिप्तों को आधार बना रहे हो? वेस्टकॉट अप्रामाणिक पाठ तैयार न करें और ये अप्रामाणिक पाठ तैयार करते रहें—यह कौन-सी तानाशाही है?

अन्त में, सार रूप में कहा जा सकता है कि धर्मेतर अध्यात्म कथनी और करनी के अन्तर का सब से बेहतरीन उदाहरण है। ऐसा उदाहरण अद्‌वैत वेदान्त के पास भी सुलभ नहीं है। अद्‌वैत वेदान्त की पारमार्थिक सत्ता का मतलब यह है कि उस का व्यावहारिक सत्ता से संम्बध अनिर्वचनीयता का है। तब, धर्मेतर अध्यात्म का कबीर की लौकिकता से क्या सम्बंध ठहरता है?—बताना चाहिए, गुम नहीं रहना चाहिए, और प्रश्न से भागना नहीं चाहिए। इन की अपने इस धर्मेतर अध्यात्म के अध्यात्म को लागू करने में कोई रुचि नहीं है। पूछना यह है कि इस निखर्चे अध्यात्म की खोज में पुरुषोत्तम अग्रवाल को मिला क्या है। इसका मनुष्यों की व्यावहारिक जीवन की लौकिकता और रोजमर्रे की चालचलगत से क्या रिश्ता है? इस झुनझुने वाले अध्यात्म का राज और समाज को क्या फायदा? इसे अंग्रेजी के शब्द 'इम्प्लीमेन्टेशन' के द्वारा ठीक तरह से समझा जा सकता है। हिन्दी में अभी भी ऐसे शब्द की मोहताजी बनी हुई है। ले-दे कर इसे प्रशासनिक भाषा में 'लागू करना' कहा जाता है। निश्चित रूप से, किसी विचार को लागू करने के लिए पहले उसे कानून का जामा पहनाना पड़ता है, फिर आवश्यक संसाधनों और आधारभूत सुविधाओं वाला संस्थागत ढाँचा खड़ा किया जाता है। सुचारु रूप से चलाने के लिए—अर्थात उसे हाथ-पाँव देने के लिए ईमानदार कार्मिकों का अलग से प्रबंध किया जाता है। लेकिन यहाँ ऐसा कुछ नहीं है। तब, 'धर्मेतर अध्यात्म' का हश्र क्या होना है? उस से भी ज्यादा नुकसान होना है जो बौद्‌ध धर्म और जैन धर्म के कारण पर्सनल कानून का हुआ है। बुद्‌ध और महावीर ने अपने अनुयायियों के लिए कोई पर्सनल कानून खड़े नहीं किए—वे केवल धर्म दे कर रह गए। सच बात है, वे पर्सनल कानून बनाते भी किन के लिए?—उन के पास गृहस्थ लोग नहीं थे। भिक्षु थे और मुनि थे—ये दोनों घर-गृहस्थियों को छोड़े हुए लोग थे। इसलिए, बुद्‌ध और महावीर के धर्म 'पर्सनल कानूनेतर धर्म' थे। धर्म और अध्यात्म की एकता के लिए संस्था के रूप में भिक्षु संघ और मुनि संघ जरूर थे। भिक्षुओं और मुनियों पर धर्मों के कानून (विनय) लागू होते थे। पुरुषोत्तम अग्रवाल इस से भी आगे क्या चाहते हैं? वे भिक्षुओं और मुनियों पर लागू होने वाले नियमों को भी देश निकाला देना चाहते हैं। उन का पूरा शीर्षक इस प्रकार बनता है—'पर्सनल कानूनेतर और धर्मेतर अध्यात्म'। न कोई पर्सनल कानून और न कोई धार्मिक विनय—यह समाज में खुली अराजकता है। तभी इन के राजपाट इन से छिने हैं। बुद्‌ध और महावीर ने जो 'पर्सनल कानूनेतर धर्म' खड़े किए थे, उन में हुआ क्या है? हुआ यह है कि पर्सनल कानूनों के अभाव में घर-गृहस्थी के लोग ब्राह्मणों के

37. वही, पृ. 91

पर्सनल कानून के तहत आ गए। पुरुषोत्तम अग्रवाल धर्मेतर अध्यात्म में भिक्षुओं और मुनियों को भी हिन्दू धर्म के संन्यासियों के अधीन लाना चाहते हैं। लेकिन कबीर का आजीवक धर्म घर-गृहस्थी के लोगों का धर्म है। इसलिए, इस में पर्सनल कानून भी है और धार्मिक विनय भी है। इस में राजपाट, खाना-कमाना, नाच-गाना—सभी कुछ है। न यह बुद्ध और महावीर के धर्मों की तरह 'कानूनेतर धर्म' है, और न यह पुरुषोत्तम अग्रवाल के नामकरण का बिना विनय का 'धर्मेतर अध्यात्म' है।

अध्याय-14

धर्मेतर अध्यात्म का फूटा घड़ा

क. 'पूना पैक्ट' या 'फाउस्टियन पैक्ट'?

ख. 'ब्राह्म विवाह' 'फाउस्टियन पैक्ट' का बाप है—क्यों याद नहीं आया?

क. 'पूना पैक्ट' या 'फाउस्टियन पैक्ट'?

अपनी पुस्तक 'अकथ कहानी प्रेम की : कबीर की कविता और उन का समय' में पुरुषोत्तम अग्रवाल अपना ज्ञान बघारने में लगे हुए हैं। वे इसी एक पुस्तक में बताना चाह रहे हैं कि उन्होंने कक्षा एक से ले कर एम.ए. तक की कक्षाओं में क्या-क्या पढ़ा है, जो हमारी जरूरत कतई नहीं है। हमें केवल यह अपेक्षा है कि वे यह बताएँ कि उन्होंने कबीर के बारे में अब तक क्या पढ़ा है। लेकिन इस मामले में वे एक दम छदमकारी निकले कि नहीं बताया कि उन्होंने कबीर पर मेरी लिखी हुईं छह पुस्तकें पढ़ी हैं। पढ़ी हैं, जिरह पर उतरे थे, पर हारने की वजह से छिपा रहे हैं। जो बता रहे हैं, वे कबीर से बाहर-बाहर की बातें हैं। ऐसा एक विषय 'फाउस्टियन पैक्ट' का है। बताइए, कबीर का इस से क्या लेना-देना था? यह बहस यूरोप के समाज की है। वहाँ इस का औचित्य बनता है क्योंकि वह एक ही धर्म का देश था। पर, चूँकि पुरुषोत्तम अग्रवाल ने अपनी पढ़ाई के दौरान इस विषय पर कहीं कुछ पढ़-सुन लिया था, इसलिए यह टोपिक इस किताब में ही दे मारा। यह विषय उन्हें इतना ही प्यारा था तो इसे कबीर पर लिखी किताब के बजाय अपने किसी स्वतन्त्र लेख में उठाते। वहाँ कोई पाठक पढ़े या न पढ़े, उस की मर्जी होती। लेकिन अपना सौदा-सुलफ, हर कच्चा-पक्का माल, और साल भर बैठे हुए गुड़ के चकले बना कर कबीर के नाम से ही बेचने हैं। वे भूल गए कि यदि किसी पैक्ट की ही बात करनी थी तो कबीर की दृष्टि को समझने के लिए भारत में 1932 में हुए 'पूना पैक्ट' की बात करनी थी, जिस के नायक और महानायक कबीर को अपने गुरु मानने वाले बाबा साहेब डा. अम्बेडकर थे।[1] 'पूना पैक्ट' का जिक्र नहीं और 'फाउस्टियन पैक्ट' अपनी किताब में चौके की तरह पूर दिया—मतलब, सारी ईमानदारी

---

1. वीसा की प्रतीक्षा में, लेखक डा. बी.आर. अम्बेडकर, अनुवादक, तेज सिंह, सम्यक प्रकाशन, 32/3, पश्चिम पुरी, नई दिल्ली-110 063, प्रथम संस्करण, 2010, शान्ति स्वरूप बौद्ध द्वारा प्रकाशकीय, पृ. 10

खत्म। फर्क यह है कि 'फाउस्टियन पैक्ट' व्यक्ति को ले कर है जबकि 'पूना पैक्ट' कौमों के बीच का पैक्ट है। और, कबीर की समस्या सामाजिक कौमों की कितनी थी, यह किसी कान से बहरे को सुनाने की जरूरत नहीं है। यहाँ यही कहना पर्याप्त होगा कि 'गागर छुवन न देई'[2] की छुआछूत किसी एक कबीर से नहीं, बल्कि कबीर की पूरी जमात से बरती जा रही थी।

लगता है, लेखक को यह कहने का एक फोबिया सा हो गया है कि कबीर धर्म के विरुद्ध थे। उन के उप-अध्याय 'कहु कौने बोराया? फाउस्टियन पैक्ट पर आधारित धर्मसत्ता बनाम आत्मसत्ता, अध्यात्मसत्ता!'[3] में भी यही राग अलापा गया है। पुस्तक में अन्यत्र भी यह विषय आया है, जो इस प्रकार है :

1. कबीर की 'कविता का सपना ... एक और धर्म स्थापित करने का नहीं, धर्म के 'फाउस्टियन पैक्ट' से मनुष्य की मुक्ति का, धर्मेतर अध्यात्म का सपना है।'[4]
2. ''धर्म द्वारा आरोपित 'फाउस्टियन पैक्ट' के प्रति कबीर के मन में दो टूक तिरस्कार है, उनका पाखंड खंडन, बाह्याचार-विवर्जन इस तिरस्कार से ही उपजा है, 'निराला पंथ निकालने' या नया धर्म स्थापित करने की इच्छा से नहीं।''[5]
3. ''कबीर सिर्फ हिन्दू धर्म की या सिर्फ इस्लाम की आलोचना कर के कोई नया धर्म चलाने नहीं निकले थे। उन के प्रेम संज्ञान ने उन्हें धर्मसत्ता मात्र के स्वभाव में गहरी अन्तर्दृष्टि प्रदान की थी। वे धर्म-सत्ता मात्र को, श्रम, प्रेम और अध्यात्म की समग्रता को धारण करने वाले प्रेम-संज्ञान की कसौटी पर कसते हैं और देख पाते हैं कि किस तरह धर्म-सत्ता का 'फाउस्टियन पैक्ट' मुनष्य की आत्मसत्ता का अपहरण करता है।''[6]

यहाँ केवल यह कहा जाना शेष है कि यदि कबीर आजीवक धर्म के पुरोधा सिद्ध हो जाते हैं तो यह किसी विद्वान के लिए आत्महत्या करने की स्थिति नहीं होनी चाहिए। इस से बेहतर समझ यह होगी कि कबीर का अध्ययन करना छोड़ दिया जाए। पर, क्या किया जाए, पुरुषोत्तम अग्रवाल ईसा को भी धर्म के क्षेत्र से बाहर निकालना चाहते हैं?

'फाउस्टियन पैक्ट' एक संस्था का मामला है। यह जीवन के हर क्षेत्र में लागू होता है। धर्म और धर्मसत्ता मनुष्य के विरोध में नहीं हैं। संस्था का अपना खर्च हुआ करता है,

---

2. कबीर समग्र : द्वितीय खण्ड, लेखक, डा. युगेश्वर, हिन्दी प्रचारक पब्लिकेशन्स प्रा.लि., सी-21/30, पिशाच मोचन, वाराणसी-201 010, प्रथम संस्करण, 1997, पृ. 1439
3. अकथ कहानी प्रेम की : कबीर की कविता और उन का समय, पुरुषोत्तम अग्रवाल, राजकमल प्रकाशन प्रा.लि., 1-बी, नेताजी सुभाष मार्ग, नई दिल्ली-110 002, पहला संस्करण, 2009, पृ. 318-31
4. वही, पृ. 38 5. वही, पृ. 336 6. वही, पृ. 376

वह उठाना ही पड़ता है। विदेशियों के आक्रमण रोकने के लिए राष्ट्रों को सेनाएं खड़ी करनी पड़ती हैं और चोरों से घर लुटने से बचाने के लिए पुलिस की बटालियनें बनानी पड़ती हैं। समाज को सेना और पुलिस की जरूरत हमेशा से रही है। एक देश की सेना और दूसरे देश की सेना में क्षमता और कौशल के हिसाब से फर्क हो सकते हैं। किसी शासन का पुलिस प्रबन्ध अच्छा हो सकता है और किसी शासन का पुलिस प्रबन्ध खराब हो सकता है। इस खराब और अच्छे होने में यह तो नहीं कहा जा सकता कि लोगों को पुलिस की ही जरूरत नहीं। कबीर ने हिन्दू और मुसलमान दोनों धर्म देखे थे, उन्हें दोनों में कमियाँ नजर आईं, इस का मतलब यह तो नहीं निकाला जा सकता कि कबीर धर्म के ही विरोधी हो गए थे। मुझे हिन्दू धर्म और बौद्ध धर्म अच्छे नहीं लग रहे हैं, इस से मेरा आशय यह तो नहीं है कि मैं धर्म मात्र का विरोधी हो गया हूँ।

यदि कोई संस्था ऐसी है जो हमारी बहू-बेटियों की इज्जत की रक्षा करने की गारन्टी देती है तो यह पैक्ट होना ही है। चूँकि, संस्था हमारी है, इसलिए उस संस्था के प्रबन्ध का खर्चा हमें वहन करना ही पड़ेगा। यदि किसी एक कौम का टार्गेट बना कर राज्य द्वारा या विरोधी लोगों द्वारा नर संहार किया जा रहा हो तो उस का मुकाबला कर के उसे रोकने के लिए संस्था की जरूरत पड़ेगी ही। इस पैक्ट से क्या गुरेज और क्या डरना?—यह हमारी जरूरत है और हमारी खुशी का सौदा है। क्या पुरुषोत्तम अग्रवाल को मालूम है कि अनुसूचित जातियों और अनुसूचित जन-जतियों की कितनी औरतों के साथ रोज बलात्कार हो रहे हैं? यदि कोई धार्मिक संस्था उन की मदद के लिए सामने आती है तो इस पैक्ट में पुरुषोत्तम अग्रवाल को बुराई क्यों दीखने लगती है? क्या धार्मिक संस्थाएं यह देख कर चुप बैठी रहेंगी कि उन की बहू-बेटियों की इज्जत लूटी जा रही है? इस में धर्म, धर्मसत्ता और धार्मिक संस्था क्या बुरा करती हैं? पुरुषोत्तम अग्रवाल कबीर को कैसे मात्र एक व्यक्ति बना कर छोड़ रहे हैं जबकि उन की पूरी जमात को हिन्दुओं के मन्दिरों पर चढ़ने का अधिकार नहीं था? कबीर की आध्यात्मिक खोज को संस्थागत मदद क्यों नहीं मिलेगी? क्या धर्मेतर अध्यात्म शून्य में जन्म लेता है या उस का प्रादुर्भाव और स्फुरण अपने आप होता है? क्या मनुष्य के हृदय में जन्मजात जन्मे अध्यात्म के इस पौधे की थाँवले बना कर देखभाल और रक्षा नहीं की जानी है ताकि बाग हरा-भरा रहे?

पुरुषोत्तम अग्रवाल को समझ में नहीं आया कि कबीर ने अपने समय में क्या किया था। उन्होंने अपनी पुस्तक में 'कबीर ग्रन्थावली' का 389वाँ पद उद्धृत किया है पर यह उनकी रटन्त विद्या ही सिद्ध हो पाई है। पद इस प्रकार है :

> सहज समाधि न जम थैं डरिहूं।
> कुंभरा ह्वै करि बासन घरिहूं धोबी ह्वै मल धोऊं।
> चमरा ह्वै करि बासन रंगो, अघौरी जाति पांति कुल खोऊं।
> तेली ह्वै तन कोल्हू करिहौं, पाप पुंनि दोऊ पेरूं।

पंच बैल जब सूध चलाऊं, राम जेवरिया जोरूं।
क्षत्री ह्वै करि खड़ग संभालूं, जोग जुगति दोउ साधूं।
नउवा ह्वै करि मन कू मूंड़ू, बाढ़ी ह्वै कर्म बाढूं।
अवधू ह्वै करि यहु तन धूतौं, बधिक ह्वै मन मारूं।
तन करि नवका मन करि खेवट, रसना करउं बड़ारूं।
कहि कबीर भवसागर तरिहूं, आप तिरूं बपु तारूं।[7]

यह असफलता ही है कि पुरुषोत्तम अग्रवाल इस पद के मर्म को समझ नहीं पाए। उन्हें पता नहीं चल सका कि यह अपने समय में कबीर ने 'मंडल कमीशन' की रिपोर्ट लिखी थी। इस पद को 'कबीर कमीशन की रिपोर्ट' कहा जाना चाहिए। मंडल कमीशन को इसी से अपना रास्ता मिला है। 'कबीर कमीशन' और 'मंडल कमीशन' के बीच में 'पूना पैक्ट' पड़ता है, जर्मनी का 'फाउस्टियन पैक्ट' नहीं। भारत का संवैधानिक सन्दर्भ अनुसूचित जाति, अनुसूचित जन-जाति और पिछड़े वर्ग का है। कबीर ने अपनी भाषा में इन की ससम्मान इबारत लिख दी थी। यही काम अब फलीभूत हो रहा है जिस की पुरुषोत्तम अग्रवाल की किताब में आजू-बाजू भनक तक नहीं है। हुआ यही है कि इन लेखक महोदय ने खुद को कबीर और कबीर के समाज से जोड़ कर नहीं देखा। इतनी स्पष्ट वाणी इन के मन में गूंज जानी चाहिए थी, बल्कि बिजली की तरह मस्तिष्क में कौंध जानी चाहिए थी, लेकिन हुआ कुछ नहीं, पत्थर पर लकीर नहीं खिंची। खिंचे भी कैसे?—ये लोग कबीर की वाणी को प्रक्षिप्त कर के मिटाने में लगे हुए हैं। इन के हाथों कोई भला काम कैसे हो जाएगा?

पहले कहा जा चुका है कि 'फाउस्टियन पैक्ट' की गैर-जरूरी और निरर्थक बहस के बजाय पुरुषोत्तम अग्रवाल को अपनी इस किताब में 'पूना पैक्ट' के बारे में बताना चाहिए था जो ब्रिटिश भारत में 24 सितम्बर, 1932 को शनिवार के दिन हुआ था। मान्यवर कांशी राम ने अपनी पुस्तक 'चमचा युग' में इस 'पूना पैक्ट' का पाठ दिया है। यह इस प्रकार है :

"पूना समझौते का पाठ

(1) प्रांतीय विधायिकाओं में सामान्य निर्वाचक मंडलों की सीटों में से दलित वर्गों के लिए इस प्रकार सीटें होंगी :-

मद्रास	30
बम्बई और सिंध	15
पंजाब	8
बिहार और उड़ीसा	18
सेंट्रल प्रॉविंसेज	20

7. वही, पृ. 325

असम	7
बंगाल	30
यूनाइटेड प्रॉविंसेज	20
कुल	148

ये आंकड़े प्रधान मंत्री के निर्णय में घोषित प्रांतीय परिषदों की कुल सदस्य संख्या पर आधारित हैं।

(2) इन सीटों के लिए चुनाव संयुक्त निर्वाचक मंडलों द्वारा होंगे, जो निम्नलिखित प्रक्रिया के अधीन होंगे :-

निर्वाचन क्षेत्र में सामान्य मतदाता सूची में पंजीकृत दलित वर्गों के सभी सदस्यों को मिलाकर एक निर्वाचक मंडल होगा, जो एकल वोट की पद्धति से ऐसी प्रत्येक आरक्षित सीट के लिए दलित वर्गों के चार प्रत्याशियों को चुनेगा, इस प्राथमिक चुनाव में सर्वाधिक मत प्राप्त करने वाले चार प्रत्याशी सामान्य निर्वाचक मंडल द्वारा किए जाने वाले चुनाव में प्रत्याशी होंगे।

(3) इसी तरह केन्द्रीय विधायिका में दलित वर्गों का प्रतिनिधित्व संयुक्त निर्वाचक मंडलों और आरक्षित सीटों के सिद्धांत पर होगा, और प्रांतीय विधायिकाओं में उनके प्रतिनिधित्व के लिए उपर्युक्त नियम (2) में निर्दिष्ट ढंग से प्राथमिक चुनाव की पद्धति से होगा।

(4) केंद्रीय विधायिका में, कथित विधायिका में ब्रिटिश भारत के लिए सामान्य निर्वाचक मंडल को आवंटित सीटों में से 18 प्रतिशत दलित वर्गों के लिए आरक्षित होंगी।

(5) केंद्रीय और प्रांतीय विधायिका के चुनाव के लिए प्रत्याशियों के पैनल में प्राथमिक चुनाव की व्यवस्था, जैसा कि यहां पहले कहा जा चुका है, पहले दस वर्षों के बाद समाप्त हो जाएगी, अगर वह निम्नलिखित नियम (6) के प्रावधान के अंतर्गत आपसी सहमति से उससे पहले समाप्त नहीं होती।

(6) नियम (1) और (4) के प्रावधानों के अनुसार प्रांतीय और केंद्रीय विधायिकाओं में आरक्षित सीटों के माध्यम से दलित वर्गों के प्रतिनिधित्व की व्यवस्था तब तक जारी रहेगी जब तक समझौते में सम्बंधित समुदायों के बीच आपसी सहमति से उसका निर्धारण नहीं होता

(7) दलित वर्गों के लिए केंद्रीय तथा प्रांतीय विधायिकाओं के प्रति मताधिकार वैसे ही होगा जैसे कि लोथियन कमेटी की रिपोर्ट में इंगित है।

(8) स्थानीय निकायों के किसी भी चुनाव अथवा सरकारी सेवाओं में नियुक्ति के सिलसिले में किसी को इस आधार पर अयोग्य नहीं माना जाएगा कि वह किसी दलित वर्ग का सदस्य है। इन मामलों में, दलित वर्गों के उचित प्रतिनिधित्व के लिए सभी प्रयास किए जाएंगे, और इसके लिए सरकारी

सेवाओं में नियुक्ति के लिए निर्धारित शैक्षणिक योग्यताओं का होना अनिवार्य होगा।

(9) प्रत्येक प्रांत में शैक्षणिक अनुदान में से पर्याप्त राशि दलित वर्गों के सदस्यों को शैक्षणिक सुविधाएं देने के लिए निर्धारित होगी।"[8]

सवाल यही है कि कबीर पर पुस्तक लिखते समय पुरुषोत्तम अग्रवाल के दिमाग में 'पूना पैक्ट' की याद क्यों नहीं आई और 'फाउस्टियन पैक्ट' की याद क्यों आई। देशी घटनाएँ भुलाई जा रही हैं और विदेशी शब्दावली रटी जा रही है–क्यों? इसे हीनता ग्रन्थि कह कर छुटकारा नहीं पाया जा सकता। यह सच के साथ जालसाजी और इतिहास के साथ षडयंत्र है। भारत की हंडिया पर विदेशी मसालों का छोंक एक भुलावा है, समाधान नहीं। कबीर की औलादों को ऐसे ज्ञान-घमंड से क्या सरोकार? बिलकुल बताया जाए कि भारतीय साहित्य को 'पूना पैक्ट' और 'मंडल कमीशन' ने बदला और प्रभावित किया है, 'फाउस्टियन पैक्ट' ने नहीं। देश में कोहराम 'कम्युनल अवार्ड' और 'मंडल कमीशन' ने मचाया है, किसी अनजान 'फाउस्टियन पैक्ट' ने नहीं। गांधी ने आमरण अनशन किया था, वह 'फाउस्टियन पैक्ट' को कारण बना कर नहीं, बल्कि 'कम्युनल अवॉर्ड' की वजह से किया था। देश में बसें फुँकी हैं, रेलें रोकी गई हैं, सड़कें जाम हुई हैं, पेट्रोल छिड़क कर आत्मदाह किए गए हैं–यह सब ताडंव मंडल कमीशन के विरोध में हुआ है, सात समन्दर पार के 'फाउस्टियन पैक्ट' के कारण नहीं। इस में भी सब से बड़ा प्रपंच यह रचा गया है कि पुरुषोत्तम अग्रवाल के यहाँ यह सब 'देशज आधुनिकता' के नाम पर किया गया है, जिस में देशज शब्दावली के 'पूना पैक्ट' और 'मंडल कमीशन' की देशज शब्दावली पूरी तरह बहिष्कृत और नदारद है।

यह सर्वविदित है कि बाबा साहेब डा. अम्बेडकर ने एक दबाव में 'पूना पैक्ट' पर अपने हस्ताक्षर किए थे। गांधी आमरण अनशन के द्वारा मरने बैठ गए थे। डा. अम्बेडकर ने गांधी के इस अनशन के बारे में लिखा है–"अनशन में कोई नेकनीयती नहीं थी। यह एक खराब और गंदा कृत्य था। यह अनशन अछूतों के लाभ के लिए नहीं था। उनके खिलाफ था और असहाय लोगों के खिलाफ यह निकृष्टतम प्रकार का दबाव था कि वे उन संवैधानिक सुरक्षा उपायों को त्याग दें जो उन्हें प्रधान मंत्री के पंचाट के अधीन मिले थे और हिंदुओं की दया पर जीवित रहने को सहमत हो जाएं। यह एक घटिया और दुष्टतापूर्ण कृत्य था। अछूत ऐसे व्यक्ति को ईमानदार और निष्ठावान कैसे मान सकते हैं?"[9] उन्होंने गांधी के बारे में लिखा था–"संक्षेप में मि. गांधी अछूतों के संदर्भ में अभी भी युद्ध पथ पर हैं। वह फिर से परेशानी खड़ी करनी शुरू कर सकते हैं। उन पर भरोसा करने का समय अभी नहीं आया है। अछूतों को अभी यही मानना होगा

8. चमचा युग, लेखक, मान्यवर कांशी राम, अनुवादक, मोजेज माइकेल, सम्यक प्रकाशन, 32/3, क्लब रोड, पश्चिमपुरी, नई दिल्ली-110 063, द्वितीय संस्करण, 2010, पृ. 51-2

9. वही, पृ. 70

कि स्वयं को संरक्षित करने का सबसे अच्छा तरीका यही है कि कहें 'मि. गांधी से सावधान'।''[10]

डा. अम्बेडकर ने इस 'पूना पैक्ट' के नुकसान गिनाए थे। उन्होंने लिखा था—''इस तरह पूना पैक्ट शरारतपूर्ण है। इसे गांधी के दबावी अनशन के कारण और उस समय दिए गए इस आश्वासन के कारण स्वीकार किया गया कि हिंदू लोग अनुसूचित जातियों के निर्वाचन में हस्तक्षेप नहीं करेंगे।''[11] डा. अम्बेडकर के अनुसार, इस लम्बी और दुखद कहानी का अन्त करने के लिए हिन्दुओं ने 'पूना पैक्ट' का रस चूस लिया था और छिलका अछूतों के मुँह पर फेंक दिया था। इस 'पूना पैक्ट' में वे सारे दुर्गुण थे जो पुरुषोत्तम अग्रवाल को 'फाउस्टियन पैक्ट' में दीखते हैं। पुरुषोत्तम अग्रवाल व्यक्ति के स्तर पर 'फाउस्टियन पैक्ट' को लेते हैं। यहाँ उन की पुस्तक से एक लम्बा उद्धरण देना उचित रहेगा, जो इस प्रकार है :

> ''पन्द्रहवीं सदी की जर्मनी में एक खगोल-विज्ञानी था : फाउस्ट। उसके बारे में कहा जाता था कि उसने अपनी आत्मा शैतान के हवाले कर दी है। शेक्सपियर के समकालीन नाटककार क्रिस्टोफर मारलो ने इस मान्यता के आधार पर एक नाटक लिखा, और उसके बाद जर्मन महाकवि गोयथे ने फाउस्ट को अपने एक महाकाव्य का नायक (!) बनाया। इन दो साहित्यिक पुनर्रचनाओं के बाद फाउस्ट की वास्तविक जीवनी अप्रासंगिक हो गई और फाउस्ट किसी व्यक्ति-विशेष का नाम न रहकर आधुनिक मानव के मूल संकट को व्यंजित करनेवाला मिथक बन गया। इस मिथकिय रूप में फाउस्ट अपनी आत्मा लुसिफर (एंटी-क्राइस्ट, शैतान) के हवाले कर देता है, ताकि वह अनंत काल तक मनमानी सत्ता का उपभोग कर सके। सत्ता, सुरक्षा, अमरता के बदले शैतान को अपनी आत्मा, अपना विवेक बेच देना फाउस्ट के आधुनिक मिथक का बीज है। इस बिक्री के दस्तावेज—फाउस्टियन पैक्ट—पर फाउस्ट ने अपने रक्त से हस्ताक्षर किए थे।
>
> आधुनिक शब्दावली में फाउस्ट अपनी इच्छाओं, तृष्णाओं और विवेकहीन लालसाओं की मृगमरीचिका में भटकते मनुष्य का मिथक या आद्य बिम्ब है। इस मृगमरीचिका की सिद्धि के लिए अशुभ से समझौता करनेवाले, अपनी आत्मा और विवेक याने मनुष्यता को ही अशुभ की सत्ता के हवाले कर देनेवाले विवेकहीन मनुष्य का मिथक! 'फाउस्टियन पैक्ट' की बात करने का आशय है—ऐसी मृगमरीचिका के पीछे भागते मनुष्य की विवेकहीनता की बात करना। 'फाउस्टियन पैक्ट' अर्थात् सुरक्षा की तलाश में या सत्ता की लिप्सा में या किसी प्रलोभन के कारण अपने विवेक को किसी ऐसी महाकाय सत्ता के हवाले कर देना, जो आपको सुरक्षा का आश्वासन दे,

10. वही, पृ. 72

11. वही, पृ. 72

> लेकिन एक बार 'पैक्ट' हो जाने के बाद आप पाएँ कि चाहकर भी आप उससे बाहर नहीं आ सकते। वह सत्ता इतनी सर्वग्राही हो चुकी है कि उससे पिंड छुड़ाने की गुंजाइश ही नहीं। वह आपके बाह्य अस्तित्व पर काबिज ही नहीं, आपकी आत्मा में भी पैवस्त हो चुकी है। न मुक्ति का कोई मार्ग बाकी है, न संवाद की कोई जगह। आपने सुरक्षा तो पा ली, लेकिन अपने विवेक से ही हाथ धो बैठे। मनमाना सुख सम्भव करनेवाली 'सत्ता' तो पा ली, लेकिन सुख की पड़ताल करनेवाली विवेक-सत्ता, आत्मसत्ता खो दी।
>
> पता नहीं, लूसिफर ने फाउस्ट से ऐसा कोई पैक्ट किया या नहीं; पता नहीं, फाउस्ट ऐसा कोई पैक्ट स्वयं करना चाहता भी था या नहीं। लेकिन धर्मसत्ता तो मनुष्य को ऐसे ही पैक्ट से बाँधती है। सुरक्षा के बदले विवेक का सौदा। अमरता के बदले आत्मसत्ता का समर्पण। अस्तित्व में अनिवार्य रूप से गुँथी हुई अनिश्चितता के बदले निश्चिन्तता का आश्वासन। जब तक यह 'पैक्ट', यह सौदा आपको खटकने न लगे, तब तक आप निश्चय ही निश्चिन्त हैं, लेकिन आप जरा-सा भी कुनमुनाए, तो आपको फौरन बता दिया जाता है कि इस पैक्ट में कैंसिलेशन की धारा है ही नहीं। अधिक से अधिक आप अपना स्वामी बदल सकते हैं, इस धर्मसत्ता की जगह उस धर्मसत्ता की शरण में जा सकते हैं, पर धर्मसत्ता-मात्र से मुक्ति का कोई उपाय नहीं। अमरता की जो लालसा आपको यहाँ लाई थी, उसी लालसा ने आपके विवेक को सदा के लिए 'लिंबो' (ईसाई विश्वास के अनुसार वह जगह वहाँ आत्माएँ ईश्वरीय निर्णय की प्रतीक्षा करती हैं) में डाल दिया है।"[12]

डा. अम्बेडकर ने इस समस्या को व्यक्ति के बजाय एक जमात के स्तर पर लिया है। उन्होंने माना था कि 'पूना पैक्ट' की वजह से उनके संप्रदायों के लोग हिन्दुओं के अनुशासन और नियंत्रण में आ गए थे। वे ऐसा कोई सवाल नहीं पूछ सकते थे जो दूसरे पक्ष को पसन्द न हो। डा. अम्बेडकर ने लिखा है–"वे ऐसा कोई प्रस्ताव नहीं रख सकते थे जिसमें उसकी अनुमति न हो। वे ऐसा विधान नहीं ला सकते थे जिस पर उसे आपत्ति हो। वे अपनी इच्छानुसार मतदान नहीं कर सकते थे और जो सोचते थे वह बोल नहीं सकते थे। वे वहां बेजुबान हांके हुए मवेशियों की तरह थे। अछूतों के लिए विधायिका में प्रतिनिधित्व प्राप्त करने का एक उद्देश्य उन्हें इस योग्य बनाना है कि वे अपनी शिकायतों को व्यक्त कर सकें और अपनी गलतियों को सुधार सकें।"[13] लेकिन यह उस 'पूना पैक्ट' के कारण संभव नहीं

12. अकथ कहानी प्रेम की : कबीर की कविता और उन का समय, पुरुषोत्तम अग्रवाल, राजकमल प्रकाशन प्रा.लि., 1-बी, नेताजी सुभाष मार्ग, नई दिल्ली-110 002, पहला संस्करण, 2009, पृ. 318-20
13. चमचा युग, लेखक, मान्यवर कांशी राम, अनुवादक, मोजेज माइकेल, सम्यक प्रकाशन, 32/3, क्लब रोड, पश्चिमपुरी, नई दिल्ली-110 063, द्वितीय संस्करण, 2010, पृ. 72

रह गया है। उन्होंने लिखा है–"एक जाने-पहचाने मुहावरे का प्रयोग करें तो हिंदुओं के नजरिये से संयुक्त निर्वाचक मंडल एक 'रॉटन बरो' (जीर्ण-शीर्ण उपनगर) है जिसमें हिंदुओं को एक अछूत के नामांकन का अधिकार मिलता है जो नाम मात्र को अछूतों का प्रतिनिधि होता है किंतु वास्तव में वह हिंदुओं का औजार होता है।"[14] खास अन्तर यह भी है कि 'फाउस्टियन पैक्ट' में कम से कम व्यक्ति को सत्ता, सुरक्षा और निश्चिन्तता मिलती है, लेकिन यदि 'पूना पैक्ट' न किया जाए तो हिन्दुओं से मनुस्मृति के पुराने पैक्ट में तो डा. अम्बेडकर के समुदायों के लोग अछूत और बहिष्कृत हैं। फर्क यह भी है कि पुरुषोत्तम अग्रवाल को नहीं मालूम कि लूसिफर और फाउस्ट के बीच ऐसा कोई पैक्ट हुआ था या नहीं लेकिन गांधी और अम्बेडकर के बीच का हुआ पैक्ट इतिहास में अपनी तारीख और समय सहित दर्ज है।

ख. 'ब्राह्म विवाह' 'फाउस्टियन पैक्ट' का बाप है–क्यों याद नहीं आया?

'पूना पैक्ट' के सिवा. और पुरुषोत्तम अग्रवाल को क्या याद आना चाहिए था? जब 'फाउस्टियन पैक्ट' की बात चल रही थी तो भारत में इस तरह की क्या चीज है? उन्हें आँखों के सामने का देशज और भारतीय पैक्ट खोजना चाहिए था। यह पर्सनल कानून में 'ब्राह्म विवाह' है जो 'फाउस्टियन पैक्ट' का भी बाप है। 'फाउस्टियन पैक्ट' में यह गनीमत है कि यह पैक्ट है, समझौता है, करार है, पर ब्राह्म विवाह को 'पैक्ट' नहीं बल्कि पवित्र और अटूट बन्धन माना जाता है। कुछ भी हो जाए, ब्राह्म विवाह नहीं टूट सकता। इस में तलाक संभव नहीं है। पति और पत्नी दोनों दुखी हैं पर कानून यह है कि उन की कोई सुनी नहीं जाएगी। तलाक के नाम पर पंडित जी बहरे हो जाते हैं। यह बहरापन इन का हजारों साल का है। व्यभिचार हो रहा है, होने दो–विवाह नहीं टूट सकता। पराए मर्दों से बच्चे पैदा हो रहे हैं, होने दो, विवाह पवित्र और अटूट बना रहेगा। कोई वाद नहीं, कोई वकील नहीं और कोई अपील नहीं–विवाह पर पवित्रता की मोहर लगी हुई है। कैसी मुसीबत है, रोओ या चिल्लाओ, झख मारो, सुनने वाला और देखने वाला कोई नहीं। रखैल रखो या कुछ करो–सीमा यह है कि विवाह नहीं टूट सकता। पत्नी नए-नए यार ला कर घर में बैठाएगी–पति को मिट्टी का माधो बन कर यह सब सहना पड़ेगा। व्यभिचार को सहमति देनी ही पड़ेगी क्योंकि इस पर रोक सम्भव नहीं। मौनानुकूलता में जीवन गुजारो–विरोध को जबान पर लाने से कुछ फायदा नहीं है। 'फाउस्टियन पैक्ट' में बदले में कुछ गारण्टियाँ मिलती हैं, 'ब्राह्म विवाह' में गरिमा, सम्मान और सदाचार की कोई गारण्टी नहीं है। उल्टे होता यह है कि इन्हीं वैवाहिक मूल्यों को चकनाचूर करने के लिए ब्राह्म विवाह में वेदों के मन्त्र पढ़े जाते हैं और

14. वही, पृ. 75

सप्तपदी के संस्कार किए जाते हैं। आदमी हो गया, व्यभिचारिणी पत्नी का गुलाम हो गया। औरत हो गई, रखैलबाज पति की चेरी हो गई। विशेष बात यह है कि 'फाउस्टियन पैक्ट' पर कलम बजाते समय पुरुषोत्तम अग्रवाल को 'ब्राह्म विवाह' पर एक शब्द भी लिखने की नहीं सूझी। यह तब है जबकि कबीर बीच बाजार में खड़े हो कर ऊँची आवाज लगा कर कह रहे हैं :

सेज बिछावै सुन्दरी, अनतर परदा होय।
तन सौंपे मन दे नहीं, सदा दुहागिन सोय।।[15]

यह बार-बार बताई जाने वाली बात है कि द्विजों के पारिवारिक जीवन में तलाक का शब्द नहीं है। हत्या है, आत्महत्या है, अपमान है, घर छोड़ कर वन में भागने वाला संन्यास है, लेकिन तलाक नहीं है। इस द्विज आदमी की कैसी मुसीबत है जिस में वह हजारों साल से रह रहा है!

इस विषय पर डा. पी.वी. काणे के शब्द उनकी पुस्तक 'धर्मशास्त्र का इतिहास, प्रथम भाग' से उद्धृत किए जा सकते हैं। डा. काणे द्विज समाज के विवाह के बारे में लिखते हैं–"वैदिक साहित्य में कुछ ऐसी उक्तियां हैं, जिन्हें हम विधवा-पुनर्विवाह के अर्थ में ले सकते हैं। 'पुनर्भू' शब्द से पर्याप्त प्रकाश मिलता है। किन्तु विवाह-विच्छेद या तलाक के विषय में वहाँ कुछ भी प्राप्य नहीं है और पश्चात्कालीन वैदिक साहित्य में भी हमें कुछ विशेष प्रकाश नहीं मिल पाता। धर्मशास्त्रकारों का सिद्धान्त है कि होम एवं सप्तपदी के उपरान्त विवाह का विच्छेद नहीं हो सकता। मनु (9/101) ने लिखा है–'पति-पत्नी की पारस्परिक निष्ठा आमरण चलती जाए, यही पति एवं पत्नी का परम धर्म है।' मनु ने एक स्थान (9/46) पर और कहा है–"न तो विक्रय से और न भाग जाने से पत्नी का पति से छुटकारा हो सकता है, हम समझते हैं यह नियम पुरातन काल में सृष्टिकर्ता ने बनाया है।" धर्मशास्त्रकारों का कथन है कि विवाह एक संस्कार है, पत्नित्व की स्थिति का उद्भव उसी संस्कार से होता है, यदि पति या पत्नी पतित हो जाएं, तो संस्कार की परिसमाप्ति नहीं हो जाती, यदि पत्नी व्यभिचारिणी हो जाए तो भी वह पत्नी है, और प्रायश्चित कर लेने के उपरान्त उसे विवाह का संस्कार पुनः नहीं करना पड़ता (विश्वरूप, याज्ञवल्क्य 3/253-254 पर)। हमने देख लिया है कि पुरुष एक पत्नी के रहते दूसरा या कई विवाह कर सकता है और कुछ स्थितियों में अपनी स्त्री को छोड़ सकता है। किन्तु यह विवाह-विच्छेद या तलाक नहीं है, यहाँ अब भी विवाह का बन्धन अपने स्थान पर दृढ़ ही है। हमने यह देख लिया है कि नारद, पराशर एवं अन्य धर्मशास्त्रकारों की अनुमति से एक स्त्री कुछ स्थितियों में यथा पति के मृत हो जाने, गुम हो जाने आदि से, पुनर्विवाह कर सकती थी, किन्तु निबन्धों एवं टीकाकारों ने इसे पूर्व

15. महाबीजक [कबीर साहब की सम्पूर्ण वाणियों का संग्रह], सम्पादक, आचार्य महन्त गंगाशरण शास्त्री, कबीर वाणी प्रकाशन केन्द्र, सी-23/5, कबीरचौरा मठ, वाराणसी-221 001, प्रथम संस्करण, 2010, पृ. 109

युग की बात कह कर टाल दिया है। अतः विवाह-विच्छेद की बात धर्मशास्त्रों एवं हिन्दू समाज में लगभग दो सहस्र वर्षों से अनसुनी-सी रही है, हाँ, परम्परा के अनुसार यह बात नीची जातियों में प्रचलित रही है। यदि पति उसे उसकी त्रुटियों के कारण छोड़ दे तो भी पत्नी भरण-पोषण की अधिकारी मानी जाती रही है। अतः इस प्रकार का त्याग विवाह-विच्छेद का द्योतक नहीं रहा है। पश्चात्कालीन स्मृतियों एवं निबन्धों में नारद को छोड़ कर कोई यह बात सोच ही नहीं सकता था कि पत्नी अपने पति का त्याग कर सकती है। नारद ने अवश्य कहा है कि नपुंसक, संन्यासी एवं जातिच्युत पति को पत्नी छोड़ सकती है। याज्ञवल्क्य (1/77) की टीका में मिताक्षरा का कहना है कि जब पति पतित (जातिच्युत) हो पत्नी उसके नियंत्रण से बाहर रहती है किन्तु उसे तब तक जोहते रहना चाहिए जब तक कि वह प्राचश्चित द्वारा पुनः उसके नियंत्रण में चली जाती है। बड़े से बड़ा पाप प्रायश्चित से कट जाता है, अतः पत्नी अपने पति को सदा के लिए नहीं छोड़ सकती (मनु 10/89, 12, 101, 105-196)। केवल त्याग या वर्षों तक बाहर रहने या व्यभिचार से हिन्दू विवाह की इतिश्री नहीं हो जाती। कौटिल्य के अर्थशास्त्र (3/3) में .... अंगीकृत रूप में (धर्म्य) विवाह का विच्छेद नहीं होता। कौटिल्य (3/2) ने लिखा है कि विवाह के ब्राह्म, प्राजापत्य, आर्ष एवं दैव नामक चार प्रकार धर्म्य हैं क्योंकि ये पिता के प्रमाण द्वारा स्वीकृत अथवा किये जाते हैं। उक्त इन चारों प्रकार के विवाहों का विच्छेद कौटिल्य के मत से, संभव नहीं है।"[16]

तभी कहा जा रहा है कि पुरुषोत्तम अग्रवाल इधर-उधर के डले बगेलते फिर रहे हैं लेकिन असली भारतीय सन्दर्भों पर बात नहीं कर रहे। इन्हें यूरोप के 'फाउस्टियन पैक्ट' में कमियाँ दीखीं लेकिन द्विजों के ब्राह्म विवाह की ज्यादतियों और क्रूरताओं पर इनका ध्यान नहीं गया—क्यों?

साहित्यिक आलोचना की दृष्टि को ध्यान में रख कर कहा जाए तो मुरली मनोहर प्रसाद सिंह ने 'इस पुस्तक के बारे में' लिखा है—"हिन्दी के आलोचनात्मक साहित्य और साहित्यिक इतिहास-दृष्टि की जड़ता के बंद कपाट पर यह पुस्तक एक नई दस्तक की तरह है और सच पूछिए तो गंभीर प्रहार है।"[17] वे आगे लिखते हैं—"हिन्दी में समालोचना की ऐसी गम्भीर पुस्तक से संम्भवतः आलोचना की विधा में हो रहा भयंकर क्षरण रुकेगा... ।"[18] देखा जा सकता है कि मुरली मनोहर प्रसाद सिंह 'इतिहास-दृष्टि की जड़ता' और 'भयंकर क्षरण' को स्वीकार कर रहे हैं लेकिन इस जड़ता को तोड़ने और क्षरण को रोकने के लिए इन्हें अपने ही समाज में से व्यक्ति चाहिए जो किंवदन्ती और प्रक्षिप्त के फूल बरसा रहा है ताकि हिन्दुओं की वैदिक-पौराणिक संस्कृति को आघात न

---

16. धर्मशास्त्र का इतिहास, प्रथम भाग, लेखक, डा. पी.वी. काणे, अनुवादक, अर्जुन चौबे काश्यप, उत्तर प्रदेश हिन्दी संस्थान, महात्मा गांधी मार्ग, लखनऊ, तृतीय संस्करण, 1980, पृ. 346-47
17. अकथ कहानी प्रेम की : कबीर की कविता और उन का समय, पुरुषोत्तम अग्रवाल, राजकमल प्रकाशन प्रा.लि., 1-बी, नेताजी सुभाष मार्ग, नई दिल्ली-110 002, दूसरा संस्करण, 2010, पेपर बैक, पृ. [xi]
18. वही, पृ. [xi]

पहुँच जाए। तीर नहीं चल रहे हैं, तीरों के नाम पर फूलों की बौछार हो रही है, जिसे ये मारामारी का नाम दे रहे हैं। यह उस के खिलाफ और वह इसके खिलाफ—पर यह सारी खिलाफत फर्जी है। आचार्य रामचन्द्र शुक्ल, हजारी प्रसाद द्विवेदी, और वाया नामवर सिंह पुरुषोत्तम अग्रवाल—पर्सनल कानून को ले कर इन में से कोई किसी के खिलाफ नहीं है। ये सारी नूरा कुश्तियाँ चल रही हैं। इन्हें लड़ाई भी आपसदारी में ही चाहिए कि कहीं जारकर्मी संस्कृति का सच में नुकसान न हो जाए। कबीर का विरोध भी ये ही करेंगे और कबीर का पक्ष भी ये ही लेंगे—कबीर की सन्तानें तो कहीं भी और किन्हीं में भी नहीं गिनी जा रहीं। वेद के गायक भी ये और वेद-विरोध के गायक भी ये—दूसरों को इस नूरा कुश्ती में रैफरी तो क्या, तमाशबीन भी नहीं बनने देना चाहते। हजारी प्रसाद द्विवेदी के कबीर को पढ़ो, या वाया नामवर सिंह पुरुषोत्तम अग्रवाल के कबीर को पढ़ो—दोनों जगह कबीर का समाज पूरी तरह बहिष्कृत है। कबीर को ब्राह्मण मान कर पढ़ो या कबीर को व्यापारी वर्ग का मान कर पढ़ो—कबीर को जुलाहों, कोरियों, कुम्हारों, बढ़ियों, नाइयों, मालियों और बनजारों से छीन लिया गया है। ऐसा हो गया है कि अब कबीर शास्त्रीय और महंगे हो गए हैं—अब चमारों और भंगियों में से उन्हें कौन खरीद लेगा? 'कबीर कमीशन' की रिपोर्ट को जिल्दों समेत फूँक दिया गया है। 'फाउस्टियन पैक्ट' के बजाय ब्राह्म-विवाह की पवित्रता और अटूटता का पाश न आचार्य रामचन्द्र शुक्ल के यहाँ टूटता है, न डा. हजारी प्रसाद द्विवेदी के यहाँ, और न वाया नामवर सिंह के पुरुषोत्तम अग्रवाल के यहाँ। कोई जड़ता नहीं टूटती बल्कि एक जड़ता से दूसरी जड़ता के लिए प्रवेश द्वार खुलता है। इस से आलोचना की विधा का कोई क्षरण नहीं रुका बल्कि किंवदन्ती और प्रक्षिप्त के माध्यम से पुराणों का पतनाला ही खुल गया है।

अध्याय-15

कबीर से असहमत होने की वीटो पावर

पुरुषोतम अग्रवाल ने कबीर के साथ एक खेल खेला है। खेल यह है कि कबीर को धर्म से काट कर केवल कवि माना जाए। कवि मानने का मतलब ही यह है कि कबीर के पाँव काट कर उन्हें छोटा किया जा रहा है। लेकिन कबीर कविता में भी कुछ न कुछ बचे रह जाते हैं। तब कबीर के हाथ काटे जाते हैं कि पुरुषोत्तम अग्रवाल कबीर की कविता से असहमत होने का विशेष अधिकार अपने पास रख लेते हैं। इसे सिद्ध करने के लिए पूर्वपक्ष देना बहुत जरूरी है, जो इस प्रकार है :

1. "कारण है कबीर का कवित्व। हालाँकि उस लोकवृत्त में ही नहीं, व्यापक समाज में भी कबीर कवि नहीं, संत ही कहलाते थे। कारण था, कवि शब्द का उस समय प्रचलित पारिभाषिक अर्थ।"[1]
2. "प्रेम और रूपाशक्ति को यदि कवि होने का प्रमाण मानें तो कबीर को धर्मगुरु या उपदेशक मानने की आदत छोड़कर उन्हें प्राथमिक रूप से कवि मानने की आदत डालना चाहिए। उनका स्वभाव और भाषिक व्यवहार कवि का है, भले ही अपने समकालीन समाज में प्रचलित काव्य-धारणाओं के कारण उन्हें स्वयं को कवि मानने में संकोच होता है।"[2]
3. "कबीर को कवि मानने में आलोचकों के संकोच और स्वयं कवि की हिचक की चर्चा हमने पहले ही अध्याय में की थी। उसके बाद, पूरी पुस्तक, खासकर पिछले दो अध्याय पढ़ते समय, आप स्वयं इस संकोच और हिचक के अटपटेपन पर चकित होते रहे होंगे, ऐसी उम्मीद है। उम्मीद यह भी है कि आप सहमत होंगे कि कोई कवि है या नहीं, यह तय करने के लिए विश्वास स्वयं रचना पर ही करना चाहिए, रचनाकार की घोषणाओं पर नहीं।"[3]

---

1. अकथ कहानी प्रेम की : कबीर की कविता और उन का समय, पुरुषोत्तम अग्रवाल, राजकमल प्रकाशन प्रा.लि., 1-बी, नेताजी सुभाष मार्ग, नई दिल्ली-110 002, पहला संस्करण, 2009, पृ. 395
2. वही, पृ. 61
3. वही, पृ. 394

4. "कबीर को मूलतः कवि की तरह पढ़ा जाए, यह आग्रह बरसों से करता आया हूँ।"[4]
5. "कबीर की कविता नया पंथ निकालने से कहीं बहुत आगे का हौसला करती है। धर्म के समग्र आख्यान का समग्र विकल्प खोजने और उसे कहने का हौसला।"[5]
6. "कबीर की कविता की सबसे बड़ी ताकत, उसकी कालजयिता यही है कि वह आपको सम्बोधित ही नहीं करती, आपको विषय भी बनाती है। शर्त यही है कि आत्मतुष्टता की बजाय थोड़े आत्मबोध के साथ पढ़ी जाए।"[6]
7. "आवश्यक है कि कविता को बतौर कविता के, संवेदनशीलता और सम्मान के साथ पढ़ा जाए। सामाजिक गतिशीलता के बारे में जानने-समझने के लिए भी कविता को पढ़ना चाहिए।"[7]
8. "कोशिश उस अलगपन को सराहने की होनी चाहिए। यह कोशिश हो तभी सकती है जबकि हम शब्द-साधक की साधना के स्वभाव को उसके शब्दों के जरिए पहचानें। कौन-सी शब्दयोजना कविता है, कौन सी नहीं, यह शब्द को सुनकर ही जाना जा सकता है।"[8]

कुछ लोग मुहम्मद साहब को उन के समय में कवि मानते थे। मुहम्मद साहब आयतें लिखते थे तो वे होड़ लगा कर कहते थे कि वे भी आयतें लिख सकते हैं। वे कितने झूठे थे? इसलिए, मुहम्मद साहब ने कुरान में कवियों की भर्त्सना की है। उन्होंने कवियों को किसी लायक नहीं माना। उन्होंने लिखा है कि कवियों में कमी यह होती है कि ये कहते हैं और करते नहीं हैं।[9] 'अकथ कहानी प्रेम की : कबीर की कविता और उन का समय' के लेखक भी कबीर को ऐसा ही कवि बना देना चाहते हैं, जैसे कवि की मुहम्मद साहब ने भर्त्सना की है। जबकि कबीर की कविता 'पोयट्री इन एक्शन' है, ये लेखक उन की कविता को निष्क्रियता से जोड़ रहे हैं। कबीर की कविता 'सक्रिय कविता' है, उसे 'निष्क्रिय कविता' नहीं कहा जा सकता। 'धर्मेतर अध्यात्म' इन लेखक के लिए विलास की चीज है। ये कबीर की कविता को ऐसे पढ़ना चाहते हैं, मानो कबीर ने इन के लिए भरपूर मनोरंजन की सामग्री जुटा दी हो, जबकि कबीर की कविता मनुष्य के लिए अन्याय के खिलाफ लड़ने का उद्घोष और उद्बोधन है।

क्या कबीर की कविता मनुष्य को वैसा ही छोड़ देगी जैसा हिन्दू वह है? क्या वे हिन्दू धर्म के सुधारक थे? क्या उन का काम हिन्दू धर्म को खरी-खोटी सुना कर चुप रह

---

4. वही, पृ. [10] 5. वही, पृ. 333 6. वही, पृ. 399
7. वही, पृ. 28 8. वही, पृ. 406
9. सूत न कपास, डॉ. धर्मवीर, वाणी प्रकाशन, 21-ए, दरिया गंज, नई दिल्ली-110 002, प्रथम संस्करण, 2003, पृ. 158

जाने का था? क्या उन के पास हिन्दू धर्म का विकल्प नहीं था? क्या 'धर्मेतर अध्यात्म' हिन्दू धर्म या किसी भी धर्म का विकल्प हो सकता है? क्या वे संसार से धर्म को और धर्म की संस्थाओं को खत्म करने आए थे? अन्धविश्वास और झूठे कर्मकाण्ड को मिटाने में क्या धर्म और उस की संस्थाएँ मिटानी जरूरी हैं? जब वे लोगों को हिन्दू धर्म से हटा रहे हैं तो क्या वे उन्हें अधार्मिक बना रहे हैं? क्या कबीर धर्महीन व्यक्ति थे? इन्हीं सब प्रश्नों से बचने के लिए 'अकथ कहानी प्रेम की : कबीर की कविता और उन का समय' के लेखक कबीर को धर्मगुरु नहीं मानते, पर उन के न मानने से क्या कबीर धर्मगुरु नहीं रह जाएंगे?

सही बात यह है कि इन लेखक के लिए कबीर धर्मगुरु नहीं थे पर हमारे लिए कबीर धर्मगुरु हैं। जनगणना में ये लेखक हिन्दू हैं और कबीर को धर्मेतर अध्यात्म का कवि मान कर हिन्दुओं की संख्या कम करवाना नहीं चाहते। ये गांधी का छोटा जेबी संस्करण हैं। गुटके साइज में छोटे होते ही हैं। कबीर का अलग धर्म मानने पर ये, गांधी की तरह, आमरण अनशन तक कर डालेंगे। ये कबीर को हिन्दुओं से अलग नहीं होने देंगे। पेन्डुलम के बजाय गेंद को एक ही जगह खड़े हो कर ऊपर-नीचे फेंकते रहेंगे। जब कबीर हिन्दू नहीं थे तो ये उन्हें हिन्दू कहने पर क्यों तुले हुए हैं? ये कबीर को 'पोयट्री इन एक्शन' का कवि मानने को तैयार क्यों नहीं हैं?

दलितों को ले कर इन के इस धर्मेतर अध्यात्म के परखचे सन् 1909, 1919 और 1935 के अंग्रेज कालीन भारत के कानूनों में भी उड़े थे। इस धर्मेतर अध्यात्म की सारी कलई पूना पैक्ट की घटना पर खुल गई थी। धर्मेतर अध्यात्म का मतलब है कि दलितों की कोई पृथकता नहीं है, इसलिए उन के कोई राजनैतिक और धार्मिक अधिकार नहीं हैं। वे अल्पसंख्यक समुदाय भी नहीं माने जा रहे थे। वे मानव अधिकारों से वंचित लोग थे पर समाधान में उन की कोई पहचान नहीं बनने दी जा रही थी; वे अछूत थे पर रोग के निवारण के लिए उन की कोई श्रेणी नहीं बनने दी जा रही थी; वे छुआछूत से ग्रस्त थे पर छुआछूत की कोई परिभाषा तय करने नहीं दी जा रही थी।

हिन्दू चिन्तक 'परिभाषा' शब्द से डरते हैं। ये समाज विज्ञान में पारिभाषिक शब्दावली से बिदकते हैं। यही कारण है कि इन्होंने हिन्दू धर्म की आज तक कोई परिभाषा नहीं बनने दी। इनके लिए जनगणना में हिन्दू वह है जो मुसलमान नहीं है, ईसाई नहीं है, यहूदी नहीं है और पारसी नहीं है—और......और......। धर्मेतर अध्यात्म ही इनका घुमाने वाला चकला-बेलन है। इस का ये अपने हक में बड़ा बेजा फायदा उठा रहे हैं।

पुस्तक 'अकथ कहानी प्रेम की : कबीर की कविता और उन का समय' में दो शब्दों से बने एक प्रत्यय का बार-बार प्रयोग हुआ है। यह 'देशज आधुनिकता' है। लगता है, इस शब्द को चल निकालने की फिक्र में अशोक वाजपेयी ने 'जनसत्ता' में छप रहे अपने स्थायी स्तम्भ 'कभी-कभार' में 'वडोदरा में कबीर' के शीर्षक के अन्तर्गत लिखा है—''यह भी समझ में आया कि कबीर की आवाज को उस की बेलौस सचाई में

सुने बिना भारत की एक निराली आवाज, अपनी देशज आधुनिकता के उद्गम की पुकार की अनसुनी हो सकती है।''[10] जब एक गलती कर दी तो बाकी गलतियाँ करने में क्या दिक्कत रह जाती है? अगली एक गलती इन शब्दों में की गई है—''यह सचाई भी कई तरह से सामने आई कि कबीर के सामाजिक विद्रोह और धर्मों की रैडिकल आलोचना कई बार इस तथ्य को दबा देती है कि वे मूलतः कवि थे, कि उन्होंने जो कुछ किया कविता के द्वारा ही किया और कि सारे घर फूंक कर उन्होंने जो एकमात्र शरण्य अपने लिए पाया-रचा वह कविता ही थी : कबीर का घर उन की कविता है, उसी में यानी सगुण आवास में ही उन का निर्गुण निवास करता है।''[11] बिलकुल पुस्तक 'अकथ कहानी प्रेम की : कबीर की कविता और उन का समय' से कदमताल करते हुए स्तम्भकार ने लिखा है—''एक बार यह बात भी बहुत तीखे ढंग से सामने आई कि कबीर ने कोई धर्म या पंथ स्थापित नहीं किया, दो बड़े धर्मों के पाखंड और कर्मकाण्ड की सख्त आलोचना की और ऐसे कर्मकांड में लिप्त धर्मों के चंगुल से अध्यात्म को मुक्त किया।''[12] कबीर के मूल काम को मिटा कर बाकी के मामले में स्तम्भकार ने कबीर की प्रशंसा में शब्दों की कोई कंजूसी नहीं बरती जब लिखा है—''यह प्रीतिकर अनुभव बार-बार होता रहा कि उन के अटल अध्यात्म, अथक प्रश्नवाचकता, सजग आलोचनावृत्ति, निर्गुण को कविता की अदम्य सगुणता द्वारा साधने की चेष्टा आदि में से किसी को नजर अंदाज कर कबीर को और उनकी हमारे लिए प्रासंगिकता को ठीक से समझा नहीं जा सकता।''[13] यह कबीर में से कबीर को निकाल कर कबीर को पेश करने की प्रक्रिया है। यह तरकीब इनके हाथ में बहुत पुरानी है। सच्चा गणित इन्हें पंसद नहीं—सौ में से सौ निकाल कर ये सौ बचा लेते हैं—मतलब, पूरे सौ को इधर से उधर रख देते हैं। इन्हें कबीर की वाणी को किंवदन्तियों से भरपूर ऐसी प्रक्षिप्त रचना बना कर रखना है कि वह इन के झूठ की काट न बन जाए। इन्होंने कबीर को पढ़ने का अपना तरीका निकाला है कि अब मौखिक परम्परा के लोक गायकों को प्रमुखता देने लगे हैं। लिखित में फँसने लगे तो बक्तम पर उतर आए। अब ये कबीर को 'बिहार से ले कर गुजरात तक की मौखिक परम्पराओं में'[14] ढूंढ रहे हैं। लेकिन इन्हें मालूम नहीं कि इन्हें इस गेम में भी फँसना है क्योंकि मौखिक परम्पराएँ दो हैं—एक कबीर के आजीवकों की और दूसरी विरोधी खेमे के गैर-आजीवकों की।

संवेदना में विषय नहीं बदलता। संवेदना की मनाही नहीं है, वह होनी ही चाहिए, बल्कि प्रभावकारी होनी चाहिए, लेकिन जीवन से अलग उसका अपना कोई मैदान और पैमाना नहीं है। जब प्रेम में न्यौछावर हुआ जा रहा है तो उस से पति, पत्नी और बच्चे के कानूनी अधिकार भी सृजित हो रहे हैं। उदारता कानून की दुश्मन नहीं हो सकती और

---

10. कभी-कभार : वडोदरा में कबीर, अशोक वाजपेयी, जनसत्ता, नई दिल्ली संस्करण, 14 फरवरी, 2010, पृ. 6
11. वही, पृ. 6
12. वही, पृ. 6
13. वही, पृ. 6
14. वही, पृ. 6

कानून इन के चरित्रहीन अध्यात्म का चेरा नहीं है। नाचो-गाओ पर गृहस्थी के एक दायरे में रह कर—यह आजीवक धर्म है। न बौद्धों और जैनियों की तरह नाचने-गाने को छोड़ो और न हिन्दुओं की तरह नाच-गाने को जार लीला बनाओ—यह आजीवक कविता की संवेदना को खुल कर खेलने का मर्यादित स्थान है। इस संवेदना में बड़ी तीव्रता है क्योंकि यह सन्तान और उस के भविष्य से जुड़ी हुई होती है। पति-पत्नी के प्यार के सामने रास-लीला किस खेत की मूली है? असली कविता उसी भूमि पर लिखी जाती है जब बाबर का बेटा हुमायूँ कहता है कि छोटी लड़ाइयों को फतह करने के लिए बादशाह को कूच करने की जरूरत नहीं है, मैं शहजादा बहुत हूँ। इस कविता के सामने सारी दूसरी कविताएँ बंजड़ कविताएँ हैं कि दशरथ अपने बेटे राम के वनगमन के कारण अपने प्राण त्याग रहे हैं। इसी जगह कबीर हाय-हाय कर उठते हैं कि वेश्या का बालक अपना बाप किसे कहे!

हिन्दुओं की एक खास पहचान है कि तीन मामलों में ये दुनिया में किसी की नहीं मानते। 'किसी की नहीं मानते'—का मतलब है—विदेशी शासकों की नहीं मानते और अपने भगवानों और भगवानों के अवतारों की भी नहीं मानते। इन तीन मामलों में कोई इन्हें समझा नहीं सकता। ये तीन मामले क्या हैं? ये जारकर्म, छुआछूत और वर्ण-व्यवस्था के हैं। कबीर पर ये किस प्रकार लागू किए गए, कबीर की बात किस तरह नहीं मानी गई, और उस के लिए क्या रणनीतियाँ अपनाई गईं—तीनों का खुलासा पुरुषोत्तम अग्रवाल की इस पुस्तक में मिल जाता है। ये तीन तरीके इस प्रकार हैं :

1. कबीर की वाणी को प्रक्षिप्त किया गया कि वे वैष्णव हैं।
2. कबीर के जीवन के बारे में किंवदन्ती फैलाई गई कि वे रामानंद के शिष्य थे।
3. यह माना गया कि कबीर धर्मगुरु-सदगुरु न हो कर कवि हैं।

पहले दो तरीकों के बारे में खूब चर्चा हो चुकी है लेकिन रणनीति का तीसरा तरीका छुपाते-छुपाते भी उजागर हो ही गया है जब पुरुषोत्तम अग्रवाल ने लिखा है—"कवि की सराहना करते हुए, उससे असहमति भी व्यक्त कर सकें, यह सम्भावना कवि के धर्मगुरु और कविता के धर्मग्रन्थ बनते ही समाप्त हो जाती है। 'बीजक' को धर्मग्रन्थ मानने वाले टीकाकारों के सामने रास्ता एक ही था—अपने मत को 'सद्गुरु' का सच्चा उपदेश सिद्ध करना। कवि से आप बेखटके असहमत हो सकते हैं, लेकिन धर्मग्रन्थ की धर्मसत्ता द्वारा मान्य व्याख्या से असहमत होने पर जमात बाहर होने की सम्भावना है।"[15] यही पुरुषोत्तम अग्रवाल को डर है जो धर्मसत्ता से लग रहा है। कहने का मतलब है कि ये तीन तरीके अपना कर इन्होंने हमारे कबीर में कुछ नहीं छोड़ा।

---

15. अकथ कहानी प्रेम की : कबीर की कविता और उन का समय, पुरुषोत्तम अग्रवाल, राजकमल प्रकाशन प्रा.लि., 1-बी, नेताजी सुभाष मार्ग, नई दिल्ली-110 002, पहला संस्करण, 2009, पृ. 231

कबीर के नाम पर प्रक्षिप्त की गईं कविताओं को सहज रूप से स्वीकार कर लेंगे क्योंकि वह काम चालाक वैष्णवों ने किया था, कबीर को रामानंद का शिष्य बता कर दार्शनिक व्याख्या कर लेंगे कि कबीर वैष्णव थे, तीसरे, जो कबीर की बची-खुची थोड़ी-बहुत मूल वाणी रहती है, उस से असहमत होने का अधिकार ले लिया है। क्या बढ़िया तरीक है? मतलब, कबीर की एक नहीं माननी—जैसे धर्म को सदाचार से जोड़ने वाले पारिवारिक मामले में मक्खलि गोसाल की कभी नहीं मानी। आखिर, ये लोग रास लीला के कृष्ण को भगवान बना कर माने ही।

पुरुषोत्तम अग्रवाल की इस पुस्तक के शीर्षक से ही यह बात स्पष्ट हो जाती है कि वे कबीर से किस लिए असहमत होने का अधिकार चाहते हैं। पुस्तक का शीर्षक 'अकथ कहानी प्रेम की : कबीर की कविता और उनका समय' है। पूछना यही है कि इन्होंने अपनी पुस्तक का शीर्षक 'खसम खुशी क्यों होय?'—क्यों नहीं रखा, जबकि इन के यहाँ 'भगति नारदी मगन सरीरा'[16] की प्रक्षिप्त रचना की पुनरावृत्तियों की गणना नहीं है? इन का घोषित उद्देश्य है कि कबीर को कवि सिद्ध करना है, पर इस में सिद्ध करने जैसी कोई आवश्यकता नहीं है क्योंकि कबीर कवि के बजाय महाकवि हैं। लेकिन अग्रवाल का अघोषित उद्देश्य यह है कि कबीर को केवल व्यक्ति माना जाए, वंश से जुड़ी हुई समस्याओं से ग्रस्त सामाजिक मसीहा नहीं। उन्हें डर है कि कबीर को धर्मगुरु न मान लिया जाए। उन्होंने यह गलत धारणा बना ली है कि एक महाकवि धार्मिक कविता नहीं लिख सकता जबकि उनके सिद्धान्त को असिद्ध करते हुए उन के घर में तुलसी दास इस के सबसे बड़े उदाहरण मौजूद बैठे हैं।

मुश्किल क्या हो जाएगी यदि कबीर को धर्म कवि मान लिया जाएगा? उत्तर में, पुरुषोत्तम अग्रवाल की मुश्किल यह हो जाएगी कि तब वे कबीर को हिन्दू और वैष्णव की गिनती में नहीं खपा पाएंगे, पर न खपें, हम पर क्या फर्क पड़ता है? लेकिन, तब पुरुषोत्तम अग्रवाल कबीर की कविता का अध्ययन भी नहीं करेंगे, पर न करें, हमारी बला से। एक पुरुषोत्तम अग्रवाल कबीर को नहीं पढ़ेंगे तो कबीर की वाणी का क्या हर्ज होगा? कुछ भी नहीं, उलटे कुछ फायदा ही होगा। प्रक्षिप्त और किंवदन्ती का एक वकील केस से अलग हटेगा। कबीर की वाणी से झूठ के आरोपण का रिश्ता टूटेगा। इस से बढ़िया बात दूसरी क्या होगी कि कबीर के नाम पर बिकने के लिए प्रक्षिप्त और किंवदन्ती की पैंठ नहीं लगेगी?

किंवदन्ती और प्रक्षिप्त को मान्यता दे कर ऐसा लग रहा है मानो पुरुषोत्तम अग्रवाल उन जानवरों का शास्त्र तैयार कर रहे हैं जो जंगल में ठगी कर के दूसरों को जिब्ह करते हैं। यह सच है कि यह बहादुरी की जंग नहीं है बल्कि झूठ-कपट का मायावी युद्ध है। अन्धविश्वास बुरी चीज होती है, पर किंवदन्ती अन्धविश्वास की माँ और प्रक्षिप्त अंधविश्वास का बाप है। सवाल है, पुरुषोत्तम अंग्रवाल के पास अन्धविश्वास

16. वही, पृ. 339

को मिटाने का क्या कार्यक्रम है जो कबीर ने शुरू कर रखा है? यदि किंवदन्ती और प्रक्षिप्त को मान्यता देनी है तो इस का मतलब है कि आप अन्धविश्वास को मिटाने के कबीर के अभियान में शामिल नहीं हैं। तब, कबीर पर किताब लिखने का अर्थ क्या रह जाता है?—तुलसी पर लिख लेते। आखिर, कविता को किंवदन्ती और प्रक्षिप्त में क्यों रला-मिला दिया? हर हाल में हमें कबीर की परम्परा में कविता को अंधविश्वास से अलग करना है, चाहे पुरुषोत्तम अग्रवाल सरीखे लोग कितने भी बेचैन हो जाएँ या भिन्ना जाएँ।

अध्याय-16

यह भक्ति 'मोरलेतर' क्यों है?

क. यह 'विवाहतेर सैक्स' जैसी कुछ चीज है–अर्थात 'भक्ति बिगारी कामियाँ.......'[1]

ख. कबीर के सामने नारदी भक्ति का तमाशा

ग. 'ऊँट विष्णु पद गावै'

क. यह 'विवाहतेर सैक्स' जैसी कुछ चीज है–अर्थात 'भक्ति बिगारी कामियाँ......'

भक्ति, बल्कि कहिए कि कबीर की भक्ति, के बारे में पुरुषोत्तम अग्रवाल के क्या विचार हैं? उन्हें पूर्व-पक्ष के रूप में इस प्रकार क्रमबद्ध किया जा सकता है :

1. " 'भगति नारदी' तक पहुँचने के पहले कबीर साधना के किन-किन पड़ावों से गुजरे? उपलब्ध साधनाओं को उन्होंने कैसे अपनाया और बदला? स्वयं इन साधनाओं ने कैसे रचा कबीर को?"[2]
2. "कबीर का 'मूल तत्त्ववाद' निर्धारित करने के चक्कर में पड़ने की बजाय, संवदेना पर ध्यान दें, उनकी कविता के सबद पढ़ें, उनकी बानी सुनें तो आप स्वयं सुन समझ सकते हैं कि जुलाहे के घर जन्मे कबीर, नीरू-नीमा के मेधावी पुत्र कबीर अपनी खोज-यात्रा में शाक्त, नाथपंथी और सूफी साधनाओं से गुजरकर 'भगति नारदी' में मगन होने की व्यवस्था तक पहुँचे थे। इस भगति को ही वे सभी साधनाओं का प्रतिमान बनाते हैं।"[3]
3. "नारद भगति में मगन कर देनेवाली खोज ने ही कबीर को

---

1. कबीर वचनावली–अर्थात कबीर साहब के उत्तमोत्तम भजनों और साखियों का संग्रह, संग्रहकर्ता, अयोध्या सिंह उपाध्याय हरिओध, काशी नागरी प्रचारिणी सभा, बनारस, 8वाँ संस्करण, वि.सं., 1996, पृ. 48
2. अकथ कहानी प्रेम की : कबीर की कविता और उन का समय, पुरुषोत्तम अग्रवाल, राजकमल प्रकाशन प्रा.लि., 1-बी, नेताजी सुभाष मार्ग, नई दिल्ली-110 002, पहला संस्करण, 2009, पृ. 181
3. वही, पृ. 176

आत्मविश्वास दिया था—अपनी सामाजिक पहचान से मुँह न चुराने का, अपनी जाति पर हँसनेवालों को चुनौती देने का—"कासी का जुलाहा हूँ मैं, मति का धीर हूँ, नारदी भगति में मगन हूँ। जो राम से भरपूर हैं, उनके चरण-कमलों की धूल बनने में भी मुझे एतराज नहीं। मैं तो अपनी भगति नारदी के बूते भवसागर पार कर जाऊँगा। इसी भक्ति के कारण, काशी के इस जुलाहे की जबान पर विष्णु, नयनों में नारायण और हृदय में गोविन्द निवास करते हैं।"[4]

4. "कबीर ने अपनी भक्ति को नारदी खामखा नहीं, सोच-समझकर कहा है। भक्ति-सूत्र शांडिल्य के भी थे, और नारदीय भक्ति-सूत्रों से वाकिफ कबीर शांडिल्य से भी वाकिफ रहे होंगे।"[5]
5. "नारद के नाम से विख्यात भक्ति सूत्रों के ऐतिहासिक कर्ता के बारे में हम कुछ भी नहीं जानते, लेकिन यह महत्त्वपूर्ण है कि इनका रचनाकाल ग्यारहवीं सदी में माना जाता है। यह भी ध्यान देना चाहिए कि जिन नारद के नाम इन सूत्रों का रचयिता इनको कर गया है, वे दासीपुत्र या कानीन संतान माने जाते हैं। नारद का नाम क्यों दिया इन सूत्रों को यह तो सूत्रकार ही जाने, लेकिन इन चौरासी सूत्रों से गुजरने वाला व्यक्ति यह जरूर जान जाएगा कि जिसने भी ये सूत्र रचे, वह कोई बहुत ही गहरा साधक और सार्थक प्रेमी रहा होगा।"[6]
6. "अनेक भक्तों के नाम गिनाते हैं नारद लेकिन सैद्धान्तिक धरातल पर प्रतिमान होने का गौरव गोपियों की भक्ति को ही देते हैं—'यथा व्रजगोपिकानाम'।"[7]
7. "कबीर अपनी भगति को नारदी कहते हैं, और नारद भक्ति का आदर्श बताते हैं ब्रज-बालाओं की भक्ति को—'यथा व्रजगोपिकानां'।"[8]
8. "भगति नारदी मगन सरीरा। इहि विधि भव तिरि कहै कबीरा।" (सोरठि, 17, ग्रन्थावली, पृ. 312)"[9]

पुनरावृत्ति की जाए कि पुरुषोत्तम अग्रवाल नारद के भक्तिसूत्र के बारे में लिखते हैं—"अनेक भक्तों के नाम गिनाते हैं नारद लेकिन सैद्धान्तिक धरातल पर प्रतिमान होने का गौरव गोपियों की भक्ति को ही देते हैं—'यथा व्रजगोपिकानाम्'।"[10] लेकिन यह पुरुषोत्तम अग्रवाल के अधिकार क्षेत्र से बाहर का लिखना है। यह उन के अनधिकार की चेष्टा है कि 'कबीर अपनी भगति को नारदी कहते हैं'[11] या 'कबीर ने अपनी भक्ति को

4. वही, पृ. 176-77
5. वही, पृ. 55
6. वही, पृ. 347
7. वही, पृ. 348
8. वही, पृ. 56
9. वही, पृ. 176, 347
10. वही, पृ. 348
11. वही, पृ. 56

नारदी खामखा नहीं, सोच-समझ कर कहा है।'[12] कारण यह है कि कबीर के साहित्य में आजीवक धर्म की परम्परा में कृष्ण के बारे में लिखा मिलता है–"मथुरा के मरिगो क्रेस्न गुआरा।"[13] सबसे बड़ी बात, कबीर ने कृष्ण के बारे में यह भी कहा है–"वह भयौ काम कौ कीरां"[14]

जोतिबा फुले ने भी इस अन्तर को बहुत स्पष्ट किया है कि वे कृष्ण भक्ति के विरोधी हैं। उन्होंने ईश्वर के बारे में लिखा है–"हम सभी का निर्माणकर्ता ऐसा नहीं है। वह आर्य ब्राह्मणों के काल्पनिक काले कृष्ण की तरह दूध-मक्खन की चोरी-चपाटी करके सोलह-सहस्र एक सौ आठ नारियों के साथ-साथ ग्वालों की बहकाई राधा के संग विषयासक्त हो कर उन के बिस्तर पर लुढ़कने वाला नहीं है।"[15] फुले ने कतई नहीं माना कि कृष्ण संसार का और हमारा निर्माता हो सकता है। उन्होंने आगे लिखा है–"चौथी बात यह कि कृष्ण जी के जबकि सोलह सहस्र एक सौ आठ औरतें थीं तब भी ग्वाले की राधा नाम की औरत पर कामुक हो कर उस ने उस के मन को भ्रष्ट किया। फिर उस का यह व्यभिचारी आचरण परम नीतिमान निर्माता के नाम को शोभा दे सकता है?"[16] भगवान तो भगवान, जोतिबा फुले ने कृष्ण को मनुष्य कहलाने लायक भी नहीं माना। वे कृष्ण जैसे व्यक्ति को सांसारिक झगड़ों की जड़ मानते हैं। वे कृष्ण के बाल जीवन को एक बिगड़े हुए बच्चे का बाल जीवन मानते हैं। वे समझाते हुए लिखते हैं–"उसी प्रकार तुम लोगों ने अपने बच्चों को उन के स्कूलों में यदि नहीं भेजा तो आवारा हो कर उम्र में आते ही काले कृष्ण की तरह बेशर्म हो कर व्यभिचार करने लगेंगे जिससे वे स्वभाव से सदाचारी सभी लोगों की नफरत के हकदार बन जाएंगे और उन के लिए सभी लोगों के साथ भयानक झगड़े, मारकाट, खूनखराबा करना पड़ेगा...।"[17]

क्रिस्टोफ जफरेलोट ने अपनी पुस्तक 'डा. अम्बेडकर एण्ड अनटचेबिलिटी : एनालाइजिंग एण्ड फाइटिंग कास्ट' में सन् 1951 में 'हिन्दू कोड बिल' पर डा. अम्बेडकर के भाषण के बारे में लिखा है–"चार दिनों की बहस के बाद, डा. अम्बेडकर ने एक आवेशपूर्ण भाषण दिया जिस में उन्होंने बताया कि कृष्ण और राधा के विवाहेतर सम्बन्ध उस अधोगति के सबूत हैं जिस में हिन्दू धर्म ने अपनी स्त्रियों को ढकेला है।"[18]

---

12. वही, पृ. 55
13. महा बीजक [कबीर साहब की सम्पूर्ण वाणियों का संग्रह], सम्पादक, गंगा शरण शास्त्री, कबीर वाणी प्रकाशन मन्दिर, सी-23/5, कबीरचौरा मठ, वाराणसी-221 001, प्रथम संस्करण, 10 जून, 1998, पृ. 20
14. कबीर : आधुनिक सन्दर्भ में, डा. राज देव सिंह, लोक भारती प्रकाशन, 15ए, महात्मा गांधी मार्ग, इलाहाबाद-1, संस्करण, 1999, पृ. 137
15. महात्मा जोतिबा फुले रचनावली, भाग-2, अनुवाद एवं सम्पादन, डा. एल.जी. मेश्राम 'विमलकीर्ति', राधाकृष्ण प्रकाशन प्रा.लि., जी-17, जगतपुरी, दिल्ली-110 051, संशोधित संस्करण, पहली आवृत्ति, 2002, पृ. 121
16. वही, पृ. 134
17. वही, पृ. 189
18. "After four days of discussions, Ambedkar gave an impasioned speech where he mentioned that the extra-marital relationship of Krishna and Radha was an indication of the degraded condition in which Hinduism maintained its womenfold."
Dr Ambedkar and Untouchability : Analysing and Fighting Caste, Christophe Jaffrelot, Permanent Black, D-28, Oxford Apartment, 11, I.P. Extension, Delhi-110 092, 1st Edition, 2005, p. 116

रीबा सोम ने भी अपने शोध लेख 'जवाहर लाल नेहरू एण्ड दि हिन्दू कोड : ए विक्टरी आफ सिम्बल ओवर सब्स्टांस?' में इस बात को इन शब्दों में दर्ज किया है–"उन्होंने (डाक्टर अम्बेडकर ने) कृष्ण के राधा से अवैध सम्बन्धों की भर्त्सना की।"[19]

अच्छा होगा, यहाँ इस विषय पर डा. अम्बेडकर के पूरे विचार जान लिए जाएँ। वे अपने लेख 'द रिडल आफ रामा एण्ड कृष्णा' में लिखते हैं–"कृष्ण की सभी अनैतिकताओं में सर्वाधिक आपत्तिजनक है उस का राधा नाम की गोपी से सम्बन्ध।"[20] वे आगे लिखते हैं–"कृष्ण...दूसरे आदमी की पत्नी राधा के साथ पति-पत्नी के रूप में रहते हैं। कृष्ण को इस के लिए कोई अनुताप या पश्चाताप भी नहीं होता।"[21] वे कृष्ण की रास लीला के बारे में लिखते हैं–"...जब विष्णु पुराण इन की चर्चा करता है तो वह बहुत कर के अश्लीलता की सीमा को नहीं छूता। हरिवंश स्पष्ट तौर पर अश्लीलता की ओर कदम बढ़ाए है और भागवत ने तो सारी मर्यादा को ताक पर उठा कर रख दिया है और वह तो अश्लीलता में ही मग्न है।"[22] डा. अम्बेडकर ने आगे लिखा है–"राधा से कृष्ण के कामुकता भरे चरित्र का चित्रण ब्रह्म वैवर्त पुराण ने किया है।"[23]

कबीर के साहित्य में नारदी भक्ति का पुछलका जोड़ते समय इतना तो ध्यान रखना चाहिए था कि कबीर सगुणमार्गी नहीं हैं। नारदी भक्ति का अनैतिक कमल सगुण की कींच में ही खिलता है। यदि कबीर को हिन्दुओं की नारदी भक्ति से जोड़ना है तो बेहतर यह होगा कि कबीर का पीछा छोड़ दिया जाए। यदि इन लेखक की तरह के कुछ लोग कबीर के ज्ञान से वंचित रह जाएंगे तो उस से कबीर के मिशन का नुकसान नहीं हो जाएगा, बल्कि फायदा ही होगा। कबीर के मिशन को वे लोग खतरा पैदा करते हैं जो उन्हें प्रक्षिप्त और किंवदन्ती के चश्मे लगा कर पढ़ते हैं। यह दुचश्मी राग है जिस में प्रक्षिप्त मर्दाने स्वर में गाता है और किंवदन्ती जनानी आवाज में उस की हामी भरती है। इन दोनों की चोंचें तोड़ी जाएँ–यह इन की झूठी रटन्त है।

जहाँ तक 'कबीर ग्रन्थावली' में आई हुई पंक्ति–'भगति नारदी मगन सरीरा। इहि विधि भव तिरी कहै कबीरा।'–का तालुक है तो उस बारे में यही कहा जाना है कि कबीर के नाम से संग्रहीत सब कुछ को प्रमाण नहीं मानना चाहिए। कबीर तरण-तारण पर ही सवाल खड़ा कर देते हैं जब गाते हैं :

> मन तू पार उतरि कहँ जैहै।
> आगे पंथी पंथ न कोई। कूच मुकाम न पैहै।।
> नहिं तहँ नीर नाव नहि खेवट। ना गुन खेंचनहारा।।

---

19. "... he dismissed Krishna's illicit intimacy with Radha."
Jawaharlal Nehru and the Hindu Code : A Victory of Symbol over Substance?, Reba Som, Modern Asian Studies, The Edinburg Building, Shaftesbury Road, Cambridge, CB2 2RU, Volume 28, Part 1, February, 1994, p. 186, footnote-96
20. हिन्दू धर्म की रिडल : ब्राह्मणशाही की ऊहापोह, लेखक, डा. भीमराव आम्बेडकर, अनुवादक, डा. भदन्त आनंद कौसल्यायन, रिडल्स प्रकाशन, बुद्ध भूमि, कामती रोड, नागपुर, प्रथम संस्करण, 1988, पृ. 149
21. वही, पृ. 149
22. वही, पृ. 149
23. वही, पृ. 149

धरनी गगन कल्प कछु नाहीं। ना कछु बार न पारा।।
नहीं तन नहिं मन नाहिं अपनपौ। सुन में सुद्धि न पैहो।।
बलवाना है पैठो घट में। व्हाँ ही ठौरे होइहौ।।
बारहि बार बिचारि देखु मन। अंत कहूं मत जैहौ।।
कहै कबीर सब छाड़ि कल्पना। ज्यौं कै त्यौं ठहरै हौ।।[24]

तब पुरुषोत्तम अग्रवाल की इस रटन्त विद्या का क्या अर्थ रह जाता है कि वे नारद के भक्ति सूत्र से "कस्तरति कस्तरति मायाम्"? को उद्धृत कर के उस का उत्तर भी उतारते हैं--"स तरति, स लोकांस्तारयति"[25]?

आखिर, कबीर ने क्यों कहा है कि 'भक्ति बिगारी कामियाँ'? कहा इसलिए था कि उस में कवि घुस गए थे जिन की पुरुषोत्तम अग्रवाल इतनी प्रशंसा में लगे हुए हैं कि कबीर को भी केवल कवि मानने में लगे हुए हैं। कबीर ने यह देखा था कि जार लोग भक्ति के क्षेत्र में आ कर अश्लील कविता कर रहे हैं। उन का यह देखना बिलकुल सही था। हरि मोहन झा की पुस्तक 'खट्टर काका' से कबीर के इस देखने की पुष्टि होती है। झा ने लिखा है–"... समझो तो शृंगार और भक्ति में चोली-दामन का रिश्ता है। सिर्फ रंग का फर्क है। एक शोख, दूसरा जोगिया। जिस तरह अंगूर सूखकर किशमिश बन जाता है उसी तरह 'शृंगार' सूखकर 'भक्ति' बन जाता है। शृंगार ताजा अंगूर का रस है। भक्ति कूपीपक्व द्राक्षासव है। शृंगारी कवि प्याले में भरते हैं, भक्त कवि गंगाजली में। शृंगार की वारुणी में एक तुलसी दल रख देते हैं, भक्ति बन जाती है। इसीलिए लैला-मजनूँ का इश्क भट्ठी की शराब और राधाकृष्ण का प्रेम मंदिर का चरणामृत माना जाता है! यहाँ के कवि दो ही राग जानते हैं। युवावस्था में शृंगार की स्वच्छंद सरिता सरसाते हैं, वार्धक्य में वैराग्य की वैतरणी बहाते हैं। लेकिन उसमें भी उन्हें 'तारिणी' चाहिए! 'तरुणी' के बिना काम नहीं चल सकता। चोला छूटे, लेकिन चोली नहीं![26]

ख. कबीर के सामने नारदी भक्ति का तमाशा

आदमी को कुछ लिखने से पहले सोचना जरूर चाहिए कि जो वह लिख रहा है, उस का सच से क्या ताल्लुक है? लिखना झूठ से झूठ तक की यात्रा नहीं है। लिखना झूठ बोलने का प्रमाण-पत्र नहीं है। लेकिन पुरुषोत्तम अग्रवाल ने इस बात का बिलकुल

24. महा बीजक [कबीर साहब की सम्पूर्ण वाणियों का संग्रह], सम्पादक, आचार्य गंगा शरण शास्त्री, कबीर वाणी प्रकाशन मन्दिर, सी-23/5, कबीरचौरा मठ, वाराणसी-221 001, प्रथम संस्करण, 10 जून, 1998, पृ. 503
25. अकथ कहानी प्रेम की : कबीर की कविता और उन का समय, पुरुषोत्तम अग्रवाल, राजकमल प्रकाशन प्रा.लि., 1-बी, नेताजी सुभाष मार्ग, नई दिल्ली-110 002, दूसरा संस्करण, 2010, पृ. 348-49
26. खट्टर काका, हरि मोहन झा, राजकमल प्रकाशन प्रा.लि., 1-बी, नेताजी सुभाष मार्ग, नई दिल्ली-110 002, राजकमल पेपर बैक्स, चौथी आवृत्ति, 2010, पृ. 164-65

ध्यान नहीं रखा जब उन्होंने 'भगति नारदी मगन सरीरा' और 'भगति नारदी हिरदै न समाई' को कबीर से जोड़ा है।[27] उन्हें ऐसा जोड़ने से पहले अच्छी तरह से देख लेना चाहिए था कि नारद के भक्ति सूत्र में क्या है। इतना समझ लेना चाहिए था कि कबीर हिन्दुओं के धर्म शास्त्रों का विरोध करते हैं। इस के विपरीत, नारद के भक्तिसूत्र शास्त्रों की प्रशंसा, उन का अनुसरण और उन की रक्षा करते हैं। इस के प्रमाण में तीन सूत्र इस प्रकार हैं :

1. "लोके वेदेषु तदनुकूलाचरणं तद्विरोधिषूदासीनता।।11।।
   —लौकिक और वैदिक कर्मों में भगवान के अनुकूल कर्म करना ही उस के प्रतिकूल विषय में उदासीनता है।"[28]
2. "भवतु निश्चयदाढर्यादूर्ध्वं शास्त्र रक्षणम्।।12।।
   —विधिनिषेध से अतीत अलौकिक प्रेम प्राप्ति करने का मन में दृढ़ निश्चय हो जाने के बाद भी शास्त्र की रक्षा करनी चाहिए। अर्थात् भगवदनुकूल शास्त्रोक्त कर्म करने चाहिए।"[29]
3. "तीर्थीकुर्वन्ति तीर्थानि सुकर्मीकुर्वन्ति कर्माणि सच्छास्त्रीकुर्वन्ति शास्त्राणि।।69।।
   —ऐसे भक्त तीर्थों को सुतीर्थ, कर्मों को सुकर्म और शास्त्रों को सत्-शास्त्र कर देते हैं।"[30]

शास्त्रों की प्रशंसा और रक्षा की बात ही नहीं है, नारद के भक्ति सूत्रों ने, शास्त्रों के पिछलग्गुओं के नाम भी गिना दिए है जो नारद के अलावा इस प्रकार हैं :

4. "इत्येवं वदन्ति जनजल्पनिर्भया एकमताः कुमारव्यासशुक-शाण्डिल्यगर्गविष्णुकौण्डिन्यशेषोद्धवारुणिबलिहनुमद्विभीषणादयो भक्त्याचार्याः।।   ।।
   —कुमार (सनत्कुमारादि), वेदव्यास, शुकदेव, शाण्डिल्य, गर्ग, विष्णु, कौण्डिन्य, शेष, उद्धव, आरुणि, बलि, हनूमान्, विभीषण आदि भक्तितत्त्वके आचार्यगण लोगोंकी निन्दा-स्तुतिका कुछ भी भय न कर (सब) एकमतसे ऐसा ही कहते हैं (कि भक्ति ही सर्वश्रेष्ठ है)।"[31]

हनुमान प्रसाद पोद्दार ने इस सूत्र की व्याख्या करते हुए लिखा है—"देवर्षि नारद भक्तितत्त्वके प्रधान-प्रधान आचार्योंका मत देकर अपने कथनकी पुष्टि करते हैं। ये सभी

27. अकथ कहानी प्रेम की : कबीर की कविता और उन का समय, पुरुषोत्तम अग्रवाल, राजकमल प्रकाशन प्रा.लि., 1-बी, नेताजी सुभाष मार्ग, नई दिल्ली-110 002, दूसरा संस्करण, 2010, पृ. 339
28. प्रेम-दर्शन : देवर्षि नारद-विरचित भक्तिसूत्र, हनुमान प्रसाद पोद्दार, गीताप्रेस, गोरखपुर, उत्तर प्रदेश-273 005, इकतीसवाँ पुनर्मुद्रण, सम्वत, 2066, पृ. 30
29. वही, पृ. 32
30. वही, पृ. 126
31. वही, पृ. 168-69

महापुरुष भक्तितत्त्वके ज्ञाता और आचार्य हुए हैं। सनत्कुमार नित्य 'हरिः शरणम्' मन्त्रका जाप करते रहते हैं और भक्तिमार्ग प्रधान प्रवर्तक हैं। भगवान् श्रीवेदव्यासने अठारहों पुराणों में भक्तिको ही मुख्य बतलाया है।, उनका श्रीमद्भागवत तो भक्तिकी खानि ही है। श्रीशुकदेवजीकी भक्तिका क्या कहना? भक्तिरसप्रधान श्रीमद्भागवत उन्हींके मुखसे निकला हुआ सुधासमुद्र है। महर्षि शाण्डिल्यके भक्तिसूत्र ही उनके भक्तितत्त्वके एक प्रधान आचार्य होनेका प्रमाण दे रहे हैं। महर्षि गर्गकी गर्गसंहितामें भक्तिका प्रवाह बहता है। महर्षि विष्णु प्रधान स्मृतिकार थे। एक विष्णुस्वामी प्रसिद्ध भक्तिसम्प्रदायके आचार्य हुए हैं। कौण्डिन्यजीने तन्मयतासक्तिमें सिद्धि प्राप्त की थी ऐसा माना जाता है। भगवान् शेषजी तो दिन-रात सहस्र मुखोंसे हरिगुणगान ही करते हैं। आप दास्यभावके परम आचार्य हैं। दासस्वरूप लक्ष्मणके रूपमें आपने ही अवतार लिया था। उद्धवजी महाराज भगवान श्रीकृष्णके प्रधान रखा थे। आरुणिको निम्बार्कका नामान्तर मानते हैं, आप युगल स्वरूपके उपासक थे। राजा बलि सर्वात्मनिवेदनासक्तिके मूर्तिमान् स्वरूप हैं, इनके भक्तिबलसे भगवान्ने स्वयं इनका द्वारपाल बनना स्वीकार किया था। प्रातःस्मरणीय भक्तराज श्रीहनुमानजीका दास्यभाव प्रसिद्ध है। महाभाग विभीषणजीने भक्तिके प्रतापसे भगवान् श्रीरामचन्द्रका सख्य प्राप्त किया था। इन भक्तिशास्त्र के सभी आचार्योंने लोगोंकी निन्दा-स्तुतिकी कुछ भी परवा न कर भक्तिकी महिमा गायी है और अपने जीवनद्वारा भक्तिकी सर्वश्रेष्ठता सिद्ध की है। इन्हींके मतके अनुसार श्रीनारदजी भी निर्भय होकर भक्तिका डंका बजा रहे हैं।"[32] इस का मतलब है कि कबीर की सारी कभात बेकार गई, पूरी जिन्दगी की कमाई खत्म। बताइए, जो कबीर आराध्यों के पीछे डंडा ले कर पड़े हुए हैं, वे उन आराध्यों के आराधकों की पूजा करेंगे? तुलना के लिए अच्छा रहेगा कि यहाँ 'बीजक' का एक सबद रख दिया जाए। यह इस प्रकार है :

संतो आवै जाय सो माया।
है प्रतिपाल काल नहिं वाके। ना कहुँ गया न आया।।
का मकसूदन मच्छ कछ होई। संखासुर न संघारा।।
है दयाल द्रोह नहिं वाके। कहहु कवन को मारा।।
वै करता नहिं ब्राह कहाये। धरनि धरो नहिं भारा।।
ई सभ काम साहब के नाहीं। झूठि कहे संसारा।।
खंभ फोरि जो बाहर होई। ताहि पतिजे सभी कोई।।
हरनाकुस नख ओद्र बिदारा। सो करता नहिं होई।।
बावन रूप न बलि को जांचे। जो जांचे सो माया।।
बिना बिबेक सकल जग भरमे। माये जग भरमाया।।
परसुराम छत्री नहिं मारे। ई छल माया कीन्हा।।

32. वही, पृ. 169-70

सतगुर भेद भगति नहिं जाने। जीवहिं मिथ्या दीन्हा।।
सिरजनहार न व्याही सीता। जल पखान नहिं बंधा।।
वै रघुनाथ एक कै सुमिरै। जो सुमिरै सो अंधा।।
गोपी ग्वाल न गोकुल आया। करते कंस न मारा।।
है मेहरबानि सभहिन को साहब। नहिं जीता नहिं हारा।।
वै करता नहिं बुद्ध कहाये। नहीं असुर संहारा।।
ग्यांन हीन करता के भरमे। माये जग भरमाया।।
वै करता नहिं भया कलंकी। नहीं कलिंग्रहिं मारा।।
ई छलबल सब माया कीन्हा। जत्त सत्त सभ टारा।।
दस अवतार ईस्वरी माया। करता कै जिन पूजा।।
कहइ कबीर सुनो हो संतो। उपजै खपै सो दूजा।।[33]

क्या कबीर ने वैष्णवों के अवतार-विरोध की यह बात एक बार ही कही है? क्या वे किसी बहक में ऐसा कह गए हैं? क्या यह उन का मूल स्वर नहीं है? सच्चाई यही है कि वैष्णवों के अवतारों पर कबीर बरसे पड़े हैं। उन का एक पद और देखा जा सकता है जो इस प्रकार है :

राम गुन न्यारो न्यारो न्यारो।
अबुझा लोग कहाँ लौ बूझैं। बूझनिहार बिचारो।।
केतहिं रामचन्द्र तपसी से। जिन यह जग बिटमाया।।
केतहिं कान्ह भये मुरलीधर। तिन भी अंत न पाया।।
मच्छ कच्छ अउ ब्राह सरूपी। बाबन नाम धराया।।
केतेहिं बौध निकलंकी कहिये। तिन भी अन्त न पाया।।
केतेहिं सिध साधक संन्यासी। जिन्ह बनबास बसाया।।
केतेहिं मुनि जन गोरख कहिए। तिन भी अंत न पाया।।
जाकी गति ब्रह्मै नहिं जानी। सिउ सनकादिक हारे।।
ताके गुन नर कैसेक पैहो। कहै कबीर पुकारे।।[34]

अभी भी यदि बात समझ में न आई हो, और पुनरावृत्ति के दोष को नजरअंदाज करने की क्षमता हो तो यहाँ 'बीजक' से यह रचना भी उद्‌धृत की जा सकती है :

तेहि साहब के लागहु साथा। दुइ दुख मेटि के होउ सनाथा।।
दसरथ कुल औतरि नहिं आया। नहिं लंका के राउ सताया।।

---

33. महा बीजक [कबीर साहब की सम्पूर्ण वाणियों का संग्रह], सम्पादक, आचार्य गंगा शरण शास्त्री, कबीर वाणी प्रकाशन मन्दिर, सी-23/5, कबीरचौरा मठ, वाराणसी-221 001, प्रथम संस्करण, 10 जून, 1998, पृ. 32-3
34. वही, पृ. 36-7

नहिं देवकी के गरभहिं आया। नही जसोदे गोद खेलाया।।
प्रिथिमी रमन धमन नहिं करिया। पैठि पाताल नहीं बलि छलिया।।
नहिं बलिराज सो मांडल रारी। नहिं हरनाकुस बधल पछारी।।
ब्राह रूप धरनी नहिं धरिया। छत्री मारि निछत्री नहिं करिया।।
नहीं गोबरधन कर गहि धरिया। नहिं ग्वालन संग बन-बन फिरिया।।
गंडुकि सालिग्राम नहिं कूला। मच्छ कच्छ होय नहिं जल डोला।।
द्वारावती सरीर न छाड़ा। ले जग्रनाथ पिंड नहिं गाड़ा।।[35]

आम समझ की बात है कि जहाँ हिन्दू भक्ति का पूरा अवतारवाद ही खत्म हो, वहाँ उन अवतारों के गायकों को कबीर क्यों महत्व देंगे? जब विष्णु ही स्वीकार नहीं है तो विष्णु के वैष्णव भक्तों की पूछ कौन करेगा? जब दशरथ के बेटे राम का महत्व नहीं है तो राम के हनुमान की टिक्की कैसे की जा सकती है? लेकिन पुरुषोत्तम अग्रवाल हैं कि कबीर को इन सब से जोड़े जा रहे हैं। भला, जब पुरुषोत्तम अग्रवाल की पुस्तक के शीर्षक में कबीर के यहाँ 'अकथ कहानी प्रेम की' चल रही है तो इतना तो ध्यान रखा होता कि किसी सगुण की कथा से कबीर के चिन्तन का मेल कैसे खा सकता है। नारद के भक्ति सूत्र का एक सूत्र इस प्रकार है :

> "लोकेऽपि भगवद्गुण श्रवणकीर्त्तनात्।।37।।
> –लोक समाज में भी भगवत्-गुण-श्रवण और कीर्तन से भक्ति-साधन सम्पन्न होता है।"[36]

तब, क्या कबीर को नारद भक्ति का भक्त कहना अच्छा लगता है? नारद भक्ति तो शिवानुशासन को भी मानने को कहती है। सूत्र इस प्रकार है :

> "य इदं नारदप्रोक्तं शिवानुशासनं विश्वसिति श्रद्धत्ते स प्रेष्ठं लभते स प्रेष्ठं लभत इति।।   ।।
> –जो इस नारदोक्त शिवानुशासनमें विश्वास और श्रद्धा करते हैं वे प्रियतमको पाते हैं, वे प्रियतमको पातें हैं।"[37]

यूँ, यह सब भूसा परोसा जा रहा है। आखिर, कबीर को कबीर रहने दिया जाता। यदि क़बीर के पुरुषोत्तम अग्रवाल के रूप में एक प्रशंसक कम हो जाएंगे तो इस से कबीर का नुकसान नहीं होना। कबीर के प्रशसंक बनने की शर्त में कबीर को विष्णुभक्त

35. वही, पृ. 26
36. प्रेम-दर्शन : देवर्षि नारद-विरचित भक्तिसूत्र, हनुमान प्रसाद पोद्दार, गीता प्रेस, गोरखपुर, उत्तर प्रदेश-273 005, इकतीसवाँ पुनर्मुद्रण, सम्वत 2066, पृ. 63
37. वही, पृ. 170

और शिवभक्त तो न बनाया जाए। और लो, 'कबीर की विष्णु भक्ति'[38] के शीर्षक से साध्वी ज्ञानानंद जी ने एक पुस्तक ही प्रकाशित कर दी है। क्या कबीर पर बोलना और लिखना जरूरी है? नारदी भक्ति सूत्र की कितनी भी गाल-बजाई की जाए पर खुद नारद के बारे में हरि मोहन झा ने अपनी पुस्तक 'खट्टर काका' में पूछा है कि देवर्षि नारद कैसे पहुँचे हुए भक्त थे कि मोहिनी ने बंदर की तरह नचा दिया![39] उधर, कबीर किस तरह का चरित्र रखते हैं? वह उन का फौलादी चरित्र है जिस के सामने नारद पल भर भी नहीं रुक सकते। कबीर ने ऐसी हजार मोहनियों को एक ही जवाब दे कर ललकारा है—"माया महाठगिनी हम जानी।"[40] इस तरह कबीर और नारद में चरित्र साम्य भी नहीं है जो कबीर को नारदी भक्ति से जोड़ा जाए। इसलिए, इस तरह की प्रवृत्तियों पर विराम लगना चाहिए।

ग. 'ऊँट विष्णु पद गावै'

मेरे पास किताब के रूप में एक केस है। पहले ही बताया जा चुका है कि पुस्तक का नाम 'कबीर की विष्णु भक्ति' है और इस की लेखिका साध्वी ज्ञानानंद हैं। यह 2010 के वर्ष में छपी है। इस पुस्तक से पता चलता है कि कबीरपंथ में जन्मी एक बच्ची के लिए वैष्णव होने में मानसिक स्तर पर कैसी-कैसी सोच गुजरती है। उन्होंने अपने बारे में लिखा है—"मैं बता दूं कि इस शरीर का जन्म ऐसे परिवार में हुआ जो न जाने कितनी पीढ़ियों से कबीरपंथी, निर्गुणवादी रहे हैं। बचपन से ही मैंने समस्त परिवार को निराकार में भाव रखते हुए देखा। किसी तरह की अन्य पूजापद्धति परिवार में स्वीकृत नहीं थी, पर शायद पुराने जन्मों का संस्कार हो। न मालूम किस समय, कैसे, क्योंकर भगवान के विष्णु रूप अंतस् में समा गए। वे बड़े अंग-संग लगते थे। बचपन से उनकी याद में, कभी उनके विरह में इतने आँसू गिरते कि उन आँसुओं को अगर किसी पात्र में जमा किया जाता तो चौबीस घंटे में शायद एकाक गिलास आँसू भर आते।"[41] लेकिन उन्हें संकोच खाए जा रहा था। वे अपनी उस समय की भावनाओं को इन शब्दों में व्यक्त करती हैं :

> "मुझे लगता था कि मेरे आराध्य कबीरपंथ में छूट जाएंगे, इसलिए मैं कबीरपंथ के प्रति भाव नहीं रख पाती थी और अन्यत्र दीक्षा लेना चाहती

38. कबीर की विष्णु भक्ति, साध्वी ज्ञानानंद जी, श्री कबीर ज्ञान प्रकाशन केन्द्र, संत कबीर ज्ञान मार्ग, सिहीडीह, गिरिडीह, झारखंड-815 301, प्रथम संस्करण, 2010
39. खट्टर काका, हरि मोहन झा, राजकमल प्रकाशन प्रा.लि., 1-बी, नेताजी सुभाष मार्ग, नई दिल्ली-110 002, राजकमल पेपर बैक्स, चौथी आवृत्ति, 2010, पृ. 38
40. महा बीजक [कबीर साहब की सम्पूर्ण वाणियों का संग्रह], सम्पादक, आचार्य गंगा शरण शास्त्री, कबीर वाणी प्रकाशन मन्दिर, सी-23/5, कबीरचौरा मठ, वाराणसी-221 001, प्रथम संस्करण, 10 जून, 1998, पृ. 49
41. कबीर की विष्णु भक्ति, साध्वी ज्ञानानंद जी, श्री कबीर ज्ञान प्रकाशन केन्द्र, संत कबीर ज्ञान मार्ग, सिहीडोह, गिरिडीह, झारखंड-815 301, प्रथम संस्करण, 2010, पृ. 1

थी। केवल भगवान का भजन करना ही जीवन का लक्ष्य था–

जीवन लिख दिया तेरे नाम।

जीवन को भगवान के नाम कर दिया गया। अब अन्यत्र संन्यास लेकर अपने प्रभु के प्रति पूर्ण प्रेम निर्वहण करना चाहती थी।

परंतु 1975 ई. से, जब पंद्रह वर्ष की आयु हुई तो यकायक मुझे ऐसी प्रेरणा मिलने लग गई, ऐसा लगने लग गया कि मेरे आराध्य भगवान विष्णु मुझे ज्ञान प्राप्त करने के लिए और विष्णुतत्त्व को समझने के लिए मेरे गुरुदेव के चरणों में जाने के लिए प्रेरित कर रहे हों।''[42]

उन के मन में जो द्वन्द्व चल रहा था, वह बाहर-भीतर के अन्तर का था। भीतर कुछ था और बाहर कुछ और था। वे लिखती हैं–''मैं मस्त थी, मैं प्रसन्न थी। अचेतन मन में भगवान का विष्णु रूप कहीं छुपा हुआ जरूर था। परंतु बाहर मैं पूरी तरह निराकार में, आत्मतत्त्व में, सर्वव्यापी सत्ता में डूब चुकी थीं। 2000 ई. में मेरे पूज्य गुरुदेव (अनंतश्री विभूषित सद्गुरु विवेक साहब जी महाराज) अंतर्धान हो गए।''[43] वे बता रही है कि इस खिंचाव में उन के साथ जबर्दस्ती सी हुई है। चूँकि, वे श्री हरि विष्णु का मन्दिर बनवाने और विग्रह स्थापित करने के उद्घाटन समारोह में बोल रही थीं, इसलिए उन के शब्द उसी शैली के हैं :

''आप कहोगे कि हे गुरु माँ! आपने भगवान विष्णु को 'गुरु गोविन्द धाम' में बैठाया, परंतु असली बात यही है कि मैं ना-ना करती रही और भगवान जबदरस्ती हाँ-हाँ करते रहे।

मैं कहती रही दूर जा, दूर जा, मेरे पास मत आ, मत आ और वे कहते रहे मैं आऊँगा, आऊँगा और तुम्हें लाना ही पड़ेगा। ये धकम-धक्का, संघर्ष, तकरार सन् 2002 के उत्तरार्द्ध से चलना शुरू हो गया।

मैं प्रभु से कहती थी कि प्रभु! जब आप मुझे कबीरपंथ में लाए हो, आप ही ने प्रेरणा दी और जब आप प्रेरणा दे दिए तो अन्य-अन्य जगह जाओ मुझे छोड़ दो, मैं खुश हूँ।

शुरू-शरू के दिनों में तो हलका-फुलका तकरार चला, ऐसा लगता कि अदृश्य सत्ता परमात्मा भगवान विष्णु के रूप में आश्रम में आना चाहते हों और मैं परेशान, उद्विग्न कि लोग क्या कहेंगे? मैं उन्हें परे धकियाते रहती कि 'प्रभु! कृपा करो' रहम करो, मुझे जीने दो चैन से। मुझे शांत रहने दो प्रभु! क्षमा कर दो मुझे।''[44]

उन की स्थिति अजीब थी। उन्हें महसूस हो रहा था कि भगवान विष्णु उन के

---

42. वही, पृ. 2 43. वही, पृ. 2 44. वही, पृ. 3

साथ हो लिए हैं। वे उन्हें छोड़ नहीं रहे हैं। लेकिन उन की समझ में नहीं आ रहा था कि वे क्या करें। उन्होंने किंकर्त्तव्य विमूढ़ता की अपनी उस अवस्था के बारे में लिखा है :

> "कभी लगता कि वे (भगवान विष्णु) आ गए। कभी देखती मेरे हृदय में प्रकट हो गए। कभी लगता कि वे मेरा हाथ पकड़ लिये। कभी लगता, वे मनुहार कर रहे हों, विनती कर रहे हों कि मुझे आने दो। मुझे मत रोको।
>
> मैं कुछ दिनों तक तो अपने मन की बात मन में दबाये रखी। तदुपरांत संध्यापाठ (आश्रम में प्रतिदिन संध्या पाठ होता है) के समय आश्रमवासियों से चर्चा करने लग गई कि मैं क्या करूँ? अब मेरा दिल-दिमाग काबू में नहीं रह रहा है। मैं बेबश की तरह होती जा रही हूँ। भगवान साकार विष्णु रूप में आना चाहते हैं और मैं समझ नहीं पा रही कि मैं क्या करूँ?"[45]

उन्हें अपने चारों ओर एक अदृश्य शक्ति के होने का आभास हो रहा था। उस अदृश्य शक्ति ने उन का पूरा जीवन घेर लिया। जो अब तक हुआ था वह भी, और जो होने जा रहा था, वह सब उसी अदृश्य शक्ति के हाथ में था—"ऐसा लगता कि कोई अदृश्य शक्ति मुझे जकड़ती जा रही हो। अदृश्य शक्ति ने ही मुझे कबीर पंथ में डाला था। अदृश्य शक्ति ने ही मुझे मेरे गुरुदेव के चरणों तक पहुंचाया था और वही अदृश्य शक्ति अब आना चाह रही थी भगवान विष्णु के रूप में।"[46] ऐसे समय अपने को उबारने के लिए उन्हें एक निर्णय लेना था और उन्होंने वह निर्णय लिया—"एक दिन संध्या के समय अरुण जी और अशोक जी (सद्गुरु माँ के सेवाभावी दो निकटस्थ गृहस्थ शिष्य) बैठे थे। यकायक मैंने ऐलान किया कि मैं एक ऐसा कदम उठाने जा रही हूँ जो शायद लोगों को पसन्द हो ना हो, क्योंकि यह प्रचलन के विपरीत है, लेकिन मुझे अपने प्रभु पर विश्वास है। बिना कुछ बतलाए मैंने टेलीफोन का नंबर डायल किया और पूज्य आचार्य साहब (कबीर चौरा मठ के तत्कालीन प्रमुख श्री श्री 108 श्री गंगाशरण शास्त्री) के यहाँ फोन लगा दिया। अपने हृदय का पूरा भाव तो नहीं रख सकी, पर मैंने उनसे कहा, 'मैं एक मंदिर बनाना चाहती हूँ और अपने मनभावन अपनी इच्छानुरूप किन्हीं की प्रतिमा लगवाना चाहती हूँ।'"[47] आगे का संवाद इस प्रकार है :

> "उन्होंने पूछा, 'किनकी प्रतिमा लगाना चाहती है? अपने गुरुदेव का समाधि मंदिर तो बनवा ही लिया। क्या प्रतिमा भी लगवाना है?'
>
> मैंने कहा, 'नहीं।' मैं झिझक-सी गई। मैं चुप-सी होने लग गई, ठहर गई। मेरी जुबान लड़खड़ा रही थी और दिल भय से जोर-जोर से धक-धक कर रहा था कि अगर उन्होंने ना कह दिया तो? फिर भगवान पर भरोसा करके मैंने कहा, 'मैं भगवान विष्णु की प्रतिमा लगाना चाहती हूँ।' और

---

45. वही, पृ. 4
46. वही, पृ. 5
47. वही, पृ. 5

उन्होंने एक ही बार में कह दिया, 'बस-बस कोई हर्ज नहीं, लगाओ लगाओ।'

मैंने कहा, 'लोग क्या कहेंगे?'

उन्होंने कहा, 'लोग क्या कहेंगे, इस पर आपने पहले भी तो कभी विचार नहीं किया। आप जिस मार्ग में जा रही हैं, सही है। लोग क्या कहते हैं, छोड़िये लोगों को। लोगों को कहने-सुनने दीजिए और आपके मन में जो आ रहा है, उसे कर ही डालिए।''[48]

साध्वी ज्ञानानंद ने इस प्रकरण का समापन करते हुए लिखा है—''हमलोगों का धन्यभाग्य जो पूज्य आचार्य साहब के पावन कर-कमलों के द्वारा प्राणप्रतिष्ठा भी हो गई और अब वे दर्शन के लिए सुलभ भी हो गए।''[49]

ऊपर देखा जा सकता है कि साध्वी ज्ञानानंद एक द्वन्दभरी मानसिक प्रक्रिया से गुजरी हैं। उस का विश्लेषण आगे किया जाएगा कि उन के पास यह सोच किस सामाजिकता में आई और उन के पास क्या-क्या विकल्प थे, पर यहाँ अभी केवल यह जान लिया जाए कि जो उन्होंने किया है, उसे उन्होंने अपने स्तर पर वैध कैसे ठहराया है। प्रमाण पुनः उन्हीं की पुस्तक से हैं—''वैसे तो सद्गुरु कबीर साहब को निर्गुण धारा का भक्त माना जाता है और उनकी वाणियों में निर्गुण-निराकार परात्पर ब्रह्म की चर्चा, मंडन बहुतायत है, परंतु जिस प्रकार कबीर साहब ने निर्गुण-निराकार ब्रह्म के ज्ञान के लिए भारतीय वेदान्त का अवलंब लिया है, उसी प्रकार निर्गुण-निराकार ब्रह्म की भक्ति के लिए वैष्णव भक्ति को खुले दिल से अपनाया है। कहा जा सकता है कि कबीर साहब में एक साथ वेदान्त का तत्त्ववाद, योगियों के योग सिद्धांत और वैष्णवी भक्ति का माधुर्यभाव तीनों प्रकाशित होते हैं।''[50] इस में उन्हें इस किंवदन्ती से बहुत राहत मिली है कि कबीर के गुरु रामानंद थे। वे लिखती हैं :

> ''साथ ही सद्गुरु कबीर साहब के गुरु स्वामी रामानंद परम वैष्णव संत थे। अतः स्वामी रामानंद का भी उन पर गहरा प्रभाव पड़ा।
>
> हिन्दू समाज की निम्न जातियों एवं वर्गों पर वैष्णव मत की प्रारम्भ से ही सौहार्द्रता रही है। वैष्णव मत में भगवान विष्णु और उनके अवतारों के जाति-पाति से ऊपर उठकर भक्ति-भावना से रीझने-प्रसन्न होने की अनेक कथाएं प्रचलित हैं।''[51]

एक बार यह तय कर लेने के बाद कि कबीर के गुरु रामानंद थे, उन्होंने चिन्तन में वह सारा घालमेल कर दिया कि कबीर वैष्णवों से अभिन्न थे। उन्होंने लिखा

---

48. वही, पृ. 6
49. वही, पृ. 9
50. वही, पृ. (i)
51. वही, पृ. (ii)

है–"सद्गुरु कबीर साहब की वाणियों में भगवान विष्णु के निर्गुण-सगुण एवं उनके अवतारों को पूर्णरूपेण प्रतिष्ठा मिली है। उन्होंने विष्णु के विविध नामों का श्रद्धा-भक्तिपूर्वक बहुतायत प्रयोग किया है, वैष्णवी भक्ति, उपासना, योगतत्त्व, तात्त्विक दृष्टिकोण, आचार-विचार आदि को प्रत्यक्षतः अपनाया है।"[52] यह रास्ता खुलते ही उन्हें वह सब दीखने लगा जो उन के मन की चाहत का था। वे कबीर में वह पढ़ने लगीं जो कबीर में नहीं था और नहीं पढ़ना चाहिए था। वे लिखती हैं–"मैंने सद्गुरु कबीर साहब के चरणों में डुबकी लगाया, प्रभु के चरणों को याद किया और जानना चाहा कि सद्गुरु कबीर साहब 'श्री हरि विष्णु' पर क्या कहते हैं? सद्गुरु कबीर परम वैष्णव रामानंदजी के शिष्य रहे हैं। इस दृष्टि से सहज ही सद्गुरु कबीर साहब में वैष्णवता आ गई। सद्गुरु कबीर साहब की वाणियों में भगवान विष्णु एवं उनके अवतारों के प्रति श्रद्धा बहुतायत पदों में मोतियों की तरह झलकती है।"[53] इस दौड़ में वे भी विष्णु से ले कर शिव तक पर धावा बोल गई हैं जब लिखती हैं :

> "इसलिए सद्गुरु कबीर साहब ने वैष्णव पूजा पद्धति को उदार हृदय से स्वीकार किया है और भगवान विष्णु को बड़ी श्रद्धा से याद किया। वैसे उनके एक दो पद मिले जिसमें उन्होंने कहा–
>
> सुरति निरति मेला भया, खुल गौ शंभु द्वार।
>
> इस पद में शंभु-शिव का नाम मिला... ।"[54]

फिर तो, झिझक मिटते ही उन के सामने जादू का पिटारा खुल गया। फिर, कोई रोक नहीं थी। उन्हें सोचने की फुर्सत ही नहीं थी कि उन्हें कबीर की वाणी में से प्रक्षिप्त रचनाएँ भी छाँटनी हैं। वे लिखती हैं–"भगवान को उन्होंने माता के रूप में याद किया, परंतु उन्होंने परमात्मवाचक नामों से भगवान विष्णु को बेझिझक-निर्विरोध अपनाया है। उनकी वाणियों में विष्णु के पर्यायवाची राम, हरि, गोविन्द, केशव, कृष्ण, गोपाल, रघुनाथ, रघुराया, जगदीश, सारंगपानी, माधव, कंवलाकंत यानी लक्ष्मीपति, बनवारी, मुरारी, बिट्ठल, माधव इत्यादि कस्तूरी में सुगन्ध की तरह रचे-बसे हैं।"[55]

यह अपनी करनी का तार्किकीकरण है, पर साध्वी ज्ञानानंद को पूरी सन्तुष्टि नहीं मिल रही। इतना लिखने पर भी उन्हें लगता है कि कुछ कमी रही जा रही है। मनुष्य अपराध भी करता है तो उसे हर तरह से उचित ठहराना चाहता है। चोरी इसलिए की क्योंकि भूखा था, डकैती इसलिए डाली क्योंकि पैसों की जरूरत थी, पर यदि इन कामों के पक्ष में शास्त्रों का सहारा मिल जाए तो क्या बात है! यहाँ वैसा मामला भी नहीं है। तब, साध्वी ज्ञानानंद ने जो किया है, वह पुरुषोत्तम अग्रवाल के बड़े काम की चीज है। उन्होंने वही सहारा लिया जिस की वकालत पुरुषोत्तम अग्रवाल अपनी पूरी किताब में

---

52. वही, पृ. (iii)
53. वही, पृ. 10
54. वही, पृ. 11
55. वही, पृ. 12

कर रहे हैं। वे सीधी नारदीय भक्ति पर आईं और लिखा :

"नारदीय भक्ति के प्रशंसक कबीर

सद्गुरु कबीर साहब ने नारदीय भक्ति को मुक्तकंठ से स्वीकार करते हुए कहा है—

भगति नारदी मगन सरीरा,
इहि विधि भवतिरि कहैं कबीरा।

अर्थात् 'कबीर साहब कहते हैं, नारदीय भक्ति में मग्न मन होकर मैं भवसागर से मुक्त हुआ।'

एक अन्य पद में कहते हैं—

भगति नारदी रिदै न आई।
काछि कूछि तन दीना।
राम रामजी डिंभ होइ बैठा।
उन हरि पहि क्या लीना।।

अर्थात् 'जिसके हृदय में नारदीय भक्ति नहीं आई, वह भले ही शरीर को साफ-सुथरा करके दंभपूर्वक राम जी का भक्त होकर बैठे, परंतु क्या वे प्रभु को प्राप्त कर लेंगे? कदापि नहीं।'

एक अन्य पद में भी कबीर साहब कहते हैं, जिसका कि मैंने पूर्व में भी उल्लेख किया—

भजि नारदादि सुकादि बंदित चरन पंकज भामिनी।
भजि भजिसि भूषण पिया मनोहर देव देव सिरोमनी।।

अर्थात् 'नारद, शुकदेवादि द्वारा वंदित प्रभुचरणकमलों का भजन करो।'

एक अन्य पद में वे नारदादि का साक्ष्य देते हुए कहते हैं—

नारद कहै व्यास सौ भाषै, सुखदेव पूछो जाई।
कहै कबीर कुमति छूटै, जे रही राम ल्यो लाई।।

अर्थात् 'कबीर साहब कहते हैं, नारद, व्यास, शुकदेव आदि से जाकर पूछ लो। सभी यही कहते हैं कि प्रभुप्रेम लगाने से ही कुमति-अज्ञान का नाश हो सकता है।'"[56]

पर, यदि कबीर को नारदी भक्ति का वैष्णव भक्त बताया जाएगा तो कबीर की इस पंक्ति का अर्थ क्या लगाया जाएगा?—"छप्पर चढ़ि के गदहा नाचै, ऊँट विष्णु पद गावै।"[57] यह आवाज पूरी विष्णु भक्ति को धराशायी करने वाली है और कबीर को

56. वही, पृ. 69-70

57. बहुरि नहिं आवना, सम्पादक, डा. दिनेश राम, जे-5, यमुना अपार्टमेंट, होली चौक, देवली, नई दिल्ली-110 062, अक्टूबर-दिसम्बर, 2010, पृ. 44 पर, महाबीजक [कबीर साहब की सम्पूर्ण वाणियों का संग्रह], सम्पादक, महन्त गंगा शरण शास्त्री, कबीर वाणी प्रकाशन केन्द्र, श्री सद्गुरु कबीर मन्दिर, सी-23/5, कबीर चौरा मठ, वाराणसी, उत्तर प्रदेश-221 001, प्रथम संस्करण, 1998, पृ. 274 से उद्धृत

वैष्णव सिद्ध करने वाले हिन्दू आलोचकों का एक ही बार में सारा खेल खत्म कर देती है। इसलिए, कबीर हिन्दुओं के कुछ नहीं थे। कबीर हिन्दुओं के भगवानों के भक्त तो क्या, हिन्दू, यदि उन्हें अपने भगवान भी बनाएंगे, तो कबीर हिन्दुओं के भगवान भी नहीं थे। भक्त क्या बनेंगे?—कबीर हिन्दुओं के भगवान बनने को तैयार नहीं हैं। हिन्दुओं की यह सारी कवायद निष्फल जानी हैं। पुरुषोत्तम अग्रवाल की भी, यह किताब लिखने में, सारी मेहनत बेकार ही गई है।

अब विश्लेषण के लिए क्या खास रह जाता है? विश्लेषण के लिए अगली सूचना यह है कि साध्वी ज्ञानानंद का जन्म वैश्य परिवार में हुआ है। तब यही कहा जा सकता है कि वैश्य समाज की बेटी के मन में विष्णु भक्ति के अंकुर फूटने को आश्चर्य नहीं माना जा सकता। उन के दान पर ही हिन्दू मन्दिर चल रहे हैं। उन के लिए हिन्दुओं के मन्दिर में जाने पर रोक नहीं है। वे निर्गुण की भावना करें या सगुण की पूजा करें—यह उन की मर्जी पर निर्भर है। उन के पास दोनों विकल्प मौजूद रहते हैं। उन के किसी गुरु को उन्हें छूने से भी एतराज नहीं है। कबीर क्या करें?—उन्हें राम या कृष्ण के मन्दिरों पर कौन चढ़ने देगा? 20वीं सदी के बर्तानी भारत में एक कबीरपंथी बाबा साहेब डा. अम्बेडकर हिन्दुओं के एक काला राम मन्दिर में प्रवेश करने के लिए वर्षों तक सत्याग्रह और कानूनी लड़ाई लड़ते रहे।

साध्वी ज्ञानानंद के लिए जो मनाही है, वह दूसरी बात की है। मतलब, वे 'भज गोविन्दम, भज गोविन्दम' कितनी भी मधुरता से गाएँ, पर शंकराचार्य की पदवी ग्रहण नहीं कर सकतीं। वे ऐसा कुछ चाहतीं और उस के लिए अभियान चलातीं तो उन की कहानी में शक्ति आती और वह सार्थक होती। और, यही बात पुरुषोत्तम अग्रवाल के बारे में कही जा रही है। वैश्य समाज के व्यक्ति होने की वजह से वे कितने भी बड़े रामानंदी वैष्णव और ज्ञानी-ध्यानी भक्त बन जाएँ, उन्हें शंकराचार्य की पदवी नहीं मिल पाएगी—वे किस हिन्दू की बात कर रहे हैं?

जहाँ तक अन्तिम विश्लेषण की बात है, मेरे मत में, कबीरपंथ के लिए यह बात बेहतर होती कि साध्वी ज्ञानानंद कबीर पंथ को छोड़ कर सीधे किसी वैष्णव गुरु से दीक्षा लेतीं। इनके ये कबीर पंथी गुरु भी ठीक नहीं रहे जो अपने शिष्यों और शिष्याओं को वैष्णव मन्दिर बनाने की अनुमति देते हैं। मेरे मत में, ऐसी अनुमति देने से पहले उन गुरुओं को भी कबीर पंथ छोड़ देना चाहिए। ईमानदारी की बात यही है, बाकी जो हो रहा है, पुरुषोत्तम अग्रवाल से ले कर साध्वी ज्ञानानंद तक, वह हम सब देख ही रहे हैं।

यह, क़बीर का काम रोक कर, कबीर का नाम फैलाने का फरेब किया जा रहा है। कबीर के विरोधी लोग कबीर का नाम ले कर कबीर को मिटा रहे हैं। यह विरोधी को मिटाने का एक तरीका है, एक रणनीति है। यदि पुरुषोत्तम अग्रवाल सरीखे विद्वानों को रामानंद का वैष्णव मत इतना भा रहा है तो वे यहाँ कबीर के मगहर में क्या कर रहे हैं?—सीधे रामानंद के वैष्णण मत में दाखिल हों। जब रामानंद के वैष्णव मत में सन्तुष्टि मिल रही है तो उस सन्तुष्टि से सन्तुष्ट क्यों नहीं होते?—अगल-बगल कबीर के निर्गुण

में हाथ क्यों मारते हैं?—क्या झाँकते हैं? क्या रामानंद के वैष्णव मत से पूरा गुजारा नहीं होता? उन के लिए रामानंद के सगुण वैष्णव मत में क्या कमी है जो कबीर के यहाँ निर्गुण का इकतारा सुनने चले आए?

यह तथ्य कि साध्वी ज्ञानानंद का जन्म वैश्य परिवार में हुआ है, चिन्तन को समग्रता में समझने के लिए एक महत्वपूर्ण सूचना है। ऐसे समय और ऐसे काम के लिए वैश्य परिवार के लोग ही आगे आते हैं। वैश्य से काम नहीं चलता तो क्षत्रिय परिवार के लोग जिम्मेदारी संभालते हैं। जब ब्राह्मण और शूद्र के बीच तनातनी चल रही होती है, बीच-बिचाव में वैश्य और क्षत्रिय ही आते हैं। तब किंवदन्तियों और प्रक्षिप्तों की जबर्दस्त वकालत की जाती है और त्यागी दिखने के लिए घर छोड़ कर भिक्षु बनने की तरकीब अपनाई जाती है। अपना काम पूरा कर के बाद में ये लोग पटल से हट जाते हैं। तब इतिहास के परदे पर क्रूरता का पुराना नंगा नाच होने लगता है या देश पर विदेशियों का नया शासन कायम हो जाता है। अपनी न चलती में ब्राह्मण विदेशियों को देर-सबेर के क्षत्रिय घोषित कर के उन के राज्याभिषेक की पुरोहितगिरी करने में मगन हो जाता है तो कोई भिक्षु बन कर विदेशी राजाओं से तीर-कमानों से लड़ने के बजाय तार्किक बहस-मुँहभाषा कर के उन्हें बौद्ध धर्म में धम्म-दीक्षा देने लगता है। यह वेदों के अपौरुषेय मन्त्रों से ले कर पुराणों के पौरुषेय पुरुषोत्तम अग्रवालों तक की कहानी है, जो समय-समय पर व्यक्त होती रहती है। इस में नया कुछ नहीं है। यह गुलामी है, इस में स्वतन्त्रता का नामो-निशान नहीं है। प्रक्षिप्त से राज कैसे चलेगा और किंवदन्ती से देश कैसे थमेगा? सिकन्दर और कनिष्क तीर-तलवार को जानते हैं—उन का मुकाबला प्रक्षिप्त और किंवदन्ती के हथियारों से नहीं हो सकता। युद्ध के मैदानों में फैसला वीरता से होता है, कौटिल्य के षडयन्त्रों से नहीं। प्रक्षिप्त और किंवदन्ती षडयन्त्र हैं—वीरता का इतिहास इन्हें नहीं जानता, कभी नहीं जानता, किसी देश में नहीं जानता। कबीर को धोखा दे लो, कोई और आएगा—वह हथियार ले कर आएगा, तब क्या करोगे? इसलिए, इस देश से किंवदन्ती और प्रक्षिप्त का दौर खत्म होना चाहिए ताकि यह ताकतवर बन सके।

फिर भी, कबीर को ले कर पुरुषोत्तम अग्रवाल के लेखन में एक फर्क रह गया है। यह फर्क ज्यादा चौड़ा और गहरा है। अब यह फर्क पाटा और भरा भी नहीं जा सकता। फर्क यह है कि उन की बुद्धि में यह नहीं आया कि कबीर को वैष्णव बनाने के बजाय सीधे विष्णु का अवतार घोषित कर दिया जाता। कारण यह भी रहा कि उन्हें इस की जरूरत नहीं पड़ी। उन का काम कुछ आसान रहा और वे कबीर को वैष्णव भक्त बना कर सन्तुष्ट रह गए। सवाल है, उन्हें कबीर को विष्णु का अवतार घोषित करने की जरूरत कब पड़ती? यदि यह सिद्ध हो जाता कि कबीर ने अपने धर्म की नींव डाली है तो निश्चित रूप से कबीर को विष्णु का अवतार घोषित कर दिया जाता। चूँकि, हिन्दुओं ने कबीर के पीछे रामानंद को लगा कर शिष्य और वैष्णव बना दिया है, इसलिए उन्हें विष्णु का अवतार घोषित नहीं किया गया।

इस से पहले बुद्ध के साथ ऐसा हो गया था। उन्हें विष्णु का अवतार घोषित किया गया था। कारण यह रहा कि बुद्ध ने अपना अलग धर्म खड़ा कर दिया था। फिर, बौद्ध धर्म राज्याश्रित हो कर फलने-फूलने भी लगा था। बौद्ध धर्म के प्रचार-प्रसार को कई तरह से रोका गया था, लेकिन एक तरीका यह भी अजमाया गया कि बुद्ध को विष्णु का अवतार घोषित कर दिया जाए। लेकिन दलितों का विष्णु से पुराना विरोध है। यह विरोध बाबा साहेब डा. अम्बेडकर द्वारा अपनाए गए बौद्ध धर्म में इस रूप में प्रकट हुआ कि वे दीक्षा के लिए त्रिशरण और पंचशील से खुद सन्तुष्ट न हो कर शर्त में अलग से अपनी 22 प्रतिज्ञाएँ लाए जिन में 5वें नम्बर की प्रतिज्ञा यह है—"मैं ऐसा कभी नहीं मानूंगा कि तथागत बुद्ध विष्णु के अवतार हैं। ऐसे प्रचार को मैं पागलपन और झूठा प्रचार समझता हूँ।"[58] मतलब यह है कि बौद्ध धर्म में दीक्षित होने से पहले उन्हें यह विष्णु का कूड़ा हटाना ही पड़ा।

पर, क्या कबीर धर्म पुरुष और धर्मगुरु नहीं थे? वे थे, तो भी हिन्दू विद्वानों का काम इतने से चल जाता है कि उन्हें विष्णु के अवतार के बजाय विष्णु का भक्त घोषित कर दिया जाए। पुरुषोत्तम अग्रवाल तो कबीर को धर्म से ही बाहर कर के 'धर्मेतर अध्यात्म' की खोई सुखा कर इतिहास में झोंक रहे हैं। पर, क्या कबीर का समय धर्म खड़ा करने का नहीं था? था, अवश्य था, और नया धर्म खड़ा भी हुआ। अकबर ने 'दीन-ए-इलाही' के नाम से नए धर्म की नींव डाली थी जिस पर आगे महल खड़ा नहीं हो सका। लेकिन सिख धर्म अस्तित्व में आया और आज तक कायम है। तो, जरूरत जरूर थी। कबीर नहीं तो अकबर—और अकबर नहीं तो नानक। नया धर्म वजूद में आ कर रहा।

इस पूरे विश्लेषण में जो बात तय होती है वह यह है कि जो लोग कबीर को रामानंद और नारदीय भक्ति से जोड़ रहे हैं, ये उन्हीं लोगों की सन्तान हैं जिन्होंने बुद्ध को विष्णु का अवतार घोषित किया था।

58. डॉ. अम्बेडकर : जीवन और मिशन, लेखक, एल.आर. बाली, भीम पत्रिका पब्लिकेशंज, ई.एस. 393ए, आबादपुरा, जालंधर, पंजाब-144 003, नया संशोधित संस्करण, 2006, पृ. 379

अध्याय-17

'खसम बनाम जार' के मुकदमे में स्त्री

क. 'खसम खुशी क्यों होय?'
ख. कबीर का साहित्य 'नो अडल्ट्री जोन' का साहित्य है
ग. कबीर का दर्शन 'नौ सैक्स जोन' का दर्शन नहीं है

क. '...खसम खुशी क्यों होय?'[1]

I

'कबीर ग्रन्थावली' से दो साखियों और एक पद को उद्धृत कर के पुरुषोत्तम अग्रवाल लिखते हैं–"उपर्युक्त पदों और साखियों को पढ़ कर उलझन होती है।"[2] पूछते हैं–"ये कविताएँ क्या सचमुच उसी कवि की हैं, जिसने नारी की घोर निन्दा भी की है?"[3] असल में, स्त्री को ले कर कबीर की आजीवक परम्परा से प्रक्षिप्त के द्वारा जो छेड़छाड़ की गई है, वह बहुत नुकसान दायक रही है। कबीर के नारी से सम्बन्ध के बारे में अपनी ओर से, अलग से, कुछ जोड़ना ही गलत था। समझ में नहीं आता था तो अलग हट जाना चाहिए था, उस सम्बन्ध को खराब तो न करते। मक्खलि गोसाल स्त्री से अपने सम्बन्ध बनाने की वजह से महावीर से अलग हुए थे। उन्होंने स्त्री के बिना रहना नहीं चाहा। कबीर उसी परम्परा के गृहस्थ पुरुष हैं। उन्हें उसी प्रकार रहने दो, उसी रूप में समझो, इधर-उधर की क्यों गा-बजाते हो? मनुष्य को मनुष्य रहने दो और कबीर को कबीर रहने दो–उन्हें बौद्ध भिक्षुओं, जैन मुनियों और हिन्दू संन्यासियों की तरह मत समझो–उन से तुलना मत करो।

पुरुषोत्तम अग्रवाल से, इस पुस्तक में, सब से बड़ी गलती क्या हुई है? यह कबीर

1. कबीर समग्र : प्रथम खंड, सम्पादक और लेखक, प्रो. युगेश्वर, हिन्दी प्रचारक संस्थान, पो.बा. 1106, पिशाचमोचन, वाराणसी-221 010, द्वितीय संस्करण, 1995, पृ. 418
2. अकथ कहानी प्रेम की : कबीर की कविता और उन का समय, पुरुषोत्तम अग्रवाल, राजकमल प्रकाशन प्रा.लि., 1-बी, नेताजी सुभाष मार्ग, नई दिल्ली-110 002, पहला संस्करण, 2009, पृ. 356
3. वही, पृ. 356

के स्त्री-दर्शन को ले कर हुई है। प्रक्षिप्त किसी भी विषय को ले कर बर्दाश्त से बाहर की चीज है, पर स्त्री के बारे में कबीर के नाम से प्रक्षिप्त रचने की वजह से जैसे कहर ही बरपा है। जो कबीर ने नहीं कहा, वह कबीर के नाम से कहा गया प्रचारित कर दिया गया—और यूँ कबीर को बदनाम किया जा रहा है। चूँकि, कबीर घर-गृहस्थी के आदमी थे, इसलिए वे स्त्री के बारे में, एक संन्यासी की तरह नहीं सोच और बोल सकते थे; और चूँकि, कबीर बाल-बच्चेदार व्यक्ति थे, इसलिए वे एक जार पुरुष की तरह भी नहीं सोच और बोल सकते थे। कबीर जैसे जिम्मेदार आदमी ऐल-फैल की कविताएँ क्यों लिखेंगे? इसलिए, जो रचनाएँ एक संन्यासी ही लिख सकते हैं, वे कबीर की नहीं हैं, तथा, जो रचनाएँ कामी पुरुष लिखा करते हैं, वे भी कबीर की नहीं हैं। घर-गृहस्थी को चलाने में जो गड़बड़ियाँ होती हैं, उन्हें कबीर ठीक करने में लगे हुए हैं। संन्यासियों और कामियों के द्वारा रचे गए प्रक्षिप्तों को न निकालने की वजह से कई लेखिकाएँ कबीर के बारे में गलतफहमियों की शिकार हुई हैं। इन में अन्तिम नाम गीताश्री का है, जिन का लेख 'कबीर और प्रेम की पाठशाला में अन्तर्विरोधी पाठ' मासिक पत्रिका 'हंस' में छपा है।[4]

II

कहना चाहिए, अन्य विषयों की तरह, स्त्री के विषय को भी पुरुषोत्तम अग्रवाल ने जिम्मेदारी और सही ढंग से नहीं रखा। वे कबीर में अन्तर्विरोध ढूढँते रहे जबकि वहाँ कोई अन्तर्विरोध नहीं है। कई बार वे कबीर में कमियाँ तलाशने लगे जबकि वहाँ कमियाँ नहीं हैं। सही बात यह है कि स्त्रियों को सोचने देने के लिए वे कबीर की इस साखी को उद्धृत नहीं कर सके :

नारि कहावै पीव की, रहै और संग सोय।
जार सदा मन में बसै, खसम खुशी क्यों होय।।[5]

कबीर की इस साखी के क्रम में मैं अपने समय का एक उदाहरण रख रहा हूँ। यह न्यायालय का निर्णय है जो अखबार की खबर के रूप में इस प्रकार है :

> **"प्रेमी संग मिल की पति की हत्या, उम्रकैद**
> गाजियाबाद। प्रेमी के साथ मिलकर पति की हत्या करने के आरोप में अदालत ने पत्नी समेत तीन लोगों को आजीवन कारावास की सज़ा सुनाई है। साथ ही दस-दस हजार का जुर्माना भी लगाया है।

4. कबीर और प्रेम की पाठशाला में अन्तर्विरोधी पाठ, गीताश्री, हंस, 2/36, अन्सारी रोड, दरियागंज, नई दिल्ली-110 002, मई, 2010, पृ. 81-3
5. कबीर समग्र, प्रथम खंड, सम्पादक-लेखक, प्रो. युगेश्वर, हिन्दी प्रचारक संस्थान, पो.बा. 1106, पिशाचमोचन, वाराणसी-221 010, द्वितीय संस्करण, 1995, पृ. 418

वरिष्ठ लोक अभियोजक नेपाल सिंह सिसौदिया ने बताया कि मामला भोजपुर थाना स्थित सैदपुर गांव का है। यहां विनोद अपनी पत्नी कुसुम और बेटे बंटी के साथ रहता था। कुसुम के अवैध संबंध विनोद के साढू सतीश कुमार से हो गए थे। जब इसका पता विनोद को चला तो उसने इसका विरोध करना शुरू कर दिया। वह कुसुम को प्रदीप से मिलने से मना करता था। सतीश अपने एक मित्र सुधीर के साथ 11 फरवरी 2009 को विनोद के घर पहुंचा। वहां उन लोगों ने शराब पी और विनोद के गले में फंदा डाल दिया जबकि कुसुम और सुधीर ने विनोद को पकड़े रखा।''[6]

भारतीय समाज में ये आए दिन की घटनाएँ हैं। हर रोज पति मारे जा रहे हैं। दिल्ली की एक कोर्ट का फैसला आया है। 'राष्ट्रीय सहारा' में यह खबर 'पति की हत्या के जुर्म में पत्नी और प्रेमी को उम्रकैद' के शीर्षक से छपी है। खबर इस प्रकार है :

''पति की हत्या के जुर्म में पत्नी और प्रेमी को उम्रकैद

पूर्वी दिल्ली (एसएनबी)। प्रेम प्रसंग के चलते अपने प्रेमी के साथ मिलकर पति की हत्या करने के मामले में कड़कड़डूमा कोर्ट स्थित राजकपूर की अदालत ने महिला और प्रेमी को दोषी ठहराते हुए उम्रकैद की सजा सुनाई है। अदालत ने दोनों पर पंद्रह-पंद्रह हजार रुपये जुर्माना भी ठोका है। अदालत ने महिला के बेटे की गवाही को अहम माना है।

पेश मामले के अनुसार नंदनगरी स्थित अमर कालोनी निवासी राजकुमार अपनी पत्नी शिहा और बेटा गोविन्द के साथ रहता था। राजकुमार मूलतः मुज्जफरनगर का रहने वाला था। मुज्जफरनगर के ही रहने वाला असद से उसकी पत्नी के बीच प्रेम संबंध था...... जिसके चलते पति-पत्नी के बीच अक्सर झगड़ा भी होता था। शिहा ने अपने प्रेमी के साथ मिलकर 7 जुलाई 2005 की रात चादर से मुंह दबाकर राजकुमार की हत्या कर दी। इस बाबत नंदनगरी पुलिस ने मामला दर्ज कर दोनों को गिरफ्तार कर अदालत में पेश कर दिया। अदालत में सुनवाई के दौरान मृतक राजकुमार के बेटे गोविन्द ने गवाही देते हुए बताया कि पिता की हत्या में उसकी मां और असद शामिल हैं।''[7]

उदाहरणों की कमी नहीं है, पर यहाँ एक अन्तराल के बाद का एक उदाहरण और रखा जा सकता है। यह इस प्रकार है :

''पति की हत्या के मामले में उम्र कैद

6. प्रेमी संग मिल की पति की हत्या, उम्रकैद, हिन्दुस्तान, नई दिल्ली संस्करण, 27 अप्रैल, 2010, पृ. 5
7. पति की हत्या के जुर्म में पत्नी और प्रेमी को उम्रकैद, राष्ट्रीय सहारा, नई दिल्ली संस्करण, 9 मई, 2010, पृ. 7

नई दिल्ली, 27 अप्रैल। दिल्ली की एक अदालत ने एक महिला को अपने पति की हत्या करने के आरोप में उम्र कैद की सजा सुनाई है। अदालत ने सजा सुनाते हुए कहा कि एक महिला के हाथों पति की हत्या होने से समाज में शादी नाम की संस्था के प्रति आस्था हिल गई है। अतिरिक्त सत्र न्यायाधीश (एएसजे) संजीव अग्रवाल ने सुनीता नाम की महिला को उम्र कैद की सजा सुनाते हुए उस पुलिस अधिकारी के खिलाफ विभागीय जांच के आदेश दिए, जिसकी जांच के चलते इस मामले में महिला का सहयोगी बरी हो गया।

अदालत ने कहा महिला के कार्य ने सभ्य समाज के समूचे आधार को हिला कर रख दिया है। अदालत ने कहा कि एक पत्नी की ओर से अपने पति की हत्या ने समाज में शादी नाम की संस्था के प्रति आस्था को हिला दिया है। महिला ने यह भी नहीं सोचा कि उसके इस कार्य का उसके छोटे बच्चे पर क्या प्रभाव पड़ेगा। अदालत ने दिल्ली पुलिस आयुक्त को यह निर्देश दिया कि वह इस मामले की जांच अधिकारी पुलिस निरीक्षक एएस ढका के खिलाफ जांच कराए और कार्रवाई रिपोर्ट 14 मई तक सौंपे, जो मामले की सुनवाई की अगली तारीख है। अदालत ने कहा कि सतवीर नाम के आरोपी के बरी होने के पीछे आईओ जिम्मेदार है।"[8]

ये 'अन्धों होत भुजंग' से भी ज्यादा खतरनाक मामले हैं। स्त्री का पत्नी के रूप में विश्वास कर के, आखिर, ये पति मारे ही गए। कबीर इन मामलों में चेतावनी देते हैं तो क्या बुरा करते हैं? इसे नारी-निन्दा के रूप में क्यों लिया जाता है? नारी के रूप में कौन मां अपने बेटे को, या बहन अपने भाई को, या बेटी अपने पिता को, इस रूप में मरवाना बर्दाश्त करेगी? इसलिए, कबीर के मूल्यांकन में हमेशा यह ध्यान रखना चाहिए कि कबीर आजीवक थे, इसलिए लौकिक थे, तथा संन्यासी और कामी नहीं थे। प्रेम और विवाह के मामले में वे अपनी गारन्टी देते हैं, और दूसरे से गारन्टी लेते हैं—"नाँ हौं देखौ और कूँ, नाँ तुझ देखन देऊँ।"[9]

कबीर लोगों को समझा रहे हैं कि पराई नार से शारीरिक सम्बन्ध मत रखो। इस में क्या गलत कहते हैं? किस की समझ में यह बात नहीं आ रही? यह एक पारिवारिक और सामाजिक अपराध है, इस से बचना चाहिए। लेकिन आज वैज्ञानिकों के शोध यह बताने का दावा कर रहे हैं कि यह व्यक्ति के खुद अपने शरीर, मन और स्वास्थ्य के लिए भी हानिकारक है। तीन मई, 2010 के दैनिक 'हिन्दुस्तान' में एक खबर छपी है—'जान

8. पति की हत्या के मामले में उम्र कैद, जनसत्ता, नई दिल्ली, 28 अप्रैल, 2011, पृ. 3
9. कबीर समग्र, प्रथम खंड, सम्पादक-लेखक, प्रो. युगेश्वर, हिन्दी प्रचारक संस्थान, पो.बा. 1106, पिशाच मोचन, वाराणसी-221 010, द्वितीय संस्करण, 1995, पृ. 253
10. जान ले सकता है पराई नार को निहारना, हिन्दुस्तान, नई दिल्ली संस्करण, 3 मई, 2010, पृ. 1

ले सकता है पराई नार को निहारना।'[10] इस में बताया गया है कि स्पेन के शोधकर्ताओं ने 84 छात्रों पर एक अध्ययन किया है। अध्ययन में लिखा गया है—"पराई नार पर नजर डालने से सेहत कैसे बिगड़ती है, वैज्ञानिकों ने इस के लिए बाकायदा लंबा-चौड़ा शोध किया है। शोध के नतीजे कहते हैं कि खूबसूरत लेकिन अजनबी महिला को निहारने से मर्दों के स्ट्रेस हार्मोन के स्तर में महज पांच मिनट में इतना इजाफा हो सकता है जो उन के दिल के लिए दर्द का सबब बन सकता है। डेली मेल के मुताबिक, स्पेन के शोधकर्ताओं ने अपने अध्ययन में पाया है कि अजनबी खूबसूरत महिलाओं को देख कई बार पुरुष का मन इतना विचलित हो जाता है जो उड़ते विमान से नीचे कूदने जैसा है। अध्ययन में कहा गया है कि इस से पुरुषों के रक्त में मौजूद कॉर्टिसोल हॉर्मोन का स्तर इस हद तक बढ़ सकता है कि उन्हें दिल का दौरा पड़ सकता है।"[11] शायद, दिल का दौरा न पड़े जब किसी गरीब आदमी की औरत पर नजर डाली जाती है। भारत में यही होता दीखता है। यहाँ सवर्ण लोग दलितों की औरतों को बिना किसी डर के गलत निगाहों से देखते हैं। उन्हें डर नहीं होता कि उन का गुलाम कमेरा उन्हें कितनी चुनौती दे सकता है। जितना डर होगा, उतना तनाव बढ़ेगा। शरीर और मन पर तनाव न बढ़े लेकिन सामाजिक अपराध तो है। वात्स्यायन के 'कामसूत्र' में भी समझाया गया है कि खतरे की जगह की पराई नार को नहीं निहारना चाहिए। कबीर इस बहस की जड़ ही खत्म करते हैं कि पराई नार को नहीं छेड़ना चाहिए। इस में कुछ भी गलत नहीं है। इस में स्त्री-विरोध कहाँ है, इसे नारी-निंदा कैसे कहा जा सकता है? यही कहा जा सकता है कि विद्वानों के और विदुषियों के दिमाग हवा में हैं।

III

यह बात सौ प्रतिशत सही है कि कबीर ने कवि की प्रशंसा नहीं की। यह बात मैं अपनी पिछली किताब 'सूत न कपास' में अच्छी तरह बता चुका हूँ। इस के बाद भी पुरुषोत्तम अग्रवाल कबीर को कवि कहने पर आमादा हैं—ऐसा क्यों है? यह जिद क्या है? इस में क्या छिपा है? निहितार्थ कौन-कौन से हैं?

सीधी सी राह थी कि कबीर की बात मान लेनी चाहिए थी—नहीं मानी तो क्यों? कारण यह है कि कबीर कवि को भी सामाजिक स्क्रूटिनी के दायरे में लाते हैं लेकिन पुरुषोत्तम अग्रवाल समाज की स्क्रूटिनी से बाहर कवि की एक अलग दुनिया का होना मानते हैं। पुरुषोत्तम अग्रवाल के लिए जो धर्म के मामले में धर्मेतर अध्यात्म है, उस का पूरा चौगान कविता के क्षेत्र में फैलता है। यह वह जगह है जहाँ बिना किसी जिम्मेदारी के सारी लौकिक वस्तुओं का भोग लग रहा है। यह न पूछा जाए कि छत्तीस प्रकार के भोजन चोरी के हैं या कमाई के—बस, यही धर्मेतर अध्यात्म की कविता और उस का

11. वही, पृ. 1

कवि है कि उन्हें भोग लगाने से मतलब है। पुरुषोत्तम अग्रवाल कविता की सोशल अकाउंटिंग से डरे हुए हैं! उनका यह डर कबीर के नारी सम्बन्धी विचारों में खुल कर प्रकट हुआ है। इस मामले में वे कबीर से सहमति नहीं जता पा रहे, पर बाकी क्षेत्रों में भी प्रक्षिप्त की जारसता को उप-रचना कह कर मान्यता देने में वे असली कबीर को मान्यता नहीं दे रहे हैं। कविता के क्षेत्र में वे अपनी उलझन के नाम पर कबीर से टकराहट के मूड़ में खड़े हैं। कबीर के यहाँ नारी के लिए यौन-निष्ठा की लौकिक मर्यादाएँ लागू हैं—और यही पुरुषोत्तम अग्रवाल के कवि को स्वीकार्य नहीं है। पर इसी जगह कबीर कवि को पटक देते हैं। कबीर को कवि और नारी से, दोनों से, लौकिक मर्यादा की यौन-निष्ठा चाहिए ही,—पुरुषोत्तम अग्रवाल का इस मामले में क्या ख्याल है? इस ख्याल में उन का क्या टूटता जाता है? क्या है जो चूर-चूर हो रहा है? कबीर एक गलत नारी को सौ बार गलत कहेंगे, पुरुषोत्तम अग्रवाल उन्हें रोकने वाले कौन होते हैं?

निश्चित रूप से कबीर कवि और महाकवि हैं, पर यह भी जान लेते कि कबीर ने अपनी कविता में क्या कहा है। क्या कविता बिना कथ्य की होती है? क्या वह कथ्य लौकिक नहीं होता? क्या कवि किसी दूसरे लोक का प्राणी होता है? उस के पंख की उड़ान और थकान क्या हैं? कल्पनाओं का विचरण कभी भूमि पर उतरता है कि नहीं? लेकिन पुरुषोत्तम अग्रवाल का कबीर को कवि मानने में उद्देश्य ही यह है कि वे दीन-दुनिया से कट जाएँ। 'अकथ कहानी प्रेम की'—की तेरह मात्राएँ जान लीं पर 'खसम खुशी क्यों होए?'—की ग्यारह मात्राएँ भी गिन लेते। यदि लौकिक दुनिया के सच को कविता का कथ्य नहीं बनने देना है तो कबीर का विशेषज्ञ कैसे बना जा सकता है? यह तो झूठ का लेख हो जाएगा—और यही हुआ है—यह कबीर को जानने का कैसा दावा है?

IV

लेखक ने अपनी इस पुस्तक का शीर्षक 'अकथ कहानी प्रेम की : कबीर की कविता और उन का समय' रखा है। इस में उन्होंने यह भी लिखा है कि कबीर और भक्ति-संवेदना के बारे में कुछ और बातों के लिए—"...प्रतीक्षा करें (उनकी) अगली किताब की।"[12] हम प्रतीक्षा कर लेते यदि इस पुस्तक में उनके एक अध्याय या उप-अध्याय का शीर्षक 'खसम खुशी क्यों होय' होता। सच बात यह है कि कबीर के बारे में स्त्री को ले कर तभी बात पूरी होगी जब 'अकथ कहानी प्रेम की' और 'खसम खुशी क्यों होय' दोनों बातें एक साथ कही जाएँगी।

बात दो परम्पराओं के अन्तर की है। एक आजीवक परम्परा है और दूसरी वैदिक परम्परा है। ये दोनों एक दूसरी की विरोधी परम्पराएँ हैं। इस में पुरुषोत्तम अग्रवाल वैदिक परम्परा के व्यक्ति हैं। यदि वैदिक परम्परा का व्यक्ति आजीवक परम्परा पर

12. अकथ कहानी प्रेम की : कबीर की कविता और उनका समय, पुरुषोत्तम अग्रवाल, राजकमल प्रकाशन प्रा.लि., 1-बी, नेताजी सुभाष मार्ग, नई दिल्ली-110 002, पहला संस्करण, 2009, पृ. [7]

लिखेगा तो काम गलत होना ही है। आजीवक परम्परा जार-विरोधी परम्परा है जबकि वैदिक परम्परा जार के समर्थन की परम्परा है। आजीवक परम्परा कबीर की वाणी में देख ली, जरा वैदिक परम्परा भी देख ली जाए, वह क्या कहती है। प्रमाण के लिए सीधे ऋग्वेद पर आया जाए। ऋग्वेद क्या बोलता है? एस.के. पंजम की किताब 'शूद्रों का प्राचीनतम इतिहास' में हरि मोहन झा की पुस्तक 'खट्टर काका' से उद्धरण देते हुए बताया गया है कि वेद में हजार बार जार की चर्चा आई है जिस में पति से अधिक जार का ही बाजार गर्म है।[13] ऋग्वेद (9-56-3) में आया है—"अभित्वा योषणो दश, जारं न कन्या भूषत, मृज्यसे सोम सातये—अर्थात् कामातुर स्त्री अपने जार को बुलाने के लिए इसी प्रकार अंगुलियों से इशारा करती है।"[14] ऋग्वेद (9-10-14) में ही आया है—"सरज्जारो न योषणां, वरो न योनि मासदम—अर्थात् यह रस उसी प्रकार कलश में जा रहा है, जैसे युवतियों में जार का।"[15] ऋग्वेद (9-32-5) में यह भी आया है—"अभिगावो अनूषत, योषा जारमिव प्रियम, अगन्नाजिं यथाहितम्—अर्थात हे सोम, मैं उसी प्रकार आप को ग्रहण करता हूँ, जैसे स्त्री अपने जार को।"[16] यही जारों की वैदिक-पौराणिक संस्कृति है। इसी वेद के खिलाफ कबीर गरजे हैं।

ख. कबीर का साहित्य 'नो अडल्ट्री जोन' का साहित्य है

I

पुरुषोत्तम अग्रवाल ने अपनी इस पुस्तक में कबीर के नारी चिन्तन पर बहस की है। कभी वे 'बालम आव हमारे गेह रे....' में कबीर का नारी रूप देखते हैं,[17] तो कभी 'काम मिलावे राम कूँ...' में शाश्वत स्त्रीत्व और कबीर की प्रेम धारणा पर विचार करते हैं।[18] सच बात यह है कि अन्य पक्षों की तरह, उन से, कबीर का यह पक्ष भी नहीं सध सका। सधता तब जब ईमानदार होते। जब अपनी बात कबीर पर थोपनी है और कबीर से कुछ सीखना नहीं है तो ये ही ऊती के बजने थे।

कबीर का साहित्य 'नो अडल्ट्री जोन' का साहित्य है। कबीर अपनी वाणी में हमेशा मोरल की बात आगे रखते हैं। उन के यहाँ 'धर्मेतर अध्यात्म' के आनंद के नाम से किसी 'मोरलेतर अध्यात्म' के फजीते का अस्तित्व नहीं है। मोरल के बिना यह धर्मेतर अध्यात्म का जंगल राज कवि की स्वतन्त्रता के नाम पर पुनः असभ्यता और बर्बरता की

---

13. शूद्रों का प्राचीनतम इतिहास, एस.के. पंजम, दिव्यांश पब्लिकेशन्स, एम.आई.जी, 222, फेज-1, एल.डी.ए. टिकैतराम कालोनी, लखनऊ, उत्तर प्रदेश-226 017, प्रथम संस्करण, 2010, पृ. 218
14. वही, पृ. 218
15. वही, पृ. 218
16. वही, पृ. 218
17. अकथ कहानी प्रेम की : कबीर की कविता और उनका समय, पुरुषोत्तम अग्रवाल, राजकमल प्रकाशन प्रा.लि., 1-बी, नेताजी सुभाष मार्ग, नई दिल्ली-110 002, पहला संस्करण, 2009, पृ. 356
18. वही, पृ. 371

ओर लौटने का चिन्तन है। कबीर की कविता इस की अनुमति किसी को नहीं देती। कबीर ऐसी स्वतन्त्रता न खुद लेते हैं और न किसी को देते हैं–"नाँ हौं देखौं और कूँ, नाँ तुझ देखन देऊँ।"[19] इसी एक पंक्ति में कबीर का पूरा स्त्री दर्शन आ ठहरता है। इसलिए, कबीर को नारी विरोध के झूठे लांछन से बचाने के लिए जरूरी है कि समीक्षक को अपनी दृष्टि सम्यक रखनी चाहिए। यह विचार यहाँ तक विस्तार पाता है कि ईश्वर के बारे में चिन्तन की यह खेमेबाजी ठीक नहीं है कि वह निर्गुण है या सगुण, निराकार है या साकार, बल्कि कबीर का ईश्वर इस रूप में परिभाषित होता है कि वह सदाचारी के पक्ष में है और जारकर्मी के खिलाफ है। इस बाँट में पुरुष और स्त्री में कोई फर्क नहीं रखा गया क्योंकि कबीर किस जार पुरुष को माफ कर देंगे? यह पूर्णतः अचिन्तनीय विचार है कि कबीर व्यभिचार को ले कर नारी की निन्दा करते हैं और पुरुष की निन्दा नहीं करते। ऐसा सोचने वालों को कबीर के साहित्य का अध्ययन करना छोड़ देना चाहिए क्योंकि उन की नीयत में खोट है।

II

हर समाज की कुछ विशिष्टताएँ हुआ करती हैं। इन विशिष्टताओं में उस की कमजोरियाँ भी शामिल रहती हैं। ये कमजोरियाँ ही उस की समस्याएँ बन जाती हैं।

हिन्दू समाज की एक समस्या छुआछूत के बर्ताव की है जिसके खिलाफ कबीर अपने समय में खूब गरजे हैं। इस समस्या पर हमारे आज के संविधान निर्माताओं का गहराई से ध्यान गया था। उन्होंने इस का हल भी निकाला है कि छुआछूत के किसी भी रूप के आचरण को प्रतिबन्धित और दण्डित किया गया है। इस बाबत कानूनों का सही दिशा में विकास भी हो रहा है।

हिन्दू समाज की एक अन्य समस्या जारकर्म की है जिस पर अभी तक नए विचारकों का और सांसदों का ठीक से ध्यान नहीं गया जबकि कबीर इस मामले में भी पूरे सजग थे। लगता है, हमारे आधुनिक कानून निर्माताओं के सामने यह समस्या अभी तक निखर ही नहीं सकी। यदि शासक और शासित, शोषक और शोषित, तथा मालिक और गुलाम के द्वन्द्वों को ध्यान में रख कर बात कही जाए तो यह छुआछूत के बिलकुल उलट समस्या है। छुआछूत में कुछ जातियों के पुरुषों को छुआ नहीं जाता तो जारकर्म में उन की स्त्रियों को पकड़ने से छोड़ा नहीं जाता।

समाज की समस्या के अनुरूप ही उसंका साहित्य रचा जाता है और रचा भी जाना चाहिए। जारकर्म हिन्दू समाज का मुख्य व्यवहार है, इसलिए उस की भक्ति में भी यही

---

19. कबीर समग्र, प्रथम खंड, सम्पादक-लेखक, प्रो. युगेश्वर, हिन्दी प्रचारक संस्थान, पो.बा. 1106, पिशाच मोचन, वाराणसी-221 010, द्वितीय संस्करण, 1995, पृ. 253
20. कबीर वचनावली–अर्थात कबीर साहब के उत्तमोत्तम भजनों और साखियों का संग्रह, संग्रहकर्ता, अयोध्या सिंह उपाध्याय हरिऔध, काशी नागरी प्रचारिणी सभा, बनारस, 8वाँ संस्करण, वि.सं. 1996, पृ. 48

मुखर होता है। कबीर ने कहा ही है—"भक्ति बिगारी कामियाँ... ।"[20] विवाह को कानून में पवित्र और अटूट बना कर इन्होंने व्यवहार में जारकर्म को खुली छूट दे रखी है। जारकर्म इन्हें खलता नहीं है बल्कि ये इसी में मगन हैं। लेकिन क्या पुरुषोत्तम अग्रवाल यह सुनने को तैयार हैं कि कबीर ने जारकर्म को साहित्य की सब से बड़ी समस्या बना कर पेश किया था? हिन्दी में आज दलित साहित्य भी कबीर की परम्परा में यही काम कर के अपनी जिम्मेदारी निभा रहा है। यह पदार्पण नहीं बल्कि उस का साहित्य की चौखट पर धमाका है।

हिन्दुओं के समाज की स्त्री और पुरुष को ले कर समस्याएँ क्या हैं? क्या साहित्य में वे कहानियाँ कही जाती हैं जो इसकी मूल चारित्रिकता है? डा. दिनेश राम ने 'तलाक मांगना मौलिक अधिकारों में शामिल हो' के शीर्षक से हत्या और आत्महत्या की कुछ घटनाएँ दी हैं जो उन के अनुसार, दुर्भाग्य से, अनकही रह गई हैं। वे लिखते हैं—"3 मार्च, 2010—जनसत्ता, शिमला में एक व्यक्ति ने अपनी पत्नी का उसी के पिता के साथ अवैध संबंध होने के शक में उसे खाँई में ढकेल कर मार डाला। 3 मार्च, 2010—जनसत्ता, एक व्यक्ति ने अपनी पत्नी का अपने साढ़ू के साथ अवैध संबंध होने के शक में साढ़ू को गोली मारी। .... 25 अप्रैल, 2010—राष्ट्रीय सहारा, एक व्यक्ति ने अपनी पत्नी के अवैध संबंधों के शक में पत्नी और बेटियों को हत्या की। 2 मई, 2010—दैनिक हिन्दुस्तान, पत्नी ने अपने प्रेमी के साथ मिलकर पति की हत्या की। .... 2 मई, 2010—जनसत्ता, पारिवारिक कलह की वजह से एक व्यक्ति ने जहर खा कर जान दी। 9 मई, 2010—राष्ट्रीय सहारा, पत्नी और उस के प्रेमी को उम्रकैद की सजा। पत्नी ने अपने प्रेमी के साथ मिल कर 7 जुलाई, 2005 को अपने पति की हत्या की थी। 15 मई, 2010—टाईम्स आफ इंडिया, पत्नी ने अपनी प्रेमी के साथ मिल कर अपने पति की हत्या की। 18 मई, 2010—जनसत्ता, एक व्यक्ति ने अपनी पत्नी के अपने जीजा के साथ अवैध संबंध होने के शक में पत्नी की हत्या की। 16 जुलाई, 2010—टाईम्स आफ इंडिया, एक पति ने अवैध संबंधों के शक में अपनी पत्नी की हत्या की।"[21]

इन घटनाओं को देने के बाद डा. दिनेश राम ने इन के बारे में लिखा है—"ये घटनाएँ पिछले कुछ महीनों की हैं और मात्र तीन राष्ट्रीय दैनिकों से ली गई हैं। अन्य राष्ट्रीय अखबारों तथा उन के क्षेत्रीय संस्करणों और क्षेत्रीय अखबारों की सूचनाओं को इस में शामिल नहीं किया गया है। 'हिन्दू विवाह अधिनियम, 1955' के बाद से दाम्पत्य विवादों में इस औसत से देश में कितनी हत्याएँ और आत्महत्याएँ हुई होंगी, इस का सहज ही अनुमान लगाया जा सकता है। यह बड़ी भयावह स्थिति की ओर इशारा करता है। समझ में नहीं आता कि हम सभ्यता के किस पड़ाव की ओर बढ़ रहे हैं? सवाल है कि

---

21. तलाक मांगना मौलिक अधिकारों में शामिल हो, डा. दिनेश राम, बहुरि नहिं आवना, के-6, यमुना अपार्टमेन्ट, होली चौक, देवली, नई दिल्ली-110 062, जुलाई-सितम्बर, 2010, पृ. 8

ये तलाक के विकल्प की बजाए हत्या और आत्महत्या की तरफ क्यों गए? क्या इन्हें तलाक का विकल्प उपलब्ध था? अगर हाँ, तो इन्होंने इतने आत्मघाती (कदम) क्यों उठाए? इसलिए, यहाँ कहना सिर्फ इतना है कि इन वर्तमान अधिनियमों से तलाक की समस्या का समाधान बिल्कुल नहीं हुआ है। समाधान की बात तो दूर, ये खुद उस के लिए समस्या बन गए हैं। जीने की स्वतंत्रता व्यक्ति के मौलिक अधिकारों में शामिल है और यहाँ ना-तलाक की व्यवस्था में सबसे ज्यादा इसी पर ही बन आई है।''[22] यहाँ स्त्री के अपराधों के दो उदाहरण और दिए जा सकते हैं। ये इस प्रकार हैं :

> **''पत्नी से तंग युवक ने फांसी लगाई**
>
> ट्रांस हिंडन। इंदिरापुरम थाना क्षेत्र में न्याय खंड-3 में पत्नी व ससुरालियों के उत्पीड़न से परेशान युवक ने संदिग्ध परिस्थितियों में फांसी लगाकर आत्महत्या कर ली। न्याय खंड में ही मोटर बाइंडिंग का काम करने वाले युवक का शव शुक्रवार की सुबह उसकी दुकान से बरामद किया गया। मौत से पहले लिखे आठ पन्ने के सुसाइड नोट में युवक ने अपनी पत्नी पर बदचलन होने का आरोप लगाते हुए दहेज उत्पीड़न के झूठे मामले में फंसाने की धमकी देने की बात कही है।
>
> मूल रूप से खुर्जा के बगराई निवासी हरि (25) पुत्र रघुवर जाटव पांच-छह वर्षों से इंदिरापुरम के न्याय खंड के मकान नंबर 3/ए-29 में रह रहा था। उक्त पते पर वह मोटर बाइंडिंग की दुकान चलाता था।''[23]

> **''मां ने अवैध संबंधों के चलते पांच साल के बेटे को मार डाला**
>
> पलवल। हथीन थानाक्षेत्र के मिडनाका गांव में रहने वाली एक महिला ने अवैध संबंधों के चलते अपने पांच साल के बेटे की हत्या कर लाश को गायब कर दिया। दस साल पहले उसकी शादी हुई थी। पति की शिकायत पर पुलिस ने पत्नी और उसके प्रेमी के खिलाफ हत्या का मामला दर्ज कर लिया है लेकिन अभी तक उसे गिरफ्तार नहीं किया जा सका है।
>
> जानकारी के अनुसार मिडनाका निवासी सुरेन्द्र सिंह मेहनत मजदूरी करके अपने परिवार का पालन पोषण करता है। करीब दस साल पहले उसकी शादी सिंकदरपुर निवासी बबली से हुई थी। उसके दो बेटे भी थे। सुरेन्द्र अकसर काम के सिलसिले में घर से बाहर रहता था। आरोप है कि इसी बीच उसकी पत्नी का पड़ोस में रहने वाले ओम प्रकाश से अवैध संबंध बन गये। जानकारी होने पर उसने पत्नी को बहुत समझाया लेकिन वह नहीं

22. वही, पृ. 8
23. पत्नी से तंग युवक ने फांसी लगाई, हिन्दुतान, नई दिल्ली, 9 अप्रैल, 2011, पृ. 17

मानी। वह दोनों बेटे रवि (7) तथा महेन्द्र (5) को लेकर ओम प्रकाश के साथ रहने लगी थी। विरोध करने पर उसने उसे जान से मारने की धमकी भी दी थी।''[24]

कैलाश दहिया ने जारकर्म पर 'जनसत्ता' के दिल्ली संस्करण में दिनांक 5 अक्टूबर, 2011 से 24 अक्टूबर, 2011 तक छपी खबरों की एक संक्षिप्त फेहरिस्त तैयार

क्र.स.	दिनांक	पृष्ठ	खबर का शीर्षक	खबर के भीतर की खबर	परिणाम (हत्या, आत्महत्या आदि)
	11.10.11	04	पुलिस ने तिहरे हत्याकांड की गुत्थी सुलझाई, एक गिरफ्तार	अपनी बीवी के साथ पप्पू के नाजायज संबंधों के कारण इस हत्या की साजिश को अंजाम दिया था।	एक ही परिवार के तीन सदस्यों ... की...गला दबाकर हत्या कर दी थी (3 मरे) स्थानः एस.जी.एम. नगर फरीदाबाद
	13.10.11	04	सिरफिरे प्रेमी ने प्रेमिका के पति का गला काटा	पीड़ित की पत्नी और आरोपी राजेश के करीबी संबंध थे।	पति की गंड़ासे से गर्दन रेत डाली। स्थान : बसंत कुंज इलाके में निर्माण स्थल पर रहता था
	19.10.11	05	प्रेमी के साथ रहने के लिए ब्याहता शिक्षिका ने गढ़ी अपने अपहरण की कहानी	ब्याहता शिक्षिका को लगता था कि अपने अपहरण की फर्जी कहानी गढ़ने के बाद वह प्रेमी के साथ आराम से रह सकेगी।	स्थान : इंदौर
	24.10.11	03	हत्या के मामले में उम्रकैद की सजा	मंगल ने इसलिए अपनी बेटी को मार डाला क्योंकि वह उसकी पत्नी और एक रिश्तेदार के अवैध संबंधों से पैदा हुई थी।	बेटी स

की है। उस में चार सम्बन्धित मामले यहाँ दिए जा सकते हैं, जो इस प्रकार हैं :

कहाँ तक एक-एक केस अलग से गिनाएँ?—पुलिस कमिश्नर बी.के. गुप्ता के द्वारा दी गई सूचना के अनुसार वर्ष 2011 में राजधानी दिल्ली में कुल 543 हत्याएँ हुईं। इन में सब से ज्यादा 18 फीसदी अवैध संबंधों के चलते हुईं। इस की खबर देते हुए अखबार 'हिन्दुस्तान' ने लिखा है—''इन वारदातों में अवैध संबंध की वजह से किसी महिला ने अपने पति की हत्या करवा दी तो कहीं पत्नी के चरित्र पर शक होने के चलते व्यक्ति ने उस की हत्या करवा दी।''[25]

राष्ट्र की रक्षा तब होती है जब जीवन और उस से जुड़े साहित्य में मोरल आता है। इसे समानुपाती ताकतों का रिश्ता माना जाना चाहिए कि साहित्य में मोरल जितना ज्यादा होगा, राष्ट्र उतना ही अधिक शक्तिशाली होगा। लेकिन हिन्दू लेखक, कवि और

24. मां ने अवैध सम्बन्धों के चलते पांच साल के बेटे को मार डाला, हिन्दुस्तान, नई दिल्ली, 28 अप्रैल, 2011, पृ. 19
25. अवैध संबंध व गुस्से ने ली सब से ज्यादा जान, हिन्दुस्तान, नई दिल्ली, 7 जनवरी, 2012, पृ. 3

समीक्षक साहित्य में नैतिकता और अनैतिकता के प्रश्नों से बिदक जाते हैं। एक हिस्से से आ रहा इनका आधुनिक स्त्री साहित्य भी लाल कपड़ा दिखने की तरह बेचैन हो जाता है। स्त्री साहित्य से इन्हें परेशानी तब होगी जब वे मोरल की बात उठाएंगी। अभी का स्त्री साहित्य इम्मोरैलिटी में समानता का दावा ठोक रहा है। बेबाकी इस के सिवा किसी दूसरी बात में प्रदर्शित नहीं हो रही है कि तेरी दस तो मेरे ग्यारह...। वे अपने लिए पुरुषों की तरह जारकर्म की छूट चाहती हैं। इन के स्त्री साहित्य ने ऐसा कोई धमाका नहीं किया कि इन की चूलें हिल जाएँ। हिन्दू स्त्रियाँ, जो पहले से हो रहा है, उसे वैधता प्रदान करना चाहती हैं। जो व्यवहार में है, उस का कानून बनवाना चाह रही हैं। इस मामले में वे पुरुषों से भी ज्यादा मुखर हैं।

यह बात पूरी तरह सही है कि मोरल के बजाय अब तक हिन्दी साहित्य अध्यात्म की बात करता आया है। अध्यात्म के मामले में इस के पास शब्द-सम्पदा की कोई कमी नहीं। राष्ट्र रक्षा के लिए समर्पित एक सफल जीवन को जिन शब्दों की कभी जरूरत नहीं पड़ती, वे ही रात-दिन रटवाए जाते हैं। अध्यात्म पर बोले ही बोले जाओ, करना कुछ नहीं है, जिम्मेदारी कोई नहीं। पिछली सदियों की परम्परा में, इकबाल और टैगोर का अन्तर बरकरार है—वतन की फिक्र करनी छोड़ कर विश्व-नागरिक बन बैठते हैं। इन्हें कोई अनुशासन पसन्द नहीं—न धर्म के क्षेत्र में, न राज के क्षेत्र में, न कानून के क्षेत्र में और न धन के क्षेत्र में। साहित्य के क्षेत्र में तो इन की बाँछें खिल जाती हैं कि सब कुछ वात्स्यायन के 'कामसूत्र' का आख्यान और उसी पर व्याख्यान हो जाता है। अब, हाल ही में पुरुषोत्तम अग्रवाल के रूप में इन्होंने अपनी सोच पर जो नया मुलम्मा 'धर्मेतर अध्यात्म' का चढ़ाया है उस का मतलब साफ है कि इन्हें धर्म का कोई अनुशासन स्वीकार्य नहीं। इन्हें यह धर्मेतर अध्यात्म मोरल के विरोध में खड़ा हो कर सूझा है। यह एक ही तर्ज पर गाया गया गीत है—धर्मेतर अध्यात्म 'विवाहेतर सैक्स' और 'बापेतर औलाद' को समेटता और सहेजता हुआ आया है। यह वित्त की दुनिया में 'टैक्सेतर धन' है। इन्हें इसी में आनंद मिलता है।

विशेष अन्तर की बात यह है कि हिन्दी में दलित साहित्य कबीर के अनुसरण में अपने मोरल के साथ आया है। वह जारकर्म में समानता नहीं चाहता बल्कि जारकर्म को मिटाना चाहता है। वह स्त्री साहित्य की तरह पालतू नहीं बनाया जा सकता। उस ने साहित्य को एक खरी परिभाषा और विशिष्ट पहचान दी है। स्पष्ट सीमाएँ निर्धारित की हैं ताकि अपराध बने ऐब और विकार रोके जा सकें। सबसे बड़ी सीमा साहित्य में 'नो अडल्ट्री जोन' घोषित करने की है जिस में जारकर्म के साथ किसी भगवान को भी प्रवेश पाने का अधिकार नहीं है। जैसे मन्दिर में जूते झाड़ कर और उतार कर चढ़ना होता है, वैसे ही साहित्य में जारकर्म को मिटा कर दाखिल होना है। यहाँ ईश्वर या अनीश्वर के नाम पर अध्यात्म को कोई वीटो पावर नहीं दी गई। निर्गुण और सगुण—किसी भी तरह के अध्यात्म की एक समान कसौटी तय की गई है कि उन्हें मोरल के सामने शीश नवाना ही पड़ेगा। यहाँ 'मोरलेतर अध्यात्म' को कोई जगह नहीं है कि वह भक्ति के नाम पर छुप

कर भी खेल सके। यह जीवन में ईमानदारी की चौपड़ है जो साहित्य में बिछाई और सजाई गई है। कबीर की बात मान कर इस के लिए 'भारतीय दंड संहिता, 1860' में दी गई 'जारकर्म' की परिभाषा में भी तब्दीली की जानी है क्योंकि उस में यह स्पष्ट नहीं किया गया है कि यदि पीड़ित पति की सहमति या मौनानुकूलता नहीं है तो वह अपनी पत्नी के जार के किस किस्म का, कितना मोटा और कितने जोर का डंडा मारे जबकि कबीर की आँखें सहमति और मौनुकूलता पर भी लाल-पीली हो जाएंगी।

ग. कबीर का दर्शन 'नो सैक्स जोन' का दर्शन नहीं है

अडल्ट्री के खिलाफ बोलने में ध्यान यह भी रखा जाना है कि कबीर 'नो सैक्स जोन' के व्यक्ति नहीं हैं। 'नो सैक्स जोन' के व्यक्ति भारत में बुद्ध, महावीर और शंकर हैं जिन से कबीर का कोई रिश्ता नहीं। साथ ही, कबीर जरूरत पड़ने पर, तलाक ले कर पुनर्विवाह के हिमायती हैं, जारकर्म के नहीं। कबीर जारकर्मी स्त्री के साथ रहने और उसे निभाने के लिए विवश नहीं हैं।

कबीर ने पराई नार से अन्तरंग सम्बन्ध बनाने के लिए मनाही की है। उन की इस स्पष्टता में किसी को सन्देह नहीं रहना चाहिए। लेकिन अपनी पत्नी के बारे में उन के क्या विचार हैं? क्या वे उस की भी निन्दा करते हैं? निन्दा करते हैं तो उस का कारण क्या हो सकता है? जब पत्नी परपुरुष से जारकर्म में रहती है तो उस की निन्दा की ही जानी चाहिए। पर, क्या यह नारी मात्र की निन्दा हो जाती है? स्वकीया और परकीया दोनों की निन्दा संन्यासी किया करते हैं। कबीर संन्यासी नहीं थे। उन्होंने हर बार संन्यास की मजाक फोड़ी है। उन्होंने यहाँ तक कहा है–"काम जराय जोगी होय गैले हिजरा।"[26] तब, कबीर उसी पत्नी की निन्दा करते हैं जिस के मन में सदा जार बसा रहता है। इस में कबीर स्त्री विरोधी कैसे हो जाते हैं? जो कबीर के मुकाबले में ज्यादा स्त्री समर्थक बनते हैं, उन्हें यह भी मानना पड़ सकता है कि वे अपनी माता के वैवाहिक पति की सन्तान नहीं भी हो सकते। कैसा लगेगा सुन कर? क्या उन्होंने अपनी पत्नी पर-पुरुषों के लिए छोड़ रखी हैं? यदि इसी स्तर पर जा कर स्त्री समर्थक बना जाना है तो कबीर ऐसे स्त्री समर्थक नहीं हैं। तब, पुरुषोत्तम अग्रवाल कबीर को कवि कहने पर क्यों तुले हुए हैं? कबीर कवि हैं, इतनी बात कह कर सन्तोष कर लेते, पर वे बहस पर क्यों उतर आए हैं कि कबीर कवि थे? वे पूरी बहस को किस ओर मोड़ ले जाना चाहते हैं? उन की मंशा क्या है?

ठहर कर जान लिया जाए कि कबीर को कवि कहने के गंजन में क्या छिपा है। वे

---

26. महा बीजक [कबीर साहब की सम्पूर्ण वाणियों का संग्रह], सम्पादक, आचार्य महन्त गंगा शरण शास्त्री, कबीर वाणी प्रकाशन केन्द्र, श्री सदगुरु कबीर मन्दिर, सी-23/5, कबीरचौरा मठ, वाराणसी-221 001, प्रथम संस्करण, 10 जून, 1998, पृ. 838

कबीर को कवि के साथ-साथ कुछ और क्यों नहीं कहने देना चाहते? वे कबीर को धर्म से दूर क्यों कर रहे हैं? यह आदमी के मूल्यांकन में एकांगीपन क्या है? मनुष्य के टुकड़े-टुकड़े क्यों किए जा रहे हैं? यह बहस वही है कि जो आदमी संन्यासी होता है वह गृहस्थ नहीं होता और जो गृहस्थ होता है वह संन्यासी नहीं हो सकता। यह वैसा ही तर्क है कि जो शासक होता है वह संगीतकार नहीं हो सकता। यह आदमी की पूर्णता का विभाजन है कि जो पिता होता है वह पुत्र नहीं हो सकता। आदमी किसी का पिता है, किसी का पुत्र है, किसी का भाई है और किसी का पति है। उसे खाँचों में इस रूप में भरना कि अब उसे पत्नी मिल गई है तो अपनी माँ का त्याग करना पड़ेगा—गलत है।

बात यह चल रही है कि पुरुषोत्तम अग्रवाल कबीर को कवि के खेमे में क्यों लिए जा रहे हैं। इस का उत्तर हरि मोहन झा की पुस्तक 'खट्टर काका' से मिलता है। इस पुस्तक में उन्होंने कविता पर विचार किया है और कविता को हिन्दुओं की दुर्गति के लिए जिम्मेदार माना है। वे लिखते हैं—"अजी, इस देश की जलवायु के कण-कण में रसिकता भरी हुई है। जहाँ विज्ञान ने थोड़ा सर उठाया कि तुरंत कविता-कामिनी आ कर छाती पर सवार हो जाती है। समझो तो अपने देश के विज्ञान को खा गया काव्य। 'काव्येन गिलितं शास्त्रम्।' "[27] हरि मोहन झा ने यह भी समझाने की कोशिश की है कि वैद्य को कविराज क्यों कहा जाता है। उन्होंने लिखा है—"आयुर्वेद को काव्य इस रूप में ग्रस्त किए हुए है कि 'भाव प्रकाश' और 'भामिनी-विलाश' में विशेष अन्तर नहीं। इसी कारण वैद्य लोगों को 'कविराज' कहा जाता है। साधारण कवि नहीं, कविराज।"[28] दोनों के इस सम्बन्ध को और स्पष्ट करते हुए हरि मोहन झा के पात्र खट्टर काका कहते हैं—"...बात यह है कि आयुर्वेद मुख्यतः विलासी राजाओं के लिए बना है, जिन का एकमात्र व्यायाम था नखक्षत! मन को उत्तेजना देने पर कवि रहते थे, तन को उत्तेजना देने पर कविराज! एक रस द्वारा, दूसरे रसायन द्वारा। काव्य और आयुर्वेद दोनों मौसेरे भाई, एक ही दरबार में पले हुए हैं। इसी से जो रंग जगन्नाथराज पर है, वही रंग लोलिम्बराज पर। कालिदास का ऋतुसंहार पढ़ो या सुश्रुत की ऋतुचर्चा! एक ही बात है।"[29]

27. खट्टर काका, हरि मोहन झा, राजकमल प्रकाशन प्रा.लि., 1-बी, नेताजी सुभाष मार्ग, नई दिल्ली-110 002, राजकमल पेपर बैक्स, चौथी आवृत्ति, 2010, पृ. 80-81
28. वही, पृ. 81
29. वही, पृ. 82

अध्याय-18

घरेलू और वैवाहिक जारकर्म से पुरुषों का संरक्षण अधिनियम, 201....

कानून किस लिए होता है? किसी भी सताए हुए व्यक्ति की मदद के लिए कानून होता है। कानून में यदि सताने की परिभाषा बदल दी जाए, तब क्या किया जाए? कानून यदि घर की या घर से बाहर की गुलामी को वैध ठहरा दे तो? तब, क्या पति जश्न मनाए कि उस की पत्नी परपुरुष से बच्चा पैदा कर रही है? क्या वह यह देख कर नाचे-कूदे कि उसकी पत्नी के साथ गैर-मर्द रंगरेलियाँ मनाता है? यदि यह पति है तो भाड़ू कौन होता है? इस में कानून को क्या करना है? उस का फर्ज क्या बनता है? क्या वह सुलह और समझौते के लिए ही दबाव डालता रहेगा और फैसले को टालता रहेगा? कानून को आगे आना है या पीछे रहना है? क्या कानून जार की मदद करता हुआ दुबका रहेगा? इस से भी आगे, जब घर में पत्नी और उसके जार पुरुष द्वारा पति की हत्या की जा रही हो, तब राष्ट्र का क्या अर्थ रह जाता है? ऐसी स्थिति में, राष्ट्र की शक्ति क्या आकाश से उतरेगी? हिन्दुओं के पर्सनल कानून में यही कमजोरी है कि यह पति को हतोत्साहित और जार को प्रोत्साहित करता है। हिन्दुओं के अब तक जितने भी कानून बने हैं, वे सब इसी बात को ध्यान में रख कर बने हैं कि जार का कुछ बिगड़ न जाए। 'घरेलू हिंसा से महिलाओं का संरक्षण अधिनियम, 2005' इस का नया उदाहरण है। इस में यह ध्यान नहीं रखा गया है कि घर की समस्याओं की जड़ में घर में जार का होना भी है। इस कानून निर्माण ने कोई गारंटी नहीं दी है कि घर में जार नहीं रह रहा है। इस कानून का काम आँख मीच कर जार की जारिणी के लिए भारी-भरकम भरण-पोषण बांधने का और आवास मुहैया करने का रह गया है। यह ब्राह्म विवाह का विस्तार है। लेकिन हिन्दुस्तान में एक दूसरी दुनिया भी है। आगे विवाह को समझौता मानने वाले लोगों की दृष्टि से एक अधिनियम का प्रस्तावित प्रारूप तैयार कर के रखा जा रहा है।

घरेलू और वैवाहिक जारकर्म से पुरुषों का संरक्षण अधिनियमए 201......

(201.... का अधिनियम संख्यांक.....)

(दिनांक, माह, 201....)

भारत के संविधान के अनुच्छेद 19(2) के तहत लोक व्यवस्था, शिष्टाचार और

सदाचार के हितों[1] की गारण्टी के साथ सपठित अनुच्छेद 21 के तहत व्यक्ति के प्राण और दैहिक स्वतन्त्रता के संरक्षण[2] को ध्यान में रखते हुए, घर में और घर से बाहर, जारकर्म के अपराध को रोकने के लिए राज्य द्वारा विधि निर्माण की तत्काल आवश्यकता है। इसलिए, पवित्र और अटूट ब्राह्म विवाह के जार पक्षकारों के हित में 'घरेलू हिंसा से महिलाओं का संरक्षण अधिनियम, 2005' को संज्ञान में लेते हुए विवाह को समझौता मानने वाले आजीवक धर्म के सदाचारी लोगों के पक्ष में भारत गणराज्य के 201...वें वर्ष में संसद द्वारा निम्नलिखित रूप में यह जवाबी अधिनियम हो—

प्रारम्भिक

1. संक्षिप्त नाम, विस्तार और प्रारम्भ—(1) इस अधिनियम को 'घरेलू और वैवाहिक जारकर्म से पुरुषों का संरक्षण अधिनियम, 201...' कहा जा सकेगा।

(2) इस का विस्तार जम्मू-कश्मीर राज्य के सिवाय सम्पूर्ण भारत पर है।

(3) यह तत्काल प्रवृत्त होगा।

2. परिभाषाएँ—इस अधिनियम में, जब तक सन्दर्भ से अन्यथा अपेक्षित न हों—

(क) 'व्यथित व्यक्ति' से कोई ऐसा पुरुष अभिप्रेत है जो प्रत्युत्तरदाती महिला की नातेदारी में है या रहा है और जो अभिकथित करता है कि प्रत्युत्तरदाती जार है।

स्पष्टीकरण : व्यथित व्यक्ति में वे सब शामिल हैं, चाहे पुरुष हों या महिला, जिन की प्रत्युत्तरदाती महिला के प्रति वसीयत या निर्वसीयत सम्पत्ति में से हिस्सेदारी की देनदारी या अन्य तरह से भरण-पोषण, आवास या निवास आदि की जिम्मेदारी बनती है।

(ख) 'प्रत्युत्तरदाती महिला' से ऐसी महिला अभिप्रेत है जो व्यथित व्यक्ति की घरेलू नातेदारी या वैवाहिक सम्बन्ध में है या रही है और जिस के विरुद्ध व्यथित व्यक्ति ने, इस अधिनियम के अधीन किसी अनुतोष की ईप्सा की है :

परन्तु व्यथित पति या अन्य नातेदारी में रहने वाला व्यक्ति, पुरुष या महिला भी, पत्नी या अन्य नातेदारी की महिला के जारपुरुष के विरुद्ध शिकायत दाखिल कर सकेगा।

3. जारकर्म की परिभाषा—इस अधिनियम के प्रयोजनों के लिए प्रत्युत्तरदायी

1. भारत का संविधान [1 फरवरी, 2011 को यथा विद्यामान], प्रकाशक, विधि साहित्य प्रकाशन, भारत सरकार, भारतीय विधि संस्थान भवन, भगवानदास रोड, नई दिल्ली-110 001, द्विभाषी रूप, तीसरा जेबी संस्करण, 2011, पृ. 92
2. वही, पृ. 10

महिला का बिना विवाह के किसी व्यक्ति के साथ, या विवाह में रह कर विवाह-बाह्य किसी व्यक्ति के साथ, स्वैच्छिक मैथुन जारकर्म है।

4. जीवन को मृत्यु का खतरा–इस अधिनियम के तहत यह माना जा रहा है कि महिला का जारकर्म, जारकर्मी पुरुष से मिल कर, या बिना उस की मद्द के, या अकेले, व्यथित व्यक्ति के जीवन को शारीरिक हमले द्वारा प्रतिक्षण मृत्यु के खतरे में रख रहा है।

> **स्पष्टीकरण :** जारकर्मी पत्नी को पति के घर में रखने का मतलब पति को मृत्यु के जोखिम में रखना है।

5. भावनात्मक अपमान–इस अधिनियम के तहत यह भी माना जा रहा है कि जार महिला और उस का जार पुरुष अपने जारकर्म द्वारा व्यथित व्यक्ति का अपमान, उपहास और तिरस्कार कर रहे हैं और उसे गाली दे रहे हैं, जिन में मानसिक यातना और भावनात्मक संकट शामिल हैं।

6. सम्पत्ति का अपहरण–इस अधिनियम के तहत यह माना जा रहा है कि जार महिला और उस का जार पुरुष, भरण पोषण बंधवा कर, आवास दिलवा कर, या जारज सन्तान पैदा कर के पति या अन्य व्यक्तियों की सम्पत्ति को लूट रहे हैं।

7. भरण-पोषण, आवास और निवास आदि की जिम्मेदारी–जार महिला के न कमाने या उस की निर्धन होने की स्थिति में, यदि उस के भरण-पोषण, आवास या निवास आदि के प्रबन्ध की आवश्यकता बनती है तो ये सब संसाधन, जरूरतें और सुविधाएँ उसे उस के जार पुरुष द्वारा मुहैया कराई जाएंगी।

8. अधिकारिता–इस अधिनियम के अधीन मामले सम्बन्धित कुटुम्ब न्यायालय, और उस की अनुपस्थिति में, जिले के समकक्ष न्यायालय में तय होंगे।

9. प्रक्रिया–न्यायालय, विधि द्वारा प्रदत्त प्रक्रिया के सिवा, अपनी कोई अलग से प्रक्रिया खड़ी नहीं करेगा या अपनाएगा।

10. समय सीमा–सभी मामले पंजीकरण की तिथि से तीन माह के भीतर तय किए जाएंगे–और यदि सम्बन्धित न्यायालय ऐसा करने में लापरवाह ठहरता है या असमर्थ रहता है तो व्यथित व्यक्ति यह मान कर अगली कार्रवाई अपने स्तर पर करेगा कि उस के हक में निपटारा हो गया है।

11. उद्देश्य–(1) जार को बचाने या माफ करने की कोई कोशिश नहीं की जाएगी और हाथ में आया हुआ जार छोड़ा नहीं जाएगा क्योंकि जार व्यक्ति, महिला या पुरुष, घरघाती के रूप में राष्ट्रघाती होता है।

(2) बच्चों के नाम पर या किसी अन्य वजह से जाकर्म से कोई सुलह या समझौता नहीं कराया जाएगा क्योंकि बच्चों को जारकर्म से विरत रहना सिखाया जाना है।

> **स्पष्टीकरण-I :** जारकर्म के सन्दर्भ में बच्चों और स्त्री को इस रूप में देखा जाना है कि उस से राष्ट्र मजबूत होता है या कमजोर होता है।

स्पष्टीकरण-II : स्त्री के जारिणी बनने और उसके द्वारा जारज सन्तान पैदा करने पर राष्ट्र रक्षा के हित में रोक लगानी है।

12. **दंड**–इस अधिनियम के अधीन किसी प्रकार के दंड का प्रावधान नहीं होगा इसके सिवा कि यदि प्रत्युत्तरदाती महिला के लिए या उसकी जारज सन्तान के लिए किसी प्रकार के अनुतोष की जरूरत पड़ती है तो वह सब उसके जार पुरुष की तरफ से देय होगा।

13. **अपील**–इस अधिनियम के अधीन आने वाले मामलों में कोई अपील नहीं होगी।

भाग - छह

पिछले अध्याय तक मेरी तरफ से यह पुस्तक पूरी हो जाती। पाठक चाहते तो आगे इस पुस्तक को पढ़ना बन्द कर सकते थे। लेकिन अब आगे डा. प्रेम सिंह के लेख को परिशिष्ट-I के रूप में और डा. वीरभारत तलवार के एक लेख का सम्बन्धित अंश परिशिष्ट-II के रूप में रखा जा रहा है और इन से आगे मेरा एक अध्याय है। इन तीनों का अपना महत्व है। जो इतिहास के विद्यार्थी हैं, वे इन्हें पढ़ सकते हैं। पता चलता है कि कबीर के अध्ययन को दिशाहीन और बर्बाद करने के लिए देशज आधुनिकता से भी आगे के ये अधुनातन और अद्यतन तरीके आजमाए जा रहे हैं। इन में यही दर्शाया गया है कि कबीर की वाणी को नष्ट करने के लिए क्या-क्या रास्ते अपनाए गए होंगे। जो आज हो रहा है, वह नया नहीं है, उस में विशेष कुछ नहीं है, यह सब पहले से होता आ रहा है। यह केवल एक निदर्शन है, एक बानगी है। रुचि रखने वाले पाठक अपनी जानकारी में बढ़ोतरी कर सकते हैं।

परिशिष्ट-I

दलित-चिंतन को मिटाने की मुहिम[क]

—प्रेम सिंह

मध्यकाल के रचनाकारों में कबीर का अध्ययन और मूल्यांकन सबसे जटिल और चुनौती भरा रहा है। साहित्य के इतिहासकारों और आलोचकों के अलावा दूसरे विषयों के विद्वानों ने भी कबीर के अध्ययन में रुचि ली है। कबीर का एक विमर्श लोक में भी बराबर चलता रहा है। वहां भी अन्य रचनाकारों के मुकाबले कबीर सबसे आगे और विशिष्ट हैं। हिन्दी में कबीर के अध्ययन की लंबी परंपरा है। उस परंपरा में 1997 में डा. धर्मवीर की आलोचना-पुस्तक 'कबीर के आलोचक' प्रकाशित हुई। उस पुस्तक में कबीर के व्यक्तित्व और चिंतन के मूल्यांकन संबंधी पूर्व मान्यताओं को ध्वस्त कर डा. धर्मवीर ने अपनी नई स्थापनाएं प्रस्तुत की हैं। इस पुस्तक से कबीर के अध्ययन की परंपरा में पहली बार एक बड़ा तूफान उठ खड़ा हुआ।

हिंदी आलोचना के परिदृश्य में सक्रिय सभी रंगतों के आलोचक डा. धर्मवीर की 'हिमाकत' से क्षुब्ध हो उठते हैं, और साथ ही उन्हें ठिकाने लगाने के लिए सन्नद्ध। जमे हुए आलोचकों को तजुर्बा है, खासकर प्रगतिवादी आलोचकों को, कि कैसे उनकी काट करने वाले को काटा जाता है। हिंदी के ज्यादातर आलोचक और लेखक डा. धर्मवीर पर चौतरफा हमला बोल देते हैं, इस विश्वास के साथ कि मैदान में नया और अकेला उतरा

क. डा. प्रेम सिंह का यह लेख निम्न पत्रिकाओं में प्रकाशित हो चुका है :

1. दलित चिन्तन को मिटाने की मुहिम, प्रेम सिंह, चौथी दुनिया, दिल्ली, 12 अप्रैल-18 अप्रैल, 2010, पृ. 4, www.chauthiduniya.com
2. दलित चिंतन को मिटाने की मुहिम, डा. प्रेम सिंह, जनपक्ष आजकल, 209 सी, मस्जिद मोठ, साउथ एक्सटेंशन, पार्ट-2, नई दिल्ली-110 049, 1 से 15 अप्रैल, 2010, पृ. 50-51
3. दलित चिन्तन को मिटाने की मुहिम, प्रेम सिंह, दलित साहित्य वार्षिकी—2009-10, सम्पादक, जय प्रकाश कर्दम, बी-634, डीडीए फ्लैट्स, ईस्ट आफ लोनी रोड, दिल्ली-110 093, पृ. 104-09
4. दलित चिन्तन को मिटाने की मुहिम, डा. प्रेम सिंह, बहुरि नहिं आवना, के-6, यमुना अपार्टमेन्ट, होली चौक, देवली, नई दिल्ली-110 062, अप्रैल-जून, 2010, पृ. 29-32
5. दलित चिन्तन को मिटाने की मुहिम, प्रेम सिंह, वाणी प्रकाशन समाचार, 21-ए, दरियागंज, नई दिल्ली-110 002, मई 2010, पृ. 21-2
6. डा. धर्मवीर : दलित चिंतन को मिटाने की मुहिम, प्रेम सिंह, युवा संवाद, 167ए/जी.एच.2, पश्चिम विहार, नई दिल्ली-110 063, अप्रैल, 2010, पृ. 43-5

यह शख्स उनके हमलों के आगे थोड़ी देर भी नहीं टिक पाएगा। लेकिन धर्मवीर उनके हमलों से किंचित भी परेशान नहीं होते। स्वागत और खुशी के साथ पूरी तसल्ली और तफसील से सबकी आपत्तियों और सवालों के नुक्ता दर नुक्ता जवाब देते हैं। बहस के साथ कबीर पर उनका शोध-कार्य जारी रहता है।

इस दौरान उनकी एक के बाद एक पांच पुस्तकें सामने आती हैं। तीन पुस्तकें—'कबीर : डा. हजारीप्रसाद द्विवेदी का प्रक्षिप्त चिंतन' (2000), 'कबीर और रामानंद : किंवदंतियां' (2000), 'कबीर : बाज भी कपोत भी, पपीहा भी' (2000)—नई सदी में कबीर श्रृंखला के अंतर्गत और दो पुस्तकें—'कबीर के कुछ और आलोचक' (2000) और 'सूत न कपास' (2003) कबीर के आलोचक श्रृंखला के अंतर्गत। इन पुस्तकों से पता चलता है कि शुरूआती छोटी पुस्तक के पीछे लेखक की बड़ी तैयारी थी। चर्चा कबीर और उनकी आलोचना के दायरे से निकल कर ज्ञान की कई दिशाओं—दर्शन, धर्म, समाजशास्त्र, इतिहास, न्याय, कानून आदि—में व्याप्त हो जाती है। जो समझ रहे थे कि डा. धर्मवीर को हवा में उड़ा देंगे, जान गए कि मुठभेड़ किसी सामान्य आलोचक से नहीं, एक गंभीर चिंतक से है। कबीर के आत्मविश्वास से लैस एक ऐसा चिंतक जिसने प्रगतिशीलता एवं आधुनिकता के झंडाबरदार ब्राह्मणों-ठाकुरों-वैश्यों को एक झटके में दलित-चिंतन की धार पर धर दिया है। ब्राह्मणवादी दर्शन और संस्कृति में पगे दिमाग को मानववाद, मार्क्सवाद, अस्तित्ववाद, मनोविश्लेषणवाद, उत्तर-आधुनिकतावाद आदि की पैकेजिंग से संवार कर आधुनिक बुद्धिजीवी बने विद्वानों के सामने यह कड़ी चुनौती थी। जो बड़े उत्साह और आत्मविश्वास के साथ डा. धर्मवीर से उलझे थे, वे सब पीछे हट गए।

दरपेश चुनौती के सामने प्रभुत्वशाली प्रतिष्ठान अथवा महानुभाव कई बार चुप्पी की राजनीति (पॉलिटिक्स ऑफ साइलेंस) का सहारा लेते हैं। वह किसी गंभीर चुनौती को निष्क्रिय करने की बोलने-लिखने से ज्यादा असरदार रणनीति होती है। डा. धर्मवीर की चुनौती के सामने हिंदी के कुछ विद्वानों ने चुप्पी का हथियार इस्तेमाल किया। डा. नामवर सिंह ने कहा कि वे डा. धर्मवीर के विरोध में नहीं बोलेंगे; हालांकि वे उनकी स्थापनाओं से सहमत नहीं हैं। उन्होंने पहेली बुझाई कि डा. धर्मवीर का विरोध करने से ब्राह्मणवाद मजबूत होगा। शायद शुरू में डा. नामवर सिंह को लगा होगा कि उनके दो शिष्य डा. वीरभारत तलवार व डा. पुरुषोत्तम अग्रवाल उनके साथी डा. मैनेजर पांडे के साथ मिल कर 'डेमेज कंट्रोल' कर लेंगे—अर्थात तूफान से मार्क्सवाद और डा. हजारीप्रसाद द्विवेदी को सुरक्षित बचा कर ले आएंगे। 'डेमेज कंट्रोल' न हो पाने की स्थिति में वे खुद कुछ देर के लिए मैदान में उतर कर डा. धर्मवीर को मर्यादा तोड़ने यानी शास्त्र एवं गुरु की निंदा का दंड देंगे। लेकिन लगता है, वे जल्दी ही समझ गए कि इस बार चुनौती विकट है और अभी तक आजमाई 'साहित्यिक' युक्तियों से मामला रफा-दफा होने वाला नहीं है। यह कबीर पर कब्जे की लड़ाई नहीं, डा. धर्मवीर ने ज्ञान पर ब्राह्मणी कब्जे को हटाने का कांड उपस्थित कर दिया है। यह पहचानने में वे सबसे

ज्यादा सयाने निकले कि पूरी तैयार से मैदान में उतरे डा. धर्मवीर के सामने सीधी मुठभेड़ में जीतने का माद्दा इस समय हिंदी के किसी विद्वान में नहीं है। इसलिए चुप हो जाओ, झुक जाओ, नई रणनीति बनाओ।

'कबीर के आलोचक' समेत उपर्युक्त छह पुस्तकों और लंबी बहस के बाद कबीर पर कोई नया और गंभीर अध्ययन डा. धर्मवीर को नजरअंदाज करके नहीं किया जा सकता है, भले ही उसमें डा. धर्मवीर की काट ही काट हो। अगर उस बहस में शामिल रहने वाला कोई विद्वान अपने कबीर संबंधी अध्ययन में डा. धर्मवीर को नजरअंदाज करता है तो अकादमिक जगत के लिए यह चिंता का बायस होना चाहिए। अकादमिक ईमानदारी का विकल्प नहीं है और उसका समुचित निर्वाह सभी विद्वानों की सम्मिलित जिम्मेदारी है। जब डा. पुरुषोत्तम अग्रवाल की पुस्तक 'अकथ कहानी प्रेम की : कबीर की कविता और उन का समय' का प्रकाशन-पूर्व प्रचार शुरू हुआ तो हमने स्वाभाविक तौर पर माना कि आलोचक ने डा. धर्मवीर की पुस्तकों और बहस को खाते में लेकर अपना अध्ययन प्रस्तुत किया होगा और इस रूप में वह कबीर पर एक महत्वपूर्ण आलोचना-कृति होगी। पुस्तक प्रकाशित होने पर हमें अपने एक शोधार्थी से यह जान कर आश्चर्य हुआ कि डा. अग्रवाल की पुस्तक में डा. धर्मवीर की पुस्तकों का कहीं जिक्र ही नहीं है। पांच साल पहले जो महाभारत कबीर को लेकर मच चुका है, उसके बाद यह संभव नहीं है कि कबीर पर तीस-बत्तीस साल लगा कर काम करने वाले विद्वान के सामने डा. धर्मवीर के कबीर की तस्वीर न झूलती रहे।

यह स्वीकृत मान्यता है कि भक्तिकालीन भक्त एवं संत कवियों ने अपनी-अपनी मनोभूमि से समवेत रूप में प्रेम को पांचवा पुरुषार्थ सिद्ध कर दिया था। यह भी माना जा सकता है कि क़बीर और रैदास की प्रेमोपासना संभवतः सबसे निराली और सबसे उदात्त है। ऐसे में कबीर समेत समस्त भक्तिकालीन रचनाकारों के प्रेमोपासक होने से भला किसे ऐतराज हो सकता है? डा. धर्मवीर ने कबीर की खोज भुक्त-ज्ञान के करुणानिधान के रूप में की है। वहां उनसे मुठभेड़ की जा सकती है, जो कुछ हद तक हुई भी, और धर्मवीर ने जवाब भी दिए। उनके जवाबों को अपर्याप्त, यहां तक कि गलत ठहराया जा सकता है। डा. अग्रवाल की पुस्तक के शीर्षक से ही यह समझा जा सकता है कि लेखक ने प्रेम की अकथ कहानी की आड़ में ज्ञान पर वर्चस्व की राजनीति की है। कबीर को डा. धर्मवीर से छुड़ा कर प्रेम के पुराने अखाड़े में खींच कर ले जाना दरअसल प्रतिक्रियावाद कहा जाएगा। दलित-चिंतन की भूमि से इसे ब्राह्मणवादी साजिश भी कहा जा सकता है। हमने इस पुस्तक की राजनीति के बारे में बाहर से बताया है। बेहतर होगा कि डा. धर्मवीर तीन दशक का समय लगा कर लिखी गई डा. अग्रवाल की बहुप्रशंसित पुस्तक को पढ़ें और उसकी अंदरूनी राजनीति की विस्तृत समीक्षा करें।

हमें विश्वास था कि डा. धर्मवीर को 'गायब' करने का डा. अग्रवाल का 'जादू' सभी विद्वानों पर नहीं चलेगा। कहीं न कहीं से आवाज आएगी। हमारे कान पुस्तक की भूरी-भूरी प्रशंसा करने में लगे विद्वानों की तरफ लग गए कि वे डा. धर्मवीर का कोई

जिक्र करते हैं या नहीं, भले ही यह कह कर कि डा. अग्रवाल ने कबीर के नाम पर डा. धर्मवीर द्वारा फैलाया गया 'कूड़ा-कर्कट' साफ कर दिया है। डा. अग्रवाल की पुस्तक का प्रकाशन और विमोचन समारोहपूर्वक हुआ। उस पर गोष्ठियों और समीक्षाओं का सिलसिला अभी जारी है। जिस सुनियोजित ढंग से पुस्तक को 'लॉन्च' किया गया है, उससे लगता है, गोष्ठियों और समीक्षाओं का सिलसिला लंबा चलेगा। अब तक प्रायः हर रंगत का विद्वान पुस्तक पर न्यौछावर लुटा चुका है। इसमें कोई समस्या नहीं है—जब अफसर-लेखकों के लिए विद्वानों के दिल के दरवाजे खुल जाते हैं तो लेखक-अफसर के लिए छाती चौड़ी क्यों नहीं होगी! समस्या यह है कि किसी विद्वान ने अपनी लिखित या मौखिक राय रखते वक्त डा. धर्मवीर और उनके कबीर का हवाला नहीं दिया है। डा. नामवर सिंह ने भी नहीं, जो कहते थे, कबीर पर आगे बात बिना डा. धर्मवीर के नहीं हो सकती। ऐसा माहौल बना दिया गया है मानो कबीर पर धर्मवीर की पुस्तकें आई ही नहीं थीं, न कोई बहस थी, न धर्मवीर नाम का कोई विद्वान हिंदी में है, इसके बावजूद कि कबीर के बाद धर्मवीर की कई विषयों पर कई पुस्तकें आ चुकी हैं।

अब हम कह सकते हैं कि डा. धर्मवीर को 'गायब' करने का काम चूक से या अकेले डा. अग्रवाल के करने से नहीं हुआ है। यह जाना-बूझा और सम्मिलित उद्यम है। जिस तरह से आधुनिक और प्रगतिशील युग में डॉ. धर्मवीर को 'गायब' करने का 'तिलस्म' रचा गया है, उससे यह आशंका मजबूत होती है कि पिछले सामंतकालों में दलित-चिंतन को दबाने और नष्ट करने की युक्तियां और रणनीतियां बड़े पैमाने पर ईजाद की गई होंगी और अमल में लाई गई होंगी। कम से कम, शुरूआती दौर में तो जरूर ऐसा हुआ होगा—जब तक दलित और शूद्र जीवन को श्रम और सेवा का पर्याय बना कर ज्ञान-विहीन क्षेत्र में तब्दील नहीं कर दिया गया। यह तो खैर पीछे की बात है, और उसे मध्यकाल के मत्थे मढ़ कर तसल्ली पाई जा सकती है, लेकिन प्रस्तुत और इस तरह के अन्य वाकये बताते हैं कि हाशिए के समूहों एवं अस्मिताओं के सशक्तिकरण की आधुनिक बुद्धिजीवियों की चिंता वास्तविक नहीं है। आधुनिक बौद्धिक प्रतिष्ठान हजारों साल तक दबा कर रखी गई हाशिए की अस्मिताओं को स्वतंत्र चिंतन की छूट देने को तैयार नहीं है, ऐसे चिंतन को तो कतई नहीं जिसमें प्रभुत्वशाली चिंतन के बरक्स समुचित ढांचा और दृष्टि मिलती हो।

डा. धर्मवीर के चिंतन की पद्धति में एक हद के बाद तेर-मेर का रवैया हमें ठीक नहीं लगता रहा है। दुनिया में चिंतन का अभी तक का अनुभव बताता है कि चिंतन की एक मनोभूमि ऐसी होती है जहां अपने रास्ते और दृष्टि से पहुंच कर चिंतक विभक्त नहीं रह जाता है। अब बात हमारी समझ में आती है कि एक दलित-चिंतक अनेक खतरों के लिए खुला होता है। वह मिला कि रला! ब्राह्मणी चिंतन वाले लेखकों-विचारकों से दलितों को सावधान रहने की डा. धर्मवीर की हिदायत का निहितार्थ भी अब हमारी समझ में आता है। रास्ते के बटमार दलित चिंतक को कभी पूर्गकाम नहीं होने दे सकते। दलित चिंतक प्रचलित अर्थ में समन्वयवादी नहीं हो सकता। अगर वह होता है तो

ब्राह्मणी चिंतन कई तरह के हथकंडों से उसके चिंतन को रला सकता है। डा. धर्मवीर ने दलित-चिंतन को सबसे बड़ा खतरा 'मार्क्सवादी बटमारों' से बताया है। शायद यही उनका सबसे बड़ा अपराध हो गया है?

डा. धर्मवीर के स्वतंत्र दलित-चिंतन के विरोधियों ने पीछे हटते वक्त मुंह बनाते हुए जताया था कि 'मूर्ख के मुंह कौन लगे'! बात वहीं समाप्त हो जा सकती थी, लेकिन हुई नहीं। डा. धर्मवीर ने बारूद का जो ढेर इकट्ठा कर दिया था, उसे निष्क्रिय करना जरूरी था। पुश्त दर पुश्त चले आए सत्ता पर कब्जे को बरकरार रखने के लिए ज्ञान पर कब्जा बनाए रखना अनिवार्य है। उन्हें यह अहसास अच्छी तरह हो गया कि डा. धर्मवीर कब्जे में आने वाले नहीं हैं। लिहाजा, अंदर ही अंदर तय पाया गया कि उन्हें ध्वस्त करने की पुख्ता और दूरगामी रणनीति बनानी होगी। डा. अग्रवाल की पुस्तक और उसके जन्म पर जो सोहर गाए जा रहे हैं, उसी रणनीति का प्रतिफल हैं।

इस प्रतिफल तक आने के पहले काफी कुछ घटित हुआ है जिसके विस्तृत ब्यौरे में नहीं जाया जा सकता। लेकिन एक-दो मोटी बातें बताई जा सकती हैं। डा. अग्रवाल के शिष्य बजरंगबिहारी तिवारी और रमणिका गुप्ता के निर्देशन में दलित महिलाओं से 'नैतिकता के ठेकेदार' धर्मवीर पर चप्पलें फिंकवाई गईं। डा. धर्मवीर द्वारा 'कफन' की बुधिया के पेट में ठाकुर का बच्चा बताने पर, सामंतवाद को पानी पी-पी कर कोसने वाले राजेंद्र यादव सरीखे प्रगतिशील के पर्याय लेखक हाहाकर कर उठे। बड़े-बड़े लेखकों ने गली के छोकरों के अंदाज में डा. धर्मवीर की बौद्धिकता पर फब्तियां कसीं और लानत भेजी, गोया किसी 'ठाकुर' ने किसी दलित महिला का कभी शीलहरण किया ही न हो?

कॉलिजों और विश्वविद्यालयों के पाठ्यक्रमों में कबीर सभी जगह पढ़ाए जाते हैं। लेकिन लगभग सभी जगह कबीर के अध्ययन के लिए प्रस्तावित संदर्भग्रंथों में डा. धर्मवीर की किताबें नहीं हैं। डा. धर्मवीर पर शोध करने के इच्छुक शोधार्थियों को हतोत्साहित किया गया। चार साल पहले एमफिल के हमारे एक शोधार्थी को डा. धर्मवीर की आलोचना-दृष्टि पर शोध का विषय मिला तो डा. अग्रवाल ने उस पर विषय बदलने के लिए दबाव डाला। हमें यह सुन कर अपने पेशे पर गहरी ग्लानि हुई कि उन्होंने शोधार्थी के सामने डा. धर्मवीर के प्रति असंसदीय भाषा का प्रयोग किया। एक चर्चित दलित लेखक ने भी शोधार्थी को लताड़ा कि वह डा. धर्मवीर पर शोध करके क्यों उनका महत्व बढ़ाता है। हमारे नामचीन और जिम्मेदार पदों पर बैठे विद्वानों का यह क्या हाल हो गया है! डा. सुधीश पचौरी ने जताया है कि वे चौतरफा विरोध के बीच डा. धर्मवीर के समर्थक हैं। लेकिन वे पहली ही नजर में पकड़े जाते हैं जब भारतीय समाज और वांङ्मय की गहरी खुदाई करने वाली और अपने को आदि स्रोतों से जोड़ने वाली प्रतिभा को उत्तर-आधुनिकता की 'संजीवनी' से जाग्रत हुआ बताते हैं—यानी एक 'आजीवक' को आज के बाजार का जीव मानते हैं। समर्थन की आड़ में भ्रम फैलाने के और भी उदाहरण मिल सकते हैं।

कुल मिला कर कहा जा सकता है कि डा. धर्मवीर के चिंतन को निष्क्रिय करने के

लिए जार-सत्ता, बाजार-सत्ता और सरकार-सत्ता के नुमाइंदे बुद्धिजीवी एकजुट हो गए हैं। यह अलग विषय है कि उनकी संलिप्तता में भारत में पिछले डेढ़ हजार सालों से चली आ रही रूढ़ि की बड़ी भूमिका है, क्योंकि वे इतने नादान नहीं हैं कि यह सच्चाई नहीं जानते हों कि मौलिक सृजन और चिंतन कुछ देर के लिए नजरअंदाज किए जा सकते हैं, उन्हें हमेशा के लिए निष्क्रिय नहीं किया जा सकता।

परिशिष्ट-II

दलित साहित्य के बढ़ते कदम

—वीर भारत तलवार

(डा. वीर भारत तलवार ने एक लेख 'दलित साहित्य के बढ़ते कदम' शीर्षक से लिखा था जो 'युद्धरत आम आदमी', रमणिका फाउन्डेशन, ए-221, डिफेंस कालोनी, नई दिल्ली-110 024, के अक्तूबर-दिसंबर, 2002 के अंक में पृ. 53-8,60 पर प्रकाशित हुआ था। इस में उन्होंने दलित साहित्य की तीन कृतियों—सूरजपाल चौहान की आत्मकथा 'तिरस्कृत', ओम प्रकाश वाल्मीकि के कहानी-संग्रह 'सलाम' और मोहनदास नैमिशराय की आत्मकथा 'अपने-अपने पिंजरे' के दूसरे भाग को अपनी समीक्षा का विषय बनाया था। तभी मेरी नई पुस्तक 'कबीर के कुछ और आलोचक' भी आ गई थी। उस पर अपने उक्त समीक्षा लेख में उन्होंने जो अंश जोड़ा, वह यहाँ दिया जा रहा है।)

उपरोक्त किताबों पर लिखने के दौरान ही मेरे पास दलित साहित्य की एक और महत्वपूर्ण कृति छपकर पहुंची—डा. धर्मवीर की **कबीर के कुछ और आलोचक** (वाणी प्रकाशन, दिल्ली, 2002)। डा. धर्मवीर पिछले कुछ सालों से कबीर को लेकर महत्वपूर्ण काम कर रहे हैं। इस विषय पर उनकी पहली किताब **कबीर के आलोचक** 1997 में छपी थी जिसमें उन्होंने हिन्दी साहित्य में कबीर को सवर्ण हिन्दू दृष्टि से देखने वाली आलोचना की परंपरा को जड़ से उखाड़ फेंकने की कोशिश की थी। उनकी इस किताब से हिन्दी आलोचना में तहलका मच गया था। इतनी प्रतिक्रियाएं इधर हिन्दी आलोचना की किसी और कृति को लेकर शायद ही हुई हों। यह किताब अपनी परंपरा की शिनाख्त खुद करने के लिए एक दलित आलोचक की गंभीर बेचैनी और उसके बौद्धिक संघर्ष को दिखलाती है। ताज्जुब नहीं कि खुद को दलितों का शुभचिंतक समझने वाले बहुत से प्रगतिशील हिन्दी आलोचकों ने अपने सवर्ण हिन्दू संस्कारों से ग्रस्त होकर डा. धर्मवीर की इस किताब का विरोध किया था—सीधे-सीधे भी और घुमा-फिराकर भी। तब मैंने भी 'कबीर पर कब्जे की लड़ाई' लेख लिखकर कबीर के और सब द्विज आलोचकों को

तो नहीं, पर हजारीप्रसाद द्विवेदी को डा. धर्मवीर के निर्मम प्रहारों से बचा लेने की कोशिश जरूर की थी। इन सब प्रतिक्रियाओं के जवाब में सन् 2000 में **नई सदी में कबीर** शीर्षक से तीन खंडों में डा. धर्मवीर की किताब आई जिनमें अपने सभी आलोचकों के तर्कों का उन्होंने खुलकर जबाव दिया। कबीर के प्रसंग में हजारीप्रसाद द्विवेदी संबंधी मेरी भी कई धारणाओं को उन्होंने निर्मूल साबित किया अथवा उनकी कमजोरियों को दिखा दिया। इसके लिए मैं डा. धर्मवीर का आभारी हूं, हालांकि मैं उनसे पूरी तरह सहमत नहीं हो पाया। कबीर को लेकर द्विज आलोचकों की अब तक स्थापित मान्यताओं की डा. धर्मवीर ने जो कड़ी आलोचना की–उसके खिलाफ आपत्तियों और प्रतिक्रियाओं की बाढ़ अब तक थमने को नहीं आई। यह तथ्य इस बात का संकेत है कि डा. धर्मवीर ने कबीर संबंधी द्विज हिन्दू आलोचना परंपरा के मर्म पर आघात किया था–दूसरे दलित आलोचकों की तरह इधर-उधर से चिकोटी नहीं काटी थी। अपने कुछ और विरोधियों को जवाब देते हुए उन्होंने अब यह नई किताब लिखी है जिसमें उन्होंने रामस्वरूप चतुर्वेदी समेत हिन्दी के सात लेखकों को जवाब देने के अलावा कबीर पर काम करने वाले आठ विदेशी विद्वानों की कबीर संबंधी आलोचना पर भी विचार किया है, जिनमें से कुछ अंतर्राष्ट्रीय ख्याति के विद्वान हैं। रेवरेंड जी.एच. वेस्टकॉट, रेवरेंड एफ.ई. की, शारलोत वोदविल, गुई सारमन, लिंडा हेस, डेविड एन. लोरेंजन, विनांड एम. कल्लेवेयर्ट और मोनिका बोएम टेटेलबाख। लेकिन इन विद्वानों की उन्होंने विस्तृत आलोचना नहीं की है, सिर्फ इनकी बुनियादी प्रमुख मान्यताओं पर ही बहुत संक्षेप में विचार किया है। इस किताब की भूमिका से पता चलता है कि अगले दो खंडों में वे अपने कुछ और विरोधियों को भी जवाब देंगे और उसके बाद कबीर के धर्म की खोज करते हुए उस धर्म की परंपरा पर स्वतंत्र रूप से एक किताब लिखेंगे।

इसमें शक नहीं कि विश्वविद्यालयों से बाहर रहते हुए भी, डा. धर्मवीर कबीर के बारे में जैसा घनघोर अध्ययन कर रहे हैं और बहस में सामने आने वाले तर्कों और छोटे-छोटे तथ्यों का भी जितनी दूर तक पीछा कर रहे हैं–वह आज की हिन्दी आलोचना में एक नई बात है। आज जबकि हिन्दी की तथाकथित मुख्यधारा की आलोचना आलोचकों की खेमेगत या व्यक्तिगत राजनीति का शिकार हो चुकी है, जहां अच्छी कृतियों पर चुप्पी साध लेने और कम महत्व की कृतियों को उछालकर प्रतिष्ठित करने के मूल्यहीन प्रयत्न आम हो चले हैं–वहां बौद्धिक विमर्श में एक दलित आलोचक की ऐसी निष्ठा, गंभीरता और अनवरत सृजन संघर्ष सचमुच सराहनीय है। हिन्दी के जो आलोचक डा. धर्मवीर पर बौखलाए हुए हैं, वे अपने द्विज हिन्दू संस्कारों से और हिन्दी साहित्य में छाई हुई द्विज आलोचना की परंपरा से कितने ग्रस्त हैं–इसका उन्हें जरा भी एहसास नहीं है। दलितों की तरफदारी का दम भरने वाले इन विद्वानों में कबीर संबंधी एक दलित आलोचक के दृष्टिकोण को समझने के लिए न तो आवश्यक धीरज है और न सहानुभूति है।

डा. धर्मवीर की आलोचना में द्विजों के प्रति उग्रता और निर्मम फटकार मिलती है

जो ज्यादातर द्विज आलोचकों को गैर-जरूरी लगती है और उन्हें विचलित कर जाती है। कहने की जरूरत नहीं कि यह उग्रता और फटकार सदियों से दलितों के प्रति किए गए तिरस्कारपूर्ण बर्ताव का स्वाभाविक परिणाम है। हम कबीर की उग्रता और फटकार की तो सराहना करते हैं और डा. धर्मवीर की फटकार पर बौखलाते हैं, क्यों? क्या इसीलिए नहीं कि आज कबीर हमें एक हानिरहित पूजनीय मूर्ति जैसे लगते हैं, जबकि डा. धर्मवीर हमारे अपने अस्तित्व को, हमारे अपने आचार्यत्व को ललकारते हैं?

तिरस्कारपूर्ण बर्ताव का स्वाभाविक परिणाम है। हम कबीर की उग्रता और फटकार की तो सराहना करते हैं और डा. धर्मवीर की फटकार पर बौखलाते हैं, क्यों? क्या इसीलिए नहीं कि आज कबीर हमें एक हानिरहित पूजनीय मूर्ति जैसे लगते हैं, जबकि डा. धर्मवीर हमारे अपने अस्तित्व को, हमारे अपने आचार्यत्व को ललकारते हैं?

तुलसीदास कबीर पर इसी तरह बौखलाए थे जैसे आज द्विज आलोचक डा. धर्मवीर पर बौखला रहे हैं। अगर दलित से संवाद करना है, संवाद न सही, उसे सिर्फ सुनना भी है, तो इस उग्रता और फटकार के लिए तैयार रहना होगा।

आज हिन्दी में दलित साहित्यकार कई मोर्चों पर लड़ रहे हैं। अगर सूरजपाल और नैमिशराय अपनी आत्मकथाओं से हमें अपने जख्म दिखा रहे हैं और ओमप्रकाश वाल्मीकि अपनी कहानियों से दलित जीवन के मार्मिक पक्षों से हमारा सामना करा रहे हैं तो डा. धर्मवीर द्विज वर्चस्व के खिलाफ दलित की विचारधारा और सिद्धांत की लड़ाई लड़ रहे हैं। कबीर को मुद्दा बनाकर डा. धर्मवीर ने हिन्दी आलोचना की द्विज परंपरा में मौजूद गहरी विसंगतियों और खामियों को उजागर कर दिया है। कबीर को लेकर उन्होंने जो सवाल खड़े किए हैं, उनको नजरअंदाज करके आगे कबीर पर कोई महत्वपूर्ण काम नहीं हो सकता। उन्होंने कबीर के पाठलोचन की अब तक की परंपरा को भी चुनौती दी है और कबीर की दलित स्थिति और विचारों को केंद्र में रखकर कबीर के दोहों और पदों की प्रामाणिकता को जांचने की एक नई कसौटी सुझाई है। कबीर के पाठ की प्रामाणिकता का सवाल एक गंभीर और बुनियादी सवाल है और ताज्जुब होता है कि हिन्दी के बड़े-बड़े आलोचक इस सवाल पर आंखें मूंदे रहे और कबीर के अध्ययन को आगे बढ़ाते रहे। हिन्दी के चतुर आलोचकों ने डा. धर्मवीर द्वारा उठाए सवालों की रोशनी में, उनके द्वारा दिए गए सूत्रों का इस्तेमाल करते हुए अपनी 'मौलिक' प्रतिभा का कमाल दिखाना शुरू कर दिया है—डा. धर्मवीर के प्रति किसी आभार प्रदर्शन के बिना ही आभार प्रदर्शन कैसा? भला द्विज आलोचक भी दलित आलोचक से कहीं कुछ लेता है—वह भी दिन के उजाले में?

अध्याय-19

हुनर का अद्यतन प्रयोग

क. पुस्तक में वर्णित कुछ विद्‌वानों के नाम
ख. दूसरे संस्करण की भूमिका में क्या हुआ?
ग. अकादमिक ईमानदारी क्या होती है?
घ. बहस का पेटेंट
ङ कुछ मुझ से पूछ लिया होता
च. कबीर मठों में छुआछूत!

क. पुस्तक में वर्णित कुछ विद्‌वानों के नाम

नीचे की नाम सूची पुरुषोत्तम अग्रवाल की इस विवेच्य पुस्तक 'अकथ कहानी प्रेम की : कबीर की कविता और उनका समय' की शब्दानुक्रमणिका से तैयार की गई हैं। ये वे देशी-विदेशी विद्‌वान हैं जो कबीर पर काम कर चुके हैं—या अब भी कर रहे हैं। यह इस प्रकार है :

1.	राम कुमार वर्मा	2.	जी.एच. वेस्टकाट
3.	विनांद कैलवर्त	4.	अयोध्या सिंह उपाध्याय हरिऔध
5.	हजारी प्रसाद द्विवेदी	6.	पुरुषोत्तम अग्रवाल
7.	माता प्रसाद गुप्त	8.	श्याम सुन्दर दास
9.	परशुराम चतुर्वेदी	10.	अली सरदार जाफरी
11.	रवीन्द्र नाथ ठाकुर	12.	पारस नाथ तिवारी
13.	केदार नाथ द्विवेदी	14.	विनय धारवाड़कर
15.	सुधीश चौधरी	16.	चन्द्रबलि पाण्डेय
17.	विलियम पिंच	18.	पीताम्बर दत्त बड़थ्वाल
19.	क्षिति मोहन सेन	20.	डेविड लोरेंजन
21.	शारलोत वादिवेल	22.	गंगा शरण शास्त्री
23.	डा. शुकदेव सिंह	24.	रामचन्द्र शुक्ल

इस सूची में छूटा कौन है?—मैं—अर्थात धर्मवीर।

यहाँ विशेष रूप से सुधीश पचौरी के नाम के आने के बारे में कुछ बताया जाए। पुरुषोत्तम अग्रवाल की इस पुस्तक में यह नाम इस रूप में आया है—"उत्तर-आधुनिकतावादी सुधीश पचौरी पूरे आत्मविश्वास के साथ फतवा देते हैं—"अब कबीर आपको साबुत रामानंदी चादर में नहीं मिलने के।"[1] इस उद्धरण को 30वाँ सन्दर्भ दे कर उस के बारे में पुरुषोत्तम अग्रवाल ने लिखा है—"देखें, 'बहुवचन'-7, (सं. अशोक वाजपेयी, महात्मा गाँधी अन्तर्राष्ट्रीय विश्वविद्यालय, वर्धा, नई दिल्ली) में श्री सुधीश पचौरी का लेख।"[2] क्या देखें, और क्या न देखें? पत्रिका के सम्पादक अशोक वाजपेयी का नाम भी लिख दिया। जो नहीं लिखा गया, वह क्या है? वह सुधीश पचौरी के इस लेख का शीर्षक है। वह क्या है? वह इस प्रकार है—"कबीर, धर्मवीर और फूको की जीनियोलोजी।" पत्रिका का मेरी तरफ से अधिक विवरण क्या है? वह इस प्रकार है—"बहुवचन-7, अप्रैल-मई-जून 2001, महात्मा गाँधी अंतरराष्ट्रीय हिंदी विश्वविद्यालय, 16, दूसरी मंजिल, सीरी फोर्ट रोड, नई दिल्ली-110 049, पृ. 245-252।" मतलब, जो सुधीश पचौरी कबीर को ले कर मुझ पर लिख रहे हैं, उन का नाम है, लेकिन पुरुषोत्तम अग्रवाल की इस पूरी किताब में खुद मेरा नाम नहीं है। सुधीश पचौरी रामानंद के बारे में जो लिख रहे हैं, वह मेरी पुस्तक 'कबीर और रामानंद : किंवदन्तियाँ' के आधार पर लिख रहे हैं, लेकिन पुरुषोत्तम अग्रवाल ने मेरी किताब का कहीं हवाला नहीं दिया जबकि मेरी यह किताब सन् 2000 में प्रकाशित हो चुकी थी।

पुरुषोत्तम अग्रवाल की यह पुस्तक रामानंद के नाम से भरी पड़ी है। पृष्ठ संख्याएँ इस प्रकार हैं—"19, 20, 23-4, 27, 29, 31-2, 57, 88, 95-6, 111, 124, 131, 136, 139, 141, 146, 151, 154-58, 164-65, 168-69, 174, 178, 180, 182-83, 194, 214, 311, 341-43, 345।"[3] इन पृष्ठों के अलावा रामानंद पर एक अध्याय बिलकुल निखर्चा लिखा गया है। यह पांचवाँ अध्याय है। इस का शीर्षक 'द्वितीय सेतु जगतरण कियो...' : रामानंद और कबीर' है। यह अध्याय पृष्ठ 235 से शुरू हो कर पृष्ठ 310 तक फैला है। ये 76 पृष्ठ हैं—क्या जरूरत थी? फिर, किताब कबीर पर लिखी है तो शीर्षक में 'कबीर और रामानंद' होना चाहिए था, 'रामानंद और कबीर' नहीं।

बताया जाए कि पुरुषोत्तम अग्रवाल की इस पुस्तक के आने तक मेरी कबीर पर छह पुस्तकें छप चुकी थीं। वे इस प्रकार हैं :

क्रम संख्या	पुस्तक का नाम	प्रकाशन वर्ष
1.	कबीर के आलोचक	1997
2.	कबीर : डा. हजारी प्रसाद द्विवेदी का प्रक्षिप्त चिन्तन	2000

1. अकथ कहानी प्रेम की : कबीर की कविता और उनका समय, पुरुषोत्तम अग्रवाल, राजकमल प्रकाशन प्रा.लि., 1-बी, नेताजी सुभाष मार्ग, नई दिल्ली-110 002, पहला संस्करण, 2009, पृ. 88
2. वही, पृ. 147
3. वही, पृ. 452

3.	कबीर और रामानंद : किंवदन्तियाँ	2000
4.	कबीर : बाज भी, कपोत भी, पपीहा भी	2000
5.	कबीर के कुछ और आलोचक	2002
6.	सूत न कपास	2003

इन में छठी पुस्तक 'सूत न कपास' में दूसरा भाग केवल पुरुषोत्तम अग्रवाल पर लिखा गया था। उस भाग का विवरण निम्न प्रकार है :

"डॉ. पुरुषोत्तम अग्रवाल : जुलाहे से लट्ठम लट्ठा

अध्याय-7 'गुरु हो तो सकते ही थे' का तर्क
अध्याय-8 एक और अपरिभाषित शब्द 'वैष्णव'
अध्याय-9 विलियम आर. पिंच : शिफ्ट होती शब्दावली में रेडिकलिज्म क्या है?
अध्याय-10 नाभा दास : डोम या ब्राह्मण?
अध्याय-11 ब्राह्मण और ब्राह्मणवाद
अध्याय-12 'किंवदंती आचार्य' की उपाधि
अध्याय-13 'प्रक्षिप्त महाराज' का खिताब
अध्याय-14 कबीर का साहित्य एक पूरा पैकेज है
अध्याय-15 कबीर से नाता जोड़ने का सहूर
अध्याय-16 कबीर की कविता की शुचिता
अध्याय-17 कुत्सितवादी व्यभिचार के सामने कबीर की कविता
अध्याय-18 'तीव्रता बनाम जटिलता' का मुकदमा
अध्याय-19 'कवि, व्यभिचारी, चोर'
अध्याय-20 खबरदार, आगे धारा 497 लागू है
अध्याय-21 यह नारी की कैसी तरफदारी है?
अध्याय-22 नीच, कमीन और मूर्ख
अध्याय-23 पिशाच, मुसोलिनी और हिटलर
अध्याय-24 'जाति जुलाहा नाम कबीरा' "[4]

यूँ अपने समय को छुपा रहे हैं और कबीर के समय को जानने का दावा कर रहे हैं। जो इन के समय में लिखा जा रहा है, कबीर की उस परम्परा का नाम नहीं ले रहे, और कबीर की कविता को जानने के विशेषज्ञ बनने चले हैं।

यदि पुरुषोत्तम अग्रवाल अपनी यह किताब इस रूप में न लिखते जिस में यह

---

4. सूत न कपास, डा. धर्मवीर, वाणी प्रकाशन, 21-ए दरियागंज, नई दिल्ली-110 002, प्रथम संस्करण, 2003, पृ. 9-10

लिखी गई है तो मैं अगले पृष्ठ पाठकों के लिए न लिखता। अब वे लिखने जरूरी हो गए हैं क्योंकि डा. प्रेम सिंह ने भी यह मुद्दा उठाया है। मुद्दा यह है कि मैंने 1997 में 'कबीर के आलोचक' नाम से कबीर पर अपनी बहस उठाई थी। यह बहस हिन्दी साहित्य में एक तरह से महाभारत है। उसके कुछ वर्ष बाद एक दिन डा. वीर भारत तलवार ने मुझ से कहा था—''आपने हिन्दी साहित्य को यह सब से बड़ी और लम्बी बहस दी है।'' उन्होंने मुझे बताया था कि हिन्दी में अब तक इतनी लम्बी बहस नहीं हुई। इस बहस में शामिल हुए लेखकों और पत्र-पत्रिकाओं की वही सूची मैं आगे दे रहा हूँ जो मेरी सीमित जानकारी की है। जो पाठक इसे उलाकना चाहें वे उलाक जाएँ। अद्यतन सूची इस प्रकार है :

डा. धर्मवीर के कबीर सम्बन्धी साहित्य पर बहस

I. हिन्दी

1. अकबर नाम लेता है खुदा का.... : अस्मितावाद के इस जमाने में कुछ चर्चा व्यवस्था और श्रम की, पुरुषोत्तम अग्रवाल, तद्भव, 18/271, इंदिरा नगर, लखनऊ-226 016, पृ. 48-76
2. अकादमिक संस्थानों में बुद्धिजीवी, वीर भारत तलवार, समयांतर, जनवरी-फरवरी, 2001, 79ए, दिलशाद गार्डन, दिल्ली-110 095
3. अघोषित पाबन्दियों के बीच : सत्ता-विमर्श और दलित, अतिथि सम्पादक, श्यौराज सिंह 'बेचैन', हंस, अक्षर प्रकाशन प्रा.लि., 2/36, अन्सारी रोड, दरियागंज, नई दिल्ली-110 002, अगस्त 2004, पृ. 9-14
4. अध्यात्म का वस्तुकरण और धर्मसत्ता, पुरुषोत्तम अग्रवाल, जनसत्ता, दिल्ली, 6 जुलाई, 2003
5. अपने युग की जलती मशाल थे कबीर, शक्ति त्रिवेदी, कुबेर टाइम्स, नई दिल्ली, 1998
6. अपने-अपने कबीर, संपादकीय, जनसत्ता, दिल्ली संस्करण, 22 मई, 2001
7. अमरीका में ब्लैक्स को आरक्षण है, सुधीश पचौरी, साक्षात्कार, प्रस्तुति, उमा शंकर चौधरी, हंस, अक्षर प्रकाशन प्रा.लि., 2/36, अन्सारी रोड, दरिया गंज, नई दिल्ली-110 002, अगस्त 2004, पृ. 207
8. डा. अम्बेडकर का धर्मान्तरण 'एक ऐतिहासिक भूल' नहीं, उमा शंकर चौधरी, आजीवक विजन, बी-912, एम.आई.जी. फ्लैट्स, ईस्ट ऑफ लोनी रोड, दिल्ली-110 093, प्रवेशांक, जून 2008, पृ. 8-13, 25

9. अस्मिता के नए सवाल और हजारी प्रसाद द्विवेदी, राजीव कुमार कुंवर, तद्भव, अक्टूबर 2001, 18/271, इंदिरा नगर, लखनऊ, पृ. 60-72
10. आओ बनाएँ भगवान, ओमा शर्मा, जनसत्ता, 15 दिसंबर, 2000, नई दिल्ली
11. आखिर कबीर के हिन्दूवादी रूप का आधार क्या है?, उमा शंकर चौधरी, दलित साहित्य 2003, बी-634, डी.डी.ए. फ्लैट्स, ईस्ट ऑफ लोनी रोड, दिल्ली-110 093, पृ. 62-78
12. आखेटधर्मी आलोचना का समर्थ प्रतिपक्ष 'कबीर के आलोचक', प्रो. भवदेव पाण्डेय, वर्तमान साहित्य, प्रथम तल 1-2, मुकुन्दनगर, हापुड़ रोड, गाजियाबाद-201 001 (उ.प्र.), जनवरी 1999, पृ. 59-62
13. आज की जरूरत, डा. योगेन्द्र, हंस, अक्षर प्रकाशन प्रा.लि., 2/36, अंसारी रोड, दरिया गंज, नई दिल्ली-110 002, पृ. 9
14. आम आदमी और धर्मेतर अध्यात्म, पुरुषोत्तम अग्रवाल, जनसत्ता, नई दिल्ली, 29 सितंबर, 2003
15. आलोचना का बड़बोलापन, मोहन कृष्ण बोहरा, जनसत्ता, दिल्ली, 12 फरवरी, 2006
16. आलोचना की सामाजिकता : संक्षिप्त, मैनेजर पाण्डेय, राष्ट्रीय सहारा, दिल्ली संस्करण, 3 मार्च, 2002
17. आलोचना की सामाजिकता, प्रो. मैनेजर पाण्डेय, परमिता, एन 1/61-आर-1, शशि नगर कालोनी, सामनेघाट रोड, नगवाँ, लंका, वाराणसी, उत्तर प्रदेश-221 005, प्रवेशांक, अप्रैल-जून, 2008, पृ. 58-61
18. 21वीं सदी के कबीर डा. धर्मवीर, डा. श्यौराज सिंह बेचैन, राष्ट्रीय सहारा, नई दिल्ली, 5 नवंबर, 1998
19. पुस्तक 'इक्कीसवीं सदी में अम्बेडकरवाद' का अध्याय-8 'इक्कीसवीं सदी में अंबेडकरवादी सामाजिक क्रांति के अग्रदूत बुद्ध और कबीर', लेखक, रघुवीर सिंह, अतिश प्रकाशन, 9-बी, पाकेट एफ-1, जी-8 एरिया, हरिनगर, दिल्ली-110 064, प्रथम संस्करण, 2001
20. उड़ाएं, मगर 'मज़ाक उड़ेगी' नहीं!, अभिनव ओझा, हंस, अक्षर प्रकाशन प्रा.लि., 2/36, अंसारी रोड, दरिया गंज, नई दिल्ली-110 002, जुलाई, 2002
21. उत्तर आधुनिकता और हिन्दी का द्वन्द्व, सुधीश पचौरी, जन

विकल्प, 2, सूर्य विहार, आशियाना नगर, पटना-800 025, दिसम्बर 2007—मार्च 2008, पृ. 106-116

22. उत्तर आधुनिकता की चुनौती देता कबीर-विमर्श, श्री भगवान सिंह, समकालीन भारतीय साहित्य, जनवरी-फरवरी, 2001, साहित्य अकादमी, रवीन्द्र भवन, 35, फिरोजशाह मार्ग, नई दिल्ली-110 001, पृ. 152-155

23. उत्तर आधुनिकता समाज में साहित्य और उसका वास्तविक पाठक, देवेन्द्र चौबे, हंस, अक्टूबर, 1998, 2/36, अंसारी रोड, दरिया गंज, नई दिल्ली-110 002, पृ. 38-40

24. उन का कहना है, डा. नामवर सिंह, नवभारत टाइम्स, नई दिल्ली, दिनांक 16 अप्रैल, 1998

25. उन दोऊ ने राह गँवाई, अरुण कुमार त्रिपाठी, जनसत्ता, दिल्ली, 20 दिसंबर, 1999

26. एक 'कुजात' कवि की प्रशंसा में...., राजेन्द्र यादव, हंस, अक्षर प्रकाशन प्रा.लि, 2/36, अंसारी रोड, दरिया गंज, नई दिल्ली-110 002, अप्रैल, 1998

27. एक ऐतिहासिक चरण है 'उत्तर आधुनिकता', प्रभात रंजन और सदन झा द्वारा सुधीर पचौरी से एक बातचीत, मधुमती, सितंबर 2000, राजस्थान साहित्य अकादमी, हिरण मगरी, सेक्टर-4, उदयपुर-313 002

28. एक संवाद : डा. धर्मवीर के आलोचकों से, सूरज प्रकाश बडत्या, अपेक्षा, जनवरी-मार्च, 2003, 27, घौंडली, कृष्णा नगर, दिल्ली-110 051

29. ऐसे तो नहीं कबीर, मोहन कृष्ण बोहरा, जनसत्ता, 8 अप्रैल, 2001, दिल्ली

30. ओमप्रकाश वाल्मीकि : एक लेखक का दलित होना, देवेन्द्र चौबे, वागर्थ, भारतीय भाषा परिषद, 36-ए, शेक्सपियर सरणी, कोलकाता-700 017, जून, 2004, पृ. 54

31. कब पूरा होगा समतामूलक समाज का सपना, डा. श्यौराज सिंह 'बेचैन', राष्ट्रीय सहारा, नई दिल्ली, 2 सितंबर, 1998

32. पुस्तक 'कबीर अकेला' का अध्याय-11 'कबीर वाणी : समीक्षा के दायरे में', लेखक डा. रमेशचन्द्र मिश्र, संत साहित्य संस्थान, 3611, नेताजी सुभाष मार्ग, दरियागंज, नई दिल्ली-110 002, प्रथम संस्करण, अक्टूबर, 1999

33. कबीर और तुलसी : पूरक या विरोधी, श्री भगवान सिंह,

बहुवचन-7, अप्रैल-मई-जून, 2001, महात्मा गाँधी अन्तर्राष्ट्रीय हिन्दी विश्वविद्यालय, 16 दूसरी मंजिल, सीरी फोर्ट रोड, नई दिल्ली-110 049, पृ. 230-244

34. कबीर और दलित आलोचना, विवेकी सिंह, कसौटी, प्रवेशांक, अप्रैल-जून 1999, सारांश प्रकाशन प्रा.लि., 142-ई, पाकेट-IV, मयूर विहार-I, दिल्ली-110 091, पृ. 103-08

35. कबीर और रामानंद : क्या बताती हैं किंवदंतियाँ, डा. पुरुषोत्तम अग्रवाल, बहुवचन, अप्रैल-जून, 2000, महात्मा गाँधी अन्तर्राष्ट्रीय हिंदी विश्वविद्यालय, 16, दूसरी मंजिल, सीरी फोर्ट रोड, नई दिल्ली-110 049, पृ. 174-186

36. कबीर और विपक्षी मुद्दे : राममूर्ति त्रिपाठी, अक्षरा, सिंतबर से अक्टूबर 2001, मध्य प्रदेश राष्ट्रभाषा प्रचार समिति, हिंदी भवन, श्यामला हिल्स, भोपाल-462 002, पृ. 64-7

37. कबीर और सामाजिक क्रांति का परिवर्तनकारी उद्घोष, पुस्तक 'भारत में पिछड़ा वर्ग आन्दोलन और परिवर्तन का नया समाजशास्त्र', लेखक, डा. हरि नारायण ठाकुर, कल्पज पब्लिकेशन्स, सी-30, सत्यवती नगर, दिल्ली-110 052, प्रकाशन वर्ष, 2009, पृ. 66-73

38. कबीर का आत्मविश्वास, प्रेम सिंह, अपेक्षा, जनवरी-मार्च, 2003, 27 घौंडली, कृष्णा नगर, दिल्ली-110 051, पृ. 53-5, 80

39. कबीर का दुख, डा. नामवर सिंह, जनसत्ता, नई दिल्ली, 27 जून, 1999

40. कबीर की आलोचना मेरा जिम्मा : डा. धर्मवीर, उमाशंकर चौधरी द्वारा 'अपेक्षा' की ओर से डा. धर्मवीर से बातचीत, अपेक्षा, 27, घौंडली, कृष्णा नगर, दिल्ली-110 051, अप्रैल-जून, 2003, पृ. 48-55

41. कबीर की उंगली पकड़ कर चलती दलित कविता, कैलाश दहिया, नई धारा, सूर्यपुरा हाउस, बोरिंग रोड, पटना-800 001, दिसम्बर-जनवरी, 2010, पृ. 52-9

42. कबीर की चदरिया : सृजन संवाद : धर्मवीर, प्रस्तुति, श्यौराज सिंह 'बेचैन', इन्डिया टुडे, 16 अप्रैल, 2003, लिविंग मीडिया इन्डिया लि., एफ-14/15, कनाट प्लेस, नई दिल्ली-110 001, पृ. 67

43. कबीर की बढ़त, अशोक वाजपेयी, जनसत्ता, दिल्ली, 19 अगस्त, 2001

44. कबीर की वास्तविक शक्ति ये है कि उन्होंने राम के साथ अपना

संबंध जोड़ा, विष्णु कांत शास्त्री, राष्ट्रभाषा संदेश, संत कबीर व्याख्यान विशेषांक, 15 मई, 2000

45. कबीर की विचार चेतना और प्रासंगिकता, डा. मुरली मनोहर प्रसाद सिंह, हिंदी काव्य-1, खंड 2, भक्ति काव्य-1 (निर्गुण काव्य), इंदिरा गाँधी राष्ट्रीय मुक्त विश्वविद्यालय, मैदान गढ़ी, नई दिल्ली-110 068, अप्रैल 1999, पृ. 5-10

46. कबीर की संकीर्ण व्याख्या, वेदप्रकाश, हिन्दुस्तान, नई दिल्ली, 26 अगस्त, 2001

47. कबीर की साधना : निज ब्रह्म विचार, पुरुषोत्तम अग्रवाल, जनसत्ता, नई दिल्ली, 17 अगस्त, 2003

48. 'कबीर के आलोचक' पर गोष्ठी, युद्धरत आम आदमी, अक्तूबर-दिसम्बर 1998, रमणिका फाउन्डेशन, ए-2-21, डिफेन्स कालोनी, ग्राउन्ड फ्लोर, नई दिल्ली-110 024, पृ. 55-60

49. कबीर के आलोचकों पर दलितवादी दृष्टि, चंचल चौहान, हिंदुस्तान, नई दिल्ली, 26 अक्टूबर, 1997

50. कबीर के जीवन से संबंधित कुछ किंवदंतियाँ, नवीन पंत, योजना, फरवरी 2001, कमरा नं. 538ए, योजना भवन, संसद मार्ग, नई दिल्ली-110 001, पृ. 44-5

51. कबीर के बहाने, सम्पादकीय, पुस्तक 'सबद बिबेकी कबीर', डा. तेज सिंह, भावना प्रकाशन, 109-ए, पटपड़गंज, दिल्ली-110 091, प्रथम संस्करण, 2004, पृ. 5-13

52. कबीर के विचार और चिंतन का एकाकी चित्रण, प्रेम प्रकाश भाटिया, योजना, नवंबर 2001, कमरा नं. 538ए, योजना भवन, संसद मार्ग, नई दिल्ली-110 001, पृ. 46-8

53. कबीर को किसी धर्मव्यवस्था की जरूरत नहीं, नित्यानन्द तिवारी, अपेक्षा, जनवरी-मार्च, 2003, 27 घौंडली, कृष्णा नगर, दिल्ली-110 051, पृ. 27-9, 90

54. कबीर को दलित राजनीति का औजार बनाने की कोशिश पर चिंता जताई, अजित राय, जनसत्ता, दिल्ली, 9 दिसंबर, 1999

55. कबीर जीवन, दर्शन और पंथ, डा. धर्मवीर, पुस्तक 'सत्य की खोज', सम्पादक मंडल, मोहन गोस्वामी, भरत लाल मानिकपुरी और मोती दास मानिकपुरी, प्रकाशक, मानिकपुरी समाज, रायपुर, छत्तीस गढ़, पहला संस्करण, 2004, पृ. 26-40

56. कबीरदास के मूल स्वरूप पर पड़े आवरण, विष्णुकांत शास्त्री, समकालीन भारतीय साहित्य, मार्च-अप्रैल 2000, साहित्य

अकादमी, रवीन्द्र भवन, 35 फिरोजशाह मार्ग, नई दिल्ली-110 001, पृ. 5-17

57. कबीर, धर्मवीर और फूको की जीनियोलोजी, सुधीश पचौरी, बहुवचन-7, अप्रैल-मई-जून 2001, महात्मा गाँधी अंतर्राष्ट्रीय हिंदी विश्वविद्यालय, 16, दूसरी मंजिल, सीरी फोर्ट रोड, नई दिल्ली-110 049, पृ. 245-52

58. कबीर पर कब्जे की लड़ाई, वीर भारत तलवार, पल प्रतिपल, आधार प्रकाशन प्राइवेट लिमिटेड, एच.सी.एफ., 267, सेक्टर-16, पंचकूला-134 113, हरियाणा, अक्टूबर-दिसंबर, 1997, पृ. 44-57

59. कबीरवादियों पर शक की एक नजर, राज किशोर, राष्ट्रीय सहारा, हस्तक्षेप, शनिवार, 27 जून, 1998

60. कबीर विमर्श : जब वह अनहद गरजेगा, ये सारे भूत भाग जाएँगे!, पुस्तक 'एक दुर्जेय मेधा : विष्णु खरे' : कुछ अंतरंग क्षण और मुलाकातें, प्रकाश मनु, वाणी प्रकाशन, 21-ए, दरियागंज, नई दिल्ली-110 002, पहला संस्करण, 2004, पृ. 111-78

61. कबीर से कटी बहस, डा. धर्मवीर, पुस्तक 'कबीर विचार और दर्शन' में संकलित, सम्पादक, एस.एस. गौतम, गौतम बुक सेन्टर, 'चंदन सदन', सी-263ए, गली नं. 9, हरदेवपुरी, शाहदरा, दिल्ली-110 093, प्रथम संस्करण, 2011, पृ. 35-48

62. कबीर से मेरा नाता, डा. पुरुषोत्तम अग्रवाल, आलोचना : सहस्राब्दी अंक एक, अप्रैल-जून 2000, राजकमल प्रकाशन प्रा.लि., 1-बी, नेताजी सुभाष मार्ग, दरियागंज, नई दिल्ली-110 002, पृ. 282-90

63. 'कबीर' : हजारी प्रसाद द्विवेदी : सूर्य पर पूरा ग्रहण, धर्मवीर, वर्तमान साहित्य, शताब्दी आलोचना पर एकाग्र-1 : हिन्दी आलोचना के नवरत्न और प्रमुख आलोचनात्मक एवं वैचारिक कृतियाँ, शिल्पायन, 10295, लेन नं. 1, वैस्ट गोरख पार्क, शाहदरा, दिल्ली-110 032, मई 2002, पृ. 156-73

64. कबीरा रोए संसार को, ईश कुमार गंगानिया, सम्पादित पुस्तक 'सबद बिबेकी कबीर', डा. तेज सिंह, भावना प्रकाशन, 109-ए, पटपड़गंज, दिल्ली-110 091, प्रथम संस्करण 2004, पृ. 100-14

65. कमी किस बात की है 'कबीर के आलोचक' में, डा. श्यौराज सिंह बेचैन, समय सरोकार, अप्रैल, 1998, डा. भीमराव अम्बेडकर महाविद्यालय, गीता कालोनी, दिल्ली-110 031, पृ. 30-8

66. कमी किस बात की है 'कबीर के आलोचक' में, श्यौराज सिंह बेचैन, समय सरोकार, मई 1998, डा. भीमराव अम्बेडकर महाविद्यालय,

गीता कालोनी, दिल्ली-110 031, पृ. 27-8
67. कवि कबीर की खोज, पुरुषोत्तम अग्रवाल, कथादेश, सहयात्रा प्रकाशन प्रा.लि., सी-52/जेड3, दिलशाद गार्डन, दिल्ली-110 095, नवंबर, 1998, पृ. 53-8
68. कहै कबीर सुनो भई साधो...., पुरुषोत्तम अग्रवाल, राष्ट्रीय सहारा, 20 सितंबर, 1998
69. 'काश पूछो कि मुद्दा क्या है....!' : परिभाषाओं का संघर्ष, पुरुषोत्तम अग्रवाल, कथादेश, सहयात्रा प्रकाशन प्रा.लि., सी-52/जेड-3, दिलशाद गार्डन, दिल्ली-110 095, नवम्बर 2003, पृ. 38-43
70. 'कुछ और किताबें : कबीर अकेला', समीक्षक, श्री भगवान सिंह, समकालीन भारतीय साहित्य, मार्च-अप्रैल, 2001, साहित्य अकादमी, रवीन्द्र भवन, 35, फिरोजशाह मार्ग, नई दिल्ली-110 001, पृ. 188-90
71. कुछ पत्र-पत्रांग, अनिल राय, वाक्, वाणी प्रकाशन, 21-ए, दरियागंज, नई दिल्ली-110 002, अप्रैल-जून, 2007, पृ. 24
72. कुछ पत्र-पत्रांग, अरविंद कुमार, वाक्, वाणी प्रकाशन, 21-ए, दरियागंज, नई दिल्ली-110 002, अप्रैल-जून, 2007, पृ. 30
73. खूब परदा है, धर्मवीर, जनसत्ता, नई दिल्ली, 29 जनवरी, 2012, पृ. 7
74. जब वह अनहद गरजेगा, ये सारे भूत भाग जाएँगे!, प्रकाश मनु की पुस्तक 'एक दुर्जेय मेधा : विष्ण खरे : कुछ अन्तरंग क्षण और मुलाकातें' में, 21-ए, वाणी प्रकाशन, दरियागंज, नई दिल्ली-110 002, संस्करण 2004, पृ. 151, 154-6
75. 'जात ही पूछो साधु की....' : अस्मितावादी अतिचार के सामने कबीर की कविता, पुरुषोत्तम अग्रवाल, बहुवचन-6, महात्मा गाँधी अंतर्राष्ट्रीय हिंदी विश्वविद्यालय, 16, दूसरी मंजिल, सीरी फोर्ट रोड, नई दिल्ली-110 049, पृ. 311-25
76. जिज्ञासु मनुष्य का 'छोटा-सा, निजी धर्म', पुरुषोत्तम अग्रवाल, जनसत्ता, नई दिल्ली, 20 जुलाई, 2003
77. जी हाँ! दलित ही, दलित साहित्य लिख सकता है, डा. श्यौराज सिंह बेचैन, उत्तर प्रदेश : दलित साहित्य विशेषांक, सितम्बर-अक्टूबर 2002, सूचना एवं जनसम्पर्क विभाग, सूचना भवन, पार्क रोड, लखनऊ-226 001
78. तर्क से अधिक पूर्वग्रह, अरविंद त्रिपाठी, जनसत्ता, नई दिल्ली,

10 अक्टूबर, 1999

79. तुलसी काव्य का उत्तर-विमर्श, राजकुमार, जनसत्ता, नई दिल्ली, 8 जनवरी, 2011, पृ. 6

80. तुलसी की याद आना, डा. धर्मवीर, वाक्, वाणी प्रकाशन, 21-ए, दरियागंज, नई दिल्ली-110 002, प्रवेशांक, जनवरी-मार्च, 2007, पृ. 78-81

81. तू मेरी पीठ खुजा मैं तेरी, प्रमोद सिंह, दलित हितैषी, फरवरी, 1999, सी-1/98, जनता फ्लैट, रोहिणी, सेक्टर-5, नई दिल्ली-110 085

82. दलित चिन्तन को मिटाने की मुहिम, प्रेम सिंह, चौथी दुनिया, दिल्ली, 12 अप्रैल-18 अप्रैल, 2010, पृ. 4 www.chauthiduniya.com

83. दलित चिन्तन को मिटाने की मुहिम, डा. प्रेम सिंह, जन पक्ष आजकल, 209 सी, मस्जिद मोठ, साउथ एक्सटेंशन, पार्ट-2, नई दिल्ली-110 049, 1 से 15 अप्रैल, 2010, पृ. 50-1

84. दलित चिन्तन को मिटाने की मुहिम, प्रेम सिंह, दलित साहित्य वार्षिकी—2009-10, सम्पादक, जय प्रकाश कर्दम, बी-634, डीडीए फ्लैट्स, ईस्ट ऑफ लोनी रोड, दिल्ली-110 093, पृ. 104-09

85. दलित चिन्तन को मिटाने की मुहिम, डा. प्रेम सिंह, बहुरि नहिं आवना, के-6, यमुना अपार्टमेन्ट, होली चौक, देवली, नई दिल्ली-110 006, अप्रैल-जून, 2010, पृ. 29-32

86. दलित चिन्तन को मिटाने की मुहिम, प्रेम सिंह, वाणी प्रकाशन समाचार, 21-ए दरियागंज, नई दिल्ली-110 002, मई 2010, पृ. 21-2

87. दलित धर्म और दर्शन, तेज सिंह, हंस, अक्षर प्रकाशन प्रा.लि., 2/36, अंसारी रोड, दरियागंज, नई दिल्ली-110 002, अगस्त 2002, पृ. 43-9

88. दलित धर्म और धर्मवीर, रमेश निर्मल, परख, पृ. 90-4

89. दलित लेखन सिर्फ एक वर्गीकरण है, डा. अर्चना वर्मा, साक्षात्कार प्रस्तुति, विकास वर्मा तथा वलवन्त कौर, हंस, अक्षर प्रकाशन प्रा. लि., 2/36, अन्सारी रोड, दरिया गंज, नई दिल्ली-110 002, अगस्त 2004, पृ. 210-11

90. दलित विमर्श और हिंदी आलोचना, डा. धर्मवीर, राष्ट्रीय सहारा, नई दिल्ली, 8 नवंबर, 1998

91. 'दलित विर्मश की किताब' है 'कबीर के आलोचक', कार्यालय

संवाददाता, हिन्दुस्तान, नई दिल्ली, 6 अक्तूबर, 1998
92. दलित विमर्श की पुस्तक : 'कबीर के आलोचक', प्रस्तुति, अंगद तिवारी, कल के लिए, दिसंबर 1998, अनुभूति प्लानिंग कालोनी, बहराइच, उत्तर प्रदेश-271 801, पृ. 67-8
93. दलित-विमर्श, दलित-उत्कर्ष और दलित-संघर्ष, डा. शुकदेव सिंह, उत्तर प्रदेश : दलित साहित्य विशेषांक, सितम्बर-अक्तूबर 2002, सूचना एवं जनसम्पर्क विभाग, सूचना भवन, पार्क रोड, लखनऊ-226 001
94. दलित विमर्श : बौद्ध धर्म का स्वीकार-अस्वीकार, उमा शंकर चौधरी, कथाक्रम, 4, ट्रांजिट हास्टल, वायरलेस चौराहे के पास, महानगर, लखनऊ-226 006, अप्रैल-जून 2004, पृ. 60-6
95. दलित साहित्य और सौंदर्य, डा. श्यौराज सिंह बेचैन, जनसत्ता, नई दिल्ली, 23 जून, 2002
96. दलित साहित्य की अवधारणा, वीर भारत तलवार, इंडियन इंस्टीट्यूट ऑफ एडवांस स्टडीज, राष्ट्रपति निवास, शिमला में पठित व बाद में पत्रिकाओं में प्रकाशित लेख
97. दलित साहित्य की छाती पर सवार नव्य साम्राज्यवादी रीतिवाद, डा. कृष्णदत्त पालीवाल, हिन्दुस्तान, नई दिल्ली, 11 मार्च, 2003
98. दलित साहित्य के बढ़ते कदम, डा. वीर भारत तलवार, युद्धरत आम आदमी, अंक संख्या-65, अक्तूबर-दिसम्बर 2002, रमणिका फान्उडेशन, ए-2-21, डिफेन्स कॉलोनी, नई दिल्ली-110 024, पृ. 53-60
99. दलित साहित्य-परम्परा में कबीर, नामवर सिंह, अपेक्षा, जनवरी-मार्च, 2003, 27, घौंडली, कृष्णा नगर, दिल्ली-110 051, पृ. 24-6
100. दलित साहित्य हिन्दी साहित्य का लोकतन्त्रीकरण कर रहा है, प्रो. मैनेजर पाण्डेय, साक्षात्कार प्रस्तुति, दिनेश राम, हंस, अक्षर प्रकाशन प्रा.लि., 2/36, अंसारी रोड, दरिया गंज, नई दिल्ली-110 002, अगस्त 2004, पृ. 202
101. दलितों की मूल समस्या : वर्ण-व्यवस्था, डा. तुलसी राम, उत्तर प्रदेश : दलित साहित्य विशेषांक, सितम्बर-अक्तूबर 2002, सूचना एवं जनसम्पर्क विभाग, सूचना भवन, पार्क रोड, लखनऊ-226 001
102. दलितों को धर्म नहीं, बेहतर जीवन-शैली चाहिए, ईश कुमार गंगानिया, अपेक्षा, 27, घौंडली, कृष्णा नगर, दिल्ली-110 051, अप्रैल-जून, 2003, पृ. 56-60

103. दलितोत्थान में धम्म की भूमिका, आनन्द, हंस, अक्षर प्रकाशन प्रा. लि., 2/36, अन्सारी रोड, दरिया गंज, नई दिल्ली-110 002, अगस्त 2004, पृ. 97
104. दिल्ली विश्वविद्यालय : उत्तर-अवसरवादी विमर्श काल, प्रेम सिंह, समयान्तर, 79-ए, दिलशाद गार्डन, दिल्ली-110 095, सितंबर 2007, पृ. 18-20
105. द्विज आलोचकों के बीच कबीर, डा. श्यौराज सिंह 'बेचैन', जनवरी-मार्च 2003, 27, घौंडली, कृष्णा नगर, दिल्ली-110 051, पृ. 43-52
106. डा. धर्मवीर का सम्मान, वाणी प्रकाशन समाचार, 21-ए, दरियागंज, नई दिल्ली-110 002, फरवरी 2011, पृ. 23
107. डा. धर्मवीर की दृष्टि में कबीर, रमेश भाई एम. जादव, पुस्तक 'भारतीय साहित्य एवं दलित चेतना' में संकलित लेख, सम्पादक, डा. धनंजय चौहाण और डा. धीरजभाई वणकर, ज्ञान प्रकाशन, 128/90, जी ब्लाक, किदवई नगर, कानपुर, उत्तर प्रदेश-208 011, पृ. 117-21
108. डा. धर्मवीर के कबीर, उमा शंकर चौधरी, अपेक्षा, जनवरी-मार्च, 2003, 27, घौंडली, कृष्णा नगर, दिल्ली-110 051, पृ. 69-73
109. डा. धर्मवीर : दलित चिन्तन को मिटाने की मुहिम, प्रेम सिंह, युवा संवाद, 167ए/जी.एच. 2, पश्चिम विहार, नई दिल्ली-110 063, अप्रैल 2010, पृ. 43-5
110. डा. धर्मवीर 'श्री सदगुरु कबीर नेशनल अवार्ड' से सम्मानित, बयान, बी.जी.5ए/30-बी, पश्चिम विहार, नई दिल्ली-110 063, जनवरी, 2011, पृ. 56
111. डा. धर्मवीर 'श्री सदगुरु कबीर नेशनल अवार्ड' से सम्मानित, बहुरि नहिं आवना, जे-5, यमुना अपार्टमेन्ट, होली चौक, देवली, नई दिल्ली-110 062, अक्टूबर-दिसम्बर, 2010, पृ. 41
112. धर्मसत्ता से जिरह करती कविता, पुरुषोत्तम अग्रवाल, जनसत्ता, नई दिल्ली, 14 सितम्बर, 2003
113. नया चश्मा है : डायरी-अंश, सुदेश तनवर, हंस, अक्षर प्रकाशन प्रा. लि., 2/36, अन्सारी रोड, दरिया गंज, नई दिल्ली-110 002, अगस्त 2004, पृ. 34
114. निर्गुण मत श्रमिक जातियों का मत, अनिल कुमार, बहुरि नहिं आवना, जे-5, यमुना अपार्टमेन्ट, होली चौक, देवली, नई दिल्ली-110 062, जनवरी-सितम्बर 2011, पृ. 33-8

115. निर्गुणिया संत और दलित, पुस्तक 'दलित साहित्य का समाजशास्त्र', लेखक, डा. हरिनारायण ठाकुर, भारतीय ज्ञानपीठ, 18, इन्स्टीट्यूशनल एरिया, लोदी रोड, नई दिल्ली-110 003, पहला संस्करण, 2009, पृ. 214-17

116. परिक्रमा : हिंदी साहित्य 1998 : औरों के बहाने, भारत भारद्वाज, हंस, अक्षर प्रकाशन प्रा.लि., 2/36, अन्सारी रोड, दरिया गंज, नई दिल्ली-110 002, फरवरी, 1999, पृ. 97

117. पल भर की तलाश में, पुरुषोत्तम अग्रवाल, जनसत्ता, नई दिल्ली, 31 अगस्त, 2003

118. पाठक-चौपाल, यशवन्त मेश्राम, अक्षरा-58, मार्च-अप्रैल 2002, मध्य प्रदेश राष्ट्रभाषा प्रचार समिति, हिंदी भवन, श्यामला हिल्स, भोपाल-462 002, पृ. 95

119. पाठक प्रतिक्रिया, पूरा राम, अपेक्षा, सम्पादक, तेज सिंह, 27, घौंडली, कृष्णा नगर, दिल्ली-110 051, जनवरी-मार्च 2004, पृ. 8-9

120. पाठक-प्रतिक्रिया, रत्न कुमार सांभरिया, अपेक्षा, 27, घौंडली, कृष्णा नगर, दिल्ली-110 051, अप्रैल-जून, 2003, पृ. 9

121. पाठक-प्रतिक्रिया, रमेश निर्मल, अपेक्षा, सम्पादक, तेज सिंह, 27, घौंडली, कृष्णा नगर, दिल्ली-110 051, अक्तूबर-दिसम्बर, 2003, पृ. 2-3

122. पाठकीय प्रतिक्रियाएँ, डा. पुरुषोत्तम अग्रवाल, मधुमती, दिसंबर 2000, राजस्थान साहित्य अकादमी, हिरण मगरी, सेक्टर-4, उदयपुर-313 002, अन्तिम पृष्ठ

123. पाती-थाती, अनिल कुमार, बहुरि नहिं आवना, के-6, यमुना अपार्टमेन्ट, होली चौक, देवली, नई दिल्ली-110 062, जुलाई-सितम्बर, 2010, पृ. 13-4

124. पार्टनर! तुम्हारी जाति क्या है, राजकुमार, हंस, अक्षर प्रकाशन प्रा. लि., 2/36,, अन्सारी रोड, दरिया गंज, नई दिल्ली-110 002, नवम्बर 2003, पृ. 90-4

125. पुस्तक प्राप्ति : कबीर : नई सदी में, हिन्दुस्तान, नई दिल्ली, 13 मई, 2001

126. पूरक परिक्रमा : हिन्दी दलित-साहित्य 2002, रजत रानी 'मीनू', हंस, 2/36, अन्सारी रोड, दरिया गंज, नई दिल्ली-110 002, मार्च 2003, पृ. 58-9

127. प्रख्यात आलोचक डा. वीर भारत तलवार का डा. श्याम सुन्दर

दीक्षित द्वारा लिया गया साक्षात्कार, इन्दु, शिष्य सदन, बाबा रघुबरदास आश्रम, दशहरा बाग, 69, बाराबंकी-225 001, पृ. 59-69

128. प्रथम जातीय (राष्ट्रीय) आलोचक : आचार्य रामचन्द्र शुक्ल, लेखक, देवेन्द्र चौबे, आजकल, प्रकाशन विभाग, कमरा नं. 120, सूचना भवन, सी.जी.ओ, कॉम्पलेक्स, लोदी रोड, नई दिल्ली-110 003, अक्टूबर, 2009, पृ. 4-8, 12

129. प्रेमचंद के बाद अब डा. हजारी प्रसाद द्विवेदी पर उठे सवाल, डा. सोहन पाल सुमनाक्षर, हिमायती, सितम्बर 2004, द्वितीय, 233, टैगोर पार्क, माडल टाउन, दिल्ली-110 009, पृ. 3

130. बहस, डा. धर्मवीर और कँवल भारती, हस्तक्षेप, राष्ट्रीय सहारा, नई दिल्ली, 18 जुलाई, 1998

131. बहस का कारण : एक उद्धरण, डा. धर्मवीर, आधुनिक विप्लव, गौरव सदन, खखरी, पोस्ट-भूपगढ़, जिला गोरखपुर, उत्तर प्रदेश, नवम्बर, 2011, पृ. 18-22

132. बात बोलेगी, लीलाधर मंडलोई, वर्तमान साहित्य, प्रथम तल 1-2, मुकुन्द नगर, हापुड रोड, गाजियाबाद, उत्तर प्रदेश-201 001, जनवरी 1999, पृ. 51

133. बौद्ध धर्म ही दलित धर्म है, रज्जू राम आजमी, युद्धरत आम आदमी, रमणिका फाउन्डेशन, ए-2-21, डिफेंस कालोनी, ग्राउन्ड फ्लोर, नई दिल्ली-110 024, अप्रैल-जून, 2004, पृ. 23-4

134. भारतीय चिंतन और कबीर, डा. वासुदेव सिंह, परिचय-2, अप्रैल 2001, बड़ा महादेव कालोनी, पीर नगर, गाजीपुर-233 001, पृ. 23-34

135. मीडिया में दलितों की भागीदारी का सवाल, डा. श्यौराज सिंह बेचैन, राष्ट्रीय सहारा, नई दिल्ली, 8 अक्तूबर, 1998

136. मूंदिहु आंख कहहुं किछु नाहीं, पुरुषोत्तम अग्रवाल, जनसत्ता, नई दिल्ली, 12 अक्टूबर, 2003

137. मेरी रचनाशीलता मेरी जिम्मेदारी है : डा. धर्मवीर से उमा शंकर चौधरी की बातचीत, समय सरोकार, डा. भीमराव अम्बेडकर महाविद्यालय, दिल्ली विश्वविद्यालय, वजीराबाद रोड, यमुना विहार, दिल्ली-110 053, सितम्बर-अक्तूबर 2004, पृ. 71-3

138. यह कैसा मार्क्सवाद, अंशुमाली रस्तोगी, जनसत्ता, नई दिल्ली, 19 अक्टूबर, 2003

139. राजनीति का सबसे ज्यादा बुरा प्रभाव हिंदो आलोचना पर पड़ा,

नगेन्द्र, जनसत्ता, मुंबई, 11जून, 1999

140. रामविलास शर्मा की दृष्टि में तुलसी, श्रीभगवान सिंह, दस्तावेज-129, सम्पादक, विश्वनाथ प्रसाद तिवारी, बेतिया हाता, गोरखपुर, उत्तर प्रदेश-273 001, अक्तूबर-दिसंबर, 2010, पृ. 35-44

141. रामानंद—अर्थात धोखानंद, डा. धर्मवीर, वाक्, वाणी प्रकाशन, 21-ए, दरियागंज, नई दिल्ली-110 002, अंक 9, वर्ष 2011, पृ. 7-21

142. लिखत सुधाकर लिखगा राहू, भारत भारदूवाज, हंस, अक्षर प्रकाशन प्रा.लि., 2/36, अन्सारी रोड, दरिया गंज, नई दिल्ली-110 002, जून, 2010, पृ. 20

143. लेखकी : समाज को परखना : धर्मवीर, प्रस्तुति उमा शंकर चौधरी, पुस्तक वार्ता, महात्मा गाँधी अन्तर्राष्ट्रीय हिन्दी विश्वविद्यालय, बी-3/61, सफदरजंग एनक्लेव, नई दिल्ली-110 029, जुलाई-अगस्त 2003, पृ. 20-1

144. 'लेखन' किसी की बपौती नहीं है, प्रो. निर्मला जैन, साक्षात्कार प्रस्तुति, विकास वर्मा तथा बलवन्त कौर, हंस, अक्षर प्रकाशन प्रा. लि., 2/36, अन्सारी रोड, दरिया गंज, नई दिल्ली-110 002, अगस्त 2004, पृ. 214

145. वर्ष के दलित साहित्य से गुजरते हुए, डा. श्यौराज सिंह 'बेचैन', राष्ट्रीय सहारा, मेरठ संस्करण, 16 जनवरी, 2000

146. वस्तुनिष्ठता कितनी दुःसाध्य है...., संपादकीय, पहल, अंक 64-65, मार्क्सवादी आलोचना विशेषांक, 2000

147. वाह धर्मवीर, उफ धर्मवीर, लेखक, डा. जय प्रकाश कर्दम, तीसरा पक्ष, अंक-5, जनवरी-मार्च 2002, 506/5, भानतलैया, बड़ी खेरमाई मन्दिर रोड, जबलपुर-482 002, पृ. 32-8

148. शब्द-संसार, कबीर के आलोचक, इब्बार रब्बी, नवभारत टाइम्स, 3 दिसंबर 2000, नई दिल्ली

149. शब्द-संसार, कबीर : नई सदी में, इब्बार रब्बी, नव भारत टाइम्स, 8 अप्रैल, 2001, नई दिल्ली

150. डा. शुकदेव सिंह : पालकी कहारों ने लूटी, डा. धर्मवीर, वाङ्मय (त्रैमासिक हिन्दी पत्रिका) : दलित विशेषांक अंक, सम्पादक, डा. एम. फीरोज अहमद, ई-3, अब्दुल्लाह क्वाटर्स, लाल बहादुर शास्त्री मार्ग, अमीर निशाँ, अलीगढ़-202 002, जनवरी-मार्च, 2006, पृ. 23-30

151. श्रम, प्रेम और अध्यात्म, पुरुषोत्तम अग्रवाल, जनसत्ता, नई दिल्ली, 3 अगस्त, 2003

152. संवाद डा. धर्मवीर के आलोचकों से, सूरज प्रकाश बडत्या, पुस्तक 'कबीर विचार और दर्शन' में संकलित, सम्पादक, एस.एस. गौतम, गौतम बुक सेन्टर, 'चंदन सदन', सी-263ए, गली नं. 9, हरदेवपुरी, शाहदरा, दिल्ली-110 093, प्रथम संस्करण, 2011, पृ. 67-77

153. सत्ता-समीकरणों के सांस्कृतिक रक्षा-कवच, राजेन्द्र यादव, हंस, अक्षर प्रकाशन प्रा.लि., 2/36, अन्सारी रोड, दरिया गंज, नई दिल्ली-110 002, फरवरी 1999, पृ. 4

154. सन्त कवि रैदास और उन्हें घेरने की बाजीगरी, मनोज कुमार श्रीवास्तव, साक्षात्कार, साहित्य अकादमी, मध्य प्रदेश संस्कृति परिषद, संस्कृति भवन, बाण गंगा, भोपाल-3, फरवरी, 2008, पृ. 68-73

155. संत कवि रैदास और उन्हें घेरने की बाजीगरी, मनोज कुमार श्रीवास्तव, हंस, अक्षर प्रकाशन प्रा.लि., 2/36, अन्सारी रोड, दरिया गंज, नई दिल्ली-110 002, मई, 2008, पृ. 40-3

156. संतो, पांडे निपुन कसाई : वैदिक-पौराणिक वैचारिक सांचे की व्यर्थता पर एक टिप्पणी, मुरली मनोहर प्रसाद सिंह, हंस, अक्षर प्रकाशन प्रा.लि., 2/36, अन्सारी रोड, दरिया गंज, नई दिल्ली-110 002, अप्रैल, 1998, पृ. 88-90

157. सबद बिबेकी कबीर, सम्पादक, तेज सिंह, भावना प्रकाशन, 109ए, पटपड़गंज , दिल्ली-110 091, प्रथम संस्करण 2004

158. समकालीन सृजन-संदर्भ, भारत भारद्वाज, हंस, अक्षर प्रकाशन प्रा. लि., 2/36, अन्सारी रोड, दरिया गंज, नई दिल्ली-110 002, मई 2001

159. समय के साथ सार्थक संवाद, अरुण प्रकाश, संवेद-11, फरवरी 2002, 30/2, पूर्वी गुरु अंगदनगर, दिल्ली-110 092

160. सम्पादकीय, जय प्रकाश कर्दम, दलित साहित्य 2003, बी-634, डी. डी.ए. फ्लैट्स, ईस्ट ऑफ लोनी रोड, दिल्ली-110 093, पृ. i-vii

161. सम्पादकीय, सुधीश पचौरी, वाक्, वाणी प्रकाशन, 21-ए, दरियागंज, नई दिल्ली-110 002, अंक 9, वर्ष 2011, पृ. 5

162. साहित्य का द्विजत्व, राज बहादुर, हंस, अक्षर प्रकाशन प्रा.लि., 2/36, अन्सारी रोड, दरिया गंज, नई दिल्ली-110 002, जुलाई 2001, पृ. 9

163. साहित्येतिहास की आस्वाद्यता, डा. विजेन्द्र सिंह चौहान, पुनर्लेखन

(शोध-पत्रिका), सम्पादक, प्रो. सुधीश पचौरी और प्रो. रमेश गौतम, हिन्दी विभाग, दिल्ली विश्वविद्यालय, दिल्ली-110 007, 2010, पृ. 16-22
164. सिमटता संसार, देवेंद्र चौबे, आजकल, प्रकाशन विभाग, पटियाला हाउस, नई दिल्ली-110 001, जनवरी, 1998, पृ. 13
165. डा. हजारी प्रसाद द्विवेदी : सूर्य पर पूरा ग्रहण, संदर्भ प्रकाशन जगत, दिसंबर 1998 और जनवरी 1999, 21-ए, दरियागंज, नई दिल्ली-110 002, पृ. 5, 16
166. डा. हजारी प्रसाद द्विवेदी : सूर्य पर पूरा ग्रहण, धर्मवीर, पुस्तक 'कबीर का सच', सम्पादक, सोलजी, नवचेतन प्रकाशन, जी-5, गली नं. 16, राजापुरी, उत्तम नगर, दिल्ली-110 059, प्रथम संस्करण, 2006, पृ. 247-270 पर संकलित
167. हद बेहद दोऊ तजै : कबीर की साधना, पुरुषोत्तम अग्रवाल, कसौटी-14, रेनबो पब्लिशर्स लिमिटेड, ए-19, सेक्टर-56, नोएडा-201 301, उत्तर प्रदेश, पृ. 53-76
168. हिन्दी दलितधारा में दरारें, राजाराम भादू, कथादेश, सहयात्रा प्रकाशन प्रा.लि., सी-52/जेड-3, दिलशाद गार्डन, दिल्ली-110 095, सितम्बर 2003, पृ. 96-7
169. हिन्दी साहित्य में दलित अस्मिता को दबाया नहीं जा सकता, नामवर सिंह, साक्षात्कार प्रस्तुति, अजय नावरिया, हंस, अक्षर प्रकाशन प्रा.लि., 2/36, अन्सारी रोड, दरिया गंज, नई दिल्ली-110 002, अगस्त, 2004, पृ. 195
170. हिंदू और मुसलमानों में टकराव नहीं चाहते थे कबीर, राष्ट्रीय सहारा, नई दिल्ली, 21 अगस्त, 1998
171. हंस की परिक्रमा या मंदिर की, डा. श्यौराज सिंह बेचैन, हंस, अक्षर प्रकाशन प्रा.लि., 2/36, अन्सारी रोड, दरिया गंज, नई दिल्ली-110 002, पृ. 52-3
172. हिंदी में दलित साहित्य, डा. श्यौराज सिंह 'बेचैन', हिन्दुस्तान, नई दिल्ली, 24 जून, 2002
173. हिंदी समाज : दूसरी परंपरा का प्रश्न, डा. पुरुषोत्तम अग्रवाल, जनसत्ता, दिल्ली, 10 सितंबर, 2001

II. अंग्रेजी

174. The Anomaly of Kabir : Caste and Canonicity in Indian Modernity, Milind Wakankar, Subaltern Studies XII : Muslims, Dalits and the Fabrications of History, edited

by Shail Mayaram, M.S.S. Pandian, Ajay Skaria, Permanent Black, D-28, Oxford Apartments, 11, I.P. Extension, Delhi-110 092, 1st Edition, 2005, pp. 120-23

175. Complete eclipse of the sun : Dwivedi's Kabir, Dharam Veer, Translated by Priyadarshan, Hindi : Language, Discourse, Writing, Mahatma Gandhi International Hindi University, 16, Second Floor, Siri Fort Road, New Delhi-110 049, pp. 188-207

176. Hajãrĩprasãd Dvivedi's Kabir, by Monika Horstmann, Images of Kabir, edited by Monika Horstmann, Manohar Publishers & Distributors, 4753/23, Ansari Road, Daryaganj, New Delhi-110 002, 1st Edition, 2002, pp. 115, 124-26

177. Hazariprasad Dvivedi's Kabir, by Monika Boehm-Tettleback, Paper presented at the International Seminar on 600th Birth Anniversary of Sant Kabir, Organised jointly by Sahitya Akademi and Benares Hindu University, 4-6 December 1999, Varanasi

178. Kabir as a Rebel against Caste Oppression, Satyapal Sehgal, The Sunday Tribune, 8-10-2000, p. 5

179. Kabir Ke Alochak : Deconstructing, Reconstructing Kabir, Sudhish Pachauri, Hindi : Language, Discourse, Writing, Mahatma Gandhi International Hindi Univesity, 16, Second Floor, Siri Fort Road, New Delhi-110 049, pp. 208-17

180. Skewed Faith, Unravelled, I. Santha Kumar. The Secular Humanist, Dhanuvachapuram P.O., Thiruvananthapuram-695 503, May, 2003, p. 5

181. The Suffering People, Balwant Singh Ambedkar Mission Publication, A-215, Purana Avas Colony, Saharanpur-247 001, First Edition, Aprl 2002, pp. 191-93, 244

182. The Tao of Liberation, Dinesh Ram, Combat Law, 576, Masjid Road, Jangpura, New Delhi-110 014, September-October 2007, pp. 24-7

183. Whose Kabir?, Monika Horstmann, Hindi : Language, Discourse, Writing, Mahatma Gandhi International Hindi University, 16, Second Floor, Siri Fort Road, New Delhi-110 049, pp. 177-87

III. पंजाबी

184. दलित चेतना ते साहित, डा. सुतिन्दर सिंह नूर, साहित्य अकादमी, केन्द्र सरकार और पंजाबी अकादमी, दिल्ली द्वारा 6-8 दिसम्बर, 2002 को आयोजित रविन्दर भवन, साहित्य अकादमी, नई दिल्ली में 'दलित चेतना एवं साहित्य' विषयक सेमिनार में पढ़ा गया मुख सबद।

IV. मलयालम

185. चरित्रत्तिनु पुतिया कण्णाटि, आई. शान्ताकुमार, कला कौमुदी, कला कौमुदी पब्लिकेशन्स (प्राइवेट) लिमिटेड, तिरुवनन्तपुरम, 27 जनवरी, 2002, पृ. 46-7

V. शोधकार्य

186. 'कबीर के आलोचक' : हिन्दी आलोचना को चुनौती, शोधार्थी, उमा शंकर चौधरी, दिल्ली विश्वविद्यालय की एम.फिल. की उपाधि प्राप्त, वर्ष 2002

187. दलित विमर्श और डा. धर्मवीर की आलोचना दृष्टि, शोधकार, डा. जादव रमेश भाई महादेव भाई, शोध निर्देशक, डा. शिवप्रसाद शुक्ल, सरदार पटेल विश्वविद्यालय, वल्लभ विद्यानगर, आणंद, गुजरात-388 120, की हिन्दी विषय में पी-एच.डी. की उपाधि के लिए स्वीकृत शोध प्रबन्ध, वर्ष, 2011, कुल पृ. 354

188. डा. धर्मवीर का दलित चिन्तन ['दलित चिन्तन का विकास : अभिशप्त चिन्तन से इतिहास चिन्तन की ओर' के विशेष सन्दर्भ में], शोध छात्र, सुरेश कुमार, निर्देशक, श्री प्रमोद मीणा, पांडिच्चेरी विश्वविद्यालय की एम.फिल. हिन्दी उपाधि हेतु प्रस्तुत लघु शोध प्रबन्ध, हिन्दी विभाग, पांडिच्चेरी विश्वविद्यालय, पुदुच्चेरी-605 014, वर्ष 2011, पृ. 1-136+1-7

189. डा. धर्मवीर की आलोचना दृष्टि : सन्दर्भ–कबीर, लघु-शोध-प्रबन्ध, शोधार्थी, निरंजन महतो, दिल्ली विश्वविद्यालय की एम.फिल. की उपधि प्राप्त, वर्ष 2006

190. डा. धर्मवीर की कबीर सम्बन्धी आलोचना दृष्टि, पी-एच.डी. के लिए शोध कार्य, शोध छात्र, एस श्रीकुमार, यूनिवर्सिटी आफ केरल, वर्ष 2004 से

VI. अन्य पुस्तकें

191. दलित धर्म की अवधारणा और बौद्ध धर्म, कंवल भारती, सेन्टर फॉर आल्टरनेटिव दलित मीडिया, ऐ डी 118बी, शालीमार बाग, दिल्ली-110 088, प्रथम संस्करण, अक्तूबर, 2002

192. विमर्श में कबीर, उमा शंकर चौधरी, आधार प्रकाशन प्राइवेट लिमिटेड, एस.सी.एफ. 267, सेक्टर-16, पंचकूला, हरियाणा-134 113, प्रथम संस्करण, 2011

यहाँ छाँट कर पुरुषोत्तम अग्रवाल के उन लेखों के विवरण अलग से दिए जा सकते हैं जो उन्होंने खासमखास मेरे 'कबीर, स्त्री और दलित चिन्तन' के विरोध में लिखे थे। वे इस प्रकार हैं :

1. अकबर नाम लेता है खुदा का..... : अस्मितावाद के जमाने में कुछ चर्चा व्यवस्था और श्रम की, पुरुषोत्तम अग्रवाल, तद्भव, 18/271, इन्दिरा नगर, लखनऊ-226 016, पृ. 48-76
2. अध्यात्म का वस्तुकरण और धर्मसत्ता, पुरुषोत्तम अग्रवाल, जनसत्ता, नई दिल्ली, 6 जुलाई, 2003
3. आम आदमी और धर्मेतर अध्यात्म, पुरुषोत्तम अग्रवाल, जनसत्ता, नई दिल्ली, 29 सितंबर, 2003
4. कबीर और रामानंद : क्या बताती हैं किंवदन्तियाँ, पुरुषोत्तम अग्रवाल, बहुवचन-3, अप्रैल-जून, 2000, महाम्मा गाँधी अन्तर राष्ट्रीय हिन्दी विश्वविद्यालय, 16, दूसरी मंजिल, सीरी फोर्ट रोड, नई दिल्ली-110 049, पृ. 174-86
5. कबीर की साधना : निज ब्रह्म विचार, पुरुषोत्तम अग्रवाल, जनसत्ता, नई दिल्ली, 17 अगस्त, 2003
6. कबीर से मेरा नाता, डा पुरुषोत्तम अग्रवाल, आलोचना : सहस्राब्दी अंक एक, अप्रैल-जून 2000, राजकमल प्रकाशन प्रा.लि., 1-बी, नेताजी सुभाष मार्ग, नई दिल्ली-110 002, पृ. 282-90
7. कवि कबीर की खोज, पुरुषोत्तम अग्रवाल, कथादेश, सहयात्रा प्रकाशन प्रा. लि., सी-52/जेड-3, दिलशाद गार्डन, दिल्ली-110 095, नवम्बर 1998, पृ. 53-8
8 कहै कबीर सुनो भई साधो...... पुरुषोत्तम अग्रवाल, राष्ट्रीय सहारा, 20 सितंबर, 1998
9. 'काश पूछो कि मुद्दा क्या है.....!' : परिभाषाओं का संघर्ष, पुरुषोत्तम अग्रवाल, कथादेश, सहयात्रा प्रकाशन प्रा.लि., सी-52/जेड-3, दिलशाद गार्डन, दिल्ली-110 095, नवंबर 2003, पृ. 38-43
10. 'जात ही पूछो साधु की....' अस्मितावादी अतिचार के सामने कबीर की कविता, पुरुषोत्तम अग्रवाल, बहुवचन-6, जनवरी-मार्च 2001, महात्मा गाँधी अन्तर राष्ट्रीय हिन्दी विश्वविद्यालय, 16, दूसरी मंजिल, सीरी फोर्ट रोड, नई दिल्ली-110 049, पृ. 311-25
11. जिज्ञासु मनुष्य का 'छोटा-सा, निजी धर्म', पुरुषोत्तम अग्रवाल, जनसत्ता, नई दिल्ली, 20 जुलाई, 2003

12. धर्मसत्ता से जिरह करती कविता, पुरुषोत्तम अग्रवाल, जनसत्ता, नई दिल्ली, 14 सितंबर, 2003
13. पल भर की तलाश में, पुरुषोत्तम अग्रवाल, जनसत्ता, नई दिल्ली, 31 अगस्त, 2003
14. पाठकीय प्रतिक्रियाएँ, डा. पुरुषोत्तम अग्रवाल, मधुमती, दिसम्बर, 2000, राजस्थान साहित्य अकादमी, हिरण मगरी, सेक्टर-4, उदयपुर-313 002, अन्तिम पृष्ठ
15. मुझको डर आतिशे गुल से है..... : अस्मिता विमर्श : एक पड़ताल, पुरुषोत्तम अग्रवाल, कथादेश, फरवरी 2003, सहयात्रा प्रकाशन प्रा. लि., सी-52/जेड-3, दिलशाद गार्डन, दिल्ली-110 095, पृ. 31-8
16. मूंदिहु आंख कहहुं किछु नाहीं, पुरुषोत्तम अग्रवाल, जनसत्ता, नई दिल्ली, 12 अक्टूबर, 2003
17. श्रम, प्रेम और अध्यात्म, पुरुषोत्तम अग्रवाल, जनसत्ता, नई दिल्ली, 3 अगस्त, 2003
18. हद बेहद दोऊ तजै : कबीर की साधना, पुरुषोत्तम अग्रवाल, कसौटी-14, रेनबो पब्लिशर्स लिमिटेड, ए-19, सेक्टर-56, नोएडा-201 301, उत्तर प्रदेश, पृ. 53-76
19. हिन्दी समाज : दूसरी परम्परा का प्रश्न, डा. पुरुषोत्तम अग्रवाल, जनसत्ता, नई दिल्ली, 10 सितम्बर, 2001

मैं उन दिनों अपने सभी आलोचकों को जवाब दे रहा था। इधर, पुरुषोत्तम अग्रवाल के मेरे खिलाफ ये लेख आते जा रहे थे। मेरे साथी मुझसे पूछा करते थे कि आप पुरुषोत्तम अग्रवाल के लेखों का जवाब क्यों नहीं दे रहे हो, लेकिन मैं सच में चुप्पी साधे हुए था। इस चुप्पी ने यह अहसास दिया था कि मेरे वश में पुरुषोत्तम अग्रवाल के लेखों के जवाब देने सम्भव नहीं हैं जबकि मैं इस इन्तजार में था कि इन का सारा विरोध सामने आ जाना चाहिए। तब सन् 2003 में मैं अपने जवाबों के साथ सामने आ गया था। मेरा एक लेख इस विवरण का छपा था :

1. अस्मितावाद बनाम वर्चस्ववाद, डा. धर्मवीर, कथादेश, सहयात्रा प्रकाशन प्रा.लि., सी-52/जेड-3, दिलशाद गार्डन, दिल्ली-110 095, अप्रैल 2003, पृ. 73-82

इसके बाद मेरी पुस्तक 'कबीर के आलोचक-3 : सूत न कपास' आ गई थी। इस पुस्तक के आने की भी एक अलग कहानी है। यह पुस्तक गायब कर दी गई थी। लेकिन गायब नहीं हो सकी क्योंकि......। खैर, गायब करने की उस कहानी को कभी मेरे मित्र डा. श्यौराज सिंह बेचैन बताएंगे क्योंकि मैंने उन्हें इस के लिए साक्षी बनाया था।

लेकिन, कितना भी लुकाया-छुपाया हो, आखिर पुरुषोत्तम अग्रवाल की इस पुस्तक 'अकथ कहानी प्रेम की : कबीर की कविता और उन का समय' में भी किसी न किसी बहाने 'धर्मवीर' का नाम आ ही गया है। वे लिखते हैं–"आधुनिक युग के बुद्धिवाद से पहले के उन लोगों में थे कबीर, जो जानते थे और धर्मप्रेमियों, धर्मवीरों के 'फिरि-फिरि डंक मारने' के बावजूद बताते भी थे कि प्रचलित धर्मों की आलोचना का अर्थ अनिवार्यतः किसी नए धर्म की स्थापना करना नहीं।"[5] एक अन्य स्थल पर भी वे 'धर्मवीरों' शब्द का इस्तेमाल कर गए हैं। प्रयोग इस प्रकार है–"कबीर के राम 'जेती औरति मरदाँ कहिए'–सब में अपना रूप दिखाते हैं, भाँति-भाँति के धर्मवीरों द्वारा 'चुनिन्दा जन' (चोज़ेन पीपुल) मान लिए गए जाति-विशेष के औरतों-मर्दों या सिर्फ़ मर्दों में नहीं।"[6] बहुत सचेत रह कर भी पुरुषोत्तम अग्रवाल खालिस 'धर्मवीर' शब्द का प्रयोग करने से भी नहीं बच सके। उन्हें इस शब्द का प्रयोग इस रूप में भाया है–"धार्मिक आतंकवाद का विस्तृत अध्ययन करते हुए मार्क युरगेंसमेयेर ने लक्ष्य किया है कि घृणा को महिमामंडित करने वाले भाँति-भाँति के धर्मवीर आपस में लड़ने-झगड़ने के बावजूद सेकुलरिज्म और सेकुलरसत्ता को दुश्मन नंबर एक मानने में पूर्णतया एकमत हैं। इस हद तक कि कट्टरपंथी मुस्लिम धर्मवीर उतने ही कट्टरपंथी यहूदी धर्मवीरों के साथ मिलकर इजराइल द्वारा अधिकृत क्षेत्रों में यासिर अराफात की 'सेकुलर' राजनीति का विरोध कर रहे हैं..... ।"[7]

ख. दूसरे संस्करण की भूमिका में क्या हुआ?

अब पुरुषोत्तम अग्रवाल की इस पुस्तक का दूसरा संस्करण आया है। इस में दो नई बातें जोड़ी गई हैं। पहली बात में पुस्तक के शुरू में ही 'इस पुस्तक के बारे में' शीर्षक के 7 पेजों में 18 लोगों की राय दी गई हैं। दूसरी बात में लेखक द्वारा 'अनल अकासा घर किया...' शीर्षक से 'दूसरे संस्करण की भूमिका' लिखी गई है। कुछ भी गलत नहीं था यदि यह काम आराम से किया जाता। प्रकाशन का मतलब ही यह है कि पब्लिसिटी हो, लेकिन साफ दीखता है कि यह काम प्रचार-प्रसार का नहीं बल्कि 'मैनिपुलेशन' का है। राय देने वालों में या दूसरे संस्करण की भूमिका में इस पुस्तक पर टिप्पणी करने वालों में शायद कोई ऐसा व्यक्ति नहीं है जो पुरुषोत्तम अग्रवाल को जानने वाला नहीं हो। भूला-भटका इक्का-दुक्का नाम गिनाया जा सके तो वह आश्चर्य होगा। देश-विदेश के ये सब लोग लेखक महोदय के परिचित हैं। राय देने वालों में जो लोग शुम्मार हैं, वे इस प्रकार हैं :

---

5. अकथ कहानी प्रेम की : कबीर की कविता और उन का समय, पुरुषोत्तम अग्रवाल, राजकमल प्रकाशन प्रा.लि., 1-बी, नेताजी सुभाष मार्ग, नई दिल्ली-110 002, पहला संस्करण, 2009, पृ. 317-18
6. वही, पृ. 380
7. वही, पृ. 321-22

1.	नामवर सिंह	2.	अशोक वाजपेयी
3.	श्याम बेनेगल	4.	डेविड लोरेंजन
5.	वागीश शुक्ल	6.	मोनिका हॉर्स्टमान
7.	विश्वनाथ प्रसाद तिवारी	8.	प्रभात त्रिपाठी
9.	फ्रेंचेस्का ओरसिनी	10.	आचार्य अभिलाष दास
11.	तीस्ता सीतलवाड	12.	जावेद आनंद
13.	नित्यानंद तिवारी	14.	अर्चना वर्मा
15.	मदन सोनी	16.	रवीन्द्र त्रिपाठी
17.	मुरली मनोहर प्रसाद सिंह	18.	वेद प्रकाश

दूसरे संस्करण की भूमिका में जो नाम उल्लिखित किए गए हैं, दोहरी और तिहरी बार के, उन में से कुछ प्रकार हैं :

1.	श्याम बेनेगल	2.	नामवर सिंह
3.	प्रहलाद सिंह टिपानिया	4.	वागीश शुक्ल
5.	शबनम विरमानी	6.	अशोक वाजपेयी
7.	राजाराम भादू	8.	अवधेश प्रधान
9.	चौथीराम यादव	10.	कमल शील
11.	राजकुमार	12.	संजय
13.	अर्चना वर्मा	14.	वेद प्रकाश
15.	अखिलेश	16.	डा. विश्वनाथ प्रसाद तिवारी
17.	प्रभात त्रिपाठी	18.	मोनिका हार्स्टमान
19.	फ्रेंचेस्का ओरसिनी	20.	मदन सोनी
21.	मुरली मनोहर प्रसाद सिंह	22.	डा. राम कुमार
23.	ब्रजेश	24.	मोनिका दत्ता
25.	रवीन्द्र त्रिपाठी	26.	प्रो. गलीना सोकोलेवा
27.	डा. कृष्णदत्त पालीवाल	28.	गिरिराज किराडू
29.	अनामिका	30.	बलराम
31.	प्रकाश राय	32.	गीताश्री
33.	राजेन्द्र यादव	34.	तीस्ता सीतलवाड
35.	जावेद आनंद	36.	अभिलाष दास
37.	राम नरेशाचार्य	38.	प्रो. बिपिन चन्द्र
39.	मैं'म शशिप्रभा पांडे	40.	नंद किशोर पांडेय
41.	असलम परवेज	42.	सोमदत्त
43.	अंजनी श्रीवास्तव	44.	राम विलास शर्मा
45.	धर्मपाल	46.	डेविड लोरेंजन

47.	सुधीर चन्द्र	48.	देव किशन सारडा
49.	प्रो. कमल शील	50.	नंद किशोर आचार्य
51.	नवलदास	52.	रवीन्द्र वर्मा
53.	अंजनी श्रीवास्तव	54.	सौरभ दुबे

अब मेरे लिए क्या बताना शेष रह जाता है? बताना यह है कि दूसरे संस्करण की इस भूमिका में किताब के 22 पृष्ठ हैं। बताना यह भी है कि अनेक नाम गिनाने मैंने इस सूची को तैयार करने में छोड़ दिए हैं। लेकिन इस के बाद भी एक असली बात बतानी रह जाती है। वह इस भूमिका में डा. प्रेम सिंह के नाम का न होना है। पुरुषोत्तम अग्रवाल की इस पुस्तक पर डा. प्रेम सिंह का यह लेख 'दलित चिन्तन को मिटाने की मुहिम', महत्व की दृष्टि से, अब तक छह पत्र-पत्रिकाओं में छप चुका है। पुरुषोत्तम अग्रवाल ने इस दूसरे संस्करण की भूमिका को 16 अगस्त, 2010 को लिखा है, डा. प्रेम सिंह का लेख 'चौथी दुनिया' में 12-18 अप्रैल, 2010 के अंक में छप चुका था। उसके बाद यह अन्य पत्र-पत्रिकाओं में छपता ही गया है। तब पुरुषोत्तम अग्रवाल को क्या हुआ? महोदय ने दूसरे संस्करण की भूमिका में उन लेखकों और लेखों के भी नाम और शीर्षक सहित हवाले दिए हैं जो अभी छपे नहीं हैं। वे 'शीघ्र प्रकाश्य' कहे गए हैं। फिर, यह भी नहीं कहा जा सकता कि पहले संस्करण में डा. धर्मवीर के नाम का उल्लेख भूल से नहीं हो पाया था क्योंकि दूसरे संस्करण की भूमिका में उस भूल को सुधारा जा सकता था। यह भूल नहीं बल्कि बौद्धिक ईमानदारी का अभाव है।

ग. अकादमिक ईमानदारी क्या होती है?

I

दर्शनशास्त्र में एक अच्छी परिपाटी है कि तर्क पूर्व पक्ष और उत्तर पक्ष की पुलियाओं से हो कर गुजरता है। वहाँ नियम है कि पूर्व पक्ष को रखना ही पड़ता है। इस में यह भी शर्त होती है कि उसे पूरी ईमानदारी से रखा जाएगा। इस का सब से अच्छा उपाय यह है कि खुद पूर्व पक्ष को अपनी बात रखने दी जाए। इस के बाद उत्तर पक्ष की बारी आती है। उसे पूरा अवसर मिलता है कि वह पूर्व पक्ष का खण्डन और अपने उत्तर पक्ष का मण्डन करे। लेकिन पुस्तक 'अकथ कहानी प्रेम की : कबीर की कविता और उन का समय' में क्या किया गया है? पूर्व पक्ष का पता नहीं चलता कि उसे किसने रखा है और उसके क्या तर्क हैं। केवल अपने उत्तर पक्ष को घसीटते हुए ले जाया जा रहा है मानो कोई भग्गी पड़ गई हो। बात रखने की हर तहजीब भूल गए हैं। प्रक्षिप्त और किंवदन्ती की पौराणिक डिक्टेटरी चला रहे हैं। विद्वानों की सभा में बैठने का नियम छोड़ रहे हैं। ऐतिहासिकता को खो कर कबीर को गैर-कबीर से जोड़ रहे हैं।

इन्हें पूर्व पक्ष रखने में क्या करना चाहिए था? इन्हें बताना चाहिए था कि मेरी कबीर पर छह पुस्तकें आ चुकी हैं। इन्हें यह भी बताना चाहिए था कि मैंने इन के लेखों के क्या उत्तर दिए हैं। लेकिन इन की लेखनी में कबीर पर हुआ यह पूरा महाभारत गायब है जो 1997 से शुरू हुआ था। यूँ कहिए, अभी चल ही रहा है। इन की तरफ से, इन की यह पुस्तक इस महाभारत की आखरी युद्धनीति है कि पूर्व पक्ष के सन्दर्भ न दिए जाएँ।

यहाँ अतिरिक्त बताया जाए कि ब्रजेश ने पुरुषोत्तम अग्रवाल की इस पुस्तक पर एक लेख 'भक्ति सम्वेदना : भारतीय सांस्कृतिक इतिहास का पुनराख्यान' शीर्षक से लिखा है। इस में उन्होंने सब से बड़ा धोखा यह किया है कि पुरुषोत्तम अग्रवाल की तर्क पद्धति को भारत की भाष्य आलोचना कीं परम्परा से जोड़ा है। वे लिखते हैं कि पुरुषोत्तम अग्रवाल ने पूर्व पक्ष और उत्तर पक्ष की चर्चा के बाद बाकायदे डायलेक्टिक्स बनाई है। उन्होंने लिखा है—" 'अकथ कहानी प्रेम की' कबीर की कविता की तरफ इंगित सर्वोत्तम सूत्र है तो 'कबीर की कविता और उन का समय' इस सूत्र से शुरू होने वाली सटीक आलोचना है—आलोचना के रूढ़ अर्थ से बढ़कर—डायलेक्टिक्स है।"[8] उन्होंने पुरुषोत्तम अग्रवाल के काम की दाद अपने निम्न शब्दों में दी है—"कबीर पर 439 पृष्ठों की साहित्य, धर्मशास्त्र, इतिहास, दर्शन, राजनीति की गहमागहमी से भरी ऐसी शोध कृति, जिस की विवादी—संवादी रचना के लिए देश-विदेश के पुस्तकालयों से छान-बीन कर तीन सौ पच्चीस से थोड़े ही कम संदर्भ ग्रन्थों का अध्ययन किया गया हो, कितना परिश्रम और विद्वत्ता की माँग करती है, सहज ही अनुमान लगा सकते हैं। और आप जब इस पुस्तक से गुजरेंगे, इस अनुमान की पुष्टि भी हो जाएगी।"[9]

ब्रजेश ने पुरुषोत्तम अग्रवाल द्वारा किए गए पूर्व पक्ष के विद्वानों के नामों में सबसे पहले पीताम्बर दत्त बडथ्वाल का नाम गिनाया है।[10] विदेशी विद्वानों या पुस्तकों में नाम गिनाए हैं—"...एच.एच. विल्सन (1828), वैस्टकॉट (1907), विनांद कैल्वर्ट (2000), विलियम जोंस (1780), दबिस्ता-ए-मुजाहिब (1645-53), डेविड शिया, एंथनी ट्रायर, शारलोट वादिवेल आदि।"[11] देशज मनीषा के जो अन्य नाम गिनाए हैं, वे इस प्रकार हैं—"नाभादास, अनंत दास, राजा पीपा, हरिऔध, विश्वनाथ सिंह, जू देव (पाखंड खंडिनी), पूरन साहब (त्रिज्या-1837), क्षितिमोहन सेन, केदार नाथ द्विवेदी (1935), आचार्य हजारी प्रसाद द्विवेदी, बनवारी दास उतराधा (1705), पद सूरदास का (फतेहपुर पांडुलिपि, 1582), गोपाल दास (सर्वंगी, 1627), फते सिंह (हरि भक्ति भास्कर वचनिका), महमूद वली वल्खी आदि।"[12] अन्य विदेशी विद्वानों के नाम भी लिए गए हैं—"...लेखक ने विलियम क्रुक, शैल्डन पोलक, जैड गुडी, एरिक वुल्फ और आंद्रे गुंदर, फ्रैंक वी के गिल्स जैसे विद्वानों के कार्यों का उल्लेख किया है।"[13] विद्वत्ता झाड़ने में

8. भक्ति सम्वेदना : भारतीय सांस्कृतिक इतिहास का पुनराख्यान, ब्रजेश, कथादेश, सी-52/जेड-3, दिलशाद गार्डन, दिल्ली-110 095, अगस्त, 2010, पृ. 86

9. वही, पृ. 86

10. वही, पृ. 87

11. वही, पृ. 87

12. वही, पृ. 87

13. वही, पृ. 87

बाकी कमी खुद ब्रजेश ने पूरी कर दी है जब अपने इस लेख में कुछ और नाम गिनाते हुए लिखा है—"इधर साहित्य, इतिहास, दर्शन के क्षेत्र में बहुत से विद्वानों का इस दिशा में कार्य प्रकाशित हुआ है। एडवर्ड सईद, एजाज अहमदी, मीनाक्षी मुखर्जी, लीला गांधी, आयशा जलाल, संजय सुब्रमण्यम, पार्थ चटर्जी, रणजीत गुहा आदि।"[14]

पूछा जा सकता है, ब्रजेश का यह ज्ञान है या अज्ञान है कि उन्हें खासमखास कबीर पर छह पुस्तकें लिखने वाले समकालीन मेरे नाम का पता पुरुषोत्तम अग्रवाल की इस पुस्तक को आद्यन्त पढ़ने से नहीं चला? आखिर, पुरुषोत्तम अग्रवाल ने उन के ज्ञानवर्धन में क्या सहायता या इजाफा किया? खुद उन्होंने क्या खोजा जब इसी कबीर के विषय पर पुरुषोत्तम अग्रवाल पर लिखे गए 'सूत न कपास' में उन्होंने मेरे एक सौ छियालीस पृष्ठ नहीं पढ़े? ब्रजेश डींग मारते हैं कि पुरुषोत्तम अग्रवाल ने भारतीय परम्परा की पूर्व-पक्ष और उत्तर-पक्ष वाली तर्क पद्धति अपनाई है पर इस में मेरे रूप में पूर्व-पक्ष का नामोनिशान नहीं है। पूर्व-पक्ष को ईमानदारी से प्रस्तुत करने का श्रेय कैसे दे दिया जब इस में केवल उत्तर-पक्ष की ही गाल बजाई हुई है? यह उत्तर-पक्ष से उत्तर-पक्ष की यात्रा है, इस में असली पूर्व-पक्ष की भनक भी नहीं है। इस में उन्हें वादी और विवादी स्वरों की प्रस्तुति कहाँ से दीख गई?

इस बहर में आ कर गंगा में मुफ्त के गोते लगाने विश्वनाथ त्रिपाठी भी उतर गए हैं। उन्होंने 'इस पुस्तक के बारे में' लिखा है—"आलोचक की विशिष्टता इस से भी रेखांकित होती है कि उसने अपने पूर्व की स्थापनाओं से कितना तनावपूर्ण सम्बन्ध बनाया है और अपनी नवीनता दिखाने में कितना अस्वीकार का साहस व्यक्त किया है। पुरुषोत्तम अग्रवाल ने इस का उदाहरण पेश किया है।"[15] विश्वनाथ त्रिपाठी के इस कथन को सही किया जाए तो कैसे किया जाए? उत्तर के लिए उनके कथन के दो हिस्से किए जाएँ। यदि बात केवल द्विज लेखकों के बीच की पारस्परिक और पारम्परिक है तो इसे साहस जुटाने की बात माना जा सकता है, लेकिन यदि दायरा गैर-द्विज लेखकों तक बढ़ाया जाता है तो उन की पुरुषोत्तम अग्रवाल को ले कर दी गई यह राय धड़ाम से औंधे मुँह गिरती है। तब बात तनाव की नहीं रह जाती है बल्कि हाजमे और हज्म करने की रह जाती है। ईसा पूर्व की तीसरी सदी में इन के यहाँ सिकन्दर आया था और इन के साहित्य में उस का जिक्र नहीं है। ऐसे में तनाव कैसा?—यह इतिहास को निगलना हुआ। पर, अन्त में यह तूफान के समय शुतुरमुर्ग का रेत में मुँह ढकना ही सिद्ध होता है। ऐसे इतिहास की आँधी रुकती नहीं है। इस के सिवा, यदि पूर्व की या समकालीन स्थापनाओं से तनावपूर्ण सम्बन्ध की शेष बात है तो बताया ही जा सकता है कि पुस्तक में मेरा कहीं जिक्र नहीं है और, जहाँ जरूरत पड़ी, मेरी स्थापनाओं की केवल चोरी की गई है।

---

14. वही, पृ. 87
15. अकथ कहानी प्रेम की : कबीर की कविता और उन का समय, पुरुषोत्तम अग्रवाल, राजकमल प्रकाशन प्रा.लि., 1-बी, नेताजी सुभाष मार्ग, नई दिल्ली-110 002, दूसरा संस्करण, 2010, पृ. [viii]

परमानंद श्रीवास्तव भी इसी रोग से पीड़ित हैं कि उन के लेखन में धर्मवीर का नाम न आ जाए। बड़ी चौकसी कर के इस नाम को रोकते हैं। उन का एक लेख 'द्वन्द्व में साहचर्य' छपा है। लिख रहे हैं–"आलोचक को बंद नहीं खुला होना चाहिए।"[16] बिलकुल उन का यह वाक्य पुरस्कृत करने योग्य है। यह इन की कथनी हो गई। लेकिन इन की करनी क्या है? वह वेदान्त की व्यावहारिक सत्ता के दायरे की चीज बन जाती है जब वे आगे लिखते हैं–"साहित्यिक कृति कई बार नया जन्म लेती है। कबीर एक नहीं, कई हैं। हजारीप्रसाद द्विवेदी के कबीर, पुरुषोत्तम अग्रवाल के कबीर (अकथ कहानी प्रेम की) और कुमार गंधर्व या किशोरी अमोनकार के कबीर, लिंडा हेस के कबीर।"[17] यहाँ खुले क्यों नहीं हुए? बन्द क्यों हो गए? क्या मुसीबत आ जाती यदि इतना और लिख देते?–"धर्मवीर के कबीर।" इस छुपाने में उन्होंने कौन सी पाली खेल ली? एक ही पैरे में दोनों बातें हासिल करना चाहते हैं। खुले होने की कथनी और बन्द रहने की करनी–बस, इतना सीखा है। देश में, विदेश में, सब के कबीर हो जाएंगे, लेकिन एक धर्मवीर के कबीर नहीं हो सकते।

पहले ही बताया जा चुका है कि केवल डा. सुधीश पचौरी, डा. वीरभारत तलवार और डा. प्रेम सिंह ने ही कबीर पर मेरी पुस्तकों के पक्ष में नहीं लिखा है–पक्ष-विपक्ष में बँटी यह बहस बहुत लम्बी है। युवा पीढ़ी के समीक्षकों ने भी इन पुस्तकों पर भरपूर सकारात्मक लिखा है। उदाहरण के रूप में गैर-दलित डा. उमा शंकर चौधरी ने अपनी पुस्तक 'विमर्श में कबीर' में लिखा है–"डा. धर्मवीर ने दलित विमर्श के सहारे पहली बार हिन्दू आलोचकों की जातिवादी अन्दरूनी कमियों को उद्घाटित कर दिया। यह अपने आप में हिन्दी आलोचना की एक बड़ी उपलब्धि है।"[18] उन्होंने इस विमर्श का इतिहास बताते हुए लिखा है–"डा. धर्मवीर द्वारा किए गए कबीर के इस दलितवादी पाठ के उपरांत हिन्दी समाज में काफी विवाद चला।"[19] युवा दलित समीक्षक डा. सूरज प्रकाश बडत्या ने अपने लेख 'संवाद डा. धर्मवीर के आलोचकों से' में लिखा है–"कबीर को लेकर डा. धर्मवीर ने हिन्दी आलोचना में वह सेंध लगा दी है कि सारे हिन्दी समीक्षक उसे भरने के लिए सब कुछ छोड़ सायास परिश्रम करने में जुटे हैं।"[20] डा. बडत्या ने आगे दर्ज किया है–"......डा. धर्मवीर हिन्दी के पहले आलोचक हैं, जिन्होंने दलित-दृष्टिकोण से कबीर को समझने-समझाने की कोशिश की है। डा. धर्मवीर का प्रमुख योगदान दलित-विमर्श के अन्तर्गत अपनी परम्परा के अन्वेषण की प्रक्रिया में सर्वप्रथम कबीर को

---

16. द्वन्द्व में साहचर्य, परमानंद श्रीवास्तव, जनसत्ता, नई दिल्ली, 6 मार्च, 2011, पृ. 7
17. वही, पृ. 7
18. विमर्श में कबीर, उमा शंकर चौधरी, आधार प्रकाशन प्रा. लि., एससीएफ 267, सेक्टर-16, पंचकूला, हरियाणा-134 113, प्रथम संस्करण, 2011, पृ.7-8
19. वही, पृ. 101
20. कबीर विचार और दर्शन, सम्पादक, एस.एस. गौतम, गौतम बुक सेन्टर, 'चन्दन सदन' सी-263ए, गली नं. 9, हरदेव पुरी, शाहदरा, दिल्ली-110 093, प्रथम संस्करण, 2011, पृ. 67

दलित-प्रतिरोध की परम्परा से जोड़ना है। इस से पूरे वर्चस्ववादी ब्राह्मण-विमर्श में एक भगदड़ और खलबली-सी मच गई है कि समीक्षा की एक दलित-दृष्टि भी होती है।"[21] तब, इस संदर्भ में डा. पुरुषोत्तम अग्रवाल ने अपनी इस पुस्तक में क्या किया है? उन्होंने पूरी पुस्तक में मेरा नाम सायास नहीं लिया। शायद, उन्होंने इसे अपनी सफलता माना हो कि लो, मैंने यह पुस्तक बिना धर्मवीर का नाम लिए लिख कर दिखा दी है, लेकिन मेरे पास बैठे डा. श्यौराज सिंह बेचैन, डा. दिनेश राम और कैलाश दहिया मुझसे कह रहे हैं कि पुरुषोत्तम अग्रवाल ने यह कुछ पाथा भी है—इर्रिटेशन होता है।

II

पूछा जाए, आधुनिक होने में आदमी को कुछ करना भी पड़ता है या यूँ ही कहने भर से वह आधुनिक हो जाता है? कबीर का आश्रय पकड़ रहे हैं, पर खुद कितने आधुनिकता से जुड़े हैं, पुरुषोत्तम अग्रवाल यह तो बताएँ। यूरोप के विद्वानों से टाकरा ले रहे हैं पर उन से, कम से कम, पुस्तक लिखने की अकल सीख ली होती। अकादमिक पुस्तक लिख रहे हैं और पक्षधर तथा विरोधी विद्वानों के सन्दर्भ नहीं दे रहे हैं। जहाँ सन्दर्भ दिए भी हैं, वे आधे-अधूरे क्यों हैं? मन में उत्साह क्यों नहीं है? सब कुछ छुपा-छुपा सा क्यों है? कुल कितना संदर्भ साहित्य पुस्तक में उद्धृत किया है, यह बताने की जिम्मेदारी निभा ली जाती तो नुकसान क्या हो जाता? यह उनके पाठक का हक है। आखिर, पाठक पाँच सौ रुपये कीमत की किताब खरीद रहा है। और दाम बढ़ा देते, साढ़े पाँच सौ रुपये कर देते, पर यह जानकारी दी ही जानी चाहिए थी। पूछना यह है कि क्या यह सब आधुनिकता में नहीं आता। क्या आधुनिकता की विचारधारा भी, कबीर वाणी की तरह, प्रक्षिप्त कर दी गई है? विदेशी आधुनिकता को अपनी हिन्दू किंवदन्तियों से क्यों जोड़ा जा रहा है? विदेशी आधुनिकता के मामले में तो प्रक्षिप्त और किंवदन्ती का ताण्डव रोक देना चाहिए था। विदेश से कुछ तो सीख लिया जाता। न सीखने की यह जिद क्या है? आफत क्या है? बत्तीस साल लगा दिए पर यह आसान काम क्यों नहीं किया?—यह एक दिन में हो जाता। मेक्सिको में कालेकियो द मेहिको में विजिटिंग प्रोफेसर के तौर पर रह आए और कैम्ब्रिज यूनिवर्सिटी में भी बहैसियत विजिटिंग प्रोफेसर दिन-रात गुजरे[22], वहाँ की विद्वत जगत की संस्कृतियों से क्या सीखा, उन में कितने रचे-पके? वहाँ के विजिटिंग प्रोफेसर रहने के अनुसार कुछ फर्क दीखना चाहिए था। अच्छा होता, प्रक्षिप्त और किंवदन्ती की साजिशों को अटलांटिक महासागर में डुबो या सला आते। आने-जाने के भारी-भरकम खर्च का देशहित में कुछ सदुपयोग होता। उलटे डर यह है, ये कहीं प्रक्षिप्त और किंवदन्ती के कुछ रोगाणु उन देशों में न फैला आए

21. वही, पृ. 68
22. अकथ कहानी प्रेम की : कबीर की कविता और उन का समय, पुरुषोत्तम अग्रवाल, राजकमल प्रकाशन प्रा.लि., 1-बी, नेताजी सुभाष मार्ग, नई दिल्ली-110 002 पहला संस्करण, 2009, पृ. [11]

हों। खैर, यदि छोड़ भी आए हों तो वहाँ के विद्‌वानों ने उन रोगाणुओं को एन्टी वायरस दे कर जल्दी मार दिया होगा।

यहाँ एक बात बड़ी सटीक बैठती है। सटीकता यह है कि बाबा साहेब डा. अम्बेडकर ने अपनी पुस्तक 'एन्निहिलेशन आफ कास्ट' में विद्‌वानों की बौद्‌धिक बेईमानी के बारे में लिखा है–"चाहे आप इस सिद्धांत को मानें या न मानें कि एक महान पुरुष इतिहास का निर्माता होता है, लेकिन आपको इतना अवश्य स्वीकार करना होगा कि प्रत्येक देश में बुद्धिजीवी वर्ग सर्वाधिक प्रभावशाली वर्ग रहा है, वह भले ही शासक वर्ग न रहा हो। बुद्धिजीवी वर्ग वह है, जो दूरदर्शी होता है, सलाह दे सकता है और नेतृत्व प्रदान कर सकता है। किसी भी देश की अधिकांश जनता विचारशील एवं क्रियाशील जीवन व्यतीत नहीं करती। ऐसे लोग प्रायः बुद्धिजीवी वर्ग का अनुकरण और अनुगमन करते हैं। यह कहने में कोई अतिशयोक्ति नहीं होगी कि किसी देश का संपूर्ण भविष्य उसके बुद्धिजीवी वर्ग पर निर्भर होता है। यदि बुद्धिजीवी वर्ग ईमानदार, स्वतंत्र और निष्पक्ष है तो उस पर यह भरोसा किया जा सकता है कि संकट की घड़ी में वह पहल करेगा और उचित नेतृत्व प्रदान करेगा। यह ठीक है कि प्रज्ञा अपने आप में कोई गुण नहीं है। यह केवल साधन है और साधन का प्रयोग उस लक्ष्य पर निर्भर है, जिसे एक बुद्धिमान व्यक्ति प्राप्त करने का प्रयत्न करता है। बुद्धिमान व्यक्ति भला हो सकता है, लेकिन साथ ही वह दुष्ट भी हो सकता है। उसी प्रकार बुद्धिजीवी वर्ग उच्च विचारों वाले व्यक्तियों का एक दल हो सकता है, जो सहायता करने के लिए तैयार रहता है और पथभ्रष्ट लोगों को सही रास्ते पर लाने के लिए तैयार रहता है। बुद्धिजीवी वर्ग धोखेबाजों का एक गिरोह या संकीर्ण गुट के वकीलों का निकाय हो सकता है, जहां से उसे सहायता मिलती है।"[23]

पुरुषोत्तम अग्रवाल ने अपनी पुस्तक में 14 अक्टूबर, 2009 को लिखा है–"ठीक बत्तीस बरस पहले, जब स्व. प्रो. सावित्री चन्द्र 'शोभा' के कोर्स 'निर्गुण भक्ति : असहमति और विरोध' के लिए कबीर पर टर्म पेपर लिख रहा था, तभी तय कर लिया था कि रिसर्च कबीर पर ही करनी है..... ।"[24] उन्होंने अगली बात लिखी है–"और नामवरजी के साथ ही करनी है।"[25] फिर लिखा है–"रिसर्च यों तो, औपचारिक रूप से 1985 में सम्पन्न हो गई, और तभी से नामवरजी भी कहते रहे कि किताब छपवा दो,...... अपने राम टालते रहे। अच्छा ही हुआ।..... इस किताब का वक्त अभी ही आया है। इस बीच वक्त ने भी बहुत उतार-चढ़ाव देखें, कबीर की कविता ने भी, और मैंने भी।"[26]

विचारणीय प्रश्न है कि इन बत्तीस सालों में इन लेखक के मन में क्या-क्या

---

23. बाबा साहेब डा. अम्बेडकर : सम्पूर्ण वाङ्मय : खंड 1, सूचना और प्रसारण मंत्रालय, प्रकाशन विभाग, भारत सरकार, सुपर बाजार (दूसरी मंजिल), कनाट सर्कस, नई दिल्ली-110 001, अप्रैल, 1993, पृ. 94-5
24. अकथ कहानी प्रेम की : कबीर की कविता और उन का समय, पुरुषोत्तम अग्रवाल, राजकमल प्रकाशन प्रा.लि., 1-बी, नेताजी सुभाष मार्ग, नई दिल्ली-110 002, पहला संस्करण, 2009, पृ. [8]
25. वही, पृ. [8]
26. वही, पृ. [8]

आया-गया है। इन्होंने लिखा है—"यह जिज्ञासा-यात्रा चलती रही है, साथ ही चलती रही है, खुद को परखने, बदलने की कोशिश।"[27] फिर लिखा है—"जो सीखा-समझा, जाना-बूझा उस में से कुछ इस किताब की शक्ल में आप के सामने है।"[28] मेरा कहना है कि इन्हें भले ही कबीर पर रिसर्च करने के लिए उपाधि मिल गई हो, भले ही नामवरजी ने किताब को छपवाने के लिए पहले ही कहा हो, लेकिन ये अभी तक भी कबीर के बारे में कुछ सीख-समझ नहीं पाए हैं, कुछ जान-बूझ नहीं पाए हैं। ये कबीर के बारे में आज भी बत्तीस वर्ष पहले के दिमाग के ज्यों के त्यों कोरम चट हैं। कहना यह भी है कि इस तरह यदि अगले बत्तीस वर्ष भी कट जाएँ तो इन्हें कुछ लाभ होने वाला नहीं। ये खाली वैक्यूम में तैरते रहेंगे। इस में काल की गणना क्या करनी? कबीर ने बड़ा सरल उपाय बताया है—"खोजी होय तुरत मिलि जाऊँ, एक पल की तलास में।"[29] इसलिए, बिना सीख-समझ और जान-बूझ के जो पाठकों के सामने इस पुस्तक के रूप में 'कुछ' पेश कर दिया है, वह प्रक्षिप्त और किंवदन्ती के रूप में हलाहल ही है। इस 'कुछ' का बाकी हलाहल कहाँ है—घड़ा कितना भरा है?

इन्हें मेरी नेक सलाह यह है कि ये कबीर पर रिसर्च करनी बन्द कर दें। मेरी चुनौती है कि इन्हें कबीर कभी समझ में नहीं आएंगे। हर काम हर किसी के वश का नहीं होता। ये कबीर के अध्ययन को भ्रमित कर रहे हैं। नीयत खराब होने की वजह से पुरुषोत्तम अग्रवाल ने इस किताब में विद्वत्ता का कोई काम नहीं किया बल्कि विद्वत्ता का फजीता किया है। इस उदाहरण से पता चलता है कि गलत हाथों में पड़ने से विद्वत्ता कितनी वीभत्स हो सकती है! अच्छा यह है कि प्रक्षिप्त और किंवदन्ती के मेल से बना साहित्यिक अपराध पकड़ा गया। उन्होंने यह पुस्तक अपने लिए युद्ध मान कर लिखी है लेकिन युद्ध के नियमों का कोई पालन नहीं किया। उन्होंने 'कबीर परचई' लिखने वाले पुराने अनन्तदास का आधुनिक अवतार बनना चाहा है। दुख के साथ कहना पड़ रहा है कि पुरुषोत्तम अग्रवाल को 'डा. पुरुषोत्तम अग्रवाल' कहते इसलिए अच्छा नहीं लगता क्योंकि इन्होंने 'डाक्टरेट' की उपाधि को लजाया है।

III

अब तक पाठक अच्छी तरह जान चुके हैं कि पुरुषोत्तम अग्रवाल ने कबीर के अध्ययन में मेरा नाम पूरी तरह गायब कर दिया है—यह तब है जबकि स्वयं एकेडमिक होने का दम्भ भी भरते हैं। लिखते हैं—"एकेडमिक ढंग से कबीर का अध्ययन शुरू किए बीस बरस हो चुके थे, जब नवलदासजी से मिला था। दस बरस और बीत चुके। बेचैनी

27. वही, पृ. [8]
28. वही, पृ. [8]
29. महाबीजक [कबीर की सम्पूर्ण वाणियों का संग्रह], कबीर वाणी प्रकाशन, श्री सद्गुरु कबीर मन्दिर, सी-23/5, कबीर चौरा मठ, वाराणसी-221 001, प्रथम संस्करण, 10 जून 1998, पृ. 798

बढ़ती ही गई है।''[30] यह भी लिखते हैं—''जेएनयू ने केवल डिग्री नहीं दी, सोचने-समझने की दिशा भी दी, लैटिन में यूनिवर्सिटी को 'अल्मा माटर' कहा जाता है—उदार माँ। जेएनयू मेरी यशोदा है।''[31] तब मेरे विचार और निष्कर्षों से असहमत होते हुए भी क्या कबीर पर एक अकादमिक पुस्तक में पाठकों को यह जानकारी नहीं मिलनी चाहिए थी कि इस क्षेत्र में मेरी छह पुस्तकें आ चुकी हैं? मेरा नाम लिया है तो ऐतिहासिक धर्मवीर के रूप में मौजूद व्यक्ति नहीं बल्कि व्यंग्यात्मक और विद्रूपता की स्थिति में। तब, जरा जान लिया जाए, इन्होंने अपना नाम किस रूप में लिया है? वह आत्मश्लाघा की हद है जब इन्होंने लिखा है—''कबीर और अन्य निर्गुण संतों की गोष्ठियाँ (संवाद) प्रसिद्ध हैं। कबीर की कविता पढ़ते हुए, उनके और 'अपरम्पार पार परसोतम' के बीच ऐसी ही गोष्ठी की कल्पना मन में आती है।''[32] जहाँ तक कुछ सीखने-सिखाने की बात आती है, तो बतौर इन्हीं की कलम से इन के शब्द हैं कि इन्होंने कबीर से कुछ नहीं सीखा। लिखते हैं—''कबीर से दादू भी सीखते हैं, पीपा भी, और लोग भी। घट-साधना में क्या सीखते हैं, यह तो उस साधना के जानकार की जानें, लेकिन घट-साधना की आतम-साधना-सार कहने की विधि में जो कबीर से पाते हैं, और जो खुद कमाते हैं, वह तो दादू और पीपा की बानी में सुना ही जा सकता है।''[33]

पुरुषोत्तम अग्रवाल ने जेएनयू का सन्दर्भ चला रखा है तो मुझे पार सालों की एक घटना का पता चला है। पी-एच.डी. के रिसर्च प्रोपेजलों की अनुमति के लिए मीटिंग थी। उस में शोधार्थियों को अपना प्रेजेन्टेशन करना होता है। काफी विद्वान उपस्थित रहते हैं। वे कोई भी सवाल पूछ सकते हैं और सलाह दे सकते हैं। एक शोधार्थी अपने विषय की प्रस्तुति कर रहे थे। जिन के अन्तर्गत शोधकार्य होना था, वे पुरुषोत्तम अग्रवाल के शिष्य रहे थे। यूँ कहिए, कि इस हिसाब से पुरुषोत्तम अग्रवाल अब तीसरी पीढ़ी में दादा-गुरु हो गए हैं।

सिनोप्सिस में 'सर्वे आफ लिटरेचर' की जानकारी देनी होती है। उस में बताना होता है कि उस क्षेत्र में अब तक ये-ये काम हो चुके हैं। यह भी बताना होता है कि शोधार्थी का काम उस क्षेत्र में किए गए अब तक के कामों से किस रूप में मौलिक या भिन्न रहेगा। उन शोधार्थी के पास यह जानकारी नहीं थी। एक विद्वान ने अपनी बात रखनी चाही कि 'सर्वे आफ लिटरेचर' की जानकारी के बिना यह कैसी प्रस्तुति है, यह जेएनयू की शोध संस्कृति के अनुरूप नहीं है। सवाल आया कि ऐसा जेएनयू के प्रोफेसर रहे पुरुषोत्तम अग्रवाल ने भी अपनी पुस्तक 'अकथ कहानी प्रेम की : कबीर की कविता और उन का समय' में नहीं किया है। तब किसे कहा जाए? इस में जेएनयू की क्या गलती है? पुरुषोत्तम अग्रवाल ने जेएनयू को अपनी यशोदा माँ कहा है। तब यही सोचा गया कि माता कुमाता नहीं बनी पर पूत कपूत जरूर हो गया है। यह माता का नाम

30. अकथ कहानी प्रेम की : कबीर की कविता और उन का समय, पुरुषोत्तम अग्रवाल, राजकमल प्रकाशन प्रा.लि., 1-बी, नेताजी सुभाष मार्ग, नई दिल्ली-110 002, पहला संस्करण, 2009, पृ. 18

31. वही, पृ. [10]

32. वही, पृ. 62

33. वही, पृ. 397

डुबोना हुआ। इस पुस्तक 'अकथ कहानी प्रेम की : कबीर की कविता और उन का काव्य' से जेएनयू शर्मिन्दी है। उन्हें यूनिवर्सिटी के नियमों का पालन करना चाहिए था। अब कोई भी मुहिम हो, और वह कितनी भी तेजी से और एकजुट हो कर चलाई जाए, पर यह पुस्तक अकादमिक विशेषता का खात्मा सिद्ध होती है क्योंकि यह अकादमिक बहस को छुपाती और रोकती है। इस से कबीर के अध्ययन में कोई इजाफा नहीं हुआ।

भारत की संसद ने एक कानून 'सूचना का अधिकार अधिनियम, 2005' बनाया है। इस का कार्यान्वयन केन्द्र सरकार और राज्य सरकारों के दफ्तरों में मुस्तैदी से लागू हो रहा है। इस का उद्देश्य यही है कि लोगों को सरकारी कामकाज की सूचनाएँ मिलें। अब निर्णय गोपनीय नहीं रह गए हैं। पूछना यह है कि क्या साहित्यिक आलोचना के क्षेत्र में यह कानून अपने आप लागू नहीं हो जाना चाहिए। क्या पुरुषोत्तम अग्रवाल को अपने पाठकों को यह सूचना मुहैया नहीं करानी चाहिए थी कि कौन सी कचिता उन्होंने किस पुस्तक से ली है ताकि पाठक उस मूल स्रोत तक पहुँच सके और उस के प्रक्षिप्त या अप्रक्षिप्त होने की जाँच-परख अपने स्तर पर कर सके? कविता को बेधड़क उद्धृत कैसे कर दिया है जब मुद्दा असलीयत और नकलीयत का गर्माया हुआ है? सरकारी काम में सूचनाएँ छिपाने का कारण भ्रष्टाचार है पर साहित्यिक आतोचना के क्षेत्र में यह कारण क्या है? जिन विद्वानों पर बात की जा रही है, उन के लेखों और पुस्तकों के हवाले दिए जाने चाहिए थे।

पुस्तक में कई दूसरी त्रुटियाँ हैं जिन का यहाँ जिक्र करना नहीं चाहता। इतना ही कहना चाहता हूँ कि सन्दर्भ देने में विद्वत्ता घटती नहीं है, बल्कि बढ़ती है। लेखक ने बहुत सारे उद्धरणों के सन्दर्भ अपने कण्ठ में ही अटका लिए हैं। पाठक क्या करें? मुसीबत तो होगी ही।

और, ऐसा हो नहीं सकता कि अपने ज्ञान-घमंड में रह कर पुरुषोत्तम अग्रवाल दूसरे लोगों को गाली न दें। उन की गाली देने की आदत इस पुस्तक में भी नहीं छूटी। अंकुश लगा है, पर स्वभाव नहीं बदला जा सका। पाठ-निर्धारण के मामले में ही लिख बैठे हैं—"सन्दर्भ चाहे मौखिक परम्परा से प्राप्त रचना-उपरचना का हो, चाहे पांडुलिपियों का, उस वक्त के लोगों को 'भोले-भाले' और बुद्धू मानने में, माननेवालों का ही बुद्धूपन प्रकट होता है—यह बात कबीर-वाणी का पाठ-निर्धारण करते समय याद रखनी चाहिए।"[34]

पुरुषोत्तम अग्रवाल ने अपने बारे में एक सूचना दे कर मेरा काम आसान कर दिया है। इससे मैं उन की परम्परा को अच्छी तरह जान सका। उन्होंने अपने बारे में लिखा है—"उलझन और बेचैनी में उन दिनों में सहारा मिला था, माँ स्व. कमलादेवी से, जो लिखना नहीं, बस पढ़ना जानती थीं, न जाने कितने और पाठकों की तरह प्रेमचन्द से मेरा भी पहला परिचय माँ ने ही कराया था।"[35] यह मेरे हाथ में एक सूत्र लग गया है

---

34. वही, पृ. 205

35. वही, पृ. [9]

क्योंकि मैं प्रेमचंद के बारे में अच्छी तरह से जानता हूँ कि वे कैसे व्यक्ति थे। प्रेमचंद पर मेरी 'प्रेमचंद : सामंत का मुंशी' के बाद दूसरी पुस्तक 'प्रेमचंद की नीली आँखें' आई है। प्रेमचंद ने कहा ही है—"सच कहता हूँ, झूठ बोलना भी एक फन है।"[36] इधर, इस मामले में कबीर क्या कहते हैं? वे कहते हैं :

साँच बराबर तप नहीं, झूठ बराबर पाप।
जाके हिरदे साँच है, ताके हिरदे आप।।[37]

बस, यही मूल अन्तर है। कबीर पर लिखने वाले प्रेमचंद को पढ़ कर आ रहे हैं—काम गलत होना ही है।

घ. बहस का पेटेंट

मुझे पुरुषोत्तम अग्रवाल की इस पुस्तक की फैली हुई सामग्री पर कुछ खास नहीं कहना है क्योंकि इस में नया कुछ नहीं है। जो इस पुस्तक के भीतर कथा है, उस सब का उत्तर मैं अपनी पुस्तक 'सूत न कपास' में दे चुका हूँ। पाठकों को केवल यह बताया जाना है कि पुरुषोत्तम अग्रवाल ने उस मेरी पुस्तक का इस में कहीं जिक्र नहीं किया। उस पुस्तक में मैं इन्हें 'प्रक्षिप्त महाराज का खिताब' और 'किंवदन्ती आचार्य की उपाधि' दे चुका हूँ। यहाँ केवल पुरुषोत्तम अग्रवाल की इस पुस्तक की भीतरी राजनीति पर बात कर रहा हूँ क्योंकि इस की बाहरी राजनीति पर डा. प्रेमसिंह अपनी बात अपने लेख 'दलित चिंतन को मिटाने की मुहिम' में लिख चुके हैं।

जो नई बहसें केवल मैंने कबीर अध्ययन में दी हैं, वे इन्होंने अपनी बना कर पाठकों के सामने पेश कर दी हैं। इसे क्या कहा जाएगा? यह 'लिटरेरी पाइरेसी' है। लेकिन जो प्रक्षिप्त के उस्ताद और किंवदन्ती के पटेबाज हैं, उन के लिए इन अपराधों का क्या अर्थ?—उन के पूर्व आचार्य यह काम सदा से करते आए हैं।

हिन्दी साहित्य को जो बहस मैंने दी है, वह मेरे ही नाम से चलनी चाहिए, पुरुषोत्तम अग्रवाल की भाषा के यह 'कुछ लोग' क्या होते हैं? 'मुगल' शब्द पर वे बचाव की मुद्रा में आ गए, लेकिन उन्हें बताना चाहिए था कि आक्रमण किसने किया है। जिस श्रेय का मैं अधिकारी हूँ, वह श्रेय मुझे मिलना ही चाहिए। यह मेरा अधिकार है। इसे कोई आलोचक कैसे छीन सकता है? मेरा विरोध करना है, कीजिए, पर सन्दर्भ देने से डरते क्यों हो? अपने प्रक्षिप्त और किंवदन्ती खड़ी करने वालों का नाम ले कर गुणगान कर रहे हो, इधर हमारी सच्ची खोज का जिक्र नहीं किया जाता—यह आलोचना का

36. प्रेमचंद : घर में, शिवरानी देवी प्रेमचंद, आत्माराम एंड संस, 1376, कश्मीरी गेट, दिल्ली-110 006, संस्करण 2005, पृ. 23

37. महाबीजक [कबीर की सम्पूर्ण वाणियों का संग्रह], कबीर वाणी प्रकाशन, श्री सद्गुरु कबीर मन्दिर, सी-23/5, कबीर चौरा मठ, वाराणसी-221 001, प्रथम संस्करण, 10 जून 1998, पृ. 1249

कौन सा तरीका है? इसे कौन सी प्रवृत्ति नहीं कहा जाएगा? भगवद आचार्य की बहस में मेरा नाम शुरूआत में ही लिया जाना चाहिए था। हिन्दी वालों को कई अक्ल मैंने दी हैं। इन्होंने 'अगस्त्य संहिता' पर अपनी किताब में 18 पृष्ठ बर्बाद कर दिए, पर मैंने अपनी पुस्तक 'सूत न कपास' में पुरुषोत्तम अग्रवाल के कबीर चिन्तन पर 146 पृष्ठ लिखे, उन का जवाब कहाँ है? 'अगस्त्य संहिता' के छपे हुए संस्करणों के मुखपृष्ठों की हू-ब-हू कोपियाँ दे रहे हैं, पर नौ साल पहले छपी मेरी किताब कहाँ गायब हो गई? किस देशज आधुनिकता का दम्भ भरते हैं जो इन्हें इतनी बौद्धिक ईमानदारी रखनी भी नहीं सिखा सकी कि प्रक्षिप्त और किंवदन्ती को आगे नहीं बढ़ाया करते तथा सच्चाई को पाठकों से ओझल नहीं किया करते?

पुरुषोत्तम अग्रवाल ने जो मुझ से सीखा, वह बताया क्यों नहीं? जो बहसें केवल मैंने दी, उनका श्रेय मुझे क्यों नहीं दिया गया? पुरातनपंथियों—हजारी प्रसाद द्विवेदी और रामचंद्र शुक्ल—के नाम उन की लेखनी पर क्यों चढ़े हुए हैं? मेरे विचारों और मेरी बहसों के साथ ऐसा बर्ताव क्यों किया गया? जो मेरा हक है, उस का क्रेडिट मुझे देते हुए क्या मुश्किल थी? विद्वानों में बौद्धिक ईमानदारी क्या चीज होती है? कबीर पर जाली किताब क्यों लिखी गई? साहित्यिक अध्ययन को गुमराह क्यों किया गया? शोधार्थियों को अंधेरे में क्यों रखा गया? सूचना का अधिकार दफन क्यों हुआ? तब अनन्तदास के समय के हमारे किसी धर्मवीर का पता कैसे चलेगा? हम अनन्तदास की लिखी 'कबीर परिचई' क्यों पढ़ें? हम पुरुषोत्तम अग्रवाल की लिखी हुई यह पुस्तक 'अकथ कहानी प्रेम की : कबीर की कविता और उन का समय' क्यों पढ़ें? ये किताबें सच पर पर्दा डालने के लिए लिखी गई हैं। ये प्रक्षिप्त और किंवदन्ती को तथ्य मान कर पढ़वाने के लिए लिखी गई किताबें हैं। ये तथ्य नहीं हैं, झूठे आँकड़ों को क्रिएट और कुक करने की चाल है। यह पूरी गणना झूठी है।

मैंने डा. हजारी प्रसाद द्विवेदी को 'चोर'[38] के रूप में पकड़ा था, लेकिन अब मेरे हाथ पुरुषोत्तम अग्रवाल के रूप में हिन्दी आलोचना का यह कौन व्यक्ति लगा है? पूरी किताब में मेरा नाम न लेना अपने आप में क्या है? तर्क मेरे, बहसें मेरी, प्रमाण मेरे—और मैं ही पुस्तक से गायब—इस कला को क्या कहा जाएगा? कहीं ऐसे किताबें लिखी जाती हैं?

पुरुषोत्तम अग्रवाल के बारे में मेरी राय ऐसी क्यों बनी? इन की हर बात में मुझे कुछ चुराया हुआ क्यों दीखता है? कारण पुस्तक में भरे पड़े हैं। उदाहरण के रूप में, इन्होंने लिखा है—"इसमें भी आश्चर्य की कोई बात नहीं है कि आ. द्विवेदी को पंथ-स्थापना के पहले के सारे स्रोतों की एकमत घोषणा—'कबीर जुलाहे के घर जन्मे थे'—को मानने में संकोच हो रहा है। आश्चर्य की बात तब होती जबकि 'कबीर धर्मगुरु थे' कहनेवाले द्विवेदीजी मानते कि कबीर जुलाहे के घर ही जन्मे थे। कबीर को धर्मगुरु

38. कबीर : डा. हजारी प्रसाद द्विवेदी का प्रक्षिप्त चिन्तन, डा. धर्मवीर, वाणी प्रकाशन, 21-ए, दरियागंज, नई दिल्ली-110 002, द्वितीय संस्करण, 2006, पृ. 104

कहनेवाले लोग तो अनन्तदास के कुछ वर्ष बाद ही कहने लगे थे कि कबीर जुलाहे दम्पति के औरस नहीं, मात्र पालित पुत्र थे।"[39] अच्छा होता, पाठकों को बता देते कि यह बहस इन्होंने किस से ली है—और इसे इतना बड़ मुद्दा किसने बनाया है? कुछ नुकसान नहीं था, ऐसा बताने से अकादमिक जीवन सधता और सजता ही है। मैंने कबीर को धर्मगुरु भी माना है और जुलाहे के घर में जन्म लिया हुआ भी माना है—बताया क्यों नहीं? बिना इस बताने की मदद के पाठक मेरे विचारों और तर्कों को विस्तार में कैसे जान सकेंगे?

पुरुषोत्तम अग्रवाल ने अपनी इस पुस्तक में लिखा है—"इस पद में आए 'मुगल' शब्द से मालूम पड़ता है कि पद 1526 से पहले का नहीं है। कबीर का निधन देर से देर 1518 में हो चुका था।"[40] बताया नहीं, यह अकल उन्होंने कहाँ से ली है? उन्हें इतनी समझ कहाँ है कि कबीर की वाणी में प्रक्षिप्त ढूँढते फिरेंगे? यह बाहरी दबाव है कि उन्हें मानना पड़ रहा है कि 'मुगल' शब्द का प्रयोग कबीर कालीन नहीं है। यह 1526 ईस्वी का साल कहाँ से चुराया?

अपराध दो तरह के होते हैं—एक कमीशन के और दूसरे ओमीशन के। कमीशन में यह माना जाता है कि जो काम नहीं करना चाहिए था वह किया गया, लेकिन ओमीशन में यह माना जाता है कि जो काम किया जाना चाहिए था, वह नहीं किया गया। भूल भी अपराध है लेकिन यहाँ तो सब कुछ चाक-चौबन्द और चौकस हो कर किया गया है। पुरुषोत्तम अग्रवाल ने यह काम अपनी परम्परा में ही रह कर किया है।

कहूँ, कि चोरी-चोरी है और साहित्य के क्षेत्र में इसे 'साहित्यिक चोरी' कहा जाता है। अभी हमारे प्रधानमंत्री की 'वैज्ञानिक सलाहकार परिषद' के चेयरमैन सीएनआर राव चोरी के ऐसे एक मामले में फँस गए हैं। उन्होंने और तीन अन्य वैज्ञानिकों ने विज्ञान की विश्व प्रतिष्ठित पत्रिका 'एडवान्स्ड मैटीरियल्स' के जुलाई, 2011 के अंक में छपे अपने लेख में विज्ञान की एक अन्य पत्रिका 'अप्लाइड फिजिक्स लेटर्स' में सन् 2010 में छपे किसी के लेख से बिना उस का हवाला दिए चार पंक्तियाँ उतार दी थीं। चोरी पकड़ी जाने पर, 'इण्डियन इन्स्टीट्यूट आफ साइंस' तथा 'जवाहर लाल नेहरू सेन्टर फॉर अडवान्स्ड साइन्टिफिक रिसर्च' से सम्बन्धित इन चारों वैज्ञानिकों ने पत्रिका के पाठकों, समीक्षकों और सम्पादकों से क्षमा मांगी है। इन में सीएनआर राव पदम भूषण, पदम विभूषण और कई ख्यात राष्ट्रीय और अन्तरराष्ट्रीय सम्मानों से सम्मानित व्यक्ति हैं।[41] तब, पुरुषोत्तम

---

39. अकथ कहानी प्रेम की : कबीर की कविता और उन का समय, पुरुषोत्तम अग्रवाल, राजकमल प्रकाशन प्रा.लि., 1-बी, नेताजी सुभाष मार्ग, नई दिल्ली-110 002, पहला संस्करण, 2009, पृ. 157

40. वही, पृ. 42

41. "PM's top adviser in plagiarism row, Embarrassing CNR Rao, three others apologise to international journal for lifting lines, Charu Sudan Kasturi.....

New York : CNR Rao, the prime minister's top scientific adviser and one of India's best known scientists, has apologised to an international journal along with three other scientists for plagiarising the work of others, sending shockwaves through the country's scientific community.

Rao and scientists Basant Chitara, LS Panchakarla and SB Krupanidhi apologised to Advanced

अग्रवाल अपनी इस पुस्तक में साहित्यक चोरी के कमिशनों और ओमिशनों के अपराधों के लिए क्या करेंगे? देखिए, भगवद आचार्य और अगस्त्य संहिता की चोरी को कबूल कर रहे हैं, लेकिन प्रक्षिप्त और किंवदन्ती का हिमायती झूठ के दायरे से बाहर नहीं निकल सकता! प्रक्षिप्त और किंवदन्ती के द्वारा सत्य को छिपाया जाता है—यदि ऐसा नहीं है तो प्रक्षिप्त और किंवदन्ती की जरूरत क्या है? आदमी सीधे सच्चाई पर आए। जैसे अनन्तदास ने अपने समय में कबीर को छुपाने के लिए 'कबीर परचई' लिख दी, वैसे ही, पुरुषोत्तम अग्रवाल ने आज मुझे छुपाते हुए 'अकथ कहानी प्रेम की : कबीर की कविता और उन का समय' लिख दी। यह हू-ब-हू परम्परा का अनुसरण है। और, कबीर पर लिखते समय घट-साधना के बारे में पुरुषोत्तम अग्रवाल को भी अपनी जानकारी बढ़ानी पड़ेगी। घट-साधना यही कह रही है कि आदमी झूठ-तूफान बगाने छोड़ दे तथा अनभय-अनुभव के सामने प्रक्षिप्त और किंवदन्ती की टेकों को तोड़ दे। पुरुषोत्तम अग्रवाल प्रक्षिप्त और किंवदन्ती का नाम लेना छोड़ दें तो मान लो उन की घट-साधना पूरी हो गई। वे जान नहीं पाए कि प्रक्षिप्त और किंवदन्ती घट-साधना में सब से भंयकर विघ्न-बाधाएँ हैं।

ङ. कुछ मुझ से पूछ लिया होता

पुरुषोत्तम अग्रवाल ने अपनी इस पुस्तक में 'आजीवक' शब्द का इस्तेमाल 21वें पृष्ठ पर किया है—इस की जानकारी का अपना स्रोत बता देते। कह इसलिए रहा हूँ क्योंकि यह स्रोत केवल मैं हूँ। पूछना यह है कि क्या ये लेखक 'आजीवक' के बारे में कुछ जान गए हैं या इसे ऐसे ही 'एटसट्रा-एटसट्रा' बना गए हैं। इस शब्द का प्रयोग करने से पहले मुझसे कुछ पूछ लेते। मैं इस तथ्य को सार्वजनिक कर रहा हूँ कि इन्होंने मुझ से मौखिक या लिखित रूप में ऐसा कोई प्रश्न नहीं पूछा

हिन्दू विद्वान कबीर को समझने के लिए क्या करते हैं? वे अपनी परम्परा और अपने ज्ञान को आगे रखते हैं। कबीर उन के लिए समस्या हैं कि उन्हें अपनी परम्परा में कहाँ और कैसे फिट करें। कबीर को भक्त मानते हैं तो उन्हें भागवत धर्म और वैष्णव

Materials, one of the world's most prestigious journals in material sciences, for the "reproduction of text from an article" that appeared in another journal, Applied Physics Letters, in 2010.

"The corresponding authors sincerely apologise to the readers, reviewers and editors for this oversight and for any mis-communication," the scientists wrote in their apology. Their article in Advanced Materials appeared in July 2011 and contained at least four lines that were lifted without attribution.

Rao, chairman of the prime minister's scientific advisory council, is travelling and could not be reached. He is a Padma Bhushan and Padma Vibhushan and the winner of many national and international awards.

The four scientists belong to the Indian Institute of Science (IISc) and Jawaharlal Nehru Centre for Advanced Scientific Research (JNCASR).

Senior scientists at these Bangalore-based research institutions pointed to a larger malaise in Indian science. "These things will repeatedly happen as long as top scientists don't take responsibility for the actual writing of the research paper," a head of department of IISc said, requesting anonymity."

Hindustan Times, New Delhi Edition, 20 February, 2011, p. 1

धर्म के साँचें याद आते हैं। वे कबीर को अपने प्राचीन भागवत धर्म से ही जोड़ कर देख सकते हैं, चाहे उसे उस का पुनरोदय ही कहना पड़े।[42] लेकिन, कबीर इन के किसी खाँचे में फिट नहीं हो रहे हैं क्योंकि इन के पास वह साँचा ही नहीं है जो कबीर हैं। ये बौद्ध धर्म को जानते हैं, ये जैन धर्म को जानते हैं, ये भागवत धर्म को जानते हैं। इन के अलावा ये सिद्धों और नाथों को जानते हैं। कबीर कहीं फिट नहीं होते। फिर क्या करें? हार-थक कर उन्हें वैष्णव सिद्ध कर देते हैं। यह सब इसलिए हुआ क्योंकि इन्हें आजीवक धर्म का ज्ञान नहीं है। देश के इतिहास के बारे में इन आधुनिक अनपढ़ों को यही मालूम नहीं कि कोई आजीवक धर्म भी है।

मैंने कबीर पर अपनी छठी पुस्तक 'सूत न कपास' की 'भूमिका' में घोषणा की थी–"योजना में अगली तीसरी सीरीज का शीर्षक 'महान आजीवक कबीर' होगा। कितना अच्छा है कि 'महान आजीवक कबीर' में किसी की आलोचना नहीं है।"[43] अब पुरुषोत्तम अग्रवाल ने अपनी यह किताब मेरी घोषणा के छह साल बाद लिखी है। इन छह सालों में इन्होंने आजीवक धर्म के बारे में क्या जाना? मैं कह रहा हूँ, एक हरफ नहीं जाना। बस, बिना मेरा नाम लिए एक वाक्य यह लिखा है–"किसी के अनुसार, कबीर को इस्लाम की आलोचना से कोई मतलब ही नहीं था, वे तो केवल हिन्दू धर्म को ध्वस्त कर रहे थे, ताकि मक्खलि गोशाल के आजीवकवाद का दलित धर्म के रूप में पुनराविष्कार कर सकें।"[44] कहना यह है कि यदि आजीवक धर्म के बारे में कुछ खोज लेते तो इन की यह किताब व्यर्थ में इतनी मोटी न होती। कबीर को उन की सही जगह ढूंढ लेते। कबीर वहीं बैठे मिलते। पर इन का काम है कि उनके आजीवक घर से कबीर को खींच कर वैष्णवों में बैठाना है, जहाँ कबीर कभी सहज नहीं रह सकते। 'महान आजीवक कबीर' के शीर्षक से मैंने खजाने की ओर संकेत कर दिया था लेकिन उस ओर चलना किसे है? पुरुषोत्तम अग्रवाल की इस पुस्तक में यह अकादमिक जिम्मेदारी थी कि वे कबीर और आजीवक धर्म को ले कर एक अध्याय जरूर लिखते या मेरी किताब आने तक की इन्तजार कर लेते। यह गैर-जिम्मेदारी है कि इन्होंने इन में से कोई काम नहीं किया–और अपनी किताब छपवा दी–छपने से पहले उस पर अपने प्रकाशक से एक लाख रुपये का पुरस्कार भी खोंस लिया। जानते-समझते कुछ नहीं, बस, 'भगति नारदी मगन सरीरा'[45] हो रहे हैं। आजीवक कबीर को किसी नारदी-वारदी भगति की जरूरत नहीं थी क्योंकि उन के मूल पुरुष मक्खलि गोसाल ने नाचते-नाचते और

42. अकथ कहानी प्रेम की : कबीर की कविता और उन का समय, पुरुषोत्तम अग्रवाल, राजकमल प्रकाशन प्रा.लि., 1-बी, नेताजी सुभाष मार्ग, नई दिल्ली-110 002, पहला संस्करण, 2009, पृ. 345

43. सूत न कपास, डा. धर्मवीर, वाणी प्रकाशन, 21-ए, दरिया गंज, नई दिल्ली-110 002, प्रथम संस्करण, 2003, पृ. 7

44. अकथ कहानी प्रेम की : कबीर की कविता और उन का समय, पुरुषोत्तम अग्रवाल, राजकमल प्रकाशन प्रा.लि., 1-बी, नेताजी सुभाष मार्ग, नई दिल्ली-110 002, पहला संस्करण, 2009, पृ. 41

45. वही, पृ. 347

गाते-गाते अपने प्राण त्यागे थे। तब वे कहे जा रहे थे–"वीणा बजाओ, वीणा बजाओ, वीणा बजाओ.... ।" नाचना-गाना आजीवकों का मूल अधिकार है।

अब पता चला है कि इन लेखक से किस प्रकार की भाषा में संवाद बनाना चाहिए। कबीर के संदर्भ से जितनी इन लेखक ने व्यापार और सौदागर की शब्दावली में बात की है, उतनी किसी अन्य ने नहीं। ब्राह्मण निर्गुण और सगुण, निराकार और साकार, ब्रह्म और माया के दार्शनिक जार्गन का प्रयोग करते हैं, पर इन लेखक को गुजरात के व्यापारियों की भाषा ज्यादा पसन्द आई। तब और भी अच्छा होता कि ये जैन धर्म के धर्मकोश की तरफ से बोल जाते। आश्चर्य है, जाने क्यों इन्हें जैन आगम याद नहीं आए? इन के तर्क का सहज आधार जैन परम्परा में ढूंढा जा सकता है, भले ही इन्हें उस का ज्ञान न हो। प्राचीन काल में आजीवक और जैन धर्म साथ-साथ रहे हैं। हैरत की बात है कि इन्होंने कबीर से सम्बन्धित इतने महत्वपूर्ण 'आर्जीवक' शब्द का इस्तेमाल बिलकुल एक अनपढ़ की तरह किया! बस, मेरी किताब से एक शब्द उठा लिया–'आजीवक'। जानना-सीखना कुछ नहीं, गुरु बनने की ठान ली। व्यंग्य की सृष्टि करते हुए लिखते हैं–"देखिए न, असल में तो वे थे–ईसाई मिशनरी के पूर्व-पुरुष, शरा या बेशरा सूफी, महायानी बौद्ध, नाथपंथी या आजीवक, लेकिन समझते थे खुद को नारदी भक्ति में मगन–'भगति नारदी मगन सरीरा–इहि विधि भव तरै कबीरा!' "[46] क्या यहाँ प्रयोग किए गए 'आजीवक' शब्द से पाठक का तनिक भी ज्ञानवर्धन होता है? पाठक की बात एक तरफ, क्या इस बात का संकेत मिलता है कि इन लेखकश्री को इस शब्द के अ ब स द भी मालूम हैं? 'आजीवक' शब्द का प्रयोग 'आदि आदि....' में शुम्मार कर के खुश हो रहे हैं–कुएँ में गिर पड़ें तो क्या किया जाए? एक पूरा गैर-जिम्मेदाराना प्रयोग, अप्रामाणिक होने की पूरी मिसाल, साहित्य के क्षेत्र में अपराध की बराबरी का एक निहायत गलत काम। क्या यह आजीवक धर्म को समझने का, उस के मूल्यांकन का, या उस के खंडन-मंडन का तरीका है? इस पुस्तक से आजीवक धर्म के बारे में पाठक की समझ कितनी बढ़ती है?

मैंने कबीर को आजीवक धर्म से जोड़ा था तो पुरुषोत्तम अग्रवाल का एक ईमानदार आलोचक के नाते क्या फर्ज था? यदि पुस्तक लिखने की, और उस पर पुरस्कार पाने की इतनी जल्दी थी, तो क्या उन्हें आजीवक धर्म का और उस के इतिहास का अध्ययन नहीं करना चाहिए था? रामानंद के मण्डन में 100 से अधिक पृष्ठ खर्च कर दिए तो क्या आजीवक के खण्डन में पचास पृष्ठ भी नहीं लिखने चाहिए थे? यह 'एटसट्रा-एटसट्रा' में एक-दो वाक्यों का नकार क्या है? कबीर को आजीवक न कहने देने में क्या उन्होंने आजीवक धर्म पर लिखा किसी विद्वान का एक पृष्ठ भी पढ़ा था? एक विद्वान को लिखने से पहले पढ़ने की आदत डालनी चाहिए। वे कवि नहीं हैं कि उन्हें अपनी संवेदना व्यक्त करने के लिए पढ़ने की आवश्यकता नहीं। वे आलोचना के

46. वही, पृ. 22

क्षेत्र में आए हैं—जहाँ असल काम ज्यादा से ज्यादा पढ़ने का होता है। मैंने एक नया 'आजीवक' शब्द दिया—और उस का खंडन करने में उन्हें एक मिनट नहीं लगा, मानो उन्होंने आजीवक धर्म पर बहुत सारे ग्रन्थ पढ़ रखे हैं। उन ग्रन्थों का परिचय तो दिया होता जिन के आधार पर अपनी रोटी आप कमाने वाले कबीर आजीवक नहीं हैं। 'आजीवक' का यह सामान्य अर्थ तो जान लेते कि कबीर भिक्षाजीवी नहीं थे। भिक्षाजीवी रामानंद कमा कर खाने वाले कबीर को क्या समझा सकते थे? कोई भी संवाद करने से पहले कबीर रामानंद से कह सकते थे—"मुझ से बात करनी है तो पहले कमा कर खाना सीख कर आ।"

पुरुषोत्तम अग्रवाल ने अपनी इस पुस्तक में 'धर्म' शब्द के प्रयोग का जमा-घटा वाला हिसाब लगाया है। पूछते हैं—"धर्मगुरु' कहे गए कवि-दार्शनिक कबीर की रचना में कितनी बार आता है यह शब्द—'धर्म'!"[47] स्वयं उत्तर देते हैं—"श्यामसुन्दर दास द्वारा सम्पादित 'ग्रन्थावली' के आधार पर उपर्युक्त प्रश्न का उत्तर है : कुल बीस बार.....।"[48] फिर, उन प्रयोगों का विश्लेषण करते हैं—और—एक-एक कर के उन्हें अर्थहीन करते रहते हैं। 'बीजक' के बारे में लिखते हैं—"बीजक की स्थिति भी इस मामले में ग्रन्थावली—जैसी ही है। वहाँ भी 'धर्म' शब्द का प्रयोग इतनी ही बार, ऐसे ही प्रयोजन से हुआ है। संभव है, गिनने में चूक हुई हो। 'धर्म' महाशय ग्यारह की बजाय इक्कीस बार कबीर की कविता में प्रकट हों, लेकिन इस से हमारे तर्क पर कोई प्रतिकूल प्रभाव नहीं पड़ता।"[49] पर, मैं कह रहा हूँ कि आजीवक धर्म 'धर्म' के इसी खण्डन में फबता है। धर्म की पुरुषोत्तम अग्रवाल क्या आलोचना करेंगे जो आजीवक करते हैं? कुछ इन्तजार तो की होती, कुछ सब्र तो रखा होता। जब धर्म की आलोचना की बात आएगी तो वह हम करेंगे, जैसे हमारे कबीर ने की है, जैसी खुद हमारे मक्खलि गोसाल ने की है। तब पुरुषोत्तम अग्रवाल इस मामले में बहुत पीछे रह जाएंगे। वे निचलाए तो बैठें, हमारी सुनें तो।

पुरुषोत्तम अग्रवाल ने लिख दिया कि कबीर आजीवक नहीं थे, इस के लिए उन्होंने कोई तर्क नहीं दिए। तर्क मैंने भी नहीं दिए थे जब अपनी पुस्तक 'सूत न कपास' में लिखा था कि कबीर आजीवक थे। लेकिन कबीर को आजीवक कहने में मैंने यह जरूर लिख दिया था कि यह सिद्ध करने के लिए कि कबीर आजीवक थे, मैं पुस्तक लिख रहा हूँ। तब पुरुषोत्तम अग्रवाल को एक विद्वान के नाते क्या करना चाहिए था? उन्हें यह लिखने के लिए कि कबीर आजीवक नहीं थे, मेरी पुस्तक के आने की इन्तजार करनी चाहिए थी। सच यह है कि पुरुषोत्तम अग्रवाल को इस बारे में एक धेले का पता नहीं कि आजीवक धर्म क्या है। चूँकि, उन्हें मेरी बात का विरोध करना था, इसलिए बिना यह जाने कि आजीवक धर्म और दर्शन क्या हैं, लिख मारा कि कबीर आजीवक नहीं थे। इसी जगह इन की विद्वत्ता खंड-खंड हो जाती है। शेर बन्दर नहीं है, यह कहने

---

47. वही, पृ. 312 48. वही, पृ. 312 49. वही, पृ. 314

से पहले हमें यह जानना जरूरी होता है कि बन्दर क्या होता है। जिस ने न शेर देखा और न बन्दर देखा हो, वह कैसे कह सकता है कि शेर बन्दर नहीं है? निश्चित रूप से कबीर आजीवक थे—पर यह बात वही व्यक्ति कह सकता है जो जानता है कि आजीवक व्यक्ति कैसा होता है।

च. कबीर मठों में छुआछूत!

पुरुषोत्तम अग्रवाल ने किंवदन्ती और प्रक्षिप्त पर इतना क्यों लिखा? यह इन की समस्या क्यों बन गई? जरूर कोई दबाव है और दबाव बहुत भारी है लेकिन वे बता नहीं रहे हैं कि उन पर यह दाब किसने बनाई है। हवा तक नहीं लगने दे रहे हैं कि मेरे कबीर पर लेखन ने किंवदन्ती और प्रक्षिप्त को इतना बड़ा मुद्दा बनाया है। किंवदन्ती और प्रक्षिप्त पर पहले चर्चा होती थी तो किंवदन्ती और प्रक्षिप्त के पक्ष में ही। विरोध होता था तो दबी जबान से—मजाल थी कि कोई जोर से बोल जाए। हिन्दू विद्वत्ता का आतंक सिर पर चढ़ कर बोलता था—पर अब क्या हो रहा है?

हम हर चीज मानने को तैयार हैं, लेकिन झूठ मानने का तैयार नहीं। कबीर ने ही कहा है कि 'झूठ बराबर पाप'[50] नहीं है। इसलिए, झूठ से हमें नफरत है और कबीर के बारे में लिखे जा रहे झूठ से तो हमें लड़ना ही है। पुरुषोत्तम अग्रवाल के इस वाक्य से हमें क्या परेशानी है कि 'हर आधुनिकता की अपनी परम्परा और हर परम्परा में आधुनिकता की संभावना'[51] होती है? इस में क्या नई बात है?—ऐसा होता ही है। गलती तब होती है जब परम्परा और आधुनिकता के नाम पर उलटी गाड़ी को ऊँट से जोड़ा जाता है। अकल की और समझ की बात यह है कि यह माना जाए कि किसी देश में दो परम्पराएँ और दो आधुनिकताएँ हो सकती हैं। जब पुरुषोत्तम अग्रवाल के देश में दो समाज हैं—एक अछूत और दूसरा सछूत—तो यह बात बेचारे आँखों ने अंधे को भी समझ में आ जाएगी कि अछूत समाज की अलग परम्परा है और सछूत समाज की अलग परम्परा है। ऐसे ही, आगे बढ़ते, अछूत समाज की अलग आधुनिकता होगी तथा सछूत समाज की अलग आधुनिकता होगी। यही फर्क कबीर और रामानंद के बीच बरकरार है। कबीर अछूत समाज के व्यक्ति हैं और रामानंद सछूत समाज के व्यक्ति हैं। कबीर अपनी परम्परा मक्खलि गोसाल से लेते हैं और रामानंद अपनी परम्परा मनु से लेते हैं। यही फर्क आज तक कायम है। मैं अपनी परम्परा को कबीर से पाता हूँ और पुरुषोत्तम अग्रवाल अपनी परम्परा को रामानंद से पाते हैं। पुरुषोत्तम अग्रवाल की परम्परा में यह भी शामिल है कि वे किंवदन्ती और प्रक्षिप्त के चाकू-छुरी चला कर विरोधी को नेस्तानबूद कर दें तो इस के

50. कबीर समग्र : प्रथम खंड, सम्पादक और लेखक, प्रो. युगेश्वर, हिन्दी प्रचारक सस्थान, पो.बा. 1106, पिशाच मोचन, वाराणसी-221 010, द्वितीय संस्करण, 1995, पृ. 443

51. अकथ कहानी प्रेम की : कबीर की कविता और उन का समय, पुरुषोत्तम अग्रवाल, राजकमल प्रकाशन प्रा.लि., 1-बी, नेताजी सुभाष मार्ग, नई दिल्ली-110 002, पहला संस्करण, 2009, पृ. [xxxi]

जवाब में मेरी परम्परा में यह शामिल है कि किंवदन्ती और प्रक्षिप्त के चाकू-छुरियों को तोड़ताड़ कर फेंक दे। जैसे दो परम्पराओं के बीच घालमेल संभव नहीं है, वैसे ही दो आधुनिकताओं के बीच भी पुल नहीं बनाया जा सकता। इस का सब से नया उदाहरण यही है कि पुरुषोत्तम अग्रवाल अपनी पूरी किताब में मेरे विचारों का कोई प्रतिनिधित्व स्वीकार नहीं करते। यदि पुरुषोत्तम अग्रवाल भारत में परम्परा और आधुनिकता की बात कर रहे हैं तो उन्हें बताना चाहिए कि मैं किस परम्परा और किस आधुनिकता का व्यक्ति हूँ। मुझे 'गायब परम्परा' और 'लोप आधुनिकता' से क्यों जोड़ा जा रहा है? देशज आधुनिकता के नाम की अंधों के हाथों बटेर लग गई है—अब कहाँ छोड़ने वाले हैं? ऐसे में, मेरा जिक्र कैसे हो सकता है? मैं न इन की परम्परा में हूँ और न इन की आधुनिकता में। असली मतलब यही है कि यह गायब करने की जादूगरी इन के पास आज भी कायम है। आखिर, पुरुषोत्तम अग्रवाल प्रेमचंद के उपन्यास 'रंगभूमि' को पढ़ने के बाद दलितों के तत्कालीन मसीहा स्वामी अछूतानंद के बारे में मेरी पुस्तक 'प्रेमचंद की नीली आँखें' के आने से पहले कै हरफ जानते थे? ऐसे में, श्रीभगवान सिंह ने भी अपने लेख 'साहित्यक्षेत्रे कुरुक्षेत्रे' में अपनी हाँ में हाँ मिला कर ज्ञान के क्षेत्र में कौन से पत्थर तोड़ दिए हैं या शिलाएँ चटका दी हैं जब लिखा है?—"...नवीनता पुरातन का अंध निषेध नहीं होती।"[52] हम कह रहे हैं, कैसा भी निषेध नहीं होती। पुरुषोत्तम अग्रवाल ने रामानंद का कहाँ निषेध किया है?—हू-ब-हू कोपी हैं। निषेध किया है तो कबीर का किया है—यही उन की परम्परा में है और यही उन की आधुनिकता में है, यही उन की शास्त्र परम्परा में है और यही उन की लोक परम्परा में है। 'देशज आधुनिकता' के जुमले का इस से अलग अर्थ कुछ नहीं है कि पहलवानी का यह दाव कबीर को कबीर के अखाड़े में आ कर मात देने के लिए खोजा गया है। नामवरों के सारे ढोल-ढपड़े इसी खुशी में बज रहे हैं कि मानो अब कबीर को रामानंद ने पछाड़ दे दी है।

पुरुषोत्तम अग्रवाल ने साहित्यिक आलोचना में यह कल्पित कर लिया कि कबीर के गुरु रामानंद थे। इस के लिए उन्होंने अपनी किताब में पन्ने पर पन्ने रंगे हैं। उन्होंने किंवदन्तियों और प्रक्षिप्तों के आधार पर इस सैद्धान्तिकी को गढ़ा है। उन की ड्यूटी इतनी ही थी। वे यह बताने से रह गए कि इस की व्यावहारिकता क्या है। यह काम मेरे बताने का है कि कबीर के गुरु रामानंद को बताने में कबीरपंथ में क्या हुआ है। इस के लिए मैं कबीरपंथ में रीवा के महन्त सनाथ दास की पुस्तक 'कबीर और रामानंद' का सहारा ले रहा हूँ। सनाथ दास ने कबीर को रामानंद के शिष्य और वैष्णव बनाने के फलस्वरूप हुए प्रभावों का पूरा खाका और प्रैक्टिकल उतार दिया है। यहाँ उनके कुछ उद्धरण दिए जा सकते हैं :

1. "जिस दलित, शोषित जुलाहे जाति में कबीर साहेब का जन्म हुआ था और जिन गरीबों ने कबीर साहेब के मिशन को अपनी जान हथेली

52. साहित्यक्षेत्रे कुरुक्षेत्रे, श्रीभगवान सिंह, जनसत्ता, नई दिल्ली, 9 जनवरी, 2011, पृ. 6

पर रखकर आगे बढ़ाया था वे ही लोग आज कबीरपंथ में प्रायः उपेक्षित देखे जा रहे हैं।''[53]

2. ''कबीरपंथ के कई मठ ऐसे हैं जिनके महंतों की सूची में केवल ब्राह्मण लोग ही रहे हैं यदि बहुत हुआ तो एकाध क्षत्रिय। एक मठ में तो लगभग तीन सौ वर्षों से एक ही ब्राह्मण वंश का कब्जा है। इनमें पारख सिद्धान्त का गढ़ कहे जाने वाले बुरहानपुर भी इससे पीछे नहीं है अर्थात् यहां पर भी ब्राह्मण और क्षत्रिय जाति के लोग ही आज तक गद्दीनशीन होते रहे हैं।''[54]

3. ''कहाँ तक कहें जिस स्थान (कबीर मठ फोर्ट रोड रीवा) में बैठकर यह ग्रंथ लिखा जा रहा है वह कबीर मंदिर भी इससे अछूता नहीं है, क्योंकि इस गद्दी के सभी पूर्वाचार्य अधिकतम ब्राह्मण थे।''[55]

4. ''इस ग्रन्थ के लेखक जब सन् में साधु समाज में आया तो उस समय जाति-पांति, छुआ-छूत और भेदभाव अपनी चरम सीमा पर थी। कुछ जाति के लोगों के हाथ का पानी नहीं चलता था। कुछ साधु ऐसे थे जो तथाकथित अछूत जाति के उन्हें पंगत में अलग बैठाया जाता था। बर्तन उपलब्ध रहने पर भी उन्हें पत्तल में भोजन दिया जाता था। और उन्हें अपनी पत्तल स्वयं उठाना पड़ता था। देहात में भक्तों में रामत करते हुए अछूत जाति के भक्तों के बर्तन नहीं लिये जाते थे और न ही वे लोग भंडार बनाने के लिए पानी ही भर सकते।''[56]

5. ''छत्तीसगढ़ के भक्त लोग बताते हैं कि पहले सदगुरु श्री लाल साहेब आदि के जमात में वहां के साहू जाति के भक्तों के हाथ का पानी नहीं लिया जाता था।''[57]

6. ''सुना जाता है कि कबीरपंथ के एक प्रसिद्ध महात्मा जिनके बोधक और मार्गदर्शक एक उच्च कोटि के संत थे, किन्तु उनका जन्म अछूत जाति में हुआ था, इस कारण वे महन्तश्री उक्त महापुरुष की पूजा अर्चा यहां तक उनके चरणामृत तक ले लेते थे, किन्तु उनके आश्रम के बर्तन में जीवन भर कभी भोजन नहीं बनाये। जब उन महंत श्री को भोजन बनाना होता तो गांव के सवर्णों के यहां से बर्तन मंगवाया जाता था।''[58]

7. ''इस प्रकार कबीर पंथ में ब्राह्मणवाद हावी रहा और कुछ क्षेत्र में अब भी हावी है..... जिसके मुख्यतः दो रूप हैं..... एक बाहरी और दूसरा

---

53. कबीर और रामानंद, सनाथ दास, सद्गुरु कबीर संस्थान, गुरुद्वारा फोर्ट रोड, रीवा, मध्य प्रदेश, प्रथम संस्करण, 2010, पृ. 188
54. वही, पृ. 188
55. वही, पृ. 188
56. वही, पृ. 188
57. वही, पृ. 188
58. वही, पृ. 188

भीतरी। बाहरी रूप में चोटी और जनेऊ तथा भीतरी रूप में छुआ-छूत। जिस चोटी और जनेऊ के विरोध में सदगुरु कबीर ने आजीवन संघर्ष किया था, किंतु खेद के साथ लिखना पड़ रहा है कि अनेक कबीर अनुयायी बड़े-बड़े मठाधीश, आचार्य, महंत एवं धुरंधर प्रवक्ता लोग भी चोटी-जनेऊ जो ब्राह्मणवाद का प्रतीक है, जिसे आज तक छाती-पेटे लगाये हुये हैं। कई स्थानों में छुआछूत आज भी बरकरार है।''[59]

8. ''किसी-किसी मठ में वंशवाद तो नहीं है फिर भी गादीपति को ब्राह्मण जाति का होना अनिवार्य मानते हैं। आज जो भी छुआ-छूत और भेद-भाव कबीरपंथ में शेष है वह इसी ब्राह्मणवाद की देन है। जिस सद्‌गुरु कबीर ने जाति-पांति छुआ-छूत के विरुद्ध शंखनाद किया था उनके ही पंथ में उनके तथाकथित अनुयायी इस जड़ता में पड़े हैं। घोर आश्चर्य का विषय है......।''[60]

9. ''यहां तक सुना है कि कोई दूसरे संस्थान का संत एक कबीर आश्रम में बीजक पाठ कर रहा था, उसे आश्रम प्रभारी ने यह कह कर बीजक पाठ बंद करवा दिया—'क्या हमारे साहेब जी की वाणी किसी बीजक से कम है?' यहां पर हमारे गुरुजी की वाणी के अतिरिक्त किसी अन्य ग्रंथ का पाठ नहीं हो सकता।''[61]

10. ''कबीपंथ में आज कबीर को वेद शास्त्रों से जोड़ने की साजिश भी जोरों पर है। कहीं-कहीं उन पर पुराण ही रच डाला गया है। ब्राह्मणों की तरह बड़े धूमधाम और ताम-झाम से निर्गुण पुराण सुनाये जाते हैं। इतना ही क्या कबीर साहेब के नाम लेकर स्वाहा (हवन) भी किया जाता है। जिन याज्ञिक कर्मकाण्डों का पुरजोर विरोध कबीर ने किया था आज उनके अनुयायी उनके ही नाम पर कल्पित मंत्र बना कर अन्न, घी, मेवे आग में फूंक कर जजमानों से धन ऐंठने में लगे हैं।''[62]

कबीर पंथ में इसी ब्राह्मणवाद को रामानंद और वैष्णव के नाम से चलाते रहने के लिए पुरुषोत्तम अग्रवाल हिन्दी की साहित्यिक आलोचना में मारामारी कर रहे हैं। जैसे कबीर पंथ में कबीर के दलित और जुलाहे उपेक्षित हैं, वैसे ही कबीर की साहित्यिक आलोचना में कबीर का दलित बालक मैं बाहर हूँ। यूँ, कबीर पंथ से ले कर पुरुषोत्तम अग्रवाल तक में यह सारा अंजन पसारा हुआ है। विश्वविद्यालयों में उस प्रक्षिप्त कबीर को पढ़ाएंगे जो इन के द्वारा कल्पित किया गया है। मूल कबीर को ये पाठ्यक्रमों से

59. वही, पृ. 188
60. वही, पृ. 189
61. वही, पृ. 189
62. वही, पृ. 189

बाहर ही बाहर रखेंगे। यह कुछ नहीं है, साहित्यिक आलोचना में मुझ से बरती जा रही छुआछूत है। यूँ, कबीर पंथ और साहित्यिक आलोचना में एक ही बात चल रही है। मुझ से क्या गुरेज है?—नफरत ही कर लेते। यह क्या बचना है?—क्या कोई मान लेगा कि बच गए हैं? शुतुरमुर्ग कबीर की 'ज्ञान की आंधी' में दब गया है।

अन्त में, पाठक देख चुके हैं कि डा. प्रेम सिंह के लेख 'दलित-चिन्तन को मिटाने की मुहिम' में यह खोजा गया है कि पुरुषोत्तम अग्रवाल की पुस्तक 'अकथ कहानी प्रेम की : कबीर की कविता और उनका समय' में धर्मवीर का कहीं नाम नहीं है, जो उन के हिसाब से, जरूर होना चाहिए था। पर, अब अग्रवाल की उक्त पुस्तक के जवाब में लिखी गई मेरी इस पुस्तक 'कबीर : 'खसम खुशी क्यों होय?' ' में मेरी फाइंडिंग क्या है? मेरी सब से बड़ी फाइंडिंग यह है कि अग्रवाल की उक्त पुस्तक में कबीर ही नहीं हैं। इसलिए, डा. प्रेम सिंह को यह मलाल करना छोड़ देना चाहिए कि पुस्तक में धर्मवीर का नाम नहीं है, क्योंकि जब कबीर ही नहीं हैं तो धर्मवीर का उल्लेख कैसे हो? बात प्रेमचंद के उपन्यास 'रंगभूमि' पर पुनः टिकाई जाए। पुरुषोत्तम अग्रवाल ने प्रेमचंद का काम भी खुद कर लिया है। वे दोहरे लेखक बन गए हैं—अकेले ने धर्मवीर को बिना नाम लिए हटाया और कबीर को नाम ले कर मिटाया। डा. प्रेमसिंह ने पुरुषोत्तम अग्रवाल की बाहरी राजनीति बताई थी और मैंने पुस्तक की यह भीतरी राजनीति बता दी है। एक ही पुस्तक में दो काम—क्या यूरोप के इकहरे ज्ञानकांड को इन से कुछ सीखना चाहिए? भला, जो पुरुषोत्तम अपने समय के धर्मवीर को छुपा रहे हैं, वे कबीर के समय को क्या उजागर करेंगे?

संदर्भ साहित्य

I. हिन्दी पुस्तकें

1. अकथ कहानी प्रेम की : कबीर की कविता और उन का समय, पुरुषोत्तम अग्रवाल, राजकमल प्रकाशन प्रा.लि., 1-बी, नेताजी सुभाष मार्ग, नई दिल्ली-110 002, पहला संस्करण, 2009
2. अकथ कहानी प्रेम की : कबीर की कविता और उन का समय, पुरुषोत्तम अग्रवाल, राजकमल प्रकाशन प्रा.लि., 1-बी, नेताजी सुभाष मार्ग, नई दिल्ली-110 002, दूसरा संस्करण, पेपर बैक, 2010
3. ऐसा चाहूं राज मैं... संत सिपाही रैदास, लेखक, कुलदीप कुमार, सम्यक प्रकाशन, 32/3, क्लब रोड, पश्चिमपुरी, नई दिल्ली-110 063, प्रथम संस्करण, 2009
4. कबीर : आधुनिक सन्दर्भ में, डा. राज देव सिंह, लोक भारती प्रकाशन, 15ए, महात्मा गांधी मार्ग, इलाहाबाद-1, संस्करण, 1999
5. कबीर और रामानंद, सनाथ दास, सद्‌गुरु कबीर संस्थान, गुरुद्वारा रोड, रीवा, मध्य प्रदेश, प्रथम संस्करण, 2010
6. कबीर की विष्णु भक्ति, साध्वी ज्ञानानंद जी, श्री कबीर ज्ञान प्रकाशन केन्द्र, संत कबीर ज्ञान मार्ग, सिहीडीह, गिरिडीह, झारखंड-815 301, प्रथम संस्करण, 2010
7. कबीर के आलोचक, डा. धर्मवीर, वाणी प्रकाशन, 21-ए, दरियागंज, नई दिल्ली-110 002, पहला संस्करण, 1997
8. कबीर के काव्य पर समसामयिक परिस्थितियों का प्रभाव, डा. राम नारायण प्रसाद सिंह, जानकी प्रकाशन, अशोक राजपथ, पटना, बिहार-800 004, प्रथम संस्करण, 1998
9. कबीर-बीजक, प्रस्तुतकर्ता, डा. शुकदेव सिंह, नीलाभ प्रकाशन, 5 खुसरो बाग रोड, इलाहाबाद, प्रथम संस्करण, 1972
10. कबीर वचनावली—अर्थात कबीर साहब के उत्तमोत्तम भजनों और साखियों का संग्रह, संग्रहकर्ता, अयोध्या सिंह उपाध्याय हरिऔध, काशी नागरी प्रचारिणी सभा, बनारस, उत्तर प्रदेश, 8वाँ संस्करण, वि. सम्वत, 1996
11. कबीर विचार और दर्शन, सम्पादक, एम.एस. गौतम, गौतम बुक सेन्टर,

'चंदन सदन', सी-263-ए, गली नं. 9, हरदेवपुरी, शाहदरा, दिल्ली-110 093, प्रथम संस्करण, 2011, में डा. सूरज प्रकाश बडत्या का लेख 'संवाद डा. धर्मवीर के आलोचकों से', पृ. 66-76

12. कबीर समग्र : प्रथम खंड, सम्पादक और लेखक, प्रो. युगेश्वर, हिन्दी प्रचारक संस्थान, पो.बा. 1106, पिशाच मोचन, वाराणसी, उत्तर प्रदेश-221 010, द्वितीय संस्करण, 1995
13. कबीर समग्र, द्वितीय खंड, लेखक, डा. युगेश्वर, हिन्दी प्रचारक पब्लिकेशंस प्रा.लि., सी-21/30, पिशाच मोचन, वाराणसी, उत्तर प्रदेश-221 010, प्रथम संस्करण, 1997
14. कबीर साहित्य की प्रांसगिकता, सम्पादक, विवेक दास, कबीर वाणी प्रकाशन केन्द्र, सतगुरु कबीर मन्दिर, कबीर चौरा मठ, वाराणसी-1, 1978
15. कबीर : डा. हजारी प्रसाद द्विवेदी का प्रक्षिप्त चिन्तन, डा. धर्मवीर, वाणी प्रकाशन, 21-ए, दरियागंज, नयी दिल्ली-110 002, द्वितीय संस्करण, 2006
16. खट्टर काका, हरि मोहन झा, राजकमल प्रकाशन प्रा.लि., 1-बी, नेताजी सुभाष मार्ग, नई दिल्ली-110 002, राजकमल पेपरबैक्स, चौथी आवृत्ति, 2010
17. खून के छींटे इतिहास के पन्नों पर, भगवत शरण उपाध्याय, वाणी प्रकाशन, 21-ए, दरियागंज, नई दिल्ली-110 002, प्रथम संस्करण, 2004
18. गालिब—उग्र : गालिब के दीवान की टीका, व्याख्याकार, पाण्डेय बेचन शर्मा उग्र, प्रकाशक, रणजीत प्रिंटर्स एण्ड पब्लिशर्स, 4872, चाँदनी चौक, दिल्ली-110 006, प्रथम संस्करण, 1966
19. चमचा युग, लेखक, मान्यवर कांशी राम, अनुवादक, मोजेज माइकेल, सम्यक प्रकाशन, 32/3, क्लब रोड, पश्चिमपुरी, नई दिल्ली-110 063, द्वितीय संस्करण, 2010
20. डा. अम्बेडकर : जीवन और मिशन, लेखक, एल.आर. बाली, भीम पत्रिका पब्लिकेशंज, ई.एस.393ए, आबादपुरा, जालंधर, पंजाब-144 003, नया संशोधित संस्करण, 2006
21. तीसरा रुख (आलोचना और संस्कृति के बारे में), पुरुषोत्तम अग्रवाल, वाणी प्रकाशन, 21-ए, दरियागंज, नई दिल्ली-110 002, प्रथम संस्करण, 1996
22. धम्मपद : गाथा और कथा, रचनाकार, ताराराम, सम्यक प्रकाशन, 32/3, पश्चिमपुरी, नई दिल्ली-110 063, द्वितीय संस्करण, 2010
23. धर्मशास्त्र का इतिहास : प्राचीन एवं मध्यकालीन धर्म तथा लोक विधियाँ, प्रथम भाग, डा. पी.वी. काणे, अनुवादक, अर्जुन चौबे काश्यप, उत्तर प्रदेश

हिन्दी संस्थान, महात्मा गाँधी मार्ग, लखनऊ, उत्तर प्रदेश, तृतीय संस्करण, 1980

24. प्रेमचंद की नीली आँखें, डा. धर्मवीर, वाणी प्रकाशन, 4695, 21-ए, दरियागंज, नई दिल्ली-110 002, प्रथम संस्करण, 2010
25. प्रेमचंद : घर में, शिवरानी देवी प्रेमचंद, आत्माराम एण्ड संस, 1376, कश्मीरी गेट, दिल्ली-110 006, संस्करण, 2005
26. प्रेम-दर्शन : देवर्षि नारद विरचित भक्तिसूत्र, हनुमान प्रसाद पोद्दार, गीताप्रेस, गोरखपुर, उत्तर प्रदेश-273 005, 21वाँ पुनर्मुद्रण, सम्वत 2066
27. बाबा साहेब डा. अम्बेडकर : सम्पूर्ण वाङ्मय : खंड-1, सूचना और प्रसारण मंत्रालय, प्रकाशन विभाग, भारत सरकार, सुपर बाजार (दूसरी मंजिल), कनाट सर्कस, नई दिल्ली-110 001, अप्रैल, 1993
28. बीजक टीका मनोरमा, भाष्यकार, आचार्य गंगा शरण शास्त्री, प्रकाशक, श्री सद्गुरु कबीर मन्दिर, कबीर चौरा धाम, सन्त कबीर घाट, छित्तूपुर खास, मदरवाँ, पत्राचार—रमना, वाराणसी, उत्तर प्रदेश, द्वितीय संस्करण, मार्च, 2007
29. बौधायन-धर्मसूत्रम्, हिन्दी व्याख्याकार, डा. उमेशचन्द्र पाण्डेय, चौखम्भा संस्कृत संस्थान, पोस्ट बोक्स नम्बर 1139, जड़ाव भवन, के. 37/116, गोपाल मन्दिर लेन, वाराणसी-221 001, तृतीय संस्करण, वि.स. 2047
30. भगवान बुद्ध और उन का धर्म, लेखक, डा. भीमराव रामजी आम्बेडकर, अनुवादक, भदन्त आनंद कौसल्यायन, भारतीय बौद्ध शिक्षा परिषद, जेतवन महाविहार, श्रावस्ती, बलरामपुर, उत्तर प्रदेश, द्वितीय संस्करण, 1970
31. भगवान रविदास की सत्य कथा, लेखक, महात्मा राम चरन 'कुरील', प्रकाशक, प्रवीण कुमार चौधरी 'गोविंद', 109/134, जवाहर नगर, कानपुर, उत्तर प्रदेश-208 012, तृतीय संस्करण, 2011
32. भारत का संविधान (1 सितम्बर, 1991 को यथा विद्यमान), भारत सरकार, विधि न्याय और कम्पनी मंत्रालय, विधायी विभाग, राजभाषा खंड, तीसरा संस्करण, 1991
33. भारत का संविधान (7 फरवरी, 2003 को यथा विद्यमान), विधि साहित्य प्रकाशन, भारत सरकार, भारतीय विधि संस्थान भवन, भगवान दास मार्ग, नई दिल्ली-110 001, प्रथम जेबी संस्करण, 2003
34. भारत का संविधान (1 फरवरी, 2011 को यथा विद्यमान), विधि साहित्य प्रकाशन, भारत सरकार, भारतीय विधि संस्थान भवन, भगवान दास रोड, नई दिल्ली-110 001, द्विभाषी रूप, तीसरा जेबी संस्करण, 2011
35. भारतीय संविधान के जनक डा. भीमराव अम्बेडकर, संग्रहकर्ता, आचार्य

के.पी. गुरु प्रसाद, भारतीय दलित साहित्य अकादमी, 233, टैगोर पार्क, नई दिल्ली-110 009
36. भारतीय समाज का ऐतिहासिक विश्लेषण, भगवत शरण उपाध्याय, वाणी प्रकाशन, 21-ए, दरियागंज, नई दिल्ली-110 002, आवृत्ति, 2009
37. भीमराव आम्बेडकर, लेखक, डब्लू.एन. कुबेर, अनुवादक, सीताराम खोड़ावाल, प्रकाशन विभाग, सूचना और प्रसारण मंत्रालय, पटियाला हाउस, नई दिल्ली-110 001, प्रथम संस्करण, अक्तूबर, 1981
38. महात्मा जोतिबा फुले रचनावली, भाग-2, अनुवाद एवं संपादन, डा. एल. जी. मेश्राम 'विमलकीर्ति', राधाकृष्ण प्रकाशन प्रा.लि., जी-17, जगतपुरी, दिल्ली-110 051, संशोधित संस्करण, पहली आवृत्ति, 2002
39. महाबीजक [कबीर साहब की सम्पूर्ण वाणियों का संग्रह], सम्पादक, आचार्य महन्त गंगा शरण शास्त्री, कबीर वाणी प्रकाशन केन्द्र, श्री सद्गुरु कबीर मन्दिर, सी-23/5, कबीर चौरा मठ, वाराणसी, उत्तर प्रदेश-221 001, प्रथम संस्करण, 10 जून, 1998
40. विमर्श में कबीर, उमा शंकर चौधरी, आधार प्रकाशन प्रा.लि., एससीएफ 267, सेक्टर-16, पंचकूला, हरियाणा-134 113, प्रथम संस्करण, 2011
41. वीसा की प्रतीक्षा में (बाबा साहेब डा. आम्बेडकर की स्व-जीवनी), डा. बी. आर. आम्बेडकर, अनुवादक, तेज सिंह, सम्यक प्रकाशन, 32/3, पश्चिमपुरी, नई दिल्ली-110 063, प्रथम संस्करण, 2010
42. शूद्रों का प्राचीनतम इतिहास, एस.के. पंजम, दिव्यांशु पब्लिकेशंस, एम. आई.जी. 222, फेज-1, एल.डी.ए. टिकैत राय कालोनी, लखनऊ, प्रथम संस्करण, 2010
43. श्री तुकाराम चरित्र (जीवनी और उपदेश), लेखक, श्री लक्ष्मण रामचन्द्र पांगारकर, अनुवादक, श्री लक्ष्मी नारायण गर्दे, गीता प्रेस, गोरखपुर, उत्तर प्रदेश-273 005, पन्द्रहवाँ पुनर्मुद्रण, सम्वत 2066
44. श्रीमद् भगवद् गीता : शांकर भाष्य हिन्दी अनुवाद सहित, अनुवादक, हरिकृष्ण दास गोयन्दका, गीता प्रेस, पो. गीता प्रेस, गोरखपुर, उत्तर प्रदेश, द्वादश संस्करण, सम्वत 2028
45. सन्त वाणी अंक, सम्पादक, हनुमान प्रसाद पोद्दार और चिम्मन लाल गोस्वामी, कल्याण, गीता प्रेस, गोरखपुर, उत्तर प्रदेश-273 005, चतुर्थ पुनर्मुद्रण, सम्वत 2065
46. सत भाषै रैदास (रैदास-वाणी), ओशो, सम्पादन, स्वामी चैतन्य कीर्ति, डायमंड पाकेट बुक्स (प्रा.) लि., एक्स-30, ओखला इन्डस्ट्रियल एरिया, फेज-II, नई दिल्ली-110 020, संस्करण, 2009
47. सीमन्तनी उपदेश, लेखिका, एक अज्ञात हिन्दू औरत, भूमिका, सम्पादन

और अन्य शोध लेख, डा. धर्मवीर, वाणी प्रकाशन, 21-ए, दरियागंज, नई दिल्ली-110 002, द्वितीय संस्करण, 2008

48. सूत न कपास, डा. धर्मवीर, वाणी प्रकाशन, 21-ए, दरियागंज, नई दिल्ली-110 002, प्रथम संस्करण, 2003
49. हजारी प्रसाद द्विवेदी ग्रन्थावली, खण्ड-6, राजकमल प्रकाशन प्रा.लि., 8 नेताजी सुभाष मार्ग, नई दिल्ली-110 002, प्रथम संस्करण, अगस्त, 1981
50. हिन्दुइज्म : धर्म या कलंक? (तीनों भाग एक साथ), एल.आर. बाली, भीम पत्रिका पब्लिकेशंस, ई.एस.-393ए, आबादपुरा, जालंधर, पंजाब-144 003
51. हिन्दू धर्म की रिडल : ब्राह्मणशाही की ऊहापोह, लेखक, डा. भीमराव आम्बेडकर, अनुवादक, डा. भदन्त आनंद कौसल्यायन, रिडल्स प्रकाशन, बुद्ध भूमि, कामती रोड, नागपुर, प्रथम संस्करण, 1988

II. हिन्दी पत्र-पत्रिकाएँ

52. अकथ कहानी प्रेम की, अमर नाथ 'अज्ञेय', कथादेश, सहयात्रा प्रकाशन प्रा.लि., सी-52/जेड-3, दिलशाद गार्डन, दिल्ली-110 095, मार्च, 2010
53. अल्पसंख्यकों को 4.5% आरक्षण, विशेष संवाददाता, हिन्दुस्तान, नई दिल्ली, 23 दिसम्बर, 2011, पृ. 1
54. अवैध संबंधों व गुस्से ने ली सब से ज्यादा जान, हिन्दुस्तान, नई दिल्ली, 7 जनवरी, 2012, पृ. 3
55. आज की समानता दिखावटी है!, राजेन्द्र यादव, जनसत्ता, नई दिल्ली, 4 मई, 2010
56. आधुनिकता, परम्परा और बदलाव, मृणाल पाण्डेय, जनसत्ता, नई दिल्ली, 21 फरवरी, 2010
57. आलोड़न के दौर में, महीप सिंह, जनसत्ता, नई दिल्ली, 7 नवम्बर,
58. एक दशक में दो लाख से ज्यादा किसानों की खुदकुशी पर राज्य सभा चिन्तित : कृषि पर चर्चा के लिए विशेष सत्र की मांग, जनसत्ता, नई दिल्ली, 16 दिसम्बर, 2011
59. कबीर और प्रेम की पाठशाला में अन्तर्विरोधी पाठ, गीताश्री, हंस, 2/36, अन्सारी रोड, दरियागंज, नई दिल्ली-110 002, मई, 2010
60. कबीर का समग्र और अभिनव मूल्यांकन, राकेश शुक्ल, समीक्षा, एच-2, यमुना, इग्नू, मैदानगढ़ी, नई दिल्ली-110 068, जनवरी-मार्च, 2010
61. कबीर का समय और हम, गिरिराज किशोर, जनसत्ता, नई दिल्ली, 26 मार्च, 2011
62. कभी-कभार : कितना कम, अशोक वाजपेयी, जनसत्ता, नई दिल्ली, 16 जनवरी, 2011

63. कभी-कभार : छत्तीसगढ़ में पहल, अशोक वाजपेयी, जनसत्ता, नई दिल्ली, संस्करण, 30 मई, 2010
64. कभी-कभार : वडोदरा में कबीर, अशोक वाजपेयी, जनसत्ता, नई दिल्ली, 14 फरवरी, 2010
65. कभी-कभार : वैकल्पिक आधुनिकताएँ, अशोक वाजपेयी, जनसत्ता, नई दिल्ली, 19 दिसम्बर, 2010
66. किसान की मुसीबत, सम्पादकीय, जनसत्ता, नई दिल्ली, 17 दिसम्बर, 2011
67. किसानों के साथ, नरेश सांगवान, जनसत्ता, नई दिल्ली, 9 दिसम्बर, 2011
68. कुछ सुरझावन हारी कुछ उरझावन हारी, रवीन्द्र त्रिपाठी, कथादेश, सी-52/जेड-3, दिलशाद गार्डन, दिल्ली-110 095, जुलाई, 2010
69. जगद गुरु संत रैदास की दूसरी हत्या, एस.के. पंजम, अपेक्षा-27, घौंडली, कृष्णा नगर, दिल्ली-110 051, संयुक्तांक, जुलाई-दिसम्बर, 2009
70. जान ले सकता है पराई नार को निहारना, हिन्दुस्तान, नई दिल्ली, 3 मई, 2010
71. जार परम्परा के वाचक प्रो. नामवर सिंह, कैलाश दहिया, बहुरि नहिं आवना, जे-5, यमुना अपार्टमेंट, होली चौक, देवली, नई दिल्ली-110 062, अक्टूबर 2011-मार्च 2012, पृ. 36-8
72. तलाक मांगना मौलिक अधिकारों में शामिल हो, डा. दिनेश राम, बहुरि नहिं आवना, के-6, यमुना अपार्टमेंट, होली चौक, देवली, नई दिल्ली-110 062, जुलाई-सितम्बर, 2010
73. तेलंगाना से पहले, जसविंदर सिंह, जनसत्ता, नई दिल्ली, 23 जनवरी, 2011
74. दलित चिन्तन को मिटाने की मुहिम, प्रेम सिंह, चौथी दुनिया, दिल्ली, 12 अप्रैल-18 अप्रैल, 2010
75. दलित चिन्तन को मिटाने की मुहिम, डा. प्रेम सिंह, जनपक्ष आजकल, 209-सी, मस्जिद मोठ, साउथ एक्सटेंशन, पार्ट-2, नई दिल्ली-110 049, 1 से 15 अप्रैल, 2010
76. दलित चिन्तन को मिटाने की मुहिम, प्रेम सिंह, दलित साहित्य वार्षिकी—2009-10, सम्पादक, जय प्रकाश कर्दम, बी-634, डीडीए फ्लैट्स, ईस्ट आफ लोनी रोड, दिल्ली-110 093
77. दलित चिन्तन को मिटाने की मुहिम, डा. प्रेम सिंह, बहुरि नहिं आवना, के-6, यमुना अपार्टमेंट, होली चौक, देवली, नई दिल्ली-110062, अप्रैल-जून, 2010
78. दलित चिन्तन को मिटाने की मुहिम, प्रेम सिंह, वाणी प्रकाशन समाचार, 21-ए, दरियागंज, नई दिल्ली-110 002, मई, 2010

79. दलित साहित्य के बढ़ते कदम, वीरभारत तलवार, युद्धरत आम आदमी, रमणिका फाउन्डेशन, ए-221, डिफेन्स कॉलोनी, नई दिल्ली-110 024, अक्तूबर-दिसंबर, 2002, पृ. 53-8, 60
80. दलितों के बहिष्कार के खिलाफ आन्दोलन करेगा दलित फ्रंट, जनसत्ता, नई दिल्ली, 20 अप्रैल, 2010
81. देशज आधुनिकता और कबीर, लेखक, विश्वनाथ प्रसाद तिवारी, जनसत्ता, नई दिल्ली, 21 फरवरी, 2010
82. देशज आधुनिकता, भक्ति और कबीर, लेखक, राज कुमार, कथादेश, सी-52/जेड-3, दिलशाद गार्डन, दिल्ली-110 095, अगस्त, 2010
83. द्वन्द्व में साहचर्य, परमानंद श्रीवास्तव, जनसत्ता, नई दिल्ली, 6 मार्च, 2011
84. निचली जातियों के भगवाकरण की नई मुहिम, बद्री नारायण, हिन्दुस्तान, नई दिल्ली, 18 फरवरी, 2010
85. न्यायिक समीक्षा का इस्तेमाल दूसरे विभागों को कमजोर करने के लिए न हो : मन मोहन सिंह, जनसत्ता, नई दिल्ली, 7 फरवरी, 2011
86. पति की हत्या के जुर्म में पत्नी और प्रेमी को उम्रकैद, राष्ट्रीय सहारा, नई दिल्ली, 9 मई, 2010
87. पति की हत्या के मामले में उम्रकैद, जनसत्ता, नई दिल्ली, 28 अप्रैल, 2011
88. पत्नी से तंग युवक ने फांसी लगाई, हिन्दुस्तान, नई दिल्ली, 9 अप्रैल, 2011
89. खूब परदा है, धर्मवीर, जनसत्ता, नई दिल्ली, 20 जनवरी, 2012, पृ. 7
90. प्रेमी संग मिल की पति की हत्या, उम्रकैद, हिन्दुस्तान, नई दिल्ली, 27 अप्रैल, 2010
91. बदहाल हैं गंग नहर खोदने वालों के वंशज, संजीव, जनसत्ता, नई दिल्ली, 20 अप्रैल, 2010
92. बहुरि नहिं आवना, सम्पादक, डा. दिनेश राम, जे-5, यमुना अपार्टमेंट, होली चौक, देवली, नई दिल्ली-110 062, अक्टूबर-दिसम्बर, 2010, पृ. 44
93. बुद्धिजीवी और लोकधर्म, रवीन्द्र वर्मा, जनसत्ता, नई दिल्ली, 11 जुलाई, 2010
94. बेटियों की जगह, सम्पादकीय, नई दिल्ली, 2 जनवरी, 2012, पृ. 6
95. भक्ति सम्वेदना : भारतीय सांस्कृतिक इतिहास का पुनराख्यान, ब्रजेश, कथादेश, सी-52/जेड-3, दिलशाद गार्डन, दिल्ली-110 095, अगस्त, 2010
96. भारत को भारतीयों ने ज्यादा लूटा, मेघनाथ देसाई, चौथी दुनिया, एफ-2, सेक्टर-11, नोएडा, उत्तर प्रदेश-201 301, 14 फरवरी—20 फरवरी, 2011
97. मां ने अवैध सम्बन्धों के चलते पांच साल के बेटे को मार डाला, हिन्दुस्तान, नई दिल्ली, 28 अप्रैल, 2011

98. मानो या न मानो, हिन्दुस्तान, नई दिल्ली, 31 मार्च, 2010
99. रामानंद–अर्थात धोखानंद, डा. धर्मवीर, वाक्, वाणी प्रकाशन, 21-ए, दरियागंज, नई दिल्ली-110 002, अंक 9, वर्ष 2011, पृ. 7-21
100. विचारों की कसौटी, अनिल चमड़िया, जनसत्ता, नई दिल्ली, 22 मार्च, 2010
101. विस्थापन का विकास, दिलीप मंडल, जनसत्ता, नई दिल्ली, 29 अप्रैल, 2010
102. शादी का समाज शास्त्र, प्रेमपाल शर्मा, जनसत्ता, दुनिया मेरे आगे, नई दिल्ली, 28 दिसम्बर, 2011, पृ. 6
103. शादी में बरबादी, रमेश कुमार दुबे, जनसत्ता, चौपाल, नई दिल्ली, 7 जनवरी, 2012, पृ. 6
104. शिवाजी : तथ्य और मिथ, देवर्षि कलानाथ शास्त्री, जनसत्ता रविवारी, नई दिल्ली, 7 मार्च, 2010
105. सावधान, इतिहास बदल रहा है, धर्मवीर सिंह मिठारिया, अम्बेडकर टुडे, 4, गुलिस्तां कालोनी, लखनऊ, उत्तर प्रदेश, फरवरी, 2010
106. साहित्य क्षेत्रे कुरुक्षेत्रे, श्री भगवान सिंह, जनसत्ता, नई दिल्ली, 9 जनवरी, 2011
107. सीढ़ियाँ हैं आत्मकथाएँ, राजेन्द्र यादव, हंस, 2/36, अंसारी रोड, दरियागंज, नई दिल्ली-110 002, फरवरी, 2011

III. English Books

108. Dr. Ambedkar and Untouchability : Analysing and Fighting Caste, Christophe Jaffrelt, Permanent Black, D-28, Oxford Apartment, 11, I.P. Extension, Delhi-110 092, 1st Edition, 2005
109. Dr. Babasaheb Ambedkar : Writings and Speeches, Volume 2, Compiled and Edited by Vasant Moon, The Education Department, Government of Maharashtra, Bombay-400 032, First Edition, 14th April, 1982
110. Dr. Babasaheb Ambedkar : Writings and Speeches : Volume 13 : Dr. Ambedkar–The Principal Architect of the Constitution of India, Edited by Vasant Moon, Education Department, Government of Maharashtra, Bombay-400 032, First Edition, 14 April, 1994
111. The Bluest Eye, Toni Morrison, Vintage, Random House, 20 Vauxhall Bridge Road, London, SW1 2SA, 1999
112. Brahmacharya, Gandhi & His Women Associates, Girja Kumar, Vitasta Publishing Pvt. Ltd., 2/15, Ansari Road, Daryaganj, New Delhi-110 002, Second Reprint, 2010
113. British India : 1772-1947, Michael Edwardes, Rupa & Co., 7/16, Ansari Road, Daryaganj, New Delhi-110 002, Fifth

Impression, 2009
114. Dictionary of Literary Terms & Literary Theory, J.A. Cuddon (Revised by C.E. Preston), Penguin Books India (P) Ltd. 11, Community Centre, Panchsheel Park, New Delhi-110 017, India, Edition 1999
115. Jawaharlal Nehru and the Hindu Code : Victory of Symbol over Substance?, Reba Som, Modern Asian Studies, The Edinburg Building, Shaftesbury Road, Cambridge CB2 2RU, Volume 28, Part 1, February, 1994
116. Jesus Among the Lost Sheep, by Aziz A Chaudhary, Published by Islam International Publications Ltd., Islamabad, Sheephatch Lane, Tilford, Surrey GU1O 2AQ, U.K., 1st Edition, July, 1992
117. Jesus in India : Jesus's Deliverance from the Cross & Journey to India, by Hadhrat Mirza Ghulam Ahmad of Qadian, 1st Edition, 1908, Present Publisher, Nazarat Nashr-o-Ishaat, Sadr Anjuman Ahmadiyya, Qadian-143 516, Distt. Gurdaspur, Punjab, India, Edition, 2003
118. Jesus Lived in India : His Unknown Life Before and After the Crucification, Holger Kersten, Penguin Books India Pvt. Ltd., 11, Community Centre, Panchsheel Park, New Delhi-110 017, India, 1st Indian Edition, 2001
119. Kabir Legends and Ananta Das's Kabir Parachai : With a Translation of the Kabir Parachai prepared in Collaboration with Jagdish Kumar and Uma Thukral and with an Edition of the Niranjani Panth Recension of this work, David N. Lorengen, Sri Satguru Publications, 40/5, Shakti Nagar, Delhi-110 007, 1st Indian Edition, Delhi, 1992
120. Road to Freedom : A Sociological Study on the Abolition of Scavenging in India, Bindeshwar Pathak, Motilal Banarsidass, 41 U.A. Bungalow Road, Jawahar Nagar, Delhi-110 007, Reprint, 2003
121. A Search For the Historical Jesus : From Apocryphal, Buddhist, Islamic & Sanskrit Sources, Professor Fida M. Hassnain, Gateway Books, The Hollies, Wellow, Bath BA2 8QS, U.K., 1st Indian Reprint, 2003
122. The True Story of Jesus, by Rashid Ahmad Chaudhary, Published by Nazarat Nashr-o-Ishaat, Sadr Anjuman Ahmadiyya, Qadian-143 516, Punjab, India, Edition, 2005
123. Where Did Jesus Die?, by J.D. Shams, Published by Nazarat Nshr-o-Ishaat, Sadr Anjuman Ahamdiyya, P.O. Qadian-143 516, Punjab, India, 9th Edition, 2002

IV. English Newspapers

124. Elders Seak Special Session to discuss farmer's suicides, Gargi Parsai, The Hindu, Delhi Edition, 16 December, 2011
125. PM's top adviser in plagiarism row, Charu Sudan Kasturi, The Hindustan Times, New Delhi, 20 February, 2012, p. 1
126. Some States fight the trend out...., P. Sainath, The Hindu, Delhi Edition, 5 December, 2011

□□